NomosStudienbuch

Prof. Dr. Bernd J. Hartmann
Prof. Dr. Thomas Mann
Prof. Dr. Veith Mehde [Hrsg.]

Landesrecht Niedersachsen

Studienbuch

Prof. Dr. Bernd J. Hartmann, LL.M. (Virginia), Universität Osnabrück | **Prof. Dr. Heike Jochum, Mag. rer. publ.,** Universität Osnabrück | **Prof. Dr. Thomas Mann,** Georg-August-Universität Göttingen | **Prof. Dr. Veith Mehde, Mag. rer. publ.,** Leibniz Universität Hannover

Die Deutsche Nationalbibliothek verzeichnet diese Publikation in der Deutschen Nationalbibliografie; detaillierte bibliografische Daten sind im Internet über http://dnb.d-nb.de abrufbar.

ISBN 978-3-8329-7537-1

1. Auflage 2015
© Nomos Verlagsgesellschaft, Baden-Baden 2015. Printed in Germany. Alle Rechte, auch die des Nachdrucks von Auszügen, der fotomechanischen Wiedergabe und der Übersetzung, vorbehalten.

Vorwort

„Herrschaft im Alltag ist Verwaltung", hat der Soziologe Max Weber einst formuliert. Das Verwaltungsrecht ermöglicht und begrenzt diese Herrschaft und steuert und beeinflusst so unseren Alltag. Das Besondere Verwaltungsrecht ist besonders wichtig, weil es die Anspruchsgrundlagen enthält, auf die sich die Bürgerinnen und Bürger berufen können, und die Befugnisnormen, aufgrund derer die Behörden ihre Aufgaben erfüllen und gemäß derer die Gerichte die Behörden kontrollieren. Dabei ist das Besondere Verwaltungsrecht, im Gegensatz zu Zivil-, Straf- und Staatsrecht, ganz wesentlich Landesrecht. Vor diesem Hintergrund beschreibt (und bisweilen: bewertet) dieses Lehrbuch das Besondere Verwaltungsrecht Niedersachsens.

Wir wünschen uns das Studienbuch in die Hände der Studierenden der Rechtswissenschaft und der Rechtsreferendare, aber auch Verwaltungsbeamten, Richtern und Rechtsanwälten soll es ein zuverlässiger Ratgeber sein. Die Zielgruppe der Studierenden hat die Auswahl der Rechtsgebiete bestimmt, die wir behandeln. In den Juristischen Examina und der Großen Übung bilden das Polizei- und Ordnungsrecht, das öffentliche Baurecht und das Kommunalrecht mit dem dazugehörigen Verfahrensrecht und den europarechtlichen Bezügen den Prüfungsstoff im Pflichtfach. Abschnitte zu den landesrechtlichen Besonderheiten des Verwaltungsverfahrensrechts, der Landesverfassung sowie der Verwaltungsorganisation Niedersachsens runden das Lehrbuch ab.

Herausgeber und Autoren danken den am Entstehen des Studienbuchs beteiligten Hilfskräften und Mitarbeitern für ihre engagierte und zuverlässige Zuarbeit. Wir freuen uns über Anregungen, Hinweise und Kritik zu diesem Buch wie zu den einzelnen Beiträgen gleichermaßen. Sie erreichen uns am besten elektronisch (bernd.hartmann@uni-osnabrueck.de, heike.jochum@uni-osnabrueck.de, mehde@jura.uni-hannover.de, sekretariatmann@jura.uni-goettingen.de).

Göttingen, Hannover und Osnabrück, im Juni 2015   Die Herausgeber

Inhalt

Vorwort 5
Abkürzungsverzeichnis 17

§ 1 Niedersächsisches Verfassungsrecht 21
    I. Entstehung des Landes und Verfassungsentwicklung in Niedersachsen 21
       1. Bildung des Landes und Vorläufige Ordnung von 1947 21
       2. Die vorläufige Niedersächsische Verfassung von 1951 ... 22
       3. Die Niedersächsische Verfassung von 1993 23
   II. Die Landesverfassung in der bundesstaatlichen und europäischen Ordnung 24
       1. Staatsqualität des Landes Niedersachsen 24
       2. Verhältnis zum Bund 25
       3. Niedersachsen und Europa 26
  III. Überblick über den Aufbau der Niedersächsischen Verfassung .. 26
   IV. Staatsgrundlagen 27
       1. Staatsstrukturprinzipien 28
       2. Staatszielbestimmungen 29
       3. Grundrechte 31
    V. Verfassungsorgane 32
       1. Landtag 32
          a) Funktionen 33
          b) Wahl und Zusammensetzung 34
          c) Status der Landtagsabgeordneten 36
          d) Binnenorganisation des Landtags 37
          e) Allgemeine Verfahrensweise 39
          f) Auflösung des Landtags 40
       2. Landesregierung 40
          a) Konstituierung und Amtszeit 40
          b) Allgemeine Rechtsstellung der Regierungsmitglieder . 42
          c) Kompetenzen des Ministerpräsidenten 42
       3. Der Staatsgerichtshof 43
          a) Zusammensetzung 43
          b) Verfahrensarten 44
   VI. Staatsfunktionen 45
       1. Gesetzgebung 45
          a) Parlamentarische Gesetzgebung 45
          b) Volksgesetzgebung 47
          c) Besonderheiten bei Verfassungsänderungen 49
       2. Rechtsprechung 50
       3. Verwaltung 52
          a) Unmittelbare Landesverwaltung 52

	b) Selbstverwaltungskörperschaften		53
VII.	Finanz- und Haushaltsverfassung		55

§ 2 Verwaltungsorganisation ... 57

I. Verfassungsrechtliche Vorgaben für die Verwaltungsorganisation ... 57
   1. Das Land Niedersachsen im System des Exekutivföderalismus ... 57
   2. Der Verwaltungsabschnitt in der NV ... 58
   3. Allgemeine Vorgaben aus NV und GG ... 59
      a) Gesetzesvorbehalt/Wesentlichkeitslehre ... 59
      b) Demokratische Legitimation ... 60
II. Ebenen der Verwaltung ... 60
   1. Ministerialverwaltung – oberste Landesbehörden ... 60
   2. Sonstige Landesbehörden ... 62
   3. Juristische Personen des öffentlichen Rechts ... 63
      a) Körperschaften ... 63
      b) Anstalten ... 64
      c) Stiftungen ... 65
      d) Landesbetriebe ... 65
   4. Abschaffung der Bezirksregierungen ... 66
   5. Ämter für regionale Landesentwicklung ... 67
III. Typische Elemente der Behördenorganisation ... 67
   1. Politik und Verwaltung ... 67
   2. Laufbahnen und Beamtenrecht ... 68

§ 3 Besonderheiten des Verwaltungs- und des Widerspruchsverfahrens in Niedersachsen ... 70

I. Allgemeines ... 71
II. Rechtsträger- und Behördenprinzip ... 71
   1. Beteiligungsfähigkeit von Behörden im Verwaltungsverfahren (§ 11 Nr. 3 VwVfG) und im Verwaltungsprozess (§ 61 Nr. 3 VwGO) ... 71
   2. Klagegegner bei Anfechtungs- und Verpflichtungsklagen (§ 78 Abs. 1 VwGO, § 79 Abs. 2 NJG, vormals 8 Abs. 2 Nds. AG VwGO) ... 73
   3. Fazit ... 74
III. Entbehrlichkeit des gerichtlichen Vorverfahrens in Niedersachsen (§ 80 NJG, vormals 8 a Nds. AG VwGO) ... 75
   1. Bedeutung und Funktion des Vorverfahrens (§§ 68 ff VwGO) ... 75
   2. Bundesrechtliche Öffnungsklausel (§ 68 Abs. 1 S. 2 Alt. 1 VwGO) .. 75
   3. Nutzung der Öffnungsklausel durch die Länder ... 76
   4. Nutzung der Öffnungsklausel durch Niedersachsen ... 77
      a) Struktur des § 80 NJG ... 77
      b) Zielsetzung des § 80 NJG ... 78
   5. Fazit ... 78

§ 4 Polizei- und Ordnungsrecht 80
I. Vorbemerkung 80
II. Grundlagen 81
1. Begriff des Polizei- und Ordnungsrechts 81
2. Abgrenzung von der Strafverfolgung 81
3. Anwendungsbereiche – Lex-specialis-Regel 82
4. Aufgaben- und Befugnisnorm 83
5. Gefahrenabwehrbehörden - Zuständigkeitsfragen 85
6. Maßnahmen gegen andere Hoheitsträger 87
7. Der Einstieg in die Prüfung 87
III. Polizei- und ordnungsrechtliche Grundbegriffe 88
1. Öffentliche Sicherheit 88
2. Öffentliche Ordnung 91
3. Gefahrbegriffe 91
4. Polizeiliche Verantwortlichkeit 94
   a) Verhaltensverantwortlichkeit 94
   b) Zustandsverantwortlichkeit 96
   c) Notstandspflicht 97
   d) Grundfragen der Störerauswahl 98
5. Ermessen 99
   a) Ermessensfehler 99
   b) Verhältnismäßigkeit des Eingriffs 100
   c) Sonstige verfassungsrechtliche Anforderungen 101
   d) Ermessensreduktion auf Null 102
   e) Kosten 103
   f) Anspruch auf polizeiliche Maßnahme 104
IV. Eingriffsbefugnisse 105
1. Die polizeiliche Generalklausel 105
   a) Eingriffsvoraussetzungen 106
   b) Rechtsfolge 106
2. Standardmaßnahmen – Typisierbare Maßnahmen 106
   a) Informationssammlung und -verarbeitung 107
   b) Meldeauflage 114
   c) Gefährderansprache 114
   d) Telekommunikationsüberwachung 115
   e) Längerfristige Observation/Einsatz technischer Mittel ... 118
   f) Platzverweis 120
   g) Sicherstellung 121
   h) Untersuchung und Durchsuchung 123
   i) Die Freiheit einschränkende Maßnahmen 126
3. Die Gefahrenabwehrverordnung 128
   a) Tatbestandsvoraussetzung 128
   b) Normsetzungsermessen 129
   c) Rechtsschutz/Formalien 129

V. Entschädigung 130
VI. Versammlungsrecht 131
   1. Definitionsfragen/Zusammenhang mit Art. 8 GG 132
   2. Grundstruktur des NdsVersG 135
   3. Organisation und Ablauf der Versammlung 136
      a) Versammlungen unter freiem Himmel 136
      b) Versammlungen in geschlossenen Räumen 138
   4. Eingriffsbefugnisse 138
      a) Versammlungen unter freiem Himmel 139
      b) Versammlungen in geschlossenen Räumen 142
   5. Ermessensausübung/Gemeinsame Aspekte 142
   6. Sonderaspekte 143
VII. Verwaltungsvollstreckungsrecht 144
   1. Grundlagen 144
      a) Anwendbarkeit des Vollstreckungsrechts 144
      b) Vollstreckungsmaßnahmen 146
   2. Prüfung der Rechtmäßigkeit einer Vollstreckungsmaßnahme .. 148
      a) Grund-VA 148
      b) Situation bei Fehlen eines Grund-VA: Sofortvollzug .. 150
      c) Verfahren 153
      d) Ermessen 155
   3. Kosten 156

§ 5 Öffentliches Baurecht 158
I. Systematische Einordnung 158
   1. Öffentliches und privates Baurecht 158
   2. Rechtsnormen des öffentlichen Baurechts im Überblick 159
   3. Bauplanungs-, Bauordnungs- und Baunebenrecht 161
      a) Bauplanungsrecht 161
      b) Bauordnungsrecht 161
      c) Baunebenrecht 162
      d) Das Verhältnis zwischen Bauordnungs- und Bauplanungsrecht .. 162
   4. Raumordnung und Bauleitplanung 163
   5. Das öffentliche Baurecht als Gegenstand der juristischen Ausbildung 163
II. Bauleitplanung 164
   1. Grundbegriffe 164
   2. Flächennutzungsplan 165
   3. Bebauungsplan 166
      a) Rechtsnatur und Inhalt 166
      b) Arten von Bebauungsplänen 167
   4. Aufstellung von Bauleiplänen 167
      a) Abriss des Aufstellungsverfahrens 167
      b) Rechtmäßigkeitsvoraussetzungen 168

	c) Rechtsfolgen von Mängeln bei der Planaufstellung................	169
5.	Instrumente zur Sicherung der Bauleitplanung.......................	169
	a) Veränderungssperre...	169
	b) Zurückstellung von Baugesuchen...................................	169
	c) Gemeindliche Vorkaufsrechte.......................................	170
6.	Rechtsschutz gegen Bauleitpläne..	170
	a) Rechtsschutzmöglichkeiten der Bürger............................	170
	b) Rechtsschutz der Gemeinden.......................................	171

III. Bauplanungsrechtliche Zulässigkeit von Bauvorhaben.................... 172
  1. Überblick über das System der §§ 29–35 BauGB....................... 172
  2. Vorhaben im Geltungsbereich eines qualifizierten
    Bebauungsplans.. 175
    a) Art der baulichen Nutzung... 175
    b) Maß der baulichen Nutzung; gesicherte Erschließung............ 176
  3. Vorhaben im Geltungsbereich eines einfachen Bebauungsplans...... 177
  4. Ausnahmen und Befreiungen... 177
    a) Zulassung von Vorhaben als Ausnahmebebauung................ 177
    b) Zulassung von Vorhaben im Wege der Befreiung................. 178
  5. Vorhaben während der Planaufstellung................................. 180
  6. Vorhaben im unbeplanten Innenbereich................................ 181
    a) Belegenheit innerhalb eines im Zusammenhang bebauten
       Ortsteils... 181
    b) Entsprechung zu einem Baugebiet der BauNVO
       (§ 34 Abs. 2 BauGB)... 182
    c) Einfügung in die Eigenart der näheren Umgebung
       (§ 34 Abs. 1 BauGB)... 183
    d) Begrenzungen und Abweichungen
       (§ 34 Abs. 3, Abs. 3 a BauGB)... 184
  7. Vorhaben im Außenbereich... 184
    a) Die privilegierten Vorhaben.. 185
    b) Sonstige Vorhaben... 186
    c) Einzelne öffentliche Belange... 186
    d) Erschließung... 187
    e) Teilprivilegierte Außenbereichsvorhaben.......................... 187
    f) Außenbereichssatzungen.. 187

IV. Die Baugenehmigung... 188
  1. Grundlegung.. 188
  2. Genehmigungsbedürftigkeit von Baumaßnahmen..................... 189
    a) Verfahrensfreie Baumaßnahmen, § 60 NBauO.................... 190
    b) Genehmigungsfreie öffentliche Baumaßnahmen, § 61 NBauO... 190
    c) Sonstige genehmigungsfreie Baumaßnahmen, § 62 NBauO..... 191
    d) Verfahrensrechtliche Sonderregelungen in §§ 74, 75 NBauO.... 192
  3. Genehmigungsfähigkeit von Baumaßnahmen......................... 193

4. Das Baugenehmigungsverfahren ... 193
   a) Zuständigkeit ... 193
   b) Antragserfordernis ... 193
   c) Einvernehmen der Gemeinde ... 194
   d) Beteiligung der Nachbarn und anderer Behörden ... 195
   e) „Regelverfahren": Vereinfachtes Baugenehmigungsverfahren ... 195
   f) Nebenbestimmungen ... 196
   g) Verfahrenskonzentration ... 196
5. Wirkungen, Rechtsfolgen und Geltungsdauer der Baugenehmigung ... 197
6. Bauvorbescheid und Teilbaugenehmigung ... 198
7. Rechtsschutzmöglichkeiten des Bauherrn ... 199
8. Übersicht: Erteilung einer Baugenehmigung ... 200
V. Eingriffsbefugnisse der Bauaufsicht ... 201
  1. Voraussetzungen für das Eingreifen der Bauaufsichtsbehörde ... 202
     a) Allgemeine Eingriffsvoraussetzungen ... 202
     b) Spezielle Eingriffsvoraussetzungen: formelle und materielle Illegalität ... 203
  2. Eingriffsmöglichkeiten der Behörde ... 206
     a) Baueinstellungsverfügung ... 207
     b) Nutzungsuntersagung ... 207
     c) Beseitigungsanordnung ... 208
     d) Anpassungsverfügung ... 209
     e) Verantwortlichkeit ... 210
     f) Ermessen der Bauaufsichtsbehörde ... 211
  3. Rechtsschutz des Bauherrn gegen Verfügungen der Bauaufsicht ... 212
VI. Nachbarschutz im öffentlichen Baurecht ... 214
  1. Typische Probleme im Rahmen der Zulässigkeit ... 215
     a) Vorverfahren und Widerspruchsfrist ... 215
     b) Klagebefugnis ... 215
     c) Rechtsschutzinteresse ... 218
  2. Notwendige Beiladung des Bauherrn ... 219
  3. Typische Konstellationen der Baunachbarklage ... 219
     a) Die Anfechtungskonstellation ... 220
     b) Vorläufiger Rechtsschutz in der Anfechtungskonstellation ... 220
     c) Verpflichtungskonstellation ... 221
     d) Vorläufiger Rechtsschutz in der Verpflichtungskonstellation ... 223
     e) Rechtsschutz bei verfahrens- und genehmigungsfreien Bauvorhaben ... 223
     f) Maßgeblicher Entscheidungszeitpunkt ... 225

§ 6 Kommunalrecht	226
I. Einführung	226
II. Grundlagen	228
1. Rechtsquellen	228
a) Unionsrecht	228
b) Verfassungsrecht: Grundgesetz und Landesverfassung	228
c) Einfaches Recht: Gesetze und Verordnungen	229
d) Ortsrecht: Satzungen	230
2. Grundlagen des Kommunalrechts	231
a) Begriff und Rechtsstellung der Gemeinde	231
b) Begriff und Rechtsstellung der Gemeindeverbände	232
III. Recht auf Selbstverwaltung	234
1. Begriff	234
2. Umfang	234
a) Institutionelle Garantie	234
b) Selbstverwaltungsgarantie	235
c) Rechtsschutz: Kommunalverfassungsbeschwerde (subjektive Rechtsstellungsgarantie)	239
d) Prüfungsaufbau Kommunalverfassungsbeschwerden	240
IV. Aufgaben der Kommunen	242
1. Eigener und übertragener Wirkungskreis	242
2. Freiwillige Selbstverwaltungs- und Pflichtaufgaben	243
3. Aufgabenübertragungsverbot und Konnexitätsgebot	244
4. Tabellarische Zusammenfassung	245
V. Gemeindearten	246
1. Kreisfreie Städte	247
2. Kreisangehörige Gemeinden	247
3. Besonderheiten: Göttingen und Hannover	248
VI. Angehörige der Kommune	248
1. Begriff des Einwohners und des Bürgers	248
2. Rechte der Einwohner	248
a) Benutzung der öffentlichen Einrichtungen	248
b) Einwohnerantrag	252
c) Sonstige Rechte der Einwohner: Einwohnerfrage und Verwaltungshilfe	254
3. Pflichten der Einwohner	254
4. Rechte der Bürger	255
a) Wahlrecht	255
b) Bürgerbegehren und Bürgerentscheid	255
c) Bürgerbefragung	263
5. Pflichten der Bürger, insb. im Ehrenamt	263
6. Kinder und Jugendliche	264

Inhalt

- VII. Organe der Gemeinde 264
  1. Allgemeines 264
  2. Vertretung 265
     a) Begriff und Rechtsstellung 265
     b) Zusammensetzung der Vertretung und Rechtsstellung der Abgeordneten 266
     c) Aufgaben 270
     d) Ablauf einer Ratssitzung 270
     e) Auflösung 271
  3. Hauptausschuss 271
     a) Begriff und Rechtsstellung 271
     b) Zusammensetzung 271
     c) Aufgaben 272
     d) Verfahren 272
  4. Hauptverwaltungsbeamter 273
     a) Begriff, Wahl und Rechtsstellung 273
     b) Aufgaben 274
  5. Sonstige Beschäftigte innerhalb der Gemeinde 275
  6. Ortschaften und Stadtbezirke 275
  7. Rechtsschutz: Kommunalverfassungsstreit 276
     a) Allgemeines 276
     b) Prüfungsaufbau Kommunalverfassungsstreit 277
- VIII. Satzungsrecht 280
  1. Allgemeines 280
  2. Verfahren 281
  3. Rechtsschutz 282
- IX. Gemeindeverbände und kommunale Zusammenarbeit 282
  1. Gemeindeverbände 282
     a) Landkreise und die Region Hannover 282
     b) Samtgemeinden 283
  2. Kommunale Zusammenarbeit 283
- X. Wirtschaftliche Betätigung 283
  1. Allgemeines 283
  2. Organisationsformen 286
  3. Rechtsschutz 287
- XI. Aufsicht über die Kommunen 288
  1. Überblick 288
  2. Kommunal-=Rechtsaufsicht 288
     a) Begriff und Zuständigkeiten 288
     b) Kommunalaufsichtsmittel 289
     c) Rechtsschutz 289

3. Fachaufsicht	289
a) Begriff und Zuständigkeiten	289
b) Fachaufsichtsmittel	290
c) Rechtsschutz	290
Stichwortverzeichnis	291

Abkürzungsverzeichnis

aA	anderer Ansicht
aaO	am angegebenen Ort
abl.	ablehnend
Abs.	Absatz
Abschn.	Abschnitt
abw.	abweichend
aE	am Ende
aF	alte Fassung
AG	Amtsgericht
Akt.	Aktualisierung
allg.	allgemein
allgA	allgemeine Ansicht
allgM	allgemeine Meinung
Alt.	Alternative
aM	anderer Meinung
Anh.	Anhang
Anm.	Anmerkung
Art.	Artikel
Aufl.	Auflage
ausdr.	ausdrücklich
ausf.	ausführlich
Az	Aktenzeichen
Bd.	Band
Begr.	Begründung
Bek.	Bekanntmachung
ber.	berichtigt
bes.	besonders
Beschl.	Beschluss
bespr.	besprochen
bestr.	bestritten
BGBl.	Bundesgesetzblatt
Bl.	Blatt
bspw	beispielsweise
BT	Bundestag
bzgl	bezüglich
bzw	beziehungsweise
ders.	derselbe
dh	das heißt
diff.	differenzierend
Dok.	Dokument
Drucks.	Drucksache
e.V.	eingetragener Verein
ebd	ebenda
Einf.	Einführung
eingetr.	eingetragen
Einl.	Einleitung

einschl.	einschließlich
einschr.	einschränkend
EL	Ergänzungslieferung
Entsch.	Entscheidung
entspr.	entsprechend
Entw.	Entwurf
Erkl.	Erklärung
Erl.	Erlass; Erläuterung
evtl	eventuell
f.	für
f, ff	folgende, fortfolgende
Fn	Fußnote
Fs.	Festschrift
geänd.	geändert
gem.	gemäß
ggf	gegebenenfalls
grds.	grundsätzlich
hA	herrschende Auffassung
Hdb	Handbuch
hL	herrschende Lehre
hM	herrschende Meinung
Hrsg.	Herausgeber
hrsg.	herausgegeben
Hs	Halbsatz
iA	im Auftrag
idF	in der Fassung
idR	in der Regel
idS	in diesem Sinne
iE	im Ergebnis
ieS	im engeren Sinne
iHv	in Höhe von
inkl.	inklusive
insb.	insbesondere
insg.	insgesamt
iS	im Sinne
iSd	im Sinne des
iSv	im Sinne von
iÜ	im Übrigen
iVm	in Verbindung mit
iwS	im weiteren Sinne
Kap.	Kapitel
krit.	kritisch
lit.	littera
Lit.	Literatur
LS	Leitsatz
LT	Landtag
m.Anm.	mit Anmerkung
mE	meines Erachtens

mind.	mindestens
Mitt.	Mitteilung(en)
mN	mit Nachweisen
m. w. Bsp.	mit weiteren Beispielen
mwN	mit weiteren Nachweisen
mWv	mit Wirkung von
mzN	mit zahlreichen Nachweisen
n.r.	nicht rechtskräftig
n.v.	nicht veröffentlicht
Nachw.	Nachweise
Nds.	niedersächsisch/Niedersachsen
nF	neue Fassung
Nov.	Novelle
Nr.	Nummer
o.	oben
o.a.	oben angegeben, angeführt
o.Ä.	oder Ähnliches
o.g.	oben genannt
resp.	respektive
Rn	Randnummer
Rspr	Rechtsprechung
S.	Seite
s.	siehe
s.a.	siehe auch
s.o.	siehe oben
s.u.	siehe unten
Slg	Sammlung
sog.	sogenannt/so gennant
str.	streitig
u.	unten
u.a.	unter anderem
u.a.m.	und anderes mehr
uä	und ähnlich
uÄ	und Ähnliches
uE	unseres Erachtens
umstr.	umstritten
unstr.	unstreitig
Urt.	Urteil
usw.	und so weiter
uU	unter Umständen
uVm	und Vieles mehr
v.	von/vom
Var.	Variante
vgl	vergleiche
Vorb.	Vorbemerkung
vorl.	vorläufig
wN	weitere Nachweise
zB	zum Beispiel

Abkürzungsverzeichnis

Ziff.	Ziffer
zit.	zitiert
zT	zum Teil
zust.	zustimmend
zutr.	zutreffend
zw.	zweifelhaft
zzgl	zuzüglich

§ 1 Niedersächsisches Verfassungsrecht

von *Prof. Dr. Thomas Mann*

Allgemeine Literatur: *Busse*, Regierungsbildung und Regierungswechsel nach niedersächsischem Verfassungsrecht, 1992; *Epping/Butzer/Brosius-Gersdorf/Haltern/Mehde/Waechter* (Hrsg.), Hannoverscher Kommentar zur Niedersächsischen Verfassung, 2012; *Hagebölling*, Niedersächsische Verfassung, 2. Aufl. 2011; *Hüpper*, Der Staatsgerichtshof des Landes Niedersachsen, 2000; *Imgart*, Die Entstehung des Landes Niedersachsen und die Geschichte seiner Verwaltung, in: Faber/Schneider (Hrsg.), Niedersächsisches Staats- und Verwaltungsrecht, 1985, S. 1 ff.; *Ipsen*, Niedersächsische Verfassung, 2011; *Ipsen*, Verfassungsrecht des Landes Niedersachsen, in: Brandt/Schinkel (Hrsg.), Staats- und Verfassungsrecht für Niedersachsen, 2002, S. 65 ff.; *Korte/Rebe*, Verfassung und Verwaltung des Landes Niedersachsen, 2. Aufl. 1986; *Kühne*, Die Entstehung des Landes Niedersachsen und seiner Verfassung, in: Brandt/Schinkel (Hrsg.), Staats- und Verwaltungsrecht für Niedersachsen, 2002, S. 23 ff.; *Neumann*, Die Niedersächsische Verfassung, 3. Aufl. 2000; *Schneider*, Verfassungsrecht, in: Faber/Schneider (Hrsg.), Niedersächsisches Staats- und Verwaltungsrecht, 1985, S. 44 ff.; *Starck*, Die neue Niedersächsische Verfassung von 1993, NdsVBl. 1994, S. 2.

I. Entstehung des Landes und Verfassungsentwicklung in Niedersachsen

1. Bildung des Landes und Vorläufige Ordnung von 1947

Als ersten Schritt zu einer Neubildung von Ländern verfügte die Britische Militärregierung, die nach dem verlorenen Zweiten Weltkrieg vorübergehend die Hoheitsgewalt auf dem heutigen Gebiet Niedersachsens ausübte, mit ihrer **Verordnung Nr. 46**, dass die ehemaligen preußischen Provinzen in der Britischen Zone (aufgelistet in Anhang I) aufgelöst werden und „vorläufig die staatsrechtliche Stellung von Ländern" erhalten sollen.[1] Die eigentliche „Geburtsurkunde" des Landes Niedersachsen war dann die am 1. November 1946 in Kraft getretene **Verordnung Nr. 55** der Britischen Militärregierung, welche anordnete, dass die Länder Braunschweig, Hannover, Oldenburg und Schaumburg-Lippe[2] ihre Selbstständigkeit als Länder verlieren und Teile des neuen Landes „Niedersachsen" werden.[3] Weiterhin bestimmte die Verordnung Nr. 55 Hannover zur Hauptstadt Niedersachsens (Art. II) und dass die vollziehende Gewalt in Niedersachsen von einem „Ministerium" ausgeübt werden soll, dessen Vorsitzender die Bezeichnung „Ministerpräsident" führen soll (Art. III) und ebenso wie die weiteren Mitglieder des Ministeriums vom Militärgouverneur ernannt werden (Art. IV). Auch die Entscheidung über die Zusammensetzung der ebenfalls zu bildenden gesetzgebenden Körperschaft und über die Ernennung ihrer Mitglieder[4] blieb dem Militärgouverneur vorbehalten (Art. V).

1

---

1 Vgl. Art. I der Verordnung Nr. 46 „Auflösung der Provinzen des ehem. Landes Preußen in der Britischen Zone und ihre Neubildung als selbständige Länder" v. 30.8.1946, Amtsblatt der Militärregierung Deutschland – Britisches Kontrollgebiet, S. 305. Diese Verordnung trat gem. Art. V am 23.8.1946 in Kraft, also genau 80 Jahre, nachdem Preußen dem besiegten Königreich Hannover im Prager Frieden den Status einer Provinz zugewiesen hatte – ein gewiss nicht zufälliger symbolischer Akt.
2 Zur Gebietsinkongruenz dieser ehemaligen Länder mit dem Staatsgebiet von Niedersachsen vgl. *Schneider*, in: Faber/Schneider, Nds. Staats- und Verwaltungsrecht, S. 44 (68 f.).
3 Vgl. Art. I i.V.m. der Anlage der Verordnung Nr. 55 „Bildung des Landes Niedersachsen" v. 1.11.1946, Amtsblatt der Militärregierung Deutschland – Britisches Kontrollgebiet, S. 341.
4 Zur parteipolitischen Zusammensetzung der 86 Abgeordneten vgl. *Schneider*, in: Faber/Schneider, Nds. Staats- und Verwaltungsrecht, S. 44 (50); *Ipsen*, NV, Einleitung Rn. 5.

2 Der auf diese Weise ernannte Landtag erließ bereits im Februar 1947 ein „**Gesetz zur vorläufigen Ordnung der Niedersächsischen Landesgewalt**",[5] das als einfachrechtliches Organisationsstatut in 13 Vorschriften Näheres über die Gesetzgebung im Landtag und die Befugnisse der „Staatsregierung" regelte. Weil dieses Gesetz nur einer ersten Ordnung in der Übergangszeit dienen sollte, war seine Geltungskraft zunächst nur bis Ende 1947 befristet. Diese Frist wurde dann jedoch insgesamt fünfmal verlängert, bevor 1950 die Befristung mit Blick auf den nahen Abschluss der Verfassungsberatungen endgültig gestrichen worden ist.[6]

2. Die vorläufige Niedersächsische Verfassung von 1951

3 Die bereits unmittelbar nach Gründung des Landes einsetzenden Überlegungen zur Schaffung einer Verfassung für das neue Land Niedersachsen nahmen ihren Ausgangspunkt in dem sog. „**Neuwerk-Entwurf**" des ersten Ministerpräsidenten *Hinrich Wilhelm Kopf* aus dem Jahr 1947.[7] Hierbei handelte es sich, ebenso wie bei dem ebenfalls 1947 formulierten **Entwurf der Deutschen Partei**,[8] um den Entwurf einer Vollverfassung – ein Konzept, das mit dem am 26. Mai 1950 vorgelegten **Regierungsentwurf** für eine „Vorläufige Niedersächsischen Verfassung"[9] nicht weiter verfolgt wurde, weil sich angesichts der Beratungen zum Grundgesetz die Vorstellung durchgesetzt hatte, dass Doppelungen mit dem Grundgesetz vermieden werden sollten.[10] Als kennzeichnend für diese Ansicht hat sich bis heute die prägnante Formulierung des im Landtag als Experten angehörten Göttinger Staats- und Verwaltungsrechtlers Prof. Dr. *Werner Weber* überliefert, der diesen Entwurf als Gegenentwurf zu den „Prunkverfassungen" der süddeutschen Länder vor allem deshalb lobte, weil er auf eine starke Betonung der Eigenständigkeit des Landes Niedersachsen verzichtete.[11]

4 Der **Entwurf** verzichtete dementsprechend u.a. auf einen eigenen Grundrechtskatalog und beschränkte sich weitgehend auf staatsorganisatorische Regelungen. Hierbei zeichnete sich der Entwurf insbesondere durch eine **starke Stellung der Staatsregierung** aus; der Regierung wurde nicht nur ein Einspruchsrecht gegen vom Landtag beschlossene Gesetze gewährt (dazu noch unten Rn. 5, 57), sondern es konnte auch das Parlament dem mit absoluter Mehrheit zu wählenden Ministerpräsidenten nicht das Misstrauen aussprechen. Weil auch ein konstruktives Misstrauensvotum – wie noch im Neuwerk-Entwurf (o. Rn. 3) – nicht vorgesehen war, konnte der Landtag die Regierung in einer laufenden Legislaturperiode nicht stürzen. Er konnte lediglich mit der

---

5 Gesetz v. 11.2.1947 (Nds. GVBl. S. 1).
6 Sechstes Gesetz zur Änderung des Gesetzes zur vorläufigen Ordnung der Niedersächsischen Landesgewalt v. 25.9.1950 (Nds. GVBl. S. 49).
7 Die Erstfassung v. Sommer 1947 wurde in einer eingekürzten Zweitfassung v. September 1947 zum Gegenstand der Beratungen, näher hierzu *Rebe*, in: Korte/Rebe, Verfassung und Verwaltung des Landes Nds., S. 101 ff.
8 Entwurf eines niedersächsischen Staatsgrundgesetzes v. 9.12.1947, LT-Dr. 1/476; hierzu näher *Rebe*, in: Korte/Rebe, Verfassung und Verwaltung des Landes Nds., S. 99 f.; *Kühne*, in: Brandt/Schinkel, Staats- und Verwaltungsrecht für Nds., S. 23 (57 f.).
9 LT-Dr. 1/2073.
10 Vgl. paradigmatisch den Abgeordneten *Föge* (FDP), LT-Prot. I/6860 (125. Sitzung am 3.4.1951): „gute Ausführungsverordnung vom Bonner Grundgesetz". Vgl. auch *Schneider*, in: Faber/Schneider, Nds. Staats- und Verwaltungsrecht, S. 44 (47): „lediglich als eine Art ‚Ergänzungsregelung' zum Grundgesetz gedacht".
11 *Weber*, DVBl. 1950, 593 (594).

Mehrheit aller Abgeordneten seine Auflösung beschließen, so dass bei dem Zusammentreten des neu gewählten Landtags der Ministerpräsident zurücktreten musste.[12]

Bei den **Beratungen im Landtag**[13] hat die Regierungsvorlage noch einige Modifikationen und Ergänzungen erfahren, die insbesondere historisch-kulturelle Bezüge zu den Vorgängerländern (Art. 1 und 56) und eine Veränderung des Verhältnisses der (nun so genannten) Landesregierung zum Parlament betrafen. So wurde das Vetorecht der Landesregierung zu einer Befugnis abgeschwächt, die Abstimmung über ein Gesetz für 30 Tage auszusetzen (Art. 33 Abs. 2 VNV) und es wurde ein konstruktives Misstrauensvotum eingefügt (Art. 23 Abs. 2 S. 2 VNV, vgl. auch unten Rn. 46).[14] In der Schlussabstimmung am 3. April 1951 wurde die Vorläufige Niedersächsische Verfassung mit 107:29 Stimmen bei 3 Enthaltungen angenommen. Sie ist gem. Art. 61 Abs. 1 VNV **am 1. Mai 1951 in Kraft** getreten[15] und während ihrer 42-jährigen Geltungsdauer nur zwölfmal geändert worden.[16]

3. Die Niedersächsische Verfassung von 1993

Die starke Bezogenheit der VNV auf das Grundgesetz fand auch in Art. 61 Abs. 2 VNV ihren Ausdruck, in dem festgelegt worden war, dass die Verfassung „ein Jahr nach Ablauf des Tages außer Kraft [tritt], an dem das Deutsche Volk in freier Entscheidung eine Verfassung beschließt." Da sich die **deutsche Wiedervereinigung** jedoch nicht nach Art. 146 GG, sondern durch Beitritt nach Art. 23 S. 2 GG a.F. vollzogen hatte, blieb die VNV auch nach der Wiedervereinigung zunächst in Kraft.[17] Gleichwohl hatte die VNV der Sache nach den Grund für ihre Vorläufigkeit verloren, so dass die Zeit für eine **Verfassungsreform** gekommen schien. Da die Außerkrafttretensanordnung des Art. 61 Abs. 2 VNV also nicht griff, wählte man in Niedersachsen hierzu den Weg einer – sehr weitgehenden – **Verfassungsänderung**,[18] **nicht** aber einer vollkommenen **Neuschöpfung einer Landesverfassung**, die der Landtag nicht hätte beschließen können, weil sie der Annahme im Wege eines Verfassungsplebiszits durch die verfassunggebende Gewalt des Volkes bedurft hätte. Deutlich wird diese Konstruktion insbesondere durch die später gewählte Verkündungsformel im Gesetz- und Verordnungsblatt, die zum Ausdruck bringt, dass der Niedersächsische Landtag „unter Einhaltung der Vorschrift des Art 38" der VNV – das war die Vorschrift über Verfassungsänderungen – die nachfolgend bekanntgemachte Verfassung beschlossen hat.[19] Zum Beleg mag auch die heutige Präambel dienen, die davon spricht, dass sich „das Volk von Niedersachsen durch seinen Landtag" diese Verfassung gegeben hat,

---

12 Weitere Einzelheiten zum Regierungsentwurf bei *Ipsen*, NV, Einleitung Rn. 12 ff.; *Butzer*, in: Epping u.a. (Hrsg.), Hannoverscher Kommentar zur NV, Einleitung Rn. 17.
13 Ausführliche Schilderung bei *Rebe*, in: Korte/Rebe, Verfassung und Verwaltung des Landes Nds., S. 108 ff.
14 Ausführlichere Auflistung bei *Ipsen*, NV, Einleitung Rn. 118 ff.; *Butzer*, in: Epping u.a. (Hrsg.), Hannoverscher Kommentar zur NV, Einleitung Rn. 19.
15 Nds. GVBl. S. 103.
16 Zu den ersten neun Änderungsgesetzen bis 1972 s. *Groschupf*, JöR n.F. 28 (1979), 381 (385 ff.); *Schneider*, in: Faber/Schneider, Nds. Staats- und Verwaltungsrecht, S. 44 (47).
17 Herrschende Meinung, vgl. nur *Starck*, NdsVBl. 1994, 2; *Berlit*, NVwZ 1994, 11 (12).
18 Die gem. Art. 37 Abs. 1 VNV durch Verfassungsänderung nicht antastbaren Grundsätze der Art. 1 Abs. 1 und Art. 2 VNV blieben gewahrt.
19 Vgl. Nds. GVBl. S. 107.

doch ist die Niedersächsische Verfassung zunächst ohne diese Präambel verkündet worden, die ihre Existenz letztlich einer Volksinitiative verdankt (unten Rn. 8).

7 Formal angestoßen wurden die Verfassungsberatungen zunächst durch einen Antrag der FDP-Fraktion auf Einsetzung einer Enquêtekommission zur Erarbeitung einer neuen Verfassung,[20] der im Plenum zwar abgelehnt, aber gleichzeitig von dem Beschluss zur Einberufung eines **Sonderausschusses „Niedersächsische Verfassung"** begleitet wurde.[21] Am Ende der zweieinhalbjährigen Beratungen im Sonderausschuss[22] ist dessen Entwurf in der Schlussabstimmung im Landtag am 13. Mai 1993 bei 149:1 Stimmen mit der nach Art. 38 S. 2 VNV erforderlichen Mehrheit angenommen worden.[23] Nach ihrer Ausfertigung und Verkündung am 19. Mai 1993[24] ist die „neue" Niedersächsische Verfassung gemäß ihres Art. 78 Abs. 1 NV dann **am 1. Juni 1993 in Kraft getreten.**

8 Seitdem sind durch insgesamt **fünf Änderungsgesetze**[25] Modifikationen am Textkorpus der Niedersächsischen Verfassung vorgenommen worden, die teilweise auch die in den Verfassungsberatungen getroffenen Entscheidungen wieder rückgängig gemacht haben. So ist die bewusste Nichtaufnahme einer Präambel[26] bereits 1994 durch das erste Änderungsgesetz zur Niedersächsischen Verfassung[27] korrigiert worden (unten Rn. 17), nachdem zuvor eine überkonfessionelle Volksinitiative zur Einführung einer Präambel mit Gottesbezug bereits binnen drei Monaten die von Art. 47 NV geforderten 70.000 Unterschriften zusammen bekommen hatte.[28] Eine weitere wichtige Verfassungsänderung war daneben auch die Einführung der strikten Konnexitätsklausel in Art. 57 Abs. 4 S. 2 NV im Jahr 2006 (dazu unten Rn. 76).

II. Die Landesverfassung in der bundesstaatlichen und europäischen Ordnung

1. Staatsqualität des Landes Niedersachsen

9 Soweit Art. 20 Abs. 1 GG bestimmt, dass die Bundesrepublik Deutschland ein Bundesstaat ist, kennzeichnet dies – in Abgrenzung zum Staatenbund – einen Staat, der sich aus mehreren Staaten zusammensetzt, wobei sowohl dem Bund als auch den Gliedstaaten Staatscharakter zukommen.[29] Von der Staatsqualität Niedersachsens geht auch die Niedersächsische Verfassung aus, wenn sie in der Zentralnorm des Art. 1

---

20 Antrag der FDP-Fraktion v. 12.7.1990, LT-Dr. 12/42.
21 Vgl. LT-Prot. 12/480 ff. (7. Sitzung am 10.10.1990). Zur Aufgabenstellung des Sonderausschusses vgl. die Beschlussempfehlung LT-Dr. 12/259, Annahmebeschluss LT-Prot. 12/486 (7. Sitzung am 10.10.1990).
22 Ausführliche Schilderung bei *Butzer*, in: Epping u.a. (Hrsg.), Hannoverscher Kommentar zur NV, Einleitung Rn. 24–32.
23 Vgl. LT-Prot. 12/7495 ff. (80. Sitzung am 13.5.1993).
24 Nds. GVBl. S. 107.
25 Vgl. Erstes ÄndG v. 6.6.1994 (Nds. GVBl. S. 229): Präambel; Art. 1 Zweites ÄndG v. 21.11.1997 (Nds. GVBl. S. 480): Art. 3, 6 a, 6 b, 57; Art. 1 ÄndG v. 27.1.2006 (Nds. GVBl. S. 58): Art. 57, 66; Art. 1 ÄndG v. 18.6.2009 (Nds. GVBl. S. 276): Art. 4 a; Art. 1 G zur Neuregelung der Rechtsstellung der oder des Landesbeauftragten für den Datenschutz v. 30.6.2011 (Nds. GVBl. S. 210): Art. 62, 66.
26 Nachgezeichnet bei *Butzer*, in Epping u.a. (Hrsg.), Hannoverscher Kommentar zur NV, Einleitung Rn. 32.
27 Erstes ÄndG v. 6.6.1994 (Nds, GVBl. S. 229), zugrunde lag eine Gesetzesinitiative der CDU-Fraktion LT-Dr. 12/5971.
28 Vgl. die Schilderung bei *Starck*, NdsVBl. 1994, 2 (4).
29 Vgl. nur BVerfGE 36, 342 (360 f.) und *Isensee*, in: Ders./Kirchhof (Hrsg.), Handbuch des Staatsrechts, Band VI, 3. Aufl. 2008, § 126 Rn. 4.

Abs. 2 NV das Land Niedersachsen als „Rechtsstaat in der Bundesrepublik Deutschland" bezeichnet und die **drei Wesensmerkmale der Staatlichkeit,**[30] das Staatsvolk (Präambel, Art. 47 ff.), das Staatsgebiet (Art. 1 Abs. 1) und die Staatsgewalt (Art. 41 ff., Art. 51 ff., Art. 56 ff.), mit eigenen Bestimmungen ausdrücklich anspricht.

2. Verhältnis zum Bund

Es entspricht dem Wesen eines Bundesstaates, dass die **Ausübung der Staatsgewalt** gemäß der Kompetenzordnung des Grundgesetzes zwischen dem Bund und den Ländern **föderativ aufgeteilt** ist. Die Kompetenzausstattung des Landes ist also unvollständig und ergänzt sich erst in der Zusammenschau mit den komplementären Kompetenzen des Bundes zu dem Idealbild staatlicher Allzuständigkeit. Nach der grundlegenden Verteilungsregel des **Art. 30 GG** ist „die Ausübung der staatlichen Befugnisse und die Erfüllung der staatlichen Aufgaben Sache der Länder, soweit dieses Grundgesetz keine andere Regelung trifft oder zulässt". Trotz dieser auf den ersten Blick zugunsten der Länder sprechenden Aussage enthält das Grundgesetz in den Art. 70 ff. GG (für die Gesetzgebung), Art. 83 ff. GG (für die Verwaltung) und Art. 93 ff. GG (für die Rechtsprechung) zahlreiche Kompetenzeinräumungen zugunsten des Bundes.

Ausdruck ihrer Staatsqualität ist auch das Recht der Länder, untereinander, mit dem Bund oder im Rahmen ihrer Gesetzgebungszuständigkeiten auch **mit auswärtigen Staaten Verträge abzuschließen** (vgl. Art. 32 Abs. 3 GG). Darüber hinaus besteht eine Verfassungsautonomie der Länder, die im deutschen Bundesstaat allein durch das **Homogenitätsgebot** des Art. 28 Abs. 1 S. 1 GG eingehegt wird, welches vorgibt, dass auch die Verfassungsordnung in den Ländern den Grundsätzen des republikanischen, demokratischen und sozialen Rechtsstaates im Sinne des Grundgesetzes entsprechen muss – eine Vorgabe, deren Erfüllung von Art. 1 Abs. 2 NV an prominenter Stelle deklariert wird. Innerhalb der Grenzen dieser Staatsstrukturprinzipien ist es Folge der **Verfassungsautonomie des Landes Niedersachsen**, sein Staatsorganisationsrecht eigenständig regeln zu können.[31]

Für den Fall, dass eine Regelung der Landesverfassung im Widerspruch zu Vorschriften des Bundesrechts steht, bestimmt die für einen Bundesstaat typische **Kollisionsregel des Art. 31 GG**: „Bundesrecht bricht Landesrecht". Durch diese Regel, die eine Widerspruchsfreiheit der Teilrechtsordnungen im Bundesstaat sichern soll, wird nicht nur der Konfliktfall divergierender Verfassungsnormen im Grundgesetz und der Niedersächsischen Verfassung geregelt. Sie durchbricht darüber hinaus auch die prioritäre Stellung der Verfassung in der Normenhierarchie, indem sie dem gesamten Landesrecht eine nachrangige Stellung gegenüber dem gesamten Bundesrecht zuweist: **Bundesrecht jeder Stufe genießt Vorrang vor** Landesrecht jeder Stufe, so dass sich im Fall widersprechender Regelungen etwa auch eine Bundesrechtsverordnung gegenüber einem Artikel **der Landesverfassung** durchzusetzen vermag.[32]

---

30 Zur der auf G. *Jellinek*, Allgemeine Staatslehre, 3. Aufl. 1913, S. 394 ff. zurückgehenden sog. Drei-Elemente-Lehre des Völkerrechts vgl. nur *Schöbener/Knauff*, Allgemeine Staatslehre, 2. Aufl. 2013, § 3 Rn. 16 ff.
31 BVerfGE 4, 178 (189); 64, 301 (317).
32 Ausführlich zum Kollisionsrecht *Pietzcker*, in: Isensee/Kirchhof (Hrsg.), Handbuch des Staatsrechts, Band VI, 3. Aufl. 2008, § 134 Rn. 46, 47 ff.

3. Niedersachsen und Europa

13 Weil das Primärrecht der Europäischen Union in Gestalt des EUV und des AEUV sowie das Sekundärrecht in Gestalt der Verordnungen und Beschlüsse (Art. 288 AEUV) unmittelbar in den Mitgliedstaaten gilt, kann es ebenfalls mit dem Landesverfassungsrecht kollidieren. In diesen Fällen genießt das **EU-Recht einen Anwendungsvorrang** vor allem nationalem Recht,[33] also auch im Verhältnis zur Niedersächsischen Verfassung.

14 Ebenso wie die auswärtigen Angelegenheiten generell sind auch Unionsangelegenheiten Sache des Bundes. Von der Befugnis des Bundes, Hoheitsrechte auf die Europäische Union zu übertragen (Art. 23 Abs. 1 S. 2 GG) sind auch die im föderalen Aufbau den Ländern zugewiesenen Kompetenzen, insbesondere im Bereich der Gesetzgebung, erfasst, so dass die Länder ihre **verfassungsrechtliche Eigenständigkeit und politische Gestaltungsfähigkeit immer mehr schwinden** sehen. Die Bemühungen, diesem Trend entgegen zu wirken, setzen auf zwei Ebenen an:[34] Zum einen soll den Ländern durch förmliche Mitwirkungsrechte in EU-Angelegenheiten über den **Bundesrat** ein Einfluss auf die europapolitischen Entscheidungen der Bundesregierung[35] gesichert werden; hierfür sehen die Art. 23 Abs. 1 S. 2, Abs. 5 S. 2 und Abs. 6 GG spezielle Maßgaben vor. Zum anderen fordern vor allem die Länder eine strikte Beachtung des **Subsidiaritätsprinzips** (vgl. Art. 5 Abs. 1 S. 2, Abs. 3 EUV)[36] durch die europäischen Institutionen ein und streben nach Anerkennung einer dritten, regionalen Ebene mit eigenen Mitwirkungsrechten im Mehrebenensystem, was nach derzeitigem Integrationsstand nur im **Ausschuss der Regionen** möglich ist.[37]

III. Überblick über den Aufbau der Niedersächsischen Verfassung

15 Obwohl sie inzwischen als „Vollverfassung" angesehen wird,[38] enthält die Niedersächsische Verfassung in ihren insgesamt **neun Abschnitten** primär staatsorganisationsrechtliche Bestimmungen. Für knappe Aussagen zu den Grundlagen der Staatsgewalt, Grundrechten und Staatszielen dient lediglich der erste Abschnitt (Art. 1–6 b NV), danach werden in jeweils einzelnen Abschnitten deutlich ausführlicher zunächst die Staatsorgane Landtag (Art. 7–27 NV) und Landesregierung (Art. 28–40 NV) thematisiert, bevor anschließend die Staatsfunktionen Gesetzgebung (Art. 41–46 NV sowie – mit Blick auf Möglichkeiten direkter Demokratie – Art. 47–50 NV), Rechtsprechung (Art. 51–55 NV) und Verwaltung (Art. 56–62 NV) in eigenen Abschnitten zum Gegenstand der Verfassung gemacht werden. Nach dem ergänzenden Abschnitt über das Finanzwesen (Art. 63–71 NV) schließen Übergangs- und Schlussbestimmungen

---

33 Ständige Rspr. des EuGH seit EuGH, Rs. 6/64, Slg. 1964, 1251 ff. (Costa/ENEL); mit abw. Begründung über Art. 23 GG auch des BVerfG, vgl. BVerfGE 89, 155 (190); 123, 267 (396 ff.).
34 Zum Ganzen ausführlich *Puttler*, in: Isensee/Kirchhof (Hrsg.), Handbuch des Staatsrechts, Band VI, 3. Aufl. 2008, § 142 Rn. 5–56.
35 Zur Integrationsverantwortung auch des Bundestags vgl. BVerfGE 123, 267 (351 ff.).
36 Hierzu *Calliess*, in Ders./Ruffert, EUV/AEUV, 4. Aufl. 2011, Art. 5 Rn. 20 ff.
37 Der Ausschuss hat nur beratende Funktion; zu seiner Rechtsstellung vgl. *Lambertz/Hüttmann* (Hrsg.), Europapolitik und Europafähigkeit der Regionen, 2009; *Henneke*, in: Mann/Püttner, Handbuch der kommunalen Wissenschaft und Praxis, Band 1, 3. Aufl. 2007, § 35 Rn. 47 ff.; *Seele*, ebda., § 37 Rn. 45 ff.
38 *Hagebölling*, NV, Art. 3 Anm. 1; *Epping*, in: Ders. u.a. (Hrsg.), Hannoverscher Kommentar zur NV, Art. 3 Rn. 5.

(Art. 72–78 NV) den Verfassungskorpus ab. Kennzeichnend für den Verfassungstext ist eine wenig pathetische, **sachlich-zurückhaltende Sprache**, die auf verschachtelte Sätze, wie sie Rechtstexten ansonsten zu eigen sind, verzichtet. Das macht die in der Verfassung getroffenen Regelungen für den Bürger besser verständlich.[39]

Dieses in der eigentlichen Verfassungsurkunde geregelte (formelle) **Verfassungsrecht** bedarf als höchstrangiges Recht in der Normenhierarchie des Landes in vielen Bereichen einer konkretisierenden Ausgestaltung durch einfaches Gesetzesrecht. Die betreffenden Gesetze – z.B. Landeswahlgesetz, Staatsgerichtshofgesetz – und Geschäftsordnungen der Staatsorgane bilden gemeinsam mit der Verfassung das „**Staatsrecht**" des Landes Niedersachsen.

IV. Staatsgrundlagen

Mit der nachträglich eingefügten (o. Rn. 8) **Präambel** bringt die Niedersächsische Verfassung zunächst einmal zum Ausdruck, dass die Verfassung nicht unmittelbar durch das Volk angenommen wurde, sondern formal durch Verfassungsänderung („hat sich das Volk von Niedersachsen durch seinen Landtag diese Verfassung gegeben") zustande gekommen ist (o. Rn. 6). Darüber hinaus wird durch die Wendung „Im Bewusstsein seiner **Verantwortung vor Gott und den Menschen**", welche den ersten Worten in der Präambel des Grundgesetzes nachgebildet ist, zwar ein Bezug zur primär christlich-abendländischen Tradition Niedersachsens hergestellt, doch ist dieser nicht im Sinne einer Glaubenswahrheit, sondern als Bekenntnis zu einem das Volk prägenden Kultur- und Bildungsfaktor anzusehen.[40] Weil die Verfassung eines säkularen Staates sich nicht auf den Gott einer bestimmten Religionsgesellschaft festlegen kann, ohne zu sich selbst in Widerspruch zu geraten,[41] muss die Nominatio Dei daher wie diejenige im Grundgesetz als „Chiffre für eine transzendente Entität"[42] gesehen werden, die im Kontext mit der gleichzeitigen Nominatio Hominis eine Absage an einen relativistischen Gesetzespositivismus bedeutet[43] und deutlich machen soll, dass sich der Verfassunggeber seiner moralischen und historischen Verantwortung bewusst gewesen ist. Keineswegs werden durch diese Wendung aber Staatsbürger oder Staatsorgane Niedersachsens auf eine der drei monotheistischen Religionen festgelegt oder andere Glaubens- oder Weltanschauungen aus der staatlichen Gemeinschaft ausgegrenzt.

Die eigentlichen Aussagen zu den Grundlagen der niedersächsischen Staatsgewalt finden sich in den **Art. 1–6 b NV**. Hierbei gilt es, zwischen Staatsstrukturprinzipien, Staatszielen und der Statuierung von Grundrechten zu unterscheiden.

16

17

18

---

39 Zu den Funktionen und Mitteln (u.a. „leserfreundlicher" Satzbau mit Satzakzent am Satzanfang) der Verfassungssprache vgl. *Hilf*, in: Isensee/Kirchhof (Hrsg.), Handbuch des Staatsrechts, Band XII, 2. Aufl. 2014, § 262.
40 So *Ipsen*, NV, Präambel Rn. 13 unter Bezug auf BVerfGE 41, 29 (52).
41 Vgl. *Ennuschat*, NJW 1998, 953 (954) mit Blick auf das Verhältnis von Präambel und Art. 4 Abs. 1 GG.
42 *Dreier*, in: Ders. (Hrsg.), GG, Band I, 3. Aufl. 2013, Präambel Rn. 32 f.
43 So für das GG auch der Bericht der Gemeinsamen Verfassungskommission, BT-Dr. 12/6000, S. 110.

1. Staatsstrukturprinzipien

19 In Entsprechung zur Homogenitätsklausel des Art. 28 Abs. 1 S. 1 GG benennt **Art. 1 Abs. 2 NV** die für Niedersachen geltenden Staatsstrukturprinzipien. Mit der Aussage, dass das Land Niedersachsen „ein freiheitlicher, republikanischer, demokratischer, sozialer und dem Schutz der natürlichen Lebensgrundlagen verpflichteter Rechtsstaat in der Bundesrepublik Deutschland und Teil der europäischen Völkergemeinschaft" ist, geht die Landesverfassung aber zum Teil über die als Mindestmaß an Homogenität gedachten Vorgaben des Art. 28 Abs. 1 S. 1 GG hinaus. Das betrifft zum einen die auf den Schutz der natürlichen Lebensgrundlagen bezogene Staatszielbestimmung (dazu unten Rn. 22 ff.), gilt zum anderen aber auch für die Einordnung Niedersachsens als **Teil der europäischen Völkergemeinschaft**. Diese ist jedoch kein besonderer Ausdruck von Verfassungsautonomie, sondern **rein deklaratorisch**, da sie sich mit Blick auf die Europäische Union bereits aus den zur Umsetzung des Art. 23 GG ergangenen Rechtsakten des Bundes ergibt und eine ergänzende europäische Integration mit Mitteln des Völkerrechts, etwa im Rahmen des Europarates, ohnehin nicht in die Zuständigkeit Niedersachsens fällt (vgl. Art. 32 Abs. 1 GG). Weil darüber hinaus auch das über Art. 28 Abs. 1 GG hinausgehende Attribut, Niedersachsen sei ein **„freiheitlicher" Staat, keinen staatstheoretischen Mehrwert** in sich birgt, da Freiheit und Gleichheit anerkannte Wesensbedingungen der Demokratie sind,[44] verbleibt es auch für Niedersachsen im Kern bei den aus dem Grundgesetz bekannten fünf Staatsstrukturprinzipien: **Republikanische Staatsform, Demokratieprinzip, Sozialstaatsprinzip, Rechtsstaatsprinzip und Bundesstaatlichkeit**.

20 Wie schon im Grundgesetz konstituieren die genannten **Staatsstrukturprinzipien als** maßgebliche **verfassungsgestaltende Grundentscheidungen** die verfassungsmäßige Ordnung Niedersachsens. Ohne die Geltung dieser „Konstruktionselemente" erhielte die Niedersächsische Verfassung einen anderen Charakter. Dementsprechend werden durch Art. 76 Abs. 2 NV auch Verfassungsänderungen als unzulässig erklärt, die den in Art. 1 Abs. 2 u. Art. 2 NV niedergelegten Grundsätzen widersprechen. Die besondere rechtliche Schwierigkeit in der Anwendung der Staatsstrukturprinzipien liegt in ihrer Wirkungsweise begründet; als verfassungsrechtliche Prinzipien weisen sie zwangsläufig eine **große Abstraktionshöhe** auf, die für die Rechtsanwendung oder im Rahmen der verfassungskonformen Auslegung erst mit konkreten Inhalten gefüllt werden muss. Als objektive Verfassungsentscheidungen binden sie zwar den Staat, doch lassen sich unmittelbar aus den Staatsstrukturprinzipien keine subjektiv-öffentlichen Rechte ableiten. Erst dort, wo aus den Prinzipien Grundsätze und Regeln abgeleitet werden können[45] oder sich in der Verfassung besondere Teilausprägungen dieser Prinzipien finden, kann juristisch subsumiert werden; so können Individuen beispielsweise keine Ansprüche geltend machen, indem sie sich auf das Demokratieprinzip be-

---

44 *Haltern/Manthey*, in: Epping u.a. (Hrsg.), Hannoverscher Kommentar zur NV, Art. 1 Rn. 17 deuten dieses Attribut daher auch nur als „verborgene Geschichtserzählung", mit der sich Niedersachsen von Gewalt- und Unrechtsherrschaften, wie sie im Nationalsozialismus oder in der DDR praktiziert wurden, distanziert.
45 Dazu *Schmidt-Aßmann*, AöR 116 (1991), S. 329 (338).

rufen, doch gewährt das ihm entspringende Wahlrecht entsprechende subjektiv-öffentliche Rechte.[46]

Der Inhalt der für die Niedersächsische Verfassung geltenden Staatsstrukturprinzipien unterscheidet sich nicht von dem Gehalt, den die Prinzipien unter dem Grundgesetz haben, so dass an dieser Stelle auf die zahlreichen Lehrbücher zum Staatsrecht und Kommentare zum Grundgesetz verwiesen werden kann. Als **besondere Ausprägungen der Staatsstrukturprinzipien in der Niedersächsischen Verfassung** sei lediglich auf folgende Artikel verwiesen: Mit den knappen Sätzen, dass alle Staatsgewalt vom Volke ausgeht (Art. 2 Abs. 1 S. 1 NV) und „vom Volke in Wahlen und Abstimmungen und durch besondere Organe" ausgeübt wird (Art. 2 Abs. 1 S. 2 NV) bringt auch die Niedersächsische Verfassung die Volkssouveränität als Kernforderung des **Demokratieprinzips** zum Ausdruck. Hieraus folgt vor allem, dass die mit der Ausübung der hoheitlichen Aufgaben in allen drei Staatsfunktionen betrauten Amtswalter und Organe über eine organisatorisch-personelle demokratische Legitimation verfügen müssen, die sich in einer ununterbrochenen Legitimationskette auf das Volk zurückführen lässt.[47] 21

Auch von den zahlreichen Elementen, die dem **Rechtsstaatsprinzip** zuzurechnen sind, werden einige gesondert in der Niedersächsischen Verfassung garantiert. Zu nennen ist in erster Linie Art. 2 Abs. 2 NV, der (gemeinsam mit Abs. 1) sowohl den Gedanken der Gewaltenteilung als auch die Verfassungs- und Gesetzmäßigkeit staatlichen Handelns und die damit verbundenen Grundsätze des Vorrangs und des Vorbehalts des Gesetzes zum Ausdruck bringt. Andere Konkretisierungen finden sich in Art. 3 NV (Grundrechtsgewährung) und Art. 51 ff. NV (Rechtsschutzgewährung). Das **Sozialstaatsprinzip** erfährt durch die Staatszielbestimmung in Art. 6 a NV (unten Rn. 24) eine besondere Ausgestaltung.

2. Staatszielbestimmungen

Die Verfassungsautonomie des Landes Niedersachsen (o. Rn. 11) zeigt sich insbesondere im Bereich der Staatszielbestimmungen, die von den Regelungen des Grundgesetzes abweichen. Zusätzlich zu den bei Inkrafttreten der Niedersächsischen Verfassung 1993 bereits vorhandenen Staatszielen – dem „Schutz der **natürlichen Lebensgrundlagen**" (Art. 1 Abs. 2 NV), dem „Recht auf **Bildung**" (Art. 4 Abs. 1 NV), der „Förderung von **Wissenschaft**, Hochschulen und anderen wissenschaftlichen Einrichtungen" (Art. 5 Abs. 1 und 2 NV) sowie der „Förderung von **Kunst und Kultur**" (Art. 6 NV) – wurden durch das zweite Änderungsgesetz zur Verfassung 1997[48] die weiteren Staatsziele „**Sport**" (Art. 6 NV), „**Arbeitsbeschaffung** und Versorgung mit angemessenem **Wohnraum**" (Art. 6 a NV) und „**Tierschutz**" (Art. 6 b NV) in den Verfassungstext eingefügt. Das bis dato jüngste Staatsziel „Schutz und **Erziehung von Kindern und Ju- 22

---

46 Beispiel nach *Kämmerer*, Staatsorganisationsrecht, 2. Aufl. 2012, Rn. 32.
47 Ständige Rspr., vgl. nur BVerfGE 47, 253 (272, 275); 83, 60 (72 f.); Nds. StGH, NdsVBl. 2009, 77 (85); zu den Besonderheiten bei der Legitimation funktionaler Selbstverwaltung vgl. BVerfGE 107, 59 ff.
48 Zweites Gesetz zur Änderung der Niedersächsischen Verfassung v. 21.11.1997 (Nds. GVBl. S. 480), hierzu näher *Schwarz*, NdsVBl. 1998, 225 (227 ff.).

gendlichen" verdankt seine Einfügung einer Verfassungsänderung aus dem Jahre 2009.[49]

23 Um den rechtlichen Gehalt solcher Staatszielbestimmungen verstehen zu können, ist es nötig, sie **von bloßen Programmsätzen abzugrenzen.** Unter der aus der Weimarer Republik überkommenen Bezeichnung „Programmsätze" versteht man gemeinhin Verfassungsregelungen, die einer unmittelbaren rechtlichen Verbindlichkeit entbehren und allenfalls dem staatlichen Verhalten Leitlinien vorgeben.[50] Sie enthalten – so die klare Diktion von *Günter Dürig* – nur "inhaltsleere und unverbindliche Redewendungen (Deklamationen)",[51] können mithin allein "Wünsche aufzeigen, ohne damit jemanden zu verpflichten".[52] Die Vorstellung solcher bloß verfassungsrechtlicher Deklamationen, deren Wirkkraft der politischen Opportunität oder sonstigen Zweckmäßigkeit überlassen bleibt, ist unserem heutigen Verfassungsverständnis jedoch fremd: Alle Verfassungsbestimmungen erheben Anspruch auf normative Verbindlichkeit, wenngleich ihre Wirkungsintensität je nach Art und Struktur des Verfassungsrechtssatzes unterschiedlich ausgestaltet sein kann.[53] Ganz in diesem Sinne werden **Staatszielbestimmungen daher als bindendes objektives Verfassungsrecht** verstanden, an dem sich die Handlungen und Unterlassungen des Staates Niedersachsen, seiner Gemeinden und Körperschaften des öffentlichen Rechts messen lassen müssen, ohne dass mit dieser staatsgerichteten Bindungswirkung jedoch zugleich subjektive Rechte Einzelner korrespondieren.[54]

24 Konkret folgen aus dieser objektiven Bindungswirkung der Staatszielbestimmungen unterschiedliche Wirkungen: So bewirken Staatszielbestimmungen zunächst ein **Befassungsgebot** dergestalt, dass sich der Staat ihrer Agenden annehmen muss und sich aus den durch sie beschriebenen Politikfeldern nicht zurückziehen darf – in diesem Sinne wird etwa der „Kulturauftrag" durch Art. 6 NV bekräftigt.[55] Darüber hinaus benennen Staatszielbestimmungen Themen und Belange, die im Sinne eines **Berücksichtigungsgebotes** bei den Entscheidungen aller drei Emanationen der Staatsgewalt ein besonderes Gewicht erhalten sollen.[56] Sowohl das politische Ermessen des Gesetzgebers als auch Ermessens- und Planungsentscheidungen der Verwaltung haben den Staatszielbestimmungen ausreichend Rechnung zu tragen und sie „nach Kräften anzustreben",[57] die Landesgerichte haben die Staatsziele bei der Interpretation des einfachen Landesrechts als allgemeine Leitlinie zu berücksichtigen – in diesem Sinne folgt etwa aus der Verpflichtung zum Schutz der natürlichen Lebensgrundlagen in Art. 1 Abs. 2

---

49 Viertes Gesetz zur Änderung der Niedersächsischen Verfassung v. 18.6.2009 (Nds. GVBl. 276).
50 *H. Schneider*, Gesetzgebung, 3. Aufl. 2002, Rn. 70, 631 f.; *Anschütz*, Die Verfassung des Deutschen Reiches, 14. Aufl. 1933, S. 507: "überhaupt kein unmittelbar anwendbares Gegenwartsrecht, sondern nur Zukunftsrecht, Richtlinien für den Gesetzgeber".
51 *Dürig*, in: Maunz/Dürig, GG, Art. 1 (Erstbearb. 1958) Rn. 92.
52 So *Maunz*, BayVBl. 1989, 545.
53 In diesem Sinne bereits VerfGH NRW, OVGE 9, 74 (76): "Es kann nicht angenommen werden, dass in einer Verfassung rein schmückende Zusätze enthalten sind"; vgl. auch *Sachs*, ZG 1991, 1 (12 f.).
54 Vgl. BayVerfGH, NVwZ-RR 1996, 142 (144) zu Staatszielen in der Bay. Verfassung; *Schwarz*, NdsVBl. 1998, 225 f.
55 *Haltern/Manthey*, in: Epping u.a. (Hrsg.), Hannoverscher Kommentar zur NV, Art. 6 Rn. 3.
56 Näher *Sommermann*, Staatsziele und Staatszielbestimmungen, 1997, S. 383 ff.
57 So ausdrücklich Art. 3 Abs. 3 Verfassung des Landes Sachsen-Anhalt v. 16.7.1992 (GVBl. LSA S. 600).

NV, dass wesentliche Teile der überkommenen niedersächsischen Kulturlandschaften (z.B. Weidewirtschaften in den Flussmarschen an Elbe, Ems und Weser) einen verstärkten Schutz vor Umwidmung genießen.[58] In dritter Funktion dienen Staatszielbestimmungen auch dazu, dem Staat ein **Optimierungsgebot** aufzuerlegen, bei dem es darum geht, diese Staatszielbestimmungen möglichst in dem Maße zu verwirklichen, wie es ohne unverhältnismäßige Beeinträchtigung anderer Ziele möglich ist.[59] Dieses Ergebnis ließe sich alternativ durch die Formulierung von „Sozialen Grundrechten" nicht erreichen, denn in diesem Sinne wäre etwa ein „Recht auf Arbeit", ein „Recht auf Wohnung" oder ein „Recht auf angemessenen Lebensunterhalt" als soziale Grundrechte nicht durchsetzbar, weil der Staat in einer freiheitlichen Verfassungsordnung solche sozialen Verschaffungsansprüche nicht gewährleisten kann.[60] Mittels Staatszielbestimmungen, wie etwa derjenigen in Art. 6 a NV, kann er jedoch angehalten werden, möglichst optimal darauf hinzuwirken, dass jedermann eine Arbeit findet, mit der er seinen Lebensunterhalt bestreiten kann oder dass eine angemessene Wohnraumversorgung für die Bevölkerung erreicht wird.[61]

3. Grundrechte

Von einem eigenen „Grundrechtsteil" der Niedersächsischen Verfassung kann eigentlich nicht gesprochen werden. Nach einem Bekenntnis zu den Menschenrechten in Art. 3 Abs. 1 NV verweist Art. 3 Abs. 2 NV darauf, dass die im Grundgesetz festgelegten Grundrechte auch Bestandteil der Niedersächsischen Verfassung sind und die Landesorgane binden. Durch diese **Inkorporation der Grundrechte des Grundgesetzes** ist es auch dem Niedersächsischen Staatsgerichtshof möglich, bei der Auslegung „dieser Verfassung" (Art. 54 Nr. 1, 3, 4, 6 NV) Grundrechte als Prüfungsmaßstab seiner Entscheidungen zugrunde zu legen.[62] Diese Verweisung bezieht sich nicht nur auf die in Art. 1–19 GG enthaltenen Grundrechte, sondern auch auf die Justizgrundrechte der Art. 101–104 GG[63] sowie – durch die ausdrückliche Einbeziehung auch der „staatsbürgerlichen Rechte" – auf die Gewährleistungen des Art. 33 GG. Mit dieser Verweisungstechnik bezweckte der Verfassungsgeber offensichtlich, eine Übereinstimmung von bundesverfassungsrechtlichem und landesverfassungsrechtlichem Grundrechtsschutz herzustellen, so dass es aus teleologischer Sicht sogar angezeigt ist, hierin eine **dynamische Verweisung** zu sehen, also eine Verweisung, die sich nicht nur auf den im Zeitpunkt der Verfassungsgebung bestehenden Grundrechtskanon (sog. statische Verweisung) bezieht, sondern auf die jeweils geltenden Grundrechte des Grundgesetzes.[64] Aus den gleichen Kongruenzerwägungen sind von der Verweisung in Art. 3 Abs. 2 NV zunächst auch die grundrechtsdogmatischen Strukturen (z.B. Verhältnismäßigkeit, ver-

---

58 Beispiel nach *Neumann*, Die NV, 3. Aufl. 2000, Einleitung S. 42.
59 Vgl. näher *Sommermann*, Staatsziele und Staatszielbestimmungen, 1997, S. 411 f.
60 *Murswiek*, in: Isensee/Kirchhof, Handbuch des Staatsrechts, Band IX, 3. Aufl. 2011, § 192 Rn. 64 f.
61 *Ipsen*, in: Brandt/Schinkel, Staats- und Verwaltungsrecht für Nds., S. 65 (85 f.).
62 Vgl. etwa Nds. StGH, NdsVBl. 1996, 184.
63 Vgl. *Epping*, in: Ders. u.a. (Hrsg.), Hannoverscher Kommentar zur NV, Art. 3 Rn. 26 mit entstehungsgeschichtlichen Nachweisen.
64 So auch das LVerfG MV, LKV 2000, 345 (348) zur vergleichbaren Verweisung des Art. 5 Abs. 3 Verf. MV auf die Grundrechte des GG. Ebenso *Burmeister*, NdsVBl. 1998, 53 (55); *Starck*, NdsVBl. 1994, 2 (8); *Ipsen*, NV, Art. 3 Rn. 17; *Epping*, in: Ders. u.a. (Hrsg.), Hannoverscher Kommentar zur NV, Art. 3 Rn. 21.

fassungsimmanente Schranken usw.) umfasst, die das BVerfG in seiner langjährigen Rechtsprechung zu den Grundrechten des Grundgesetzes entwickelt hat. Daran anknüpfend hat jedoch der Niedersächsische Staatsgerichtshof eine eigene Kompetenz zur Interpretation und Fortbildung der Landesgrundrechte.[65]

26 Neben der Inkorporation der Grundrechte des Grundgesetzes durch Art. 3 Abs. 2 NV enthält der Verfassungstext aber auch noch zusätzliche **Gewährleistungen selbstständiger Landesgrundrechte**, wobei es vor dem Hintergrund der mit Art. 3 Abs. 2 NV bezweckten größtmöglichen Übereinstimmung zwischen Bundes- und Landesgrundrechten allerdings inkonsequent ist, dass in **Art. 3 Abs. 3 NV** noch einmal wortlautgetreu das **Diskriminierungsverbot** des Art. 3 Abs. 3 GG wiederholt wird. Gleiches gilt trotz des geringen Unterschiedes im Wortlaut[66] auch für **Art. 4 Abs. 3 S. 1 NV**, der die **Privatschulfreiheit** des Art. 7 Abs. 4 S. 1 GG wiederholt. Im Sinne eines ergänzenden Grundrechts kann hingegen **Art. 5 Abs. 3 NV** verstanden werden; indem er den **Hochschulen** explizit ein Recht auf **Selbstverwaltung** zuweist, flankiert er den Gewährleistungsgehalt der Wissenschaftsfreiheit des Art. 5 Abs. 3 S. 1 GG, deren Träger auch die Hochschulen und Fakultäten sind,[67] mit einer verwaltungsorganisatorischen Facette.[68] Einen selbstständigen Grundrechtscharakter hat demgegenüber **Art. 4 Abs. 1 NV**, der jedem Menschen ein **Recht auf Bildung** gewährt. Diese Gewährleistung wird vom Nds. StGH allerdings nicht als egalisierender, von der Individualität unabhängiger Anspruch auf gleiche Bildung verstanden, sondern als ein Recht, dass jedermann nach seiner jeweiligen Begabung und seinen erforderlichen Leistungsnachweisen einen Anspruch auf gleichen Zugang zu öffentlichen Bildungseinrichtungen gewährt.[69] Die Vorschrift statuiert somit einen besonderen Gleichheitssatz.[70]

V. Verfassungsorgane

27 In ihren staatsorganisationsrechtlichen Teilen enthält die NV eigene Abschnitte über den Landtag (Art. 7 ff. NV) und die Landesregierung (Art. 28 ff.). Aussagen zum Staatsgerichtshof als Verfassungsorgan finden sich innerhalb des Abschnittes über die Rechtsprechung in den Art. 54 u. 55 NV.

1. Landtag

28 Der Niedersächsische Landtag ist gem. Art. 7 S. 1 NV die (unmittelbar) gewählte **Vertretung des Volkes** und damit das oberste Organ der repräsentativ-demokratischen Willensbildung in Niedersachsen.

---

65 *Epping*, in: Ders. u.a. (Hrsg.), Hannoverscher Kommentar zur NV, Art. 3 Rn. 20.
66 Anstatt von „privaten Schulen" (Art. 7 Abs. 4 S. 1 GG) spricht Art. 4 Abs. 3 S. 1 NV von „Schulen in freier Trägerschaft".
67 BVerfGE 15, 256 (262); 68, 193 (267); 75, 192 (196); 93, 85 (93); 111, 236 (264).
68 Vgl. Nds. StGH, NdsVBl. 2011, 47 (48, 50), wobei der StGH die Frage der Abgrenzung beider Vorschriften ausdrücklich offen gelassen hat.
69 Nds. StGH, NdsVBl. 1996, 184 (187).
70 *Ipsen*, in: Brandt/Schinkel, Staats- und Verwaltungsrecht für Nds., S. 65 (83 f.). Vgl. auch LT-Dr. 12/5840, S. 4.

a) Funktionen

Als Hauptaufgaben des Landtags hebt **Art. 7 S. 2 NV** folgende **fünf Funktionen** hervor ("insbesondere"): die Ausübung der gesetzgebenden Gewalt, die Beschlussfassung über den Landeshaushalt, die Wahl des Ministerpräsidenten oder der Ministerpräsidentin, die Mitwirkung an der Regierungsbildung und die Überwachung der vollziehenden Gewalt. Als weitere wichtige Funktion kann diese Auflistung um die Wahl der Mitglieder des Staatsgerichtshofs (Art. 55 Abs. 2 NV) ergänzt werden. 29

In Wahrnehmung seiner **Gesetzgebungsfunktion** repräsentiert der Landtag den Volkswillen, soweit nicht das Volk unmittelbar selbst über einzelne Agenden nach Art. 49 NV durch Volksentscheid beschließt (unten Rn. 62 ff.). Für den formellen Ablauf des Gesetzgebungsverfahrens stellen die Art. 42 u. 44–46 NV einen rechtsförmlichen Rahmen zur Verfügung, der die politische Konsensfindung und Konfliktlösung strukturiert[71] (unten Rn. 56 ff.). In der durch Art. 7 S. 2 NV an zweiter Stelle angesprochenen **Haushaltsbeschlussfunktion** ("Budgethoheit") manifestiert sich eines der geschichtlich ältesten Parlamentsrechte: die Befugnis, über den für die staatliche Aufgabenerfüllung notwendigen Finanzbedarf und dessen Deckung zu entscheiden. Dies ist ein "grundlegender Teil der demokratischen Selbstgestaltungsfähigkeit im Verfassungsstaat",[72] der durch die in Art. 65 Abs. 4 NV getroffene Maßgabe verwirklicht wird, dass der von der Landesregierung aufzustellende Haushaltsplan (Art. 65 Abs. 1 NV) im Voraus durch ein formelles Gesetz des Landtags festzustellen ist (unten Rn. 78). 30

Die **Kreationsfunktion** weist dem Landtag die Aufgabe zu, andere Staatsorgane personell zu besetzen. Das betrifft vor allem das in Art. 7 S. 2 NV an dritter Stelle angesprochene und in Art. 29 Abs. 1 NV näher konkretisierte Recht des Landtags zur Wahl des Ministerpräsidenten (unten Rn. 45). Zur Kreationsfunktion i.w.S. gehört auch die in Art. 7 S. 2 NV genannte "Mitwirkung bei der Regierungsbildung", die sich in einer Beteiligung des Landtags bei der Bestellung und Entlassung der Minister äußert: Der Landtag hat die gesamte Landesregierung vor ihrer Amtsübernahme zu bestätigen (Art. 29 Abs. 3 NV) und auch nach dieser Bestätigung bedürfen Neuberufungen oder Entlassungen von Ministern seiner Zustimmung (Art. 29 Abs. 4 NV). Weitere originäre Wahlrechte stehen dem Landtag mit Blick auf die neun Mitglieder des Staatsgerichtshofs und ihrer persönlichen Stellvertreter (Art. 55 Abs. 2 NV), hinsichtlich des Präsidenten/Vizepräsidenten des Landesrechnungshofs (Art. 70 Abs. 2 S. 1 NV)[73] sowie bezüglich des Landesbeauftragten für den Datenschutz (Art. 62 Abs. 2 NV) zu. 31

Zur Ausübung seiner **Kontrollfunktion** gegenüber der vollziehenden Gewalt kann der Landtag auf besondere Instrumentarien zurückgreifen, die ihm die Niedersächsische Verfassung gegenüber der Landesregierung als Exekutivspitze zur Verfügung stellt. Gestaffelt nach Intensität der Kontrolle ist insoweit zunächst das **Zitierrecht** (Art. 23 Abs. 1 NV) zu nennen, das dem Landtag und seinen Ausschüssen das Recht verleiht, 32

---

71 Näher zur Funktion des Gesetzgebungsverfahrens *Mann*, in: Kube, Mellinghoff u.a. (Hrsg.), FS P. Kirchhof, 2013, Band I, § 33.
72 BVerfGE 129, 124 (177); vgl. zuvor bereits BVerfGE 123, 267 (359).
73 Ähnlich wie bei den Ministern unterliegt auch die Ernennung der weiteren Mitglieder des Landesrechnungshofs einer Zustimmung des Landtags, vgl. Art. 70 Abs. 2 S. 2 NV.

die Anwesenheit eines jeden Mitglieds der Landesregierung in den Sitzungen zu verlangen. Für die tägliche parlamentarische Arbeit bedeutsamer ist das **Interpellationsrecht** (Art. 24 Abs. 1 NV), das den Landtagsabgeordneten die Befugnis gibt, Fragen an die Landesregierung zu richten, die diese im Landtag und seinen Ausschüssen nach bestem Wissen unverzüglich und vollständig[74] beantworten muss. Auf Anforderung von mindestens einem Fünftel der Mitglieder eines Landtagsausschusses hat die Landesregierung zudem auch Akten unverzüglich und vollständig vorzulegen (Art. 24 Abs. 2 NV). Als Grenzen sind in Art. 24 Abs. 3 NV die Funktionsfähigkeit und Eigenverantwortung der Landesregierung,[75] Staatsgeheimnisse, bei denen „durch das Bekanntwerden von Tatsachen dem Wohl des Landes oder des Bundes Nachteile zugefügt" werden, sowie schutzwürdige Interessen Dritter benannt. Aus Gründen der Verhältnismäßigkeit ist vor einer Auskunfts- oder Aktenverweigerung jedoch zu erwägen, ob die begehrte Information nicht als „milderes Mittel" in nichtöffentlicher Sitzung gegeben werden kann.[76] Ein weiteres öffentlichkeitswirksames Mittel zur Wahrnehmung der Kontrollfunktion ist das Recht, auf Antrag von mindestens einem Fünftel der Landtagsmitglieder einen **Untersuchungsausschuss** einzuberufen (Art. 27 NV), um Sachverhalte im öffentlichen Interesse aufzuklären.[77] Die Beweisaufnahme in solchen Untersuchungsausschüssen ist regelmäßig öffentlich (Art. 27 Abs. 3 S. 1 NV). Besteht der Verdacht, dass Mitglieder der Landesregierung in Ausübung ihres Amtes vorsätzlich die Verfassung oder ein Gesetz verletzt haben, kann der Landtag sie im Wege der **Ministeranklage** (Art. 40 NV) vor dem Staatsgerichtshof anklagen. Letztlich gehört auch das **konstruktive Misstrauensvotum** gegenüber dem Ministerpräsidenten (Art. 32 NV) zu den Kontrollinstrumenten des Landtags (dazu unten Rn. 46).

b) Wahl und Zusammensetzung

33 Der Landtag wird **auf fünf Jahre** gewählt (Art. 9 Abs. 1 NV). Für die Wahl der Landtagsabgeordneten gelten in Umsetzung des Art. 28 Abs. 1 S. 2 GG dieselben fünf Wahlrechtsgrundsätze, die auch gem. Art. 38 Abs. 1 S. 1 GG für die Wahl zum Bundestag maßgeblich sind: Gem. Art. 8 Abs. 1 NV werden die Mitglieder des Landtags in **allgemeiner, unmittelbarer, freier, gleicher und geheimer Wahl** gewählt. Insoweit kann also grundsätzlich auf die Rechtsprechung und Lehrbuchliteratur zum Staatsrecht des Bundes verwiesen werden. Unter dem Aspekt der Erfolgswertgleichheit hatte der Niedersächsische Staatsgerichtshof im Jahr 2000 die zur Wahl des 15. Landtags (1998–2003) geltende Wahlkreiseinteilung für verfassungswidrig erklärt, weil die Wahlkreisgröße zwischen 34.799 und 94.751 Wahlberechtigten schwankte und der kleinste Wahlkreis damit 38 Prozent unter und der größte Wahlkreis 50,4 Prozent über dem Durchschnitt lag.[78]

---

74 Vgl. Nds. StGH, NdsVBl. 2008, 118 f. zur Beantwortung von Zusatzfragen.
75 Hierzu Nds. StGH, NdsVBl. 1996, 189 (190) m. Anm. *J-D. Kühne*, NdsVBl. 1997, 1 ff.
76 Vgl. BVerfGE 67, 100 (134 ff.). Ähnlich wie hier auch *Bogan*, in: Epping u.a. (Hrsg.), Hannoverscher Kommentar zur NV, Art. 24 Rn. 29 (Anwendung von Geheimschutzmaßnahmen/Verschlusssachenanweisungen).
77 Zur Praxis der parlamentarischen Untersuchungsausschüsse in Nds. vgl. *Hilwig*, NdsVBl. 2005, 38 (40 ff.).
78 Nds. StGH, NdsVBl. 2000, 84 ff. – gleichwohl hat das Gericht diesen Verstoß gegen die Wahlrechtsgleichheit in einer Abwägung mit dem Bestandsschutz des gewählten Landtags als nicht so gravierend angesehen, um deswegen die Ungültigkeit der bereits erfolgten Wahl erklären zu müssen und sich auf die bloße Feststellung der Verfassungswidrigkeit beschränkt. Kritisch hierzu *Koch*, DVBl. 2000, 1093 ff.

(Aktiv) Wahlberechtigt und (passiv) wählbar sind alle Deutschen, die das **18. Lebens-** 34
jahr vollendet und im Land Niedersachsen ihren Wohnsitz haben (Art. 8 Abs. 2 NV).
Ein im Zeitpunkt des Erlasses der Niedersächsischen Verfassung[79] bestehendes Alleinstellungsmerkmal bildet die in Art. 8 Abs. 4 NV verankerte **besondere Inkompatibilitätsregelung**, die es als „präzedenzloses Novum… im gesamtdeutschen Verfassungsrecht"[80] Mitgliedern des Bundestages, der Bundesregierung, des Europäischen Parlaments sowie der Volksvertretungen und Regierungen anderer Länder verwehrt, dem Niedersächsischen Landtag anzugehören.[81] Anders als die hiermit verbotenen landesexternen Doppelmitgliedschaften sind landesinterne Doppelmitgliedschaften durch die Verfassungsnorm nicht untersagt, so dass eine gleichzeitige Mitgliedschaft im Landtag und in der Niedersächsischen Landesregierung durchaus möglich und auch in der Praxis zu beobachten ist.[82]

Hinsichtlich des **Wahlverfahrens** enthält die Niedersächsische Verfassung die Vorgabe 35
einer **5 %-Sperrklausel** (Art. 8 Abs. 3 NV), die der Staatsgerichtshof in einem von der Partei „Die Friesen" im Jahre 2010 initiierten Wahlprüfungsverfahren als zulässige Festlegung im Spannungsfeld zwischen Minderheitenschutz und Schutz der Funktionsfähigkeit des Landtags gedeutet und im Übrigen auch als vereinbar mit höherrangigem Recht angesehen hat.[83] Alle weiteren Einzelheiten des Wahlverfahrens ergeben sich gem. Art. 8 Abs. 5 NV aus dem **Landeswahlgesetz** (NLWG).[84] Danach ist die Landtagswahl in Niedersachsen als „Verhältniswahlrecht mit eingegliedertem Mehrheitswahlrecht"[85] ausgestaltet: Wie bei den Wahlen zum Deutschen Bundestag hat jeder Wähler zwei Stimmen. Mit der **Erststimme** wählt er in seinem Wahlkreis einen Wahlkreiskandidaten – nach einfachem Mehrheitswahlrecht ist gewählt, wer die meisten Erststimmen erhalten hat (§§ 4 Abs. 2 S. 1, 26 Abs. 1 Nr. 1, 31 Abs. 1 NLWG). Mit der **Zweitstimme** wählt man eine der Parteien, die eine zulässige Landesliste als Wahlvorschlag eingereicht haben (§§ 15 Abs. 1 S. 1, 26 Abs. 1 Nr. 2 NLWG). Über den Wahlerfolg der Parteien bei der Besetzung der Sitze im Landtag entscheidet letztlich die Zweitstimme; zuerst werden von den regelmäßig zu vergebenden 135 Sitzen im Landtag (gesetzliche Mindest-Mitgliederzahl, § 1 Abs. 1 S. 1 NLWG) diejenigen Wahlkreissieger abgezogen, die nicht einer Landesliste angeschlossen sind oder deren Landesliste an der 5 %-Hürde des Art. 8 Abs. 3 NV gescheitert ist. Sie ziehen direkt und unabhängig von der Zweitstimmenverteilung in den Landtag ein (§ 33 Abs. 4 NL-

---

79 Vgl. heute aber ähnlich § 1 Abs. 3 des thüringischen Abgeordnetengesetzes in der Fassung v. 9.3.1995 (Thür GVBl. S. 121).
80 *Soffner*, in: Epping u.a. (Hrsg.), Hannoverscher Kommentar zur NV, Art. 8 Rn. 7.
81 Prominente „Opfer" dieser Regel waren die SPD-Landtagsmitglieder *Gerhard Schröder*, *Sigmar Gabriel* und *Thomas Oppermann*, die sich 1998 bzw. 2005 erfolgreich um ein Bundestagsmandat beworben haben oder der 2009 zum Bundesgesundheitsminister berufene FDP-Landtagsabgeordnete *Philipp Rösler*. Nicht erfasst von der Inkompatibilitätsregelung ist das Amt des Bundespräsidenten, so dass die Wahl des CDU-Landtagsabgeordneten *Christian Wulff* zum Staatsoberhaupt kein Anwendungsbeispiel für diese Vorschrift darstellt.
82 So war etwa der 2010 bis 2013 amtierende Niedersächsische Ministerpräsident *David McAllister* (CDU) ebenso gleichzeitig Mitglied des Niedersächsischen Landtages wie es auch sein Nachfolger als derzeitiger Ministerpräsident *Stephan Weil* (SPD) ist.
83 Nds. StGH, NdsVBl. 2011, 77 f.
84 Niedersächsisches Landeswahlgesetz in der Fassung v. 30.5.2002 (Nds. GVBl. S. 153).
85 Nds. StGH, NdsVBl. 2000, 84 (85).

WG).⁸⁶ Die rechnerisch verbleibende Anzahl an Sitzen wird dann anhand der Zweitstimmen verteilt, indem jede Partei nach dem prozentualen Verhältnis der für ihre Liste abgegebenen Zweitstimmen zur Gesamtzahl aller gültigen Zweitstimmen einen Anteil an den noch „freien" Sitzen im Landtag erhält. Konkreter Berechnungsmodus ist dabei das **Höchstzahlverfahren nach d'Hondt** (§ 33 Abs. 5 NLWG). Von dieser Gesamtzahl werden anschließend zunächst alle dieser Liste angehörigen Wahlkreissieger, die direkt in den Landtag gewählt worden sind, abgezogen (§ 33 Abs. 6 S. 1 NLWG), so dass nur die danach für die Partei noch übrig bleibende Anzahl an Landtagssitzen mit Listenkandidaten (in der Reihenfolge ihrer Auflistung) besetzt wird (§ 33 Abs. 6 S. 2 u. 3 NLWG).

36 Falls eine Partei mehr Wahlkreissieger aufzuweisen hat, als ihrer Liste nach dem Ergebnis der Zweitstimmenverteilung Sitze zustehen, wurden bei der Bundestagswahl bis 2013 sog. „Überhangmandate" vergeben, für die der Zweitstimmenanteil der anderen Listen ansonsten aber nicht korrigiert wurde. Das ist erst durch eine Entscheidung des BVerfG korrigiert worden.⁸⁷ Hiervon abweichend wird in Niedersachsen im Falle solcher **„Mehrsitze"** immer schon eine Kompensation auch bei anderen Parteien erreicht, indem die gesetzliche Mitgliederzahl im Landtag um die doppelte Anzahl aller dieser Mehrsitze erhöht wird, und auf der Basis der dann höheren Sitzanzahl im Landtag eine erneute Sitzverteilung nach dem Schlüssel des prozentualen Zweitstimmenverhältnisses und dem oben beschriebenen Procedere erfolgt (§ 33 Abs. 7 S. 2 u. 3 NLWG). Sollten nach diesem zweiten Berechnungsdurchgang, der zu **Ausgleichsmandaten** bei anderen Parteien führen kann, rechnerisch immer noch Mehrsitze verbleiben, erfolgt kein dritter Berechnungsdurchgang, sondern es wird die im zweiten Berechnungsdurchgang ermittelte Mitgliederzahl im Landtag um diese Mehrsitze, dann als „echte" Überhangmandate ohne Proporzausgleich, erweitert (§ 33 Abs. 7 S. 4 NLWG). Im Ergebnis bestätigt gerade diese besondere Verfahrensweise in Niedersachsen, dass die Erststimme in einem personalisierten Verhältniswahlrecht zwar eine selbstständige Bedeutung⁸⁸ hat, im Vergleich zur Zweitstimme aber weniger eine „Ergebnisstimme", sondern eher eine „Personalauswahlstimme" ist.⁸⁹

c) Status der Landtagsabgeordneten

37 In sachlicher Übereinstimmung mit Art. 38 Abs. 1 S. 2 GG vertreten die Landtagsabgeordneten gem. Art. 12 S. 1 NV das gesamte (Landes-) Volk. Sie sind gem. Art. 12 S. 2 NV an Aufträge und Weisungen nicht gebunden und nur ihrem Gewissen unterworfen. Ebenfalls in Entsprechung zum Grundgesetz (vgl. Art. 46 f. GG) wird dieses sog. **freie Mandat** flankiert von Regelungen zur **Immunität, Indemnität und zum Zeugnisverweigerungsrecht** der Abgeordneten (Art. 14 – 16 NV). Unmittelbar aus dem freien Mandat abgeleitet werden organschaftliche Rechte der Abgeordneten auf **Teilhabe** – z.B. Rechte auf Mitarbeit in den Ausschüssen, Rede- oder Antragsrechte – und

---

86 In der Praxis des niedersächsischen Landtagswahlrechts hat es jedoch noch nie derartige listenunabhängige Wahlkreissieger gegeben.
87 BVerfGE 131, 316 (339 f., 368 ff.); vgl. auch BVerfGE 121, 266 (306 f.); 131, 316 (334 ff.) zum sog. „negativen Stimmgewicht".
88 Dies ausdrücklich betonend Nds. StGH, NdsVBl. 2000, 84 (85).
89 So *Soffner*, in: Epping u.a. (Hrsg.), Hannoverscher Kommentar zur NV, Art. 8 Rn. 86.

Information – z.B. auf Akteneinsicht oder Interpellation (o. Rn. 32), die größtenteils in der auf Art. 21 Abs. 1 NV beruhenden Geschäftsordnung des Landtags (GeschO LT) näher ausgestaltet sind.[90] Für Abgeordnete der Oppositionsparteien wird das sogar ausdrücklich im Verfassungstext hervorgehoben, indem Art. 19 Abs. 2 NV ein „**Recht auf Chancengleichheit** in Parlament und Öffentlichkeit" statuiert. Zu den Rechten aller Landtagsabgeordneten gehört auch ein „Anspruch auf eine angemessene, ihre Unabhängigkeit sichernde Entschädigung" (Art. 13 Abs. 3 NV); die Einzelheiten hierzu, insbesondere die Zusammensetzung dieser **Abgeordnetenentschädigung** (Grund-, Aufwand- und Reisekostenentschädigung, Tagegeld, Übernachtungsgeld, Versorgungsleistungen) ergeben sich aus dem Abgeordnetengesetz.[91] Im Falle eines „gewinnsüchtigen Missbrauchs seiner Stellung als Mitglied des Landtags" kann der Landtag gemäß Art. 17 NV einzelne Abgeordnete vor dem Staatsgerichtshof anklagen. Die formalen Hürden einer solchen **Abgeordnetenanklage** sind vergleichsweise hoch,[92] weil der Staatsgerichtshof in diesem Verfahren aussprechen darf, dass das betroffene Mitglied des Landtags sein Mandat verliert.[93]

d) Binnenorganisation des Landtags

Als Ausdruck seiner Parlamentsautonomie wählt sich der Landtag ein **Präsidium**, bestehend aus dem Landtagspräsidenten, seinen Stellvertretern und den Schriftführern (Art. 18 Abs. 1 NV). Nach außen hin ist der **Landtagspräsident** oberster Repräsentant des Landtags und vertritt in dieser Eigenschaft das Land in den Angelegenheiten des Landtags; nach innen ist er der **Leiter der Landtagsverwaltung** und übt dementsprechend auch die dienstrechtlichen Befugnisse über die Beschäftigten der Landtagsverwaltung aus (Art. 18 Abs. 3 NV). Darüber hinaus übt der Landtagspräsident das **Hausrecht** und die **Ordnungsgewalt** in den Räumen des Landtags aus und muss bei beabsichtigten Durchsuchungen oder bei Beschlagnahmen in diesen Räumen vorher seine Einwilligung erteilen (Art. 18 Abs. 2 NV). In den Sitzungen des Landtags bilden der Präsident und zwei weitere Mitglieder des Präsidiums den **Sitzungsvorstand**, wobei der Präsident die Plenarsitzungen eröffnet und schließt und die Verhandlungen leitet. Einzelheiten zur Wahl, Rechtsstellung und den Befugnissen des Präsidenten und des Präsidiums sind in der Geschäftsordnung des Landtags geregelt, so beispielsweise auch die aus seiner Ordnungsgewalt in den Sitzungen resultierende Befugnis, einzelne Abgeordnete nach dreimaligem Ordnungsrufen von der Sitzung auszuschließen (§ 88 GeschO LT).

38

---

[90] Vgl. z.B. §§ 11 Abs. 2 S. 4, 46, 69 Abs. 2 u. 3, 94 Abs. 1 Geschäftsordnung des Niedersächsischen Landtages v. 4.3.2003 (Nds. GVBl. S. 135), zul. geänd. d. Beschluss v. 15.12.2014 (Nds. GVBl. S. 505).
[91] Gesetz über die Rechtsverhältnisse der Abgeordneten des Niedersächsischen Landtags (NAbgG) i.d. Fass. v. 20.6.2000 (Nds. GVBl. S. 129), zul. geänd. d. Gesetz v. 3.11.2014 (Nds. GVBl. S. 301). Gem. §§ 6 Abs. 1, 7 Abs. 1 S. 1 NAbgG beträgt die Grundentschädigung derzeit monatlich 6.385,91 Euro und die pauschale Aufwandsentschädigung 1.104 Euro, letztere Summe erhöht sich jedoch noch einmal bei Beschäftigung von Bürokräften (§ 7 Abs. 2 NAbgG).
[92] Gem. Art. 17 Abs. 2 NV ist hierzu ein Beschlussantrag von mindestens einem Drittel der Landtagsmitglieder und beim anschließenden Beschluss auf Erhebung der Anklage eine Zweidrittelmehrheit erforderlich.
[93] Vgl. Art. 17 Abs. 3 NV, §§ 23 ff. StGHG. Laut *Radtke*, in: Epping u.a. (Hrsg.), Hannoverscher Kommentar zur NV, Art. 17 Rn. 19, hat es weder in Nds., noch in einem anderen deutschen Länder je ein solches Verfahren gegeben.

39 Zur Unterstützung des Präsidenten in parlamentarischen Angelegenheiten ist gem. Art. 20 Abs. 3 NV als Unterorgan des Landtags ein **Ältestenrat** zu bilden, dessen Aufgabe, wie auch in anderen Parlamenten, insbesondere darin besteht, den Terminplan und die **Tagesordnung der Sitzungen** des Landtags festzulegen und über die Sitzordnung im Landtag zu entscheiden (vgl. § 4 GeschO BT). Die Verfassungsvorgabe, dass im Ältestenrat die Fraktionen ihrer Stärke entsprechend vertreten sein müssen (Art. 20 Abs. 3 S. 2 i.V.m. Abs. 2 NV) gestaltet § 3 GeschO LT dahin gehend aus, dass sich die **Zusammensetzung** der 15 stimmberechtigten Mitglieder des Ältestenrates nach der Fraktionsstärke (gem. Höchstzahlverfahren d'Hondt, s.o. Rn. 35) richtet. Den Vorsitz im Ältestenrat hat der Präsident, der diesem Gremium, ebenso wie die Vizepräsidenten, als lediglich beratendes Mitglied angehört. In der Ausnahmesituation eines Notstandes kann der Ältestenrat sogar zu einem Mit-Gesetzgeber werden: Wenn der Landtag durch höhere Gewalt daran gehindert sein sollte, sich zu versammeln, bedürfen etwaige **Notverordnungen** der Landesregierung, die mit Gesetzeskraft erlassen werden, um die öffentliche Sicherheit und Ordnung aufrecht zu erhalten, der Zustimmung des Ältestenrates (vgl. Art. 44 Abs. 2 NV).

40 Anders als das Grundgesetz wird das aus dem freien Mandat folgende Recht der Abgeordneten, sich zu **Fraktionen** zusammen zu schließen, durch Art. 19 Abs. 1 NV ausdrücklich anerkannt und zudem in Art. 19 Abs. 2 NV nicht nur mit einem „Recht auf Chancengleichheit", sondern auch mit einem „Anspruch auf die zur Erfüllung ihrer besonderen Aufgaben erforderliche Ausstattung"[94] versehen. Fraktionen sind im deutschen Parlamentarismus inzwischen als „politisches Gliederungsprinzip" für die Arbeit des Parlaments[95] anerkannt, weil ihnen eine **vorstrukturierende Funktion für die Meinungsbildung im Parlament** zukommt: Sie kanalisieren durch arbeitsteilige Vorbesprechungen (fraktionelle Arbeitskreise) die Meinungsbildung und erleichtern dadurch nicht nur dem einzelnen Abgeordneten die Ausübung seiner Rechte, sondern tragen auch zu einer Verbesserung der Arbeitsfähigkeit des Landtags bei.[96] Aus diesem Grund sieht etwa auch Art. 20 Abs. 2 NV vor, dass die Ausschüsse des Landtags nach der Fraktionsstärke besetzt werden müssen (unten Rn. 41). Dennoch besteht bei den Zusammenschlüssen in Fraktionen die Gefahr, dass das Spannungsverhältnis zum freien Mandat der Mitglieder des Landtags (o. Rn. 37) Schaden leidet, was in Literatur und Rechtsprechung zu der feinsinnigen Differenzierung zwischen zulässiger **Fraktionsdisziplin** und unzulässigem Fraktionszwang geführt hat.[97] Einzelheiten zur Fraktionsbildung und zum (finanziellen) Status der Fraktionen sind im Abgeordnetengesetz und in der Geschäftsordnung des Landtags geregelt.[98]

---

[94] Zur grundsätzlichen Zulässigkeit der Finanzierung der Fraktionsarbeit aus staatlichen Mitteln vgl. BVerfGE 20, 56 (104); 62, 194 (202); 80, 188 (231). Gem. § 31 Abs. 1 NAbgG erhalten die Fraktionen im Nds. Landtag derzeit monatliche Zuschüsse zur Deckung ihres allgemeinen Bedarfs in Höhe eines Grundbetrages von monatlich 57.368 Euro, der sich für jedes Fraktionsmitglied um weitere 2.103 Euro erhöht.
[95] BVerfGE 84, 304 (322).
[96] Vgl. BVerfGE 10, 4 (14); 20, 56 (104); 80, 188 (231); 102, 224 (242 f.); 118, 277 (329).
[97] Hierzu nur BVerfGE 102, 224 (239); 112, 118 (135); 118, 277 (328 f.); Nds. StGH, NJW 1985, 2319 f.; *Maurer*, Staatsrecht I, 6. Aufl. 2010, Rn. 67 ff.; *Degenhardt*, Staatsrecht I, 30. Aufl. 2014, Rn. 654 ff.
[98] Vgl. insbesondere §§ 30 ff. NAbgG, §§ 2 f. GeschO LT.

Zur Vorbereitung seiner Arbeit darf der Landtag gem. Art. 20 Abs. 1 NV **Ausschüsse** einsetzen. Für die praktische Arbeit des Landtags ist insbesondere die Zuweisung von Gesetzentwürfen zur Beratung in den Ausschüssen ein Mittel zur effektiven Arbeitserledigung, weil in den kleineren Ausschüssen die **Konsensfindung** zwischen den unterschiedlichen politischen Positionen viel besser gelingen kann als im Plenum des Landtags. Durch die Besetzung der Ausschüsse mit in der Regel sachlich spezialisierten Abgeordneten trägt die Ausschussbildung auch zur **arbeitsteiligen Aufgabenerledigung** des Landtags bei. Als Unterorganisationseinheiten des Landtags sind die Ausschüsse proportional zur Stärke der Fraktionen im Landtag zusammenzusetzen (**Spiegelbildlichkeitsprinzip**[99], Art. 20 Abs. 2 NV), wobei auch fraktionslose Mitglieder des Landtags angemessen zu berücksichtigen sind. Als in der Verfassung ausdrücklich erwähnte Ausschüsse sind einzurichten: der Wahlprüfungsausschuss und der Ausschuss zur Vorbereitung der Wahl der Mitglieder des Staatsgerichtshofs sowie die im Bedarfsfalle zu bildenden (s.o. Rn. 32) parlamentarischen Untersuchungsausschüsse (Art. 23 Abs. 3 NV). In den §§ 14 ff. GeschO LT sind darüber hinaus noch weitere Ausschüsse aufgelistet, die der Landtag in Umsetzung einfachrechtlicher Vorschriften zu bilden hat (sog. „**Ausschüsse eigener Art**").[100] Daneben gibt es weitere Ausschüsse, deren Einsetzung in § 10 Abs. 1 GeschO LT ausdrücklich vorgesehen ist (sog. „**ständige Ausschüsse**")[101] sowie Ausschüsse, die der Landtag nach Bedarf einsetzen kann (§ 10 Abs. 2 GeschO LT).

e) Allgemeine Verfahrensweise

Die allgemeinen Regeln der Niedersächsischen Verfassung über die Beratungen des Landtags entsprechen weitgehend den Vorgaben, die gem. Art. 42 GG auch für den Bundestag gelten: Gem. Art. 22 Abs. 1 S. 1 NV **verhandelt** der Landtag **öffentlich**. Diese Grundforderung des demokratischen Parlamentarismus sichert die Transparenz der parlamentarischen Arbeit und ermöglicht dem Volk als Inhaber der Staatsgewalt (Art. 2 Abs. 1 NV, o. Rn. 21) die Ausübung seiner Kontrollrechte. Die Öffentlichkeit kann nur ausnahmsweise ausgeschlossen werden, wenn dies die Landesregierung oder ein Zehntel der gesetzlichen Mitgliederzahl des Landtags beantragt und daraufhin zwei Drittel der anwesenden Abgeordneten zustimmen (Art. 22 Abs. 1 S. 2 NV). Sofern die Verfassung, wie etwa in diesem Fall, nichts anderes bestimmt, entscheidet der Landtag normalerweise mit der **Mehrheit der abgegebenen Stimmen** (Art. 21 Abs. 4 S. 1 NV). Die wichtigste Ausnahme ist sicherlich die Abstimmung über verfassungsändernde Gesetze, denen zwei Drittel der Mitglieder des Landtags zustimmen müssen (Art. 46 Abs. 3 S. 1 NV). Aussagen über die **Beschlussfähigkeit** trifft die Landesverfassung nicht selbst, sondern überantwortet sie in Art. 21 Abs. 4 S. 3 NV der Geschäftsordnungsautonomie des Landtags; § 79 Abs. 1 GeschO LT lässt hierzu die Anwesenheit der Hälfte der Mitglieder des Landtags ausreichen, was der Landtagspräsident

---

99 Vgl. BVerfGE 80, 188 (222); BVerfG, NVwZ 1990, 253.
100 Z.B. den Ausschuss für Angelegenheiten des Verfassungsschutzes nach §§ 23, 24 des Nds. Verfassungsschutzgesetzes (§ 17a GeschO LT) oder den Ausschuss zur Kontrolle besonderer polizeilicher Datenerhebung gem. § 37 NSOG (§ 17b GeschO LT).
101 Hierzu gehören u.a. der Ausschuss für Rechts- und Verfassungsfragen, der Ausschuss für Inneres und Sport oder der Ausschuss für Haushalt und Finanzen.

vor dem Beginn der Sitzung von Amts wegen festzustellen hat. Ist die Beschlussfähigkeit auf diese Weise festgestellt, so wird auch bei Veränderungen in der Anwesenheit für diese Sitzung die Beschlussfähigkeit fingiert, so lange nicht ein Mitglied des Landtags vor einer Abstimmung oder Wahl die Beschlussfähigkeit des Landtags bezweifelt. Falls dann eine Beschlussfähigkeit nicht hergestellt werden kann, hat der Präsident die Sitzung zu schließen (vgl. § 79 Abs. 2–4 GeschO LT).

f) Auflösung des Landtags

43 Anders als der Bundestag[102] hat der Niedersächsische Landtag nach näherer Maßgabe des Art. 10 NV ein **Recht zur Selbstauflösung**. Erforderlich ist hierzu ein zweigestuftes Verfahren: Der Antrag auf Auflösung kann nur von mindestens einem Drittel der Mitglieder des Landtags gestellt werden. Sodann wird dieser Antrag im Landtag beraten und anschließend wird über diesen Antrag abgestimmt, wobei Art. 10 Abs. 3 NV bestimmt, dass diese Abstimmung frühestens am elften Tag stattfinden kann und spätestens am 30. Tag nach Schluss der Besprechung stattfinden muss. Für einen Erfolg des Antrags auf Auflösung des Landtags bedarf es einer **doppelten Mehrheit**: es muss eine Zweidrittelmehrheit unter den anwesenden Abgeordneten zustimmen und diese Mehrheit muss gleichzeitig mindestens die Mehrheit der Mitglieder des Landtags ausmachen (Art. 10 Abs. 2 NV). Durch diese Mehrheitserfordernisse ist im Regelfall gesichert, dass es nicht allein die einfache Regierungsmehrheit in der Hand hat, aus politischer Opportunität vorzeitig vor Ablauf der fünfjährigen Legislaturperiode (Art. 9 Abs. 1 NV) Neuwahlen herbeizuführen. Eine andere Möglichkeit zur Selbstauflösung des Landtags, die nur einer Mehrheit der Mitglieder des Landtags bedarf, ergibt sich im Falle einer scheiternden Regierungsbildung (vgl. Art. 30, s.unten Rn. 45).

2. Landesregierung

44 Die Landesregierung steht an der **Spitze der Landesexekutive**, sie „übt die vollziehende Gewalt aus", wie es Art. 28 Abs. 1 NV ausdrückt. Mit dieser Umschreibung kommt allerdings nicht hinreichend zum Ausdruck, dass die Landesregierung über die bloße Administrative hinaus als **Gubernative** auch noch über politisch-gestalterische Befugnisse verfügt, wie sie etwa in ihrem Gesetzesinitiativrecht nach Art. 42 Abs. 3 NV (dazu unten Rn. 56) zum Ausdruck kommen.

a) Konstituierung und Amtszeit

45 Zusammengesetzt ist die Landesregierung aus dem Ministerpräsidenten und den Ministern (Art. 28 Abs. 2 NV). Der Ministerpräsident wird vom Landtag ohne Aussprache und in geheimer Abstimmung gewählt, wobei zur erfolgreichen Wahl die Mehrheit der Landtagsmitglieder erforderlich ist (Art. 29 Abs. 1 NV). Der Ministerpräsident beruft und entlässt die Minister, wobei es in beiden Fällen der Bestätigung durch den Landtag bedarf (vgl. Art. 29 Abs. 2–5 NV). Sollte eine **Regierungsbildung und -bestätigung** innerhalb von 21 Tagen nach dem Zusammentritt des neugewählten Landtags (oder einem späteren Rücktritt der Landesregierung) nicht zustande kommen, hat der Landtag binnen weiterer 14 Tage über seine Auflösung zu beschließen.

---

102   Vgl. BVerfGE 114, 121 (152 ff.).

Kommt die für eine solche Auflösung erforderliche Mehrheit der Mitglieder des Landtags (Art. 30 Abs. 1) nicht zustande, findet unverzüglich[103] eine Neuwahl des Ministerpräsidenten statt, bei der dann derjenige gewählt ist, der die meisten Stimmen, also die relative Mehrheit, erhält (Art. 30 Abs. 2 S. 2 NV). Einer Bestätigung der Minister durch den Landtag bedarf es dann nicht mehr (Art. 30 Abs. 2 S. 3 NV). Anders als bei der „normalen" Wahl nach Art. 29 Abs. 1 NV ist es in diesem Falle also möglich, dass eine Minderheitsregierung zustande kommt. Mit dem durch Art. 30 NV aufgebauten Zeitdruck und der mit ihm verbundenen Möglichkeit einer vereinfachten frühzeitigen Landtagsauflösung (vgl. o. Rn. 43) soll der Druck zur Findung qualifizierter, mehrheitsfähiger Regierungen erhöht werden.[104]

Die **Amtszeit der Landesregierung endet** regelmäßig mit dem **Zusammentritt eines neuen Landtags** (Art. 33 Abs. 2 NV), daneben aber auch durch Ausscheiden[105] oder Rücktritt des Ministerpräsidenten (Art. 33 Abs. 3 NV). Ein solcher **Rücktritt** von seinem Amt ist dem Ministerpräsidenten wie auch den Ministern jederzeit möglich (Art. 33 Abs. 1 NV).[106] Als weitere Möglichkeit zur vorzeitigen Beendigung der Amtszeit des Ministerpräsidenten (und damit auch seiner Minister, vgl. Art. 33 Abs. 3 NV) sieht die Niedersächsische Verfassung ein **konstruktives Misstrauensvotum** (Art. 32 NV) vor. Als Lehre aus den Weimarer Verhältnissen kennt die Niedersächsische Verfassung kein schlichtes Misstrauensvotum des Landtags gegenüber dem Ministerpräsidenten; der Landtag kann ihm sein Vertrauen vielmehr nur dadurch entziehen, indem er mit der Mehrheit seiner Mitglieder einen neuen Ministerpräsidenten wählt (Art. 32 Abs. 3 NV). Der Antrag hierzu muss zuvor von mindestens einem Drittel der Mitglieder des Landtags gestellt werden und eine Abstimmung hierüber darf frühestens 21 Tage nach Schluss der Beratungen[107] erfolgen (Art. 32 Abs. 2 NV). Diese im Verfassungsvergleich ungewöhnlich lange Wartezeit[108] soll den Abgeordneten die Tragweite ihrer Neuwahl vor Augen führen und sie vor spontanen Reaktionen bewahren. In der bisherigen Landesgeschichte Niedersachsens hat es lediglich einmal einen Misstrauensantrag nach Art. 32 NV gegeben, der sich im Jahr 1968 gegen den damaligen Ministerpräsidenten *Ernst Albrecht* (CDU) richtete, aber mit 76 zu 79 Stimmen nicht die erforderliche Mehrheit fand.[109] Daneben hat es allerdings mehrere sog. „Missbilligungsanträge" gegen den jeweils amtierenden Ministerpräsidenten oder einzelne Minister gegeben, in denen die Amtsträger bisweilen auch zum Rücktritt aufgefordert wurden, ohne dass formelle Anträge i.S.d. Art. 32 NV vorlagen.[110] Solche Missbilligungsanträge sind als politische Stellungnahmen der Abgeordneten jederzeit zulässig,

46

---

103 Wie im Zivilrecht ist diese Wendung auch als „ohne schuldhaftes Zögern" zu verstehen, vgl. *Mielke*, in: Epping u.a. (Hrsg), Hannoverscher Kommentar zur NV, Art. 30 Rn. 24.
104 *Hagebölling*, NV, Art. 30 Anm. 2.
105 Mögliche Fälle eines Ausscheidens ohne Rücktritt sind der Tod des Ministerpräsidenten oder der Verlust seiner Amtsfähigkeit durch Richterspruch.
106 Bis zum Amtsantritt der Nachfolger besteht eine Pflicht zur kommissarischen Weiterführung der Amtsgeschäfte, Art. 33 Abs. 4 NV.
107 Der Verfassungstext spricht von „Besprechung", was jedoch als Synonym zu verstehen ist, vgl. *Ipsen*, NV, Art. 32 Rn. 8.
108 S. den Verfassungsvergleich bei *Ipsen*, NV, Art. 32 Rn. 11.
109 Vgl. LT-Dr. 11/3215 und LT-Prot. 11/6706.
110 Vgl. z.B. LT-Dr. 16/2176 (Missbilligungsantrag gegen Ministerpräsident *Christian Wulff* v. 9.2.2010).

bleiben jedoch ebenso wie der umgekehrte Fall einer in der Niedersächsischen Verfassung nicht vorgesehenen Vertrauensfrage[111] ohne rechtliche Wirkung.

b) Allgemeine Rechtsstellung der Regierungsmitglieder

47 Die Mitglieder der Landesregierung stehen in einem öffentlich-rechtlichen Amtsverhältnis eigener Art zum Land. Sie sind **keine Beamte** (Art. 34 Abs. 1 NV). Ihr Rechtsverhältnis und ihre Bezüge[112] werden näher durch das Ministergesetz[113] geregelt. Um eine Verfolgung ausschließlich von Landesinteressen zu sichern und Interessenkollisionen vorzubeugen, regelt Art. 34 Abs. 2 NV **wirtschaftliche Inkompatibilitäten**: Die Mitglieder der Landesregierung dürfen kein anderes besoldetes Amt, kein Gewerbe und keinen Beruf ausüben und weder der Leitung noch dem Aufsichtsrat eines auf Erwerb gerichteten Unternehmens angehören.[114] Ergänzend sind **organschaftliche Inkompatibilitäten** in Art. 28 Abs. 3 NV normiert; danach dürfen die Mitglieder der Landesregierung auch nicht Mitglieder des Bundestages, des Europäischen Parlaments oder der Volksvertretungen anderer Länder sein. Auch durch diese Regelung soll eine Fokussierung der Mitglieder der Landesregierung allein auf die Interessen des Landes Niedersachsen erreicht werden.[115]

c) Kompetenzen des Ministerpräsidenten

48 Immer wenn die Niedersächsische Verfassung das Wort „Landesregierung" benutzt, ist damit das aus dem Ministerpräsidenten und den Ministern zusammengesetzte Kollegialorgan gemeint (vgl. Art. 28 Abs. 2 NV). Innerhalb dieses Kollegialorgans kommt dem Ministerpräsidenten jedoch eine herausgehobene Stellung zu: Er beruft die Minister und kann sie wieder entlassen;[116] ihre Amtsinhaberschaft ist also maßgeblich von seinem Vertrauen abhängig. Daher ist auch die Amtszeit der Minister an diejenige des Ministerpräsidenten gekoppelt (Art. 33 Abs. 3 NV). Bei der sachlichen Regierungsarbeit bestimmt der Ministerpräsident die Richtlinien der Politik (**Richtlinienkompetenz**) und trägt dafür die Verantwortung; die einzelnen Geschäftsbereiche werden innerhalb dieser Richtlinien nach dem sog. Ressortprinzip durch die jeweils zuständigen Minister verantwortet (Art. 37 Abs. 1 NV).[117] Der Ministerpräsident führt den **Vorsitz** in

---

111 Weil die NV eine Vertrauensfrage zwar nicht (wie Art. 68 GG) förmlich ausgestaltet, andererseits aber auch nicht verbietet, wird sie allgemein für statthaft gehalten, vgl. *Busse*, Regierungsbildung und Regierungswechsel, S. 208; *Neumann*, Die NV, Art. 32 Rn. 11, jeweils m.w.N.
112 Gem. § 9 MinG erhalten die Regierungsmitglieder ein Amtsgehalt, dass sich grundsätzlich an der Besoldungsgruppe 10 des Niedersächsischen Besoldungsgesetzes orientiert, gegenüber dem dort genannten Betrag aber um 27,4 % (MinPräs.) bzw. 12,86 % (Minister) erhöht ist. Hinzu kommt eine Dienstaufwandsentschädigung von 750 (MinPräs.) bzw. 500 Euro (Minister).
113 Gesetz über die Rechtsverhältnisse der Mitglieder der Landesregierung (MinG) i.d. Fass. v. 3.4.1979 (Nds. GVBl. S. 105), zul. geänd. d. Gesetz v. 17.11.2011 (Nds. GVBl. S. 422).
114 Die Landesregierung als Kollegialorgan kann aber Ausnahmen, insbesondere für die Tätigkeit in Organen öffentlicher Unternehmen, zulassen, vgl. Art. 34 Abs. 2 S. 2 u. 3 NV.
115 *Ipsen*, NV, Art. 28 Rn. 15.
116 Hierzu bedarf es allerdings der Bestätigung bzw. Zustimmung des Landtags, vgl. Art. 29 Abs. 3 u. 4 NV und o. Rn. 31.
117 Anders als Art. 65 S. 3 GG enthält die NV keine Bestimmung darüber, wie bei Meinungsverschiedenheiten zwischen den Ressorts zu verfahren ist. Gem. § 8 der Gemeinsamen Geschäftsordnung der Landesregierung und der Ministerien in Niedersachen (GGO) v. 30.4.2004 (Nds. GVBl. S. 107) ist in diesen Fällen zunächst ein Verständigungsversuch zwischen den Ministern persönlich zu unternehmen, bevor die Landesregierung als Kollegialorgan damit befasst wird.

Sitzungen der Regierung. Bei Beschlüssen der Landesregierung[118] gibt seine Stimme im Falle der Stimmengleichheit den Ausschlag (Art. 39 Abs. 1 u. 2 NV).

Weil die Niedersächsische Verfassung kein eigentliches Staatsoberhaupt für Niedersachsen kreiert, nimmt der Ministerpräsident zusätzlich auch Aufgaben wahr, die üblicherweise einem Staatsoberhaupt zustehen. Zu nennen sind insoweit die **Außenvertretung** des Landes (Art. 35 NV) und das **Begnadigungsrecht** (Art. 36 NV). Abweichend von anderen Landesverfassungen weist die Niedersächsische Verfassung jedoch die Ernennung der Beamten und Richter nicht dem Ministerpräsidenten, sondern grundsätzlich der Landesregierung als Kollegialorgan zu (Art. 38 Abs. 2 u. 3 NV). Auch die Ausfertigung und Verkündung von Gesetzen, die nach dem Grundgesetz Aufgabe des Bundespräsidenten sind, wird in Niedersachsen zwischen dem Präsidenten des Landtags (Ausfertigung) und dem Ministerpräsidenten (**Verkündung der Gesetze**) aufgeteilt (vgl. Art. 45 Abs. 1 NV). Eine Kompetenz des Ministerpräsidenten, die zu verkündenden Gesetze auf ihre materielle Vereinbarkeit mit der Niedersächsischen Verfassung und dem Grundgesetz zu prüfen, wird ihm – anders als dem Präsidenten des Landtags – überwiegend abgesprochen.[119]

3. Der Staatsgerichtshof

Der Niedersächsische Staatsgerichtshof (StGH) mit Sitz in Bückeburg wird nicht wie der Landtag oder die Landesregierung in einem eigenen Abschnitt der Niedersächsischen Verfassung thematisiert, sondern lediglich in zwei Vorschriften innerhalb des sechsten Abschnitts „Die Rechtsprechung" benannt. Gleichwohl ist er nicht lediglich ein normales Landesgericht wie die ansonsten in Art. 51 NV behandelten Gerichte, sondern ein drittes Verfassungsorgan,[120] das auch protokollarisch gleichberechtigt neben den anderen beiden Verfassungsorganen behandelt wird.[121] Aus der Stellung als Verfassungsorgan folgt, dass der StGH keinem Ministerium zugeordnet ist, über eine eigene Haushaltsplanung verfügt und autonom über seine innere Organisation befinden kann.[122]

a) Zusammensetzung

Der StGH besteht aus **neun Mitgliedern** (Richtern), die ihr Amt ehrenamtlich ausüben und im Verhinderungsfalle jeweils von einem persönlichen Stellvertreter vertreten werden (vgl. Art. 55 Abs. 1 NV). Die Richter und ihre Stellvertreter werden vom Landtag ohne Aussprache mit Zweidrittelmehrheit der anwesenden Mitglieder gewählt, die aber mindestens der Mehrheit der Mitglieder des Landtags entsprechen muss (Art. 55 Abs. 2 NV). Die Amtszeit der Richter beträgt **sieben Jahre**, eine einmalige Wiederwahl

---

118 In Art. 37 Abs. 2 NV ist explizit festgehalten, welche Materien eines ausdrücklichen Beschlusses der Landesregierung als Kollegialorgan bedürfen (sog. Kabinettskompetenz).
119 Vgl. *Hoffmann*, in: Epping u.a. (Hrsg.), Hannoverscher Kommentar zur NV, Art. 45 Rn. 30 ff.; *Hederich*, NdsVBl. 1999, 77 (78); *Hagebölling*, NV, Art. 45 Anm. 2; *Ipsen*, NV, Art. 45 Rn. 15 f.; a.A. *Neumann*, Die NV, Art. 45 Rn. 16.
120 BVerfGE 36, 342 (357); *Neumann*, Die NV, Art. 55 Rn. 3; *Hüpper*, Der Staatsgerichtshof, S. 56; *Ipsen*, NV, Art. 55 Rn. 2; *Wendeling-Schröder*, in: Epping u.a. (Hrsg.), Hannoverscher Kommentar zur NV, Art. 55 Rn. 3.
121 Vgl. *Berlit*, NdsVBl. 1995, 98; *Hagebölling*, NV, Art. 55 Anm. 1; *Hüpper*, Der Staatsgerichtshof, S. 57; *Ipsen*, NV, Art. 55 Rn. 3.
122 *Wendeling-Schröder*, in: Epping u.a. (Hrsg.), Hannoverscher Kommentar zur NV, Art. 55 Rn. 3.

ist möglich (Art. 55 Abs. 2 S. 2 NV). Diese Bemessung der Amtszeit der gewählten Verfassungsrichter fördert ihre Unabhängigkeit von den wechselnden Mehrheitsverhältnissen im jeweils nur auf fünf Jahre gewählten Landtag. Die Regelung von Einzelheiten der Verfassung und des Verfahrens vor dem StGH überträgt Art. 55 Abs. 4 NV der gesetzlichen Ausgestaltung. Aus dem auf dieser Basis ergangenen NStGHG[123] erschließt sich, dass nicht alle Richter des StGH Volljuristen sein müssen; gem. § 2 NStGHG müssen sie nur „das 35. Lebensjahr vollendet haben, zum Landtag wählbar sein und aufgrund ihrer Erfahrung im öffentlichen Leben für das Richteramt besonders geeignet sein". Der Präsident des Gerichts ist jedoch vom Landtag aus dem Kreise derjenigen Mitglieder des Gerichts, die Volljuristen sind, zu wählen (vgl. § 3 Abs. 1 NStGHG). Auch „geborene" Mitglieder kraft Amtes, wie sie etwa Art. 76 der Landesverfassung NRW für den Präsidenten des OVG und zwei OLG Präsidenten vorschreibt,[124] sind in Niedersachsen nicht vorgesehen.

b) Verfahrensarten

51 Die Zuständigkeiten des StGH ergeben sich nicht aus einer verfassungsprozessualen Generalklausel, sondern folgen mit der Auflistung verschiedener Verfahrensarten in Art. 54 NV dem **Enumerationsprinzip**. Da allerdings Art. 54 Nr. 6 NV eine Zuständigkeit des StGH auch „in den übrigen ihm durch diese Verfassung oder durch Gesetz zugewiesenen Fällen" begründet, ist der Katalog des Art. 54 NV für sich genommen nicht ausreichend, um alle zulässigen Verfahrensarten vor dem StGH zu ergründen. **Über Art. 54 Nr. 6 NV erweitert sich der Zuständigkeitsbereich** des StGH daher noch auf Wahlprüfungsbeschwerden (Art. 11 Abs. 4 NV), Anklagen gegen Mitglieder des Landtags (Art. 17 NV, s.o. Rn. 37), Anträge hinsichtlich der Verfassungsmäßigkeit eines Untersuchungsausschusses (Art. 27 Abs. 7 NV), Anklagen gegen Mitglieder der Landesregierung (Art. 40 Abs. 1 u. 2 NV) sowie Vorwurfsbereinigungsklagen von Mitgliedern der Landesregierung (Art. 40 Abs. 3 NV).

52 Unter den **in Art. 54 Nr. 1– 5 NV ausdrücklich genannten Verfahren** befinden sich Organstreitigkeiten (Art. 54 Nr. 1 NV, §§ 8 Nr. 6, 30 NStGHG), Streitigkeiten über die Durchführung von Volksinitiativen, Volksbegehren und Volksentscheiden (Art. 54 Nr. 2 NV, §§ 8 Nr. 7, 31 f. NStGHG, s.unten Rn. 61), abstrakte Normenkontrollen (Art. 54 Nr. 3, §§ 8 Nr. 8, 33 f. NStGHG), konkrete Normenkontrollen (Art. 54 Nr. 4, §§ 8 Nr. 9, 35 NStGHG) sowie kommunale Verfassungsbeschwerden[125] (Art. 54 Nr. 5, §§ 8 Nr. 10, 36 NStGHG). Letztere sind erst seit dem Inkrafttreten der Niedersächsischen Verfassung von 1993 möglich; unter Geltung der Vorläufigen Niedersächsischen Verfassung mussten sich die Kommunen zum Schutz ihres Selbstverwaltungsrechts auch gegenüber Landesgesetzen noch an das Bundesverfassungsgericht wenden (vgl. Art. 93 Nr. 4 b GG).

---

123 Gesetz über den Staatsgerichtshof (NStGHG) v. 1.7.1996 (Nds. GVBl. S. 342), zul. geänd. d. Gesetz v. 10.11.2011 (Nds. GVBl. S. 414).
124 Zusätzlich muss in NRW die Hälfte der übrigen Verfassungsrichter die Befähigung zum Richteramt haben, vgl. näher *Mann*, in: Löwer/Tettinger, Kommentar zur Verfassung des Landes NRW, 2002, Art. 76 Rn. 5 ff.
125 Hierzu näher unten *Hartmann*, Kommunalrecht, Rn. 27 f.

Eine **Individualverfassungsbeschwerde** vor dem StGH ist demgegenüber auch unter Geltung der Niedersächsischen Verfassung weiterhin **nicht möglich**, so dass die Bürger Niedersachsens für die Geltendmachung von Grundrechtsverletzungen durch die Niedersächsische Landesstaatsgewalt vor das Bundesverfassungsgericht ziehen müssen.[126] Darüber, ob die Zuständigkeit des StGH auch auf Individualverfassungsbeschwerden erstreckt werden sollte, wird seit langem diskutiert.[127] Sollte sich der verfassungsändernde Gesetzgeber in Niedersachsen dafür entscheiden, würde auch die Bezeichnung „Staatsgerichtshof" zu überdenken sein; sie ist – in Abgrenzung zur Bezeichnung „Verfassungsgericht" – traditionell für Gerichte gebräuchlich, deren Zuständigkeit sich primär auf staatsorganisatorische Streitigkeiten beschränkt und nicht auch Rechtsschutzmöglichkeiten der Bürger umfasst.

VI. Staatsfunktionen

Im vierten bis siebenten Abschnitt trifft die Niedersächsische Verfassung nähere Regelungen über die Gesetzgebung (Art. 41 ff. NV), Rechtsprechung (Art. 51 ff. NV) und Verwaltung (Art. 56 ff. NV). Im achten Abschnitt der Niedersächsischen Verfassung (Art. 63 ff. NV) finden sich dann abschließend noch Bestimmungen zur Finanzverfassung.

1. Gesetzgebung

Im Anschluss an eine verfassungskräftige Betonung des allgemeinen rechtsstaatlichen Gesetzesvorbehalts durch Art. 41 NV bestimmt Art. 42 Abs. 1 NV als grundlegende Weichenstellung, dass die Gesetze entweder durch den Landtag oder durch Volksentscheid beschlossen werden. Hierbei muss mitgelesen werden, dass diese Gesetze nur solche sein können, für die dem Land nach der Kompetenzverteilung der Art. 70 ff. GG eine Gesetzgebungsbefugnis zusteht. Das parlamentarische **Gesetzgebungsverfahren** wird in den nachfolgenden Bestimmungen der Niedersächsischen Verfassung allerdings **nicht so detailliert wie im Grundgesetz** geregelt. Es wird hinsichtlich des parlamentarischen Beratungs- und Beschlussverfahrens im Wesentlichen nur in Art. 42 Abs. 2 u. 3 NV und hinsichtlich der exekutiven Ausfertigungs- und Verkündungsphase in Art. 45 NV behandelt. Die Besonderheiten bei Verfassungsänderungen thematisiert Art. 46 NV. Durch diese zurückhaltende Regelung in der Verfassung wird die ergänzende Parlamentsautonomie des Niedersächsischen Landtags gestärkt.[128]

a) Parlamentarische Gesetzgebung

Gesetzesinitiativen können aus der „Mitte" des Landtags, von der Landesregierung, durch Volksinitiative oder Volksbegehren beim Landtag eingebracht werden (Art. 42 Abs. 3 NV). In Konkretisierung der ersten Variante legt § 22 Abs. 1 GeschO LT fest, dass für die „**Mitte**" **des Landtags** ein Gesetzentwurf von einer Fraktion oder von

---

126 *Schlaich/Korioth*, Das Bundesverfassungsgericht, 8. Aufl. 2010, Rn. 349; *Oeter*, VVDStRL 66 (2007), 361 (368).
127 Vgl. insoweit *Burmeister*, NdsVBl. 1998, 53 ff.; *Ipsen*, NdsVBl. 1998, 129 ff.; *H-P. Schneider*, NdsVBl. 2005, Sonderheft 50 Jahre StGH, S. 26 ff.; *van Nieuwland*, NdsVBl. 2014, 152 ff.; *Butzer*, NdsVBl. 2014, 155 ff. sowie den Gesetzentwurf der FDP-Fraktion Nds. LT-Dr. 17/1111 v. 14.1.2014, behandelt in 1. Lesung, Nds. LT-Prot. 17/2330 ff.
128 Vgl. *Mehde*, in: Epping u.a. (Hrsg.), Hannoverscher Kommentar zur NV, Art. 42 Rn. 2.

mindestens zehn Mitgliedern des Landtags eingebracht werden muss. Eine derartige Beschränkung der Initiativberechtigung unter Ausschluss einzelner Abgeordneter durch die Geschäftsordnung hat das Bundesverfassungsgericht mit Blick auf die Geschäftsordnungsautonomie des Parlaments für zulässig erachtet;[129] nichts anderes muss auch für den Niedersächsischen Landtag gelten. Erst aus der Regelung in Art. 42 Abs. 3 NV wird ersichtlich, dass zu den „bestimmten Gegenständen der politischen Willensbildung", die gem. Art. 47 NV Gegenstand einer **Volksinitiative** sein können, auch Gesetzentwürfe zählen. Hierfür ist die Unterstützung durch 70.000 Wahlberechtigte erforderlich. Während die Volksinitiative nur darauf abzielt, dass sich der Landtag mit einem bestimmten Gegenstand (hier also dem Gesetzentwurf) befasst, aber für den Fall, dass der Landtag die begehrte Entschließung zu dem Gesetzentwurf nicht trifft, keine weitere rechtliche Handhabe bietet, ist im Gegensatz dazu ein durch Volksbegehren eingebrachter Gesetzentwurf mit einem stärkeren „Drohpotential" versehen: Durch **Volksbegehren** eingebrachte Gesetzesinitiativen können vom Landtag nicht einfach abgelehnt werden. Wenn sich der Landtag einen Gesetzentwurf, der ihm durch Volksbegehren zugeleitet wird, nicht innerhalb von sechs Monaten im Wesentlichen unverändert annimmt, so findet anschließend ein Volksentscheid über diesen Gesetzentwurf statt (Art. 49 Abs. 1 NV, s.unten Rn. 62). Erforderlich für ein erfolgreiches Volksbegehren ist allerdings eine Unterstützung durch 10 % der Wahlberechtigten; außerdem muss dem Volksbegehren ein ausgearbeiteter, mit Gründen versehener Gesetzentwurf zugrunde liegen (vgl. Art. 48 Abs. 1 S. 2, Abs. 3 S. 1 GG). Die Einbringung des Volksbegehrens in den Landtag erfolgt dabei mittelbar, weil der Gesetzentwurf erst durch die Landesregierung, versehen mit ihrer Stellungnahme, an den Landtag übermittelt wird (Art. 48 Abs. 3 S. 2 NV).

57 In wie vielen **Beratungen** ein Gesetzentwurf **im Landtag** zu behandeln ist, wird durch die Niedersächsische Verfassung nicht vorgegeben. In Ausübung seiner Geschäftsordnungsautonomie hat der Landtag in § 24 GeschO LT vorgesehen, dass er „Gesetzentwürfe in der Regel in einer ersten und einer zweiten Beratung" behandelt. Nach Ende der ersten Beratung werden die Entwürfe regelmäßig zur weiteren Behandlung in einen oder mehrere Ausschüsse (o. Rn. 41) des Landtags überwiesen. Vor der endgültigen Beschlussfassung durch den Landtag kann die **Landesregierung** jedoch noch von einer speziellen **Aussetzungsbefugnis** Gebrauch machen: Sie kann gem. Art. 42 Abs. 2 NV verlangen, dass die Abstimmung im Landtag bis zu 30 Tagen ausgesetzt wird. Dieses Recht erlangt im Normalfall einer durch die Parlamentsmehrheit getragenen Regierung kaum Bedeutung, kann jedoch im Falle einer Minderheitsregierung an Bedeutung gewinnen, wenn es darum geht, innerhalb des durch den Einspruch der Regierung bewirkten Zeitaufschubs Kompromisse zu suchen und damit neue Mehrheiten zu organisieren.[130]

---

129 BVerfGE 80, 188 (220); 84, 304 (321 f.). Zum Meinungsstand in der Lit. vgl. *Mann*, in: Sachs (Hrsg.), GG, 7. Aufl. 2014, Art. 76 Rn. 9 f.
130 Vgl. hierzu *Mann*, in: Sachs/Siekmann (Hrsg.), FS Stern, 2012, S. 81 (87 f., 93); ausführlich *Malorny*, Exekutive Vetorechte im deutschen Verfassungssystem, 2011, S. 290 ff.

Mit dem Gesetzesbeschluss tritt das Gesetzgebungsverfahren in das abschließende **58** exekutive Erlassstadium ein, das durch die Verfahrensschritte der **Ausfertigung und Verkündung** gekennzeichnet ist. Diese beiden Tätigkeiten, die auf der Bundesebene vom Bundespräsidenten wahrgenommen werden (vgl. Art. 82 Abs. 1 GG), sind in Niedersachsen auf zwei Personen verteilt: Art. 45 Abs. 1 S. 1 NV sieht vor, dass die vom Landtag (oder durch Volksentscheid) verfassungsmäßig erlassenen Gesetze unverzüglich vom **Präsidenten des Landtags** auszufertigen und vom **Ministerpräsidenten** im Gesetz- und Verordnungsblatt zu verkünden sind. Inwieweit diesen beiden Organen eine **Prüfungskompetenz** zusteht, die Gesetze auf ihre formelle und materielle Verfassungsmäßigkeit zu prüfen, ist ebenso wie im Bundesrecht umstritten. Während dem Ministerpräsidenten eine Kompetenz, die von ihm zu verkündenden Gesetze auf ihre Vereinbarkeit mit der Niedersächsischen Verfassung und dem Grundgesetz zu prüfen, überwiegend abgesprochen wird,[131] ist mit Blick auf den Präsidenten des Landtags eine Differenzierung angebracht. Es ist weitgehend unstreitig, dass dem Landtagspräsidenten aus der Formulierung in Art. 45 Abs. 1 NV, er habe die „verfassungsmäßig erlassenen Gesetze" unverzüglich auszufertigen, ein Recht zur Prüfung der Gesetze auf ihre formelle Verfassungsmäßigkeit zusteht.[132] Demgegenüber wird ein materielles Prüfungsrecht des Landtagspräsidenten u.a. wegen der Unterschiede in seiner verfassungsmäßigen Stellung zu derjenigen des Bundespräsidenten vielfach verneint,[133] vereinzelt aber auch unter Hinweis auf die Bindung des Präsidenten an die verfassungsmäßige Ordnung bejaht.[134]

Im Regelfall sollen die Gesetze den Tag ihres Inkrafttretens selbst bestimmen, was üb- **59** licherweise immer in den Schlussbestimmungen der Gesetze erfolgt. Nur wenn eine solche **Inkrafttretensanordnung** fehlt, treten die Gesetze 14 Tage nach Ablauf des Tages in Kraft, an dem das betreffende Gesetzes- und Verordnungsblatt ausgegeben worden ist (Art. 45 Abs. 3 NV).

b) Volksgesetzgebung

Einem nach Art. 42 Abs. 1 NV alternativ möglichen Gesetzesbeschluss durch Volks- **60** entscheid hat ebenfalls ein bestimmtes Verfahren vorauszugehen. Den Ausgangspunkt bildet insoweit ein **Volksbegehren** nach Art. 48 NV.[135] Es ist darauf gerichtet, ein Gesetz im Rahmen der Gesetzgebungsbefugnis des Landes zu erlassen, zu ändern oder aufzuheben und muss hierzu durch einen ausgearbeiteten sowie mit Gründen versehenen Gesetzentwurf vorbereitet sein. Unzulässige Gegenstände eines solchen Volksbegehrens sind allerdings Gesetze über den Landeshaushalt, über öffentliche Abgaben sowie über Dienst- und Versorgungsbezüge. Diese **Finanzausschlussklauseln** werden gemeinhin mit zwei Argumenten gerechtfertigt. Zum einen wird auf die Kompliziert-

---

131 Vgl. *Hoffmann*, in: Epping. u.a. (Hrsg.), Hannoverscher Kommentar zur NV, Art. 45 Rn. 30 ff.; *Hederich*, NdsVBl. 1999, 77 (78); *Hagebölling*, NV, Art. 45 Anm. 2; *Ipsen*, NV, Art. 45 Rn. 15 f.; a.A. *Neumann*, Die NV, Art. 45 Rn. 16.
132 Vgl. nur *Hagebölling*, NV, Art. 45 Anm. 2; *Hederich*, NdsVBl. 1999, 77 m.w.N.
133 *Ipsen*, NV, Art. 45 Rn. 15 f.; *Hederich*, NdsVBl. 1999, 77 (81); *Janssen*, DÖV 2010, 949 (958); abgeschwächt auch *Hagebölling*, NV, Art. 45 Anm. 2; restriktiv auch die Beratung im Sonderausschuss Verfassung, vgl. den schriftl. Bericht des Abgeordneten Dr. Blanke (CDU), Nds. LT-Dr. 12/5840 S. 27.
134 So vor allem *Hoffmann*, in: Epping u.a. (Hrsg.), Hannoverscher Kommentar zur NV, Art. 45 Rn. 26 ff.
135 Zur Abgrenzung von der Volksinitiative nach Art. 47 NV vgl. o. Rn. 56.

heit der Materie verwiesen und geltend gemacht, eine von mangelnder Sachkenntnis gekennzeichnete Volksgesetzgebung könne das labile Gleichgewicht der Finanzordnung beeinträchtigen, zum anderen wird befürchtet, die Entscheidung der Stimmbürger über finanzwirksame Gesetze werde eher unsachlich nach persönlichen Vorteilserwägungen, nicht aber im objektiven Interesse des Gemeinwohls getroffen.[136]

61 Ob diese verfassungsmäßigen Voraussetzungen für ein Volksbegehren vorliegen und das **Volksbegehren** somit **zulässig** ist, wird von der Landesregierung geprüft. Sie hat hierüber durch Beschluss zu entscheiden (Art. 37 Abs. 2, Art. 39 Abs. 2 NV), gegen den der Staatsgerichtshof angerufen werden kann (Art. 48 Abs. 2 NV).[137] Das Volksbegehren kommt zustande, wenn es ein **Unterstützerquorum von 10 % der Wahlberechtigten** erreicht (Art. 48 Abs. 3 NV), d.h., wenn sich eine entsprechende Anzahl von Wahlberechtigten in die Unterschriftenbögen des Volksbegehrens eingetragen hat. Die Feststellung hierüber trifft der Landeswahlausschuss; der Landeswahlleiter übermittelt das Ergebnis der Landesregierung, welche dann den Gesetzentwurf mit ihrer Stellungnahme an den Landtag zu übermitteln hat (vgl. Art. 48 Abs. 3 S. 2 NV). Einzelheiten regelt das Niedersächsische Volksabstimmungsgesetz.[138]

62 Im Falle eines erfolgreichen Volksbegehrens hat der Landtag einerseits die Möglichkeit, den Gesetzentwurf innerhalb von sechs Monaten „im Wesentlichen unverändert" anzunehmen. Macht er hiervon keinen Gebrauch, hat innerhalb von weiteren sechs Monaten ein **Volksentscheid** über den Gesetzentwurf stattzufinden, wobei der Landtag berechtigt ist, dem Volk gleichzeitig einen eigenen, alternativen Gesetzentwurf über das Volksbegehren zur Entscheidung vorzulegen (vgl. Art. 49 Abs. 1 NV). Um erfolgreich durch Volksentscheid beschlossen werden zu können, bedarf ein Gesetz einer doppelten Mehrheit: zusätzlich zu der **einfachen Mehrheit unter den Abstimmenden** muss diese Mehrheit auch gleichzeitig **einem Viertel der insgesamt Wahlberechtigten** entsprechen (Art. 49 Abs. 2 NV).[139] Durch die Kombination mit dem letztgenannten Mindestbeteiligungsquorum ist es den Gegnern des Gesetzentwurfs möglich, sich auf eine bewusste Nichtteilnahme am Volksentscheid zu beschränken, ohne Gefahr zu laufen, dass bei einer niedrigen Teilnahme am Volksentscheid bereits eine Minderheit innerhalb der Aktivbürgerschaft entscheidungserheblich sein kann. Außerdem gilt: Sollte die „Mehrheit unter den Abstimmenden" knapp ausfallen, was bei politisch umstrittenen Fragen denkbar erscheint, käme ein wirksamer Volksentscheid nur zustande, wenn sich rund 50 % der Wahlberechtigten an dem Volksentscheid beteiligen.

---

136 Vgl. die differenzierte Auflistung und kritische Würdigung der Argumentationsmuster bei *Siekmann*, in: Neumann/v. Raumer, Die verfassungsrechtliche Ausgestaltung der Volksgesetzgebung, 1999, S. 181 (182 ff.). Überlegungen zur Aufhebung der Finanzausschlussklauseln u.a. bei *Kühne*, NdsVBl. 1995, 25 (31). Zusammenfassung des Streitstandes m. zahlr. Nachweisen aus Lit. u. Rspr. bei *Mann*, in: Löwer/Tettinger, Kommentar zur Verfassung NRW, 2002, Art. 68 Rn. 21 ff.
137 In der Entscheidung Nds. StGH, NdsVBl. 2002, 11 ff. hatte eine solche Anrufung des StGH Erfolg: Das Gericht hob den Nichtzulassungsbeschluss der Landesregierung auf und ließ das Volksbegehren „Kindertagesstätten-Gesetz Niedersachsen" in einer leicht veränderten Form zu.
138 Vgl. §§ 12 ff. des Niedersächsischen Gesetzes über Volksinitiative, Volksbegehren und Volksentscheid (Niedersächsisches Volksabstimmungsgesetz – NVAbstG -) v. 23.6.1994 (GVBl. S. 270), zul. geänd. d. Gesetz v. 30.6.2011 (Nds. GVBl. S. 208).
139 Das für Niedersachsen geltende Quorum liegt im Ländervergleich eher im oberen Bereich der Anforderungen, vgl. die Zusammenstellung bei *Stender-Vorwachs*, in: Epping u.a. (Hrsg.), Hannoverscher Kommentar zur NV, Art. 49 Rn. 7.

Dies dürfte erfolgreiche Volksentscheide bei knappen Ja/Nein-Entscheidungen nahezu unmöglich machen.

Ist ein Volksentscheid erfolgreich, bedarf es keiner weiteren Mitwirkungsakte des Landtages mehr, um das Gesetz zu beschließen. Wie die vom Landtag beschlossenen Gesetze gehört allerdings auch ein durch Volksentscheid beschlossenes Gesetz zu den „verfassungsmäßig beschlossenen Gesetzen" i.S.d. Art. 45 Abs. 1 S. 1 NV und bedarf daher noch der **Ausfertigung und Verkündung** (o. Rn. 58). Ist das Gesetz einmal in Kraft getreten, ist es **den vom Parlament beschlossenen Gesetzen gleichrangig**,[140] d.h. der Landtag kann ein durch Volksentscheid zustande gekommenes Gesetz durch eine lex posterior auch wieder ändern oder aufheben.[141] Der Grund für diese Gleichstellung wird darin gesehen, dass die den Volksentscheid tragende Abstimmungsmehrheit nicht als Grundelement aller Staatsgewalt in Erscheinung trete, sondern als ein außerordentliches Gesetzgebungsorgan, das demgemäß auch nur eine organschaftliche Legitimation vermitteln könne.[142] Ob sich der Landtag zumindest während der laufenden Legislaturperiode einer Änderung oder gar Aufhebung von Gesetzen plebiszitären Ursprungs enthalten sollte, ist keine Rechtsfrage, sondern zuvörderst eine Erwägung politischer Opportunität.[143]

63

Unter Geltung der NV ist bislang **noch kein Volksentscheid in Niedersachsen** durchgeführt worden. Allerdings hat der Landtag bereits 1994 unter dem Eindruck einer unterstützungsstarken überkonfessionellen Volksinitiative zur Einführung einer Präambel mit Gottesbezug von sich aus die Verfassung geändert (s.o. Rn. 8).

64

c) Besonderheiten bei Verfassungsänderungen

Mit der gleichen Funktion, wie sie im Grundgesetz Art. 79 GG zukommt, bestimmt Art. 46 NV die formellen Voraussetzungen und materiellen Grenzen, die für verfassungsändernde Gesetze gelten. Hierbei entspricht die Forderung, Verfassungsänderungen dürften nicht konkludent, sondern nur durch Gesetze erfolgen, die den **Wortlaut der NV ausdrücklich ändern oder ergänzen** (sog. Verbot der Verfassungsdurchbrechung, Art. 46 Abs. 1 NV) der Maßgabe in Art. 79 Abs. 1 S. 1 GG. Auch ist das formelle Abstimmungserfordernis einer **Zweidrittelmehrheit** der Landtagsmitglieder für Verfassungsänderungen (Art. 46 Abs. 3 S. 1 NV) der entsprechenden Maßgabe für den Bundestag in Art. 79 Abs. 2 GG nachgebildet worden. Diese Erfordernisse dienen der Rechtssicherheit bzw. dem erhöhten Bestandsschutz der Verfassung und sollen sicherstellen, dass sich der Landtag der weitreichenden Bedeutung von Verfassungsänderungen bewusst wird.[144] Darüber hinaus enthält die NV auch eine dem Art. 79 Abs. 3 GG

65

---

140 Vgl. *Stern*, Staatsrecht II, S. 16; *Ipsen*, NV, Art. 49 Rn. 15; *Stender-Vorwachs*, in: Epping u.a. (Hrsg.), Hannoverscher Kommentar zur NV, Art. 49 Rn. 25; ausführlich *Przygode*, Die deutsche Rechtsprechung zur unmittelbaren Demokratie, 1995, S. 427 ff.
141 Vgl. SächsVerfGH, NVwZ 2003, 472 (473); BerlVerfGH, NVwZ-RR 2010, 169 (172); *Ipsen*, NV, Art. 49 Rn. 16; *Neumann*, Die NV, Art. 49 Rn. 13; *Stender-Vorwachs*, in: Epping u.a. (Hrsg.), Hannoverscher Kommentar zur NV, Art. 49 Rn. 25; *H. Schneider*, Gesetzgebung, 3. Aufl. 2002, Rn. 182; *Rossi/Lenski*, DVBl. 2008, 416 (418); *Huber*, ZG 2009, 311 (336); a.A. *Peine*, Der Staat 18 (1979), 375 (398, 401): Der Gedanke des „actus contrarius" verbiete es dem Parlament, plebiszitär entstandene Gesetze zu ändern.
142 *Grawert*, Verfassung für das Land NRW, 1998, Art. 68 Anm. 5; vgl. auch BVerfGE 96, 231 (240 f.).
143 Ebenso *H. Schneider*, Gesetzgebung, 3. Aufl. 2002, Rn. 182.
144 *Hagebölling*, NV, Art. 46 Anm. 1.

entsprechende „**Ewigkeitsgarantie**": Art. 46 Abs. 2 NV erklärt Verfassungsänderungen für unzulässig, die „den in Artikel 1 Abs. 2 und Artikel 2 niedergelegten Grundsätzen widersprechen". Hiervon erfasst sind also sowohl die Staatsstrukturprinzipien des Art. 1 Abs. 2 NV (o. Rn. 19 ff.) als auch die durch Art. 2 NV statuierten Grundsätze der Volkssouveränität und Gewaltenteilung (o. Rn. 21). Anknüpfend an die Unterscheidung von verfassungsgebender und verfassungsändernder Gewalt soll Art. 46 Abs. 2 NV verhindern, „dass die geltende Verfassungsordnung in ihrer Substanz, in ihren Grundlagen auf dem formal-legalistischen Weg eines verfassungsändernden Gesetzes beseitigt und zur nachträglichen Legalisierung eines totalitären Regimes missbraucht werden kann."[145]

66 Nicht erfasst von der Ewigkeitsgarantie des Art. 46 Abs. 2 NV wird das in Art. 3 NV enthaltene Bekenntnis zu den **Grundrechten**. Eine Aufhebung der Inkorporationsnorm des Art. 3 NV würde jedoch nur rückgängig machen, dass die Grundrechte des GG zugleich auch geltendes niedersächsisches Recht sind. Sie würde aber nichts daran ändern können, dass auch die niedersächsische Staatsgewalt über Art. 1 Abs. 3 GG an die Grundrechte des Grundgesetzes gebunden ist und die Verfassungsmäßige Ordnung Niedersachsens über die Homogenitätsklausel des Art. 28 Abs. 1 S. 1, Abs. 3 GG den Grundrechten entsprechen muss (vgl. auch Art. 2 Abs. 2 NV).[146]

67 Die vorstehend genannten materiellen Anforderungen gelten gleichermaßen für durch parlamentarische oder **durch Volksgesetzgebung bewirkte Verfassungsänderungen**.[147] In formeller Hinsicht entspricht der für parlamentarisch initiierte Verfassungsänderungen erforderlichen Zweidrittelmehrheit des Art. 46 Abs. 2 S. 1 NV bei Verfassungsänderungen durch Volksentscheid ebenfalls ein erhöhtes Stimmenquorum. Über Art. 46 Abs. 2 S. 2 NV gilt insoweit die in Art. 49 Abs. 2 S. 2 NV niedergelegte Maßgabe, dass für Verfassungsänderungen durch Volksentscheid mindestens die **Hälfte der Wahlberechtigten** zustimmen muss.

2. Rechtsprechung

68 In Abweichung von der in Art. 2 Abs. 2 und Abs. 3 NV niedergelegten Reihenfolge widmet die NV der sog. „Dritten Gewalt" in den Art. 51 ff. NV noch vor der Verwaltung (Art. 56 ff. NV) einen eigenen Abschnitt. Nach der grundsätzlichen Verteilung ist die Ausübung der Rechtsprechungsfunktion grundsätzlich Sache der Länder, soweit das GG keine abweichende Regelung trifft oder zulässt (vgl. Art. 30, 92 GG). Als Bundesgerichte existieren daher nur die in den Art. 92–96 GG bezeichneten Gerichte. Im Übrigen bestehen jedoch **umfassende und abschließende bundesgesetzliche Vorgaben** auf den Gebieten der Gerichtsverfassung und des gerichtlichen Verfahrens (gestützt auf Art. 72 i.V.m. Art. 74 Abs. 1 Nr. 1 GG) sowie des Richterrechts (gestützt auf Art. 98 Abs. 1 u. 3, Art. 74 Abs. 1 Nr. 27 GG). In Anbetracht dessen verzichtet die NV darauf, den Abschnitt über die Rechtsprechung ausführlicher zu gestalten. Neben

---

145 Vgl. BVerfGE 30, 1 (24) zu Art. 79 Abs. 3 GG.
146 *Hoffmann*, in: Epping u.a. (Hrsg.), Hannoverscher Kommentar zur NV, Art. 46 Rn. 37; *Ipsen*, NV, Art. 46 Rn. 13.
147 *Ipsen*, NV, Art. 46 Rn. 16; *Hoffmann*, in: Epping u.a. (Hrsg.), Hannoverscher Kommentar zur NV, Art. 46 Rn. 52.

zwei Vorschriften über den Staatsgerichtshof (o. Rn. 50 ff.) enthalten Art. 53 NV eine sinngemäße Wiederholung der **Rechtsweggarantie** des Art. 19 Abs. 4 GG, Art. 52 NV Maßgaben zur Richteranklage und Art. 51 NV nähere Aussagen zur allgemeinen Rechtsstellung der Richter und Gerichte.

Obwohl die entsprechenden **Grundgewährleistungen** der Art. 92 und Art. 97 GG auch für die Rechtsprechung der Länder gelten,[148] wiederholen Art. 51 Abs. 1 NV, dass die rechtsprechende Gewalt im Namen des Volkes[149] durch die Gerichte ausgeübt wird (Monopolisierung bei staatlichen Gerichten) und Art. 51 Abs. 4 NV, dass die Richter unabhängig und nur dem Gesetz unterworfen sind. Letztere Maßgabe bildet das wesentliche Merkmal der Rechtsprechung in einem rechtsstaatlichen Verfassungsstaat und umschließt zwei Aspekte: Die **sachliche Unabhängigkeit** bedeutet, dass der Richter anders als sonstige staatliche Beamte oder Angestellte seine Tätigkeit weisungsfrei und nur in Orientierung am Recht ausübt, die **persönliche Unabhängigkeit** flankiert diese Weisungsfreiheit in der Weise, dass die Richter ab ihrer Ernennung auf Lebenszeit grundsätzlich nicht mehr abgesetzt (s. aber unten Rn. 70) und gegen ihren Willen auch nicht an ein anderes Gericht versetzt werden können.[150] Die beiden übrigen Absätze der Vorschrift legen fest, dass die Gerichte in der Regel mit Berufsrichtern und nur bei gesetzlicher Anordnung auch mit ehrenamtlichen Richtern zu besetzen sind (Art. 51 Abs. 2 NV) und dass gesetzlich vorgesehen werden kann, dass bei der Anstellung von Berufsrichtern ein Richterwahlausschuss mitwirkt (Art. 51 Abs. 3 NV) – eine Maßgabe, die Niedersachsen bislang nicht umgesetzt hat.[151]

69

Die landesverfassungsrechtliche Regelung der **Richteranklage** vor dem Bundesverfassungsgericht bei Verstößen gegen die Grundsätze des GG oder der NV (Art. 52 Abs. 1 NV) beruht auf der Ermächtigung in Art. 98 Abs. 5 GG. Die Vorschrift muss im Kontext mit der persönlichen und sachlichen Unabhängigkeit der Richter (o. Rn. 69) gesehen werden, die einer kompensatorischen Vorkehrung gegen Missbrauch bedarf. Angesichts der Erfahrung, dass sich Teile der Richterschaft unter Geltung der Weimarer Reichsverfassung, die ein solches Institut nicht kannte, gegenüber der freiheitlichen Demokratie reserviert, gleichgültig oder gar feindselig verhalten sowie später bereitwillig in den Dienst der nationalsozialistischen Diktatur gestellt haben, soll die Richteranklage mit ihrer Möglichkeit zur Versetzung in den Ruhestand (Pensionierung bei vollen Bezügen)[152] als Element der „streitbaren Demokratie" nunmehr eine dienstliche und außerdienstliche Verfassungstreue der Richterschaft gewährleisten. Unberührt von Art. 52 Abs. 1 NV bleibt die **dienst- und strafrechtliche Verantwortlichkeit** des Richters (etwa wegen Vorteilnahme, § 331 StGB oder Rechtsbeugung, § 339 StGB)

70

---
148 BVerfGE 103, 111 (136).
149 Zur historischen Bedeutung dieser Wendung vgl. *Mann*, in: Löwer/Tettinger, Kommentar zur Verfassung NRW, 2002, Art. 72 Rn. 6.
150 Vgl. zur richterlichen Unabhängigkeit im Detail *Detterbeck*, in: Sachs (Hrsg.), GG, 7. Aufl. 2014, Art. 97 Rn. 11 ff.
151 Zu den rechtspolitischen Ursachen hierfür s. *Neuhäuser*, in: Epping u.a. (Hrsg.), Hannoverscher Kommentar zur NV, Art. 51 Rn. 29 f.
152 Diese Versetzung in den Ruhestand kann das BVerfG nur „anordnen", d.h. die Maßnahme ist anschließend von der Justizverwaltung durchzuführen. Bei der in Art. 52 Abs. 1 S. 2 NV im Falle vorsätzlicher Verstöße vorgesehenen Entlassung tritt der Amtsverlust hingegen unmittelbar mit der Verkündung des Urteils ein, vgl. *Neuhäuser*, in: Epping u.a. (Hrsg.), Hannoverscher Kommentar zur NV, Art. 52 Rn. 40.

sowie die **schadensersatzrechtliche Haftung** des Spruchrichters gemäß § 839 Abs. 2 BGB.

3. Verwaltung

71 Ausgehend von der Grundregel des Art. 83 GG, dass nicht nur die Landesgesetze, sondern **auch die Bundesgesetze von den Ländern als eigene Angelegenheit ausgeführt** werden, sofern nicht das GG etwas anderes bestimmt oder zulässt, liegt angesichts des schmalen Anwendungsfeldes bundeseigener Verwaltung (vgl. Art. 86 f. GG) das Schwergewicht exekutiver Zuständigkeiten in Deutschland bei der Landesverwaltung. Bei der Ausführung der Bundesgesetze unterliegt das Land Niedersachsen einer **Rechtsaufsicht** der Bundesregierung (Art. 84 Abs. 3 u. 4 GG). Sofern verfassungsrechtlich ein Fall der Bundesauftragsverwaltung vorgesehen ist, wie z.b. beim Verwaltungsvollzug des Atomgesetzes,[153] kann auch die Zweckmäßigkeit der Ausführung der Gesetze durch die Länder überprüft (Art. 85 Abs. 4 S. 1 GG) und zu diesem Zweck von den obersten Bundesbehörden auch vom Instrument der Weisung Gebrauch gemacht werden (Art. 85 Abs. 3 GG). Der Siebente Abschnitt der NV spricht aus dem reichhaltigen Kanon möglicher Verwaltungsträger und Behörden[154] einerseits die Landesregierung und die nachgeordneten Landesbehörden (Art. 56 NV), andererseits die kommunalen und funktionalen Selbstverwaltungskörperschaften (Art. 57 ff. NV) an.

Eine besondere Erwähnung erfährt der **Landesbeauftragte für den Datenschutz** durch Art. 62 NV. Dort ist seine Rechtsstellung ähnlich derjenigen der Richter (o. Rn. 69) ausgestaltet, indem Art. 62 Abs. 3 NV festlegt, dass auch er „unabhängig und nur an Gesetz und Recht gebunden" ist. Weil seine Aufgabe in der Kontrolle besteht, ob „die öffentliche Verwaltung bei dem Umgang mit personenbezogenen Daten Gesetz und Recht einhält" (Art. 62 Abs. 1 NV), ist es nur folgerichtig, dass er anders als die übrigen Landesbediensteten (vgl. Art. 38 Abs. 2 NV) nicht durch die von ihm zu kontrollierende Landesregierung ernannt, sondern auf Vorschlag der Landesregierung vom Landtag mit Zweidrittelmehrheit[155] gewählt wird (Art. 62 Abs. 2 NV).

a) Unmittelbare Landesverwaltung

72 Die Eingangsbestimmung des siebenten Abschnitts stellt zunächst klar, dass die Landesregierung mit den im Rahmen des Ressortprinzips (o. Rn. 48) jeweils fachlich zuständigen Ministern nicht nur als Gubernative (o. Rn. 44) tätig ist, sondern auch die Exekutivspitze bildet, der alle anderen Behörden[156] der unmittelbaren Landesverwaltung nachgeordnet sind (Art. 56 Abs. 1 NV). In diesem Kontext sind auch die Vorschriften der Art. 38 Abs. 1 und Art. 56 Abs. 2 NV zu sehen, welche die **Verwaltungsorganisation im Spannungsverhältnis zwischen exekutiver Organisationsgewalt und Wesentlichkeitstheorie** verorten: Erstere Norm weist der Landesregierung als Kollegi-

---

153 Vgl. Art. 87 e GG i.V.m. § 24 Abs. 1 Atomgesetz.
154 Dazu unten *Mehde*, Verwaltungsorganisation Rn. 5 ff.
155 Das Erfordernis bezieht sich auf die anwesenden Mitglieder, doch muss diese Mehrheit gleichzeitig mindestens die Mehrheit der Mitglieder des Landtags ausmachen.
156 Ob der Aufbau der Landesverwaltung zwei- oder dreistufig zu sein hat, wird durch die NV nicht vorgegeben; zur Auflösung der Bezirksregierungen in Niedersachsen s. unten *Mehde*, Verwaltungsorganisation, Rn. 26 f.

alorgan zwar grundsätzlich die Befugnis zu, über die Organisation der öffentlichen Verwaltung zu entscheiden, doch steht dieses Recht unter einem institutionellen[157] Gesetzesvorbehalt, der sich in Art. 56 Abs. 2 NV manifestiert, demzufolge „der allgemeine Aufbau und die räumliche Gliederung der allgemeinen Landesverwaltung" einer gesetzlichen Entscheidung des Landtags bedürfen.[158] Diese gesetzliche Festlegung hat der Gesetzgeber in Niedersachsen nicht, wie etwa NRW, in einem einheitlichen Landesorganisationsgesetz geschaffen, sondern er hat – was verfassungsrechtlich zulässig ist – vielmehr in einzelnen Fachgesetzen entsprechende Organisationsregelungen getroffen.

Eine partielle Durchbrechung der reinen Gewaltenteilungslehre erfolgt, soweit die Exekutive auch zur Setzung materiellen Rechts ermächtigt ist: In Übernahme der formellen und materiellen Erfordernisse des Art. 80 GG (Bestimmtheit der Ermächtigung nach Inhalt, Zweck und Ausmaß, Zitiergebot, Subdelegationsvorbehalt)[159] sieht auch Art. 43 NV vor, dass Landesgesetze die Landesregierung, einzelne Ministerien und andere Behörden ermächtigen können, **Rechtsverordnungen** zu erlassen (sog. derivatives Verordnungsrecht). Diese Vorschrift dient der Entlastung der Legislative und ist insoweit Ausdruck eines Effizienzprinzips, demzufolge normative Angelegenheiten von geringerer Wichtigkeit auch durch exekutive Stellen geregelt werden können. Zu beachten bleibt jedoch, dass nach der Wesentlichkeitslehre des BVerfG[160] ein parlamentsgesetzlicher, d.h. auf formelle Gesetze beschränkter Vorbehalt für besonders wichtige Agenden (etwa intensive grundrechtliche Eingriffe oder die Harmonisierung miteinander kollidierender Grundrechte) besteht, der eine Regelung im Verordnungswege ausschließt und sich mit Blick auf Art. 43 NV somit als Delegationssperre auswirkt. Von den normalen Rechtsverordnungen nach Art. 43 NV zu unterscheiden sind die ausnahmsweise zur Überwindung eines Gesetzgebungsnotstands vorgesehenen **Notverordnungen** der Landesregierung nach Art. 44 NV, denen normhierarchisch sogar Gesetzeskraft zukommt (dazu o. Rn. 39). 73

b) Selbstverwaltungskörperschaften

Neben der unmittelbaren Staatsverwaltung in Art. 56 NV thematisiert der Siebente Abschnitt der NV auch den gegensätzlichen Verwaltungstyp der Selbstverwaltung. Der **juristische Selbstverwaltungsbegriff** kennzeichnet die eigenverantwortliche Aufgabenwahrnehmung und Verwaltungstätigkeit durch juristische Personen des öffentlichen Rechts.[161] Sofern sie in öffentlich-rechtlichen Körperschaften stattfindet, ist für sie kennzeichnend, dass Verwaltungsaufgaben unter Mitwirkung der von der Aufgabenerfüllung Betroffenen eigenverantwortlich erfüllt werden.[162] 74

---

157 Herausgearbeitet erstmals von *Köttgen*, VVDStRL 16 (1958), 154 (161).
158 Ausführlich hierzu *Mann*, Die öffentlich-rechtliche Gesellschaft, 2002, S. 74 ff.
159 Hierzu im Überblick statt vieler *Wallrabenstein*, in: v. Münch/Kunig (Hrsg.), GG-Kommentar, 6. Aufl. 2012, Art. 80 Rn. 35 ff.; *Mann*, in: Sachs (Hrsg.), GG, 7. Aufl. 2014, Art. 80 Rn. 23 ff., jeweils m.w.N.
160 BVerfGE 49, 89 (126 f.); 58, 257 (274); 101, 1 (34); 108, 282 (311 f.).
161 Zum Rechtsformenspektrum juristischer Personen des öffentlichen Rechts vgl. unten *Mehde*, Verwaltungsorganisation, Rn. 18 ff.
162 *Hendler*, in: Isensee/Kirchhof (Hrsg.), Handbuch des Staatsrechts, Band VI, 3. Aufl. 2008, § 143 Rn. 14 ff.; *Mann*, ebda., § 146 Rn. 1.

75 Unter diesen Formen körperschaftlicher Selbstverwaltung nimmt die **kommunale Selbstverwaltung** angesichts ihrer umfassenden Gewährleistung in Art. 28 Abs. 2 GG und Art. 57 f. NV einen besonderen Rang ein. Gem. Art. 57 Abs. 1 NV verwalten die Gemeinden und Landkreise **ihre Angelegenheiten** im Rahmen der Gesetze **in eigener Verantwortung**, darüber hinaus sind speziell die Gemeinden gemäß Art. 57 Abs. 3 NV, vorbehaltlich abweichender gesetzlicher Bestimmungen, in ihrem Gebiet die **ausschließlichen Träger der gesamten öffentlichen Aufgaben**. Den Gemeinden und Landkreisen können zudem durch Gesetz oder Verordnung **Pflichtaufgaben** zur Erfüllung in eigener Verantwortung zugewiesen werden und **staatliche Aufgaben** zur Erfüllung nach Weisung übertragen werden (Art. 57 Abs. 3 NV). Aus diesen Verfassungsregelungen erwächst die an anderer Stelle in diesem Werk[163] noch näher ausgebreitete Differenzierung zwischen der Wahrnehmung von freiwilligen und pflichtigen Selbstverwaltungsaufgaben (**eigener Wirkungskreis**) und der weisungsgebundenen Erfüllung staatlichen Aufgaben (**übertragener Wirkungskreis**). Gerade dieser Aufgabendualismus kennzeichnet den Wesensunterschied von Landesverwaltung und Selbstverwaltung. Im Bereich der eigenen Angelegenheiten, den Angelegenheiten der örtlichen Gemeinschaft, ist die Gemeinde frei in der Entscheidung, ob und wie sie bestimmte Angelegenheiten wahrnimmt. Eine „normale" Behörde der Landesverwaltung bekommt hingegen Zuständigkeiten übertragen, die sie weisungsgebunden wahrzunehmen hat; sie hat keine Entscheidungsbefugnis über das „ob" der Wahrnehmung, und ist bei der Frage des „wie" den Weisungen der höheren Behörden unterworfen. Dies ist bei den Gemeinden nur im Bereich des übertragenen Wirkungskreises möglich.

76 In der Vergangenheit sind den Gemeinden aus den Zuweisungen pflichtiger Selbstverwaltungsaufgaben und staatlicher Aufgaben zunehmend finanzielle Probleme erwachsen, soweit diese Aufgabenzuweisungen nicht von einer Erhöhung der kommunalen Finanzausstattung nach Art. 58 NV flankiert worden sind. Hierdurch ist nämlich zwangsläufig der finanzielle Spielraum zur Wahrnehmung von freiwilligen Selbstverwaltungsaufgaben kleiner geworden, so dass eine freie Entscheidung über das „ob" einer Aufgabenwahrnehmung oftmals wegen leerer Haushaltskassen nur noch in der Theorie möglich war. Auf Druck der kommunalen Spitzenverbände ist daher durch Verfassungsänderung im Jahre 2006[164] in Art. 57 Abs. 4 S. 2–4 NV eine strikte **Konnexitätsklausel** eingeführt worden, die das Land verpflichtet, für die durch solche Aufgabenzuweisungen „verursachten erheblichen und notwendigen Kosten" auch einen entsprechenden finanziellen Ausgleich zu regeln.[165] Weil dadurch aber nicht ausgeschlossen war, dass durch die Gesetzgebung des Bundes direkte Aufgabenzuweisungen an die kommunale Ebene vorgenommen werden,[166] bedurfte es noch einer Schließung dieser Lücke, die im Zuge der Föderalismusreform 2006 durch die Einfügung von Art. 84 Abs. 1 S. 7 und Art. 85 Abs. 1 S. 2 GG, die ein Verbot der Aufgabenübertra-

---

163 Vgl. *Hartmann*, Kommunalrecht, Rn. 29 ff.
164 Gesetz zur Änderung der Niedersächsischen Verfassung und des Gesetzes über den Staatsgerichtshof v. 27.1.2006 (GVBl. S. 58).
165 Zum horizontalen Vergleich der landesverfassungsrechtlichen Konnexitätsklauseln s. *Engels*, Die Verfassungsgarantie kommunaler Selbstverwaltung, 2014, S. 317 ff.
166 So ausdrücklich der Gesetzentwurf zur Verfassungsänderung, Nds. LT-Dr. 15/2517, S. 2.

gung auf Gemeinden und Gemeindeverbände durch Bundesgesetz statuieren, erfolgt ist.[167]

Eine Besonderheit im Vergleich zu anderen Landesverfassungen[168] liegt darin, dass Art. 57 NV nicht nur den Kommunen, sondern auch „sonstigen öffentlich-rechtlichen Körperschaften" als Formen der öffentlichen Verwaltung außerhalb des staatsunmittelbaren Behördensystems ein Recht auf Selbstverwaltung verleiht. Hiervon wird insbesondere die **wirtschaftliche Selbstverwaltung** in Handwerks- und Industrie- und Handelskammern sowie die **freiberufliche Selbstverwaltung** in Berufskammern (Rechtsanwaltskammer, Ärztekammer, Notarkammer usw.) erfasst, wobei freilich nicht der Schutzstandard erreicht wird, den die kommunale Selbstverwaltung genießt.[169] Zwar begründet Art. 57 NV auch für die körperschaftliche Selbstverwaltung außerhalb der Gebietskörperschaften eine subjektiv-rechtliche Position, die verwaltungsgerichtlichen Rechtsschutz eröffnet, doch fehlt es insoweit an einer auch verfassungsprozessual wehrfähigen Rechtsstellung, weil es für diese Form der Selbstverwaltung kein Pendant zur kommunalen Verfassungsbeschwerde vor dem StGH gibt.[170]

77

VII. Finanz- und Haushaltsverfassung

Gegenstand der Finanz- und Haushaltsverfassung sind diejenigen Vorschriften des Verfassungsrechts, welche die Erhebung, Verteilung und Verwendung der öffentlichen Finanzen in grundlegender Weise regeln.[171] Die Finanz- und Haushaltsverfassung wird damit gleichsam zum „Herzstück" des modernen Staates. Diese Fragen, insbesondere die Auferlegung von Abgaben und deren Verteilung auf die verschiedenen Ebenen im Bundesstaat, sind jedoch vorrangig durch die Art. 104a ff. GG geregelt. Die Art. 63 ff. NV treffen hierzu überwiegend nur ergänzende bzw. im Wesentlichen gleichlautende Regelungen. So erfolgt auch in Niedersachsen die Koordination von Einnahmen und Ausgaben durch den Landeshaushalt. Nach Art. 65 Abs. 1 NV sind alle Einnahmen des Landes nach ihrem Entstehungsgrund und – damit ausgeglichen – alle Ausgaben des Landes nach Zwecken getrennt im **Haushaltsplan** zu veranschlagen, der jährlich im Voraus vom Landtag durch **Haushaltsgesetz** beschlossen wird (sog. parlamentarisches Budgetrecht, Art. 65 Abs. 4 NV). Die Verwaltung darf nur die im Haushaltsplan veranschlagten Ausgaben leisten (Art. 65 Abs. 2 NV); zum Nachweis, dass der Haushaltsplan korrekt vollzogen wurde, hat der Finanzminister dem Landtag über alle Einnahmen, Ausgaben und Verpflichtungen des Landes im Laufe des nächsten Haushaltsjahres **Rechnung zu legen** (Art. 69 S. 1 NV). Die Rechnungsprüfung im Rahmen des Entlastungsverfahrens nach Art. 69 S. 2 NV sowie die Prüfung der Wirtschaftlichkeit und Ordnungsgemäßheit der Haushalts- und Wirtschaftsführung (rech-

78

---

167 Für bereits erfolgte Aufgabenzuweisungen durch den Bund gilt die Fortgeltungsanordnung in Art. 125a Abs. 1 S. 1 GG.
168 Vgl. den Überblick bei *Mann*, in: Isensee/Kirchhof (Hrsg.), Handbuch des Staatsrechts, Band VI, 3. Aufl. 2008, § 146 Rn. 23 ff. Nur noch Art. 71 Abs. 1 S. 3 Bad.-wtt. Verf. enthält eine entsprechende Garantie.
169 Vgl. Nds. StGH, OVGE 34, 500 (506).
170 *Kluth*, DÖV 2005, 368 (375) spricht daher von einer „Schutzlücke".
171 Zur begrifflichen Diskussion im Überblick vgl. nur *Siekmann*, in: Sachs (Hrsg.), GG, 7. Aufl. 2014, vor Art. 104a Rn. 4 ff.

nungsunabhängige Finanzkontrolle) obliegt dem **Landesrechnungshof**,[172] der dem Landtag über die Ergebnisse seiner Prüfung berichtet (Art. 70 NV).

---

[172] Zur Wahl seines Präsidenten vgl. o. Rn. 31.

§ 2 Verwaltungsorganisation

von *Prof. Dr. Veith Mehde*

Literatur: Brandt, in: ders. (Hrsg.), Staats- und Verwaltungsrecht für Niedersachsen, 2002, S. 145 ff..

I. Verfassungsrechtliche Vorgaben für die Verwaltungsorganisation

Der Aufbau wie das konkrete Erscheinungsbild der Verwaltung insgesamt sind das Ergebnis unterschiedlicher Rechtsvorschriften, aber auch sonstiger regierungs- oder behördeninterner Entscheidungen. Die grundlegenden Vorgaben für die Verwaltungsorganisation ergeben sich aus dem Grundgesetz, aber auch aus der Verfassung des Landes Niedersachsen (NV), einige dieser zu beachtenden Vorgaben folgen aus beiden verfassungsrechtlichen Ebenen gleichermaßen. 1

1. Das Land Niedersachsen im System des Exekutivföderalismus

Prägend für die Verwaltungsorganisation ist zunächst die Rolle der Länder im Staatsaufbau der Bundesrepublik und in der grundgesetzlichen Kompetenzverteilung. Die Länder sind schon früh in der Geschichte der Bundesrepublik vom Bundesverfassungsgericht als Staaten anerkannt worden.[1] Vor diesem Hintergrund ist es selbstverständlich, dass sie auch die Staatsfunktionen der Legislative, Exekutive und Judikative vorsehen. Von diesen drei Staatsgewalten werden einer – der Exekutive – vom Grundgesetz besonders klar bestimmte Aufgaben zugewiesen: Die Landesexekutive ist sowohl bei der Gesetzesentstehung wie auch beim Vollzug der Bundesgesetze angesprochen. Die Mitwirkung an der Entstehung der Bundesgesetze erfolgt über den Bundesrat, der gemäß Art. 51 Abs. 1 S. 1 GG aus Mitgliedern der Regierungen der Länder besteht. Damit ist die Exekutive des Landes – auch wenn der Bundesrat die Gesetze nicht selbst verabschiedet (vgl. Art. 77 Abs. 1 S. 1 GG), sondern nur über Einspruch oder Zustimmung Einfluss nehmen kann – in den Prozess der Gesetzgebung auf Bundesebene eingebunden. Der neben der Regierung zweite Teil der Exekutive – die Verwaltung – ist in den Art. 83 ff. GG angesprochen. Danach gilt als Grundregel, dass die Bundesgesetze von den Ländern, also der Landesverwaltung, ausgeführt werden (Art. 83 GG), wenn das GG nicht etwas Anderes vorschreibt oder ermöglicht. 2

Das GG vertraut mit anderen Worten darauf, dass die Gesetzesbindung stark genug ist, um auch in den Fällen eine zuverlässige Anwendung des Bundesrechts zu gewährleisten, in denen die Landesregierung, deren Minister an der Spitze der Verwaltungshierarchie stehen, sich im Bundesrat gegen das jeweilige Gesetz gewandt haben. Der Bund nimmt die Länder in die Pflicht, die Gesetze in einer Weise anzuwenden, als hätten diese sie selbst erlassen. Das Land unterliegt dabei einer Rechtsaufsicht der Bundesregierung (Art. 84 Abs. 3 und 4 GG), die in der Praxis aber ohne ersichtliche Relevanz geblieben ist. Stärker ist die Einwirkungsmöglichkeit des Bundes, wenn im GG ausdrücklich eine Bundesauftragsverwaltung angeordnet ist. Dann kann die Bundesre- 3

---

1 BVerfGE 1, 14 (34).

gierung nicht nur die Recht-, sondern auch die Zweckmäßigkeit des Verwaltungsvollzugs überprüfen (Art. 85 Abs. 4 S. 1 GG) und dabei auch Weisungen erteilen (Art. 85 Abs. 3 GG).

4 Für die Länder folgt aus dieser Verpflichtung zur Ausführung der Bundesgesetze nicht nur eine Verantwortung für die Finanzierung der von der Verwaltung aufgrund von Bundesgesetzen gewährten Leistungen (vgl. Art. 104 a GG), sondern auch die Notwendigkeit, für eine Verwaltung zu sorgen, die in der Lage ist, die ihr übertragene Aufgabe zu erledigen. Möchte das Land für einen bestimmten Sachbereich keine eigenen Behörden für das gesamte Gebiet des Landes aufbauen, so bleibt die Möglichkeit, das zu tun, was dem Bund untersagt ist (Art. 84 Abs. 1 S. 7, 85 Abs. 1 S. 2 GG), nämlich die Aufgabe den Kommunen zu übertragen. Die Folge ist dann allerdings die Verpflichtung zur Übernahme der Kosten (Art. 57 Abs. 4 NV).

2. Der Verwaltungsabschnitt in der NV

5 Der siebte Abschnitt der NV (Art. 56 ff.) enthält die Regelungen über die Verwaltung. Art. 56 macht deutlich, dass die Verwaltung des Landes aus den Ministerien und den nachgeordneten Behörden besteht. Die kommunale Selbstverwaltung sowie die den Kommunen vom Land übertragenen Aufgaben sind im selben Anschnitt in Art. 57 ff. NV angesprochen. Die Kommunen sind danach Körperschaften, denen das Recht der Selbstverwaltung zukommt, denen vom Land aber bei entsprechender finanzieller Kompensation Aufgaben übertragen werden können. Weitere Vorgaben betreffen den öffentlichen Dienst, also die Beschäftigten in der öffentlichen Verwaltung (Art. 60 f. NV). Art. 60 NV ist im Wesentlichen dem Art. 33 Abs. 4 GG nachgebildet.[2] Zu den hoheitlichen Befugnissen, die danach regelmäßig Beamten übertragen werden müssen, gehört jedenfalls einseitiges grundrechtsrelevantes Verwaltungshandeln.[3] Dem Landesbeauftragten für den Datenschutz ist ein eigener Artikel gewidmet (Art. 62 NV), in dem dessen Unabhängigkeit festgeschrieben (Abs. 3) und geregelt ist, dass er nicht, wie sonstige Landesbedienstete, von der Exekutivspitze ernannt, sondern vom Landtag mit Zwei-Drittel-Mehrheit gewählt werden muss (Abs. 2).

6 An der Spitze der Exekutive steht die Landesregierung mit den jeweils fachlich zuständigen Ministern. Die NV bringt das eher unpräzise in der Formulierung zum Ausdruck, die Landesregierung übe „die vollziehende Gewalt aus" (Art. 28 Abs. 1 NV). Diese Formulierung zielt erkennbar auf die Abgrenzung von Judikative und Legislative, blendet aber die Verknüpfung von Regierung und Verwaltung, die gemeinsam die Exekutive bilden, zunächst aus. Die weiteren Vorgaben des Abschnitts über die Landesregierung thematisieren dies dann aber auch. Die Landesverfassung unterscheidet im Übrigen sehr genau zwischen den Aufgaben des Ministerpräsidenten, der jeweiligen Minister und der Landesregierung als Kollegialorgan.[4]

7 Am Anfang der einschlägigen Vorschriften der NV steht die Frage, wie die Exekutivspitze ins Amt kommt: Der vom Landtag gewählte (Art. 29 Abs. 1, 30 Abs. 2 NV) Mi-

---

2 Vgl. dazu Nds. StGH, NdsVBl. 1996, 184 (189); NdsVBl. 2009, 77 (81).
3 Nds. StGH, NdsVBl. 2009, 77 (82).
4 *Epping*, in: Butzer/Epping u.a. (Hrsg.), NV, Art. 28, Rn. 15.

nisterpräsident beruft die Minister (Art. 29 Abs. 1 NV). Anders als nach dem GG bedarf die aus dem Ministerpräsidenten und den Ministern gebildete (Art. 28 Abs. 2 NV) Landesregierung „zur Amtsübernahme der Bestätigung durch den Landtag" (Art. 29 Abs. 3 NV). Die Minister leiten innerhalb der vom Ministerpräsidenten bestimmten Richtlinien ihre Geschäftsbereiche „selbstständig und unter eigener Verantwortung" (Art. 37 Abs. 2 NV). Über die Organisation der öffentlichen Verwaltung beschließt allerdings die Landesregierung als Kollegium (Art. 38 Abs. 1 NV). Voraussetzung ist nach der Vorschrift, dass dazu kein Gesetz erforderlich ist. Dies wiederum ist nun der Ansatzpunkt für die Vorschrift des Art. 56 Abs. 2 NV, dem zufolge bestimmte Fragen des Aufbaus der Landesverwaltung durch Gesetz entschieden werden müssen (dazu Rn. 10).

3. Allgemeine Vorgaben aus NV und GG

a) Gesetzesvorbehalt/Wesentlichkeitslehre

Der heutzutage in der Regel aus dem Rechtsstaatsprinzip hergeleitete Vorbehalt des Gesetzes verlangt eine gesetzliche Ermächtigungsgrundlage für alle Maßnahmen, die in Grundrechte eingreifen, die Wesentlichkeitslehre erweitert dies unter dem Gesichtspunkt der demokratischen Legitimation auf alle wesentlichen Entscheidungen, wobei keine vollständige Beschränkung auf grundrechtsrelevante Maßnahmen erfolgt. Daher können auch rein organisationsrechtlich relevante Entscheidungen grundsätzlich von der Notwendigkeit einer gesetzlichen Regelung umfasst sein. Als einen solchen Fall kann man etwa die Trennung von Justiz- und Innenministerium ansehen. Der Nordrhein-Westfälische Verfassungsgerichtshof hat eine Zusammenlegung dieser beiden Ministerien ohne gesetzliche Grundlage für mit der Wesentlichkeitslehre unvereinbar gehalten.[5] Die entsprechende Entscheidung hat für Niedersachsen keine unmittelbare rechtliche Wirkung. Im Allgemeinen orientieren sich die Landesverfassungsgerichte aber sehr stark an der Rechtsprechung der jeweils anderen, so dass ein faktischer, mittelbarer Einfluss besteht, der eine solche Zusammenlegung jedenfalls als heikel erscheinen ließe.

8

Man spricht in diesem Zusammenhang auch von einem „institutionellen Gesetzesvorbehalt",[6] also einem solchen, der nicht bei Grundrechtseingriffen einschlägig ist, sondern bei organisationsrechtlichen Maßnahmen relevant wird. Die Details, insbesondere die genauen Voraussetzungen, unter denen er greift, sind allerdings bis heute nicht eindeutig herausgearbeitet worden. Praktisch dürfte er in Niedersachsen nicht zur Anwendung kommen. Die NV enthält nämlich Regelungen, die einen Rückgriff auf diese allgemeinen Prinzipien zwar nicht normsystematisch ausschließen, wohl aber in der Regel unnötig machen, da sie die Rolle des Parlaments innerhalb des von Art. 28 Abs. 1 S. 1 GG gesetzten Rahmens ausgestalten und die Voraussetzungen, unter denen eine gesetzliche Regelung erforderlich ist, vergleichbar streng sind.[7]

9

---

5 NW VerfGH, NJW 1999, 1243 ff.
6 Vgl. dazu *Waechter*, in: Butzer/Epping (Hrsg.), NV, Art. 56, Rn. 23.
7 Vgl. auch *Waechter*, in: Butzer/Epping (Hrsg.), NV, Art. 56, Rn. 24.

10 So legt Art. 56 Abs. 2 NV die für Niedersachsen verbindliche Aufteilung von Zuständigkeiten des Landtags auf der einen und der Exekutivspitze auf der anderen Seite fest. Der „allgemeine Aufbau" sowie „die räumliche Gliederung der allgemeinen Verwaltung" sind danach durch den Gesetzgeber zu bestimmen. Dem Gesetzgeber obliegt damit vor allem die Entscheidung über grundsätzliche Fragen.[8] In Niedersachsen als großem Flächenland ist nachvollziehbarer Weise darüber hinaus gerade auch das Thema der räumlichen Aufteilung von besonderem Interesse. Aus der Vorschrift folgt im Ergebnis, dass alle nicht unter Art. 56 Abs. 2 NV fallenden Fragen des Verwaltungsaufbaus von der Exekutive entschieden werden können. Allerdings besteht nach Art. 56 NV – anders als in anderen Landesverfassungen – keine Verpflichtung zur Regelung der Behördenzuständigkeiten durch Gesetz.[9] Der Gesetzgeber hat dennoch in einer Reihe von Fällen die Entscheidung über die Zuständigkeit der Behörden getroffen. Zwar besteht – anders als in einer Reihe von Bundesländern – in Niedersachsen traditionell kein allgemeines Organisationsgesetz, Fragen des relevanten Verwaltungsaufbaus sind aber in vielen Fällen in den jeweiligen fachlich einschlägigen Landesgesetzen geregelt.[10]

b) Demokratische Legitimation

11 Art. 2 Abs. 1 S. 1 NV wiederholt die Formulierung des Art. 20 Abs. 2 S. 1 GG. Danach geht alle Staatsgewalt vom Volke aus. Zu dieser Staatsgewalt, die sich auf das gesamte Staatsvolk zurückführen lassen muss, zählen BVerfG[11] wie Nds. StGH[12] „alles amtliche Handeln mit Entscheidungscharakter". Es ist vor diesem Hintergrund selbstverständlich, dass sich auch das Verwaltungshandeln an diesem Maßstab messen lassen muss. Konkret wird damit auf verschiedene Legitimationsmechanismen Bezug genommen[13]: Einerseits die Bindung an Gesetze und die Möglichkeit der Weisung durch Minister, die dem Parlament gegenüber direkt verantwortlich sind (sachlich-inhaltliche Legitimation), andererseits eine ununterbrochene Legitimationskette (personelle Legitimation), nämlich die Ernennung von Amtsträgern durch Minister, die unmittelbar dem Parlament verantwortlich sind, oder mit deren Zustimmung. Wird bei einer bestimmten Organisationsform durch das Zusammenwirken der verschiedenen Mechanismen nicht ein bestimmtes – hinreichendes – Legitimationsniveau erreicht, so ist das Gesetz, welches die Organisation errichtet, als verfassungswidrig anzusehen.[14]

II. Ebenen der Verwaltung

1. Ministerialverwaltung – oberste Landesbehörden

12 Die Bezeichnung als „oberste" in Abgrenzung zu den „oberen" Landesbehörden ist mehr als nur ein Wortspiel. Der Begriff „oberste Behörde" ist bundesgesetzlich bestimmt. Gemäß § 73 Abs. 1 S. 2 Nr. 2 VwGO entfällt der Devolutiveffekt, also die Zu-

---

8 *Waechter*, in: Butzer/Epping (Hrsg.), NV, Art. 56, Rn. 24.
9 BVerwGE 120, 87 (97).
10 *Brandt*, in: ders./Schinkel (Hrsg.), Staats- und Verwaltungsrecht für Niedersachsen, 2002, S. 145 (151).
11 BVerfGE 83, 60 (73).
12 Nds. StGH, NdsVBl. 2009, 77 (85).
13 Dazu Nds. StGH, NdsVBl. 2009, 77 (85) mit Nachweisen aus der Rechtsprechung des BVerfG; vgl. Nds. StGH, NdsVBl. 1996, 184 (188 f.).
14 Vgl. etwa Nds. StGH, NdsVBl. 2009, 77 (84 ff.); Verstoß verneint in Nds. StGH, NdsVBl. 1996, 184 (188).

ständigkeit der nächsthöheren Behörde für das Widerspruchsverfahren, wenn diese nächsthöhere Behörde eine oberste Landesbehörde ist. Damit werden vor allem die Ministerien von der Aufgabe des Erlasses von Widerspruchsbescheiden befreit. Wie obere Landesbehörden (dazu im nächsten Absatz) sind sie für das Gebiet des gesamten Landes zuständig, sind als Behörden also nicht regional unterteilt. Ministerien haben aber in erster Linie die Funktion, politische Entscheidungen vorzubereiten und den Minister/die Ministerin zu unterstützen. Man geht davon aus, dass sie in der Regel keine Einzelfälle in der Verwaltung zu entscheiden haben sollen. In der Praxis ist das auch tatsächlich die Ausnahme. Allerdings sind in Niedersachsen durch die Abschaffung der Bezirksregierungen (vgl. Rn. 26) Verwaltungsaufgaben insgesamt deutlich näher an die Ministerien „herangerückt". So ist etwa die Kommunalaufsicht über die Landkreise und kreisfreien und großen selbstständigen Städte nunmehr in der Hand des Innenministeriums (§ 171 Abs. 1 NKomVG). Das Ministerium erlässt gegenüber diesen Kommunen folglich durchaus auch Verwaltungsakte.

Die Zahl der Ministerien und ihre konkreten Zuständigkeiten beruhen auf politischen Entscheidungen, die rechtlich kaum vorgeprägt sind. Dennoch sind der Zuschnitt und die Aufgaben der Ministerien in Niedersachsen recht stabil.[15] Auch gibt es in dieser Hinsicht große Ähnlichkeiten zwischen den verschiedenen Ländern. Das ist wohl eine Folge der im Wesentlichen gleichgelagerten Aufgaben nach dem GG. Grundsätzlich gibt es ein Bemühen, für jede – jedenfalls der zentralen – dieser Aufgaben auch ein zuständiges Ministerium zu haben. Da Gesetze ja in der Regel in den Ministerien vorbereitet werden, betrifft das zunächst die den Ländern nach dem GG zustehenden Gesetzgebungskompetenzen. Auch in den Bereichen, in denen es keine oder nur die Bundesgesetze ausfüllende Gesetzgebungskompetenzen gibt, ist zu beachten, dass den Länder gemäß Art. 83 ff. GG grundsätzlich die Verwaltungskompetenz zukommt. Dafür muss eine Vielzahl von Behörden vorgehalten oder jedenfalls beaufsichtigt werden. Daher ist es auch bei den den Ländern gemäß Art. 83 ff. GG zukommenden Verwaltungskompetenzen in der Regel zwangsläufig, eine Zuständigkeit bei einem Ministerium zu begründen, das die nachgeordneten Behörden überwacht. 13

Vor diesem Hintergrund sind die klassischen Ministerien in den Ländern die für Inneres (im Allgemeinen mit der Zuständigkeit für Polizei, Kommunales und Personalangelegenheiten), Kultus (mit der entsprechenden Zuständigkeit für die Schulen), Wissenschaft (da die Länder im Allgemeinen Träger der Hochschulen sind und über die Gesetzgebungs- wie Verwaltungszuständigkeit verfügen). Da die Länder gemäß Art. 109 Abs. 1 GG in ihrer Haushaltswirtschaft selbstständig sind, ist es geradezu zwangsläufig, dass es auch ein für die Finanzen zuständiges Ministerium geben muss. Von der Notwendigkeit eines solchen Ministeramtes geht die NV ganz selbstverständlich aus (Art. 67 Abs. 1 S. 1, 69 NV). Bei der Justiz gibt es insoweit noch eine Besonderheit, als nicht die Art. 83 ff. GG, sondern vielmehr die Art. 92 ff. GG einschlägig sind. Der Bund ist danach im Bereich der Justiz nur durch die obersten Bundesgerichte sowie durch das Bundesverfassungsgericht tätig. Im Übrigen sind die Gerichte solche 14

---

15 Vgl. etwa die Darstellung bei *Brandt*, in: ders./Schinkel (Hrsg.), Staats- und Verwaltungsrecht für Niedersachsen, 2002, S. 145 (154 ff.).

des Landes. Das Land stellt also die Richterinnen und Richter ein (vgl. Art. 51 Abs. 1 und 3 NV) und muss folglich für eine angemessene Finanzierung sowie Verwaltung der Justiz sorgen.

15 Auch das Abstimmungsverhalten im Bundesrat muss vom Land vorbereitet und eine entsprechende fachliche Kompetenz in den Ministerien vorgehalten werden. Insofern ist selbstverständlich, dass es Ministerien mit Zuständigkeiten für Umwelt, Landwirtschaft, Soziales, Wirtschaft und Verkehr gibt, obwohl die Gesetzgebungskompetenz in diesen Bereichen ganz dominierend beim Bund oder der Europäischen Union liegt. Viele der genannten Aufgabenbereiche stehen für Oberthemen, unter die eine Reihe von Einzelaufgaben zu subsumieren sind. Man könnte auch noch nennen: Integration, Gleichstellung, Familien, Verbraucherschutz, Sport, Kunst. Die genannten Themen sind heutzutage von allgemein anerkannter Wichtigkeit, ohne dass notwendigerweise Ministerien mit einer ausschließlich für sie bestehenden Zuständigkeit existieren. Wie diese Aufgaben Ministerien zugeordnet werden, wie die Detailaufteilung ist und ob ggf. bestimmte Aufgaben in einzelnen Ministerien zusammengeführt werden, sind Fragen der politischen Zweckmäßigkeit.

2. Sonstige Landesbehörden

16 Einigen Ministerien sind Landesoberbehörden zugeordnet.[16] Sie werden auch als „Sonderbehörden" bezeichnet. Mitunter wird stattdessen von Landesämtern gesprochen und der Begriff der „Oberbehörde" mit einem eigenem Verwaltungsunterbau in Verbindung gebracht.[17] Hierbei handelt es sich aber um rein terminologische Fragen, die mit Blick auf den jeweiligen Kontext, in dem sie gestellt werden, beantwortet werden müssen. Ober- oder Sonderbehörden sind im Allgemeinen für das Gebiet des gesamten Landes zuständig. Dass sie nicht Teil der Ministerialverwaltung sind, dient in erster Linie der Entlastung der Ministerien und vor allem der Hausspitze von diesen speziellen Fachaufgaben.[18]

17 Die Länder verfügen über wesentlich mehr Beschäftigte im öffentlichen Dienst als der Bund. Allerdings werden in diesen Statistiken generell Landesbedienstete gezählt, die zum Teil auch den Juristischen Personen des öffentlichen Rechts zuzuordnen sind. Die großen Personalbestände finden sich typischerweise in Bereichen der Landesexekutive, die im Alltagssprachgebrauch gerade nicht als klassische Behörden wahrgenommen werden, auch wenn es sich zweifellos um Stellen handelt, die Aufgaben der öffentlichen Verwaltung wahrnehmen (vgl. § 1 Abs. 4 VwVfG). Das gilt insbesondere für die Schulen und die Polizei. Recht große Personalbestände finden sich aber auch bei der Finanzverwaltung und den – als Körperschaften oder Stiftungen des öffentlichen Rechts organisierten – Hochschulen. Die Schulen sind ein Sonderfall, weil zwar die Lehrer Bedienstete – in der Regel Beamte – des Landes sind, die Trägerschaft aber bei den Kommunen liegt: Gemäß § 102 Abs. 1 NSchulG sind die Gemeinden und Samtge-

---

16 Vgl. die Darstellung der den Ministerien nachgeordneten Behörden: http://www.mi.niedersachsen.de/portal/live.php?navigation_id=14938&article_id=61265&_psmand=33.
17 Vgl. etwa *Reffken*, NdsVBl. 2006, 177 (180).
18 *Brandt*, in: ders./Schinkel (Hrsg.), Staats- und Verwaltungsrecht für Niedersachsen, 2002, 145 (158).

meinden Träger der Grundschulen, gemäß Abs. 2 der Norm die Kreise und kreisfreien Städte Träger der übrigen Schulformen. Im Wesentlichen trägt daher das Land die Personal- (§ 112 NSchulG), die Kommunen die Sachkosten (§ 113 Abs. 1 NSchulG). Der Nds. StGH leitet aus Art. 4 Abs. 2 S. 2 NV den „Verfassungsgrundsatz der Funktionsfähigkeit der staatlichen Schulaufsicht" her,[19] so dass sich hier eine verfassungsrechtliche Verpflichtung ergibt, auch in den die Schulen beaufsichtigenden Behörden genügend Personal vorzuhalten.

3. Juristische Personen des öffentlichen Rechts

Als juristische Personen des öffentlichen Rechts bezeichnet man nach der klassischen Definition Körperschaften, Anstalten und Stiftungen, sofern diese öffentlich-rechtlich geprägt sind. Zwar sind die Begriffe auch aus dem Zivilrecht bekannt, die Ausgestaltung kann aber sehr unterschiedlich sein, mitunter sogar die dahinter liegende Grundidee. Insofern verbietet es sich, aus entsprechenden Überlegungen im Bereich des Zivilrechts auf die Anwendung konkreter Vorgaben für juristische Personen des öffentlichen Rechts zu schließen. In der Regel bestehen spezielle Rechtsgrundlagen für die einzelnen Typen von juristischen Personen oder sogar für eine einzelne. Im letzteren Fall spricht man von einem Errichtungsgesetz. Juristische Personen des öffentlichen Rechts sind selbstverständlich Teil der Exekutive, so dass gemäß Art. 1 Abs. 3 GG eine Grundrechtsbindung besteht. Nur ganz ausnahmsweise können diese dennoch auch Träger von Grundrechten sein. Das betrifft etwa die Universitäten, die sich auf Art. 5 Abs. 3 GG berufen können,[20] und die Rundfunkanstalten, für die Art. 5 Abs. 1 GG eine entsprechende Garantie vorsieht.[21]

a) Körperschaften

Körperschaften sind von den anderen juristischen Personen dadurch abgrenzbar, dass es sich um von der Landesverwaltung verselbstständigte Einheiten handelt, die Mitglieder haben. Diese nehmen durch Wahlen an der Entscheidungsfindung teil. Unterschieden wird zwischen Gebiets- und Zweckkörperschaften. Bei ersteren definiert sich die Mitgliedschaft über die Zugehörigkeit zu einem bestimmten Gebiet. Dies betrifft die Kommunen, bei denen es Teil der Legitimation ist, dass die in dem Gebiet wohnenden Wahlberechtigten über die eigenen Angelegenheiten der Kommune mitentscheiden dürfen. Ausdruck dessen ist, dass sie über direkt gewählte Vertretungen (vgl. Art. 28 Abs. 1 S. 2 GG) sowie in Niedersachsen über direkt gewählte Hauptverwaltungsbeamte verfügen.

Im Gegensatz dazu definiert sich bei den sonstigen Körperschaften die Mitgliedschaft über einen bestimmten Zweck – daher spricht man auch von „Zweckkörperschaften". Beispiel hierfür ist die Regelung der Angelegenheiten einer bestimmten Berufsgruppe in den Kammern (z.B. Rechtsanwalts-, Ärzte- sowie Steuerberaterkammer). Es gehört zu den Besonderheiten in Niedersachsen, dass diese zum Teil nicht für den Bereich des

---

19 Nds. StGH, NdsVBl. 1996, 184 (187).
20 Grundlegend: BVerfGE 15, 256 (262); 21, 362 (373 f.).
21 Grundlegend: BVerfGE 31, 314 (322).

gesamten Landes errichtet worden sind,[22] sondern entlang historischer oder sonstiger Grenzen. So gibt es etwa drei Rechtsanwaltskammern[23] (in Übereinstimmung mit den OLG-Bezirken) und sechs Handwerkskammern[24]. Die Tatsache, dass in Art. 57 Abs. 1 NV das Selbstverwaltungsrecht neben den Kommunen auch „sonstigen öffentlich-rechtlichen Körperschaften" zugesprochen wird, führt bei diesen nicht zu einem vergleichbaren Bestandsschutz wie für die Kommunen.[25]

21 Die Kommunen sind nicht die einzigen juristischen Personen, denen die NV das Recht auf Selbstverwaltung einräumt. Art. 5 Abs. 3 NV sieht eine entsprechende Garantie auch für die Hochschulen vor. Die Organisation der Hochschulen bedarf allerdings einer gesetzlichen Ausgestaltung, so dass solche Regeln für sich genommen keine Eingriffe in das Selbstverwaltungsrecht darstellen.[26] Universitäten sind in der Bundesrepublik wie in Niedersachsen ebenfalls traditioneller Weise als Körperschaften organisiert. Dies erscheint deswegen naheliegend, weil in dieser Rechtsform Selbstverwaltung durch universitätseigene Gremien möglich ist. Durch Wahlen zu den Entscheidungsgremien auf Ebene der Universitäten wie der Fakultäten sind auch die Studierenden sowie die Mitarbeiter und die Beschäftigten im technischen Bereich und in der Verwaltung beteiligt (vgl. § 16 NHG). Die Gremien entscheiden im Rahmen der Gesetze, grob gesagt, über alle ihre Angelegenheiten. Nach der Rechtsprechung des Bundesverfassungsgerichts müssen die Professoren bei zentralen Fragen von Forschung und Lehre über die Mehrheit in diesen Gremien verfügen.[27] Dies wird als eine Forderung der Wissenschaftsfreiheit (Art. 5 Abs. 3 GG) angesehen. Art. 5 Abs. 3 GG ist über Art. 3 Abs. 2 S. 1 NV auch Inhalt des Niedersächsischen Verfassungsrechts.[28] Neben der Freiheit von Forschung und Lehre spielen bei der Ausgestaltung der gesetzlichen Regelungen auch die Art. 3 und 12 GG eine große Rolle, weil der Zugang zu manchen Berufen vom Abschluss bestimmter Studiengänge abhängig ist.[29]

b) Anstalten

22 Anstalten sind die juristischen Personen des öffentlichen Rechts, bei denen der Gesetzgeber bzw. die sie sonst errichtenden Stellen über die größte Flexibilität bei der Ausgestaltung verfügen. Im Allgemeinen gibt es für die Errichtung und konkrete Ausgestaltung kaum spezielle verfassungsrechtliche Anforderungen. Die Anstalt unterscheidet sich von der Idee her von den Körperschaften öffentlichen Rechts nur dadurch, dass sie keine Mitglieder, sondern Benutzer hat. So kann man grundsätzlich alle Leistungsangebote, welche die Verwaltung den Bürgern macht, durch Anstalten erbringen und jede Art der Verselbstständigung einer solchen Einheit als Schaffung einer jedenfalls nicht rechtsfähigen Anstalt öffentlichen Rechts ansehen. Wenn der Gesetzgeber allerdings einer Anstalt die Rechtsfähigkeit einräumen möchte, so ist ein höherer Grad an

---

22 So aber etwa die Ärztekammer: https://www.aekn.de/aekn/.
23 http://www.rakcelle.de/wirueberunsN/willkommen.htm.
24 http://www.handwerk-lhn.de/.
25 Vgl. Nds. StGH, DVBl. 1981, 214 f..
26 Nds. StGH, NdsVBl. 2011, 47 (48).
27 BVerfGE 35, 79 (126 ff.).
28 Nds. StGH, NdsVBl. 2011, 47 (50).
29 Grundlegend: BVerfGE 33, 303 (329 ff.).

rechtlicher Strukturierung erforderlich, insbesondere muss eine gewisse Entscheidungsfähigkeit gewährleistet sein.

Den Kommunen steht die kommunale Anstalt des öffentlichen Rechts als Rechtsform bei der wirtschaftlichen Betätigung zur Verfügung (vgl. §§ 141 ff. NKomVG). Es ist vor dem Hintergrund der besonderen Flexibilität der Rechtsform der Anstalt öffentlichen Rechts kein Zufall, dass der Landesgesetzgeber, der über keine Gesetzgebungskompetenz im Bereich des Gesellschaftsrechts verfügt, auf den Typus der öffentlichen Anstalt zurückgegriffen hat, um seine Vorstellungen einer einerseits eng mit der jeweiligen Kommune verbundenen, andererseits aber weitgehend unternehmensrechtlich geprägten und entsprechend flexiblen Rechtsform zu verwirklichen. 23

c) Stiftungen

Stiftungen des privaten Rechts fußen auf einer Vermögensmasse, aus deren Erträgen sie ihre Arbeit im Sinne des Stiftungszwecks finanzieren können. Im öffentlichen Recht generieren Stiftungen in aller Regel keine Erträge in einem Umfang, der ihre Arbeit hinreichend absichern würde. Daher handelt es sich um eine Rechtsform, die – ähnlich wie Anstalten – eine erhebliche Flexibilität bei der gesetzlichen Ausgestaltung eröffnet. Um sich die Arbeitsweise und die Aufgaben der jeweiligen Stiftung öffentlichen Rechts zu vergegenwärtigen, müssen daher die Rechtsgrundlagen im Einzelnen betrachtet werden. Die wohl größte Relevanz haben die Regelungen über die Stiftungen im Hochschulrecht (vgl. §§ 55 ff. NHG). Auch die Trägerschaft der größten und ältesten niedersächsischen Universität, der Georg-August-Universität Göttingen, liegt bei einer Stiftung des öffentlichen Rechts.[30] In der Praxis ist damit vor allem eine größere Selbstständigkeit vom Land verbunden. Durch Gesetz könnte aber zweifellos auch eine engere Anbindung geregelt werden, ohne dass dagegen verfassungsrechtliche Bedenken bestünden. 24

d) Landesbetriebe

Landesbetriebe sind Einrichtungen des Staates, denen weitgehende Selbstständigkeit eingeräumt wird.[31] Gemäß § 26 Abs. 1 S. 1 LHO haben diese einen Wirtschaftsplan aufzustellen, „wenn ein Wirtschaften nach Einnahmen und Ausgaben des Haushaltsplans nicht zweckmäßig ist". Die Anforderung verdeutlicht, dass eine Annäherung der Organisationsform an unternehmerische Strukturen erfolgen soll. Im Haushaltsplan des Landes sind nicht alle Einnahmen und alle Ausgaben der Landesbetriebe aufgeführt, sondern lediglich die Ergebnisse – seien diese positiv oder negativ. Beispiele für diese Organisationsform ist etwa der Niedersächsische Landesbetrieb für Wasserwirtschaft, Küsten- und Naturschutz[32] oder der Landesbetrieb für Mess- und Eichwesen[33]. Landesbetriebe sind nach Angaben des Innenministeriums „in Niedersachsen mehr als in anderen Bundesländern eingerichtet worden".[34] 25

---

30 Vgl. dazu die Beiträge in *Behrends* (Hrsg.), Göttingen Stiftungsuniversität?, 2003.
31 *Brandt*, in: ders./Schinkel (Hrsg.), Staats- und Verwaltungsrecht für Niedersachsen, 2002, 145 (158).
32 http://www.nlwkn.niedersachsen.de/startseite/.
33 http://www.men.niedersachsen.de/portal/live.php?navigation_id=11703&_psmand=38.
34 http://www.mi.niedersachsen.de/portal/live.php?navigation_id=14938&article_id=61265&_psmand=33.

4. Abschaffung der Bezirksregierungen

26 Die Verwaltungsgliederung größerer Flächenländer sah in der Bundesrepublik traditionell eine Zwischenebene zwischen der Landesregierung und den Kommunen vor. Auch die nach diesen Maßstäben nicht sehr großen damaligen „neuen" Länder Sachsen und Sachsen-Anhalt führten diese Verwaltungsebene nach ihrer Gründung im Jahr 1990 ein. Thüringen als relativ kleines Land schuf ein Landesverwaltungsamt, das für das gesamte Land die Aufgaben wahrnimmt, die ansonsten von Bezirksregierungen wahrgenommen werden würden. Die Bezirksregierungen – zuletzt Braunschweig, Hannover, Lüneburg und Weser-Ems – waren auch in Niedersachsen grundsätzlich für alle Ministerien, sofern diese über keinen weiteren Verwaltungsunterbau – insbesondere keine Landesämter – verfügten, die gemeinsame Mittelinstanz.[35] Kennzeichnend für diese Zwischenebene ist also, dass es sich um eine Untergliederung der Landesverwaltung handelt, in der Aufgaben gebündelt werden. Deswegen hatte auch in Niedersachsen das Innenministerium zwar die Dienstaufsicht, also die Zuständigkeit für die dienstrechtlichen Belange, die Fach- und Rechtsaufsicht führten aber die jeweils fachlich zuständigen Ministerien.[36] Es handelt sich also um einen Fall fachlicher Konzentration unterschiedlicher Zuständigkeiten in einer Behörde bei einem – räumlich gesehen – dezentralen Behördenaufbau. Ob eine solche Zwischenebene vorgehalten werden sollte, ist seit einiger Zeit durchaus umstritten.[37] Insbesondere wird unterschiedlich eingeschätzt, wie groß die Vorteile der Bündelung – also der Zusammenführung unterschiedlicher Zuständigkeiten in einer Behörde – und wie groß die Möglichkeiten zur Einsparung von Stellen bei einem Verzicht auf eine solche Mittelebene der Verwaltungsorganisation sind. Die Alternative zur Wahrnehmung von Aufgaben – wenn diese denn weiter wahrgenommen werden sollen – durch die Bezirksregierung ist die Verlagerung in die Ministerien, Landesoberbehörden oder zu den Kommunen.[38]

27 Inzwischen haben nur noch Baden-Württemberg, Bayern, Hessen und Nordrhein-Westfalen klassische Bezirksregierungen oder Regierungspräsidien, wie eine andere Bezeichnung für dieselbe Organisationsform lautet. Während in Baden-Württemberg fast zeitgleich die Regierungspräsidien gestärkt, insbesondere ihre Aufgaben erweitert wurden,[39] schaffte Niedersachsen die Bezirksregierungen im Jahr 2003 ab.[40] Die Aufgaben wurden überführt in die Ministerien[41] oder in Oberbehörden, die für das gesamte Land spezielle Aufgaben wahrnehmen, sowie zum Teil auch in die Kommunen, wobei die Qualität dieser Aufgaben und der dadurch verursachte Personalaufwand als gering eingestuft wird.[42] Eine Repräsentanz in der Fläche wurde durch die Einführung von sogenannten „Regierungsvertretungen" an den Orten der Bezirksregierungen (au-

---

35 Vgl. *Brandt*, in: ders./Schinkel (Hrsg.), Staats- und Verwaltungsrecht für Niedersachsen, 2002, S. 145 (157).
36 *Brandt*, in: ders./Schinkel (Hrsg.), Staats- und Verwaltungsrecht für Niedersachsen, 2002, S. 145 (157).
37 Zur Diskussion vgl. etwa *Häusler*, NdsVBl. 2004, 145 (148); *Bogumil*, ZG 2007, 246 ff.
38 *Bogumil*, ZG 2007, 246 (250); vgl. auch *Häusler*, NdsVBl. 2004, 145 (146 f.).
39 Vgl. *Meyer*, ZG 2013, 264 (265); *Reiners*, VM 13 (2007), 317 ff.
40 *Meyer*, ZG 2013, 264 (272).
41 *Janssen* (Die Verwaltung 43 [2010], 1 [11]) sieht dadurch einen „Trend" verstärkt, dass „die Landesregierung (...) mehr oder weniger den Charakter einer obersten Verwaltungsbehörde angenommen" habe.
42 *Janssen*, Die Verwaltung 43 (2010), 1 (14 f.); *Meyer*, ZG 2013, 264 (272).

ßer Hannover) gewährleistet.⁴³ In der Literatur sind kritische Stimmen zum Verfahren der Entscheidungsfindung, aber auch zu Konsequenzen für die Zuständigkeitsordnung in der niedersächsischen Verwaltung zu vernehmen.⁴⁴

5. Ämter für regionale Landesentwicklung

Die Landesregierung hat zum 1.1.2014 Ämter für regionale Landesentwicklung eingerichtet.⁴⁵ Weitere Zuständigkeiten, insbesondere im Bereich der Raumordnung und der Genehmigung der Bauleitpläne, sind ihnen mit Wirkung vom 1.7.2014 durch Gesetz⁴⁶ übertragen worden. Schon die Bezeichnung der Ämter macht deutlich, dass damit das Land in vier Regionen unterteilt wird – wobei diese nicht zu verwechseln sind mit der Gebietskörperschaft Region Hannover (vgl. §§ 159 ff. NKomVG). Sie orientieren sich dabei räumlich an den Grenzen der örtlichen Zuständigkeit der früheren Bezirksregierungen. Es wäre allerdings in verschiedener Hinsicht nicht präzise davon zu sprechen, dass sie deren Nachfolge angetreten hätten. Ihr Aufgabenbereich unterscheidet sich deutlich von dem der Bezirksregierungen. Insbesondere handelt es sich nicht um Behörden mit gebündelten Verwaltungszuständigkeiten, sondern um solche mit einer ganz konkreten Zielrichtung und Funktion („regionale Landesentwicklung"). An ihrer Spitze stehen „Landesbeauftragte", die als politische Beamte jederzeit in den einstweiligen Ruhestand versetzt werden können (§ 39 S. 1 Nr. 3 NBG, § 30 BeamtStG). Auf der Ebene der obersten Landesbehörden zuständig ist die Staatskanzlei, wo 2003 eine Stelle für eine Staatssekretärin mit dieser speziellen Aufgabenstellung eingerichtet wurde.

III. Typische Elemente der Behördenorganisation

Die innere Organisation der Behörden folgt im Wesentlichen den für Deutschland insgesamt typischen Grundsätzen. Dies ist zu einem wesentlichen Teil eine Folge der Vorgaben des Grundgesetzes, aber auch Ergebnis der Verwaltungstradition. Daneben gibt es allerdings auch Bereiche, in denen das Land Spielräume hat und diese spezifisch genutzt hat.

1. Politik und Verwaltung

Innerhalb der Richtlinien des Ministerpräsidenten leitet der jeweilige Minister seinen Geschäftsbereich nach Art. 37 S. 2 NV „selbständig und unter eigener Verantwortung". Der jeweilige Geschäftsbereich geht im Allgemeinen mit einer Verwaltungszuständigkeit einher, so dass die Minister neben ihrer Regierungsverantwortung auch eine originäre Verwaltungszuständigkeit haben und an der Spitze einer Behördenorganisation stehen, gegenüber der sie weisungsbefugt sind.⁴⁷

---

43 *Häusler*, NdsVBl. 2004, 145 (146); *Meyer* (ZG 2013, 264 [272]) spricht von „'Horchposten' des Landes in der Fläche (…), die kaum noch hoheitliche Aufgaben wahrnehmen".
44 Vgl. *Janssen*, Die Verwaltung 43 (2010), 1 ff. – der auch verfassungsrechtliche Fragen aufwirft (a.a.O., S. 23 ff.).; *Reffken*, NdsVBl. 2006, 177 ff.; siehe auch *Poeschel*, NdsVBl. 2011, 33 ff.
45 LT-Drs. 17/1467, S. 3.
46 Vom 25.6.2014, GVBl. 12/2014, 168.
47 Vgl. *Brandt*, in: ders./Schinkel (Hrsg.), Staats- und Verwaltungsrecht für Niedersachsen, 2002, S. 145 (153).

31 Für die Verwaltungsorganisation relevant ist auch die Festlegung der Ämter, die von „politischen Beamten" besetzt werden können, also solchen, die jederzeit in den einstweiligen Ruhestand versetzt werden können (vgl. § 30 BeamtStG). Damit markiert das Land gewissermaßen die Schnittstelle zwischen der Verwaltung, die auf Dauer angelegt und unabhängig vom politischen Tagesgeschäft handlungsfähig ist, und der Politik, die sich regelmäßig Wahlen stellen und schon von daher anderen Handlungsrationalitäten folgen muss. In den Ministerien sowie in der Staatskanzlei bilden die Staatssekretäre die Ebene, die eindeutig zur Verwaltung zu zählen ist, aber dennoch von der Politik geprägt ist und in der Regel auch von Mitgliedern derselben Partei bzw. dieser nahestehenden Personen besetzt wird, der auch der Minister angehört. Dass sie politische Beamte sind (§ 39 S. 1 Nr. 1 NBG), ist daher geradezu selbstverständlich. In Niedersachsen gibt es typischerweise pro Ministerium einen Staatssekretär. In der Staatskanzlei sind dagegen seit 2013 drei Personen in dieser Stellung: Neben dem Chef der Staatskanzlei und dem Bevollmächtigten und Leiter der Vertretung des Landes Niedersachsen beim Bund auch eine Staatssekretärin für Regionale Landesentwicklung und Europa. Wegen ihrer Zuständigkeit für die gesamte Landesregierung und weil sie keine nachgeordnete Abteilung leitet, wird die Sprecherin der Landesregierung, die ebenfalls den Rang einer Staatssekretärin hat, zwar bei der Staatskanzlei aufgeführt, hat aber eine Sonderstellung. Bei der Besetzung der weiteren Leitungspositionen – zunächst die Stellen der Abteilungsleiter, darunter dann Referatsleiter – sollte die politische Ausrichtung keine Rolle spielen. Vor diesem Hintergrund erscheint es jedenfalls diskussionswürdig, dass auch die Polizeipräsidenten (§ 39 S. 1 Nr. 6 NBG) und die Landesbeauftragten für regionale Landesentwicklung (Nr. 3) in den Kreis der politischen Beamten aufgenommen worden sind.

2. Laufbahnen und Beamtenrecht

32 Verwaltungen können nur so gut sein, wie die in ihnen arbeitenden Beschäftigten. Prägend für die deutsche und natürlich auch die niedersächsische Verwaltung ist das Beamtenrecht. Beim Land unmittelbar sind ungefähr doppelt so viele Beamte beschäftigt wie Tarifbeschäftigte.[48] Während Tarifbeschäftigte einen Arbeitsvertrag mit dem Land abschließen, erfüllen Beamte ihre Aufgaben in einem durch Verwaltungsakt begründeten „öffentlich-rechtlichen Dienst- und Treueverhältnis" (Art. 33 Abs. 4 GG) mit dem Land. Die Regeln, die für das Beamtenverhältnis gelten, sind sehr traditionell. Art. 33 Abs. 5 GG verlangt für die Ausgestaltung die Berücksichtigung der „hergebrachten Grundsätze des Berufsbeamtentums". Die NV sieht allerdings keine solche Verpflichtung auf die hergebrachten Grundsätze des Berufsbeamtentums vor, so dass es sich nicht um einen Gegenstand der Überprüfung durch den Nds. StGH handelt.[49] Das ändert aber natürlich nichts an der Bindung unmittelbar an den Art. 33 Abs. 5 GG und an der grundsätzlichen Möglichkeit der Überprüfung des Landesrechts durch das Bundesverfassungsgericht. Darüber hinaus verfügt der Bund aufgrund von Art. 72, 74 Abs. 1 Nr. 27 GG über die konkurrierende Gesetzgebungskompetenz für zentrale Ele-

---

48 Landesbetrieb für Statistik und Kommunikationstechnologie, Personal im öffentlichen Dienst am 30. Juni 2011, L III 2 – j/2011 S. 9.
49 Nds. StGH, NdsVBl. 1996, 184 (189).

mente des Beamtenrechts und hat diese auch im Beamtenstatusgesetz umgesetzt. Der Niedersächsische Gesetzgeber hat die ihm verbleibenden Spielräume in Absprache mit den anderen norddeutschen Küstenländern genutzt.[50] Dies sieht man unter anderem im Laufbahnrecht. So gibt es in Niedersachsen nach der Laufbahnverordnung[51] nur noch zwei (statt der traditionellen vier) Laufbahngruppen (vgl. §§ 20 ff. NLVO). Allerdings gibt es jeweils zwei Eingangsstufen,[52] so dass im Ergebnis doch wieder eine Vierstufigkeit festzustellen ist. Entscheidend für die Einstufung ist die jeweilige Qualifikation des Beschäftigten.

---

50 Dazu *Bludau*, NdsVBl. 2009, 1 ff.
51 Vom 30.3.2009, GVBl. 7/2009, 118.
52 Vgl. *Bludau*, NdsVBl. 2009, 1 (4).

§ 3 Besonderheiten des Verwaltungs- und des Widerspruchsverfahrens in Niedersachsen

von *Prof. Dr. Heike Jochum*

Literatur: *Brenner*, §§ 68, 78 VwGO, in: Sodan/Ziekow, Verwaltungsgerichtsordnung, Kommentar, 4. Aufl. 2014; *Czybulka*, § 61 VwGO, in: Sodan/Ziekow, Verwaltungsgerichtsordnung, Kommentar, 4. Aufl. 2014; *Detterbeck*, Allgemeines Verwaltungsrecht mit Verwaltungsprozessrecht, 12. Aufl. 2014; *Dolde*, § 68 VwGO, in: Schoch/Schmidt-Aßmann/Pietzner, Verwaltungsgerichtsordnung, Kommentar, Loseblatt Stand 26. Lfg. März 2014, Band I; *Geis*, § 68 VwGO, Sodan/Ziekow (Hrsg.), Verwaltungsgerichtsordnung, Kommentar, 4. Aufl. 2014; *Hermes*, in: Hermes/Groß, Landesrecht Hessen, 7. Aufl. 2011; *Ipsen*, Allgemeines Verwaltungsrecht, 8. Aufl. 2012; *Kopp/Schenke*, § 61 VwGO, Verwaltungsgerichtsordnung, Kommentar, 20 Aufl. 2014; *Meissner*, § 78 VwGO, in: Schoch/Schmidt-Aßmann/Pietzner, Verwaltungsgerichtsordnung, Kommentar, Loseblatt Stand 26. Lfg. März 2014, Band I; *Müller-Rommel/Meyer/Heins*, Verwaltungsmodernisierung in Niedersachsen, 2010; *Rennert*, § 68 VwGO, in: Eyermann, Verwaltungsgerichtsordnung, Kommentar, 14. Aufl. 2014; *Schmidt*, § 61 VwGO, in: Eyermann, Verwaltungsgerichtsordnung, Kommentar, 14. Aufl. 2014.

1 Für die nach außen wirkende Tätigkeit der Behörden des Landes Niedersachsen, die auf die Vorbereitung und den Erlass eines Verwaltungsaktes oder auf den Abschluss eines öffentlich-rechtlichen Vertrags gerichtet ist, gelten die allgemeinen Verfahrensgrundsätze. Diese allgemeinen Grundsätze öffentlich-rechtlicher Verwaltungstätigkeit sind im Niedersächsischen Verwaltungsverfahrensgesetz (NVwVfG)[1] unter Verweis auf das Verwaltungsverfahrensgesetz des Bundes (VwVfG)[2] normiert. Insoweit unterscheiden sich die rechtlichen Grundlagen der behördlichen Tätigkeit nicht von denen in den meisten anderen Ländern. Einige Besonderheiten ergeben sich allerdings an der Schnittstelle zu Fragen des Verwaltungsprozessrechts. Diese betreffen namentlich die Beteiligungsfähigkeit von Behörden im Verwaltungsprozess, ihre Rolle als Klagegegner bei Anfechtungs- und Verpflichtungsklagen sowie die weitgehende Entbehrlichkeit des Vorverfahrens als Sachentscheidungsvoraussetzung von Anfechtungs- und Verpflichtungsklagen. Ferner erweitert § 75 NJG[3] (vormals § 7 Nds. AG VwGO) die Normenkontrolle durch das Oberverwaltungsgericht auf landesrechtliche Verordnungen und andere im Range unter dem Landesrecht stehende Rechtsvorschriften. Diese Erweiterung der untergesetzlichen Normenkontrolle beruht auf § 47 Abs. 1 Nr. 2 VwGO und ist verbreitet. Bis auf Berlin, Hamburg und Nordrhein-Westfalen[4] haben alle Länder von dieser Erweiterungsmöglichkeit Gebrauch gemacht. Auf eine eingehendere Betrachtung wird daher hier verzichtet.[5]

---

1 Niedersächsisches Verwaltungsverfahrensgesetz (NVwVfG) vom 3.12.1976 (Nds. GVBl. S. 311), zuletzt geändert durch Gesetz vom 24.9.2009 (Nds. GVBl. S. 361).
2 Verwaltungsverfahrensgesetz des Bundes (VwVfG) in der Fassung der Bekanntmachung vom 23.1.2003 (BGBl. I S. 102), zuletzt geändert durch Gesetz vom 25.7.2013 (BGBl. I S. 2749).
3 Niedersächsisches Justizgesetz (NJG) verkündet als Art. 1 des Gesetzes über die Neuordnung von Vorschriften über die Justiz vom 16.12.2014 (Nds. GVBl. S. 436).
4 Im Gesetzentwurf der Fraktion der FDP vom 12.3.2013 (Drs. 16/2287) war die Einführung der untergesetzlichen Normenkontrolle nach § 47 Abs. 1 Nr. 2 VwGO auch für Nordrhein-Westfalen vorgesehen. Vorgeschlagen war die Einführung eines entsprechenden § 109 a JustG NRW. Der Vorschlag fand jedoch keine Mehrheit.
5 Zur Vertiefung siehe *Steffen Detterbeck*, Allgemeines Verwaltungsrecht mit Verwaltungsprozessrecht, 12. Aufl., München 2014, Rn 1408 ff.

I. Allgemeines

Das Verwaltungsverfahren ist grundsätzlich nichtförmlich, d.h. an bestimmte Formen nicht gebunden, soweit keine besonderen Rechtsvorschriften bestehen (§ 10 S. 1 VwVfG). Es versteht sich von selbst, dass es einfach, zweckmäßig und zügig durchzuführen ist (§ 10 S. 2 VwVfG). Es gilt der Untersuchungsgrundsatz, nach dem die Behörde von Amts wegen zu ermitteln hat (§ 24 Abs. 1 S. 1 VwVfG), wobei die Entscheidung über Art und Umfang der Ermittlungen in ihrem pflichtgemäß auszuübenden Ermessen steht (§§ 22 S. 1, 24 Abs. 1 S. 2 VwVfG). Die Behörde ist dabei zur Objektivität verpflichtet und hat alle für den Einzelfall bedeutsamen Umstände vollständig aufzuklären; das gilt auch für die Aspekte, die für den Beteiligten günstig sind oder sonst in seinem Interesse liegen (§ 24 Abs. 2 VwVfG). 2

II. Rechtsträger- und Behördenprinzip

1. Beteiligungsfähigkeit von Behörden im Verwaltungsverfahren (§ 11 Nr. 3 VwVfG) und im Verwaltungsprozess (§ 61 Nr. 3 VwGO)

Am *Verwaltungsverfahren* können neben natürlichen und juristischen Personen (§ 11 Nr. 1 VwVfG) sowie Vereinigungen, soweit ihnen ein Recht zustehen kann (§ 11 Nr. 2 VwVfG) auch Behörden (§ 11 Nr. 3 VwVfG) beteiligt sein. Unschädlich ist die fehlende Rechtsfähigkeit von Behörden. Rechtsfähig ist zwar stets allein der „hinter" einer Behörde stehende Verwaltungsträger (Rechtsträgerprinzip), d.h. der Bund, ein Land, eine kommunalen Gebietskörperschaft (Gemeinden, Landkreise) oder eine Anstalt, Körperschaft oder Stiftung des öffentlichen Rechts.[6] Anders als hinsichtlich der Beteiligungsfähigkeit im Verwaltungsprozess kommt es darauf jedoch im reinen Verwaltungsverfahren nicht an, wie die Feststellung in § 11 Nr. 3 VwVfG zeigt. 3

Auch das *verwaltungsgerichtliche* Verfahren kennt den Begriff der Beteiligungsfähigkeit (§ 61 VwGO). Er deckt sich weitgehend mit dem verwaltungsverfahrensrechtlichen Regeln in § 11 VwVfG. Ein wichtiger Unterschied besteht jedoch soweit Behörden angesprochen sind. Weil sie nicht rechtsfähig sind, können sie nicht ohne Weiteres Beteiligte eines verwaltungsgerichtlichen Verfahrens sein. Vielmehr bedarf es dazu einer expliziten und konstitutiv wirkenden gesetzlichen Ermächtigung, die das Rechtsträgerprinzip durchbricht und dem Behördenprinzip (teilweise) folgt[7]. Diese Notwendigkeit folgt aus dem Umstand, dass die Rechtsfähigkeit allgemeines Kennzeichen der Fähigkeit ist, Partei in einem gerichtlichen Prozess zu sein.[8] Die fehlende Rechtsfähigkeit der Behörde muss daher substituiert werden, wenn sie als Beteiligte an einem verwaltungsgerichtlichen Verfahren soll teilnehmen können. Die Beteiligungsfähigkeit kann sowohl Behörden im organisationsrechtlichen Sinn als auch Behörden im nur verwaltungsverfahrensrechtlichen Sinn verliehen werden.[9] 4

---

6 *Jörn Ipsen*, Allgemeines Verwaltungsrecht, 8. Aufl. München 2012, Rn 921, 209.
7 *Detlef Czybulka*, in: Sodan/Ziekow, Verwaltungsgerichtsordnung, Kommentar, 4. Aufl. Baden-Baden 2014, § 61 VwGO Rn 33.
8 Vgl. *Czybulka* (Fn. 7), § 61 VwGO Rn 4.
9 *Czybulka* (Fn. 7), § 61 VwGO Rn 34; *Ferdinand Kopp/Wolf-Rüdiger Schenke*, Verwaltungsgerichtsordnung, Kommentar, 20. Aufl., München 2014, § 61 VwGO Rn 13; *Jörg Schmidt*, in: Eyermann, Verwaltungsgerichtsordnung, Kommentar, 14. Aufl., München 2014, § 61 Rn 12.

5 § 61 Nr. 3 VwGO ordnet daher an, dass Behörden beteiligungsfähig sind, sofern dies durch Landesrecht ausdrücklich bestimmt ist (Behördenprinzip). Diese Ermächtigung bezieht sich ausschließlich auf Landesbehörden.[10] Von der bundesrechtlich eröffneten Möglichkeit, Landesbehörden die Beteiligungsfähigkeit im verwaltungsgerichtlichen Verfahren zu verleihen, haben (nur) acht Länder, und diese in recht unterschiedlicher Weise, Gebrauch gemacht. In den jeweiligen Ausführungsgesetzen zur Verwaltungsgerichtsordnung finden sich Vorschriften mit divergierender Reichweite.

- Brandenburg[11], Mecklenburg-Vorpommern[12] und das Saarland[13] statten *sämtliche* Landesbehörden (unmittelbare Landesbehörden und Behörden der mittelbaren Landesverwaltung wie z.B. Kommunen) mit der Beteiligungsfähigkeit im Verwaltungsprozess aus.
- Niedersachsen,[14] Sachsen-Anhalt[15] und Schleswig-Holstein[16] haben die Beteiligungsfähigkeit im Verwaltungsprozess nur für *landesunmittelbare* Behörden vorgesehen.
- In Rheinland-Pfalz[17] findet sich die Anordnung der Beteiligungsfähigkeit im Verwaltungsprozess nur hinsichtlich der aktiven Beanstandungsklage der Aufsichts- und Dienstleistungsdirektion sowie der anderen oberen Aufsichtsbehörden.
- Nordrhein-Westfalen[18] hat die früher für sämtliche Landesbehörden vorgesehene Beteiligungsfähigkeit zum 1.1.2011 abgeschafft; seither gilt ausnahmslos das Rechtsträgerprinzip.

6 Die Behörden handeln, soweit ihnen die Beteiligungsfähigkeit zugewiesen ist, in *Prozessstandschaft* für ihren Verwaltungsträger, also der Körperschaft, der sie angehören.[19] Ihre Prozesshandlungen wirken ausschließlich für und gegen diesen Rechtsträger, für den sie am Prozess beteiligt sind.[20]

---

10 OVG Lüneburg Az. 7 M 577/99, NVwZ 2000, 209.
11 § 8 Abs. 1 Brandenburgisches Verwaltungsgerichtsgesetz (Bbg. VwGG) in der Fassung der Bekanntmachung vom 22.11.1996 (GVBl. I/96, S. 317), zuletzt geändert durch Gesetz vom 10.7.2014 (GVBl. I/14, S. 2).
12 § 14 Abs. 1 Gerichtsstruktur-Ausführungsgesetz (AG GerStrG M-V) vom 10.6.1992 (GVOBl. M-V, S. 314).
13 § 19 Abs. 1 Saarländisches Ausführungsgesetz zur Verwaltungsgerichtsordnung (Saarl AG VwGO) vom 5.7.1960, zuletzt geändert durch Gesetz vom 21.11.2007 (Amtsbl. 2008, S. 278).
14 § 79 Abs. 1 Niedersächsisches Justizgesetz (NJG) verkündet als Art. 1 des Gesetzes über die Neuordnung von Vorschriften über die Justiz vom 16.12.2014 (Nds. GVBl. S. 436); vor dem 16.12.2014 geregelt in § 8 Abs. 1 Niedersächsisches Ausführungsgesetz zur Verwaltungsgerichtsordnung (Nds. AG VwGO) in der Fassung der Bekanntmachung vom 1.7.1993 (Nds. GVBl. S. 175), zuletzt geändert durch Gesetz vom 25.11.2009 (Nds. GVBl. S. 437).
15 § 8 S. 1 Gesetz zur Ausführung der Verwaltungsgerichtsordnung und des Bundesdisziplinargesetzes (AG VwGO LSA) vom 28.1.1992 (GVBl. LSA S. 36), zuletzt geändert durch Gesetz vom 15.1.2010 (GVBl. LSA S. 8).
16 § 6 Ausführungsgesetz zur Verwaltungsgerichtsordnung (AG VwGO SH) vom 6.3.1990 (GVOBl. S. 226), zuletzt geändert durch Gesetz vom 4.4.2013 (GVOBl. S. 143).
17 § 17 Abs. 2 Landesgesetz zur Ausführung der Verwaltungsgerichtsordnung (AG VwGO RP) in der Fassung vom 5.12.1977 (GVBl. S. 451), zuletzt geändert durch Gesetz vom 19.8.2014 (GVBl. S. 187).
18 § 5 Abs. 1 Ausführungsgesetz zur Verwaltungsgerichtsordnung (AG VwGO NRW) vom 26.3.1960 (GV. NRW 1960 S. 47), aufgehoben durch Justizgesetz NRW – JustG NRW – vom 26.10.2010 (GV. NRW. S. 30), zuletzt geändert durch Gesetz vom 2.10.2014 (GV. NRW. S. 622).
19 *Czybulka* (Fn. 7), § 61 VwGO Rn 33.
20 *Kopp/Schenke* (Fn.), § 61 VwGO Rn 13.

Niedersachsen hat die notwendige landesrechtliche Verleihung der Beteiligungsfähigkeit im Verwaltungsprozess in § 79 Abs. 1 NJG[21] (vormals 8 Abs. 1 Nds. AG VwGO) aufgenommen. Zum Kreis der dort genannten Landesbehörden gehören z.B. die Polizeidirektionen, das Landesamt für Denkmalpflege, die Justizvollzugsanstalten, die Landesschulbehörde, das Landesamt für Soziales, Jugend und Familie und das Landesarchiv.[22] Behörden der mittelbaren Landesverwaltung sind die Kommunen und andere Einrichtungen, wie z.B. Körperschaften, Anstalten und Stiftungen des öffentlichen Rechts. Diese Behörden der mittelbaren Landesverwaltung sind jedoch anders als landes*un*mittelbare Behörden im Verwaltungsprozess nicht beteiligungsfähig.[23]   7

2. Klagegegner bei Anfechtungs- und Verpflichtungsklagen (§ 78 Abs. 1 VwGO, § 79 Abs. 2 NJG, vormals 8 Abs. 2 Nds. AG VwGO)

Unter den besonderen Vorschriften der Verwaltungsgerichtsordnung für Anfechtungs- und Verpflichtungsklagen findet sich mit § 78 Abs. 1 Nr. 1 VwGO die Grundregel, dass die Klage prinzipiell gegen den Bund, das Land oder die Körperschaft zu richten ist, der die Behörde angehört, welche den Verwaltungsakt erlassen bzw. unterlassen hat.[24] Klagegegner im Verwaltungsprozess ist damit grundsätzlich der rechtsfähige Verwaltungsträger der Behörde (Rechtsträgerprinzip). Gegen diesen Rechtsträger richtet sich der vom Kläger geltend gemachte materielle Anspruch auf Erlass bzw. Aufhebung eines Verwaltungsaktes. Allein dieser Rechtsträger ist *passivlegitimiert*.   8

Deswegen steht im Ausgangspunkt auch ausschließlich diesem Rechtsträger die *passive Prozessführungsbefugnis* zu. Passive Prozessführungsbefugnis meint, den Prozess als beklagte Partei im eigenen Namen führen zu dürfen und setzt daher Rechtsfähigkeit voraus. Passivlegitimation und passive Prozessführungsbefugnis treffen regelmäßig in der identischen Person zusammen.[25] Grundsätzlich ist derjenige befugt, den Prozess im eigenen Namen zu führen, gegen den sich materiell der geltend gemachte Anspruch richtet.   9

Passivlegitimation und passive Prozessführungsbefugnis können aufgrund besonderer gesetzlicher Anordnung auseinanderfallen. Die passive Prozessführungsbefugnis kann in Abweichung vom Rechtsträgerprinzip landesrechtlich auf Behörden übertragen werden (Behördenprinzip).[26] § 78 Abs. 1 Nr. 2 VwGO enthält eine entsprechende bundesrechtliche Öffnungsklausel, die – und das ist zu betonen – aufgrund ihrer systematischen Stellung allein für Anfechtungs- und Verpflichtungsklagen gilt. Der Wortlaut der Norm ist dabei nicht eng zu verstehen und umfasst neben der ausdrücklich angesprochenen Untätigkeitsklage in entsprechender Anwendung auch die Versa-   10

---

21 Niedersächsisches Justizgesetz (NJG) verkündet als Art. 1 des Gesetzes über die Neuordnung von Vorschriften über die Justiz vom 16.12.2014 (Nds. GVBl. S. 436).
22 Zum Aufbau der niedersächsischen Landesverwaltung siehe Übersicht unter file:///C:/Users/hejochum/Downloads/20140701_Landesverwaltung_Stand_07_2014_pdf_-_Adobe_Acrobat_Professional.pdf, 12.12.2014.
23 Soweit es sich um juristische Personen handelt, ergibt sich die Beteiligtenfähigkeit jedoch direkt aus § 61 Nr. 1 2. Alt. VwGO.
24 *Claus Meissner*, in: Schoch/Schmidt-Aßmann/Pietzner, Verwaltungsgerichtsordnung, Kommentar, Loseblatt Stand 26. Lfg. März 2014, München, Band I, § 78 VwGO, Rn 28.
25 *Detterbeck* (Fn. 5) Rn 1335.
26 *Michael Brenner*, in: Sodan/Ziekow, Verwaltungsgerichtsordnung, Kommentar, 4. Aufl. Baden-Baden 2014, § 78 VwGO Rn 27.

gungsgegenklage, also beide Spielarten der Verpflichtungsklage.[27] Soweit jedoch andere Klagetypen in Rede stehen, kommt ein Abweichen vom Rechtsträgerprinzip nicht in Betracht.

11 Hervorzuheben ist daher, dass in der rechtlichen Prüfung sorgsam zwischen Passivlegitimation einerseits und passiver Prozessführungsbefugnis andererseits zu trennen ist.[28] Auch soweit die passive Prozessführungsbefugnis auf eine Behörde übertragen wird, bleibt stets deren Rechtsträger passivlegitimiert. Nachdem Behörden nicht über eigene Rechte verfügen, kann sich der geltend gemachte Anspruch materiell immer nur gegen ihren Rechtsträger richten. Soweit also der Behörde die passive Prozessführungsbefugnis übertragen wird, macht sie als beklagte Partei immer ein fremdes Recht – das ihres Rechtsträgers – im eigenen Namen geltend (Prozessstandschaft).[29]

12 Vergleichbar der Beteiligungsfähigkeit im Verwaltungsprozess (§ 61 Nr. 3 VwGO)[30] kann eine Behörde folglich mangels eigener Rechtsfähigkeit nicht ohne Weiteres selbst als Klagegegner herangezogen werden. Dazu bedarf es vielmehr einer besonderen rechtlichen Regelung, die der Behörde in Substitution der fehlenden Rechtsfähigkeit die Befähigung verleiht, im Prozess als beklagte Partei aufzutreten.

13 Niedersachsen[31] hat von der in § 78 Abs. 1 Nr. 2 VwGO bundesrechtlich eröffneten Möglichkeit der Übertragung der passiven Prozessführungsbefugnis auf Behörden durch Erlass von § 79 Abs. 2 NJG (vormals § 8 Abs. 2 Nds. AG VwGO) Gebrauch gemacht. Diese Norm umfasst lediglich Landesbehörden. Wie bereits in § 79 Abs. 1 NJG (vormals 8 Abs. 1 Nds. AG VwGO) sind darunter allein die landesunmittelbaren Behörden zu verstehen (siehe oben). Behörden der mittelbaren Landesverwaltung kommen dagegen als Klagegegner nicht in Betracht.[32]

3. Fazit

14 Niedersachsen weicht vom Rechtsträgerprinzip ab, soweit unmittelbare Landesbehörden in Rede stehen. Diese sind nach § 61 Nr. 3 VwGO, § 79 Abs. 1 NJG im Verwaltungsprozess beteiligungsfähig. Weiter wird insoweit die passive Prozessführungsbefugnis bei Anfechtungs- und Verpflichtungsklagen auf unmittelbare Landesbehörden übertragen (§ 78 Abs. 1 Nr. 2 VwGO, § 79 Abs. 2 NJG). Nachdem sich die passive Prozessführungsbefugnis auf Anfechtungs- und Verpflichtungsklagen beschränkt, kommt es allerdings auch nur insoweit – respektive soweit eine Fortsetzungsfeststellungsklage zu betrachten ist – auf die Beteiligungsfähigkeit der Landesbehörden im Verwaltungsprozess an. Soweit andere Klagearten in Rede stehen, bleibt es durchgän-

---

27 *Brenner* (Fn. 21), § 78 VwGO Rn 27.
28 *Meissner* (Fn. 19), § 78 VwGO, Rn 38.
29 *Detterbeck* (Fn. 5), Rn 1335; *Brenner* (Fn. 21), § 78 VwGO Rn 28.
30 Vgl. zum Verhältnis von § 78 Abs. 1 Nr. 2 VwGO zu § 61 Nr. 3 VwGO *Czybulka* (Fn. 7), § 61 VwGO Rn 36.
31 Auch in den anderen Ländern findet sich eine solche Parallelität in der Durchbrechung des Rechtsträgerprinzips: Wird Behörden die Beteiligungsfähigkeit im Verwaltungsprozess verliehen, wird ihnen regelmäßig auch die passive Prozessführungsbefugnis bei Anfechtungs- und Verpflichtungsklagen übertragen. Hinsichtlich der Rechtslage in den anderen Ländern wird nach oben verwiesen.
32 Soweit es sich um juristische Personen handelt, ist die Klage allerdings gemäß § 78 Abs. 1 Nr. 1 VwGO direkt gegen diese Körperschaft zu richten.

gig – also nicht nur bezüglich der passiven Prozessführungsbefugnis sondern auch hinsichtlich der Frage nach der Beteiligungsfähigkeit – beim Rechtsträgerprinzip.[33]

III. Entbehrlichkeit des gerichtlichen Vorverfahrens in Niedersachsen (§ 80 NJG, vormals 8 a Nds. AG VwGO)

1. Bedeutung und Funktion des Vorverfahrens (§§ 68 ff VwGO)

Der Bundesgesetzgeber hat in § 68 Abs. 1 S. 1 und Abs. 2 VwGO die grundsätzliche Durchführung eines behördlichen Vorverfahrens vor Erhebung der verwaltungsgerichtlichen Anfechtungs- oder Verpflichtungsklage angeordnet. Dabei handelt es sich um ein selbstständiges Verwaltungsverfahren,[34] das zugleich eine Sachurteilsvoraussetzung der Anfechtungs- und der Verpflichtungsklage darstellt.[35] Dieses Vorverfahren soll im Wesentlichen drei Funktionen erfüllen: erstens eine Selbstkontrolle der Behörde ermöglichen, zweitens gerade im Hinblick auf den nachfolgenden Rechtsstreit dem Rechtsschutz des Bürgers dienen und damit drittens zu einer Entlastung der Gerichte führen.[36] Hinzu kommt eine vierte nachrangig zu bewertende Informationsfunktion.[37]

2. Bundesrechtliche Öffnungsklausel (§ 68 Abs. 1 S. 2 Alt. 1 VwGO)

Den Ländern wird durch die Öffnungsklausel des § 68 Abs. 1 S. 2 Alt. 1 VwGO die Möglichkeit anheimgestellt, Ausnahmen von dem Erfordernis des behördlichen Vorverfahrens zuzulassen.[38] Dieser bundesrechtliche Vorbehalt landesgesetzlicher Abweichungen gilt für alle Verwaltungsverfahren, für die das Land zuständig ist, gleichgültig ob es sich um den Vollzug von Bundes- oder Landesrecht handelt.[39] Durch das 6. VwGOÄndG[40] ist mit Wirkung zum 1.1.1997 die Beschränkung auf „besondere Fälle" entfallen, so dass die Öffnungsklausel nun inhaltlich nicht mehr beschränkt ist.[41] Der Bundesgesetzgeber durfte die Beseitigung von Bundesrecht jedoch nicht ins Belieben der Länder stellen; daher dürfen die Länder den Ausschluss nicht pauschal anordnen.[42] Der Ausschluss ist vielmehr im Einzelnen rechtfertigungsbedürftig. Er darf nur konkret in solchen Bereichen erfolgen, in denen das Widerspruchsverfahren wegen einer im Verfahren angelegten erhöhten Richtigkeitsgewähr der Ausgangsentscheidung als entbehrlich erscheint oder in denen eine beschleunigte Entscheidung geboten ist.[43]

---

[33] *Detterbeck* (Fn. 5), Rn 1346.
[34] *Klaus Rennert*, in: Eyermann (Fn.), § 68 Rn 1.
[35] Ipsen (Fn.6), Rn 1062; ausführlich zur Natur des Vorverfahrens *Max-Emanuel Geis,* Sodan/Ziekow (Hrsg.), Verwaltungsgerichtsordnung, Kommentar, 4. Aufl. Baden-Baden 2014, § 68 VwGO, Rn 22 ff.; *Klaus-Peter Dolde,* in: Schoch/Schmidt-Aßmann/Pietzner, Verwaltungsgerichtsordnung, Kommentar, Loseblatt Stand 26. Lfg. März 2014, München, Band I, Vorb § 68 VwGO, Rn 2 f.
[36] BVerwGE 40, S. 25 (28) f.; *Geis* (Fn. 35), § 68 VwGO, Rn 1 ff.; *Dolde* (Fn. 35), Vorb § 68 VwGO, Rn 1; *Rennert*, in: Eyermann (Fn.), § 68 Rn 2.
[37] *Kopp/Schenke* (Fn.), § 68 VwGO Rn 1.
[38] Zu den bundesgesetzlich angeordneten Ausnahmen etwa in förmlichen Verwaltungsverfahren sowie im Planfeststellungsverfahren u.a. siehe *Geis* (Fn. 35), § 68 VwGO, Rn 127 ff.
[39] BVerfGE 35, 65 (75).
[40] Sechstes Gesetz zur Änderung der Verwaltungsgerichtsordnung vom 1.11.1996 (6. VwGOÄndG), BGBl 1996 I S. 1626.
[41] *Dolde* (Fn. 35), § 68 VwGO, Rn 12.
[42] *Rennert*, in: Eyermann (Fn.), § 68 Rn 24; *Kopp/Schenke* (Fn.), § 68 VwGO Rn 17 a.
[43] BVerfGE 35, 65 (76, 78).

§ 3 Besonderheiten des Verwaltungs- und Widerspruchsverfahrens in Niedersachsen

3. Nutzung der Öffnungsklausel durch die Länder

17 Auf Ebene der Länder wurden vielfach Ausnahmeregelungen erlassen, die das behördliche Vorverfahren als Sachentscheidungsvoraussetzung der Anfechtungs- und der Verpflichtungsklage (teilweise) entfallen lassen. Dabei gehen die Länder allerdings durchaus konzeptionell unterschiedliche Wege.

- am Vorverfahren halten weitgehend fest: Berlin,[44] Brandenburg[45], Bremen,[46] Hamburg,[47] Rheinland-Pfalz,[48] Saarland[49], Sachsen[50] und Schleswig-Holstein[51]
- umfangreiche Ausnahmen vom grundsätzlich notwendigen Vorverfahren sehen vor: Baden-Württemberg,[52] Hessen,[53] Sachsen-Anhalt[54] und Thüringen[55]
- das Vorverfahren nur noch fakultativ in bestimmten Teilbereichen lassen zu: Bayern (Optionsmodell)[56] und Mecklenburg-Vorpommern[57]
- für einen grundsätzlichen Ausschluss des Vorverfahrens verbunden mit diversen Ausnahmen (Umkehr des bundesrechtlich vorgesehenen Regel-Ausnahmeverhältnisses)[58] haben sich nach einer gewissen Erprobungsphase entschieden: Niedersachsen (zunächst befristet bis 31.12.2009)[59] und Nordrhein-Westfalen (zunächst befristet bis 31.12.2014[60]).

---

44 Zu vereinzelten fachgesetzlich veranlassten Ausnahmeregelungen *Ferdinand Müller-Rommel/Holger Meyer/Friedericke Heins*, Verwaltungsmodernisierung in Niedersachsen, Baden-Baden 2010, S. 51 f.
45 Zu Ausnahmen in Randbereichen *Müller-Rommel/Meyer/Heins* (Fn. 44), S. 55.
46 Zu vereinzelten Ausnahmeregelungen *Müller-Rommel/Meyer/Heins* (Fn. 44), S. 53 f.
47 Zu vereinzelten Ausnahmeregelungen *Müller-Rommel/Meyer/Heins* (Fn. 44), S. 52 f.
48 Zu vereinzelten Ausnahmeregelungen *Müller-Rommel/Meyer/Heins* (Fn. 44), S. 50.
49 Zu vereinzelten Ausnahmeregelungen *Müller-Rommel/Meyer/Heins* (Fn. 44), S. 54.
50 Vgl. Gesetzesinitiative der Sächsischen Landesregierung zur Abschaffung von Widerspruchsverfahren in verwaltungsgerichtlichen Anwalts- und Notarsachen, Pressemitteilung vom 7.9.2010 unter http://www.justiz.sachsen.de/smj/content/1741.php, 16.12.2014.
51 Zu den Ausnahmen in einigen Fachgesetzen vgl. *Müller-Rommel/Meyer/Heins* (Fn. 44), S. 56 f.
52 § 15 Gesetz zur Ausführung der Verwaltungsgerichtsordnung (AG VwGO BW) vom 14.10.2008 (GBl. 2008 S. 343), zuletzt geändert durch Gesetz vom 14.1.2014 (GBl. S. 49).
53 § 16 a Hessisches Gesetz zur Ausführung der Verwaltungsgerichtsordnung (Hess AG VwGO) in der Fassung vom 27.10.1997 (GVBl I S. 381), zuletzt geändert durch Gesetz vom 29.11.2014 (GVBl. S. 313); vgl. dazu *Georg Hermes*, in: Hermes/Groß, Landesrecht Hessen, 7. Aufl., Baden-Baden 2011, S. 89 f.
54 § 8 a S. 1 Gesetz zur Ausführung der Verwaltungsgerichtsordnung und des Bundesdisziplinargesetzes (AG VwGO LSA) vom 28.1.1992 (GVBl. LSA S. 36), zuletzt geändert durch Gesetz vom 15.1.2010 (GVBl. LSA S. 8).
55 § 9 Thüringer Gesetz zur Ausführung der Verwaltungsgerichtsordnung (Thür AG VwGO) in der Fassung der Bekanntmachung vom 15.12.1992 (GVBl. S. 576), zuletzt geändert durch Gesetz vom 8.8.2014 (GVBl. S. 527).
56 § 15 Gesetz zur Ausführung der Verwaltungsgerichtsordnung (AG VwGO Bay) in der Fassung der Bekanntmachung vom 20.6.1992 (GVBl. S. 162), zuletzt geändert durch Gesetz vom 22.7.2014 (GVBl. S. 286); krit. dazu *Dolde* (Fn. 35), Vorb § 68 VwGO, Rn 16 b.
57 §§ 13 a f. Gerichtsstruktur-Ausführungsgesetz (AG GerStrG M-V) vom 10.6.1992 (GVOBl. M-V, S. 314).
58 Zu den kompetenzrechtlichen Bedenken gegenüber dieser Umkehr vgl. *Geis* (Fn. 35), § 68 VwGO, Rn 132 a; sogar eine vollständige Abschaffung des Widerspruchsverfahrens halten demgegenüber für zulässig BayVerfGH BayVbl 2007, 79; *Dolde* (Fn. 35), Vorb § 68 VwGO, Rn 11 m.w.N.; *Kopp/Schenke* (Fn.), § 68 VwGO Rn 17 a.
59 § 8 a Niedersächsisches Ausführungsgesetz zur Verwaltungsgerichtsordnung (Nds. AG VwGO) in der Fassung der Bekanntmachung vom 1.7.1993 (Nds. GVBl. S. 175), geändert durch Gesetz vom 5.11.2004 (Nds. GVBl. S. 349); seit 16.12.2014 geregelt in § 80 Niedersächsisches Justizgesetz (NJG) verkündet als Art. 1 des Gesetzes über die Neuordnung von Vorschriften über die Justiz vom 16.12.2014 (Nds. GVBl. S. 436).
60 § 6 Ausführungsgesetz zur Verwaltungsgerichtsordnung (AG VwGO NRW) vom 26.3.1960 (GV. NRW 1960 S. 47), zuletzt geändert durch Gesetz vom 26.2.2008 (GV. NRW. S. 162), heute § 110 Justizgesetz NRW – JustG NRW – vom 26.10.2010 (GV. NRW S. 30), zuletzt geändert durch Gesetz vom 2.10.2014 (GV. NRW S. 622). Aufgrund der Evaluierung des Widerspruchsverfahrens wurde die Befristung durch das Gesetz zur Änderung des Landesbeamtengesetzes und des Justizgesetzes Nordrhein-Westfalen und zur Anpassung weiterer Rechtsvorschriften vom 9.12.2014 (GV. NRW. S. 874) aufgehoben. Zugleich wurden weitere Ausnahme-

4. Nutzung der Öffnungsklausel durch Niedersachsen

Von der durch § 68 Abs. 1 S. 2 Alt. 1 VwGO eröffneten Möglichkeit, Ausnahmen von dem Erfordernis des behördlichen Vorverfahrens vorzusehen, hat der niedersächsische Landesgesetzgeber im November 2004 mit dem Gesetz zur Modernisierung der Verwaltung[61] durch Erlass des § 8a Nds. AG VwGO – zunächst befristet bis 31.12.2009[62] – in weitem Umfang Gebrauch gemacht. Zum 16.12.2014 wurden die Regelungen in § 80 NJG[63] übernommen. Bürgerinnen und Bürger sollen im Rahmen einer modernen Verwaltung nicht auf ein – weitestgehend kostenpflichtiges – Widerspruchsverfahren angewiesen sein, so der Landesgesetzgeber.[64] Der Ausschluss durch den Landesgesetzgeber gilt für alle Verwaltungsverfahren, für die das Land zuständig ist, gleichgültig, ob es sich um den Vollzug von Bundes- oder Landesrecht handelt.[65] In den Bereichen, in denen der Bund die Gesetzgebungskompetenz für die Verwaltungsverfahren innehat, ist der Landesgesetzgeber hingegen nicht befugt, auf das Erfordernis des Vorverfahrens zu verzichten.[66]

a) Struktur des § 80 NJG

Die Struktur des § 80 NJG ist komplex. Grundsätzlich soll auf das Vorverfahren verzichtet werden. Daher enthalten die Abs. 1 und 2 entsprechende allgemeine Entbehrlichkeitsklauseln: Nach § 80 Abs. 1 NJG ist die Nachprüfung von Verwaltungsakten vor Erhebung der Anfechtungsklage prinzipiell entbehrlich; nach § 80 Abs. 2 NJG gilt dies entsprechend für die Verpflichtungsklage.

§ 80 Abs. 3 NJG enthält einen Katalog spezieller Ausnahmen, nach denen Verwaltungsakte abweichend doch in einem behördlichen Vorverfahren zu überprüfen sind. Hier finden sich insbesondere – aber nicht ausschließlich – Materien, die auch hinsichtlich des Verwaltungsverfahrens unter eine Gesetzgebungskompetenz des Bundes fallen. § 80 Abs. 4 NJG erweitert die in § 80 Abs. 3 S. 1 NJG normierten Ausnahmen vom grundsätzlichen Verzicht auf das Vorfahren. Am Vorverfahren wird danach auch festgehalten, soweit sich Verwaltungshandlungen unmittelbar auf die in Abs. 3 aufgelisteten Verwaltungsakte beziehen (Nr. 1), wie es etwa bei Nebenbestimmungen der Fall ist; gleiches gilt für eine Reihe von Kostenentscheidungen (Nr. 2). § 80 Abs. 5 NJG umfasst eine Rückausnahme, die abweichend von Abs. 3 das Vorverfahren doch entfallen lässt, soweit es sich um Abgabenangelegenheiten handelt.

---

tatbestände in § 110 Abs. 2 JustG NRW eingefügt; siehe auch Begründung des Gesetzentwurfs LT-Drs. 16/6089 vom 20.6.2014, S. 16 ff.
61 Niedersächsisches Ausführungsgesetz zur Verwaltungsgerichtsordnung (Nds. AG VwGO) in der Fassung vom 1.7.1993 (Nds. GVBl. S. 175), geändert durch Gesetz vom 5.11.2004 (Nds. GVBl. S. 349), gültig ab 1.12.2004.
62 Zur Evaluation der Ergebnisse dieser Experimentierphase siehe *Müller-Rommel/Meyer/Heins* (Fn. 44), S. 224 ff.
63 Niedersächsisches Justizgesetz (NJG) verkündet als Art. 1 des Gesetzes über die Neuordnung von Vorschriften über die Justiz vom 16.12.2014 (Nds. GVBl. S. 436).
64 Niedersächsischer Landtag – 16. Wahlperiode, Drucksache 16/1414, S. 5.
65 BVerfGE 35, 65 (64).
66 *Rennert*, in: Eyermann (Fn.), § 68 Rn 24.

b) Zielsetzung des § 80 NJG

21 Die Landesregierung nennt als Ziel des mit § 80 NJG verbundenen weitgehenden Verzichts auf das vorgerichtlichen Verfahren das Bemühen um eine deutliche Vereinfachung und Beschleunigung der Verwaltungsverfahrens.[67] In der Gesetzesbegründung zu der ursprünglichen, in § 8 a Nds. AG VwGO enthaltenen Regelung wird ausgeführt, dass das Vorverfahren insbesondere bei den Bezirksregierungen sehr zeitaufwendig gewesen sei und seine gesetzliche Zielsetzung, den vorgerichtlichen Rechtsschutz zu verbessern, nur unzureichend erfüllt habe. Im Ergebnis würden die Ausgangsbescheide sowohl im Vorverfahren als auch im gerichtlichen Verfahren fast ausnahmslos rechtlich bestätigt.

22 Kernbestandteil der im Jahr 2004 mit der Schaffung des § 8 a Nds. AG VwGO einhergehenden Verwaltungsreformmaßnahmen in Niedersachsen war die Auflösung der vier niedersächsischen Bezirksregierungen, wodurch ein Wechsel von einem dreistufigen Verwaltungsaufbau aus Ministerien, Bezirksregierungen und Kommunen hin zu einem grundsätzlich zweistufigen Aufbau bewirkt wurde. Da die Bezirksregierungen in einer Vielzahl von Rechtsgebieten Widerspruchsbehörde waren, stellte sich die Frage, ob das Vorverfahren weitgehend auf die Ausgangsbehörden verlagert werden, neue Sonderbehörden etabliert werden oder das Widerspruchsverfahren entfallen sollte. Vor diesem Hintergrund entschied sich der Landesgesetzgeber dafür, auf das behördliche Vorverfahren insbesondere in den Sachgebieten zu verzichten, in denen in der Vergangenheit mit dem Widerspruchsverfahren nur eine geringe Befriedungswirkung erzielt wurde oder in denen sich Bescheide in der Vergangenheit auch bei gerichtlicher Überprüfung besonders häufig als rechtmäßig erwiesen.[68]

5. Fazit

23 Es ist festzustellen, dass sich (nur) in einigen Ländern die in Niedersachsen gesetzlich erprobte und inzwischen perpetuierte Auffassung durchgesetzt hat, Bürgerinnen und Bürger sollten im Rahmen einer modernen Verwaltung nicht auf ein – weitestgehend kostenpflichtiges – Vorverfahren angewiesen sein.[69] Und in der Tat sind gegen diese Einschätzung des niedersächsischen Gesetzgebers wichtige Bedenken vorzutragen. Der unmittelbare Gang zum Verwaltungsgericht dürfte bei vielen Menschen nicht nur an einer psychologischen Hemmschwelle scheitern. Gerade die Gerichtskosten werden häufig eine abschreckende Wirkung entfalten. Es mag sein, dass die Verwaltung durch den weitgehenden Verzicht auf das Vorverfahren schlanker wird und dass Verfahren insgesamt einfacher und kürzer werden.[70] Ein Gewinn an Rechtsschutz und -sicherheit kann damit aber gewiss nicht einhergehen.[71] Der Verzicht lässt eine Kontrollinstanz wegfallen – daran ist nicht zu rütteln. Wenig Beachtung findet dabei der Umstand, dass nur diese Ebene – die Widerspruchsbehörde – zu einer umfassenden Über-

---

67 Begründung des Gesetzes zur Modernisierung der Verwaltung in Niedersachsen, Nds. Landtag, Drucksache 15/1121, S. 20.
68 *Müller-Rommel/Meyer/Heins* (Fn. 44), S. 35 f.
69 Niedersächsischer Landtag – 16. Wahlperiode, Drucksache 16/1414, S. 5.
70 Differenzierend *Dolde* (Fn. 35), Vorb § 68 VwGO, Rn 16 ff.
71 Krit. auch *Geis* (Fn. 35), § 68 VwGO, Rn 131, 132 a.

prüfung behördlicher Zweckmäßigkeitserwägungen befugt ist. Der gerichtliche Rechtsschutz bleibt dahinter notwendigerweise zurück.[72]

---

[72] Vgl. *Dolde* (Fn. 35), Vorb § 68 VwGO, Rn 1.

§ 4 Polizei- und Ordnungsrecht

von *Prof. Dr. Veith Mehde*

Allgemeine Literatur: *Baldus/Grzeszick/Wienhues*, Staatshaftungsrecht, 4. Aufl. 2013; *Götz*, Allgemeines Polizei- und Ordnungsrecht, 15. Aufl. 2013; *Gusy*, Polizei- und Ordnungsrecht, 9. Aufl., 2014; *Kugelmann*, Polizei- und Ordnungsrecht, 2. Aufl. 2012; *Pieroth/Schlink/Kniesel*, Polizei- und Ordnungsrecht, 8. Aufl. 2014; *Schenke*, Polizei- und Ordnungsrecht, 8. Aufl. 2013.

Literatur zum niedersächsischen Polizei- und Ordnungsrecht: *Böhrenz/Unger/Siefken*, Niedersächsisches Gesetz über die öffentliche Sicherheit und Ordnung (Nds. SOG), 9. Aufl. 2008; *Ipsen*, Niedersächsisches Polizei- und Ordnungsrecht, 4. Aufl. 2010; *Saipa*, Loseblatt 21. Nachlieferung, Oktober 2014; *Ullrich/Weiner/Brüggemann*, Niedersächsisches Polizeirecht, 2012; *Waechter*, Polizei- und Ordnungsrecht, 2000.

I. Vorbemerkung

1 Das Polizei- und Ordnungsrecht gehört – zumindest aus Sicht der Studierenden bzw. Examenskandidatinnen und -kandidaten – ganz offenbar zu den beliebteren Gegenständen öffentlich-rechtlicher Klausuren und Hausarbeiten. Diese relative Popularität ist wohl vor allem auf die Übersichtlichkeit zurückzuführen, die ihm im Vergleich zum Kommunal- oder Baurecht (und erst recht Rechtsgebieten wie dem Umwelt- oder Wirtschaftsverwaltungsrecht) zuzukommen scheint. Darüber hinaus wird das Polizei- und Ordnungsrecht von rechtlichen Anforderungen geprägt, für die klare Prüfungsmaßstäbe und leicht zu merkende Definitionen bestehen: Der Gefahrenbegriff ist vom Gesetzgeber, die öffentliche Sicherheit – und sogar die öffentliche Ordnung – von der Rechtsprechung mit klaren Definitionen versehen worden. Der Grundsatz der Verhältnismäßigkeit mit seinem jedenfalls auf der Begriffsebene ebenfalls sehr klaren Prüfprogramm hat eine große Bedeutung bei der Beurteilung der Rechtmäßigkeit von Gefahrenabwehrmaßnahmen. Wie immer ist an solchen Wahrnehmungen durchaus das sprichwörtliche „Körnchen Wahrheit". Allerdings dürfte Einiges davon auch der Tatsache geschuldet sein, dass die tatsächlich bestehende Komplexität vieler Fallgestaltungen nicht ausreichend wahrgenommen wird.

2 Damit ist auch schon eine der wesentlichen Herausforderungen angesprochen, die sich bei der Lösung von Fällen im Bereich des Polizei- und Ordnungsrecht stellt: Bei der Bearbeitung wird große Präzision verlangt – sowohl was die Anwendung der genannten Grundsätze anbelangt als auch bei der Beurteilung der Fragestellungen. Gerade die scheinbar so klaren Begriffe erfordern eine besondere Tiefenschärfe der Subsumtion. So ist es oft alles andere als leicht, konkret zu bestimmen, welches Recht bzw. Rechtsgut wodurch gefährdet ist und ob die jeweilige polizei- und ordnungsrechtliche Maßnahme diese Gefahr in rechtlich zulässiger Weise abwehrt. Darüber hinaus verlangt das Rechtsgebiet eine besonders konsequente Vorgehensweise, wenn es darum geht, einmal vorgenommene Weichenstellungen bei der weiteren Prüfung zu beachten. Wird also etwa bei der Frage nach dem Vorliegen einer Gefahr für die öffentliche Sicherheit auf eine bestimmte Gefahrensituation abgestellt, so ist damit auch für den weiteren Verlauf der Untersuchung festgelegt, worauf die durchgeführten Maßnahmen zielen

dürfen. Im Rahmen der Verhältnismäßigkeitsprüfung darf dann nicht ein anderer Zweck zugrunde gelegt werden. Dies sind Beispiele, die verdeutlichen sollen, dass scheinbar „leichte" Fälle durchaus höhere Anforderungen stellen können, als vielleicht auf den ersten Blick zu bemerken ist. Selbstverständlich soll damit nicht etwa Panik und Mutlosigkeit angeraten werden. Werden einige Grundregeln beachtet, so bestehen in der Tat gute Chancen auf einen schönen Klausurerfolg.

II. Grundlagen

1. Begriff des Polizei- und Ordnungsrechts

Das Preußische Oberverwaltungsgericht hat in seinem berühmten „Kreuzberg-Urteil"[1] aus dem Jahr 1882 die Zuständigkeit der Polizeibehörden auf den Bereich der Gefahrenabwehr beschränkt. Allgemeine Fragen des Städtebaus waren damit nicht mehr von der Polizeigewalt umfasst[2]. Der nächste wesentliche Schritt zur heutigen Aufteilung der Zuständigkeiten erfolgte durch die britische Besatzungsmacht nach dem Zweiten Weltkrieg, die eine „Entpolizeilichung" der Gefahrenabwehr forderte[3]. Damit ist insbesondere gemeint, dass auch im Bereich der Gefahrenabwehr in erster Linie die Verwaltungsbehörden zuständig sind und die Polizei auf Fälle besonderer Eilbedürftigkeit beschränkt ist[4]. Diese Grundidee liegt bis heute dem SOG zugrunde[5]. Wenn man heute, wie dies manchmal im Alltagssprachgebrauch geschieht, von „feuerpolizeilichen" oder „baupolizeilichen" Verboten bzw. Anforderungen spricht, so ist dies keine präzise Darlegung der Rechtslage, sind dafür doch spezielle Ordnungsbehörden zuständig.

3

2. Abgrenzung von der Strafverfolgung

Die Polizei ist nicht nur für die Gefahrenabwehr nach dem SOG, sondern auch für die Strafverfolgung zuständig (vgl. § 163 StPO). In der polizeilichen Praxis gibt es vielfältige Überschneidungsbereiche zwischen diesen beiden Aufgabenfeldern. Das gilt insbesondere in Anbetracht der Tatsache, dass viele Strafvorschriften sehr weit im Vorfeld einer Verletzung von Rechtsgütern ansetzen, sich also zum Teil die Verfolgung der Vorbereitungstaten mit der Abwehr (weitergehender) Gefahren überschneidet. Dies kann die Frage aufwerfen, ob der Rechtsweg zu den Verwaltungsgerichten eröffnet oder etwa § 98 Abs. 2 S. 2 StPO – ggf. analog – anzuwenden ist. Bei sogenannten „doppelfunktionalen" Maßnahmen, die sowohl den Zweck der Strafverfolgung als auch der Gefahrenabwehr haben, wird darauf abgestellt, wo das Ziel und der Schwerpunkt der Maßnahme liegt[6]. Bei der Bearbeitung einer öffentlich-rechtlichen Fallaufgabe sollte allerdings in der Regel sehr deutlich werden, dass es um die Anwendung von Ermächtigungsgrundlagen aus dem SOG geht, also nicht um die Aufklärung und Verfolgung von Straftaten. Damit ist nicht ausgeschlossen, dass im Rahmen der Prüfung des Vorliegens einer Gefahr für die objektive Rechtsordnung (siehe dazu unten

4

---

1 Entscheidungen des königlichen Oberverwaltungsgerichts Band 9, 353 ff.
2 *Breuer*, Die Verwaltung 19 (1986), 305 (310).
3 *Ipsen*, Nds. POR, Rn. 19; *Saipa*, NdsVBl. 2005, 292; allgemein zum Begriff: *Gusy*, POR, Rn. 54 ff.
4 *Saipa*, NdsVBl. 2005, 292.
5 Vgl. aber *Saipa*, NdsVBl. 2005, 292 (293).
6 Nds. OVG, NVwZ-RR 2014, 327.

22 f.) auf Strafvorschriften abgestellt wird. Auch dann geht es aber um das Vorliegen der Tatbestandsvoraussetzungen für eine Maßnahme im Bereich der Gefahrenabwehr.

5 Die Abgrenzung von Gefahrenabwehr- und Strafrecht hat auch für die Gesetzgebung eine große Bedeutung, ist doch für Ersteres der Bundes- und für das Zweite der Landesgesetzgeber zuständig. Konkret ist das Land im Fall „eines fehlenden Bezuges auf die Vorbereitung, Einleitung, Durchführung, Erleichterung, Abwicklung, Sicherung eines Strafverfahrens oder der Vollstreckung der dort verhängten Sanktionen und Nebenfolgen" zur Gesetzgebung befugt[7]. Der niedersächsische Gesetzgeber hatte diese Grenze zeitweise nicht klar genug beachtet, als er der Polizei auch Aufgaben zur Vorsorge für die Strafverfolgung zuwies, die unter die Regelung des Art. 74 Abs. 1 Nr. 1 GG fallen.[8] Zur Klarstellung der Gesetzgebungskompetenzen zwischen Bund und Ländern hat erheblich das die niedersächsische Rechtslage zur Telekommunikationsüberwachung betreffende Urteil des Bundesverfassungsgerichts vom 27.7.2005[9] beigetragen[10]. Danach ist die Verhütung von Straftaten von der Gesetzgebungskompetenz der Länder zur Gefahrenabwehr umfasst, während die bloße Vorsorge für die Verfolgung solcher Straftaten, die möglicherweise zukünftig begangen werden, unter die vom Bund abschließend genutzte konkurrierende Gesetzgebungskompetenz zur Strafverfolgung (Art. 74 Abs. 1 Nr. 1 GG) fällt.[11] Seit dem Gesetz vom 25.1.2007[12] gibt es im SOG keine Regelungen für die Verfolgungsvorsorge mehr.[13]

3. Anwendungsbereiche – Lex-specialis-Regel

6 Vom Wortlaut der Normen her hält das SOG grundsätzlich Regelungen für alle möglichen Arten von Gefahren und Ermächtigungen für verschiedene denkbare Maßnahmen bereit. In Anbetracht dieser Tatsache ist der Anwendungsbereich des Polizeirechts andererseits in der Praxis erstaunlich eng. Der Grund hierfür ist die Tatsache, dass es nur dann zum Tragen kommen kann, wenn sich keine speziellen Regelungen finden. Spezieller sind stets solche Normen, die die Gefahrensituation mit darauf abgestimmten Tatbestandsmerkmalen umschreiben. Dabei kann grundsätzlich das vom Bund in Anwendung seiner Kompetenzen aus Art. 70 ff. GG erlassene, auch der Gefahrenabwehr dienende Recht ebenso einen Vorrang gegenüber dem SOG haben wie das speziellere Landesrecht.[14] Der immer weitergehende technische Fortschritt wie auch gesellschaftliche Veränderungen haben das Bedürfnis für spezielles Polizei- und Ordnungsrecht immer weiter steigen lassen. Der Gesetzgeber ist diesem Bedürfnis in großem Umfang nachgekommen. Die Diskussion um eine sogenannte Überregulierung ist im Wesentlichen auf die Ausweitung des besonderen Verwaltungsrechts zurückzuführen. Die lex-specialis-Regel führt dazu, dass die Ausweitung des besonderen Verwaltungs-

---

7 *Gusy*, NdsVBl. 2006, 65 (68).
8 Vgl. *Ipsen*, Nds. POR, Rn. 26, 325.
9 BVerfGE 113, 348.
10 LT-Drs. 15/3810, S. 12 f.
11 BVerfGE 113, 348 (368 ff.).
12 GVBl. 37/2007, 654.
13 Nds. OVG, NdsVBl. 2009, 202 (203).
14 Vgl. *Ipsen*, Nds. POR, Rn. 29 ff.

rechts zum parallelen Zurückdrängen des Polizeirechts als allgemeinem Polizei- und Ordnungsrecht geführt hat.

Der Vorrang des spezielleren Rechts hat im Polizeirecht noch eine weitere zentrale Bedeutung, nämlich bei der Abgrenzung der Anwendungsbereiche innerhalb des SOG. Der Wortlaut der Normen eröffnet Raum für vielfältige Überschneidungen. Besonders signifikant ist das im Verhältnis von polizeilichen Standardmaßnahmen (dazu noch Rn. 68 ff.) sowie der polizeilichen Generalklausel des § 11 SOG. Der Rückgriff auf die auf alle Gefahrensituation „passende" Ermächtigungsgrundlage ist gesperrt, wenn eine speziellere Norm die Gefahrenlage regelt. Hier gilt letztlich dieselbe Logik wie im Verhältnis unterschiedlicher Gesetze zueinander: Entschließt sich der Gesetzgeber, eine Gefahrensituation unter Bezug auf die für diese Situation bedeutsamen Aspekte zu regeln, so würde es die Intentionen des Gesetzgebers geradezu hintertreiben, wollte man Normen anwenden, die wesentlich allgemeiner gehalten sind und die der Gesetzgeber nicht speziell für die Gefahrenlage entwickelt hat. Der Gesetzgeber muss also, mit anderen Worten, darauf setzen können, dass seine konkreten Anforderungen nicht durch Anwendung allgemeiner Regeln ihrer Relevanz beraubt werden. Das gilt insbesondere für Situationen, in denen das entsprechende polizeiliche Einschreiten an besonders enge Voraussetzungen geknüpft ist. Diese Überlegung verdeutlicht vielleicht das Beispiel der Ermächtigung zum sogenannten „finalen Rettungsschuss". Die Polizei darf unter sehr engen Voraussetzungen gegenüber Menschen die Schusswaffe gebrauchen, insbesondere um andere zu retten (vgl. §§ 76 ff. SOG). Liegen die Voraussetzungen für eine so erhebliche Maßnahme nicht vor, so kann diese nicht unter Berufung auf die – deutlich niedrigere Eingriffsschwellen vorsehende – Generalklausel gerechtfertigt werden. Dies ist auch eine Konsequenz der typischen Anforderung des rechtsstaatlichen Bestimmtheitsgebots, dass nämlich mit der Intensität des Eingriffs auch die Anforderungen an die Bestimmtheit der jeweiligen Ermächtigungsgrundlage steigen. Für die Prüfung ist allerdings deutlich zu unterscheiden – zwischen der Frage, welche Norm in der konkreten Fallkonstellation einschlägig ist und jener, ob diese Norm ihrerseits rechtmäßig bzw. verfassungsmäßig ist.

4. Aufgaben- und Befugnisnorm

Das Polizei- und Ordnungsrecht gehört zu den Rechtsgebieten, bei denen die Unterscheidung von Aufgaben- und Befugnisnorm von besonderer Relevanz ist. Die Aufgabenzuschreibung in § 1 Abs. 1 SOG ist sehr weit. S. 2 definiert es als einen Teil der Gefahrenabwehr, Vorbereitungen für die Abwehr künftiger Gefahren zu treffen. S. 3 weist der Polizei die Aufgabe der Verhütung von Straftaten zu. Diese Vorgabe ist für die zuständige Polizei und die Verwaltungsbehörden selbstverständlich verbindlich. Mit dieser Aufgabenzuschreibung ist aber noch nichts darüber gesagt, wie diese zu erfüllen sind, welche Maßnahmen also von den Stellen, die diese Aufgabe haben, konkret getroffen werden dürfen. Von den Aufgaben kann nicht auf die Befugnisse geschlossen werden.[15] Das SOG ist in diesem Sinne eine Sammlung von Normen, die

---

15 *Gusy*, POR, Rn. 13.

den Behörden bzw. der Polizei Mittel zur Verfügung stellen, um diese Aufgaben zu erfüllen, gleichzeitig aber auch Grenzen dafür setzen.

9   Immer wenn mit der konkreten Maßnahme Grundrechtseingriffe verbunden sind, ist zu ihrer Rechtmäßigkeit die Aufgabenzuschreibung nicht ausreichend[16]. Das folgt aus dem rechtsstaatlichen Grundsatz des Vorbehalts des Gesetzes. Traditionell wurde eine solche gesetzliche Grundlage für Eingriffe in Freiheit und Eigentum verlangt. Heutzutage lässt sich auch aus Art. 2 Abs. 1 GG herleiten, dass eine solche Ermächtigungsgrundlage für alle belastenden staatlichen Maßnahmen erforderlich ist. Die Herleitung des Vorbehalts des Gesetzes kann aber letztlich offen bleiben, da inhaltlich längst nicht mehr streitig ist, dass er bei allen belastenden Maßnahmen greift und dass er für die Rechtmäßigkeit solcher Belastungen das Vorliegen und richtige Anwenden einer Ermächtigungsgrundlage verlangt. Anders formuliert darf die Exekutive – und damit auch die Polizei – eine subjektive Rechtsposition einschließlich der allgemeinen Handlungsfreiheit (Art. 2 Abs. 1 GG) nur dann verschlechtern, wenn der Gesetzgeber sie dazu ausdrücklich ermächtigt hat. Auf eine zulässige Klage des so Belasteten hin überprüfen die Gerichte, ob die Voraussetzungen der Ermächtigungsgrundlage vorgelegen haben und ob ein gegebenenfalls eingeräumtes Ermessen rechtmäßig ausgeübt wurde.

10 Von einer Ermächtigungsgrundlage oder Befugnisnorm in diesem Sinne kann nur gesprochen werden, wenn Tatbestandsmerkmale die Eingriffsvoraussetzungen umschreiben und unter dieser Voraussetzung eine Rechtsfolge vorgesehen ist. Der Einstieg in eine Prüfung der Rechtmäßigkeit beginnt mit der Identifikation der einschlägigen Ermächtigungsgrundlage. Bei der Identifikation der richtigen Norm kommt es zunächst lediglich darauf an, dass sie die Rechtsfolge vorsieht, die in dem konkreten Fall auch tatsächlich zu beobachten war. Ob die Tatbestandsvoraussetzungen erfüllt sind, ist erst in einem zweiten Schritt zu prüfen. Allenfalls kann auf die Prüfung einer von der Rechtsfolge her denkbaren Ermächtigungsgrundlage verzichtet werden, wenn offensichtlich ist und dies auch ausgeführt wird, dass der Tatbestand eine andere Konstellation voraussetzt. Aus Sicht der die Normen anwendenden Exekutive bedeutet das also, dass eine Norm gesucht werden muss, die die beabsichtigte Maßnahme als Rechtsfolge vorsieht. Erst in einem zweiten Schritt ist sodann zu prüfen, ob die Voraussetzungen dieser Norm gegeben sind. Wird dies bejaht, so ist das Ermessen auszuüben und darauf zu achten, dass kein Ermessensfehler gemacht wird.

11 Dabei ist an dieser Stelle grundsätzlich ohne Bedeutung, wie konkret die Rechtsfolge umschrieben ist, solange die getroffene oder beabsichtigte Maßnahme darunter subsumiert werden kann. Etwaige Bedenken hinsichtlich der ausreichenden Bestimmtheit der Norm sind an dieser Stelle noch nicht Gegenstand des Gutachtens – ob eine anwendbare Norm überhaupt verfassungskonform ist, kann schon mit Blick auf die Anforderungen der Art. 100 GG bzw. Art. 54 Nr. 4 NV erst dann zum Thema gemacht werden, wenn die Bedeutung für den konkreten Fall geklärt ist. Da die Rechtsfolge bei der polizeilichen Generalklausel im Ergebnis nicht eingeschränkt ist, sondern praktisch alle denkbaren Maßnahmen zur Gefahrenabwehr umfasst sind, richtet sich ihre

---

16 Nds. OVG, NdsVBl. 2006, 19 (21).

Einschlägigkeit als Ermächtigungsgrundlage für den konkreten Fall im Ergebnis ausschließlich danach, ob eine speziellere Norm die spezifische Gefahr regelt und daher nach dem lex-specialis-Grundsatz eine Anwendbarkeit der Generalklausel nicht in Betracht kommt.

5. Gefahrenabwehrbehörden - Zuständigkeitsfragen

Die Zuständigkeit für die jeweilige Maßnahme kann grundsätzlich in jeder einzelnen Ermächtigungsgrundlage speziell geregelt werden. Auch im SOG sind – insbesondere die einschränkenden – Zuständigkeitsregelungen in der jeweiligen Ermächtigungsgrundlage zu beachten. Ist eine solche nicht gegeben, so greift die allgemeine Zuständigkeitsabgrenzung nach § 1 SOG[17]. Die Aufgabe der Gefahrenabwehr wird in § 1 Abs. 1 S. 1 SOG den Verwaltungsbehörden und der Polizei gemeinsam zugewiesen. Diese Begriffe sind in § 2 Nr. 5 und 7 SOG definiert. § 1 Abs. 2 S. 1 SOG dient sodann der Abgrenzung dieser beiden Zuständigkeitsbereiche – Verwaltungsbehörden einerseits, Polizei andererseits[18]. Er beschränkt die Rolle der Polizei auf die Eilsituationen, nämlich „soweit die Gefahrenabwehr durch die Verwaltungsbehörden nicht oder nicht rechtzeitig möglich erscheint". Man spricht in diesem Zusammenhang vom Subsidiaritätsprinzip, dessen praktische Wirkung in Anbetracht der im Vergleich zu Behörden überlegenen Einsatzmöglichkeiten der Polizei zweifelhaft erscheint.[19] Die eigentlich mit der Aufgabe betraute Verwaltungsbehörde verliert aber auch dann nicht ihre Zuständigkeit – die Polizei tritt zusätzlich in deren Zuständigkeit ein[20]. § 99 SOG macht auch deutlich, dass die Aufgabe der Gefahrenabwehr nicht an die Dienstzeiten der Verwaltungsbehörden geknüpft ist. 12

Gemäß § 1 Abs. 1 S. 3 hat die Polizei auch Straftaten zu verhüten. Die Beschränkung der Polizei auf Eilfälle gilt für diese Aufgabe nicht, da § 1 Abs. 2 S. 1 sich nur auf § 1 Abs. 1 S. 1 nicht aber auf S. 3 der Vorschrift bezieht[21]. Die Regelung schließt aber eine Zuständigkeit von Verwaltungsbehörden nicht aus, so dass ein Verzicht der Polizei auf Erlass eines bestimmten Verwaltungsakts nicht von vornherein verhindert, dass stattdessen die Verwaltungsbehörde eine solche Maßnahme trifft[22]. 13

Insofern deckt sich die alltagssprachliche Bezeichnung des Rechtsgebiets als „Polizeirecht" eigentlich nicht mit der Regelungsstruktur des SOG, da die zentrale Bedeutung der Ordnungsbehörden dabei „unterschlagen" wird. Der Begriff der Verwaltungsbehörden wird wiederum in § 97 SOG näher konkretisiert. Danach sind grundsätzlich die Gemeinden für die Aufgabe der Gefahrenabwehr zuständig. Dies kann durch spezielle Normen abweichend geregelt werden. Abs. 3 enthält dafür eine Verordnungsermächtigung, nach der die Landesregierung die Zuständigkeit auf andere Behörden, insbesondere andere kommunale Ebenen übertragen kann. Dies ist – gerade zugunsten 14

---

[17] Nds. OVG, BeckRS 2010, 50645.
[18] Nds. OVG, NdsVBl. 2010, 179 (180).
[19] Vgl. *Gusy*, NdsVBl. 2013, 57 (59).
[20] Vgl. Nds. OVG, NdsVBl. 2010, 179 (180).
[21] Nds. OVG, NdsVBl. 2009, 237 (238); BeckRS 2010, 50645.
[22] Nds. OVG, NdsVBl. 2009, 237 (238).

der Kreise – in nicht unerheblichem Umfang geschehen.[23] Die Landesregierung kann nach S. 2 der Vorschrift diese Ermächtigung durch Verordnung (vgl. Art. 43 Abs. 2 S. 2 NV) auf das zuständige Ministerium – typischerweise also das für Inneres zuständige Ministerium – weiter übertragen. Eine ähnliche Regelung findet sich in Abs. 4, nach der die Aufgabe durch Verordnung der Landesregierung – oder im Fall des S. 2 des fachlich zuständigen Ministeriums – auch auf Polizeibehörden übertragen werden kann.

15 Gemäß § 87 SOG gibt es zwei zentrale Polizeibehörden für das gesamte Land mit Spezialkompetenzen – die Zentrale Polizeidirektion und das Landeskriminalamt – sowie die regional ausdifferenzierten Polizeidirektionen. Die insgesamt sechs Polizeidirektionen sind in § 90 SOG im Einzelnen genannt. Ihnen sind bestimmte Bezirke zugewiesen, die in Abs. 2 der Vorschrift grundsätzlich nach Landkreisen und kreisfreien Städten gegliedert sind. Die Definition der Bezirke ist schon deshalb von großer Bedeutung, da die örtliche Zuständigkeit nach ihnen abgegrenzt ist.

16 Bei den Gemeinden ist es nicht weiter regelungsbedürftig, dass sie in der Ausübung hoheitlicher Befugnisse auf ihr jeweiliges Gebiet beschränkt sind – das ist eine Selbstverständlichkeit. Dasselbe gilt für die Landkreise, sofern diesen Aufgaben gemäß § 97 Abs. 3 SOG übertragen worden sind. Für die Polizeidirektionen beschreibt der Bezirk gemäß §§ 100, 90 SOG den Bereich der örtlichen Zuständigkeit. Anknüpfungspunkt für die Bestimmung des einschlägigen Bezirks ist dabei grundsätzlich der Ort, an dem die Gefährdung besteht (§ 100 Abs. 1 S. 2 SOG). Eine weitere, daneben stehende Zuständigkeit besteht, wenn die verursachende Person in einem anderen Bezirk „wohnt, sich aufhält oder ihren Sitz" hat (§ 100 Abs. 1 S. 3 SOG). Schon dieses Beispiel zeigt, dass es immer wieder die Notwendigkeit der Kooperation, Koordination und mitunter auch der Lösung von Zuständigkeitskonflikten gibt, was der Gesetzgeber in § 100 Abs. 3 bis 6 SOG näher ausgestaltet hat.

17 Da beide kommunalen Ebenen Gefahrenabwehr nicht als eigene Angelegenheiten, sondern im übertragenen Wirkungskreis betreiben (§ 97 Abs. 6 SOG), stellt sich darüber hinaus die Frage der Fachaufsicht. Gemäß § 98 S. 1 Nr. 1 SOG sind grundsätzlich die Landkreise Aufsichtsbehörde über die kreisangehörigen Gemeinden, es sei denn es handelt sich um große selbstständige Städte (vgl. § 14 Abs. 5 NKomVG). Die Vorschrift bezieht ausdrücklich auch „die Fachministerien" ein. Damit wird zum einen auf die Tatsache Bezug genommen, dass die Aufsicht, die von den Landkreisen ausgeübt wird, ihrerseits wiederum beaufsichtigt wird, nämlich durch das zuständige Ministerium als oberste Aufsichtsbehörde. Zum anderen verweist die Formulierung darauf, dass für bestimmte spezielle Gefahren auch ein anderes Fachministerium als das Innenministerium zuständig sein kann. Für die Landkreise, kreisfreien Städte (vgl. § 14 Abs. 6 NKomVG) sowie Polizei- und sonstige Verwaltungsbehörden sieht § 98 S. 1 Nr. 2 SOG die alleinige Zuständigkeit der Fachministerien vor. Das Innenministerium kann gemäß § 98 S. 2 SOG durch Verordnung seine Zuständigkeit auf andere Behörden übertragen, bleibt aber auch in diesem Fall oberste Aufsichtsbehörde. Eine

---

23 *Wilkens*, NdsVBl. 2013, 63.

außerordentliche sachliche Zuständigkeit besteht unter engen, in § 102 SOG ausgeführten Voraussetzungen. Die §§ 103 f. SOG setzen sich mit der Situation auseinander, dass mitunter Polizeivollzugsbeamte anderer Länder und des Bundes in Niedersachen und umgekehrt niedersächsische Polizeibeamte mitunter außerhalb der Landesgrenzen aktiv werden müssen. Dies ist insbesondere dann der Fall, wenn die Polizei auf Amtshilfe aus anderen Ländern angewiesen ist, um ihre Aufgaben zu erfüllen.

6. Maßnahmen gegen andere Hoheitsträger

Die Polizei- und Ordnungsbehörden haben grundsätzlich keine Befugnis, aufgrund des SOG gegen andere Verwaltungsträger vorzugehen und damit in die Aufgaben dieser Behörden einzugreifen.[24] Davon zu unterscheiden ist die Frage der Zuständigkeit der Gefahrenabwehrbehörden, bei Gefahr im Verzug anstelle der eigentlich zuständigen Behörden tätig zu werden.[25] Demgegenüber ist die sogenannte „materielle Polizeipflicht" auch bei Hoheitsträgern ohne Weiteres anzunehmen, so dass diese grundsätzlich auch Störer i.S.d. § 6 f. SOG sein können.[26]

18

7. Der Einstieg in die Prüfung

Von entscheidender Bedeutung ist, dass dem Gutachten im Bereich des Polizei- und Ordnungsrechts eine sehr klare Struktur zugrunde gelegt wird. Ausgangspunkt für jede Prüfung muss eine strenge Anwendung der lex-specialis-Regel sein. Dabei sind folgende Schritte jedenfalls gedanklich zu gehen:

19

- Die Vorschriften des SOG sind nur anwendbar im Bereich der Gefahrenabwehr sowie bei den der Polizei durch andere Rechtsvorschriften übertragenen Aufgaben (§ 3 Abs. 1 S. 1 SOG).
- Das SOG ist nur anwendbar, wenn keine speziellere Norm die Abwehr der jeweiligen Gefahr regelt (§ 3 Abs. 1 S. 2 SOG). Schon daraus lässt sich – neben den speziellen Anforderungen des Art. 8 GG – herleiten, warum bei der Abwehr von Gefahren, die von Demonstrationen ausgehen, das Versammlungsrecht (siehe dazu unten unter Rn. 131 ff.) eine Anwendung des SOG sperrt (sog. „Polizeifestigkeit" der Versammlung). Generell ist bei der Überprüfung einer Verfügung auf die Anwendung von Ermächtigungsgrundlagen aus dem SOG zu verzichten, wenn die Verfügung bereits vollständig von einer anderen Ermächtigungsgrundlage getragen wird.[27]
- Das SOG kann, wenn eine speziellere Norm keine abschließenden Regelungen bereithält, ergänzend herangezogen werden (§ 3 Abs. 1 S. 3 SOG)[28].
- Innerhalb des SOG ist nur dann auf die polizeiliche Generalklausel des § 11 SOG zurückzugreifen, wenn nicht eine speziellere Norm – insbesondere die sogenannten Standardmaßnahmen – die konkrete Maßnahme regelt, die ergriffen werden soll (§ 11 2. Hs. SOG)[29]. Wenn das OVG davon spricht, dass ein Rückgriff auf § 11

---

[24] Nds. OVG, NdsVBl. 2009, 199 (201); NVwZ 2009, 1050 (1052).
[25] Nds. OVG, NVwZ 2009, 1050 (1052).
[26] Nds. OVG, NVwZ-RR 2006, 397 (398).
[27] Vgl. etwa Nds. OVG, NVwZ-RR 1996, 247 (249).
[28] Vgl. etwa Nds. OVG, NdsVBl. 2009, 347 (348); DVBl. 2010, 909 (910 f.).
[29] Vgl. etwa Nds. OVG, NJW 2006, 391 (393); NVwZ-RR 2006, 613; NdsVBl. 2013, 133 (136).

SOG dann in Betracht komme, wenn die Beeinträchtigung im Vergleich zu den in §§ 12 ff. SOG geregelten Fällen weniger schwerwiegend sei,[30] so wird damit das normsystematische Argument gerade nicht herausgearbeitet. Sofern nämlich Maßnahmen ergriffen werden, die von den Standardmaßnahmen nicht vorgesehen sind, fehlt es schon deswegen an der genannten Sperrwirkung. Erscheint eine bestimmte Vorgehensweise von Polizei und Ordnungsbehörden im Vergleich zu einer ausdrücklich geregelten Standardmaßnahme als „Minusmaßnahme", so ist die Ermächtigungsgrundlage für diese „Minusmaßnahme" dieselbe wie für die Standardmaßnahme. Grundsätzlich ist zwar in Fällen, in denen dadurch eine weniger schwere Beeinträchtigung des Adressaten als bei den in den §§ 12 ff. SOG ausdrücklich genannten Maßnahmen die Folge ist, ein Rückgriff auf die Generalklausel des § 11 SOG möglich.[31] Vorzugswürdig erscheint aber eine Anknüpfung an die ein präziseres Prüfprogramm ermöglichende speziellere Ermächtigungsgrundlage. Mildere Eingriffe sind von der Ermächtigung für die schwerwiegenden selbstverständlich mit umfasst. Das ist schon das Ergebnis der Prüfung der Verhältnismäßigkeit, bei der stets geprüft werden muss, ob mildere, gleich wirksame Mittel zur Verfügung stehen.

III. Polizei- und ordnungsrechtliche Grundbegriffe

20 Das Polizei- und Ordnungsrecht ist – wie praktisch jedes Rechtsgebiet im besonderen Verwaltungsrecht – durch eine eigene Terminologie geprägt. Das Beherrschen dieser Terminologie ist eine Voraussetzung, um Fälle in diesem Rechtsgebiet überzeugend lösen zu können. Die Ausführungen zu diesen Begriffen vor die Darstellung der einzelnen Ermächtigungsgrundlagen zu ziehen, erscheint deswegen sinnvoll, weil sie für verschiedene Regelungen im Bereich des Polizei- und Ordnungsrechts von Bedeutung sind und sich die Argumente nicht auf die Anwendung einzelner von ihnen beschränken lassen. Im Gutachten sind sie aber selbstverständlich als die jeweiligen Tatbestandsvoraussetzungen zu prüfen – also nicht etwa ohne konkreten Normbezug zu prüfen.

1. Öffentliche Sicherheit

21 Die „öffentliche Sicherheit" ist einer der beiden Oberbegriffe für Schutzgüter, auf die sich eine Gefahr beziehen kann. Es ist von entscheidender Bedeutung bei der Subsumtion unter das Tatbestandsmerkmal, zunächst ein konkretes Schutzgut – also nicht nur den Oberbegriff „öffentliche Sicherheit" oder „Ordnung" – zu benennen, um in einem zweiten Schritt präzise das Vorliegen einer Gefahr für dieses zu untersuchen. Dabei kommen drei Arten von Schutzgütern in Betracht: die objektive Rechtsordnung, die Rechte und Rechtsgüter des Einzelnen sowie der Staat und seine Einrichtungen. Sie können nebeneinander angewendet werden. Im Gutachten darf man also nach der Feststellung, dass eines davon berührt ist, nicht abbrechen, sondern muss weiter prüfen, ob möglicherweise weitere Aspekte zusätzliche Schutzgüter einschlägig machen.

---

30 Nds. OVG, NdsVBl. 2013, 133 (137); vgl. auch Nds. OVG, NdsVBl. 2007, 98 (99).
31 Nds. OVG, NdsVBl. 2013, 133 (137).

22 Das Schutzgut der objektiven Rechtsordnung ist in Anbetracht der ausdifferenzierten Rechtsordnung mit hoher Normierungsdichte die praktisch inzwischen relevanteste Variante. Sie umfasst auch die Normen des Straf- und Ordnungswidrigkeitenrechts sowie sonstige Verbotsnormen[32]. Dazu gehören im Übrigen alle verbindlichen, unmittelbar anwendbaren Normen jeder Ebene – handele es sich um Regelungen der Kommune, des Landes, des Bunds oder der EU. Fehlt also in einer Rechtsnorm, die ein bestimmtes Verhalten verbietet, eine Ermächtigungsgrundlage zur Durchsetzung des Verbots, so ermöglicht das Schutzgut der objektiven Rechtsordnung eine Anwendung des SOG,[33] wobei natürlich für einen rechtmäßigen Eingriff noch die weiteren Voraussetzungen der jeweiligen Ermächtigungsgrundlage aus dem SOG vorliegen müssen. Um von einer Gefahr ausgehen zu können, muss der Inhalt der jeweiligen Norm der Rechtsordnung und ihre Bedeutung für den jeweiligen Sachverhalt deutlich erkennbar sein.[34] Das ist ein Gebot, das schon aus dem Bestimmtheitsgrundsatz folgt (dazu Rn. 55).

23 Die Privatrechtsordnung ist selbstverständlich auch ein Teil der objektiven Rechtsordnung. Insofern gibt es auch von der Definition her keinen Anlass, die Einschlägigkeit des Tatbestandsmerkmals der öffentlichen Sicherheit zu verneinen. Zu beachten ist aber, dass gemäß § 1 Abs. 3 SOG die Verwaltungsbehörden und die Polizei grundsätzlich nicht für die Durchsetzung privater Ansprüche zuständig sind. Werden also Rechte geltend gemacht, die aus zivilrechtlichen Anspruchsgrundlagen folgen, so ist eine darauf gerichtete Maßnahme der Verwaltungsbehörden oder der Polizei auf der Grundlage des SOG grundsätzlich formell rechtswidrig. Sofern allerdings die dort geregelte Ausnahme greift – der gerichtliche Schutz ist nicht rechtzeitig zu erlangen und hinzu kommt eine drohende Vereitelung oder wesentliche Erschwerung der Durchsetzung des Rechts –, muss konsequenterweise auch das Schutzgut der objektiven Rechtsordnung und damit die öffentliche Sicherheit berührt sein. In einer behaupteten Gefahrenlage hat jeder, der die Hilfe der Polizei zur Durchsetzung privater Rechte in Anspruch nehmen möchte, glaubhaft zu machen, dass er Inhaber des Rechts ist, während die Polizei eine „überschlägige zivilrechtliche Plausibilitätsprüfung durchführen" muss.[35]

24 Die subjektiven Rechte und Rechtsgüter des Einzelnen überschneiden sich in gewissem Umfang mit der objektiven Rechtsordnung. So sind etwa Grundrechte selbstverständlich Teil der objektiven Rechtsordnung, sie verleihen aber auch subjektive Rechte. Zu beachten ist allerdings, dass diese in erster Linie Abwehrrechte gegen staatliches Handeln sind. Die Grundrechte binden jedenfalls unmittelbar nur staatliche Stellen, nicht aber Private. Das kann auch auf die Frage nach dem Vorliegen einer Gefahr für die öffentliche Sicherheit nicht ohne Einfluss bleiben. Bei Angriffen Privater auf die von den Grundrechten umfassten Schutzbereiche ist die objektive Rechtsordnung nicht in dieser Abwehrdimension berührt. Es stellt sich aber die Frage, ob die Schutzpflichtdi-

---

32 Vgl. etwa Nds. OVG, NdsVBl. 2007, 216.
33 Vgl. etwa Nds. OVG, NdsVBl. 2014, 49 (50).
34 Vgl. Nds. OVG, NdsVBl. 2010, 268 (270).
35 Nds. OVG, NdsVBl. 2009, 23 (25); vgl. auch *Saipa*, Nds. SOG § 1 Rn. 14 (Dezember 2012).

mension einschlägig ist. Dass aus allen Grundrechten Schutzpflichten des Staates hergeleitet werden können, ist allgemein anerkannt. Staatliche Stellen müssen nicht nur eigene Eingriffe nach der im jeweiligen Grundrecht vorgesehenen Schrankensystematik rechtfertigen, sondern grundsätzlich den Grundrechtsträger auch vor Angriffen Dritter auf dieses Grundrecht schützen. Hinsichtlich der Erfüllung dieser Verpflichtung besteht aber ein weiter Spielraum, und es ergibt sich die Notwendigkeit einer sorgfältigen Abwägung mit anderen Belangen. Die rechtmäßige Ausfüllung dieses Spielraums ist eine Frage der Ermessensausübung und muss folglich ausführlich bei der Überprüfung der Rechtsfolge angesprochen werden.

25 Von besonderer Bedeutung sind dabei Konstellationen, in denen auch der Gesundheitsschutz und damit das Recht aus Art. 2 Abs. 2 GG einschließlich der Schutzpflichtdimension eine Rolle spielt. Das Grundrecht aus Art. 2 Abs. 2 GG kann auch als Recht auf Nachtruhe interpretiert werden, wobei die Unzumutbarkeit von Lärm wesentlich vom Charakter des jeweiligen Gebiets abhängt.[36] Bei der Abwehr von Gefahren durch Lärm kann der Anknüpfungspunkt für die Annahme einer Gefahr für die öffentliche Sicherheit auch die objektive Rechtsordnung in Gestalt von § 117 OWiG sein.[37] Unfreiwillige Obdachlosigkeit ist als Störung der öffentlichen Sicherheit anerkannt, schon die drohende unfreiwillige Obdachlosigkeit stellt eine Gefahr dar[38]. Das Nds. OVG hält auch die Vergabe von Hausnummern auf der Grundlage des § 11 SOG für zulässig und argumentiert dabei mit ansonsten drohenden Verzögerungen beim Einsatz von Rettungskräften[39].

26 Auch das Schutzgut des Staates und seiner Einrichtungen hat heute nur noch eine untergeordnete Bedeutung. Vorrangig zu prüfen ist die Einschlägigkeit der öffentlichen Rechtsordnung.[40] Es greift jedenfalls dann, wenn der Staat an seiner Aufgabenwahrnehmung gehindert wird. Gefahren für den Staat selbst können schon weit im Vorfeld einer konkreten Gefahr für die Handlungsfähigkeit staatlicher Stellen abgewehrt werden, wenn man auf die entsprechenden Staatsschutzdelikte des StGB und ihre mögliche Verwirklichung abstellt. In diesen Fällen einer strafrechtlichen Normierung von Handlungen im Vorfeld einer konkreten Gefahr für den Staat und seine Einrichtungen greift also das Schutzgut der objektiven Rechtsordnung schon deutlich davor. Damit ist aber natürlich nicht gesagt, dass ein Abstellen auf dieses Schutzgut unmöglich geworden wäre. Überhaupt ist darauf hinzuweisen, dass stets auf alle in Betracht kommenden Gefahren für die unterschiedlichen Schutzgüter einzugehen ist, da das Ergebnis der Rechtmäßigkeitsprüfung durchaus unterschiedlich sein kann, je nachdem auf welchen Zweck der Maßnahme abgestellt wird.

---

36 Nds. OVG, NdsVBl. 2013, 68 (70); vgl. auch Hess. VGH, LKRZ 2014, 289 f.
37 Nds. OVG, NdsVBl. 2014, 49 (50).
38 Nds. OVG, NJW 2010, 1094 (1095); vgl. auch Nds. OVG, NVwZ 1992, 502 f.; Nds. OVG, NVwZ-RR 2004, 777 (778).
39 Nds. OVG, NdsVBl. 2010, 304 (305).
40 *Pieroth/Schlink/Kniesel*, POR, § 8, Rn. 36.

2. Öffentliche Ordnung

Mit dem Tatbestandsmerkmal der öffentlichen Ordnung nimmt das Gesetz auf ungeschriebene, in der Gesellschaft wurzelnde Normen Bezug, wobei es sich um nach der Anschauung der Mehrheit für ein gedeihliches Zusammenleben unentbehrliche Regeln handeln muss.[41] Das Tatbestandsmerkmal war in Niedersachsen zeitweise abgeschafft, ist aber im Jahr 2003 wieder eingeführt worden.[42] Bis heute ist seine Nützlichkeit bzw. die Erforderlichkeit, es im Gesetz vorzusehen, hochgradig umstritten[43]. Das Nds. OVG schließt aus der Tatsache, dass im Jahr 2003 die öffentliche Ordnung als Schutzgut in das SOG wieder aufgenommen, in der NBauO aber keine Wiedereinführung erfolgte, auf die Absicht des Gesetzgebers, „die Bauaufsichtsbehörden (…) nicht auch noch mit ‚erzieherischen' Aufgaben zu belasten"[44]. Der Umkehrschluss, dass Polizei und Verwaltungsbehörden vom SOG den Auftrag zu erzieherischem Wirken übertragen bekommen habe, ist aber sicherlich nicht zulässig. Auch die öffentliche Ordnung ist ein Tatbestandsmerkmal, unter das subsumiert werden kann, ohne dass auf solche negativen Rollenbeschreibungen zurückgegriffen werden müsste. Das Bundesverfassungsgericht sieht es als für den Begriff „kennzeichnend" an, „dass er auf ungeschriebene Regeln verweist, deren Befolgung nach den jeweils herrschenden und mit dem Wertgehalt des Grundgesetzes zu vereinbarenden sozialen und ethischen Anschauungen als unerlässliche Voraussetzung eines geordneten menschlichen Zusammenlebens innerhalb eines bestimmten Gebiets angesehen wird"[45].

Die praktische Bedeutung ist durch die Tatsache eingeschränkt, dass viele als unliebsam oder unerwünscht empfundene Verhaltensweisen ohnehin ausdrücklich verboten worden sind und folglich auf das Tatbestandsmerkmal nicht zurückgegriffen werden muss.[46] Sie dürfte ganz wesentlich Vorgänge mit (rechts-)radikalem Hintergrund betreffen, bei denen kein klarer Verstoß gegen eine bestimmte Rechtsvorschrift vorliegt, aber eine hinter dem offen Ausgesprochenen oder dem Dargestellten stehende Aussage zu vermuten ist, die als eine unerträgliche Provokation angesehen wird. Dabei geht es insbesondere um den Schutz bestimmter Minderheiten, die sich durch diese Subtexte angegriffen oder bedroht fühlen dürften. An der Verfassungskonformität des Merkmals im Bereich des SOG dürften vor diesem Hintergrund keine Zweifel bestehen.[47] Das Schutzgut der öffentlichen Ordnung ist aber subsidiär: Ein Rückgriff darauf und damit auf ungeschriebene Regeln ist zweifellos dann unzulässig, wenn gesetzliche, für einen bestimmten Regelungsbereich abschließende Vorgaben bestehen.[48]

3. Gefahrbegriffe

Maßstab für die Beurteilung, ob ein die Tatbestandsvoraussetzungen erfüllender Sachverhalt vorliegt, ist eine hypothetische Prognose, die auf der Grundlage des zum Zeit-

---

41 Siehe statt vieler *Pieroth/Schlink/Kniesel*, POR, § 8, Rn. 46 f.
42 *Ipsen*, Nds. POR, Rn. 113.
43 Vgl. *Gusy*, POR, Rn. 99 f.
44 Nds. OVG, NdsVBl. 2010, 268 (270).
45 BVerfGE 111, 147 (156); vgl. auch BVerfGE 69, 315 (352).
46 *Ipsen*, Nds. POR, Rn. 116.
47 Vgl. BVerfGE 69, 315 (352); 111, 147 (156 f.).
48 Nds. OVG, NordÖR 2010, 82, (83).

punkt des Einschreitens bekannten Tatsachenwissens „aus Sicht eines objektiven, besonnenen Amtswalters" zu erfolgen hat.[49] Sollte sich die in dieser Situation getroffene Prognose folglich nicht verwirklichen, obwohl die entsprechenden Anzeichen aus der so beschriebenen Sicht vorlagen, so ändert sich nach dieser Definition nichts am Vorliegen einer Gefahr.[50] Der traditionell dafür verwendete Begriff der „Anscheinsgefahr" ist insofern irreführend: Die „Anscheinsgefahr" ist eine gewöhnliche Gefahr, die selbstverständlich die Voraussetzungen des entsprechenden Tatbestandsmerkmals erfüllt.[51] Dass sich die Annahme einer hinreichenden Wahrscheinlichkeit eines Schadenseintritts ex post als falsch herausstellt, ändert nichts daran, dass sie aus der ex ante-Perspektive durchaus sachgerecht und damit die Subsumtion der Polizei oder Ordnungsbehörde rechtmäßig gewesen sein kann. Liegen die Voraussetzungen demgegenüber auch aus der ex ante-Perspektive nicht vor, so besteht keine Gefahr im Sinne des Polizei- und Ordnungsrechts, so dass die mitunter zu findende Formulierung, es handele sich um eine „Scheingefahr" oder auch „Putativgefahr", ebenfalls irreführend ist und folglich ein Gebrauch der Begrifflichkeit nicht empfehlenswert ist.[52]

30 Die Gefahrenbegriffe sind in Niedersachsen klar definiert, namentlich in § 2 SOG. Die Gefahr muss stets für ein bestimmtes Schutzgut untersucht werden. Ist ohne weitere Qualifikation schlicht von „Gefahr" die Rede, so muss eine konkrete Gefahr im Sinne des § 2 Nr. 1 lit. a) SOG vorliegen. Im Wesentlichen gibt es dabei zwei Variablen: einerseits die Schwere des zu erwartenden Schadens, andererseits die Nähe oder die Wahrscheinlichkeit seines Eintritts. Bei den in lit. b) und c) vorgesehenen Qualifikationen wird an diese beiden Aspekte angeknüpft: die gegenwärtige Gefahr liegt bei einer besonderen zeitlichen Nähe vor, die Erheblichkeit wird an der Wertigkeit des jeweiligen Rechtsguts und damit an der Schwere des zu erwartenden Schadens festgemacht. Eine weitere Beschränkung auf bestimmte Rechtsgüter liegt vor, wenn gemäß lit. d) von einer Gefahr für Leib oder Leben die Rede ist. Das Gesetz ermöglicht darüber hinaus die Anknüpfung an bestimmte in § 2 Nr. 10 und 11 SOG ausdrücklich aufgeführte Straftatbestände, namentlich Straftaten von erheblicher Bedeutung (z.B. § 13 Abs. 1 Nr. 2 a), § 14 Abs. 1 Nr. 1, 34 Abs. 1 Nr. 2 SOG) sowie besonders schwerwiegende Straftaten (vgl. § 35 a Abs. 1 S. 1 Nr. 2, § 39 Abs. 2 S. 2 SOG).

31 Der Begriff der abstrakten Gefahr, der in Nr. 2 legaldefiniert ist, beschreibt demgegenüber eine andere Konstellation. Es wäre falsch, darin lediglich ein Minus der Schadensnähe zu sehen. Verständlich wird der Unterschied, wenn man sich die Konstellation vergegenwärtigt, in der dieses Tatbestandsmerkmal zum Tragen kommt: Das Vorliegen einer abstrakten Gefahr ist gemäß § 55 SOG die Voraussetzung, um eine Verordnung zur Gefahrenabwehr erlassen zu können (vgl. Rn. 123). Entscheidend ist also, dass ein Normgeber sich abstrakt-generell mit einer Gefahrensituation auseinandersetzen muss: „Die abstrakte Gefahr unterscheidet sich von der konkreten Gefahr nicht durch den Grad der Wahrscheinlichkeit des Schadenseintritts, sondern durch

---

[49] Nds. OVG, NVwZ-RR 2006, 613; NdsVBl. 2006, 19 (20).
[50] Nds. OVG, NdsVBl. 2012, 117.
[51] Vgl. statt vieler *Kugelmann*, POR, S. 102 f.
[52] *Kugelmann*, POR, S. 107.

den Bezugspunkt der Gefahrenprognose"[53]. Auch eine abstrakte Gefahr kann also nur dann abgewehrt werden, wenn sie, sollte sie sich verwirklichen, auch die Voraussetzungen einer konkreten Gefahr erfüllen würde.[54] Was fast wie ein Wortspiel klingt, ist Ausdruck der unterschiedlichen Betrachtungsweisen, die die Behörden bei der abstrakten Überlegung einerseits und der Gefahrenabwehrmaßnahme im konkreten Fall andererseits anzustellen haben.[55] Freiheitsbeschränkungen dürfen im Verordnungsweg nicht auf der Grundlage eines bloßen Verdachts vorgenommen werden.[56] Gemäß § 2 Nr. 2 SOG können sich die Erkenntnisse, die Grundlage für die Annahme einer abstrakten Gefahr sind, aus Expertenwissen, aber auch aus allgemeiner Lebenserfahrung speisen.[57]

Bei der Subsumtion unter die verschiedenen Gefahrenbegriffe helfen einige Argumente, die sich nicht unmittelbar aus dem Gesetz ergeben, die sich aber aus seinem Sinn und Zweck und auch dem verfassungsrechtlichen Rahmen herleiten lassen: 32

- Je größer der zu erwartende Schaden und je höherwertiger die betroffenen Schutzgüter, desto geringer muss die Wahrscheinlichkeit des Schadenseintritts sein, um von einer Gefahr ausgehen zu können.[58] Dies ist ein zentrales Argument, wenn es um die Rechtfertigung von Eingriffen geht, obwohl der Eintritt des eigentlichen Schadens zeitlich noch um Einiges entfernt ist.
- Neben dem drohenden Schaden ist bei der Frage nach der erforderlichen zeitlichen Nähe und dem erforderlichen Wahrscheinlichkeitsgrad auch auf die Intensität des Eingriffs abzustellen, der auf Grundlage der jeweiligen Ermächtigungsgrundlage erfolgen soll.[59]

Liegt eine noch andauernde Störung vor, so steht damit das Vorliegen einer gegenwärtigen Gefahr bereits fest.[60]

Als Gefahrenverdacht bezeichnet man eine Situation, in der aufgrund einer nicht hinreichenden Beurteilungsgrundlage noch nicht eindeutig ist, ob eine Gefahrenlage besteht. Es ist anerkannt, dass in solchen Situation eingreifende Maßnahmen schon zulässig sind – also eine Gefahr im Sinne des Polizei- und Ordnungsrechts vorliegt – diese aus Gründen der Verhältnismäßigkeit aber auf solche Maßnahmen beschränkt sind, die der weiteren Aufklärung („Gefahrenerforschung") dienen.[61] Für die Prüfung bedeutet das, dass man zunächst durchaus Zweifel am Vorliegen einer Gefahr im von der Ermächtigungsgrundlage vorgesehen Sinn äußern sollte, dann aber auf die Erweiterung unter dem Gesichtspunkt des Gefahrenverdachts abstellen kann. Zu beachten ist dabei, dass die Rechtsfigur ausschließlich für den Fall von bestehenden Zweifeln hinsichtlich des Sachverhalts entwickelt worden ist. Sie bringt keine sonstigen Abstri- 33

---

53 BVerwGE 116, 347 (351).
54 *Ipsen*, Nds. POR, Rn. 138.
55 Nds. OVG, NdsVBl. 2014, 205 (206).
56 BVerwGE 116, 347 (353).
57 Vgl. auch Nds. OVG, NdsVBl. 2013, 68 (69).
58 Vgl. BVerwGE 116, 347 (356); Nds.OVG, NdsVBl. 2010, 304 (305); NdsVBl. 2013, 68 (70); NdsVBl. 2014, 205 (206).
59 Nds OVG, NVwZ-RR 2009, 954 (955).
60 So mit Blick auf die gegenwärtige Gefahr Nds OVG, NVwZ-RR 2009, 954 (955).
61 Nds. OVG, NdsVBl. 2009, 199 (200); NVwZ 2009, 1050 (1051).

che bei den Eingriffsvoraussetzungen mit sich. Die von der Polizei oder den Verwaltungsbehörden vermutete, aber hinsichtlich ihres Vorliegens noch unsichere Sachlage muss uneingeschränkt die Voraussetzungen des Gefahrenbegriffs erfüllen. Bei der Prüfung der Rechtsfolge ist auf die eingeschränkte Funktion der auf dieser Grundlage erfolgenden Eingriffe abzustellen. In vielen Vorschriften ist der Gefahrenverdacht ausdrücklich geregelt, wenn nämlich die Ermächtigungsgrundlagen es ausreichend sein lassen, dass „Tatsachen die Annahme" des Vorliegens einer bestimmten Situation (vgl. etwa §§ 13 Abs. 1 Nr. 2, 14 Abs. 1 und 3, 17 Abs. 4, 22 Abs. 1 Nr. 2 sowie Abs. 4, 23 Abs. 1 Nr. 2 SOG) rechtfertigen.[62] Auch beim Kampf gegen gefährliche Hunde wird an die bloß mögliche Gefahr angeknüpft.[63]

4. Polizeiliche Verantwortlichkeit

34 Das SOG geht im Grundsatz davon aus, dass Maßnahmen gegen den polizeilich Verantwortlichen i.S.d. §§ 6 f. SOG zu richten sind. Ausnahmen davon müssen sich eindeutig aus der jeweiligen Ermächtigungsgrundlage ergeben (vgl. § 9 SOG), auch wenn in der gesetzgeberischen Praxis tatsächlich ein gewisser Trend zum Verzicht auf das Erfordernis der Verantwortlichkeit zu bemerken ist. Jedenfalls bei der Anwendung der polizeilichen Generalklausel ist aber darauf abzustellen. Die Verantwortlichkeit knüpft entweder an ein die Gefahr verursachendes Verhalten (sog. Verhaltensstörer gem. § 6 SOG) oder das Innehaben von tatsächlicher Gewalt oder der Eigentümerposition an einer Sache, von der eine Gefahr ausgeht (sog. Zustandsstörer gem. § 7 SOG) an. Die Frage, wann eine Person eine bestimmte Gefahr verursacht, erfordert eine rechtliche Bewertung. Auf das Vorliegen oder Nichtvorliegen von Verschulden kommt es bei der Begründung der Verantwortlichkeit dagegen nicht an.[64]

a) Verhaltensverantwortlichkeit

35 Im Ausgangspunkt ist bei der Frage nach der Verhaltensverantwortlichkeit unter den Begriff der Verursachung zu subsumieren: Der Verursacher ist auch der Verantwortliche. Dabei ergibt sich das auch aus dem Straf- und Zivilrecht bekannte Problem, aus der Vielzahl derjenigen Ursachen diejenigen herauszufiltern, die als rechtlich relevant anzusehen sind. Beim Polizei- und Ordnungsrecht ist aber zu berücksichtigen, dass es zwar um Eingriffe in die grundrechtlich geschützten Rechtspositionen des Betroffenen geht, die natürlich auch nicht mehr oder weniger beliebig angewendet werden dürfen, andererseits aber das Ziel die effektive Gefahrenabwehr ist. Insofern sind Überlegungen zur Frage der „Schuld" oder Ähnlichem völlig fehl am Platz. Im Wesentlichen kann man davon ausgehen, dass gegen die Personen Maßnahmen getroffen werden dürfen, die unmittelbar die Gefahr verursacht haben („Theorie der unmittelbaren Verursachung").[65] Dabei ist, wenn mehrere Personen an der Herbeiführung der Gefahr beteiligt sind, eine Bewertung vorzunehmen, durch wen die Schwelle zur Gefahr überschritten wurde.[66] Ein Abstellen auf die Frage der Rechtswidrigkeit („Theorie der

---

[62] Vgl. *Pieroth/Schlink/Kniesel*, POR, § 4, Rn. 52.
[63] Vgl. Nds. OVG, NdsVBl. 2012, 190 (191).
[64] Nds. OVG, NJW 2010, 1094 (1095).
[65] Nds. OVG, NVwZ 2009, 1050 (1052); *Saipa*, Nds. SOG, Vorbem. §§ 6–8, Rn. 3 (Oktober 2014).
[66] Nds. OVG, NdsVBl. 2013, 68 (70).

Rechtswidrigkeit der Verursachung") erscheint nicht angebracht, da im Polizeirecht die Möglichkeit bestehen muss, alle Arten von Gefahren wirksam abzuwehren, so dass das Abstellen auf einen Verbotstatbestand einen nicht hinreichend präzisen Anknüpfungspunkt bietet.

Eine Ausweitung durch die Norm selbst erfolgt mit Blick auf Minderjährige unter 14 Jahren sowie unter Betreuung stehende Personen sowie im Fall des Bestellens von Personen zu einer Verrichtung (§ 6 Abs. 2 und 3 SOG). Eine nicht ausdrücklich im Gesetz beschriebene Ausweitung der Verantwortlichkeit bildet die in der Praxis nur in recht seltenen Fällen angewendete Rechtsfigur des Zweckveranlassers. Sie ermöglicht es, gegen eine Person als Verantwortlichen vorzugehen, auch wenn die Gefahrenschwelle eigentlich erst überschritten wird, wenn weitere Elemente hinzutreten. Der inzwischen klassische Lehrbuchfall betrifft das sogenannte Borkum-Lied. Dieser wurde vom Preußischen OVG – wenn auch nicht im hier dargelegten Sinn – entschieden[67]: Immer wenn eine Kapelle eine bestimmte Melodie spielt, singen die Zuhörer einen antisemitischen Text. Ein Einschreiten gegen sämtliche Personen, die das Lied mitsingen, wäre sehr umständlich und würde möglicherweise auch die Gefahr nicht effektiv abwehren, da ihre Zahl zu groß und die Situation möglicherweise auch zu unübersichtlich ist. Daher müssen Maßnahmen, um effektiv zu sein, gegen die Kapelle gerichtet werden. Zu überlegen ist eine solche Art von Verantwortlichkeit heutzutage etwa in den Konstellationen, in denen über soziale Netzwerke zu Zusammenkünften eingeladen wird, bei denen es dann zu einer konkreten Gefahr kommt.[68] Gelangt die Rechtsfigur zur Anwendung, so kann statt gegen etwaige Randalierer oder sonst für eine konkrete Störung Verantwortliche auch gegen den Einladenden vorgegangen werden.

36

Die Möglichkeit der Inanspruchnahme des Zweckstörers ist unter Umständen für die Effektivität der Gefahrenabwehr von großer Bedeutung. Fraglich ist in diesen Konstellationen allerdings schon, ob die betreffende Person den Schadenseintritt subjektiv wollen oder in Kauf nehmen, den Zweck also bewusst veranlassen muss. Das erscheint aber in Anbetracht der in der Regel eilbedürftigen Entscheidung der Polizei kaum handhabbar, da eine Motivationsforschung in diesem Sinn in der Regel nicht in Betracht kommen dürfte. Insofern kommt man um eine „objektive" Betrachtung in der konkreten Gefahrenabwehrsituation nicht herum. Im Ergebnis führt das allerdings zu einer Situation, in der Verwaltungsbehörden und Polizei eine Bewertung eines völlig legalen Verhaltens vornehmen, welche die Rechtsposition des jeweiligen Adressaten der Maßnahme sehr verschlechtert.[69] Insbesondere geht damit eine Ausweitung der Störerverantwortlichkeit auf Fälle einher, in denen ansonsten über eine Inanspruchnahme als Nichtstörer geprüft werden müsste, was für den jeweiligen Betroffenen wesentlich günstiger wäre.[70] Dabei ist auch zu beachten, dass bei Störern grundsätzlich eine Kostenpflicht im Raum steht, während im Fall der Inanspruchnahme von Nichtstörern diese auf eine Entschädigung hoffen können (siehe Rn. 60 ff., 126 ff.). Vor die-

37

---

67 PrOVGE 80, 176.
68 Vgl. dazu *Levin/Schwarz*, DVBl. 2012, 10 (16); *Söllner/Wecker*, ZRP 2011, 179 (181).
69 *Pieroth/Schlink/Kniesel*, POR, § 9, Rn. 31.
70 *Pieroth/Schlink/Kniesel*, POR, § 9, Rn. 31.

sem Hintergrund muss die Rechtsfigur des Zweckveranlassers sehr kritisch gesehen und im Gutachten entsprechend problematisiert werden.

b) Zustandsverantwortlichkeit

38 Die Normen zur Zustandsverantwortlichkeit bestätigen zunächst die Aussage, dass es dem Polizeirecht nicht um die Sanktionierung von Verschulden geht, sondern um eine möglichst effektive Gefahrenabwehr. Gemäß § 7 Abs. 1 SOG sind polizei- und ordnungsrechtliche Maßnahmen gegen den Inhaber der tatsächlichen Gewalt an der Sache anzuwenden, von der die Gefahr ausgeht. Der Begriff der Sache umfasst dabei bewegliche wie auch unbewegliche Gegenstände. Zustandsstörer ist nach Abs. 2 der Vorschrift auch der Eigentümer oder sonst Berechtigte. Das ist vor allem deswegen von Bedeutung, da bei Sachen möglicherweise nicht immer ein Inhaber der tatsächlichen Gewalt feststellbar ist, so dass der Rückgriff auf den Eigentümer die sichere Variante sein kann. Dies ist in den Fällen nicht hinnehmbar, wenn die tatsächliche Gewalt über die Sache ohne den Willen des Eigentümers ausgeübt wird, so dass Abs. 2 für diesen Fall eine Ausnahme von der Zustandsstörereigenschaft macht. Wird also etwa eine Sache gestohlen, so können Maßnahmen nicht gegen den Eigentümer gerichtet werden.

39 Andererseits kann sich, wie Abs. 3 klarstellt, der Eigentümer seiner Verpflichtung nicht dadurch entziehen, dass er das Eigentum an der Sache aufgibt und so die Abwehr einer Gefahr der Allgemeinheit überlässt.[71] Das ist schon deswegen von großer Bedeutung, weil mit dem Vorliegen bzw. Nichtvorliegen der Störereigenschaft erhebliche finanzielle Folgen verbunden sein können (vgl. Rn. 60 ff.; 126 ff.). Während der Notstandspflichtige für sein „Sonderopfer" eine Entschädigung verlangen kann (vgl. § 80 Abs. 1 SOG), muss der Zustandspflichtige den Anordnungen auf eigene Kosten Folge leisten. Umgekehrt geht die durch Verwaltungsakt konkretisierte Zustandsverantwortlichkeit auch auf einen neuen Eigentümer oder Inhaber der tatsächlichen Gewalt über.[72] Ist dieser Verwaltungsakt bestandskräftig geworden, so kann ihn ein neuer Eigentümer nicht angreifen – die Frist zur Erhebung von Widerspruch und Anfechtungsklage beginnt also nicht neu zu laufen.[73]

40 Die Zustandsstörerhaftung kann für die Eigentümer von Sachen zu einer ganz erheblichen Belastung werden. Das gilt insbesondere in den Fällen, in denen ein Grundstück durch Schadstoffe kontaminiert ist, die ein früherer Eigentümer dort ausgebracht hat. Stellt sich eine solche Belastung mit Schadstoffen heraus, verliert das Grundstück massiv an Wert. Muss der Eigentümer unter diesen Umständen auch noch für die Sanierung aufkommen, so führt das leicht in die Privatinsolvenz. Das Bundesverfassungsgericht hat vor diesem Hintergrund die Reichweite der Zustandsstörerhaftung wesentlich eingeschränkt.[74] Die dabei aufgestellten Kriterien für die Rechtmäßigkeit der Inanspruchnahme werden selbstverständlich auch vom OVG in seiner Auslegung des § 7 SOG zur Geltung gebracht.[75] Ins Verhältnis gesetzt wird dabei der Verkehrswert des

---

71 Nds. OVG, NdsVBl. 2012, 117 (118).
72 Nds. OVG, NdsVBl. 2013, 351 (352).
73 Nds. OVG, NdsVBl. 2013, 351 (352).
74 BVerfGE 102, 1.
75 Nds. OVG, NVwZ-RR 2006, 397.

Grundstücks nach einer etwaigen Sanierungsmaßnahme zu den Kosten der Sanierungsmaßnahme.[76] Übersteigen die Kosten die Vorteile der zukünftigen Nutzung, so kann die Inanspruchnahme ebenso als unverhältnismäßig angesehen werden, wie wenn es dem Betroffenen aufgrund der finanziellen Belastung nicht mehr möglich ist, das Grundstück weiterhin im Eigentum zu behalten.[77] Die Grenzen der Zumutbarkeit werden umgekehrt erweitert, wenn bewusst eine Gefahr in Kauf genommen wurde, die sich dann später auch tatsächlich verwirklicht und den Sanierungsbedarf entstehen lässt.[78] Dem Adressaten einer Verfügung, mit der ihm als Eigentümer eines Grundstücks dessen Sanierung aufgegeben wird, muss daher die Möglichkeit gegeben werden, Rechtsschutz auch gegen die Kostenentscheidung zu erhalten.[79]

Darüber hinaus wird in § 7 SOG der Begriff der Zustandsverantwortlichkeit ausdrücklich auf Tiere ausgeweitet. Die Formulierung ist eine Folge der Tatsache, dass Tiere heutzutage nicht mehr als Sachen angesehen werden, auch wenn nach § 90 a S. 3 BGB die Vorschriften über Sachen grundsätzlich weiterhin auf sie anzuwenden sind. Dabei ist zu beachten, dass für Gefahren, die von gefährlichen Hunden ausgehen, vorrangig auf das Niedersächsische Gesetz über das Halten von Hunden (NHundG)[80] einzugehen ist, das in § 17 Abs. 4 auch eine Ermächtigungsgrundlage zur Durchsetzung der Verpflichtungen aus dem Gesetz umfasst. Das SOG ist nur anwendbar, wenn die Gefahrenlage nicht abschließend in einem anderen Gesetz geregelt ist. § 17 Abs. 5 NHundG macht aber deutlich, dass die Ermächtigung zum Erlass von Verordnungen nach § 55 SOG unberührt bleiben soll. Diese Vorschrift setzt aber selbstverständlich nicht die Regelungen für die Anwendbarkeit des SOG außer Kraft. Schon aus dem Grundsatz des Vorrangs des Gesetzes folgt, dass solche Verordnungen nicht gegen höherrangiges Recht und damit auch nicht gegen das NHundG verstoßen dürfen.

41

c) Notstandspflicht

§ 8 SOG macht die Zulässigkeit einer Inanspruchnahme des Nichtstörers von verschiedenen, insgesamt sehr engen Voraussetzungen abhängig, die kumulativ vorliegen müssen. Eine absolute Grenze bildet zunächst die Notwendigkeit des Vorliegens einer gegenwärtigen erheblichen Gefahr. Die Begriffe sind in § 2 Nr. 1 lit. b) und c) SOG legaldefiniert (vgl. auch unter 29 ff.). Im Ergebnis lässt sich sagen, dass jedenfalls eine besondere zeitliche Nähe und eine besondere Schwere des drohenden Schadens erforderlich sind. § 8 Abs. 1 Nr. 2 SOG macht deutlich, dass die Inanspruchnahme des Störers absoluten Vorrang haben muss. Die Ausnahmen sind sehr eng – letztlich handelt es sich um die Unmöglichkeit, gegen diesen vorzugehen, sei diese absolut oder lediglich eine Frage des rechtzeitigen Eingreifens. Außerdem besteht gemäß Nr. 3 eine Subsidiarität gegenüber der eigenen Gefahrenabwehr seitens der Polizei. Nr. 4 nimmt schließlich das Ausmaß des zu erbringenden „Opfers" in den Blick. Dieses „Sonderopfer", das der Notstandspflichtige zu erbringen hat, ist auch der Grund, warum ge-

42

---

76 BVerfGE 102, 1 (20).
77 BVerfGE 102, 1 (21).
78 BVerfGE 102, 1 (21 f.).
79 BVerfGE 102, 1 (24).
80 Nds. GVBl. 2011, 130, 184.

mäß § 80 Abs. 1 SOG – dem Gedanken der Aufopferung und des aufopferungsgleichen Eingriffs folgend – der Notstandspflichtige einen angemessenen Ausgleich für die Inanspruchnahme erhält.[81]

43 Bei der Einweisung eines von Obdachlosigkeit Bedrohten in seine bisherige Wohnung wird der Eigentümer der Wohnung als Notstandspflichtiger in Anspruch genommen, so dass eine solche Einweisung nur unter den Voraussetzungen des § 8 SOG zulässig ist[82]. § 8 SOG erlaubt allerdings kein Vorgehen gegen einen Nichtstörer mit der Argumentation, dass ein für sich genommen „ungefährliches" Handeln einen Nachahmungseffekt nach sich ziehen könnte, so dass zukünftig mit haltlosen Zuständen zu rechnen und folglich aus generalpräventiven Gründen gegen einen Nichtstörer vorzugehen sei[83]. Zwar ist die Sorge, dass ein bestimmtes Verhalten „Schule machen" könnte, praktisch durchaus verständlich, eine Ausweitung polizei- und ordnungsrechtlicher Eingriffsbefugnisse darf damit aber nicht einhergehen.

d) Grundfragen der Störerauswahl

44 Zu den Fragen, die im Rahmen der Ermessensprüfung (dazu sogleich Rn. 46 ff.) gestellt werden müssen, gehört auch die nach der richtigen Störerauswahl. Allerdings ergeben sich hier Überschneidungen mit den Tatbestandsvoraussetzungen des § 8 SOG. Grundsätzlich ist denkbar, dass eine Gefahr von mehr als einer Person abgewehrt werden kann. Die zuständigen Behörden und die Polizei müssen dann eine Entscheidung darüber treffen, gegen wen sie vorgehen. Für diese Entscheidung gelten einige wenige Regeln, die in jedem Fall anzuwenden sind. Zunächst ist klarzustellen, dass die Person, gegen die sich die Maßnahme richtet bzw. richten soll, überhaupt als Störer anzusehen ist. Gibt es einen Störer, von dem die Gefahrenabwehr verlangt werden kann, so schließt dies einen Rückgriff auf den Notstandspflichtigen aus, wie § 8 SOG deutlich macht. In diesem Fall gibt es für die Frage der Auswahl also bereits einen Anknüpfungspunkt auf der Tatbestandsseite, so dass dies nicht erst bei der Ermessens(über)prüfung anzusprechen ist.

45 In vielen Situationen würde das Gerechtigkeitsgefühl es als naheliegend erscheinen lassen, auf denjenigen zuzugreifen, der durch aktives Tun eine Gefahr geschaffen hat, also auf den Handlungs- eher als auf den Zustandsstörer. Ein solcher genereller Vorrang existiert allerdings nicht. Im Polizei- und Ordnungsrecht ist die Effektivität der Gefahrenabwehr eine zulässige, ja die zentrale Erwägung.[84] Stellt die Behörde bzw. die Polizei also darauf ab, dass eine Inanspruchnahme des Zustandsstörers eine effektivere Gefahrenabwehr erwarten lässt als die des Handlungsstörers – was in Anbetracht des Anknüpfungspunkts des oft nicht mobilen Eigentums oftmals der Fall sein dürfte –, so stellt dies eine völlig legitime Überlegung und damit keinen Ermessensfehler dar. Das Bundesverfassungsgericht hat allerdings in Anwendung des Art. 14 Abs. 1 GG und insbesondere des Grundsatzes der Verhältnismäßigkeit Grenzen der Inanspruchnahme des Zustandsverantwortlichen entwickelt (oben Rn. 40).

---

81 Vgl. *Götz*, Allg. POR, § 15, Rn. 4.
82 Nds. OVG, NJW 2010, 1094 (1095).
83 Nds. OVG, NordÖR 2010, 82 (82 f.).
84 *Götz*, Allg. POR, § 9, Rn. 87; *Gusy*, POR, Rn. 369 f.

5. Ermessen

Während in vielen Bereichen des besonderen Polizei- und Ordnungsrechts mitunter gebundene Entscheidungen der Behörden vorgesehen sind, gibt es im Polizeirecht klassischerweise Befugnisnormen, die der Polizei oder sonstigen ermächtigten Behörden Ermessen einräumen. Dies ist letztlich schon ein Ergebnis der faktischen Beschränkungen, denen der Gesetzgeber unterliegt. Er kann unmöglich alle Gefahrensituationen voraussehen und sich dann auch noch die jeweils eine richtige Maßnahme dazu vorab ausdenken. Schon deswegen ist den Verwaltungsbehörden und der Polizei ein Spielraum zuzugestehen, innerhalb dessen sie handeln können. Gleichzeitig muss dieser Spielraum schon aus rechtsstaatlichen Gründen in einer akzeptablen Weise eingeschränkt werden. Dem Spielraum ist also, wenn man so will, ein Rahmen zu setzen.

46

Die Gestaltung dieses Rahmens geschieht in erster Linie durch die Tatbestandsvoraussetzungen. Deren Vorliegen ist voll gerichtlich überprüfbar – und zwar selbstverständlich auch insoweit, als in der Ermächtigungsgrundlage unbestimmte Rechtsbegriffe vorkommen. Dies lässt sich aus Art. 19 Abs. 4 GG herleiten. Spielräume der Polizei und der Behörden sind folglich auf die Rechtsfolgenseite beschränkt. Die gerichtliche Überprüfung erfolgt hier also ausschließlich in der Weise, dass das Gericht untersucht, ob Ermessensfehler vorliegen.[85] Auch die auf diese Weise mit Spielräumen ausgestattete Verwaltung – oder ggf. die Polizei – ist insofern gebunden, als sie keine Ermessensfehler machen darf. Ein „freies" Ermessen gibt es in diesem Sinne nicht. § 5 Abs. 1 SOG bringt das zum Ausdruck, indem er verlangt, dass die Entscheidung nach pflichtgemäßem Ermessen getroffen wird – was allerdings ohnehin eine Selbstverständlichkeit darstellt.

47

a) Ermessensfehler

Für die Ermessensausübung im Bereich des Polizei- und Ordnungsrechts gelten die allgemeinen Anforderungen. Das heißt, es wird bei der gerichtlichen Überprüfung gefragt, ob ein Ermessensfehler (Ermessensnichtgebrauch, -überschreitung, -defizit oder sachwidrige Erwägungen) vorliegt. Die Frage, welche Erwägungen anzustellen sind, ist stets mit Blick auf den jeweiligen Zweck der angewendeten Ermächtigungsgrundlage zu beantworten (vgl. §§ 40 VwVfG, 114 S. 1 VwGO). Im Polizei- und Ordnungsrecht ist dabei naturgemäß der Zweck der effektiven Gefahrenabwehr dominierend. Es sind also solche Erwägungen anzustellen, die das Ob und das Wie der Gefahrenabwehr betreffen. Das schließt alle Überlegungen zum effektiven Schutz der gefährdeten Schutzgüter ein. Auf der anderen Seite ist natürlich auch auf die Auswirkungen für die Grundrechte des Adressaten der polizei- und ordnungsrechtlichen Maßnahme abzustellen. Auch diese müssen bei einer Ermessensentscheidung bei der Ausfüllung des Spielraums berücksichtigt werden, ansonsten liegt ein Ermessensfehler vor – je nach Anknüpfungspunkt in Gestalt des Ermessensdefizits oder auch einer Ermessensüberschreitung.

48

---

85 Vgl. *Schenke*, POR, Rn. 94 f.

b) Verhältnismäßigkeit des Eingriffs

49 Ein zentraler Anknüpfungspunkt für die Frage des Vorliegens von Ermessensfehlern ist typischerweise der Grundsatz der Verhältnismäßigkeit.[86] Für das Polizei- und Ordnungsrecht ist das eine Selbstverständlichkeit, die man jederzeit auch aus allgemeinen rechtsstaatlichen Erwägungen herleiten würde. In § 4 SOG ist dies auch ausdrücklich geregelt, ohne dass diese Vorschrift allerdings die allgemeinen Anforderungen an Verhältnismäßigkeitsprüfungen verändern würde. Bei der Prüfung auf Ermessensfehler hat der Grundsatz der Verhältnismäßigkeit einen naheliegenden Anknüpfungspunkt bei der Frage nach der Ermessensüberschreitung: Eine unverhältnismäßige Maßnahme bewegt sich außerhalb des in der Befugnisnorm abgesteckten Spielraums.

50 Ausgangspunkt ist stets die Frage nach dem legitimen Zweck der jeweils zu untersuchenden Maßnahme. Dieser Zweck muss bei einer Prüfung der Verhältnismäßigkeit präzise genannt werden. Dies ist im Polizei- und Ordnungsrecht natürlich in der Regel die Abwehr einer Gefahr. Die Art der Gefahr und der genaue Anknüpfungspunkt sind von entscheidender Bedeutung. Es reicht nicht aus, hier ganz allgemein auf die öffentliche Sicherheit zu verweisen. Nur eine präzise Festlegung auf eine bestimmte Gefahr für ein ebenfalls klar bestimmtes Schutzgut oder eben auch mehrere klar bestimmte Schutzgüter ermöglicht im weiteren Verlauf der Verhältnismäßigkeitsprüfung eine hinreichend fundierte Auseinandersetzung etwa mit der Frage der Erforderlichkeit – ob es ein milderes, gleich wirksames Mittel gibt, ist für unterschiedliche Gefahren natürlich je unterschiedlich zu beantworten. Dabei ist grundsätzlich denkbar, auf mehrere Zwecke abzustellen. So kann etwa ein bestimmtes Verhalten sowohl eine Gefahr für die Rechtsordnung als auch gleichzeitig für Rechtsgüter des Einzelnen darstellen. Je nachdem wie die entsprechende Rechtsnorm formuliert ist, kann die erforderliche Maßnahme zur Abwehr einer Gefahr für diese anders ausfallen als jene zur Abwehr einer Gefahr für die Rechtsgüter Dritter. Ist die Maßnahme zur Abwehr einer dieser Gefahren zulässig, so ist sie auch dann rechtmäßig, wenn sie für die Verfolgung des jeweils anderen Zwecks nicht als verhältnismäßig anzusehen wäre.

51 Die weitere Prüfung bezieht sich in jedem Fall auf den an dieser Stelle festgelegten Zweck bzw. die festgelegten Zwecke. Dieser muss bzw. diese müssen mit einem geeigneten Mittel verfolgt werden, wobei der Maßstab dafür recht großzügig ist. Es reicht bereits, wenn der Zweck überhaupt gefördert wird. Das bedeutet auch, dass – wie in § 4 Abs. 3 SOG formuliert wird – eine Maßnahme nur solange zulässig ist, „bis ihr Zweck erreicht ist oder es sich zeigt, dass er nicht erreicht werden kann". Von einer Förderung des Zwecks kann in den so vom Gesetz umschriebenen Fällen keine Rede mehr sein, so dass die Maßnahme selbstverständlich eingestellt werden muss. Dass eine Maßnahme wegen mangelnder Geeignetheit für rechtswidrig erklärt wird, ist äußerst selten, weil natürlich die Polizei wie auch die Verwaltungsbehörden in der Regel über die notwendige Erfahrung und Einsichtsfähigkeit verfügen, um bei der Auswahl der Maßnahmen eine vernünftige Entscheidung zu treffen.

---

86 Vgl. *Waechter* POR, Rn. 444 ff.

Die bei der Überprüfung daher im Mittelpunkt stehenden Fragen betreffen die Erforderlichkeit und die Verhältnismäßigkeit i.e.S. Die Maßnahme ist nur dann als erforderlich anzusehen, wenn bei der Gefahrenabwehr nicht ein gleich geeignetes und gleichzeitig milderes – also in die Rechte des oder der Betroffenen weniger eingreifendes – Mittel zur Verfügung gestanden hat (§ 4 Abs. 1 SOG). Hier kommt man nicht umhin, andere Maßnahmen in Erwägung zu ziehen. Im Gutachten ist an dieser Stelle also eine gewisse Kreativität bei der Suche nach alternativen Handlungsmöglichkeiten gefragt. Werden allerdings solche Alternativmaßnahmen genannt, so ist zu prüfen, ob diese ebenso milde oder umgekehrt alle milderen überhaupt für die Gefahrenabwehr gleich gut geeignet sind. § 5 Abs. 2 S. 2 SOG macht deutlich, dass auch der Adressat der Maßnahme ein Austauschmittel anbieten kann. Soweit die Belastung der Allgemeinheit dadurch nicht steigt, besteht ein Anspruch, dass dieses Austauschmittel statt des ursprünglich vorgesehenen angewendet wird. 52

Den Abschluss der Prüfung der Verhältnismäßigkeit bildet dann die umfassende Abwägung zwischen Mittel und Zweck im Rahmen der Prüfung der Verhältnismäßigkeit i.e.S., die in § 4 Abs. 2 SOG beschrieben ist und die auch als Frage nach der „Angemessenheit" bezeichnet wird. Diese abschließende Prüfung ist wenig vorstrukturiert. Entscheidend ist insbesondere die klare Gegenüberstellung der durch die polizei- und ordnungsrechtliche Maßnahme betroffenen Rechtsposition auf der einen und dem gefährdeten Schutzgut auf der anderen Seite. Dabei ist in der Regel auch auf grundrechtliche Wertungen einzugehen. 53

c) Sonstige verfassungsrechtliche Anforderungen

Die Ermessensausübung ist auch im Übrigen die „Einbruchsstelle" für verfassungsrechtliche Erwägungen. Sollte ausnahmsweise im Rahmen der Ermessensprüfung keine verfassungskonforme Beantwortung der konkreten Frage gefunden werden können und auch sonst keine im Wege der Interpretation der Ermächtigungsgrundlage erkennbare verfassungskonforme Lösung bestehen, muss eine Vorlage an den Staatsgerichtshof bzw. das Bundesverfassungsgericht (Art. 54 Nr. 4 NV, 100 GG) geprüft werden. In aller Regel dürfte aber ohne Weiteres eine verfassungskonforme Entscheidung des Einzelfalles denkbar sein, sind doch die bei einer Ermessensvorschrift bestehenden Spielräume ein typisches Einfallstor für die Anforderungen des höherrangigen Rechts. 54

Die neben dem Grundsatz der Verhältnismäßigkeit in der Praxis wohl wichtigste Anforderung ist die der Bestimmtheit. Auch ohne ausdrückliche Nennung im Gesetz ergibt sich diese Anforderung unmittelbar aus dem Rechtsstaatsprinzip, das im Allgemeinen aus Art. 20 Abs. 3 GG hergeleitet wird. Das Gebot gilt nicht nur für die Ermächtigungsgrundlage selbst,[87] sondern auch für den jeweiligen Einzelakt zur Gefahrenabwehr. Der Adressat einer belastenden Maßnahme muss wissen, wie er sich zu verhalten hat, um weitere Zwangsmaßnahmen zu vermeiden. Ob die Verfügung hinreichend bestimmt ist, muss folglich auf der Grundlage einer Interpretation, bei der auf den Empfängerhorizont abzustellen ist, geklärt werden. Wichtig ist dabei natürlich der Wortlaut, ggf. müssen aber auch andere zur Verfügung stehende Erkenntnis- 55

---

[87] Vgl. dazu etwa BVerfGE 113, 348 (375) – dort hergeleitet aus Art. 10 GG.

quellen herangezogen werden. Insbesondere dürfte auch bei dieser Interpretation eine Aussage zu Sinn und Zweck der Regelung möglich sein. Eine polizei- und ordnungsrechtliche Verfügung, bei der nicht deutlich wird, welche konkreten Verhaltenspflichten sich aus ihr ergeben, ist folglich rechtswidrig. Da es sich um eine materielle Anforderung handelt, ist auch eine Heilung ausgeschlossen. Die Polizei und die Behörden sind bei der Anwendung der Ermächtigungsgrundlage entsprechend gebunden. Die Verwaltungsgerichte überprüfen die Einhaltung dieser Anforderungen.

56 Selbstverständlich gehört auch die Grundrechtskonformität zu den Anforderungen an die Rechtmäßigkeit einer polizei- und ordnungsrechtlichen Maßnahme. Das bedeutet nicht, dass an dieser Stelle eine Prüfung zu erfolgen hätte, wie man sie etwa von der Verfassungsbeschwerde kennt. Zwar ist zweifellos zu fragen, ob der Schutzbereich eines bestimmten Grundrechts überhaupt eröffnet ist. Die Ermächtigungsgrundlage ist allerdings regelmäßig bereits die Ausfüllung der Schranke des jeweiligen Grundrechts. Insofern bewegt man sich, wenn man nach dem Vorliegen der Tatbestandsvoraussetzungen der Ermächtigungsgrundlage die Verhältnismäßigkeit einer Maßnahme prüft, bereits bei der Rechtfertigung des Eingriffs. Spätestens bei den Schranken-Schranken sieht man sodann, dass ein gewisser Gleichklang zu den Anforderungen des Verhältnismäßigkeitsprinzips besteht. Je intensiver der Eingriff in das jeweilige Grundrecht ist, desto höher sind, um von einer angemessenen Maßnahme sprechen zu können, auch die Anforderungen an die Gefahr für das Schutzgut. Insofern kann es sich auch durchaus anbieten, die Wertungen des jeweils einschlägigen Grundrechts bei der Prüfung der Angemessenheit zu berücksichtigen, anstatt einen eigenen Prüfungspunkt bei der Ermessensüberprüfung vorzusehen.

d) Ermessensreduktion auf Null

57 Kommt es ausnahmsweise auf das Vorliegen einer Ermessensreduktion an, so ist zu fragen, ob alle außer einer bestimmten Entscheidung ermessensfehlerhaft sind. Grundsätzlich kann in diesem Zusammenhang auf jeden Rechtsfehler abgestellt werden. Besonders naheliegend ist aber die Argumentation mit Anforderungen, die aus dem Verfassungsrecht gewonnen werden können. Das OVG hat im Fall eines geltend gemachten Anspruchs auf Verhinderung von Obdachlosigkeit durch Einweisung in die bisherige Wohnung davon gesprochen, dass sich Gründe für eine Ermessensreduzierung auf Null bei der Inanspruchnahme von Nichtstörern „aus der Bedeutung der bedrohten Rechtsgüter, der Intensität der Gefahr, ihrer zeitlichen Nähe und aus den persönlichen Verhältnissen des Betroffenen ergeben" könnten[88]. „In diesem Zusammenhang" seien „insbesondere die Wertentscheidungen des Grundgesetzes, vor allem das Grundrecht des Obdachlosen auf Leben und körperliche Unversehrtheit (Art. 2 Abs. 2 S. 1 GG) zu berücksichtigen"[89].

58 Dieses Zitat führt zu folgenden Fragestellungen: Würden also die faktisch auch noch in Betracht kommenden Maßnahmen etwa gegen den Grundsatz der Verhältnismäßigkeit verstoßen? Wird in derartigen Situationen stets in einer bestimmten Weise ent-

---

[88] Nds. OVG, NJW 2010, 1094 (1095).
[89] Nds. OVG, NJW 2010, 1094 (1095).

schieden, so dass eine Abweichung davon möglicherweise einen Verstoß gegen Art. 3 Abs. 1 GG darstellte? Geht es um den Schutz von Leben und körperlicher Unversehrtheit, so dass vor dem Hintergrund des Art. 2 Abs. 2 GG kaum etwas anderes als ein Einschreiten als rechtmäßig erscheint? Die Beantwortung dieser Fragen kann schließlich zur Annahme einer Ermessensreduktion führen.

Es ist allerdings zu beachten, dass das Vorliegen einer Ermessensreduktion auf Null nur dann angesprochen werden muss, wenn dies für die konkrete Fragestellung überhaupt relevant ist. Bei der Falllösung ist also zunächst zu klären, ob es auf eine solche Prüfung ankommt, und damit letztlich, ob Ausführungen dazu überhaupt gerechtfertigt sind. Dies kommt in erster Linie in der – in polizei- und ordnungsrechtlichen Konstellationen höchst seltenen – Verpflichtungssituationen in Betracht, wenn thematisiert werden muss, ob die Sache spruchreif ist, also ein Anspruch nicht nur auf ermessensfehlerfreie Entscheidung, sondern auf eine konkrete Maßnahme besteht (vgl. § 113 Abs. 5 VwGO). Soll lediglich geprüft werden, ob eine Maßnahme rechtswidrig war, so ist ausschließlich auf das Vorliegen von Ermessensfehlern einzugehen, ohne dass die Ermessensreduktion zur Sprache kommen müsste oder – in Anbetracht der Beschränkung der Untersuchung auf die jeweils relevanten Fragen – überhaupt nur dürfte. Ist mit anderen Worten gefragt, ob die konkrete Maßnahme rechtswidrig war, so muss selbstverständlich nicht auch noch thematisiert werden, ob andere denkbare ebenfalls rechtswidrig gewesen wären. Mittelbar kann sich in diesem Zusammenhang die Notwendigkeit einer Prüfung der Ermessensreduktion auf Null ergeben, wenn nach dem Sachverhalt ein Ermessensausfall vorliegen könnte. Dann führt die Rechtsfigur der Ermessensreduktion möglicherweise dazu, dass die Behauptung von Verwaltungsbehörden oder Polizei, es gebe keine andere Entscheidungsmöglichkeit ausnahmsweise zutreffend ist, obwohl die Ermächtigungsgrundlage Ermessen einräumt.

e) Kosten

Die Gesetzgebungskompetenz für die Regelung von Entgelten für Verwaltungsleistungen folgt der jeweiligen Sachkompetenz aus den Art. 70 ff. GG.[90] Von der Gesetzgebungskompetenz für das Polizeirecht ist in formeller Hinsicht daher auch diejenige für die Kosten polizeilicher Maßnahmen umfasst. Materiell ist allerdings zu berücksichtigen, dass Polizei und Verwaltungsbehörden die Aufgabe der Gefahrenabwehr grundsätzlich im öffentlichen Interesse erfüllen, so dass eine Kostenpflicht möglicher Begünstigter in der Regel nicht angebracht ist.[91] Die Polizei kommt Opfern von Gefährdungen grundsätzlich kostenlos zur Hilfe.[92] Das schließt allerdings nicht aus, in Fällen privater Nützlichkeit oder Verantwortlichkeit diesen Personenkreis im Bereich des Polizei- und Ordnungsrechts wie in anderen Rechtsgebieten auch zur Finanzierung heranzuziehen.[93] Es gibt keinen verfassungsrechtlichen Grundsatz, nach dem Maßnahmen zur Gefahrenabwehr staatlicherseits stets kostenlos und unabhängig vom Einzel-

---

90 Nds. OVG, NdsVBl. 2013, 251 (252).
91 *Pieroth/Schlink/Kniesel*, POR, § 25, Rn. 19.
92 *Götz*, Allg. POR, § 14, Rn. 43.
93 BVerfG, NVwZ 1999, 176 (177); vgl. auch *Waechter*, POR, Rn. 789 ff.

fall durchgeführt werden müssten.⁹⁴ Selbstverständlich ist dabei die Voraussetzung, dass die Amtshandlung, die die Kostenfolge nach sich zieht, rechtmäßig durchgeführt wurde.⁹⁵

61 Der Gesetzgeber hat einen weiten Entscheidungsspielraum, welche Sachverhalte er zum Anknüpfungspunkt einer Gebührenpflicht machen möchte.⁹⁶ Die Ermächtigungsgrundlage für entsprechende Bescheide ergibt sich in Niedersachsen aus §§ 1, 5 ff. NVwKostG i.V.m. der Anlage zur Allgemeinen Gebührenordnung (insbesondere Ziffer 108). In dieser Ordnung sind die einzelnen Maßnahmen der Polizei aufgezählt, für die Gebühren erhoben werden. Da bei der Entscheidung über die Kostentragung der Sachverhalt regelmäßig abgeschlossen ist, kann bei der Anwendung der Normen die ex-post-Perspektive eingenommen werden. Stellt sich jemand aus der – für die Bewertung der Rechtmäßigkeit der Maßnahme zur Gefahrenabwehr entscheidenden – ex-ante-Perspektive als Störer dar, bedeutet das keinesfalls zwangsläufig, dass damit auch die Verpflichtung zur Kostentragung als vertretbar erscheint. Stellt sich etwa bei Gefahrerforschungseingriffen im Nachhinein heraus, dass eine Gefahr tatsächlich nicht bestand, so können die Kosten nicht von dem Adressaten der Eingriffe verlangt werden, sondern sind von der zuständigen Gefahrenabwehrbehörde zu tragen.⁹⁷

62 Das Land kann die Kosten für Maßnahmen der Polizei, die diese im Rahmen ihrer Eilkompetenz (§ 1 Abs. 2 S. 1 SOG) trifft, nicht nach § 105 SOG auf die ohne die Eilsituation zuständige Verwaltungsbehörde abwälzen.⁹⁸ § 105 Abs. 4 SOG, der die Verteilung möglicher Einnahmen regelt, betrifft nur den Ausgleich zwischen Behörden oder ihren Trägern zueinander, nicht aber das Staat-Bürger-Verhältnis.⁹⁹ Auch eine Nichtbeachtung der Verpflichtung der Verwaltungsbehörden aus § 99 SOG, die Aufgabe der Gefahrenabwehr auch außerhalb der Dienstzeiten zu erfüllen, führt nicht zu einer Kostentragungspflicht im Verhältnis zur Polizei.¹⁰⁰

f) Anspruch auf polizeiliche Maßnahme

63 Das Polizei- und Ordnungsrecht dient der Abwehr von Gefahren, nicht der Durchsetzung subjektiver Rechte. Insofern ist unzweifelhaft, dass die Normen des SOG grundsätzlich keinen drittschützenden Charakter haben. Ein Anspruch auf polizeiliches Einschreiten lässt sich aus den Vorschriften des SOG allein nicht herleiten.¹⁰¹ Daher ist es missverständlich, wenn das OVG davon spricht, für einen Mieter, der wegen drohender Obdachlosigkeit in seine bisherige Wohnung eingewiesen werden wolle, komme „als Anspruchsgrundlage die polizeiliche Generalklausel des § 11 i.V. mit § 2 Nr. 1a NdsSOG in Betracht".¹⁰² Aus der Formulierung wird gerade nicht deutlich, woraus sich die subjektiv-rechtliche Komponente ergibt. Einen Hebel, um diese subjektive

---

94 Nds. OVG, NdsVBl. 2012, 139 (140); zu den Ansätzen zur Rechtfertigung einer Erstattungspflicht vgl. Gusy, POR, Rn. 456.
95 Nds. OVG, NdsVBl. 2012, 139 (140).
96 BVerfG, NVwZ 1999, 176 (177).
97 Nds. OVG, NVwZ 2009, 1050 (1051).
98 Nds. OVG, NdsVBl. 2010, 179 f.
99 Nds. OVG, NdsVBl. 2012, 192 f.
100 Nds. OVG, NdsVBl. 2010, 179 (180).
101 Vgl. Hess. VGH, LKRZ 2014, 289 f.
102 Nds. OVG, NJW 2010, 1094 (1095).

Komponente zu begründen, bietet aber der Begriff der öffentlichen Sicherheit, indem er zu den Schutzgütern auch subjektive Rechte und Rechtsgüter des Einzelnen zählt, und im Übrigen ist die objektive Rechtsordnung natürlich auch insoweit umfasst, als diese ihrerseits subjektive Rechte beinhaltet. Auf diese Weise lässt sich eine Verknüpfung herstellen zwischen einer Norm mit subjektiv-rechtlichem Charakter und der polizei- und ordnungsrechtlichen Eingriffsnorm. Das OVG hat dann auch in der oben zitierten Entscheidung den Anspruch auf Wiedereinweisung des ansonsten Obdachlosen im Ergebnis angenommen, „weil anderenfalls sein Grundrecht aus Art. 2 II 1 GG in Verbindung mit dem Verhältnismäßigkeitsprinzip verletzt werden würde"[103]. Der Anspruch folgt also aus beiden Komponenten gemeinsam, da nur beide zusammen ein Normprogramm dieser Art begründen können: die Ermächtigungsgrundlage für den Eingriff in die Rechte eines Dritten auf der einen und das auf Schutz durch den Staat gerichtete subjektive Recht auf der anderen Seite.

Erst in einem zweiten Schritt ist zu fragen, ob der so begründete Anspruch auf eine konkrete Maßnahme der Verwaltungsbehörden und der Polizei gerichtet sein kann. Da die Eingriffsnormen des Polizei- und Ordnungsrechts ausnahmslos den Verwaltungsbehörden und der Polizei Ermessen einräumen, kommt grundsätzlich nur ein Anspruch auf ermessensfehlerfreie Entscheidung in Betracht. Nur im höchst seltenen Fall einer Ermessensreduktion auf Null (siehe oben Rn. 57 ff.) verdichtet er sich zu einem Anspruch auf ein ganz bestimmtes Einschreiten.[104] Bei einer Prüfung mit verwaltungsprozessualer Einkleidung kann das Ergebnis also sein, dass das Vorliegen eines Anspruchs bejaht wird, die Klage aber dennoch scheitert, da dieser Anspruch bereits erfüllt worden ist, indem Verwaltungsbehörden oder Polizei eine ermessensfehlerfreie Entscheidung getroffen haben. Wird im Rahmen einer Verpflichtungs- oder einer entsprechenden Fortsetzungsfeststellungsklage ein Anspruch auf ein bestimmtes polizeiliches Einschreiten geltend gemacht, so bietet sich ein Aufbau nach dem Wortlaut des § 113 Abs. 5 VwGO an. Der Wortlaut des Gesetzes sieht nämlich ein Schema vor, das für alle relevanten Fragen einen Anknüpfungspunkt bietet: Rechtswidrig ist die Ablehnung einer bestimmten Maßnahme auch dann, wenn dabei ein Ermessensfehler gemacht wurde. Die Prüfung der Verletzung eines subjektiven Rechts verlangt die Darlegung, woraus sich ein solches Recht ergibt. Die Frage der Spruchreife bietet schließlich einen Ansatzpunkt, um die Reichweite des Anspruchs – also eine bestimmte Maßnahme oder „lediglich" ermessensfehlerfreie Entscheidung – zu thematisieren.

64

IV. Eingriffsbefugnisse

1. Die polizeiliche Generalklausel

In § 11 SOG findet sich die sogenannte „polizeiliche Generalklausel", die eigentlich eine Generalklausel für die Abwehr von Gefahren ist, wobei die Abwehrmaßnahmen grundsätzlich von den Verwaltungsbehörden ebenso wie von der Polizei getroffen werden können. Der Normtext verweist ausdrücklich darauf, dass die Anwendung ausgeschlossen ist, wenn Befugnisse im Dritten Teil – in dem sich auch der § 11 SOG

65

---

103 Nds. OVG, NJW 2010, 1094 (1095).
104 Vgl. Hess. VGH, LKRZ 2014, 289 (292).

befindet – **besonders geregelt** sind. Diese als Tatbestandsvoraussetzung formulierte Aussage betrifft die Anwendbarkeit der Generalklausel: Es gibt eine doppelte Subsidiarität. Zunächst muss das SOG überhaupt anwendbar sein, bei der Anwendung des SOG wiederum ist zunächst nach einer spezielleren Ermächtigungsgrundlage zu suchen. Da sich in den Jahrzehnten seit „Erfindung" der polizeilichen Generalklausel das besondere Verwaltungsrecht immer weiter ausdifferenziert hat, sind naturgemäß auch die Anwendungsfälle für die Generalklausel immer weniger geworden. Ihre Funktion ist dennoch im Kern unverändert: Für Situationen, die der Gesetzgeber nicht vorhergesehen oder aus Praktikabilitätsgründen nicht mit einer eigenen Gefahrenabwehrnorm bedacht hat, soll ein Auffangtatbestand geschaffen werden, mit dem alle nicht speziell geregelten Gefahren wirksam bekämpft werden können. Eine solche Funktion muss auch dann erfüllt werden, wenn eine Verbotsnorm nicht mit einer besonderen Ermächtigungsgrundlage verbunden ist. Eine eingreifende Maßnahme darf dann nicht auf das Verbot allein gestützt werden. Der bereits geschehene oder drohende Verstoß gegen die Verbotsnorm stellt aber eine Gefahr dar, die gegebenenfalls auch mit der Generalklausel abgewehrt werden kann.

a) Eingriffsvoraussetzungen

66 § 11 SOG sieht – außer der eben schon angesprochenen Bedingung für die Anwendbarkeit der Norm – als einzige Voraussetzung vor, dass eine Gefahr vorliegen muss. Den Inhalt dieses Tatbestandsmerkmals definiert § 2 Nr. 1 lit.a) SOG. Auf den Inhalt dieser Definition wurde oben (Rn. 29 ff.) bereits eingegangen. Die Gefahr muss nach der Legaldefinition eine konkrete sein. Nur dann ist ein Eingreifen mit einer gegen einen Einzelnen gerichteten Polizeiverfügung gerechtfertigt. Abstrakte Gefahren können demgegenüber nur durch Verordnungen abgewehrt werden (siehe unten Rn. 121 ff.). Bei der Anwendung des § 11 SOG kommt es wegen der Weite des Wortlauts ganz besonders darauf an, zunächst das jeweilige Schutzgut präzise zu benennen, um dann in einem zweiten Schritt zu prüfen, ob eine hinreichende Wahrscheinlichkeit besteht, dass bei ungehindertem Geschehensablauf in absehbarer Zeit ein Schaden an diesem Schutzgut eintreten könnte.

b) Rechtsfolge

67 Auch bei der Rechtsfolge ist grundsätzlich eine „gewöhnliche" Ermessensüberprüfung durchzuführen, wie sie oben (Rn. 46 ff.) angesprochen wurde. Auf Grundlage der polizeilichen Generalklausel ist ein Eingreifen nur gegen Polizeipflichtige i.S.d. §§ 6 bis 8 SOG zulässig (Rn. 34 ff.). Die bereits erwähnten Abstriche, die bei einigen Spezialregelungen in dieser Hinsicht gemacht werden, betreffen nicht die Generalklausel. Mit Blick auf diese Störereigenschaft ergeben sich daher zwei Fragen: einerseits, ob der Adressat der Maßnahme überhaupt polizeipflichtig ist und andererseits, ob die Auswahl zwischen verschiedenen Polizeipflichtigen – wenn es denn mehr als einen gibt –, ermessensfehlerfrei erfolgt ist.

2. Standardmaßnahmen – Typisierbare Maßnahmen

68 Als Standardmaßnahmen bezeichnet man die hinsichtlich ihres Regelungsbereichs höchst unterschiedlichen Mittel, mit denen im Gesetz speziell definierte Gefahren abgewehrt werden können. Darunter fallen sehr schwerwiegende Eingriffe wie Durchsuchungen, Untersuchungen, Telekommunikationsüberwachungen oder Festnahmen, aber auch weniger einschneidende Maßnahmen wie Identitätsfeststellungen. Letztere gehören zu den Eingriffen in die informationelle Selbstbestimmung, die in den letzten Jahrzehnten sehr detailliert ausgestaltet wurden und eine ausdifferenzierte Rechtsprechung nach sich gezogen haben. Ausgangspunkt dieser Entwicklung war das Volkszählungsurteil des Bundesverfassungsgerichts, mit dem dieses nicht nur das Grundrecht auf informationelle Selbstbestimmung aus Art. 2 Abs. 1 i.V.m. 1 Abs. 1 GG herleitete, sondern auch spezialgesetzliche Ermächtigungsgrundlagen für Eingriffe in dieses Grundrecht verlangte.[105] Ein zweiter Strang der Entwicklung betrifft die Erkenntnis, dass die Kommunikationsmöglichkeiten und damit auch die Techniken, wie Informationen erhoben und verarbeitet werden können, sich in den letzten Jahrzehnten erheblich ausgeweitet haben. Da auch die Mobilität von Personen, von denen Gefahren ausgehen, deutlich größer geworden ist, entsteht auch ein größeres Bedürfnis nach entsprechenden Informationssammlungen, bei deren Ausgestaltung wiederum der Gesetzgeber tätig werden muss. Im Ergebnis ist so ein recht unübersichtlicher Rechtsrahmen entstanden, der für die unterschiedlichen Eingriffe in die informationelle Selbstbestimmung Ermächtigungsgrundlagen bereit hält.

a) Informationssammlung und -verarbeitung

Wie die polizeiliche Arbeit generell hängt der Erfolg der Gefahrenabwehr grundsätzlich immer ganz wesentlich von der Verfügbarkeit der entscheidenden Informationen ab. Die Erfahrung mit der Terrorismusbekämpfung – seien die Bemühungen erfolgreich oder erfolglos gewesen – gibt vielfältige Anhaltspunkte für die Notwendigkeit, die an verschiedenen Stellen vorhandenen Informationen zu einem aussagekräftigen Bild zusammenzuführen. Umgekehrt gibt es eine große Sensibilität gegenüber staatlichen Eingriffen in das Grundrecht auf informationelle Selbstbestimmung. Das Bundesverfassungsgericht hat sich gewissermaßen diese Sensibilität zu eigen gemacht. Vor diesem Hintergrund ist auch im SOG der Bereich der Informationssammlung und -verarbeitung sehr detailliert ausgestaltet. Zu beachten ist allerdings, dass die Eingriffe, zu denen die Regeln ermächtigen, nicht immer nur in Art. 2 Abs. 1 i.V.m. 1 Abs. 1 GG erfolgen. Auch wenn dies nicht das eigentliche Ziel der Maßnahme sein mag, so werden doch in bestimmten Konstellationen zur Erlangung der gewünschten Informationen zwangsläufig auch andere Grundrechte berührt.

69

Die Sammlung dieser Informationen erfolgt in erster Linie durch Polizei und Verwaltungsbehörden, die zu diesem Zweck auf die Ermächtigungsgrundlagen der §§ 12 ff. SOG zurückgreifen können. Zu den Polizeibehörden gehört gemäß § 87 Abs. 1 Nr. 1 SOG auch das Landeskriminalamt (LKA). Seine Zuständigkeiten sind im Einzelnen in einem Runderlass des Ministeriums für Inneres und Sport aufgeführt.[106] Insbesondere unterstützt das LKA die Arbeit der Polizei, ermittelt in Einzelfällen auch selbst und nimmt insbesondere Aufgaben im Bereich der Informationssammlung, -verarbeitung

70

---

105 BVerfGE 65, 1, insbesondere S. 41 ff., 46.
106 RdErl d. MI v. 28.11.2012, Min.Bl 44/2012, S. 1108, Organisation der Polizei des Landes Niedersachsen, Ziffer 4.

und -weitergabe wahr. Es ist sinnvoll, dass Informationen in einer zentralen Behörde zusammengeführt werden und für Stellen außerhalb Niedersachsens ein zentraler Ansprechpartner besteht. Die Verfassungsschutzabteilung im für Inneres zuständigen Ministerium als der „Geheimdienst" des Landes ist demgegenüber nicht generell in die Gefahrenabwehr im Sinne des SOG einbezogen, sondern hat einen Aufgabenbereich, der insbesondere die Abwehr extremistischer Bestrebungen betrifft. Die Aufgaben sind im Einzelnen im VerfSchG aufgeführt.

71 aa) **Befragung.** § 12 SOG knüpft an die Bedeutung von Informationen für die Gefahrenabwehr an. Abs. 1 gibt dabei eine allgemeine Befugnis zu Befragungen, die allerdings unabhängig von einer konkreten Gefahr besteht, vielmehr allgemein an die Aufgaben nach § 1 SOG anknüpft. Das schließt auch die Aufgaben der Vollzugshilfe gemäß § 1 Abs. 4 SOG sowie der sonstigen übertragenen Aufgaben nach § 1 Abs. 5 SOG ein.[107] Mit der Ermächtigung zur Befragung geht auch einher, dass Verwaltungsbehörden und Polizei die jeweilige zu befragende Person zu diesem Zweck auch in ihrer Fortbewegung unterbrechen dürfen. § 12 Abs. 4 SOG ermächtigt zum kurzzeitigen Anhalten, nicht aber zum Festhalten, wobei die Abgrenzung am Maßstab der für die Befragung erforderlichen Dauer erfolgt.[108]

72 Auskunftspflichtig sind nicht nur die nach den §§ 6 bis 8 SOG polizeipflichtigen, sondern grundsätzlich alle Personen. Die Frage der Polizeipflichtigkeit hat aber im Rahmen der folgenden Absätze Bedeutung hinsichtlich des Umfangs der Auskunftspflicht. Generell gibt es gemäß § 12 Abs. 2 SOG in allen Fällen des Abs. 1 eine Verpflichtung zu Auskünften zur Person, wobei die Vorschrift deutlich macht, dass dies selbstverständlich nur unter der Voraussetzung gilt, dass die Auskunft zur Aufgabenerfüllung – also zur Gefahrenabwehr gemäß § 1 SOG –[109] erforderlich ist. Das Verweigern einer Auskunft nach Abs. 2 oder ein unrichtiges Angeben von Personalien erfüllt den Tatbestand des § 111 OWiG.[110] Vorsorglich sollte an dieser Stelle darauf hingewiesen werden, dass die Vorschriften des OWiG keine Ermächtigungsgrundlage zur Durchsetzung polizei- und ordnungsrechtlicher Verpflichtungen enthalten. Ihre Verletzung kann ein Verfahren zur Verhängung eines Bußgelds nach sich ziehen.

73 Die Verpflichtung zu Angaben in der Sache setzt gemäß § 12 Abs. 3 SOG voraus, dass die befragte Person als Adressat einer gemäß §§ 6 bis 8 SOG gegen sie gerichteten Maßnahme in Betracht kommt. Diese setzen jeweils das Vorliegen einer Gefahr – im Fall des § 8 SOG einer gegenwärtigen erheblichen – voraus, so dass eine Prüfung des Gefahrenbegriffs unvermeidlich ist, auch wenn Abs. 3 dies nicht ausdrücklich anspricht. Die Verpflichtung entsteht aber nur, wenn die Angaben zur Gefahrenabwehr oder aber zur weiteren Sachverhaltsaufklärung erforderlich sind. Gemäß Abs. 5 besteht die Möglichkeit, die Auskunft zur Sache entsprechend den §§ 52 bis 55 StPO zu verweigern. Es besteht also etwa keine Auskunftspflicht in der Sache, wenn es um Ehepartner geht oder über das Rechtsanwälten in ihrer Eigenschaft als solche Anver-

---

107 *Böhrenz/Unger/Siefken*, Nds.SOG, § 12, R. 3.
108 NdsVBl. 2013, 133 (136).
109 Nds. OVG, NdsVBl. 2013, 133 (136).
110 *Böhrenz/Unger/Siefken*, Nds.SOG, § 12, R. 5.

traute. Das Gesetz macht hiervon eine Ausnahme, wenn die Auskunft „für die Abwehr einer Gefahr für Leib, Leben oder ähnlich schutzwürdige Belange erforderlich" ist. In diesen Fällen ergibt die gesetzgeberische Abwägung, dass die Gefahrenabwehr Vorrang vor dem Schutz der in der § 52–55 StPO aufgeführten besonderen privaten oder beruflichen Näheverhältnisse hat. Die Gewichtung ist insofern anders als bei den von der StPO geregelten Konstellationen. Bei der strafrechtlichen Beurteilung geht es „nur" um die Beurteilung eines schon abgeschlossenen Geschehens. Demgegenüber kann bei der Gefahrenabwehr der Eintritt eines Schadens für ein hochwertiges Schutzgut noch abgewendet werden. Diese Wertung wird auch dadurch verdeutlicht, dass nach § 12 Abs. 5 S. 3 die Auskünfte nur für die Gefahrenabwehr, nicht aber für Zwecke der Strafverfolgung verwendet werden dürfen. § 12 Abs. 5 S. 3 ist dabei als Regelung eines Beweisverwertungsverbots, nicht aber die eines Strafverfolgungshindernisses zu verstehen.[111]

Die Schleierfahndung gemäß § 12 Abs. 6 SOG ist durch eine „Kombination von Gefahren- und Störerlosigkeit" gekennzeichnet[112]. Der Begriff geht darauf zurück, dass man in Anbetracht offener Grenzen im Grenzgebiet einen „Schleier" errichten wollte, der Kontrollen, wenn schon nicht an der Grenze, dann jedenfalls im Hinterland derselben ermöglichen sollte.[113] Inzwischen ist dieser Gedanke aber längst auf andere Konstellationen ausgeweitet worden. § 12 Abs. 6 SOG ist beispielsweise als Ermächtigungsgrundlage für Kontrollen vor Moscheen genutzt worden, was zu erheblichen Kontroversen geführt hat.[114] Die Umschreibung der Tatbestandsvoraussetzungen macht eine effektive gerichtliche Kontrolle sehr schwierig, auch wenn rechtlich an der vollen Justiziabilität kein Zweifel besteht[115]. Eine besondere Herausforderung stellt in dieser Hinsicht vor allem der Umstand dar, dass die Maßnahme „auf der Grundlage polizeilicher Lageerkenntnisse" getroffen wird. Angeknüpft wird also nicht an eine wie auch immer näher definierte Gefahr, sondern eher abstrakte Kenntnisse, nicht an die Kenntnis einer bestimmten Situation, sondern eine allgemein vorliegende „Lage". Auch wenn vor diesem Hintergrund durchaus ernst zu nehmende Bedenken bestehen,[116] ist von der Verfassungskonformität der Vorschrift auszugehen. Das zentrale Argument ist dabei, dass der Eingriff in die informationelle Selbstbestimmung eher gering ist – das Speichern und das weitere Verarbeiten der in Anwendung des § 12 Abs. 6 SOG gewonnenen Informationen ist ebenfalls nur auf der Grundlage einer weiteren Ermächtigungsgrundlage zulässig. 74

bb) Identitätsfeststellung/Kontrollstellen. § 13 SOG ist die allgemeine Ermächtigungsgrundlage für die Feststellung der Identität einer Person.[117] Abs. 2 der Vorschrift macht deutlich, was im Einzelnen von der Ermächtigungsgrundlage umfasst ist. Dabei gibt es im Wesentlichen zwei Komponenten: einerseits die für die Identitätsfeststellung 75

---

111 *Böhrenz/Unger/Siefken*, Nds.SOG, § 12, R. 10.
112 *Groh*, NdsVBl. 2011, 10 (11).
113 *Götz*, Allg. POR, § 17, Rn. 42.
114 Vgl. etwa LT-Drs. 16/1646.
115 *Groh*, NdsVBl. 2011, 10 (13).
116 Vgl. dazu ausführlich *Groh*, NdsVBl. 2011, 10 ff.
117 Zur Systematisierung der Pflichten zur Offenbarung der Personalien vgl. *Waechter* POR, Rn. 553.

erforderliche Einschränkung der Bewegungsfreiheit des Betroffenen und andererseits die Maßnahmen zur Identitätsfeststellung selbst. Dabei ist zu beachten, dass zusätzlich die Ermächtigungsgrundlage des § 15 SOG greifen kann.

76 Nach § 13 Abs. 1 Nr. 1 ist eine Identitätsfeststellung zulässig zur Abwehr einer (konkreten) Gefahr. Dabei wird nicht an die polizeiliche Verantwortlichkeit angeknüpft – eine Einordnung, ob die Person, deren Identität festgestellt werden soll, Störer oder gemäß § 8 SOG polizeipflichtig ist, erübrigt sich also bei Anwendung des Tatbestands. Dass eine Gefahr durch die bloße Feststellung der Identität einer Person abgewehrt können soll, ist nicht unbedingt naheliegend. In der Regel dürfte es um Fälle gehen, bei denen auf der Grundlage der so erlangten Information weitere Maßnahmen getroffen werden können. Dies können sowohl weitere Maßnahmen der Gefahrenabwehr sein oder aber zivilrechtliche, wenn unter Beachtung des § 1 Abs. 3 SOG die Identität einer Person seitens der Polizei festgestellt wird und dadurch von einer Privatperson Ansprüche durchgesetzt werden können.[118]

77 Die Ermächtigungsgrundlagen in § 13 Abs. 1 Nr. 2 und Nr. 4 SOG knüpfen nicht an das Vorliegen einer Gefahr an, sondern an den Aufenthalt an einem bestimmten Ort. Dabei müssen die Vorgänge, die den Ort zu einem polizeirechtlich interessanten werden lassen, nicht von der Person ausgehen, deren Identität festgestellt werden soll. Dies erscheint verfassungsrechtlich vertretbar, handelt es sich doch bei der Identitätskontrolle um einen recht geringfügigen Eingriff in das Grundrecht auf informationelle Selbstbestimmung[119]. Insbesondere wird in das Recht der Freiheit der Person aus Art. 2 Abs. 2 S. 2 GG beim bloßen Anhalten für die Zwecke der Identitätskontrolle nicht eingegriffen.[120]

78 § 13 Abs. 1 Nr. 4 SOG sieht es als einen grundsätzlich hinreichenden Grund für eine Identitätsfeststellung an, dass eine Person an einer Kontrollstelle angetroffen wird. Dass dies in § 13 SOG geregelt ist, hängt auch damit zusammen, dass § 14 SOG zwar die Voraussetzungen für die Errichtung einer Kontrollstelle regelt, nicht aber die Maßnahmen, die gegenüber einer an einer solchen Kontrollstelle angetroffenen Person ergriffen werden dürfen.[121] Die beiden Vorschriften gemeinsam verdeutlichen, worum es bei der Errichtung von Kontrollstellen geht: um die Identifizierung von und ggf. Anordnung weiterer Maßnahmen gegenüber sämtlichen an einem bestimmten Ort angetroffenen Personen. Erheblich ist hier weniger der Eingriff gegenüber dem Einzelnen, sondern die Zahl der von dem Eingriff Betroffenen. Angeknüpft wird dabei ausschließlich an Straftaten, die entweder von erheblicher Bedeutung sein müssen, oder zu den ausdrücklich aufgezählten gehören. § 14 Abs. 1 Nr. 4 SOG macht deutlich, dass es sich dabei um solche handelt, die typischerweise bei Veranstaltungen oder auch Versammlungen begangen werden.[122] Das SOG nutzt dabei einen eher ungewöhnlichen Mechanismus, um zu verdeutlichen, dass es sich um eine durchaus erheb-

---

118 Böhrenz/Unger/Siefken, Nds.SOG, § 13, Rn. 7.
119 So speziell mit Blick auf Nr. 2 a): Nds. OVG, NdsVBl. 2010, 299.
120 Nds. OVG, NdsVBl. 2010, 299 (300).
121 Böhrenz/Unger/Siefken, Nds.SOG, § 14, Rn. 5.
122 Böhrenz/Unger/Siefken, Nds.SOG, § 14, Rn. 3.

liche Maßnahme handelt: Anordnungsbefugt sind nicht wie bei anderen Ermächtigungsgrundlagen allgemein die Verwaltungsbehörden und die Polizei, sondern nur Dienststellenleiter und die Bediensteten des höheren Dienstes. Damit wird an das überkommene – inzwischen in Niedersachsen aber erneuerte – Dienstrecht angeknüpft, nach dem hierfür eine Laufbahnprüfung – regelmäßig eine zweite Staatsprüfung – erforderlich ist. Die erhobenen Daten sind gemäß Abs. 3 der Vorschrift grundsätzlich zu löschen, was in Anbetracht der großen Zahl von erhobenen Daten zwingend erscheint. Eine Ausnahme wird nur für den Zweck der Strafverfolgung oder der Verhütung der genannten Straftaten gemacht. Dabei reicht es nicht, dass allgemein eine Strafverfolgung erwartet wird. Vielmehr muss die Einleitung des Ermittlungsverfahrens bereits erfolgt sein oder dies muss unverzüglich geschehen.[123]

cc) Erkennungsdienstliche Maßnahmen. Erkennungsdienstliche Maßnahmen ermöglichen eine zuverlässige Identifizierung einer Person. Sie bringen personenbezogene Daten hervor, die für einen Abgleich mit Dateien und Verzeichnissen in Frage kommen oder sonst bei Fragen der Identifizierung eine Rolle spielen können. § 15 Abs. 3 SOG nennt die dafür in Betracht kommenden Vorgehensweisen – insbesondere das Abnehmen von Fingerabdrücken und die Anfertigung von Lichtbildern. Die Aufzählung ist, wie die Formulierung „und andere vergleichbare Maßnahmen" deutlich macht, nicht abschließend. Gleichzeitig wird damit hervorgehoben, dass Maßnahmen, die mit schwerwiegenderen Eingriffen verbunden sind, von der Ermächtigungsgrundlage nicht abgedeckt sind. So dürfte etwa eine DNA-Analyse nicht auf § 15 SOG gestützt werden.[124] 79

Gemäß Abs. 1 S. 1 der Vorschrift kann die Anordnung solcher Maßnahmen durch Polizei und Verwaltungsbehörden erfolgen, die Durchführung selbst geschieht allerdings gemäß S. 2 der Vorschrift ausschließlich durch die Polizei. § 15 Abs. 1 S. 1 SOG sieht zwei Ermächtigungsgrundlagen für die Durchführung der Maßnahmen vor, wobei die Nr. 1 vom Tatbestand her wesentlich allgemeiner gehalten ist, allerdings hinsichtlich des Adressatenkreises in S. 3 eine Einschränkung erfährt. Abs. 2 regelt den Umgang mit den erhobenen Daten nach Durchführung der Maßnahmen. 80

Abs. 1 Nr. 1 knüpft an die – erfolglose – Identitätsfeststellung nach § 13 SOG an. In Bezug genommen werden damit auch die Regelungen des § 13 SOG, die nicht das Vorliegen einer Gefahr voraussetzen.[125] Hinsichtlich der Identitätsfeststellung werden die Unmöglichkeit und die erheblichen Schwierigkeiten der Feststellung der Identität gleichgestellt. Abs. 1 S. 3 macht deutlich, dass sich die Maßnahme grundsätzlich nur gegen Störer nach §§ 6 f. SOG richten darf. Nichtstörer können nur unter den in § 8 SOG genannten engen Voraussetzungen Adressaten einer solchen Maßnahme werden. Das bedeutet umgekehrt aber auch, dass die Person durch die nach der Vorschrift erwartete Mitwirkung – also durch eine glaubhafte Auskunft über die Identität – die Durchführung solcher Maßnahmen verhindern kann.[126] 81

---

123 *Böhrenz/Unger/Siefken*, Nds.SOG, § 14, Rn. 10.
124 *Böhrenz/Unger/Siefken*, Nds.SOG, § 15, Rn. 7.
125 *Böhrenz/Unger/Siefken*, Nds.SOG, § 15, Rn. 3.
126 *Böhrenz/Unger/Siefken*, Nds.SOG, § 15, Rn. 3.

82 Eine besondere Bedeutung haben erkennungsdienstliche Maßnahmen mit Blick auf Straftaten. In der polizeilichen Arbeit dürften diese Maßnahmen oftmals auf § 81 b StPO gestützt werden. Die Vorschrift hat zwei Alternativen, von denen nur die zweite in die Zuständigkeit der Verwaltungsgerichte fällt, während für die erste die ordentlichen Gerichte zuständig sind.[127] § 81 b 2. Alt. StPO betrifft nicht die Strafverfolgung unmittelbar, sondern ermächtigt zu Maßnahmen, die der Vorsorge für die Strafverfolgung dienen.[128] Bei Vorliegen der Tatbestandsvoraussetzungen räumt § 81 b 2. Alt. StPO nach der Rechtsprechung intendiertes Entschließungsermessen ein, d.h. die erkennungsdienstlichen Maßnahmen werden im Regelfall durchgeführt und nur im Ausnahmefall davon abgesehen.[129] Die Ermächtigungsgrundlage kommt allerdings schon dann nicht mehr in Betracht, wenn der jeweilige in Anspruch Genommene nicht mehr Beschuldigter in einem Strafverfahren ist[130]. Wenn die Beschuldigteneigenschaft später entfällt, ändert dies aber nichts an der Rechtmäßigkeit. § 15 Abs. 1 S. 1 Nr. 2 SOG hat demgegenüber ausschließlich Bedeutung im Bereich der Gefahrenabwehr. Die Maßnahmen dürfen also nicht etwa zu Zwecken einer späteren Strafverfolgung durchgeführt werden[131]. Einen Überschneidungsbereich von § 81 b StPO und den Regelungen des SOG gibt es demnach nicht[132].

83 In den Fällen des § 15 Abs. 1 S. 1 Nr. 2 SOG ist entweder eine Verurteilung oder ein bestimmter, näher umschriebener Tatverdacht erforderlich. Im letzteren Fall dürften in aller Regel damit auch die Voraussetzungen der Einleitung eines Ermittlungsverfahrens vorliegen.[133] Da die Ermächtigung aber gerade nicht auf die Strafverfolgung, sondern auf die Gefahrenabwehr zielt, ist als zusätzliche Eingriffsvoraussetzung eine Wiederholungsgefahr erforderlich, wobei auf diese aus der „Art und Ausführung der Tat" geschlossen werden muss.[134] Bei der Ermessensausübung ist zu fragen, ob die erkennungsdienstlichen Maßnahmen für die Gefahrenabwehr geeignet sind, den Betroffenen vom Begehen von Straftaten abzuhalten, und auch sonst den Anforderungen des Verhältnismäßigkeitsgrundsatzes genügen[135]. Dabei ist auch zu überlegen, ob möglicherweise die so gewonnenen Informationen an andere Stellen weitergegeben werden können, um von der Person ausgehende Gefahren abzuwehren[136].

84 Abs. 2 regelt speziell für den Fall der erkennungsdienstlichen Maßnahmen den Umgang mit den auf diese Weise entstandenen Unterlagen und personenbezogenen Daten. Dabei wird entsprechend dem Eingriff in die informationelle Selbstbestimmung eng an den Zweck der Maßnahme angeknüpft. Erfolgte die Anordnung nach Abs. 1 S. 1 Nr. 1, so sind die Unterlagen zu löschen, wenn die Identität festgestellt worden ist. Eine Ausnahme greift nur dann, wenn sie nach Nr. 2 erforderlich sind. Wegen der Nä-

---

127 Nds. OVG, NdsVBl. 2013, 225 (227).
128 BVerwG, NJW 2006, 1225 (1226).
129 Nds. OVG, NdsVBl. 2013, 225 (227).
130 Nds. OVG, NVwZ 2010, 69 (70); vgl. auch BVerwG, NJW 2006, 1225 (1226); Nds. OVG, BeckRS 2010, 52681.
131 Nds. OVG, NVwZ 2010, 69 (70).
132 Nds. OVG, NdsVBl. 2009, 202.
133 *Böhrenz/Unger/Siefken*, Nds.SOG, § 15, Rn. 4.
134 Zu den Voraussetzungen der Annahme einer Wiederholungsgefahr vgl. BVerfG, NJW 2002, 3231 (3232).
135 Nds. OVG, NdsVBl. 2011, 290.
136 Vgl. Nds. OVG, NdsVBl. 2011, 290.

he der von Nr. 1 auf der einen und Nr. 2 auf der anderen Seite umfassten Zwecke, erscheint es vertretbar, auch bei einer Erhebung nach Nr. 1 die Löschung bzw. Vernichtung davon abhängig zu machen, dass auch der Zweck der Nr. 2 nicht mehr besteht. Von vornherein unproblematisch ist die 2. Alt., die eine nach Nr. 2 durchgeführte Maßnahme betrifft, wenn die Voraussetzungen eben dieser Ermächtigungsgrundlage in der Zwischenzeit weggefallen sind. Selbstverständlich greifen die Verpflichtungen zum Löschen und Vernichten nur, wenn nicht andere Ermächtigungsgrundlagen einschlägig sind, die eine Aufbewahrung oder Speicherung ermöglichen. Aus Abs. 2 S. 2 ergibt sich eine Mitteilungspflicht an andere Behörden. Die so informierten Behörden müssen sodann entscheiden, ob sie selbst eine weitere Speicherung auf eine Ermächtigungsgrundlage stützen können. Die Verantwortung der informierten Behörde bleibt hinsichtlich dieser Entscheidung unberührt.

dd) Vorladung. § 16 SOG verdeutlicht, dass es im Einzelfall erforderlich sein kann, eine Person durch – mündlichen oder schriftlichen – Verwaltungsakt[137] zum Erscheinen auf der Dienststelle zu bewegen. Es geht in der Vorschrift lediglich um die äußeren Umstände einer Befragung, nicht aber um deren Inhalt, also insbesondere nicht um den Umfang einer möglichen Auskunftspflicht. Hat der Adressat der Vorladung dieser Folge geleistet, so ist anhand anderer Ermächtigungsgrundlagen – also insbesondere der §§ 12 und 15 SOG zu entscheiden, welche Maßnahmen getroffen und welche Mitwirkung des Adressaten verlangt werden kann. § 16 Abs. 2 S. 1 SOG verlangt die Angabe des Grundes für die Vorladung. Da es sich um eine Soll-Vorschrift handelt, ist ein Verzicht darauf nur in atypischen Fällen zulässig. Ein solcher Fall könnte etwa dann vorliegen, wenn die Gefahrenabwehr dadurch in Frage gestellt werden würde. 85

§ 16 Abs. 2 S. 2 SOG enthält Vorgaben für die Ermessensausübung hinsichtlich des Zeitpunkts der Vorladung, wobei es sich um selbstverständliche Aspekte handelt, die auch ohne ausdrückliche Nennung im Gesetz zu berücksichtigen gewesen wären. Insbesondere muss in Anbetracht des belastenden Charakters der Maßnahme versucht werden, die Belastung für den Adressaten möglichst gering zu halten. Insbesondere sind selbstverständlich auch andere Maßnahmen zu erwägen, die die Ziele erreichen können. Dabei ist zu berücksichtigen, dass ein solches Erscheinen trotz der damit verbundenen Mühen mitunter eher im Interesse der so verpflichteten Person liegt, als wenn insbesondere uniformierte Personen auf der Arbeitsstelle oder vor der Wohnung erscheinen.[138] 86

Abs. 3 regelt die sogenannte Vorführung[139], also die zwangsweise Durchsetzung einer nicht befolgten Vorladung. Eine Vorladung wird grundsätzlich nach dem allgemeinen Verwaltungsvollstreckungsrecht (dazu Rn. 164 ff.) durchgesetzt, wenn auch nur unter den Voraussetzungen des Abs. 3. Nach Nr. 2 der Vorschrift kann im Fall der Durchführung erkennungsdienstlicher Maßnahmen ohne weitere besondere Voraussetzung das Vollstreckungsrecht angewendet werden. In den Fällen, in denen es um eine Maß- 87

---

137 Zur Verwaltungsaktsqualität der Vorladung *Saipa*, Nds.SOG, § 16, Rn. 2 (Mai 2013).
138 *Böhrenz/Unger/Siefken*, Nds.SOG, § 16, Rn. 2.
139 Vgl. etwa *Böhrenz/Unger/Siefken*, Nds.SOG, § 16, Rn. 3.

b) Meldeauflage

88 Von einer Meldeauflage spricht man, wenn einer Person aufgegeben wird, zu bestimmten Zeitpunkten einen bestimmten Ort aufzusuchen, also typischerweise die örtliche Polizeiwache. Dieses Instrument tritt regelmäßig insbesondere bei bestimmten sportlichen Großereignissen in den Blick der Öffentlichkeit, weil auf diese Weise verhindert werden soll, dass die durch eine solche Meldeauflage Verpflichteten an diesen Ereignissen teilnehmen, wenn von ihnen angenommen werden muss, dass sie sich an gewaltsamen Aktivitäten beteiligen. Beim Bundeskriminalamt wird eine Datei „Gewalttäter Sport" geführt,[140] wobei der Tatsache, dass eine Person in dieser Datei geführt wird, mit Blick auf ordnungsrechtliche Maßnahmen keine unmittelbaren Wirkungen zukommen. Die Verpflichtung zur Meldung dient nicht dazu, die Anwesenheit auf der Polizeiwache, sondern vor allem die Abwesenheit von dem sportlichen Großereignis und seinem Umfeld zu gewährleisten. Da es sich um eine inhaltlich inzwischen klar abgegrenzte, in ihrer Funktion eindeutig beschriebene und offenbar auch nicht ganz seltene Maßnahme handelt, wäre es eigentlich naheliegend, dass der Gesetzgeber eine entsprechende Standardmaßnahme formulieren würde. In Anbetracht des Fehlens einer solchen speziellen Ermächtigungsgrundlage muss auf die Generalklausel des § 11 SOG zurückgegriffen werden.[141] Rechtsstaatliche Überlegungen verlangen zwar grundsätzlich, dass der Gesetzgeber möglichst präzise Vorgaben für den Einsatz belastender Maßnahmen macht. Der Gesetzgeber hat aber bei der Beurteilung der Frage, welche Maßnahmen er in Gestalt von Standardmaßnahmen regelt und welche er den allgemeinen Regeln überlässt, einen weiten Spielraum. Erst recht folgt aus dem Rechtsstaatsprinzip kein generelles Verbot für Polizei und Verwaltungsbehörden, Maßnahmen zu ergreifen, für die trotz ihrer grundsätzlichen Typisierbarkeit keine spezielle Ermächtigungsgrundlage zur Verfügung steht.[142] Bei der Anwendung des § 11 SOG ist sodann die Schwere des damit verbundenen Grundrechtseingriffs zu berücksichtigen. Auf der anderen Seite geht es regelmäßig um Gefahren für hochrangige Rechtsgüter. Im Rahmen der Prüfung der Verhältnismäßigkeit der Maßnahme ist daher zu überprüfen, ob es etwa Lösungen gibt, die es dem Betroffenen erlauben, weiterhin seiner Arbeit nachzugehen, solange nicht zu befürchten ist, dass dies dem Zweck der Gefahrenabwehr zuwider läuft.[143]

c) Gefährderansprache

89 Eine andere Möglichkeit der Einflussnahme auf Personen; von denen erwartet wird, dass von ihnen eine Gefahr ausgehen kann, ist die sogenannte Gefährderansprache.

---

140 Vgl. dazu BVerwGE 137, 113 ff.
141 BVerwGE 129, 142 (148); Nds. OVG, NdsVBl. 2006, 241 (242); *Saipa*, Nds. SOG § 11 Rn. 2 (Mai 2013).
142 Vgl. BVerwGE 129, 142 (150); a.A. offenbar – gerade mit Blick auf die Meldeauflage – *Pieroth/Schlink/Kniesel*, POR, § 8, Rn. 21.
143 Vgl. dazu Nds. OVG, NdsVBl. 2006, 241 (242 f.).

IV. Eingriffsbefugnisse

Polizei oder Verwaltungsbehörden sprechen dabei die betreffende Person an und weisen auf die negativen Konsequenzen bestimmter Verhaltensweisen hin.[144] Die präzise Einordnung und die rechtlichen Maßstäbe sind problematisch. Zunächst ist herauszuarbeiten, ob es sich überhaupt um einen Grundrechtseingriff und damit eine belastende Maßnahme handelt, für die der Grundsatz des Vorbehalts des Gesetzes gilt und die folglich auf eine Ermächtigungsgrundlage gestützt werden muss. Ein Grundrechtseingriff ist auf den ersten Blick nicht leicht zu erkennen: Wird kein Verbot ausgesprochen und erfolgt keine Androhung einer bestimmten Handlung seitens der Gefahrenabwehrbehörden, so ist dem Adressaten grundsätzlich unbenommen, sich so zu verhalten, wie er oder sie sich dies wünscht. Andererseits zielt die Ansprache natürlich auf eine Verhaltensänderung, es soll auf den Adressaten der Ansprache Einfluss genommen werden, zum Beispiel an einer bestimmten Versammlung nicht teilzunehmen.[145] Daher ist aufgrund der Zielgerichtetheit der Maßnahme von einem Grundrechtseingriff auszugehen.[146] Eine spezielle Ermächtigungsgrundlage fehlt auch hier. Die polizeiliche Generalklausel ist daher anwendbar. Fraglich ist allerdings, ob in einer solchen Situation überhaupt die Tatbestandsvoraussetzungen vorliegen können. Das OVG hat es in der bereits angesprochenen Leitentscheidung abgelehnt, den Adressaten der Ansprache als Verhaltensstörer anzusehen, so dass die Voraussetzungen der Ermächtigungsgrundlage nicht vorlagen.[147]

Hinsichtlich der Klageart ist die Frage zu beantworten, ob es sich bei der Ansprache um einen Verwaltungsakt handelt. Dies ist mangels Regelungscharakters des Schreibens zu verneinen.[148] Es ist aber davon auszugehen, dass durch das Schreiben ein konkretes Rechtsverhältnis entsteht, so dass eine Feststellungsklage statthaft sein kann.[149]

d) Telekommunikationsüberwachung

Die Telekommunikationsüberwachung wird in erheblichem Umfang von verfassungsrechtlichen Vorgaben geprägt[150]. Art. 10 GG gibt für eingreifende Maßnahme ein enges Raster vor, das der Gesetzgeber zu beachten hat, wenn er die Verwaltungsbehörden und die Polizei in einer Weise ermächtigen möchte, die solche Eingriffe einschließt. Maßnahmen der Überwachung der Telekommunikation kommen in höchst unterschiedlichen Varianten zum Tragen. Sie können sich auf die Verbindungsdaten beziehen, auf den Ort, an dem sich ein Mobilfunkgerät und damit mutmaßlich auch dessen Eigentümer aufhält, oder auf die Inhalte von Gesprächen. Sie können auch dem Auffinden von Strukturen und Kontakten zwischen verschiedenen Personen oder aber der Ausforschung von Meinungen und Absichten dienen. Dabei hat sich die Ausgangslage im Vergleich zu der Zeit, in der das Grundgesetz geschrieben wurde, ganz erheblich geändert, worauf auch das Gesetz reagieren musste. Internet, Mobilfunk

---

144 Vgl. dazu die Sachverhaltsschilderung in der dazu ergangenen Leitentscheidung des Nds. OVG, NdsVBl. 2006, 19.
145 Vgl. Nds. OVG, NdsVBl. 2006, 19 (20).
146 Nds. OVG, NdsVBl. 2006, 19 (20).
147 Nds. OVG, NdsVBl. 2006, 19 (22).
148 Nds. OVG, NdsVBl. 2006, 19 (19 f.).
149 Nds. OVG, NdsVBl. 2006, 19 (20).
150 Vgl. *Gusy*, NdsVBl. 2006, 65 ff.

und das Aufkommen privater Anbieter von Telekommunikationsdienstleistungen haben die Möglichkeiten der Telekommunikation erheblich ausgeweitet, umgekehrt aber auch neue Potenziale für die Überwachung mit sich gebracht. Der Gesetzgeber musste diese Möglichkeiten systematisieren und die Eingriffsbefugnisse entsprechend strukturieren. Die Privatisierung der Telekommunikation – also das Auflösen des Monopols der Behörde Deutsche Bundespost seit den 1990er Jahren – etwa hatte zur Folge, dass im Gesetz auch die Verpflichtung der Unternehmen, die die Dienstleistungen zur Verfügung stellen, geregelt werden musste.

92 aa) „Fangschaltungen". § 33 SOG betrifft nicht die Gesprächsinhalte – ein Mithören ist ebenso ausgeschlossen wie das Aufzeichnen –, sondern ausschließlich die Verkehrsdaten.[151] Der klassische Anwendungsfall des § 33 SOG, bei dem die Verbindungsdaten eine Rolle spielen, ist die „Fangschaltung", also die Identifizierung eines Anrufers. Die früher geübte Praxis, die Überwachung auf der Grundlage der Einwilligung des Anspruchsinhabers zuzulassen, konnte nach einer Entscheidung des Bundesverfassungsgerichts[152] nicht mehr aufrecht erhalten werden.[153] Die Regelung zielt also nicht auf einen Eingriff in die Rechte des Anschlussinhabers – dieser muss ja mit der Maßnahme einverstanden sein –, sondern auf Dritte – also die Anrufer –, deren Daten damit erhoben werden. Die Zuständigkeit für die Anordnung ist von der Idee her ähnlich wie die des § 14 Abs. 2 S. 1 SOG. Allerdings ist gemäß § 33 Abs. 1 S. 3 SOG sogar eine Anordnung durch die Behördenleitung erforderlich, die diese allerdings gemäß S. 4 auf dieselbe Gruppe von Personen weiter übertragen darf, die in § 14 Abs. 2 S. 1 SOG durch das Gesetz für zuständig erklärt wird. Der Begriff der Behördenleitung verweist auf § 87 Abs. 1 SOG, der die Behörden aufzählt. Behördenleitungen im Sinne des § 33 Abs. 1 S. 3 SOG sind also jeweils die Präsidenten des Landeskriminalamtes, der zentralen Polizeidirektion sowie der Polizeidirektionen.

93 bb) Überwachung der Gespräche. Die in das Fernmeldegeheimnis am stärksten eingreifende Überwachung der Telekommunikation zu Zwecken der Gefahrenabwehr wird den Verwaltungsbehörden und der Polizei in § 33a SOG ermöglicht. Nach Abs. 2 darf sich die Überwachung auf die Inhalte – also in erster Linie die gesprochenen Wörter – beziehen, aber auch auf Verbindungsdaten und die Standortkennung. Es können also die Kontakte der die „Einrichtung" nutzenden Person und auch der Ort identifiziert werden. Auch wenn dabei nur an die Anschlüsse der überwachten Person angeknüpft werden darf (Abs. 2 S. 2), so dürfen gemäß Abs. 2 S. 3 auch Dritte unvermeidbar belastet werden. In der Tat lässt sich bei einer Auswertung von Kontakten und Gesprächen nicht sinnvoll verhindern, dass auch der jeweilige Gesprächspartner von der Maßnahme berührt wird. Es handelt sich um eine Art selbstverständlich vorausgesetzte Notstandspflicht, bei der die Voraussetzungen des § 8 SOG nicht vorliegen müssen.

94 Abs. 1 enthält die Ermächtigungsgrundlage. Die Gefahr muss sich auf eines der genannten besonders hochwertigen Rechtsgüter – die in § 2 Nr. 1 d) SOG aufgeführten

---

[151] Saipa, Nds. SOG § 33 Rn. 1 (Oktober 2014).
[152] BVerfGE 85, 386.
[153] Böhrenz/Unger/Siefken, Nds.SOG, § 33, Rn. 1.

IV. Eingriffsbefugnisse

sowie die Freiheit einer Person – beziehen und zusätzlich „gegenwärtig" (§ 2 Nr. 1 b) SOG) sein, also eine besondere zeitliche Nähe des Schadenseintritts bestehen. Zudem wird eine Polizeipflichtigkeit nach den §§ 6 bis 8 SOG vorausgesetzt. Die Voraussetzungen bei Notstandspflichtigen sind bereits nach dem § 8 SOG, dessen Voraussetzungen nach dem ausdrücklichen Hinweis in Nr. 2 vorliegen müssen, deutlich enger, als dies bei Handlungs- oder Zustandsstörern (§§ 6 f. SOG) der Fall ist. Gleichwohl versucht S. 1 auch eine eigene Abgrenzung. Bei Störern wird daran angeknüpft, dass „die Aufklärung des Sachverhalts auf andere Weise nicht möglich erscheint". Demgegenüber muss die Inanspruchnahme des Nichtstörers nach Nr. 2 „unerlässlich" sein. Offenbar ist hier eine Abgrenzung und Verschärfung gewollt. In der Praxis dürfte sich allerdings kaum eine signifikante Abweichung bei der Interpretation der beiden Formulierungen feststellen lassen.

Eine absolute Grenze der Telekommunikationsüberwachung stellt der Kernbereich privater Lebensgestaltung dar. Diese Rechtmäßigkeitsbedingung ist auf die Rechtsprechung des Bundesverfassungsgericht zurückzuführen, das auf diese Weise – unabhängig von dem im Ausgangspunkt relevanten Grundrecht – einen Bereich beschrieben hat, dessen Schutz unmittelbar aus Art. 1 Abs. 1 GG hergeleitet wird.[154] Nach der grundrechtsdogmatischen Ausgangslage ist damit eine Abwägung mit anderen Rechtsgütern ausgeschlossen. Die Anordnung einer Telekommunikationsüberwachung wird in Abs. 3 allerdings nur für den Fall ausgeschlossen, dass die Kommunikation ausschließlich diesen Bereich betreffen wird. Das Gesetz fordert stattdessen, dass bei einer solchen Wendung der Kommunikation die Überwachung zu unterbrechen ist. **95**

Das Gesetz sieht – ebenfalls stark beeinflusst von verfassungsrechtlichen Vorgaben – ein abgestuftes System zur Frage der Anordnungsbefugnis und zu den Anforderungen an die formelle Rechtmäßigkeit vor. Zuständig ist gemäß Abs. 4 das Amtsgericht. Darüber hinaus gibt es eine Reihe von formellen Vorgaben, zu denen auch die Befristung auf maximal drei Monate (mit Verlängerungsmöglichkeit) gehört. Nur bei Gefahr im Verzug kann eine Anordnung durch die Polizei ergehen (Abs. 5), wobei dies das Erfordernis der richterlichen Bestätigung nach sich zieht. Erfolgt diese nicht innerhalb von drei Tagen, so tritt die Anordnung außer Kraft (S. 6) mit der Folge, dass die gewonnenen Daten gelöscht werden müssen und ein Verbot ihrer Verwendung besteht (S. 7). Abs. 6 regelt davon eine Ausnahme: Die Polizei benötigt keine richterliche Anordnung, wenn nur der Aufenthaltsort der gefährdeten Person identifiziert werden soll und damit weder Verbindungsdaten noch Inhalte der Kommunikation erhoben werden. Dabei ist etwa daran zu denken, dass auch bei der Suche nach suizidgefährdeten Personen eine solche Maßnahme angeordnet werden kann und dies in der Praxis wohl sogar häufig der Fall ist.[155] In Anbetracht des Handelns im Interesse des Betroffenen und der besonderen Eile, mit der Maßnahmen ergriffen werden müssen, erscheint ein Verzicht auf die richterliche Anordnung in der Tat vertretbar.[156] Etwas Anderes wäre nur dann anzunehmen, wenn man auch die Rettung von suizidgefährdeten Personen **96**

---

154 Vgl. etwa BVerfGE 109, 279 (313 ff.); 113, 348 (390 f.); 130, 1 (22).
155 Böhrenz/Unger/Siefken, Nds.SOG, § 33 a, Rn. 2 und 10; siehe auch LT-Drs. 15/775, S. 8.
156 Vgl. Böhrenz/Unger/Siefken, Nds.SOG, § 33 a, Rn. 10.

für nicht vom Polizei- und Ordnungsrecht gedeckt ansehen würde – eine Auffassung, die sich allerdings in Anbetracht der aus den Grundrechten hergeleiteten Schutzpflichten kaum durchsetzen dürfte.

97 § 33 b SOG ermächtigt zum Einsatz des sogenannten IMSI-Catchers, mit dem die Standortkennung wesentlich genauer als bei dem Verfahren nach § 33 a Abs. 2 Nr. 3 erfolgen kann und zwar, wenn dasselbe Mobiltelefon benutzt wird, auch nach dem Wechsel der Chipkarte.[157] Abs. 1 S. 2 macht deutlich, dass die Ermächtigung auch dann genutzt werden kann, wenn Dritte unvermeidbar betroffen sind. Dies ist bei der Art der verwendeten Technik offenbar zwangsläufig der Fall, da alle in dem erfassten Gebiet (Umkreis 100 m) befindlichen Mobilfunkgeräte mit dem IMSI-Catcher in Kontakt treten.[158] Durch den Verweis auf § 33 a Abs. 4 und 5 SOG wird deutlich, dass der Richtervorbehalt und die davon vorgesehenen Ausnahmen ebenso wie bei der Überwachung nach § 33 a SOG gelten. Abs. 2 regelt zudem den Fall, dass bestimmte Kommunikationsmöglichkeiten gerade verhindert werden sollen. Der Richtervorbehalt des Abs. 3 erstreckt sich auch auf diese Maßnahme.

e) Längerfristige Observation/Einsatz technischer Mittel

98 Die §§ 34 ff. SOG regeln die Sammlung von Informationen außerhalb der Telekommunikationsüberwachung. Die verschiedenen Ermächtigungsgrundlagen unterscheiden sich zum Teil unter dem Gesichtspunkt der eingesetzten Mittel, zum Teil allerdings auch hinsichtlich der von ihnen eingeschränkten Grundrechte.

99 § 34 SOG liegt erkennbar die Einschätzung zugrunde, dass eine Observation mit zunehmender Dauer umso intensiver in das informationelle Selbstbestimmungsrecht eingreift. In der Tat zeichnen sich durch eine längerfristige Beobachtung Gewohnheiten und persönliche Lebensumstände der beobachteten Person besonders klar ab. Die erhobenen Daten beschreiben Umstände, die dem Kernbereich persönlicher Lebensgestaltung noch näher sind. Die Vorschrift sieht Ermächtigungsgrundlagen für den Eingriff in die Rechte unterschiedlicher Personen vor. Ausgangspunkt ist die Überwachung von Störern und Notstandspflichtigen, die unter den Voraussetzungen des § 34 Abs. 1 S. 1 Nr. 1 SOG zulässig ist. Bei Nr. 2 wird demgegenüber nicht an den Störerbegriff angeknüpft und auch der Gefahrenbegriff nicht verwendet. Voraussetzung ist also nicht eine besondere zeitliche Nähe des möglichen Schadenseintritts, sondern, wie die Formulierung „Straftaten von erheblicher Bedeutung" deutlich macht, die Schwere des drohenden Schadens. Nr. 3 regelt die bewusste Beobachtung von Kontakt- und Begleitpersonen. Dabei handelt es sich in Abgrenzung zur Nr. 2 gerade nicht um Personen, von denen die Begehung der in Nr. 2 genannten Straftaten befürchtet wird, sondern lediglich um das persönliche Umfeld. Allerdings können möglicherweise auch durch eine Überwachung dieses Umfelds wichtige Informationen zur Verhütung der Straftaten gewonnen werden. Der Gesetzgeber hat in vertretbarer Weise die Abwägung zwischen den Grundrechten der betroffenen Personen – die ja keine Störer sind

---

[157] Böhrenz/Unger/Siefken, Nds.SOG, § 33 b, Rn. 1. Zu den Funktionen des IMSI-Catchers im Einzelnen: LT-Drs. 15/240 S. 19.
[158] Böhrenz/Unger/Siefken, Nds.SOG, § 33 b, Rn. 2.

IV. Eingriffsbefugnisse

und von denen auch nicht die Begehung einer Straftat von erheblicher Bedeutung erwartet wird – und dem Interesse an der Gefahrenabwehr zugunsten des letzteren entschieden. Davon zu unterscheiden sind die in Abs. 1 S. 2 genannten Personen, die nicht als Kontakt- oder Begleitpersonen berührt sind, sondern lediglich unvermeidbar in die Überwachung einbezogen sind, weil sich die überwachte Person natürlicherweise in einem sozialen Umfeld bewegt und man die parallele Wahrnehmung dieser anderen Personen nun einmal nicht vermeiden kann. Interessant ist die Abstufung der Anordnungsbefugnisse: Gemäß Abs. 2 ist zunächst einmal die Behördenleitung zuständig, die aber auf die schon mehrfach angesprochene Gruppe von Amtsträgern delegieren darf. Als zusätzliche Sicherung dient bei Überschreiten der Monatsgrenze die Zuständigkeit des Amtsgerichts.

§ 35 SOG knüpft an die Tatbestandsvoraussetzungen des § 34 Abs. 1 SOG an und regelt, dass unter denselben Voraussetzungen auch eine Überwachung des nicht öffentlich gesprochenen Wortes zulässig ist. Abs. 1 S. 3 macht deutlich, worauf sich die Ermächtigungsgrundlage bezieht und zu welchen Eingriffen durch § 35 SOG eben nicht ermächtigt wird: nämlich zu solchen in das Brief-, Post- und Fernmeldegeheimnis. Liegt ein solcher Eingriff vor, so müssen andere Ermächtigungsgrundlagen herangezogen werden – im Fall des Fernmeldegeheimnisses also etwa § 33 a SOG. Im Übrigen werden vielfältige Maßnahmen erfasst: Die Polizei kann Bildaufnahmen und Aufzeichnungen anfertigen, Gespräche abhören und aufzeichnen oder auch Aufenthaltsorte bestimmen. Auch hier gilt selbstverständlich der Schutz des Kernbereichs privater Lebensgestaltung, der nach Abs. 2 dazu führt, dass man mit den sich darauf beziehenden Aufnahmen eigentlich nur eines machen darf, nämlich sie löschen – was dann auch zwingend vorgeschrieben ist. Die Zuständigkeit ist hier anders als bei § 34 SOG geregelt: Grundsätzlich ist gemäß Abs. 3 S. 1 das Amtsgericht zuständig, lediglich bei Gefahr im Verzug auch die Polizei, wobei innerhalb dieser die Behördenleitung die Anordnung treffen muss, diese allerdings wiederum weiter übertragen kann in der schon an verschiedenen Stellen beschriebenen Weise. 100

Der Unterschied zwischen § 35 SOG und § 35 a SOG liegt nicht in der Art der durchgeführten Maßnahmen, sondern darin, dass die in § 35 SOG genannten Maßnahmen nach § 35 a SOG in Wohnungen durchgeführt werden dürfen.[159] Durch das Urteil des Bundesverfassungsgerichts zur Wohnraumüberwachung nach der StPO[160] sind auch für das Polizei- und Ordnungsrecht die von Art. 13 GG gezogenen Grenzen markiert[161]. Allgemein ist eine solche Maßnahme nur unter sehr engen tatbestandlichen Voraussetzungen zulässig. Darüber hinaus werden auch bei Vorliegen der Tatbestandsvoraussetzungen die Überwachungsmöglichkeiten eingeschränkt: So wird nach Abs. 1 S. 3 gegenüber Personen, von denen die Gefahr nicht selbst ausgeht, das Zeugnisverweigerungsrecht der StPO auch mit Blick auf die Gefahrenabwehr geschützt. Bei der zweiten Art der Einschränkung wird der Versuch der Umsetzung der Rechtsprechung des BVerfG mit Blick auf den Schutz des Kernbereichs privater Lebensgestal- 101

---

159 *Ullrich/Weiner/Brüggemann*, Nds. PoR, Rn. 214.
160 BVerfGE 109, 279.
161 Vgl. etwa *Wefelmeier*, NdsVBl. 2004, 289 ff.

tung[162] besonders deutlich. Die Abs. 2 und 3 erfüllen die Vorgabe, dass Eingriffe in diesen nicht zu rechtfertigen und daher von vornherein zu verhindern sind. Daraus folgt auch, dass eine Überwachungsmaßnahme ggf. erst gar nicht angeordnet werden darf oder bei tatsächlichen Anhaltspunkten für eine Erfassung dieses Bereichs die Maßnahme unterbrochen werden muss. Dass die Ausgestaltung dieses Schutzes bei § 35a SOG ausführlicher und auch strenger erfolgt, ist vor dem Hintergrund sachgerecht, dass innerhalb von Wohnungen die Gefahr für einen Bezug zu der privaten Lebensgestaltung natürlich besonders groß ist. Dies wird auch in Abs. 2 S. 2 deutlich, der aufzeigt, dass bei Betriebs- und Geschäftsräumen regelmäßig nicht von einer solchen Schutzbedürftigkeit auszugehen ist.[163] Dabei ist zu beachten, dass eine Regel aufgestellt wird, von der es nach dem eindeutigen Wortlaut der Vorschrift auch Ausnahmen geben kann.

f) Platzverweis

102 Der Platzverweis nach § 17 Abs. 1 SOG gehört zu den Maßnahmen, die ausdrücklich nicht nur gegenüber Polizeipflichtigen, sondern gegenüber jeder Person getroffen werden können. Anknüpfungspunkt für die Maßnahme ist lediglich die abzuwehrende konkrete Gefahr sowie die Anwesenheit an einem bestimmten Ort. Der Platzverweis darf aber nur vorübergehend erfolgen. Außerdem muss sich die Maßnahme auf einen bestimmten Ort beschränken. Der Begriff ist enger als der des „örtlichen Bereichs" gemäß § 17 Abs. 4 SOG, so dass nicht das gesamte Gemeindegebiet, sondern nur ein einzelner Teil des Gebiets zum Gegenstand einer entsprechenden Anordnung gemacht werden darf.[164] Abs. 1 S. 2 bildet eines der Beispiele, in denen ein Platzverweis in Betracht kommt.[165] Er darf daher nicht als Einschränkung des S. 1 verstanden werden.

103 Während § 17 Abs. 1 SOG einen Eingriff in die allgemeine Handlungsfreiheit zum Gegenstand hat – da die Maßnahme nur kurzfristige Wirkungen hat, ist nicht von einem Eingriff in Art. 11 GG auszugehen –[166], geht es bei Abs. 2 um Einschränkungen in Art. 13 GG. Die höheren Anforderungen an Maßnahmen, die gegenüber den aus Art. 13 GG Berechtigten erfolgen, werden dadurch verdeutlicht, dass ein Platzverweis aus einer Wohnung nur bei einer gegenwärtigen erheblichen Gefahr möglich ist. § 17 Abs. 2 S. 2 SOG dient vor allem der Verhinderung von körperlichen Auseinandersetzungen zwischen den Partnern[167]. Die Gefahr soll von einer in der Wohnung wohnenden Person abgewehrt werden, die Maßnahme darf sich durchaus auch gegen die Person richten, der eigentlich das Recht zum Besitz zukommt.[168] Die zulässige Dauer der Wohnungsverweisung hängt in erster Linie von der jeweils abzuwehrenden Gefahr ab und muss letztlich durch Anwendung des Grundsatzes der Verhältnismäßigkeit bestimmt werden.[169] § 17 Abs. 2 SOG schließt keine Ermächtigungsgrundlage für das

---

162 Oben, Fn. 95.
163 Vgl. BVerfGE 32, 54 (75); 34, 238 (248); 109, 279 (320 f.).
164 Vgl. *Böhrenz/Unger/Siefken*, § 17, Rn. 2.
165 *Böhrenz/Unger/Siefken*, § 17, Rn. 5.
166 *Kugelmann*, POR, S. 135.
167 Nds. OVG, BeckRS 2010, 51698.
168 *Böhrenz/Unger/Siefken*, § 17, Rn. 10.
169 Nds. OVG, BeckRS 2010, 51698.

Eindringen von Polizei und Verwaltungsbehörden in Wohnungen ein.¹⁷⁰ Muss also etwa die Polizei, bevor sie eine Anordnung nach § 17 Abs. 2 SOG trifft, gegen den Willen des Berechtigten eine Wohnung betreten, so bedarf es dafür einer eigenen Ermächtigungsgrundlage.

Für Aufenthaltsverbote gemäß § 17 Abs. 4 SOG als Maßnahmen der vorbeugenden Verbrechensbekämpfung ist nach § 1 Abs. 1 S. 3 SOG primär die Polizei, nur subsidiär sind die Verwaltungsbehörden zuständig.¹⁷¹ Auf der Tatbestandsseite wird nicht an das Vorliegen einer Gefahr angeknüpft, sondern die wesentlich niedrigere Hürde aufgestellt, dass „Tatsachen die Annahme" des Begehens einer Straftat rechtfertigen müssen. Damit ist letztlich der Verdacht einer Gefahr ausreichend, was einen rechtsstaatlich akzeptablen Umgang mit dieser wie anderen Normen, die auf dieses Tatbestandsmerkmal zurückgreifen, zu einer besonderen Herausforderung macht.¹⁷² Aufenthaltsverbote zur Verhütung von Straftaten dürfen gemäß § 17 Abs. 4 SOG „auch ein gesamtes Gemeindegebiet" umfassen. S. 3 hebt die unter dem Gesichtspunkt der Verhältnismäßigkeit selbstverständliche Beschränkung auf das zeitlich und örtlich Erforderliche hervor.

104

g) Sicherstellung

Mit der Sicherstellung (§ 26 SOG) nehmen die Verwaltungsbehörden und die Polizei eine Sache in Verwahrung oder sichern sie in anderer Weise (§ 27 SOG). In vielen Fällen wird nicht leicht zu entscheiden sein, ob dies aus Gründen der Verfolgung von Straftaten oder Ordnungswidrigkeiten – mit der Folge der Anwendbarkeit von StPO bzw. OWiG – oder zur Gefahrenabwehr erfolgt, wobei zur Abgrenzung auf den Schwerpunkt der Tätigkeit abzustellen ist.¹⁷³ Eine Sicherstellung nach dem SOG setzt voraus, dass die Anordnung gerade dazu dienen soll, die Sache zu verwahren, um so den Besitz Dritter zu verhindern.¹⁷⁴ Die Anwendungsfälle werden in der Ermächtigungsgrundlage des § 26 SOG deutlich unterschieden. Neben dem Schutz des Berechtigten (Nr. 2) und den Gefahren eines Missbrauchs durch einen Festgenommenen (Nr. 3) ist nach Nr. 1 die Abwehr einer gegenwärtigen Gefahr der Anknüpfungspunkt. Insbesondere bei letzterem Fall stellt sich auch das Problem der Abgrenzung vom Vollstreckungsrecht gemäß §§ 64 ff. SOG. § 26 SOG dient dabei auch als Ermächtigungsgrundlage für die Anordnung der Herausgabe zum Zwecke der Sicherstellung.¹⁷⁵ Insofern ist stets zu prüfen, ob von einer solchen Anordnung – ausdrücklich, konkludent oder in den Fällen des § 64 Abs. 2 SOG hypothetisch (vgl. unten Rn. 189) – ausgegangen werden kann. Immer wenn dies der Fall ist, dürften sich auch die Merkmale des VA i.S.v. § 35 VwVfG unproblematisch bejahen lassen. Demgegenüber sind durchaus auch Fälle denkbar, in denen die Annahme eines VA künstlich wirken dürfte – also etwa, wenn ohne einen entsprechenden faktischen Anknüpfungspunkt vom Vorliegen einer konkludent ergehenden Duldungsverfügung ausgegangen wird. Da es sich

105

---

170 Böhrenz/Unger/Siefken, § 17, Rn. 6.
171 Nds. OVG, NdsVBl. 2009, 237 f.; BeckRS 2010, 50645.
172 Vgl. Kugelmann, POR, S. 96.
173 Böhrenz/Unger/Siefken, Nds.SOG, § 26, Rn. 1.
174 Nds. OVG, NdsVBl. 1994, 60.
175 Böhrenz/Unger/Siefken, Nds.SOG, § 26, Rn. 4.

um eine Sache handelt, kann auch Bargeld unter den Voraussetzungen des § 26 SOG sichergestellt werden[176].

106 Als Sicherstellung kann auch die sogenannte „präventive Gewinnabschöpfung" rechtmäßig sein, mit der Vermögenswerte entzogen werden, bei denen davon auszugehen ist, dass sie zur Begehung weiterer Straftaten verwendet werden sollen[177]. Dem Verfahren liegt ein gemeinsamer Runderlass von Innen- und Justizministerium zugrunde.[178] Entgegengewirkt werden soll damit der Situation, dass Sachen, die im Ermittlungsverfahren beschlagnahmt bzw. sichergestellt wurden, an den letzten Gewahrsamsinhaber herauszugeben sind, obwohl dieser die Sachen „offensichtlich nicht rechtmäßig erlangt" hat.[179] Der Runderlass kann in Anbetracht des Vorbehalts des Gesetzes keine Ermächtigungsgrundlage sein. Der Erlass macht vor diesem Hintergrund schon in der Überschrift deutlich, dass er von § 26 SOG als der Ermächtigungsgrundlage ausgeht, wobei offensichtlich in erster Linie an die Nr. 2 gedacht wurde. Ziffer 3.4. des Erlasses zählt bestimmte Indizien auf, die dazu führen, die Vermutung des § 1006 BGB umzukehren, so dass überhaupt von einer Konstellation ausgegangen werden kann, in der die Tatbestandsvoraussetzungen von § 26 Nr. 2 SOG vorliegen. Das Verfahren setzt voraus, dass die Staatsanwaltschaft das Verfahren insofern der zuständigen Gemeinde übergibt, was sie nach dem genannten Erlass bei Vorliegen der Voraussetzungen muss. Die Staatsanwaltschaft unterliegt den Weisungen des Justizministers, kann also in diesen Fällen die Weitergabe nicht aus eigener Machtvollkommenheit ablehnen. Für die Gemeinden ergibt sich ein Anreiz zur Durchführung eines entsprechenden Verfahrens schon aufgrund der Regelung des § 29 Abs. 2 S. 3 SOG.

107 § 28 SOG knüpft die Verwertung der Sache an bestimmte Bedingungen, die sich insbesondere auf den mit der Verwahrung verbundenen Aufwand oder die Sinnlosigkeit einer weiteren Verwahrung beziehen. Grundsätzlich erfolgt die Verwertung gemäß § 28 Abs. 3 SOG durch öffentliche Versteigerung. Die Vorschrift soll im Interesse des Betroffenen einen möglichst hohen Erlös gewährleisten[180]. Das Nds. OVG hält daher – über den Wortlaut von § 28 Abs. 3 S. 3 SOG hinausgehend – einen freihändigen Verkauf schon dann für zulässig, wenn die Versteigerung nicht mehr einbringen würde[181]. Der berechtigten Person ist gemäß § 29 Abs. 1 der Erlös herauszugeben, wovon allerdings gemäß § 29 Abs. 3 S. 4 SOG Kosten abzuziehen sind. Zu diesen können etwaige Kosten für die Auktion, die Verwahrung und einen möglichen Transport des zu verwertenden Gegenstands zählen.[182] Ein Anspruch auf (anteilige) Herausgabe angefallener Zinsen auf den Erlös kann sich aus § 29 Abs. 2 SOG i.V.m. § 302 BGB ergeben.[183]

---

176 Nds. OVG, NVwZ-RR 2009, 954 (955).
177 Nds. OVG, NVwZ-RR 2009, 954 ff.; vgl. auch *Rhode/ Schäfer*, Nds VBl. 2010, 41 ff.; *dies.*, NdsVBl. 2012, 145 ff.
178 Vom 16.11.2007, MBl. 50/2007, 1515.
179 Erlass, S. 1515.
180 Nds. OVG, NdsVBl. 2011, 201 (202).
181 Nds. OVG, NdsVBl. 2011, 201 (202).
182 Vgl. etwa Nds. OVG, NdsVBl. 2012, 192.
183 Nds. OVG, NdsVBl. 2012, 192.

IV. Eingriffsbefugnisse

h) Untersuchung und Durchsuchung

Durchsucht werden können nach der etwas irritierenden Terminologie neben Sachen (§ 23 SOG) und Wohnungen (§ 24 SOG) auch Personen (§ 22 SOG), die wiederum zusätzlich auch untersucht werden können (§ 22 Abs. 4 SOG). 108

aa) Durchsuchung von Sachen. Die Durchsuchung von Sachen ist von den hier aufgeführten Arten der Durchsuchung sicherlich die mit Blick auf die Grundrechte am wenigsten problematische. Die verschiedenen Alternativen des § 23 Abs. 1 SOG sehen im Großen und Ganzen keine besonders hohen Hürden vor. Dabei kommt es zu Überschneidungen zwischen den unterschiedlichen Tatbeständen.[184] Daher können in einem bestimmten Sachverhalt mehrere Nummern des § 23 SOG einschlägig sein. Es fällt auf, dass vielfach an andere Ermächtigungsgrundlagen angeknüpft wird, das Erfordernis einer Durchsuchung von Sachen also aus Anlass einer sonstigen Gefahrenabwehrmaßnahme entsteht.[185] Fahrzeuge, in denen Menschen zu diesem Zeitpunkt wohnen, dürfen nur unter den Voraussetzungen des § 24 SOG durchsucht werden, da dann der Schutz des Art. 13 GG greift.[186] Kleidungsstücke, die am Körper getragen werden, sind zwar Sachen, wegen des Personenbezugs ist aber bei einer Durchsuchung § 22 SOG anzuwenden.[187] 109

bb) Durchsuchung von Wohnungen. § 24 SOG stellt ein ausdifferenziertes System von Ermächtigungsgrundlagen bereit, mit denen die Befugnis zu einem Eingriff in Art. 13 GG verbunden ist. Der Gesetzgeber hat sich erkennbar bemüht, unterschiedliche Konstellationen, in denen eine Wohnungsdurchsuchung erforderlich werden könnte, zu skizzieren und dabei die Tatbestandsvoraussetzungen in einer Weise auszugestalten, die der Bedeutung des eingeschränkten Grundrechts gerecht wird. Das Gesetz legt den Ermächtigungsgrundlagen eine Definition zugrunde, die der Linie der Rechtsprechung des Bundesverfassungsgerichts entspricht.[188] Bestimmte Ermächtigungsgrundlagen dürfen nach Abs. 4 nicht zur Nachtzeit – also nicht zwischen dem 1.4. bis 30.9. von 21 bis 4 Uhr, zwischen dem 1.10. und 31.3. von 21 bis 6 Uhr (§ 104 Abs. 3 StPO) – genutzt werden. 110

Zu beachten ist auch, dass das Gesetz zwischen dem Betreten und dem Durchsuchen differenziert. Abs. 5 bezieht sich nur auf das Betreten und regelt dabei eine Ausnahme vom grundsätzlichen Verbot des Betretens und Durchsuchens zur Nachtzeit (Abs. 4). Der Begriff des Durchsuchens ist in der Norm nicht legaldefiniert. Zusätzlich zu dem Betreten und Verweilen kommen in diesem Fall weitere Handlungen in den jeweiligen Räumlichkeiten hinzu, namentlich ein Suchen nach bestimmten Personen oder Sachen oder das Ermitteln eines Sachverhalts.[189] Was mit den so gewonnenen Informationen oder der entdeckten Person geschehen darf, ist damit noch nicht entschieden. Sind hier zusätzliche Maßnahmen erforderlich, so muss auf weitere Ermächtigungsgrundlagen zurückgegriffen werden. 111

---

[184] Böhrenz/Unger/Siefken, Nds.SOG, § 23, Rn. 3.
[185] Ullrich/Weiner/Brüggemann, Nds. PoR, Rn. 284.
[186] Böhrenz/Unger/Siefken, Nds.SOG, § 23, Rn. 2.
[187] Böhrenz/Unger/Siefken, Nds.SOG, § 23, Rn. 2.
[188] Böhrenz/Unger/Siefken, Nds.SOG, § 24, Rn. 3; Saipa, Nds. SOG § 24 Rn. 5 (Mai 2013).
[189] Böhrenz/Unger/Siefken, Nds.SOG, § 24, Rn. 4.

112 Mit den Anforderungen des Grundrechts erklären sich auch die in den verschiedenen Konstellationen unterschiedlichen Tatbestandsvoraussetzungen.[190] So reicht nach § 24 Abs. 6 SOG jeder Zweck der Gefahrenabwehr aus, um ein Betreten von Räumen, die der Öffentlichkeit zugänglich sind, zu bestimmten, im Gesetz ausführlich aufgezählten Öffnungszeiten zu rechtfertigen. In diesem Fall ist der Eingriff nicht mit einem Eindringen gegen den Willen des Berechtigten vergleichbar. Ebenfalls in diesem Kontext erwähnt werden muss die Tatsache, dass die Ermächtigungsgrundlagen auf das Betreten gegen den Willen des Inhabers abstellen. Daraus folgt im Umkehrschluss die Unnötigkeit einer Ermächtigungsgrundlage in den Fällen, in denen der Inhaber mit der Durchsuchung einverstanden ist. Dies erscheint einerseits durchaus problematisch, da in vielen Fällen von einer im eigentlichen Sinne freiwilligen Zustimmung des Eigentümers kaum die Rede sein dürfte. Andererseits wird es tatsächlich in vielen Fällen im Interesse des Inhabers liegen, den Verdacht einer Gefahr durch Offenlegung der verfügbaren Informationen – und damit eben auch der Öffnung der Wohnung für eine Durchsuchung – auszuschließen, bevor weitere Maßnahmen zur Gefahrenabwehr in Betracht gezogen werden. Sehr eng sind die Voraussetzungen, unter denen nicht nur eine Wohnung, sondern ein ganzes Gebäude durchsucht werden darf (Abs. 3).

113 Die verschiedenen Ermächtigungsgrundlagen beziehen sich jeweils auf spezifische Konstellationen – die Freiheitsbeschränkung gegenüber einer Person, die Ermöglichung einer Sicherstellung oder gemäß Nr. 3 ganz allgemein die Abwehr einer gegenwärtigen Gefahr für bestimmte genannte Rechtsgüter. Die Tatbestandsvoraussetzungen erklären sich im Wesentlichen von selbst. Hinzuweisen ist auf das Problem, dass gemäß Art. 13 Abs. 7 GG eine „dringende Gefahr" Voraussetzung für das Betretendürfen ist. Die Verweisung von Abs. 2 Nr. 2 auf die Sicherstellung gemäß § 26 SOG bringt dies unzureichend zum Ausdruck, so dass bei verfassungskonformer Auslegung der Zusammenhang so zu verstehen ist, dass die Tatbestandsvoraussetzungen von § 24 Abs. 2 Nr. 2 i.V.m. § 26 Nr. 1 SOG nur bei einer Gefahr für ein hochrangiges Rechtsgut erfüllt sind.[191] Bei der Anwendung des Abs. 2 Nr. 4 ist zu beachten, dass zu den Emissionen selbstverständlich auch Lärm gehören kann. Dies verdeutlicht auch § 3 Abs. 3 BImSchG. Da das BImSchG eine Reihe von Ermächtigungsgrundlagen bereit stellt, ist unter dem Gesichtspunkt des Vorrangs der speziellen Ermächtigungsgrundlage zunächst zu klären, ob das Polizei- und Ordnungsrecht in dieser Konstellation überhaupt anwendbar ist (vgl. dazu oben Rn. 7).

114 cc) Durchsuchung von Personen. Die Durchsuchung von Personen umfasst Blicke in zur Kleidung gehörenden Taschen sowie die ggf. äußerlich einsehbaren Teile des Körpers.[192] Gegenstände, die neben der Kleidung mitgeführt werden, können unter den dort genannten Voraussetzungen nach § 23 durchsucht werden, bei anderen Teilen des Körpers kommt möglicherweise eine Untersuchung nach § 22 Abs. 4 SOG in Betracht. Die Ermächtigungsgrundlagen, die die Abs. 1 und 2 vorsehen, überschneiden sich viel-

---

190 Vgl. dazu *Waechter* POR, Rn. 577 ff.
191 *Böhrenz/Unger/Siefken*, Nds.SOG, § 24, Rn. 7.
192 *Böhrenz/Unger/Siefken*, Nds.SOG, § 22, Rn. 2; *Waechter* POR, Rn. 573.

fältig, so dass in einigen Konstellationen mehr als eine anwendbar sein dürfte.[193] Hinter einer Reihe von Vorschriften steht offenkundig die Überlegung, dass von bestimmten Sachen eine Gefahr ausgeht, wenn Personen sie in einer bestimmten Konstellation mit sich führen. Das betrifft zum einen festgehaltene Personen (Abs. 1 Nr. 1), aber auch Personen, die „sich erkennbar in einem die freie Willensbestimmung ausschließenden Zustand oder sonst in hilfloser Lage" befinden (Nr. 3). In beiden Fällen kommt eine Eigen- ebenso wie eine Fremdgefährdung in Betracht. Nr. 2 folgt offenbar der Überlegung, dass die Sicherstellung von Sachen zum Teil erst möglich wird, indem man die Person, die sie bei sich führt, durchsucht. Nr. 4 und 5 sowie Abs. 2, 1. Alt. knüpfen an den Ort an, an dem sich die Person befindet. Abs. 2, 1. Alt. betrifft die Gefahrenabwehr aus Anlass einer Identitätsfeststellung.

dd) Untersuchung. Mit dem Begriff der „Untersuchung" i.S.d. § 22 Abs. 4 SOG sind Maßnahmen gemeint, die Eigenschaften des Körpers selbst betreffen.[194] Dazu gehört gemäß S. 2 auch die Entnahme von Blutproben, die nur von Ärzten durchgeführt werden darf. Da es sich um einen schwerwiegenden Eingriff handelt, muss eine entsprechend hochrangige Schutzpflicht des Staates bestehen, um die Ermächtigung zu einer solchen Untersuchung rechtfertigen zu können. Konkret wird an die mögliche Übertragung von Infektionskrankheiten und die Bedeutung der Kenntnis der Untersuchungsergebnisse für die Gefahrenabwehr angeknüpft. Eine solche Bedeutung ist gegeben, wenn die weitere medizinische Versorgung des Betroffenen von der Bestimmung der Erreger abhängt, die möglicherweise übertragen wurden.[195] Einer Einordnung, ob die von der Untersuchung betroffene Person Störer oder Notstandspflichtiger ist, bedarf es nicht. Voraussetzung ist lediglich, dass „Tatsachen die Annahme rechtfertigen, dass" von der Person „eine Gefahr für Leib oder Leben einer anderen Person ausgegangen ist" (S. 1). Zuständig für die Anordnung ist das Amtsgericht, bei Gefahr im Verzug auch die Polizei, wobei in diesem Fall unverzüglich eine richterliche Bestätigung eingeholt werden muss (S. 3 und 5). Eine solche Eilentscheidung kann etwa gerechtfertigt sein, wenn dadurch die gesundheitliche Situation für die andere Person verbessert werden kann.[196] Sind bereits Blutproben vorhanden – etwa aufgrund von Strafverfolgungsmaßnahmen wie der Kontrolle des Alkoholgehalts –, so kann als Minusmaßnahme angeordnet werden, statt einer erneuten Entnahme diese zu untersuchen.[197]

Nach Vorliegen der Ergebnisse der Untersuchung verändert sich die Konstellation, was die Eingriffe in grundrechtlich geschützte Konstellationen anbelangt. Statt um die Frage der körperlichen Unversehrtheit geht es sodann in erster Linie um das allgemeine Persönlichkeitsrecht bzw. das Recht auf informationelle Selbstbestimmung. Entnommene Proben sind daher nach S. 6 „unverzüglich zu vernichten". Auch die bei der Untersuchung gewonnenen – notwendigerweise personenbezogenen – Daten müssen nach S. 7 unverzüglich gelöscht werden, wenn die Rechtfertigung für die Erhebung

---

[193] Böhrenz/Unger/Siefken, Nds.SOG, § 22, Rn. 4; Ullrich/Weiner/Brüggemann, Nds. PoR, Rn. 278.
[194] Böhrenz/Unger/Siefken, Nds.SOG, § 22, Rn. 3; Ullrich/Weiner/Brüggemann, Nds. PoR, Rn. 276.
[195] Ullrich/Weiner/Brüggemann, Nds. PoR, Rn. 281.
[196] Vgl. Böhrenz/Unger/Siefken, Nds.SOG, § 22, Rn. 9.
[197] Böhrenz/Unger/Siefken, Nds.SOG, § 22, Rn. 9.

bzw. Speicherung – dass sie nämlich zur Gefahrenabwehr nach S. 1 der Vorschrift benötigt werden – entfallen ist.

i) Die Freiheit einschränkende Maßnahmen

117 Gemäß § 10 SOG kann aufgrund des SOG unter anderem auch das Grundrecht der Freiheit der Person (Art. 2 Abs. 2 S. 2 GG) eingeschränkt werden. Während bei einer bloßen Freiheitsbeschränkung ein bestimmter, grundsätzlich zugänglicher Ort nicht aufgesucht bzw. man sich dort nicht aufhalten kann, liegt bei einer Freiheitsentziehung eine Aufhebung der Bewegungsfreiheit in jede Richtung vor.[198] Die letztere Konstellation wird relevant bei der Ingewahrsamnahme. Wegen der Schwere des Grundrechtseingriffs sind auch die Voraussetzungen hoch, unter denen eine solche in Betracht kommt. § 18 SOG knüpft in seinem Abs. 1 Nr. 1 zunächst an die Konstellation an, in der dies im Interesse der in Gewahrsam genommenen Person ist – auch wenn dies nicht unbedingt ihrem ausdrücklich geäußerten Willen entspricht. Nr. 2 betrifft eine klassische polizei- und ordnungsrechtliche Konstellation, in der sowohl eine besondere zeitliche Nähe des schädigenden Ereignisses wie auch eine gewisse Schwere des potenziellen Schadens vorliegen müssen. Dieser Tatbestand muss vor dem Hintergrund der Rechtsprechung des EGMR[199], nach der zunächst eine Konkretisierung der Verpflichtung des Betroffenen durch eine auf die Verhütung der Straftat zielende Verfügung erfolgen muss, konventionskonform ausgelegt werden.[200] Dies geschieht am Besten auf der Rechtsfolgenseite durch eine Prüfung unter dem Gesichtspunkt der Erforderlichkeit, ob zunächst die weniger eingreifende Maßnahme einer auf die Verhütung der Straftat zielenden Verfügung versucht wurde, der Adressat der Maßnahme dieser aber nicht nachgekommen ist.[201] Wie Nr. 2 in konventionskonformer Auslegung zeigt die Nr. 3 schon nach der Formulierung des Tatbestands Anklänge an das Vollstreckungsrecht. Mit Blick auf die klassische vollstreckungsrechtliche Frage des Rechtswidrigkeitszusammenhangs (siehe unten Rn. 181 f.) ist hier allerdings eine Modifikation einschlägig: Ist schon der Platzverweis (§ 17 SOG) rechtswidrig, so gilt dies auch für die zu seiner Durchsetzung erfolgende Ingewahrsamnahme. Die Abs. 2 und 3 betreffen – sehr vereinfacht gesagt – die speziellen Fälle der entwichenen Gefangenen und der weggelaufenen Minderjährigen.

118 Besondere Anforderungen bestehen hinsichtlich der Behandlung der festgehaltenen Person und der zulässigen Dauer des Eingriffs. Gemäß § 20 SOG gibt es vor allem zwei Sicherungen gegen unzulässige Beschränkungen: zum einen die Information über die Gründe und die Rechtsschutzmöglichkeiten (Abs. 1) und zum zweiten die Benachrichtigung dritter Personen, wobei Letzteres unter dem Vorbehalt steht, dass die Maßnahme bzw. ihr Zweck nicht gefährdet wird (Abs. 2). Auf die Art der Behandlung stellt Abs. 4 ab, der zwei „Soll-Vorschriften" enthält, die also eine regelmäßige Vorgehensweise regeln, von der nur in atypischen Fällen abgewichen werden darf: Die Trennung von Gefangenen in der Straf- bzw. Untersuchungshaft sowie die getrennte Unter-

---

198 BVerfGE 94, 166 (198); 105, 239 (248).
199 EGMR, NVwZ 2014, 43 – Ostendorf/Deutschland.
200 *Waechter*, NVwZ 2014, 995 ff.
201 *Waechter*, NVwZ 2014, 995 (997).

bringung von Männern und Frauen. § 21 SOG macht deutlich, dass nach einer bestimmte Länge des Gewahrsams die Entlassung nur durch eine richterliche Anordnung verhindert werden kann. Der Richtervorbehalt soll den Grundrechtsschutz des Art. 2 Abs. 2 S. 2 GG verstärken.[202] Die Möglichkeit des Absehens von einer gerichtlichen Entscheidung gemäß § 19 Abs. 1 S. 2 SOG dient ausschließlich dazu, zu verhindern, dass eine Freiheitsentziehung, die nicht mehr gerechtfertigt ist, durch die Einbeziehung des Haftrichters völlig unnötig verlängert wird.[203]

Die von § 19 Abs. 1 SOG beschriebene Konstellation ist zwar vor diesem Hintergrund besonders problematisch, in der Praxis der Gefahrenabwehr aber wohl besonders relevant, dass nämlich die Entscheidung des Richters über die Ingewahrsamnahme erst eingeholt wird, wenn die Polizei die betreffende Person bereits festhält.[204] Allerdings besteht in Anbetracht der Relevanz des Richtervorbehalts für den Grundrechtsschutz eine Verpflichtung, für eine Erreichbarkeit eines Richters zu sorgen – und zwar im Fall eines über Ausnahmesituationen hinausgehenden Bedarfes auch zur Nachtzeit.[205] Art. 104 Abs. 2 S. 2 GG verlangt „[b]ei jeder nicht auf richterlicher Anordnung beruhenden Freiheitsentziehung (...) unverzüglich eine richterliche Anordnung herbeizuführen". Diese Begrifflichkeit wird von § 19 Abs. 1 SOG wiederholt. Die Frist aus Art. 104 Abs. 2 S. 3 GG bringt lediglich eine absolute Grenze zum Ausdruck, ändert aber nichts an der Verpflichtung zur unverzüglichen Herbeiführung einer richterlichen Entscheidung.[206] Zuständig ist gemäß § 19 Abs. 3 S. 1 SOG das Amtsgericht, in dessen Bezirk die Person festgehalten wird. Die Zuständigkeit der Amtsgerichte erklärt sich mit deren im Vergleich zu den Verwaltungsgerichten tendenziell größerer Ortsnähe sowie deren allgemeiner Zuständigkeit für Freiheitsentziehungen.[207] Der Landesgesetzgeber durfte diese Rechtswegzuweisung trotz der abschließenden Regelung der verwaltungsgerichtlichen Zuständigkeit gemäß Art. 74 Abs. 1 Nr. 1 GG vornehmen, da § 40 Abs. 1 S. 2 VwGO eine solche abdrängende Sonderzuweisung ausdrücklich ermöglicht.[208]

119

In jedem Fall bleibt dem Betroffenen die Möglichkeit, gemäß § 19 Abs. 2 SOG nachträglich die Rechtmäßigkeit überprüfen zu lassen. Hier ist gemäß Abs. 3 S. 2 das Amtsgericht zuständig, in dessen Bezirk die Gewahrsamnahme erfolgte. Es handelt sich also um eine von der Fortsetzungsfeststellungsklage nach der VwGO bekannte Situation, bei der es allerdings aus prozessökonomischen Gründen bei der Zuständigkeit des Amtsgerichts bleibt.[209] Das OVG folgert aus dem vom Gesetzgeber eingeräumten „Entscheidungsmonopol" der ordentlichen Gerichtsbarkeit auch, dass die Verwaltungsgerichte nicht befugt seien, „nachträglich die Rechtmäßigkeit einer poli-

120

---

202 BVerfG, NVwZ 2006, 579 (580).
203 BVerfGE 105, 239 (251).
204 *Gedaschko*, NdsVBl. 2005, 229.
205 BVerfG, NVwZ 2006, 579 (580); zu Masseningewahrsamnahmen im Zusammenhang mit den sogenannten „Castor-Transporten" vgl. a.a.O., S. 581; vgl. demgegenüber noch BVerwGE 45, 51 (63 f.).
206 BVerfGE 105, 239 (249).
207 Nds. OVG, NVwZ-RR 2006, 34 (35).
208 BVerfG, NVwZ 2006, 579 (582).
209 *Gedaschko*, NdsVBl. 2005, 229 (232).

zeilichen Ingewahrsamnahme als Vorfrage im Rahmen einer Anfechtungsklage gegen die Heranziehung zu den Kosten der Ingewahrsamnahme zu prüfen"[210].

3. Die Gefahrenabwehrverordnung

121 Im Polizei- und Ordnungsrecht gilt der Grundsatz, dass konkrete Gefahren durch Polizeiverfügungen – also Verwaltungsakte –, abstrakte Gefahren aber durch Polizeiverordnungen abgewehrt werden (zu den Gefahrenbegriffen siehe schon Rn. 29). Bei der Verordnung handelt sich um eine Form delegierter Rechtsetzung. Gemäß Art. 43 Abs. 1 S. 2 NV müssen daher Inhalt, Zweck und Ausmaß der Ermächtigung im Gesetz bestimmt sein. Obwohl der Begriff der abstrakten Gefahr das einzige materielle Tatbestandsmerkmal der Ermächtigungsgrundlage darstellt, gibt es keinen ernsthaften Zweifel, dass § 55 SOG den verfassungsrechtlichen Anforderungen genügt. Einerseits ist der Begriff inzwischen durch Jahrzehnte der Durchdringung in Rechtsprechung und Literatur recht klar konturiert, andererseits ist auch zu bedenken, dass jede weitere Eingrenzung entweder dringend erforderlichen Spielraum bei der Reaktion auf Gefahrenlagen nehmen oder aber eine bloß formelhafte Umschreibung der Eingriffsvoraussetzungen mit sich bringen würde.

122 Ermächtigt sind die Gemeinden und Gemeindeverbände, bei denen damit die Verbandskompetenz für die Abwehr entsprechender Gefahren in ihrem jeweiligen Gebiet liegt. Konkret bedeutet das, dass insbesondere alle kommunalen Gebietskörperschaften auf dieser Grundlage Gefahren, die sich für ihr Gebiet in abstrakter Weise zeigen, abwehren können. Die Organkompetenz liegt gemäß § 58 Abs. 1 Nr. 5 NKomVG bei der jeweiligen Vertretungskörperschaft. Die Regelung des § 55 Abs. 1 Nr. 3 SOG bewirkt, dass auch die Polizeidirektion zu einer Gefahrenabwehrbehörde wird – also nicht mehr nur für eilbedürftige Fälle zuständig ist[211]. Dies ist letztlich eine Konsequenz der Abschaffung der Bezirksregierungen in Niedersachsen, womit eine Mittelinstanz, die Aufgaben der Gefahrenabwehr erfüllen konnte, weggefallen ist[212].

a) Tatbestandsvoraussetzung

123 Auf die unterschiedlichen Gefahrenbegriffe wurde oben schon eingegangen (Rn. 29 ff.). Die Begriffe werden gerade durch die unterschiedlichen Kontexte, in denen sie Bedeutung erlangen, verständlich: Der Normgeber – in diesem Fall also die Stelle, die eine Verordnung zur Gefahrenabwehr erlässt – hat sich zwangsläufig mit einer abstrakten Gefahrenlage auseinanderzusetzen, da er regelmäßig nicht auf einen schon jetzt absehbar bevorstehenden Schadenseintritt, sondern eine grundsätzlich vorhersehbare Konstellation abstellen muss. Es ist gerade das Kennzeichen von Rechtsnormen, wie also etwa einer Rechtsverordnung, dass sie nicht einen Einzelfall i.S.d. § 35 VwVfG betreffen, also nicht einen konkret-individuellen, sondern einen abstraktgenerellen Charakter haben. Sie zielen damit auf eine unbestimmte Vielzahl von Fällen und eine ebenso unbestimmte Vielzahl von Personen, die in ihren Anwendungsbereich fallen können. Der Verordnungsgeber muss damit in seiner Entscheidung solche Kon-

---

210 Nds. OVG, NVwZ-RR 2006, 34 (35).
211 Saipa, NdsVBl. 2005, 292 (293).
212 Saipa, NdsVBl. 2005, 292.

stellationen gewissermaßen „vordenken", die im Falle ihres Eintretens eine konkrete Gefahrenlage darstellen würden. Das Schutzgut wird also durch die in der Verordnung geregelten Maßnahmen zur Abwehr der abstrakten Gefahr vor einer konkreten Gefährdungssituation bewahrt. So kann etwa ein Taubenfütterungsverbot, mit dessen Hilfe das Anwachsen der Taubenpopulation eingedämmt werden soll, aufgrund der von freilebenden Stadttauben verbreiteten Erreger als Maßnahme zur Abwehr einer abstrakten Gefahr angesehen werden.[213]

b) Normsetzungsermessen

Der Verordnungsgeber hat zwangsläufig einen Ermessensspielraum – ansonsten müsste der Gesetzgeber die Rechtsetzungskompetenz nicht delegieren und könnte gleich selbst die Regelung erlassen. Dieser Spielraum schließt die Frage des „Ob" wie auch des „Wie" des Tätigwerdens ein.[214] Eine strenge Prüfung auf Ermessensfehler, wie sie von den Polizeiverfügungen bekannt ist, ist aber nicht durchzuführen. Das folgt schon aus der Tatsache, dass bei der Rechtsetzung § 39 VwVfG nicht gilt, es also keine Begründung geben muss, anhand derer diese Fragen geklärt werden könnten. Es ist aber zu überprüfen, ob sich der Verordnungsgeber in dem von der Ermächtigungsgrundlage gezogenen Rahmen bewegt hat. Das ist auch dann nicht der Fall, wenn gegen den Grundsatz der Verhältnismäßigkeit oder gegen Grundrechte verstoßen wird. Auch muss die Verordnung, wie sich bereits aus dem Rechtsstaatsprinzip ergibt, durch § 57 SOG aber auch spezialgesetzlich ausgestaltet ist, hinreichend bestimmt sein, was aber selbstverständlich die Verwendung auslegungsbedürftiger Begriffe nicht ausschließt.[215] Generell ist das gesamte höherrangige Recht zu beachten. Der Prüfungsmaßstab für die Rechtsfolgenseite betrifft also im Wesentlichen Fragen, die auch mit dem Begriff der Ermessensüberschreitung gekennzeichnet werden können. Weiterhin ist zu beachten, dass dem Normgeber bei der Bewertung des Gefahrenpotenzials eine Einschätzungsprärogative zukommt.[216] Das die Norm überprüfende Gericht darf seine Einschätzung nicht an die Stelle derjenigen des Normgebers setzen. Es überprüft also lediglich, ob bei der Beurteilung Fehler gemacht worden sind, die ihre Tauglichkeit als Entscheidungsgrundlage beseitigen.[217]

124

c) Rechtsschutz/Formalien

Gemäß § 58 Abs. 1 Nr. 5 NKomVG liegt, wenn die Kommunen die Verordnung erlassen, die Organzuständigkeit bei der Vertretung. Gemäß § 10 Abs. 6 NKomVG gelten die Abs. 2 bis 4 der Vorschrift mit ihren Verfahrensvorgaben, aber eben auch die Heilungsvorschrift des Abs. 2 für Verordnungen. § 58 SOG sieht spezielle Formvorschriften für Verordnungen zur Gefahrenabwehr vor. Verordnungen sind untergesetzliche Rechtsnormen, deren Rechtmäßigkeit nach § 47 Abs. 1 Nr. 2 VwGO, § 75 NJG im Wege der Normenkontrolle vom OVG Lüneburg überprüft werden kann. Dabei wird das Vorliegen der Tatbestandsvoraussetzung voll überprüft, die Rechtsfolge demge-

125

---

213 Nds. OVG, NdsVBl. 1997, 137 ff.
214 Vgl. etwa *Schenke*, POR, Rn. 626 ff.
215 Nds. OVG, NdsVBl. 2013, 68 (72).
216 Nds. OVG, NdsVBl. 2014, 205 (206 f.).
217 Nds. OVG, NdsVBl. 2014, 205 (207).

genüber nur in dem unter dem Gesichtspunkt des Normsetzungsermessens geschilderten Umfang.

V. Entschädigung

126 Das Recht der öffentlich-rechtlichen Schadensersatz- bzw. Entschädigungsleistungen ist geradezu notorisch unübersichtlich. Die verschiedenen Anspruchsgrundlagen stehen natürlich auch im Bereich der Gefahrenabwehr zur Verfügung. Das niedersächsische Recht kann die bundesgesetzlichen Anspruchsgrundlagen nicht beseitigen, wohl aber zusätzliche schaffen oder bundesgesetzlich bestehende speziell mit Blick auf das Polizei- und Ordnungsrecht interpretieren. Der Bundesgesetzgeber hat die konkurrierende Gesetzgebungskompetenz für ein umfassendes Staatshaftungsrecht (Art. 74 Abs. 1 Nr. 25 GG) nicht genutzt. Da auch nicht davon auszugehen ist, dass § 839 BGB i.V.m. Art. 34 GG abschließenden Charakter haben sollen, steht es dem Landesgesetzgeber frei, für seinen Zuständigkeitsbereich – also in diesem Fall für die für das Land Niedersachsen handelnden Stellen – weitergehende Ansprüche als die bereits bundesrechtlich bestehenden zu begründen. Für den Geltungsbereich des SOG hat der Gesetzgeber spezielle Regelungen in den §§ 80 ff. SOG getroffen. Um Missverständnissen zur Wirkung der Regelungen vorzubeugen, stellt § 80 Abs. 3 SOG ausdrücklich klar, dass mit der Regelung des § 80 SOG keine Einschränkung sonstiger Ansprüche verbunden sein soll. Anspruchsgegner ist nach § 84 Abs. 1 SOG grundsätzlich die Anstellungskörperschaft der die Maßnahme treffenden Person. Inhalt und Umfang der Ausgleichspflicht regelt § 81 SOG. Gemäß § 86 ist der ordentliche Rechtsweg gegeben, der Verwaltungsrechtsweg für den Rückgriff der Ersatz leistenden Körperschaft gegen Störer sowie für den Ausgleich zwischen Behörden.

127 Anknüpfungspunkt der Anspruchsgrundlage im SOG ist zunächst die Notstandspflicht gemäß § 8. Wer rechtmäßig in Anspruch genommen wird, obwohl er für die Gefahr nicht verantwortlich im Sinne von § 6 f. SOG ist, erbringt ein „Sonderopfer"[218] und muss daher gemäß § 80 Abs. 1 S. 1 SOG für bei ihm entstehende Schäden angemessen entschädigt werden. Bestätigt sich ein Gefahrenverdacht oder der Anschein einer Gefahr nicht, so kommt eine analoge Anwendung in Betracht, da für die Frage der Entschädigung die ex-post-Perspektive zugrunde gelegt werden kann.[219]

128 S. 2 der Vorschrift geht auf einen naheliegenden Erst-Recht-Schluss zurück: Wenn schon rechtmäßiges Handeln zur Entschädigungspflicht führt, muss das erst recht für rechtswidriges Handeln gelten.[220] Allerdings ist hier zu bedenken, dass grundsätzlich ein Vorrang des Primärrechtsschutzes besteht.[221] Wer Adressat rechtswidriger Maßnahmen ist, hat die Möglichkeit, dagegen Rechtsschutz zu suchen. Unterlässt er dies, so muss das auch Auswirkungen auf die Entschädigungsmöglichkeit haben. Es besteht keine Wahlmöglichkeit zwischen dem Rechtsschutz auf der einen und dem Empfang einer Entschädigung auf der anderen Seite.[222] Jedenfalls bei der Frage der Angemes-

---

218 Baldus/Grzeszick/Wienhues, Staatshaftungsrecht, Rn. 249.
219 Baldus/Grzeszick/Wienhues, Staatshaftungsrecht, Rn. 249.
220 Vgl. Baldus/Grzeszick/Wienhues, Staatshaftungsrecht, Rn. 251.
221 Vgl. BVerfGE 58, 300 (324).
222 Vgl. noch einmal BVerfGE 58, 300 (324).

senheit des Ausgleichs muss also angesprochen werden, ob der Betroffene zumutbare Rechtsschutzmöglichkeiten nicht genutzt hat, durch die der Schaden zu vermeiden oder jedenfalls zu reduzieren gewesen wären. Außerdem stellt sich dann hinsichtlich der Höhe der Entschädigung gemäß § 81 Abs. 5 S. 3 SOG, § 254 BGB die Frage des Mitverschuldens.

§ 80 Abs. 1 S. 2 SOG könnte vom Wortlaut her durchaus so verstanden werden, dass er eine Anspruchsgrundlage bei sämtlichen Schäden bildet, die das Land Niedersachsen durch seine Verwaltungsbehörden rechtwidrig verursacht[223]. Da, wie eben schon angesprochen, das Land weitergehende Ansprüche durchaus schaffen darf, spricht dagegen auch nicht, dass damit die Voraussetzungen eines Amtshaftungsanspruchs unterlaufen werden würden[224]. Allerdings beschränkt § 3 Abs. 1 S. 1 SOG den Anwendungsbereich des SOG insgesamt auf die Aufgaben der Gefahrenabwehr und die der Polizei gemäß § 1 Abs. 5 SOG übertragenen Aufgaben. Bei anderen Aufgaben ist das SOG selbstverständlich nicht anwendbar, so dass auch keine Entschädigungsansprüche aus diesem Gesetz begründet werden können.

129

§ 80 Abs. 2 SOG lässt sich als ein weiterer Erst-Recht-Schluss verstehen: Wer sich freiwillig zur Mithilfe bereitfindet, soll nicht schlechter stehen als derjenige, der zur Unterstützung bei der Abwehr einer Gefahr nicht bereit ist und daher zwangsweise in Anspruch genommen werden muss. Der vorbildlich Handelnde soll also nicht für dieses Handeln bestraft werden und umgekehrt soll kein Anreiz zu nicht verantwortungsbewusstem Vorgehen geschaffen werden.

130

VI. Versammlungsrecht

Das Versammlungsrecht ist wie kaum eine andere Materie von verfassungsrechtlichen Vorgaben und deren Auslegung durch das Bundesverfassungsgericht und die Verwaltungsgerichtsbarkeit geprägt. Art. 8 GG und insbesondere die ihn konkretisierende Rechtsprechung des Bundesverfassungsgericht legen daher in diesem Rechtsgebiet nicht nur Grundlagen, sondern haben eine erhebliche Zahl von ausgestaltenden Regelungen nach sich gezogen. Darüber hinaus sind die Vorgaben des Grundrechts auch bei der Auslegung der Normen des Versammlungsgesetzes zu beachten. Das Versammlungsrecht dient in erster Linie der Verwirklichung des Grundrechts des Art. 8 GG. Dass es als Teil des Polizei- und Ordnungsrechts angesehen wird, hängt wohl in erster Linie mit der Tatsache zusammen, dass die Eingriffsbefugnisse des Versammlungsrechts an die Stelle der klassisch-polizeirechtlichen treten, dabei aber viele der Begrifflichkeiten aus dem SOG und verwandten Gesetzen übernehmen.

131

Das Versammlungsrecht ist seit der Föderalismusreform 2006 eine Materie, die von den Ländern geregelt werden kann. Die zuvor in Art. 74 Abs. 1 Nr. 3 GG a.F. vorgesehene konkurrierende Gesetzgebungskompetenz des Bundes für das Versammlungsrecht wurde im Zuge der Reform gestrichen. Das alte Versammlungsgesetz des Bundes blieb gemäß Art. 125a Abs. 1 GG bis zur Schaffung eines entsprechenden Landesge-

132

---

223 Zur Diskussion vgl. *Hermanns*, NdsVBl. 2008, 273 ff.
224 So aber *Hermanns*, NdsVBl. 2008, 273 (276).

setzes anwendbar. Dieses Landesgesetz liegt seit dem Inkrafttreten des Niedersächsischen Versammlungsgesetzes (NdsVersG) am 1.2.2011 vor.[225] Daher sind seitdem auf Versammlungen in Niedersachsen die Regelungen des Bundesgesetzes nicht mehr anwendbar. An der eben beschriebenen Wirkung des Art. 8 GG hat sich dadurch selbstverständlich nichts geändert, binden die Grundrechte doch auch die Gesetzgebungsorgane und die Verwaltungen der Länder als unmittelbar geltendes Recht (Art. 1 Abs. 3 GG).[226] Die Gesetzgeber der Länder – und dabei insbesondere der in Niedersachsen – haben sich bemüht, Schwächen des alten VersG des Bundes, insbesondere hinsichtlich der Umsetzung verfassungsrechtlicher Vorgaben, zu beseitigen[227] und durch das Bundesverfassungsgericht entwickelte Anforderungen in den Gesetzestext aufzunehmen, so dass die Anwendung im Vergleich zur früheren Rechtslage deutlich einfacher geworden ist.

1. Definitionsfragen/Zusammenhang mit Art. 8 GG

133 Für die Auslegung und Anwendung des Versammlungsgesetzes sind einige Vorgaben des Art. 8 GG von besonderer Bedeutung. Ist ein bestimmtes Verhalten von der Garantie umfasst, so führt das zu einer erheblichen Besserstellung im Vergleich zu einer Konstellation, in der lediglich Art. 2 Abs. 1 GG einschlägig wäre. Der Schutzbereich des Grundrechts umfasst in personeller Hinsicht alle Deutschen – es handelt sich also um ein sogenanntes „Deutschengrundrecht". Öffentlich-rechtlich organisierte Vereinigungen, wie etwa Fraktionen, sind nicht Träger des Grundrechts.[228] Sachlich sind alle Versammlungen umfasst, die friedlich sind und ohne Waffen stattfinden. Alle anderen – also etwa solche mit unfriedlichem Charakter oder „mit Waffen" durchgeführte – fallen aus dem Schutzbereich heraus. Bei der Beurteilung, ob dies der Fall ist, muss auf das Gesamtgepräge abgestellt werden. Die Anwesenheit einzelner Gewalttäter oder Waffenträger führt nur dann dazu, dass der Schutzbereich des Art. 8 GG nicht einschlägig ist, wenn die Versammlung insgesamt einen solchen Charakter annimmt. Eine Prognose, dass die Versammlung einen unfriedlichen Verlauf nehmen wird, mit der Folge, daran möglicherweise ein Verbot zu knüpfen, kann auf unterschiedliche Anhaltspunkte gestützt werden. So können etwa auf beabsichtigte Gewalt hindeutende Aufrufe zu der Versammlung oder entsprechende Plakate dafür herangezogen werden.[229]

134 Das NdsVersG greift diese Definitionen in seinen §§ 1 und 2 auf. Normsystematisch ist dabei zu beachten, dass der Niedersächsische Gesetzgeber selbstverständlich nicht den Schutzbereich des Art. 8 GG definieren kann. Die §§ 1 und 2 NdsVersG regeln daher unmittelbar nur den Anwendungsbereich dieses Gesetzes, auch wenn dabei selbstverständlich die auf der Grundlage von Art. 8 GG entwickelte Dogmatik aufgenommen wird. Demgegenüber zielt § 3 NdsVersG – obwohl er an Fragen der Friedlichkeit bzw. Gewalttätigkeit anknüpft – nicht auf eine Definition, sondern beschreibt gerade

---

225 GVBl. 2010, 465; 2010, 532.
226 Zu den verfassungsrechtlichen Vorgaben für die Landesgesetzgeber vgl. *Waechter*, VerwArch 2008, 73 ff.
227 Vgl. *Schäffer*, DVBl. 2012, 546 ff.; vgl. auch *Ullrich*, NdsVBl. 2011, 183.
228 Nds. OVG, NdsVBl. 2005, 66 (68 f.).
229 Vgl. VG Bremen, BeckRS 2011, 53229.

Verhaltensweisen, die aus einer Versammlung heraus oder im Zusammenhang mit einer solchen nicht zulässig sind. § 3 Abs. 3 NdsVersG verbietet die Präsentation von Gewaltbereitschaft. Die Frage, ob das Verhalten dazu „bestimmt ist", fragt nach den subjektiven Zielen der Teilnehmer, die Eignung ist aus der Perspektive eines verständigen Dritten zu beurteilen[230].

Der Begriff der Versammlung eröffnet unterschiedliche Interpretationsmöglichkeiten. Wollte man ihn sehr weit verstehen, so könnten letztlich sämtliche Zusammenkünfte von Menschen zu einem gemeinsamen Zweck darunter gefasst werden. Wenn man so will, wäre dann jede Ansammlung auch als Versammlung anzusehen, fielen doch etwa auch Volksfeste oder Fußballspiele ohne Weiteres unter diese Definition. Eine solche Interpretation ließe kaum ersichtlich werden, warum denn eine so erhebliche Privilegierung, wie es durch die Anwendung des Art. 8 Abs. 1 GG geschieht – wie zum Beispiel die „Polizeifestigkeit" (dazu sogleich) und die Befreiung vom Erfordernis einer Sondernutzungserlaubnis für die Nutzung des öffentlichen Straßenraums[231] –, eintreten sollte. Das andere Extrem – eine sehr strenge Auslegung des Versammlungsbegriffs – würde den Anwendungsbereich auf politische Zusammenkünfte beschränken. Das würde praktisch eine Gleichsetzung von politischer Kundgebung oder Demonstration mit dem Versammlungsbegriff bedeuten. Eine solche Beschränkung ließe die Privilegierung sehr wohl rechtfertigen, könnte man doch so problemlos auf die Notwendigkeit von Äußerungsmöglichkeiten für das Volk und seine Mitglieder abstellen. Zu berücksichtigen ist aber, dass eine Beurteilung der Zwecke durch staatliche Stellen ebenfalls Bedenken begegnet. Daher spricht viel für eine vermittelnde Linie, die sich einer Beurteilung des Zwecks enthält und lediglich auf die Tatsache abstellt, dass Menschen zum Ziel der gemeinsamen Meinungsäußerung zusammenkommen. Die Definition des § 2 NdsVersG knüpft an die Zielrichtung der Teilhabe an der öffentlichen Meinungsbildung an. Sie orientiert sich am vom Bundesverfassungsgericht entwickelten Versammlungsbegriff[232]. Es geht also nicht im engeren Sinne um politische Fragen, sondern jede Art der öffentlichen Angelegenheiten. Die bei Art. 8 GG durchaus umstrittene Frage, wie viele Personen teilnehmen müssen, um von einer Versammlung zu sprechen, ist in § 2 NdsVersG eindeutig dahin gehend beantwortet, dass die schon vom Sprachgebrauch her kleinste denkbare Zahl, nämlich zwei, ausreichend ist. Eine Anwendung auf rein private Zusammenkünfte ab zwei Personen[233] verhindert die Definition des erforderlichen gemeinsamen Zwecks. Interessant ist dabei auch, was von der Definition gerade nicht umfasst ist: Zu den Innovationen des NdsVersG im Vergleich zum alten VersG des Bundes gehört die Einbeziehung von nichtöffentlichen Versammlungen[234].

Hinsichtlich des Ortes der Versammlung unterscheidet das NdsVersG zwischen jenen unter freiem Himmel und solchen in geschlossenen Räumen. Insbesondere die Frage, wo eine Versammlung unter freiem Himmel stattfinden darf, ist eine vom Verfas-

---

230 *Ullrich*, NdsVBl. 2011, 183 (186).
231 Vgl. dazu etwa Nds. OVG, BeckRS 2005, 21121.
232 *Ullrich*, NdsVBl. 2011, 183 (184).
233 Vgl. dazu das Beispiel von *Ullrich*, NdsVBl. 2011, 183 (185).
234 *Schäffer*, DVBl. 2012, 546 (553); *Ullrich*, NdsVBl. 2011, 183.

sungsrecht geprägte Frage. So spricht etwa der Gesichtspunkt, dass Private in Art. 1 Abs. 3 GG nicht als Grundrechtsverpflichtete genannt werden, für eine Beschränkung der Reichweite des Art. 8 GG. In der Tat besteht kein Anspruch auf Überlassung privater Grundstücke für die Zwecke der Durchführung einer Versammlung.[235] Nach der Fraport-Entscheidung des Bundesverfassungsgerichts darf dabei nicht einfach an die Rechtsform angeknüpft werden – auch Aktiengesellschaften sind an die Grundrechte gebunden, wenn die öffentliche Hand an ihnen die Mehrheit der Anteile hält.[236] Allerdings führt auch das nicht zu einer Nutzungsmöglichkeit beliebiger im öffentlichen Eigentum stehender Orte für Versammlungszwecke, sondern grundsätzlich nur bei solchen, „wo ein allgemeiner öffentlicher Verkehr eröffnet ist".[237] Selbstverständlich „begründet die Versammlungsfreiheit nach allgemeiner Ansicht kein Recht zur absichtlichen Lahmlegung des Schienen- oder Straßenverkehrs"[238]. So sind etwa Bahngleise, deren Betreten eine Ordnungswidrigkeit darstellt, kein öffentlich zugänglicher Raum, dessen Nutzung Art. 8 GG ermöglicht.[239]

137 Zur Umschreibung des Schutzbereichs gehört auch die Aussage, dass man sich ohne Anmeldung oder Erlaubnis versammeln können muss. Dennoch ist traditionell für Versammlungen unter freiem Himmel eine solche Anmeldung bzw. Anzeige erforderlich. Das ergab sich schon aus dem Versammlungsgesetz des Bundes und ist auch nach § 5 NdsVersG erforderlich. Eine fehlende oder falsche Anzeige kann sogar zu einem Bußgeld führen (§ 21 Abs. 1 Nr. 4 bis 7 NdsVersG). Damit regelt das Gesetz also eine Pflicht, die vom Schutzbereich des Grundrechts ausdrücklich ausgeschlossen wird. Dennoch darf heute als anerkannt gelten, dass es sich um eine verfassungskonforme Ausgestaltung handelt.[240] Art. 8 Abs. 2 GG lässt Einschränkungen eben dieses Schutzbereichs zu. Es gibt auch keinen Zweifel, dass es bei Versammlungen unter freiem Himmel sinnvoll ist, den zuständigen Behörden die Möglichkeit zu geben, sich um eine Lösung für die praktisch unvermeidbaren Konflikte bei der Nutzung des öffentlichen Raums zu bemühen. Entsprechende Regelungen sind daher grundsätzlich auch im Sinne der Verwirklichung der Versammlungsfreiheit.[241] Sie sind deshalb als ein gerechtfertigter Eingriff in den Schutzbereich anzusehen.

138 Art. 8 Abs. 2 GG enthält einen Gesetzesvorbehalt, der sich aber ausdrücklich nur auf Versammlungen unter freiem Himmel bezieht. Die Beschränkungen können durch Gesetz erfolgen, was im Fall des NdsVersG etwa in Form der Anzeigepflicht mit den daran anknüpfenden Bußgeldvorschriften erfolgt. Außerdem kann eine Beschränkung aufgrund eines Gesetzes vorgenommen werden. Dies ist der Fall, wenn die zuständige Behörde die Ermächtigungsgrundlage des § 8 NdsVersG in Anspruch nimmt. Für Versammlungen in geschlossenen Räumen besteht kein ausdrücklicher Gesetzesvorbehalt. Der Gesetzgeber muss die entsprechenden Beschränkungen bzw. Eingriffsgrundlagen

---

235 Nds. OVG, NVwZ-RR 2004, 575.
236 BVerfGE 128, 226 (244).
237 BVerfGE 128, 226 (251); vgl. auch BVerfG, NJW 2014, 2706.
238 Nds. OVG, NdsVBl. 1996, 190 (191).
239 Nds. OVG, NVwZ-RR 2004, 575.
240 Grundlegend dazu BVerfGE 69, 315 (350 f.).
241 Vgl. BVerfGE 69, 315 (350).

daher auf kollidierendes Verfassungsrecht stützen. Entsprechend eng ist die Eingriffsmöglichkeit gemäß § 14 NdsVersG, die im Wesentlichen auf die Frage der Friedlichkeit abstellt und damit daran anknüpft, dass die entsprechende Versammlung schon aus dem Schutzbereich des Art. 8 Abs. 1 GG herausfällt bzw. herauszufallen droht (zu den Eingriffsermächtigungen siehe noch unten Rn. 149 ff.).

Mit der Einschlägigkeit der Definition der Versammlung ist automatisch festgelegt, dass Eingriffe in die Rechte der das Versammlungsrecht ausübenden Personen ausschließlich auf der Grundlage des NdsVersG erfolgen dürfen. Die Versammlung ist, um mit einem bekannten Schlagwort zu sprechen, „polizeifest". Die Anwendbarkeit des NdsVersG sperrt die Anwendung des SOG – nach dem Versammlungsrecht unzulässige Eingriffe dürfen nicht über die Anwendung des SOG als rechtmäßig eingestuft werden. Die Tatsache, dass § 10 SOG auch Art. 8 GG als ein durch das SOG einschränkbares Grundrecht nennt, ändert daran nichts. Auch schließt es die „Polizeifestigkeit" nicht aus, dass die Polizei gemäß § 24 Abs. 1 Nr. 2 NdsVersG nach Versammlungsbeginn die für den Vollzug des NdsVersG zuständige Behörde ist.   139

2. Grundstruktur des NdsVersG

Wie schon angedeutet, ist das NdsVersG deutlich leichter anzuwenden als das von ihm abgelöste Gesetz, das alte VersG des Bundes. Die Neuerungen lassen sich in der Regel als Umsetzungen der verfassungsgerichtlichen Rechtsprechung ansehen[242], die früher mitunter etwas mühsam in das VersG hineingelesen werden musste. Wie eben bereits dargestellt, werden für den Vollzug des NdsVersG zentrale Fragen der Definition und des nicht gestatteten Verhaltens bereits im ersten Teil des Gesetzes geklärt. Die entscheidende Systematik für die Anwendung des NdsVersG ergibt sich aus der Unterscheidung, die den Teilen 2 und 3 zugrunde liegt, nämlich die zwischen Versammlungen unter freiem Himmel und solchen in geschlossenen Räumen.   140

§ 24 NdsVersG legt die für den Vollzug des Gesetzes zuständige Behörde fest. Sachlich zuständig ist danach die untere Versammlungsbehörde vor, die Polizei nach Versammlungsbeginn. Untere Versammlungsbehörde sind die Landkreise sowie die nach den § 14 Abs. 3 bis 6 NKomVG besonders hervorgehobenen Städte bzw. Gemeinden. Die Aufgaben werden im übertragenen Wirkungskreis wahrgenommen, so dass eine Fachaufsicht besteht. Diese wird gemäß § 24 Abs. 3 NdsVersG nur gegenüber den selbstständigen Gemeinden von den Landkreisen wahrgenommen. Ansonsten führen die Polizeidirektionen die Fachaufsicht. Auf dieser Ebene erfolgt also wiederum eine Verknüpfung mit den Polizeibehörden – ein weiterer Beleg für die Tatsache, dass es sich beim Versammlungsrecht um eine besondere Form des Polizei- und Ordnungsrechts handelt. Als oberste Versammlungsbehörde fungiert nach Abs. 3 das für Inneres zuständige Ministerium. Es ergibt sich hier also ein direkter Weisungsstrang von den im übertragenen Wirkungskreis handelnden Kommunen zum Ministerium. Die örtliche Zuständigkeit richtet sich gemäß Abs. 2 nach dem Bezirk, in dem die Versammlung stattfindet, bei zwei überlappend zuständigen Behörden entscheidet die Fachaufsicht.   141

---

242 *Ullrich*, NdsVBl. 2011, 183.

Bei der Formulierung des § 24 Abs. 1 S. 1 NdsVersG bleibt unklar, ob für den Beginn der Versammlung die ausdrückliche Eröffnung durch den Versammlungsleiter gemeint ist oder das bloße Versammeln im Sinne einer Zusammenkunft ausreicht[243]. Schon aus Gründen der Praktikabilität erscheint es sachgerecht, einen möglichst frühen Termin als Beginn der Zuständigkeit der Polizei anzunehmen, da diese ohnehin vor Ort sein muss und die Möglichkeit hat, Gefahren im unmittelbaren räumlichen wie zeitlichen Umfeld der Versammlung abzuwehren.

3. Organisation und Ablauf der Versammlung

142 Die Vorbereitungen, Durchführung und das Ende der Versammlung bilden eigene Phasen, in denen sich jeweils verschiedene Verpflichtungen der Beteiligten und auch unterschiedliche Ermächtigungsgrundlagen für Eingriffe ergeben. Zunächst sollen zentrale Ge- oder Verbote erläutert werden. Dabei ist zu beachten, dass auch aus den Verboten nicht unmittelbar Befugnisse der Versammlungsbehörde bzw. der Polizei folgen. Auch hier gilt selbstverständlich, dass eingreifende Maßnahmen auf eine gesetzliche Grundlage gestützt werden müssen, die zu genau dieser Maßnahme ermächtigt. Der Gesetzgeber muss nicht jedes von ihm bezeichnete Verbot auch mit polizei- und ordnungsrechtlichen Befugnissen koppeln. Denkbar ist grundsätzlich auch eine Bewehrung mit Straf- oder Bußgeldvorschriften. Insofern ist bei der Überprüfung einer eingreifenden Maßnahme zunächst die einschlägige Ermächtigungsgrundlage zu suchen. Dabei ist die Struktur des Gesetzes als Leitfaden zu beachten.

a) Versammlungen unter freiem Himmel

143 Die aus § 5 NdsVersG folgenden Verpflichtungen beginnen mit der Anzeige: Bei Versammlungen unter freiem Himmel muss diese der Versammlungsbehörde 48 Stunden vor der Versammlung – plus dazwischen liegender Wochenenden und Feiertagen – angezeigt werden. Eine Ausnahme gilt, entsprechend der Rechtsprechung des Bundesverfassungsgerichts, nur nach den Abs. 4 und 5 bei zeitlich besonders drängenden Themen. Dabei ergeben sich aus § 5 Abs. 2 NdsVersG Anforderungen an den Inhalt der Anzeige, die gemäß Abs. 3 der Vorschrift ggf. aufgrund einer Anordnung der Versammlungsbehörde noch erweitert werden müssen. Der Leiter der Versammlung (vgl. § 7 NdsVersG) ist die zentrale Person bei der Durchführung und Adressat verschiedener Pflichten sowie Inhaber von bestimmten Rechten. Das Gesetz sieht ihn als den zentralen Verantwortlichen und dabei auch als die eigentliche Ordnungskraft bei der Versammlung an, die die Versammlung auch jederzeit beenden kann (vgl. § 7 Abs. 1 NdsVersG). Die Rechte in Bezug auf die Versammlung werden flankiert von solchen gegenüber den Versammlungsteilnehmern. So können der Leiter oder die gemäß § 7 Abs. 2 NdsVersG eingesetzten Ordner nach § 7 Abs. 3 NdsVersG gegenüber Versammlungsteilnehmern verbindliche Weisungen aussprechen.

144 Der Leiter hat die Möglichkeit der Kooperation mit der zuständigen Behörde. Dahinter steht das – ebenfalls vom Bundesverfassungsgericht entwickelte[244] – Kooperationsgebot. Es wäre allerdings falsch, von einer in das Versammlungsrecht als solches ein-

---

243 *Ullrich*, NdsVBl. 2011, 183 (184).
244 BVerfGE 69, 315 (357).

greifende Verpflichtung zur Kooperation zu sprechen.[245] Auch kann allein aus einem unkooperativen Verhalten nicht auf die Absicht geschlossen werden, im Zusammenhang mit der Versammlung Straftaten zu begehen.[246] Die Bereitschaft zur Kooperation oder deren Verweigerung ist aber bei der Gefahrenprognose zu berücksichtigen.[247] Die Kooperationsbereitschaft des Veranstalters führt zu erhöhten Hürden bei eingreifenden Maßnahmen.[248] Dahinter steckt – kurz gesagt – eine ganz naheliegende Erwägung: Wer deutlich macht, dass ihm die Gefahrenabwehr ein gemeinsames Anliegen mit der Versammlungsbehörde ist, wird auch bei der weiteren Gestaltung eher als Partner bei der Vermeidung bzw. Beseitigung denn als Ausgangspunkt von Gefahren angesehen. Insofern ist die Formulierung des § 6 NdsVersG, der auf die entsprechende Verpflichtung der Behörde abstellt, durchaus zutreffend.

Schon auf dem Weg zur Versammlung gelten gemäß § 9 NdsVersG Verbote. Im Fall des Abs. 1 der Vorschrift geht es um die Vermeidung einer Art „Militarisierung" der Versammlung. Die Polizei soll auch während der Versammlung zur Gefahrenabwehr ohne gewalttätige Gegenwehr in der Lage bleiben. Abs. 2 ersetzt den im Alltagssprachgebrauch als „Vermummungsverbot" bezeichneten § 17a Abs. 2 aus dem alten VersG des Bundes. Hier geht es um die Möglichkeit zur Identitätsfeststellung.[249] Dafür besteht naturgemäß in verschiedenen Konstellationen ein Bedürfnis, insbesondere im Zusammenhang mit Ermittlungen bei Straftaten und Ordnungswidrigkeiten. Die Vorschrift des § 9 NdsVersG bringt das Problem mit sich, dass viele Gegenstände, mit denen man Gewalttaten ausüben kann, gleichzeitig auch völlig harmlosen und insbesondere auch versammlungstypischen Zwecken dienen können, wie zum Beispiel Stangen zum Festmachen von Transparenten. Dasselbe gilt für die Gegenstände, mit denen die Identitätsfeststellung verhindert werden kann, also etwa Schals, die man sich um den Hals, während der Versammlung aber eben auch über Mund und Nase wickeln kann. Daher verlangt die Vorschrift nicht nur die Eignung, sondern auch die Bestimmung für die Verwendung zu den nicht akzeptierten Zwecken. Dies macht die Anwendung der Vorschrift in der Praxis naturgemäß sehr schwierig. Die Anordnung gemäß § 10 Abs. 2 NdsVersG zur Durchsetzung der entsprechenden Verbote dürfte daher in der Regel zu einem Zeitpunkt ergehen, zu dem keine Zweifel über die rechtswidrige Verwendung mehr bestehen. Die Strafvorschriften der § 20 Abs. 2 Nr. 4 und 5 NdsVersG verlangen neben dem Verstoß gegen § 9 NdsVersG darüber hinaus auch das Zuwiderhandeln gegen eine Anordnung gemäß § 10 Abs. 2 NdsVersG.[250] Die Verbote der Abs. 1 und 2 gelten nur, wenn nicht die zuständige Behörde in Anwendung des § 9 Abs. 3 NdsVersG von ihnen befreit, was sie nach der Vorschrift grundsätzlich muss.

Während der Versammlung müssen die Teilnehmer den Anweisungen des Leiters sowie ggf. der Ordner Folge leisten. Allgemein gilt – auch für Personen, die nicht selbst

---

245 Vgl. *Waechter*, VerwArch 99 (2008), 73 (79).
246 Nds. OVG, NdsVBl. 2014, 47 (49).
247 Nds. OVG, NdsVBl. 1996, 190 (191).
248 BVerfGE 69, 315 (357).
249 *Ullrich/Weiner/Brüggemann*, Nds. PoR, Rn. 368.
250 Vgl. dazu OLG Celle, Nds. Rpfl. 2011, 325 (326).

an der Versammlung teilnehmen –[251] ein Störungsverbot (§ 4 NdsVersG), das nicht unterscheidet zwischen Versammlungen unter freiem Himmel und solchen in geschlossenen Räumen. Die Störung der Versammlung kann eine Ordnungswidrigkeit gemäß § 21 Abs. 1 Nr. 2 und 3 NdsVersG sein, wobei bei beiden Bußgeldtatbeständen eine Konkretisierung der Verhaltenspflicht gegenüber einer bestimmten Person – entweder seitens der Polizei oder, bei Teilnehmern an der Versammlung, seitens des Leiters der Versammlung – zu erfolgen hat. Die Polizei hat unter gewissen Voraussetzungen ein Anwesenheitsrecht sowie die Möglichkeit zur Bild- und Tonaufzeichnung bzw. -übertragung (§§ 11 f. NdsVersG).

147 Die Versammlung endet entweder regulär, weil der vorgesehene Zeitraum abgelaufen ist, durch Auflösung seitens des Leiters (§ 7 Abs. 1 S. 4 NdsVersG) oder aber durch Auflösung seitens der Polizei. Wird die Versammlung aufgelöst – wozu die Sätze 1 und 2 des § 8 Abs. 2 NdsVersG ermächtigen (dazu noch unten unter Rn. 151 ff.) –, müssen sich die Teilnehmer gemäß S. 3 der Vorschrift unverzüglich entfernen. Grundsätzlich endet damit auch die Anwendung des Versammlungsrechts und folglich die „Polizeifestigkeit" der Versammlung. In Anbetracht dieser einschneidenden Wirkungen sind an die Auflösung hohe Anforderungen zu stellen, insbesondere darf für die Versammlungsteilnehmer kein objektiv nachvollziehbarer Zweifel bestehen, dass nunmehr die Versammlung aufgelöst ist und sie verpflichtet sind, sich vom Ort der Versammlung zu entfernen.[252]

b) Versammlungen in geschlossenen Räumen

148 Da bei Versammlungen in geschlossenen Räumen im Allgemeinen weniger Konflikte mit anderen Nutzern des öffentlichen Raumes zu erwarten sind, wird auch der Ablauf deutlich weniger reguliert. Besonders auffällig ist zunächst, dass die Anmeldepflicht entfällt. Dies kann im Ergebnis praktisch kaum anders sein, müsste sich doch sonst jede Person, die zu einer Veranstaltung einlädt, fragen, ob es sich um eine Versammlung handeln und folglich eine Anmeldepflicht bestehen könnte. Die Eigenschaft des Leiters knüpft daher gemäß § 13 Abs. 1 NdsVersG an die Person des Einladenden, nicht an die Anmeldung an. Seine Verpflichtungen sind denen eines Leiters einer Veranstaltung unter freiem Himmel allerdings nicht unähnlich. Für das Störungsverbot gilt das zu Versammlungen unter freiem Himmel Gesagte (s. o.). Auch in geschlossenen Räumen gibt es unter bestimmten Voraussetzungen eine Teilnahmemöglichkeit der Polizei sowie die Möglichkeit der Bild- und Tonaufnahme bzw. -übertragung (§ 16 f. NdsVersG). Auch eine Versammlung in geschlossenen Räumen kann durch Auflösung (§ 14 Abs. 2 Satz 1 und 2 NdsVersG) enden mit der Folge der Entfernungspflicht (S. 3).

4. Eingriffsbefugnisse

149 Die Eingriffsbefugnisse des NdsVersG sperren die Anwendung jener des SOG. Dies ist Ausdruck der oben bereits erwähnten „Polizeifestigkeit" des Versammlungsrechts. Vor diesem Hintergrund haben sich beim alten, seinerzeit bundesweit geltenden VersG

---

251 Nds. OVG, NdsVBl. 2011, 316 (317).
252 Vgl. dazu BVerfG, NVwZ 2005, 80 (81); OLG Celle, NVwZ-RR 2006, 254.

verschiedene Probleme bei der Anwendung der in ihm enthaltenen Ermächtigungsgrundlage ergeben. Bei deren Lösung halfen verschiedene Argumente, die auch aus anderen Zusammenhängen des öffentlichen Rechts bekannt sind. So sind etwa grundsätzlich mildere, sogenannte „Minusmaßnahmen", von der Ermächtigung für die jeweils stärker eingreifende mit umfasst.[253] Durch das ausdifferenziertere Eingriffsinstrumentarium des NdsVersG dürfte dieses Argument kaum mehr zur Anwendung gelangen.[254] Das SOG bleibt in den Fällen anwendbar, in denen Gefahren abgewehrt werden, die nicht spezifisch die Versammlung betreffen.[255] Gegen gewaltbereite Störer kann grundsätzlich nach dem SOG vorgegangen werden, da ihnen der Schutz des Art. 8 GG ohnehin nicht zukommt.[256] § 21 Abs. 1 Nr. 3 NdsVersG setzt voraus, dass eine polizeiliche Anordnung zur Durchsetzung des Verbots des § 4 NdsVersG ergehen kann.

a) Versammlungen unter freiem Himmel

Aus der Perspektive der zeitlichen Abfolge der Versammlung betrifft der erste denkbare Eingriff, zu dem die Versammlungsbehörde ermächtigt wird, die Anzeige der Versammlung: Gemäß § 5 Abs. 3 NdsVersG können Präzisierungen dieser Anzeige verlangt werden. Potenziell besonders einschneidend sind die verschiedenen Einwirkungsmöglichkeiten auf die Versammlung selbst. Dazu finden sich solche, die im Vorfeld einer Versammlung dazu dienen sollen, eine Gefahr gar nicht erst entstehen zu lassen, und solche, die eine Reaktion während der Versammlung ermöglichen.

150

Das dabei zur Verfügung stehende Instrumentarium umfasst das Verbot, die Beschränkung oder die Auflösung. Hinzu kommen die sogenannten „besonderen Maßnahmen" gemäß § 10 NdsVersG. § 8 und § 10 NdsVersG unterscheiden sich hinsichtlich des Adressaten der Maßnahmen: Im ersten geht es um solche gegen die Versammlung als Ganzes, im zweiten Fall um solche gegen einzelne Personen[257]. Die Abs. 1 und 2 von § 8 NdsVersG wiederum unterscheiden sich dadurch, dass in dem einen Fall „nur" eine Beschränkung erfolgt, im zweiten Fall die Versammlung vollständig entfällt, sei es durch ein Verbot oder in Form einer Auflösung. Während bei Ersterem auch eine unmittelbare Gefahr für die öffentliche Ordnung ausreicht, ist im zweiten Fall nur die Sicherheit vom Tatbestand umfasst. Dies deckt sich mit der Rechtsprechung des Bundesverfassungsgerichts, die Beschränkungen aufgrund einer Gefahr für die öffentliche Ordnung für zulässig hielt, ein Verbot allerdings nicht als damit vereinbar ansah.[258] Das Nds. OVG hat es für die Annahme einer Gefahr für die öffentliche Ordnung für ausreichend gehalten, „wenn von dem für einen ‚Schwarzen Block' charakteristischen einheitlichen und aggressiven Auftreten in dunkler Kleidung eine auf Einschüchterung gerichtete Gewaltdemonstration ausgeht, durch die nicht nur Solidarität innerhalb der Gruppe signalisiert, sondern gegenüber Außenstehenden (…) gezielt der Eindruck erweckt wird, die Blockteilnehmer seien gewillt und in der Lage,

151

---

253 Vgl. etwa *Pieroth/Schlink/Kniesel*, POR, § 20, Rn. 15; *Schenke*, POR, Rn. 377 f.
254 *Ullrich*, NdsVBl. 2011, 183 (184).
255 *Ullrich/Weiner/Brüggemann*, Nds. PoR, Rn. 391 (Beispiel: Verhinderung von Taschendiebstählen).
256 BVerfGE 84, 203 (209 f.).
257 *Ullrich*, NdsVBl. 2011, 183 (187).
258 BVerfGE 111, 147 (156 f.); BVerfG, NVwZ 2008, 671 (673).

152 Ein etwaiges Verbot bezieht sich nur auf die konkret angezeigte Versammlung. Nur wenn solche konkreten Verbote wegen der Vielzahl der Teilnehmer und Veranstalter unmöglich sind, kann ausnahmsweise durch Allgemeinverfügung ein allgemeines Versammlungsverbot ausgesprochen werden.[260] Kein Zweifel besteht, dass die öffentliche Sicherheit berührt ist, wenn zu erwarten ist, dass auf Versammlungen Texte vorgetragen oder Lieder gesungen werden sollen, die Straftatbestände wie etwa § 86 a StGB erfüllen.[261] § 8 Abs. 2 S. 1 NdsVersG nennt als Tatbestandsvoraussetzung darüber hinaus, dass „die Gefahr nicht anders abgewehrt werden kann". Damit ist eine Anwendung des Grundsatzes der Verhältnismäßigkeit vorgegeben, die allerdings auch ohne ausdrückliche Nennung selbstverständlich wäre. Ebenso selbstverständlich muss darüber hinaus auch eine Abwägung der Versammlungsfreiheit auf der einen und der zu schützenden Rechtsposition auf der anderen Seite erfolgen und dabei überlegt werden, ob diese geschützte Rechtsposition der Versammlungsfreiheit gleichwertig ist.[262]

153 Abs. 3 macht zunächst deutlich, dass das Bestehen der in den Abs. 1 und 2 genannten Gefahr unabhängig von der Frage zu beurteilen ist, von wem diese ausgeht, konkret ob sie von der Versammlung oder einer etwaigen Gegendemonstration verursacht wird. Gleichzeitig wird aber eindeutig herausgearbeitet, dass das Grundrecht auf Versammlungsfreiheit nicht davon abhängig gemacht werden darf, dass keine Gegendemonstrationen stattfinden. In den Kategorien des Polizei- und Ordnungsrechts kann man auch sagen, dass Maßnahmen nicht einfach gegen eine Versammlung unter dem Gesichtspunkt der „Notstandspflicht" gerichtet werden dürfen, weil der Aufwand in diesem Fall geringer ist.[263] In Anbetracht von Art. 8 GG kommen Beschränkungen der Versammlung nur in Betracht, wenn gegen die Störer selbst nicht vorgegangen werden kann und wenn dies darüber hinaus auch durch eine Aufstockung der polizeilichen Mittel nicht möglich ist.[264] Dabei müssen auch Kräfte aus anderen Bundesländern angefordert werden, was das Gesetz durch den Hinweis auf die Amts- und Vollzugshilfe deutlich macht. Es ist also eine Gefahrenprognose anzustellen, aus der sich der behauptete Fehlbetrag an Polizeikräften ergibt, und zudem muss nachgewiesen werden, dass versucht worden ist, alle Kräfte zu mobilisieren, die grundsätzlich zur Verfügung stehen.[265]

154 Abs. 4 ermächtigt zu Verbot und Beschränkung von Versammlungen mit nationalsozialistischem Hintergrund. Als Schutzgüter werden ausdrücklich der öffentliche Friede und die Würde der Opfer des Nationalsozialismus genannt. Hintergrund ist das Be-

---

[259] Nds. OVG, NdsVBl. 2012, 163 (164).
[260] VG Lüneburg, BeckRS 2005, 22514.
[261] Nds. OVG, NdsVBl. 2012, 244 f.
[262] Vgl. VG Braunschweig, BeckRS 2011, 51002; vgl. auch die Auslegung von Art. 8 Abs. 1 GG mit Blick auf Auflagen: VG Hannover, BeckRS 2009, 38722.
[263] Für *Götz* (Allg. POR, § 10, Rn. 17) stellt § 8 Abs. 3 NdsVersG „die verfassungsrechtlich vorgegebene Rechtslage (…) zutreffend klar".
[264] Aus der ständigen Rspr. vgl. etwa BVerfG, NJW 2001, 2069 (2072).
[265] VG Hannover, BeckRS 2012, 48758.

dürfnis, auch bei solchen Versammlungen, die für sich genommen noch nicht den strafrechtlich relevanten Bereich erreichen oder diesen möglicherweise sogar bewusst umgehen, eine Reaktionsmöglichkeit zu haben. Die Vorschrift bietet den Vorteil, dass sie trotz der Unbestimmtheit ihrer Tatbestandsvoraussetzungen deutlich klarere Maßstäbe bietet als jenes der öffentlichen Ordnung, das ansonsten herangezogen werden müsste.

§ 10 NdsVersG ermächtigt zu Maßnahmen gegen an der Versammlung beteiligte Personen. In Abs. 1 betrifft dies den Leiter sowie die Ordner. Auf die unmittelbare Gefahr muss sich aus den eingeholten Informationen schließen lassen. Rechtsfolge ist aber nicht ein Verbot oder eine Beschränkung der Versammlung selbst. Vielmehr kann ausschließlich die entsprechende Person von ihrer Rolle als Ordner oder Leiter ausgeschlossen werden. Die Abs. 2 und 3 betreffen Teilnehmer an der Versammlung. Dabei ist zu berücksichtigen, dass diese Maßnahmen auch dem Schutz der Versammlung dienen. Es gibt kein nachvollziehbares legales Interesse an der Teilnahme von Personen, die gegen die §§ 3 und 9 NdsVersG verstoßen oder die Ordnung der Versammlung stören. Die Maßnahmen gehen gemäß Abs. 3 bis hin zu einer Untersagung der Teilnahme an oder einem Ausschluss von der Versammlung. Die Ordnung der Versammlung, von der in § 10 Abs. 2 S. 1 sowie Abs. 3 S. 2 NdsVersG die Rede ist, darf nicht verwechselt werden mit dem Tatbestandsmerkmal der öffentlichen Ordnung, wie es aus dem Versammlungs- und sonstigem Recht der Gefahrenabwehr bekannt ist. Die Ordnung der Versammlung bezieht sich nicht auf soziale und ethische Anschauungen (vgl. Rn. 27 f.), sondern auf die Ordnungsmäßigkeit des Ablaufs im Sinne der Vorstellungen der Versammlungsbeteiligten.[266] Die Teilnahme an einer nicht aufgelösten Versammlung kann nur auf der Grundlage des § 10 Abs. 3 NdsVersG, nicht aber durch eine Maßnahme nach § 17 Abs. 4 S. 1 SOG unterbunden werden.[267]

Das NdsVersG geht offensichtlich davon aus, dass schon die bloße Anwesenheit der Polizei einen Eingriff darstellt[268]. Ansonsten wäre die Vorschrift des § 11 NdsVersG nicht zu verstehen. Für die Richtigkeit dieser Auffassung gibt es Anhaltspunkte in der Rechtsprechung des Bundesverfassungsgerichts.[269] Die Hürden sind allerdings nicht hoch: Angeknüpft wird in dem Tatbestand nicht an bestimmte Gefahren, sondern allgemein an die Aufgabenerfüllung durch die Polizei. Durch S. 2 der Regelung ist gewährleistet, dass es sich nicht um eine heimliche Anwesenheit handelt.

Die Neuregelung gab die Möglichkeiten, für die Anfertigung von Bild- und Tonaufnahmen einerseits umfassende und andererseits klarere, für Rechtssicherheit sorgende Regelungen zu schaffen.[270] § 12 NdsVersG differenziert einerseits zwischen den Adressaten der Maßnahme – einzelne bzw. bestimmte Personen oder die Versammlung als Ganzes – und andererseits der bloßen Übertragung und der Aufzeichnung von Ton und Bild. Die jeweils weniger stark eingreifenden Maßnahmen, also das bloße

---

266 *Ullrich/Weiner/Brüggemann*, Nds. PoR, Rn. 369.
267 Nds. OVG, NdsVBl. 2014, 47 (49).
268 *Ullrich*, NdsVBl. 2011, 183 (188).
269 Vgl. etwa BVerfG, NVwZ 2014, 1453.
270 Vgl. die Begründung zum Gesetzesentwurf, LT-Drs. 16/2075, S. 17.

Übertragen und der bloße Überblick über die gesamte Versammlung, knüpfen an eine Gefahr für die öffentliche Sicherheit und Ordnung an, die Aufzeichnung oder Zielrichtung auf eine bestimmte Person erfordert eine erhebliche Gefahr. Dies gilt gemäß Abs. 2 S. 3 auch für den Fall, dass Überblicksaufnahmen nachträglich ausgewertet werden sollen, um so eine Person zu identifizieren.

b) Versammlungen in geschlossenen Räumen

158 Bei Versammlungen in geschlossenen Räumen gibt es wesentlich weniger Anlass zur Beschränkung, da negative Wirkungen ebenfalls sehr begrenzt bleiben. Die Struktur der Ermächtigungsgrundlagen ist jenen mit Bezug zu Versammlungen unter freiem Himmel nicht unähnlich. In § 14 NdsVersG wird an eine unmittelbare Gefährdung der Friedlichkeit angeknüpft. Abs. 1 betrifft jegliche Beschränkungen, Abs. 2 die Untersagung oder Auflösung, wobei auch hier an die bereits aus § 8 Abs. 2 NdsVersG bekannte Anforderung angeknüpft wird, dass die Gefahr nicht anders abgewendet werden kann. Hier wie dort wird damit eine selbstverständliche Anforderung der Verhältnismäßigkeit ausformuliert, die natürlich ohnehin umso höher ist, je weiter der Eingriff in das Grundrecht aus Art. 8 GG reicht. Auch § 14 Abs. 3 NdsVersG bildet eine Parallelvorschrift zu § 8 Abs. 3 NdsVersG.

159 Die besonderen Maßnahmen, die in Anwendung des § 15 NdsVersG erlassen werden, sind auf Leiter und Ordner der Versammlung beschränkt. Daten über diese dürfen entsprechend erhoben und Abfragen bei Polizei- und Verfassungsschutzbehörden durchgeführt werden. Auch hier wird allerdings deutlich, dass die Maßnahmen nicht auf eine Gefahr für die öffentliche Sicherheit zielen, sondern ausschließlich auf die Friedlichkeit der Versammlung. Die Hürden für belastende Maßnahmen sind also auch in diesem Punkt deutlich höher. Abs. 3 zielt – anders als § 10 Abs. 2 und 3 NdsVersG – konsequenterweise nur auf die Durchsetzung des Verbots des § 3 NdsVersG, nicht aber des § 9 NdsVersG, da letzterer ausschließlich Versammlungen unter freiem Himmel einschließt. Die Hürden für die Zulässigkeit der Anwesenheit der Polizei sind in § 16 NdsVersG wesentlich höher als in § 11 NdsVersG – wer sich in geschlossenen Räumen versammelt, hat zu Recht die Erwartung, ungestört von polizeilicher Beobachtung zu sein. § 17 NdsVersG ist die Parallelvorschrift zu § 12 NdsVersG, wobei an eine unmittelbare Gefährdung der Friedlichkeit angeknüpft wird.

5. Ermessensausübung/Gemeinsame Aspekte

160 Von besonderer Bedeutung ist im Versammlungsrecht der Grundsatz der Verhältnismäßigkeit. Seine Anwendung bringt eine Art Feinjustierung mit sich. So kann etwa trotz Vorliegen der Tatbestandsvoraussetzungen des § 8 Abs. 2 S. 1 NdsVersG ein Verbot unverhältnismäßig sein und dafür andere Beschränkungen, wie etwa die auf eine stationäre Kundgebung, vorgesehen werden.[271] Eine solche ist für die Polizei sowohl leichter zu beschützen, wie auch zu kontrollieren.[272]

---

271 Nds. OVG, NordÖR 2011, 367 (368).
272 Nds. OVG, KommJur 2010, 475 (476).

VI. Versammlungsrecht

Auch im Versammlungsrecht gilt selbstverständlich das **Bestimmtheitsgebot**, wie es aus dem **Rechtsstaatsprinzip** sowie – für Verwaltungsakte – aus § 37 VwVfG folgt. Dem Adressaten muss deutlich sein – ggf. aus dem Zusammenhang unterschiedlicher Anordnungen oder auch im Zusammenspiel mit der Begründung des Bescheids –, was von ihm verlangt wird.[273] Die entsprechende Konkretisierung darf nicht erst im Rahmen der Vollstreckung der Maßnahme erfolgen.[274]

161

Auffällig ist darüber hinaus, dass eine Ermächtigungsgrundlage für einen Kostenbescheid fehlt. Dies ist kein Zufall, sondern gewollter und zwingenden Ausfluss von Art. 8 GG. Nicht nur die Versammlung selbst ist kostenfrei – so werden etwa keine Sondernutzungsgebühren fällig –, sondern gemäß § 25 NdsVersG jegliche Amtshandlungen, die auf der Grundlage des VersG vorgenommen werden. Ein Kostenbescheid für eine solche Amtshandlung wäre also wegen eines Gesetzesverstoßes rechtswidrig. Die allgemeinen Kostenregelungen werden dadurch verdrängt. Auch hier zeigt sich eine erhebliche **Privilegierung der Versammlungen** gegenüber sonstigen Zusammenkünften verschiedener Menschen auf Veranlassung einer Privatperson.

162

6. Sonderaspekte

Die Frage des befriedeten Bezirks ist im Gesetzgebungsverfahren besonders kontrovers diskutiert worden[275]. Die Errichtung eines solchen, im Allgemeinen als „Bannmeile" bezeichneten Bezirks, ist ein Instrument mit einer langen Tradition, das dazu dient, die ungestörte Arbeit des Parlaments zu gewährleisten. Inwieweit dieser Schutzzweck auch heute noch einen solchen Eingriff rechtfertigen kann, wird unterschiedlich beurteilt. Die Regelung in Niedersachsen ist eine Art Kompromiss zwischen einem grundsätzlichen Verbot und einem Anspruch auf die Erlaubnis unter bestimmten Voraussetzungen. Der räumliche Umfang der Bannmeile wird in § 18 Abs. 2 NdsVersG präzise umschrieben und darüber hinaus auch in der Anlage in einer Landkarte dargestellt. Die **Voraussetzungen der Zulassung von Versammlungen** werden in § 19 NdsVersG ausdrücklich aufgeführt. Angeknüpft wird an die Arbeitsfähigkeit des Landtages und – eng damit zusammenhängend – den freien Zugang zum Landtagsgebäude. Nach Abs. 1 S. 2 und 3 wird das Vorliegen einer entsprechenden Gefahr mit den Sitzungstagen verknüpft. Dass dies nur „in der Regel" gilt, macht deutlich, dass davon Ausnahmen möglich sind. Versammlungen, bei denen eine Gefahr von vornherein ausgeschlossen ist, können also trotz des regelmäßigen Verbots durchaus auch für Sitzungstage zugelassen werden. Umgekehrt kann auch dann, wenn keine Sitzung stattfindet, ausnahmsweise eine Gefahr bestehen, die ein Verbot rechtfertigt. Gemäß § 19 Abs. 2 S. 2 NdsVersG muss die Versammlungsbehörde das Einvernehmen des Landtagspräsidenten/der Landtagspräsidentin herstellen. Dadurch werden die Interessen des Landtages gegenüber der Versammlungsbehörde gewahrt. Selbstverständlich ist auch der Präsident an die rechtliche Regelung gebunden, es handelt sich nicht um eine politi-

163

---

273 Nds. OVG, DVBl. 2011, 1303 (1304).
274 Nds. OVG, NdsVBl. 2011, 316 (317).
275 *Ullrich*, NdsVBl. 2011, 183.

sche, sondern um eine rechtliche Entscheidung. Die Erlaubnis darf folglich nur unter den in § 19 NdsVersG genannten Voraussetzungen versagt werden.

VII. Verwaltungsvollstreckungsrecht

164 Das Vollstreckungsrecht ist keine originär dem Polizei- und Ordnungsrecht zuzuordnende Materie. Insofern wird man auch sagen müssen, dass, wenn § 16 Abs. 3 Nr. 3 NJAVO „das allgemeine Recht der Gefahrenabwehr" zum Prüfungsstoff der Pflichtfachprüfung erklärt, das Vollstreckungsrecht vom Wortlaut her nicht umfasst ist. Allerdings ist in Nr. 2 der Vorschrift auch das „allgemeine Verwaltungsrecht" Prüfungsgegenstand, zu dem das Verwaltungsvollstreckungsrecht zweifellos zu zählen ist.

1. Grundlagen

165 Nicht alle Verwaltungsakte werden von den Adressanten auch tatsächlich befolgt. Mitunter ist es erforderlich, sie zwangsweise durchzusetzen. Das Vollstreckungsrecht gibt der Behörde, die den Verwaltungsakt erlassen hat (vgl. § 64 Abs. 3 SOG), die Möglichkeit, Zwangsmaßnahmen zu ergreifen, um auf diese Weise dafür zu sorgen, dass die im Verwaltungsakt vorgesehene Regelungswirkung auch tatsächlich eintritt. Zur Verfügung stehen ihr dabei bestimmte, im Gesetz abschließend aufgezählte Maßnahmen (dazu unter 2.). Voraussetzung für ihre Anwendung ist allerdings, dass es sich um einen Fall handelt, bei dem die Regeln des Vollstreckungsrechts überhaupt anwendbar sind.

a) Anwendbarkeit des Vollstreckungsrechts

166 Das Vollstreckungsrecht ist in einem eigenen Gesetz – dem Niedersächsischen Verwaltungsvollstreckungsgesetz (NVwVG) geregelt. Für „Verwaltungsakte, die auf die Herausgabe einer Sache oder auf eine sonstige Handlung oder eine Duldung oder Unterlassung gerichtet sind und die nicht unter § 2 Abs. 1 fallen" – also nicht zur Geldleistung oder Duldung einer Vollstreckung wegen einer Geldforderung verpflichten – verweist § 70 Abs. 1 NVwVG aber auf den sechsten Teil und damit auf die §§ 64 ff. SOG. § 70 Abs. 1 NVwVG stellt ausdrücklich klar, dass es sich nicht um der Gefahrenabwehr dienende Verwaltungsakte handeln muss. Aufgrund der ausdrücklichen Verweisung muss keine gesonderte Prüfung der Anwendbarkeit des SOG erfolgen, wenn § 70 NVwVG unzweifelhaft einschlägig ist. Das ändert aber natürlich nichts an der Erforderlichkeit einer Prüfung, ob das Vollstreckungsrecht nach dem NVwVG und durch den Verweis die §§ 64 ff. SOG anwendbar sind[276]. Selbstverständlich gehen speziellere Vorschriften, die der Vollstreckung dienende Maßnahmen regeln, den allgemeinen vollstreckungsrechtlichen Ermächtigungen vor[277].

167 Die folgenden Ausführungen beschränken sich auf die Vollstreckung nach §§ 70 NVwVG, 64 ff. SOG. Das Vollstreckungsrecht dient, von der Grundidee her, der Durchsetzung von Verwaltungsakten mithilfe von Zwangsmitteln. Zuständig für die Vollstreckung ist die Behörde, die für den Erlass des Verwaltungsakts zuständig ist (§ 70 Abs. 2 NVwVG). Man erkennt die Einschlägigkeit des Vollstreckungsrechts also

---

276 Vgl. etwa Nds. OVG, NdsVBl. 2007, 106 (107).
277 Vgl. dazu etwa Nds. OVG, NdsVBl. 2011, 201 (202).

nicht daran, dass eine bestimmte Behörde handelt. Das heißt umgekehrt auch, dass Behörden – anders als Private – Titel vollstrecken können, die sie selbst geschaffen haben. Es liegt auf der Hand, dass für diese Konstellation aus rechtsstaatlichen Gründen besonders strenge Voraussetzungen, insbesondere hinsichtlich des Verfahrens der Herbeiführung vollstreckungsrechtlicher Maßnahmen, gelten müssen. Für die Prüfung der Rechtmäßigkeit der Vollstreckungsmaßnahme bedeutet das vor allem, dass die einzelnen Verfahrensschritte und die für diese geltenden Regeln sehr sorgfältig untersucht und auf diese Weise die rechtsstaatlichen Sicherungen zur Geltung gebracht werden müssen.

Die Abgrenzung von polizeilichen oder sonstigen eingreifenden Maßnahmen gestaltet sich mitunter schwierig. Für sie und damit die Identifikation von Vollstreckungsmaßnahmen stehen im Wesentlichen zwei Ansatzpunkte zur Verfügung: Erstens ist zu überlegen, ob sämtliche Handlungen, die laut Sachverhalt überprüft werden sollen, von einer der gesetzlich umschriebenen polizeilichen oder sonstigen behördlichen Ermächtigungen umfasst sind. Um eine Verwaltungsvollstreckung handelt es sich jedenfalls dann nicht, wenn die im konkreten Fall angewendete Ermächtigungsgrundlage die Maßnahme bereits deckt. Für einen Rückgriff auf das Vollstreckungsrecht ist dann kein Raum. Zweitens muss geprüft werden, ob die Maßnahme einen zweistufigen Charakter hat, also ein Grundverwaltungsakt und dessen Vollzug angenommen werden kann. Fehlt es an einer Verfügung, die im weiteren Verlauf mit Zwangsmitteln durchgesetzt wird, oder lässt sich eine solche – für den Fall des Sofortvollzugs (§ 64 Abs. 2 SOG, dazu sogleich) – auch nicht hypothetisch konstruieren, so liegt keine vollstreckungsrechtliche Fallkonstellation vor. 168

§ 65 Abs. 3 SOG macht deutlich, was das Ziel des Vollstreckungsrechts ist und damit eben auch, was nicht Gegenstand des Vollstreckungsrechts sein kann: Es geht um die Durchsetzung eines Verwaltungsakts. Davon wird in § 64 Abs. 2 SOG nur für den Fall einer gegenwärtigen Gefahr eine Ausnahme gemacht, wobei auch dann eine Situation vorliegen muss, bei der – wäre noch genug Zeit dafür gewesen oder ein sonstiges Hindernis dafür weggefallen – eine Pflicht des Verantwortlichen durchgesetzt wird. Daher wird in § 65 Abs. 3 SOG ausdrücklich klargestellt, dass die Vollstreckung solange erfolgen darf, bis der Verwaltungsakt befolgt worden ist oder sich auf andere Weise erledigt hat (vgl. auch § 43 Abs. 2 VwVfG). Daher sind natürlich auch Wiederholungen der Vollstreckungsmaßnahme möglich oder der Wechsel zu einer anderen, eher Erfolg versprechenden Lösung. Erst recht verhindert die Verhängung einer Strafe oder Geldbuße nicht, dass eine Vollstreckungsmaßnahme angewendet wird. Die Vollstreckung soll zwingen, nicht bestrafen, so dass auch die spezial- bzw. generalpräventiven Zwecke hinter dem Straf- und Ordnungswidrigkeitenrecht keine Konkurrenz darstellen und erst recht nicht die Anwendung des Vollstreckungsrechts hindern[278]. 169

---

[278] Die vom Bundesverwaltungsgericht (NJW 2002, 2122 [2123]) vertretene Auffassung, eine „rechtmäßige Abschlepppraxis" dürfe „auch spezial- und generalpräventive Zwecke verfolgen", widerspricht der Funktion des Vollstreckungsrechts; vgl. die überzeugenden Argumente dagegen von *Schwabe*, DVBl. 2002, 1561 (1562); siehe allerdings auch Nds. OVG, NdsVBl. 1994, 60 (63).

b) Vollstreckungsmaßnahmen

170 Das Vollstreckungsrecht sieht einen Numerus Clausus möglicher Vollstreckungsmaßnahmen vor (vgl. § 65 SOG). Bei der Prüfung der Rechtmäßigkeit einer Vollstreckung muss die Frage, um welche Art von Maßnahme es sich handeln könnte, gleich eingangs gestellt werden, bestimmt sich danach doch auch die einschlägige Ermächtigungsgrundlage. Kommt keine der Maßnahmen in Betracht, so handelt es sich nicht um eine nach Vollstreckungsrecht zu bewertende Konstellation. Die Bestimmung einer Vollstreckungsmaßnahme dient also auch der Kontrolle, ob das Vollstreckungsrecht überhaupt einschlägig ist. Kann vom Vorliegen einer solchen Maßnahme ausgegangen werden, muss aber natürlich dennoch geprüft werden, ob die Tatbestandsvoraussetzungen vorlagen und bei der Entscheidung über die Rechtsfolge keine Fehler vorgekommen sind. Zur Rechtmäßigkeitsprüfung auf der Rechtsfolgenseite gehört immer auch die Frage, ob die richtige Vollstreckungsmaßnahme angewendet worden ist. Dies sollte aber nicht als eigenständiger Prüfungspunkt angesehen werden, sondern – je nach Fallkonstellation – etwa bei der Prüfung auf das Vorliegen eines Ermessensdefizits oder sachwidriger Erwägungen, bei der Frage der Geeignetheit oder auch der Erforderlichkeit einer bestimmten Maßnahme angesprochen werden.

171 aa) **Ersatzvornahme.** Von einer Ersatzvornahme spricht man, wenn die Verwaltungsbehörde bzw. Polizei die einem Pflichtigen obliegende Maßnahme selbst erledigt (sog. Selbstvornahme) oder durch Dritte erledigen lässt (sog. Fremdvornahme). Dies kommt, wie § 66 SOG deutlich macht, nur dann in Betracht, wenn die Handlung nicht zwangsläufig von dem Pflichtigen selbst durchgeführt werden muss, es also um eine vertretbare Handlung geht. Eine Ersatzvornahme kommt also etwa dann nicht in Betracht, wenn eine Auskunftspflicht durchgesetzt werden soll, da Behörden und Polizei offensichtlich nicht über die Kenntnisse verfügen, die sie vom Auskunftspflichtigen ja erst gewinnen möchten. Für den Pflichtigen ist diese Art der Vollstreckung in der Regel nicht so bequem, wie dies vielleicht bei der Erfüllung einer lästigen Pflicht durch Dritte erscheinen mag: Die Ersatzvornahme erfolgt gemäß § 66 SOG auf seine Kosten. Es ergeht also nach der Vornahme – aber nicht zwingend danach (vgl. § 66 Abs. 2 S. 1 SOG) – ein Kostenbescheid.

172 bb) **Zwangsgeld.** Als Vollstreckungsmaßnahme auch bei der Durchsetzung vertretbarer Handlungen ist das Zwangsgeld geeignet. § 67 Abs. 1 SOG regelt keine eigenen Voraussetzungen für die Vollstreckung, sondern gibt lediglich die zulässige Höhe vor. Wie bei den anderen genannten Vollstreckungsmaßnahmen ist auf § 64 SOG abzustellen. § 67 Abs. 2 SOG beschreibt konkrete Anforderungen der Verhältnismäßigkeit: Die Frist für die Zahlung muss selbstverständlich angemessen sein (S. 1), und das Verfahren der zwangsweisen Durchsetzung eines Verwaltungsakts setzt voraus, dass dieser nicht bereits durchgesetzt ist (S. 2). § 65 Abs. 2 SOG verdeutlicht, dass es sich nicht um eine Geldstrafe handelt, die Zwangsmaßnahme und damit auch das Zwangsgeld wegen der anderen Zweckbestimmung vielmehr daneben verhängt werden kann. Wird das Zwangsgeld nicht bezahlt und kann eine solche Zahlung auch nicht bewirkt werden, so können die jeweils zuständigen Verwaltungsbehörden bzw.

die Polizei stattdessen beim Amtsgericht die Verhängung von Ersatzzwangshaft beantragen (§ 68 SOG).

cc) Unmittelbarer Zwang. Als letztes Mittel (vgl. § 69 Abs. 6 SOG) kann im Rahmen der Vollstreckung auch zu unmittelbarem Zwang gegriffen werden. Das gilt nicht, wenn die zu erzwingende Handlung in der Abgabe einer Erklärung besteht (§ 69 Abs. 7 SOG). Zu der von dem Begriff des „unmittelbaren Zwangs" umfassten körperlichen Gewalt gehört gemäß § 69 Abs. 2 SOG „jede unmittelbare körperliche Einwirkung auf Personen oder Sachen". § 69 Abs. 3 und 4 SOG geben durch die Aufzählung der Hilfsmittel und der Waffen, die eingesetzt werden können, einen klaren Eindruck, welche massiven Eingriffe mit der Anwendung unmittelbaren Zwangs verbunden sein können. Vor diesem Hintergrund ist gemäß § 69 Abs. 8 SOG der Kreis der Personen, die unmittelbaren Zwang anwenden dürfen, enger als bei der Ersatzvornahme und dem Zwangsgeld. Für das Fesseln von Personen (§ 75 SOG), den Schusswaffengebrauch (§§ 69 Abs. 8 S. 2, 76 bis 78 SOG) sowie den Einsatz von besonderen Waffen und Sprengmitteln (§§ 69 Abs. 9; 79 SOG) gelten weitere spezielle Regeln.

173

Da auch die Ersatzvornahme typischerweise mit der Einwirkung auf Sachen verbunden ist oder verbunden sein kann, kann nur dann von einem Anwendungsfall des unmittelbaren Zwangs gesprochen werden, wenn die Einwirkung dem Erzwingen eines Verhaltens des Betroffenen dient.[279] So kann etwa das Versiegeln von Räumen, wenn diese für eine unzulässige Gewerbeausübung genutzt werden, als Maßnahme des unmittelbaren Zwangs angesehen werden[280]. Demgegenüber würde man wohl, wenn dem Pflichtigen lediglich das Verschließen der Räumlichkeiten aufgegeben worden wäre, entsprechende Schließmaßnahmen der zuständigen Behörde als Ersatzvornahme ansehen.

174

Die Regelungen der §§ 71 ff. SOG betreffen die Ausübung des unmittelbaren Zwangs. Wichtig ist dabei zunächst die Einordnung in den Gesamtkontext der Ermächtigungsgrundlagen: § 71 Abs. 1 erklärt die übrigen Vorschriften des SOG für insoweit anwendbar, als sich aus den §§ 71 ff. „nichts Abweichendes ergibt". § 64 SOG und damit auch die allgemeinen Vollstreckungsvoraussetzungen werden nicht etwa verdrängt, sondern müssen als Ermächtigungsgrundlagen angewendet werden.[281] Die §§ 2, 4 f. und 6 bis 8 SOG sind ebenfalls einschlägig.[282] Die Anwendung unmittelbaren Zwangs einschließlich des Schusswaffeneinsatzes ist also als Maßnahme der Vollstreckung zu interpretieren, so dass die Ermächtigungsgrundlagen aus dem Vollstreckungsrecht den Ausgangspunkt bilden. Konkret dürfte in der Regel der Schusswaffengebrauch der Durchsetzung einer Unterlassungsverfügung dienen, indem der Störer gehindert wird, die ihm untersagte Handlung vorzunehmen.[283] Bleibt keine Zeit für den Erlass einer Untersagungsverfügung, so ist folglich auf § 64 Abs. 2 SOG abzustel-

175

---

279 Böhrenz/Unger/Siefken, Nds. SOG, § 69, Rn. 2.
280 Vgl. etwa Nds. OVG, DVBl. 2010, 909 (910).
281 Waechter, POR, Rn. 777.
282 Böhrenz/Unger/Siefken, Nds. SOG, § 71, Rn. 4.
283 Waechter, POR, Rn. 787.

len. § 70 Abs. 6 SOG stellt ausdrücklich klar, dass § 74 SOG, der wie § 70 Abs. 1 SOG eine Androhung verlangt, ergänzend gilt.

176 Besonders problematisch ist die Anwendung unmittelbaren Zwangs in Anbetracht des Art. 2 Abs. 2 GG, wenn es um den Schusswaffeneinsatz und die gezielte Tötung von Menschen geht. § 76 formuliert vor diesem Hintergrund verschiedene Forderungen des Grundsatzes der Verhältnismäßigkeit (Erforderlichkeit, Angemessenheit) aus: Vorgehen gegen Sachen vor dem gegen Personen (Abs. 1 S. 2); gezieltes Töten nur wenn alle anderen Maßnahmen nicht ausreichen und zudem eine Lebensgefahr oder schwerwiegende Verletzung der körperlichen Unversehrtheit verhindert werden soll (Abs. 2); Gefährdung Unbeteiligter nur unter äußerst engen Voraussetzungen (Abs. 4). Die folgenden Vorschriften bringen jeweils eine Verschärfung der Anforderungen mit sich: Erfolgt der Schusswaffengebrauch gegen Personen, so muss eine der Varianten des § 77 SOG vorliegen. Befinden sich diese Personen in einer Menschenmenge, so sind gemäß § 78 SOG die Voraussetzungen für eine zulässige Ausübung unmittelbaren Zwangs noch enger.

2. Prüfung der Rechtmäßigkeit einer Vollstreckungsmaßnahme
a) Grund-VA

177 Voraussetzung für die Vollstreckung ist grundsätzlich das Vorliegen eines Verwaltungsakts, der tauglich ist, als Vollstreckungsgrundlage – sogenannter „Vollstreckungstitel" – zu dienen. Dies kann selbstverständlich auch eine Allgemeinverfügung gemäß § 35 S. 2 VwVfG sein, also etwa ein Verkehrsschild.

178 **aa) Inhalt des Grund-VA.** Unter welchen Voraussetzungen der Grund-VA vollstreckbar ist, regelt § 64 Abs. 1 SOG. Ausdrücklich genannt ist der Regelungsinhalt, den der Verwaltungsakt haben muss, um als Grundlage der Vollstreckung dienen zu können: Vom Adressaten muss eine Handlung, Duldung oder Unterlassung verlangt werden. Die Vollstreckung zielt dann darauf, diese vom VA vorgesehene Handlung, Duldung oder Unterlassung tatsächlich umzusetzen. Bei der Ersatzvornahme ist zu beachten, dass es um eine vertretbare Handlung gehen muss (Rn. 171).

179 **bb) Wirksamkeit.** Nicht ausdrücklich in § 64 Abs. 1 SOG genannt, aber aus systematischen Gründen eine Selbstverständlichkeit ist die Tatsache, dass nur ein wirksamer Verwaltungsakt vollstreckbar ist. Dafür gilt § 1 NdsVwVfG i.V.m. § 43 VwVfG. Grundsätzlich ist also nach § 43 Abs. 1 VwVfG die Bekanntgabe erforderlich. Verwaltungsakte sind Willenserklärungen, die grundsätzlich durch Zugang „in die Welt kommen". Das bedeutet etwa, dass abgebaute Verkehrsschilder kein tauglicher Vollstreckungstitel sein können. Die Besonderheiten des Straßenverkehrs haben das Bundesverwaltungsgericht veranlasst, bei nachträglich aufgestellten Halteverbotsschildern auch dann eine Bekanntgabe gegenüber dem Halter anzunehmen, wenn zwar das Fahrzeug in der Verbotszone parkte, der Halter dieses aber wegen der erst nach dem Parken erfolgten Aufstellung nicht wahrnehmen konnte.[284] Diese Rechtsprechung hat eine große pragmatische Plausibilität. Man soll sich durch Wegsehen oder auch durch

---

284 BVerwGE 102, 316 (319).

Wegbleiben nicht den Wirkungen eines verwaltungsrechtlichen Gebots entziehen können. Das gilt gerade für den Bereich des Verkehrsrechts, der darauf angelegt ist, dass man sich den in Form eines Verkehrsschilds ergehenden Verwaltungsakten nur kurzzeitig gegenübersieht. Dass ein Abschleppen dennoch nicht sofort erfolgen kann, ist in diesen Fällen in aller Regel eine Frage der Verhältnismäßigkeit einer solchen Maßnahme (vgl. dazu noch unten Rn. 198 ff.).

cc) **Vollstreckbarkeit: Bestandskraft oder sofortige Vollziehbarkeit.** § 64 Abs. 1 SOG regelt in seinen letzten Tatbestandsmerkmalen die Anforderungen der Vollstreckbarkeit, dass nämlich der Verwaltungsakt „unanfechtbar ist oder (…) ein Rechtsbehelf keine aufschiebende Wirkung hat". Die erste Variante verweist auf die Frage, ob noch eine Rechtsschutzmöglichkeit besteht. Wenn die Widerspruchsfrist (sofern das Widerspruchsverfahren durchzuführen ist) oder die Klagefrist abgelaufen sind, kann eine Vollstreckung ohne Bedenken erfolgen. Ein Rechtsschutz gegen den VA ist dann nicht mehr möglich, so dass die Verpflichtung nicht mehr beseitigt und im Falle der Nichterfüllung mit Zwangsmitteln durchgesetzt werden kann. Die zweite in § 64 Abs. 1 SOG genannte Variante nimmt auf § 80 Abs. 2 VwGO Bezug. Dort sind die Voraussetzungen geregelt, unter denen eine eigentlich nach § 80 Abs. 1 VwGO bei Widerspruch und Anfechtungsklage eintretende aufschiebende Wirkung entfällt. In besonders eilbedürftigen Vollstreckungsverfahren wird es in der Regel darauf ankommen, ob eine der in Abs. 2 genannten Varianten greift. Nach Nr. 1 bis 3 der Vorschrift entfällt die aufschiebende Wirkung nach dem Gesetz. Nr. 4 sieht in den übrigen Fällen die Möglichkeit vor, dass die Verwaltung unter den dort genannten Voraussetzungen – und nach gesonderter Begründung (§ 80 Abs. 3 VwGO) – die sofortige Vollziehung selbst anordnet. Die Verwaltung kann in diesen Fällen also nicht nur selbst den Vollstreckungstitel schaffen, sondern auch selbst dessen sofortige Vollstreckungsfähigkeit herbeiführen. Für den Adressaten bleibt dann nur der Antrag gemäß § 80 Abs. 5 VwGO, um die Vollstreckbarkeit zu beseitigen. Das Verwaltungsgericht kann die aufschiebende Wirkung von Widerspruch und Anfechtungsklage in den Fällen des § 80 Abs. 2 Nr. 1 bis 3 VwGO erstmalig anordnen, in den Fällen der Nr. 4 der Vorschrift diese wiederherstellen.

dd) **Rechtmäßigkeit.** Die Rechtmäßigkeit des Grund-VA wird von § 64 Abs. 1 SOG nicht angesprochen, was dafür spricht, dass es sich nicht um eine Voraussetzung einer rechtmäßigen Vollstreckungsmaßnahme handelt. Es stellt sich daher die Frage, ob der Gesetzgeber dies bewusst so regeln wollte oder ob die Rechtmäßigkeitsprüfung in diesem Rahmen als so selbstverständlich angesehen wurde, dass dies gar nicht ausdrücklich erwähnt werden musste oder aus anderen Gründen die Rechtmäßigkeit als Tatbestandsvoraussetzung hineingelesen werden müsste. Für den Fall, dass der Grund-VA bestandskräftig ist, bestehen keine Zweifel, da es zweifellos systemgerecht ist, die Frage nach der Rechtmäßigkeit nicht mehr zu stellen, wenn die Möglichkeiten des Rechtsschutzes endgültig nicht genutzt worden sind. Das OVG hat sich klar in dem Sinne positioniert, dass die Rechtmäßigkeit des Grund-VA keine Voraussetzung für eine rechtmäßige Vollstreckung ist[285]. Argumentiert wird dabei nicht nur mit dem schon angesprochenen Wortlaut der Vorschrift, sondern auch mit dem Gesichtspunkt der Effektivität[286]. Schutz muss der Betroffene in diesen Fällen folglich in Gestalt des vorläufigen Rechtsschutzes sowie durch Widerspruch und Anfechtungsklage suchen[287]. In der Tat würde eine Vollstreckung zweifellos schwieriger und wohl auch praktisch weniger wahrscheinlich, würde man den Vollstreckungsbehörden eine umfassende Rechtmäßigkeitsprüfung auferlegen.

182 Nicht abschließend geklärt ist die Frage, ob eine andere Auffassung für den Fall der Erledigung des Grund-VA vor Eintritt der Bestandskraft angebracht sein könnte.[288] Praktisch relevant wird dies bei der Frage der Kosten. Diese Konstellation unterscheidet sich von der Ausgangssituation eines bestandskräftigen Grund-VA insofern, als der Adressat ja noch die Möglichkeit gehabt hätte, durch Widerspruch und Anfechtungsklage die Vollstreckbarkeit zu vermeiden. In diesem Fall würde es eine besondere Härte darstellen, wenn einerseits Rechtsschutzmöglichkeiten abgeschnitten werden, andererseits aber selbst bei einer im Nachhinein als rechtswidrig zu erkennenden Maßnahme Kosten entstehen könnten. Vor diesem Hintergrund spricht viel dafür, dem Adressaten wenigstens in dieser Konstellation eine Überprüfungsmöglichkeit zuzubilligen.

b) Situation bei Fehlen eines Grund-VA: Sofortvollzug

183 Von der Idee her setzt die Vollstreckung eigentlich einen Grund-VA voraus, dessen Regelungsinhalt von der erlassenden Behörde mit Zwangsmitteln durchgesetzt werden kann. § 64 Abs. 2 SOG macht allerdings deutlich, dass unter den dort genannten Voraussetzungen eine Vollstreckung auch ohne vorausgehenden Verwaltungsakt erfolgen kann. Weil dem Adressaten der Maßnahme die Möglichkeit genommen wird, sich gegen den der Vollstreckung zugrunde liegenden Verwaltungsakt zu wehren und die Vollstreckung durch Widerspruch, Anfechtungsklage oder durch einen Antrag nach § 80 Abs. 5 VwGO abzuwehren, stellt diese Art der Vollstreckung einen besonders intensiven Eingriff dar und lässt sich nur rechtfertigen durch besondere Eilbedürftigkeit oder die Unmöglichkeit eines Vorgehens nach § 64 Abs. 1 SOG.[289]

184 Scheitert also die Prüfung der Voraussetzungen des § 64 Abs. 1 SOG am Fehlen eines zu vollstreckenden Grund-VA, so ist mit Abs. 2 weiter zu prüfen[290]. Dieser enthält ein eigenes Programm von Tatbestandsvoraussetzungen, die ausschließlich den Grund-VA ersetzen und daher zusätzlich zu den allgemeinen Anforderungen an das Verfahren und die Ermessensausübung vorliegen müssen. Man spricht dann auch vom „einaktigen" Verfahren oder dem „Sofortvollzug", wobei der damit angesprochene eine Akt normalerweise der zweite – also die eigentlich Vollstreckungsmaßnahme wäre. Der ei-

---

285 Nds. OVG, NdsVBl. 2009, 345 (346); vgl. auch Nds. OVG, BeckRS 2010, 56750; BeckRS 2010, 56757.
286 Nds. OVG, NdsVBl. 2009, 345 (346).
287 Vgl. Nds. OVG, NdsVBl. 2009, 345 (346).
288 Ausdrücklich offen gelassen in Nds. OVG, Nds.VBl. 2009, 345 (346).
289 Nds. OVG, NdsVBl. 2012, 245 (246).
290 Vgl. etwa Nds. OVG, BeckRS 2008, 34305.

gentlich erste Akt, also der Grund-VA, muss allerdings trotz seines Nichtvorliegens „dazugedacht" werden, wie gleich noch zu zeigen sein wird (vgl. Rn. 189 f.).

aa) Fehlen eines Grund-VA. Zur Prüfung des sofortigen Vollzugs gelangt man demnach nur, wenn in einer entsprechend den oben beschriebenen Kriterien als vollstreckungsrechtlich zu charakterisierenden Konstellation kein VA vollstreckt werden kann. Gerade dieses Fehlen macht es aber natürlich besonders schwierig, die jeweilige Maßnahme als eine dem Vollstreckungsrecht zuzurechnende zu erkennen, die unter die §§ 64 ff. SOG subsumiert werden können. Letztlich ist darauf abzustellen, ob in einer solchen Konstellation – könnte denn ein VA erlassen werden – eine Anordnung an einen Verpflichteten ergehen würde und die im konkreten Fall ergriffene behördliche oder polizeiliche Maßnahme einer der Vollstreckungsmaßnahmen des § 65 SOG entspricht. Findet sich demgegenüber eine Ermächtigungsgrundlage außerhalb des Vollstreckungsrechts, welche die jeweilige Maßnahme bereits vollumfänglich rechtfertigen kann, so gibt es keinen Anlass, zusätzlich noch von der Einschlägigkeit einer Vollstreckungsmaßnahme auszugehen. 185

Warum ein solcher VA nicht vorliegt, spielt grundsätzlich keine Rolle. Die Behörde kann es etwa unterlassen haben, den VA bekanntzugeben, so dass dieser gegenüber dem (potenziellen) Adressaten nicht wirksam wird.[291] In Betracht kommt auch, dass der einzig mögliche Adressat einer den Voraussetzungen des § 64 Abs. 1 SOG entsprechenden Verfügung nicht anwesend ist. In vielen Fällen wird es vor allem der Zeitdruck sein, der die damit einhergehende Verzögerung als untunlich erscheinen lässt, so dass die zuständige Behörde darauf verzichtet. Grundsätzlich ist dabei auch denkbar, dass eine zweistufige Vollstreckung nur an der Tatsache scheitert, dass der VA weder bestandskräftig noch vollziehbar i.S.v. § 80 Abs. 2 VwGO geworden ist. Sieht sich die Behörde dann doch zum Handeln gezwungen, so schließt das Vorliegen eines – eben noch nicht als Grundlage einer Vollstreckung taugenden – VA nicht aus, nach § 64 Abs. 2 SOG vorzugehen. Das Unterlassen einer ordnungsgemäßen Bekanntgabe oder ein sonstiger Fehler der Behörde führt also nicht automatisch zur Rechtswidrigkeit der Vollstreckungsmaßnahme, sondern wirft zunächst die Frage auf, ob die Behörde rechtmäßig nach Abs. 2 vorgehen konnte. Dies ist nur deshalb vertretbar, weil die Anforderungen des Abs. 2 so hoch sind, dass auf diese Weise keine Umgehung der Vollstreckungsvoraussetzungen erfolgen kann. 186

bb) Gefahrenlage nach § 64 Abs. 2 SOG. Voraussetzung ist zunächst das Vorliegen einer gegenwärtigen Gefahr. Nach der Definition in § 2 Nr. 1 b) SOG ist für die Annahme einer solchen Gefahr zweierlei erforderlich: einerseits eine besondere zeitliche Nähe und zweitens eine besonders hohe Wahrscheinlichkeit des Eintritts des jeweiligen Schadens. Das bedeutet auch, dass an dieser Stelle die Schwere des zu erwartenden Schadens noch keine Rolle spielt. Bezug genommen wird auf sämtliche Schutzgüter der öffentlichen Sicherheit. Es versteht sich aber von selbst, dass Überlegungen zur Schwere des möglichen Schadens im Rahmen der Prüfung der Verhältnismäßigkeit der Vollstreckungsmaßnahme angestellt werden müssen. 187

---

291 Vgl. etwa Nds. OVG, NdsVBl. 2012, 245 (246).

188 § 64 Abs. 2 SOG macht deutlich, dass das Vorgehens gegen die in §§ 6 bis 8 SOG genannten Personen vorrangig ist. Damit bringt der Gesetzgeber eine Systematik zum Ausdruck, nach der ein Vorgehen auf der Grundlage polizeirechtlicher Ermächtigungsgrundlagen und damit im Ergebnis auch ein zweistufiges Vollstreckungsverfahren die Regel und der Sofortvollzug die Ausnahme sein soll. Demgegenüber geht es nicht etwa darum, Maßnahmen vor allem gegen Störer zu richten. Auch der § 8 SOG und damit die Inanspruchnahme eines Nichtstörers ist nach dem eindeutigen Wortlaut des Gesetzes gegenüber einer Maßnahme nach § 64 Abs. 2 SOG vorrangig. Die fehlenden Erfolgsaussichten eines solchen Vorgehens gegen die polizeirechtlich Verantwortlichen müssen aufgrund konkret belegbarer Tatsachen festgestellt werden.[292] Kein tragfähiges Argument ist es also, dass ein solches Vorgehen für die Behörde schwieriger ist oder man sich eine als besonders einschneidend empfundene Mühe ersparen möchte. Auch reicht die bloße Ankündigung einer solchen Person, dass sie einer entsprechenden Anordnung nicht entsprechen werde, vor dem Hintergrund der besonderen Eingriffsintensität beim Sofortvollzug nicht aus, um ein Vorgehen auf der Grundlage des § 64 Abs. 2 SOG zu rechtfertigen.[293]

189 **cc) Hypothetischer Grund-VA.** Die Formulierung, nach der die Verwaltungsbehörden und die Polizei „hierbei innerhalb ihrer Befugnisse" handeln müssen, bildet den Anknüpfungspunkt für die Prüfung der Rechtmäßigkeit eines sogenannten „hypothetischen Grund-VA". In Konstellationen, in denen das SOG anwendbar ist, lautet die entscheidende Frage also, ob eine Befugnis bestand, gegen den jeweiligen Adressaten einzuschreiten.[294] Das führt zu dem paradox anmutenden Ergebnis, dass, wie oben gezeigt, die Rechtmäßigkeit eines tatsächlich vorliegenden VA regelmäßig keine Rechtmäßigkeitsvoraussetzung der Vollstreckung ist, ein fehlender VA aber sehr wohl Gegenstand einer solchen Überprüfung wird. Hintergrund dieser Regelung ist die Überlegung, dass sich die Behörde keine weitergehenden Spielräume dadurch verschaffen können soll, dass sie eine grundsätzlich erwartete Maßnahme – den Erlass eines die Vollstreckung „tragenden" VA – unterlässt. Die aus rechtsstaatlicher Sicht bedeutend heiklere Vorgehensweise – das einaktige Vollstreckungsverfahren – soll also nicht unter großzügigeren Voraussetzungen stattfinden als die aus Sicht des Rechtsschutzes mit größeren Sicherungen verbundene.

190 Für das Gutachten führt das zu einer nicht ganz leicht zu lösenden Konstellation: Die Prüfung eines VA, den es gar nicht gibt, gestaltet sich notwendigerweise schwierig. Eine hinreichende Präzision der Bearbeitung setzt zunächst voraus, dass sehr klar benannt wird, welche Regelung ein VA enthalten hätte, wenn denn die zuständige Behörde die Möglichkeit gehabt hätte, einen solchen zu erlassen. Verlangt ist dabei lediglich eine Prüfung, ob die materiellen Voraussetzungen für einen zu vollstreckenden VA vorgelegen hätten. Auf das Problematisieren von Fragen der formellen Rechtmäßigkeit muss aus praktischen Gründen verzichtet werden: Natürlich kann man bei einem „hypothetischen" Handeln nicht prüfen, ob eine Anhörung durchgeführt, eine

---

292 Nds. OVG, NdsVBl. 2012, 245 (246).
293 Nds. OVG, NdsVBl. 2012, 245 (246).
294 Nds. OVG, NdsVBl. 2012, 245 (246).

angemessene Begründung gegeben oder eine bestimmte Formvorschrift eingehalten wurde. § 64 Abs. 2 SOG bringt dies sehr klar zum Ausdruck, wenn er ausschließlich auf die Befugnisse abstellt, innerhalb derer sich die die Ermächtigungsgrundlage anwendenden Stelle halten muss. Die Verfahrensvorschriften des Vollstreckungsrechts selbst werden damit selbstverständlich nicht überflüssig. Auch die Zuständigkeit für den Erlass des Grund-VA wird durch die Regelung des § 64 Abs. 3 SOG bereits durch das Vollstreckungsrecht selbst angesprochen.

c) Verfahren

Die Rechtmäßigkeit vollstreckungsrechtlicher Maßnahmen setzt die Einhaltung bestimmter Verfahrensschritte voraus. Dies gilt grundsätzlich sowohl für das zweiaktige Verfahren wie auch den Sofortvollzug. Auch hierbei gilt – wie bereits bei der Frage des Vorliegens eines vollstreckbaren Grund-VA –, dass von dem Grundsatz unter bestimmten Voraussetzungen Ausnahmen zugelassen sind. Die grundsätzlichen Verfahrensanforderungen sind einerseits eine Androhung, auf der anderen Seite eine Fristsetzung. 191

Als Grundregel besagt § 70 Abs. 1 S. 1 SOG zunächst einmal, dass Zwangsmittel anzudrohen sind. Die Anforderung der Schriftlichkeit dieser Androhung ist allerdings von vornherein durch die Verwendung des Wortes „möglichst" eingeschränkt – bei einer fehlenden Zweckmäßigkeit einer solchen ergeben sich also keine Bedenken, wenn sie lediglich mündlich erfolgt. S. 3 der Vorschrift ermöglicht das rechtmäßige Absehen von der Androhung. Grundsätzlich gilt das nach der Vorschrift in allen Fällen, in denen dies „die Umstände (…) nicht zulassen". Unter dieses Tatbestandsmerkmal muss subsumiert werden. Dabei ist zu beachten, dass es hierbei um die Frage der Durchsetzung bestimmter Verpflichtungen geht, nicht notwendigerweise um die Abwehr von Gefahren. Dass die Gefahrenabwehr aber auch für das Vollstreckungsrecht eine zentrale Bedeutung haben kann, zeigt die Vorgabe, dass die Androhung unterbleiben kann, „insbesondere wenn die sofortige Anwendung des Zwangsmittels zur Abwehr einer gegenwärtigen Gefahr notwendig ist". Hier findet sich auch eine Parallele zu der Ausnahmevorschrift in § 64 Abs. 2 SOG, was schon deswegen nachvollziehbar ist, weil in diesen Fällen die Eilbedürftigkeit und die Wahrscheinlichkeit des Schadenseintritts den Erlass eines Grund-VA in gleicher Weise als unrealistisch erscheinen lassen wie eine – das Verfahren ja ebenso verzögernde – Androhung. 192

Als weitere Anforderung sieht § 70 Abs. 2 S. 2 SOG vor, dass die Androhung mit dem Grund-VA verbunden werden soll, „wenn ein Rechtsbehelf keine aufschiebende Wirkung hat". Dies betrifft also sämtliche Nrn. des § 80 Abs. 2 VwGO. Offenbar soll in diesen Fällen die zeitliche Nähe des Einsatzes von Zwangsmitteln eigens hervorgehoben und dem Adressaten bewusst gemacht werden. Für eine solche Verbindung spricht in der Praxis schon das Argument der Zeitersparnis: Die Frist des Abs. 1 S. 2 (dazu sogleich) beginnt sonst erst mit der separaten Androhung statt mit dem Grund-VA und im Übrigen kann die Androhung separat angefochten werden, was bei einer Abtrennung vom Grund-VA möglicherweise zu zusätzlichen Verzögerungen führt.[295] 193

---

[295] Böhrenz/Unger/Siefken, Nds.SOG, § 70, Rn. 4.

194 Die Androhung muss sich gemäß § 70 Abs. 3 S. 1 SOG „auf bestimmte Zwangsmittel beziehen". Die Anforderungen an eine Androhung im Sinne des § 70 SOG sind also nur dann erfüllt, wenn der potenzielle Adressat von Zwangsmitteln nicht im Unklaren darüber gelassen wird, welche er zu erwarten hat. Bei der Ersatzvornahme sollen darüber hinaus auch „die voraussichtlichen Kosten angegeben werden". Wie durch die Androhung insgesamt wird damit eine besondere Warnfunktion erfüllt.[296] Dies erscheint gerade in Anbetracht der Tatsache, dass dieselbe Behörde, die den Grund-VA erlassen hat, auch die Vollstreckung betreiben kann, als eine wichtige rechtsstaatliche Sicherung vor den Adressaten überraschend belastenden Maßnahmen. Dies spricht auch dafür, eine jedenfalls einigermaßen zutreffende Bezifferung dieser Kosten als eine Voraussetzung für die Rechtmäßigkeit der Vollstreckung anzusehen. Wäre dies nicht der Fall, so würde eine mangelnde Sorgfalt bei der Berechnung keine Auswirkungen auf die Vollstreckung haben. Andererseits kommen auch dann durchaus Sekundäransprüche, also insbesondere solche auf Entschädigung in Betracht, so dass man mit der Rechtsprechung[297] durchaus von einer bloßen Nebenpflicht ausgehen kann, die nicht zu den Voraussetzungen der Rechtmäßigkeit der Ersatzvornahme selbst zu zählen ist. Ein solcher Schluss kommt nicht in Betracht bei der Androhung des Zwangsgelds nach § 70 Abs. 5 SOG. Für dieses ist ausdrücklich geregelt, dass es „in bestimmter Höhe" angedroht werden muss. Daraus ist zu schließen, dass damit auch eine abschließende Festlegung der zulässigen Höhe des festzusetzenden Zwangsgeldes erfolgt.

195 Mit der Androhung muss grundsätzlich gemäß § 70 Abs. 1 S. 2 SOG eine Frist gesetzt werden, innerhalb derer der Adressat der Androhung noch die aus dem Grund-VA folgende Verpflichtung erfüllen kann, um die Anwendung der Zwangsmittel zur Vollstreckung derselben abzuwenden. Die Angemessenheit der Frist kann voll gerichtlich überprüft werden,[298] der Behörde kommt also kein Beurteilungsspielraum zu. Bei der Erzwingung einer Duldung oder Unterlassung darf nach dem zweiten Halbsatz der Vorschrift von einer Fristsetzung abgesehen werden. Dies erscheint schon deswegen als sachgerecht, weil für eine solche keine Aktivitäten seitens des Pflichtigen entfaltet werden müssen, die Erfüllung der Verpflichtung also in der Regel wesentlich einfacher ist, als wenn eine Handlung vorgenommen werden muss.

196 Androhung und Fristsetzung sind materielle Erfordernisse der Rechtmäßigkeit einer Vollstreckungsmaßnahme. Eine Prüfung im Rahmen der formellen – und damit vor der materiellen – Rechtmäßigkeit verbietet sich schon deswegen, weil unter den Voraussetzungen der § 70 Abs. 1 S. 3 sowie § 74 Abs. 1 S. 2 SOG auf eine Androhung zur Abwehr einer gegenwärtigen Gefahr verzichtet werden kann. Eine solche Prüfung – auf das Vorliegen einer solchen Gefahr – würde den Rahmen einer Prüfung der formellen Rechtmäßigkeit deutlich sprengen, wird dieselbe Frage doch bei der zweifellos materiellen Prüfung des Tatbestandsmerkmals der gegenwärtigen Gefahr im Fall des § 64 Abs. 2 SOG relevant. Da sich die Anforderung mit einer der Voraussetzungen für die Rechtmäßigkeit des Sofortvollzugs gemäß § 64 Abs. 2 Nr. 1 SOG deckt, kann also

---

296 Vgl. *Böhrenz/Unger/Siefken*, Nds.SOG § 70, Rn. 5.
297 OVG Saarlouis, NVwZ 2009, 602 (605); vgl. auch BVerwG, NJW 1984, 2591 (2592).
298 *Böhrenz/Unger/Siefken*, Nds.SOG, § 70, Rn. 3.

gegebenenfalls auf diese Prüfung verwiesen werden. Umgekehrt erschiene es unglücklich, wenn bei einer materiellen Prüfung die eigentlichen materiellen Fragen nicht mehr anzusprechen wären und praktisch nur noch auf die formelle verwiesen werden müsste.

Das Androhen eines Zwangsgelds „für jeden Fall der Zuwiderhandlung", also eines unbestimmten, ausschließlich vom Verhalten des Adressaten und der Häufigkeit von Kontrollen abhängenden Zwangsmittels, ist von der Ermächtigungsgrundlage in §§ 65 Abs. 3 und 70 Abs. 3 S. 2 SOG nicht gedeckt, da damit das Beugemittel in die Nähe einer Strafe oder eines Bußgeldes gerückt wird.[299] 197

d) Ermessen

Die Ermächtigungsgrundlagen für den Einsatz von Vollstreckungsmaßnahmen räumen den zuständigen Behörden Ermessen ein. Liegen also die Tatbestandsvoraussetzungen vor, so ist in einem weiteren Schritt zu prüfen, ob die Behörde bei der Entscheidung, eine Vollstreckung durchzuführen, oder bei der Entscheidung über die konkrete Maßnahme einen Fehler begangen hat. Die Kategorien von Fehlern sind dieselben wie auch ansonsten im Verwaltungsrecht und wie bei der Entscheidung über den Einsatz polizeilicher Mittel (siehe Rn. 46 ff.). Zu beachten ist an dieser Stelle vor allem, dass klar zwischen den verschiedenen Ermessensfehlern, die im Rahmen einer umfassenden Rechtmäßigkeitsprüfung angedacht werden müssen, unterschieden wird. Die Erwägungen, die hinsichtlich des Erlasses des Grund-VA anzustellen sind, können deutlich von denen abweichen, die für die Entscheidung über die Vollstreckung relevant sind. Insbesondere ist bei der Verhältnismäßigkeitsprüfung auf den Zweck der Vollstreckung abzustellen – nämlich die zwangsweise Durchsetzung einer Pflicht, die dem Adressaten des Grund-VA oder – im Fall des § 64 Abs. 2 SOG – des hypothetischen Grund-VA obliegt. Im weiteren Verlauf ist zu untersuchen, ob die Maßnahme zur Durchsetzung dieser Pflicht geeignet und erforderlich war. Bei der Angemessenheitsprüfung kann die Frage der Bedeutsamkeit der Pflicht und damit auch der mit der Verpflichtung zu schützenden Rechtsposition relevant werden. Insofern gibt es hier durchaus gewisse inhaltliche Überschneidungen zwischen den Erwägungen auf der Ebene des Grund-VA und jenen über die Vollstreckungsmaßnahme. Auch diese Überschneidungen ändern aber nichts daran, dass jedenfalls im Ausgangspunkt sehr klar zwischen den Ebenen unterschieden werden muss. 198

Spezielle Anforderungen an die Verhältnismäßigkeit klingen an verschiedenen Stellen des Gesetzes an. Besonders deutlich wird dies in § 65 Abs. 3 SOG, der vordergründig zum Ausdruck bringt, dass eine Wiederholung von Zwangsmitteln zulässig ist, gleichzeitig aber auch deutlich macht, dass bei Erfüllung der jeweiligen Verpflichtung Zwangsmittel nicht mehr eingesetzt werden dürfen. Die hier angesprochenen Zwangsmittel haben „lediglich einen Beuge- aber keinen Strafcharakter".[300] Bei der Verhängung eines Zwangsgeldes gilt § 67 Abs. 2 S. 2 SOG: Die Beitreibung ist nicht mehr möglich, wenn die Handlung ausgeführt oder die Duldung erfolgt ist. Dies gilt – über 199

---

299 Nds. OVG, NordÖR 2010, 507 (508).
300 Nds. OVG, NdsVBl. 2009, 345 (346).

den Wortlaut der Vorschrift hinaus – auch für den Fall, dass ein Unterlassen bewirkt werden soll und „ernsthafte Anhaltspunkte für eine Wiederholungsgefahr nicht mehr vorliegen"[301].

3. Kosten

200 Während für die Anwendung unmittelbaren Zwangs Gebühren erhoben werden, steht bei der Ersatzvornahme die Übernahme der entstandenen Kosten im Raum.[302] In der Regel bildet der Kostenbescheid den Streitgegenstand, bei dessen Prüfung die Frage der Rechtmäßigkeit der Vollstreckungsmaßnahme inzident Bedeutung erlangt. Insbesondere bei der Ersatzvornahme dürfte dies vielfach als die eigentlich Belastung empfunden werden – die Tatsache, dass jemand einem eine lästige Pflicht abnimmt, bringt für sich genommen vermutlich gar keinen Anlass zu Beschwerden. Als Ermächtigungsgrundlage für den Kostenbescheid wird bei der Ersatzvornahme § 66 Abs. 1 SOG angesehen,[303] auch wenn sich aus dem Wortlaut nicht ausdrücklich eine Befugnis der Behörde ergibt, die Kosten durch VA geltend zu machen. Diese Möglichkeit muss aber in die Norm hineingelesen werden. Die Alternative, dass nämlich die Behörde den Verpflichteten vor dem Verwaltungsgericht verklagen und die Kosten auf diese Weise geltend machen müsste, erscheint in der Tat als sehr umständlich und ist schon in Anbetracht des das Verwaltungsvollstreckungsrecht prägenden einseitigen Handelns der Behörden nicht sachgerecht. Geltend gemacht werden können auch die durch eine nur „versuchte" Ersatzvornahme entstandenen Kosten, wenn es etwa deswegen nicht zur Durchführung derselben kam, weil der Pflichtige seiner Verpflichtung zuvor nachgekommen ist.[304]

201 Der Kostenerstattungsanspruch der Behörde gemäß § 66 SOG ist nur bei einer rechtmäßigen Ersatzvornahme gegeben.[305] Diese Voraussetzung nennt die Norm zwar nicht ausdrücklich, setzt sie aber ganz unzweifelhaft voraus. Es ist also deutlich zu unterscheiden: Während die Rechtmäßigkeit der Ersatzvornahme grundsätzlich nicht von der Rechtmäßigkeit des Grund-VA abhängig ist (vgl. Rn. 181 f.), setzt die Rechtmäßigkeit des Kostenbescheids die Rechtmäßigkeit der Ersatzvornahme voraus. Die auf den Pflichtigen zu übertragenden Kosten sind die tatsächlich angefallenen. Für eine ergänzende Anwendung des VwKostG ist – außer im Fall zusätzlicher erforderlicher Amtshandlungen (§ 66 Abs. 1 S. 2 SOG) – kein Raum.[306] Insbesondere ist der § 11 Abs. 2 S. 2 VwKostG nicht anwendbar, da ansonsten die Personen, die einer Anordnung der Behörde nachkommen, schlechter gestellt wären gegenüber denjenigen, die dies nicht tun und auf diese Weise eine Ersatzvornahme verursachen.[307]

202 Anders als bei der Vollstreckungsmaßnahme selbst hat die Behörde hinsichtlich der Kosten der Ersatzvornahme kein Ermessen. Die gesetzliche Wertung geht ganz selbst-

---

301 Nds. OVG, NdsVBl. 2009, 345 (347).
302 *Waechter*, POR, Rn. 792, 794.
303 Vgl. etwa Nds. OVG, NdsVBl. 2012, 245 (246).
304 Nds. OVG, NdsVBl. 1994, 60 (63).
305 Vgl. etwa Nds. OVG, NdsVBl. 2007, 106; NdsVBl. 2012, 245 (246).
306 Nds. OVG, NordÖR 2005, 434.
307 Nds. OVG, NordÖR 2005, 434 (434 f.).

verständlich davon aus, dass die Allgemeinheit nicht für die Kosten der Ersatzvornahme aufkommen, sondern dies demjenigen obliegen soll, dem die Verpflichtung eigentlich oblag. Diese strenge Regelung führt jedenfalls dann zu kaum zu rechtfertigenden Ergebnissen, wenn – insbesondere vor Eintritt der Bestandskraft des Grund-VA – mit der Rechtsprechung die Notwendigkeit einer Überprüfung der Rechtmäßigkeit des Grund-VA verneint wird. In diesen Fällen erscheint der Rückgriff auf den Grundsatz der Verhältnismäßigkeit als ein naheliegender Weg. Dazu ist zu sagen, dass die Prüfung der Verhältnismäßigkeit bei gebundenen Entscheidungen höchst problematisch ist,[308] geht doch der Gesetzgeber, der eine solche Regelung schafft, gerade davon aus, dass die Rechtsfolge in jedem Fall des Vorliegens der Tatbestandsvoraussetzungen eintreten soll und diese damit auch verhältnismäßig ist. Gleichwohl spielt in der Praxis diese Prüfungsmöglichkeit eine wichtige Rolle. Im Ergebnis dürfte auch das Argument helfen, dass jedenfalls zu gänzlich unverhältnismäßigen – also unangemessenen – Entscheidungen vom Gesetzgeber nicht ermächtigt werden sollte.

---

308 Vgl. dazu *Barczak*, VerwArch 105 (2014) 142 ff.; *Mehde*, DÖV 2014, 541 ff.; *Naumann*, DÖV 2011, 96 ff.

§ 5 Öffentliches Baurecht*

von *Prof. Dr. Thomas Mann*

Allgemeine Literatur: *Battis/Krautzberger/Löhr*, BauGB, 12. Aufl. 2014; *Brohm*, Öffentliches Baurecht, 3. Aufl. 2002; *Erbguth*, Baurecht, in Tettinger/Mann/Erbguth, Besonderes Verwaltungsrecht, 11. Aufl. 2012; *Finkelnburg/Ortloff/Kment*, Öffentliches Baurecht I: Bauplanungsrecht, 6. Aufl. 2011; *Finkelnburg/Ortloff/Otto*, Öffentliches Baurecht II: Bauordnungsrecht, Nachbarschutz, Rechtsschutz, 6. Aufl. 2010; *Große-Suchsdorf* (Hrsg.), Niedersächsische Bauordnung, 9. Aufl. 2013; *Hoppe/Bönker/Grotefels*, Öffentliches Baurecht, 4. Aufl. 2010; *Jäde*, Bauaufsichtliche Maßnahmen, 4. Aufl. 2012; *Koch/Hendler*, Baurecht, Raumordnungs- und Landesplanungsrecht, 5. Aufl. 2009; *Muckel/Ogorek*, Öffentliches Baurecht, 2. Aufl. 2014; *Peine*, Öffentliches Baurecht, 4. Aufl. 2003; *Stollmann*, Öffentliches Baurecht, 9. Aufl. 2013.

I. Systematische Einordnung

1. Öffentliches und privates Baurecht

1 Regelungsgegenstand des Baurechts ist die Frage nach dem Ob und dem Wie des Bauens. Innerhalb des Baurechts ist das öffentliche vom **privaten Baurecht** zu unterscheiden. Letzteres ist vor allem im Bürgerlichen Gesetzbuch (Schuldrecht und Sachenrecht) sowie in den Nachbargesetzen der Länder geregelt und behandelt insbesondere Fragen der privatrechtlichen Baufreiheit und des Vertragsrechts. Ähnlich dem öffentlichen Baurecht bietet das private Baurecht mit den §§ 907 ff. BGB Möglichkeiten für den Ausgleich gegenläufiger privater Interessen zwischen Bauherren und Dritten an; insoweit besteht eine gewisse Parallelität[1] des öffentlichen und des privatrechtlichen Nachbarschutzes. Ansonsten stehen das private und das öffentliche Baurecht aber weitgehend selbstständig nebeneinander.[2]

2 Das **öffentliche Baurecht** ist Teil des besonderen Verwaltungsrechts und gestaltet dementsprechend das Bauen unter Berücksichtigung des öffentlichen Interesses aus, seine Vorschriften sind also bezogen auf das Allgemeinwohl. Dabei sind mit dem Oberbegriff des öffentlichen Baurechts sämtliche Vorschriften gemeint, die die Zulässigkeit und Grenzen, die Ordnung und die Förderung der baulichen Nutzung des Bodens betreffen; namentlich geht es um die Errichtung, die *bestimmungsgemäße Nutzung*, die wesentliche Veränderung und die Beseitigung baulicher Anlagen im öffentlichen Interesse.[3] Ganz in diesem Sinne, aber mit einer Ausrichtung an den Normkomplexen definiert § 2 Abs. 16 NBauO das öffentliche Baurecht als „die Vorschriften dieses Gesetzes, die Vorschriften aufgrund dieses Gesetzes, das städtebauliche Planungsrecht und die sonstigen Vorschriften des öffentlichen Rechts, die Anforderungen an bauliche Anlagen, Bauprodukte oder Baumaßnahmen stellen oder die Bebaubarkeit von Grund-

---

* Für die vielfältigen Formen der Mitarbeit an diesem Kapitel danke ich meiner „Mannschaft", namentlich den wissenschaftlichen Mitarbeitern Helen Niemann und Welf Rumann sowie den wissenschaftlichen und studentischen Hilfskräften Jan Flindt, Karen Gebhardt, Katharina Hundertmark und Helen Wienands.
1 Öffentlich-rechtlicher und privatrechtlicher Rechtsschutz stehen nebeneinander; die Rechtsschutzmöglichkeit vor den ordentlichen Gerichten schließt das Rechtsschutzbedürfnis für den Verwaltungsrechtsweg deshalb nicht aus, vgl. *Stollmann*, ÖffBauR, § 1 Rn. 8 ff.; vertiefend zur Unterscheidung zwischen öffentlichem und privatem Baurecht *Mann*, in: Große-Suchsdorf, NBauO, Vorbem. Rn. 32 ff.
2 Weiterführend *Schulte*, in: Reichel/Schulte, HdbBauOR, Kap. 1 Rn. 41.
3 *Hoppe*, in: Hoppe u.a., ÖffBauR, § 1 Rn. 1; vgl. auch *Battis*, in: Battis u.a., BauGB, Einl. Rn. 1.

stücken regeln." In dieser Definition deutet sich bereits an, dass das öffentliche Baurecht strukturell durch eine Vielzahl von Rechtsnormen geprägt ist, die jeweils einen unterschiedlichen Rang im Normengefüge des Gesamtrechtssystems einnehmen, sich aber dennoch nicht gegenseitig überlagern und verdrängen, sondern sich vielmehr ergänzen und damit das öffentliche Baurecht zu einem mehrschichtigen Normenkomplex verdichten.

2. Rechtsnormen des öffentlichen Baurechts im Überblick

Die Normen des öffentlichen Baurechts sind auf jeder Stufe der Normhierarchie anzutreffen. Für einen ersten Überblick über die öffentlichen Baurechtsnormen bietet sich somit die Orientierung an der Stufenfolge der Normpyramide an. Wie nahezu jedes Rechtsgebiet ist das Baurecht in weiten Teilen durch das **Unionsrecht** beeinflusst. Besondere Beachtung verdienen EU-Richtlinien. Sie müssen nicht nur in einfaches nationales Recht umgesetzt werden (Art. 288 Abs. 3 AEUV), sondern nehmen darüber hinaus auch einen besonderen Stellenwert im Rahmen der europarechtskonformen Auslegung ein. Zu den wichtigsten das öffentliche Baurecht beeinflussenden Unionsrechtsakten gelten namentlich die EG-Bauproduktenrichtlinie[4], die Richtlinie über die Umweltverträglichkeitsprüfung[5] sowie die EG-Richtlinien, deren Anliegen ein europaweiter flächenbezogener Naturschutz[6] ist.[7] Das Unionsrecht hat in der Vergangenheit zu wesentlichen Veränderungen des öffentlichen Baurechts geführt und gerade das Bauplanungsrecht in erhöhtem Maße geprägt; die unionsrechtskonforme Auslegung und Anwendung ist damit stets im Blick zu behalten.

Verfassungsrechtlicher Ausgangspunkt des Baurechts ist das Grundrecht der Eigentumsfreiheit aus Art. 14 Abs. 1 S. 1 GG. Als eine Ausprägung des Eigentumsrechts wird nach überwiegender Auffassung die allgemeine **Baufreiheit** verstanden, also das Recht des Grundeigentümers, sein Grundstück entsprechend der in Art. 14 Abs. 1 GG aufgestellten Maximen der **Privatnützigkeit** und der **freien Verfügungsbefugnis** baulich zu nutzen.[8] Eine solchermaßen unbegrenzte Ausübung der Baufreiheit tangiert freilich wiederum die verfassungsrechtlich geschützten Belange Dritter oder der Allgemeinheit. BVerfGE 21, 73 ff. formuliert hierzu, dass es „die Tatsache, dass der Grund und Boden unvermehrbar und unentbehrlich ist", verbiete, „seine Nutzung dem unübersehbaren Spiel der freien Kräfte und dem Belieben des Einzelnen vollständig zu überlassen".[9] Im Rahmen der Inhalts- und Schrankenbestimmungen des Art. 14 Abs. 1 S. 2 GG seien deshalb, so das BVerfG weiter, bei bodenrechtlichen Belangen die Interessen der Allgemeinheit „in weit stärkerem Maße zur Geltung zu bringen als bei anderen

---

4 Richtlinie 89/106/EWG des Rates vom 21. Dezember 1988 zur Angleichung der Rechts- und Verwaltungsvorschriften der Mitgliedstaaten über Bauprodukte.
5 Richtlinie 2011/92/EU des Europäischen Parlaments und des Rates vom 13. Dezember 2011 über die Umweltverträglichkeitsprüfung bei bestimmten öffentlichen und privaten Projekten.
6 Etwa die Richtlinie 92/43/EWG vom 21. Mai 1992 zur Erhaltung der natürlichen Lebensräume sowie der wildlebenden Tiere und Pflanzen und die sog. Flora-Fauna-Habitat-Richtlinie 2009/147/EG vom 30. November 2009.
7 Ausführlich zu den einzelnen Richtlinien *Finkelnburg/Ortloff/Otto*, ÖffBauR (Band 2), S. 7 ff.
8 *Wendt*, in: Sachs, GG, Art. 14 Rn. 346; *Stollmann*, ÖffBauR, § 2 Rn. 3; *Just*, in: Hoppe u.a., ÖffBauR, § 2 Rn. 58; krit. zur verfassungsrechtlichen Baufreiheit aber *Dähne*, Jura 2003, 455 ff.
9 BVerfGE 21, 73 (82 f.).

Vermögensgütern".¹⁰ Die dem öffentlichen Baurecht in erster Linie zugewiesene Aufgabe besteht mithin darin, die **vielseitigen verfassungsrechtlichen Konflikte**, die zwischen **privaten** und **öffentlichen Interessen** auftreten, in einen dem Grundgesetz angemessenen **Ausgleich** zu bringen. Hierfür bedarf es materiell-rechtlicher Regelungen über die Zulässigkeit von Bauvorhaben und deren Nutzung sowie über die Beseitigung baurechtswidriger Zustände. Zudem erfordert die Grundrechtswesentlichkeit die Ausgestaltung eines formellen (Genehmigungs-) Verfahrens. Entsprechende Normen finden sich in den einfachen Gesetzen des Bundes und der Länder.

5 Das **öffentliche Baurecht des Bundes** ist größtenteils in dem Baugesetzbuch **(BauGB)** und der Baunutzungsverordnung **(BauNVO)** enthalten und wird zusammenfassend als **Bauplanungsrecht** oder – weitgehend gleichbedeutend – als Städtebaurecht bezeichnet. Die Gesetzgebungskompetenz des Bundes für das Bauplanungsrecht folgt aus **Art. 74 Abs. 1 Nr. 18 GG,** wonach der Bund unter anderem für das „Bodenrecht" zuständig ist. Hierunter sind sämtliche (nicht privatrechtliche) Vorschriften zu verstehen, welche die rechtlichen **Beziehungen des Menschen zu Grund und Boden** regeln.¹¹ Bereits im sog. Baurechtsgutachten des BVerfG von 1954 ist festgehalten worden, dass das Grundgesetz dem **Bund keine umfassende Kompetenz im „Baurecht"** zuweist – weder ausdrücklich, noch aus Erwägungen des Sachzusammenhangs.¹² Vielmehr teilen sich Bund und **Länder** die Gesetzgebungskompetenzen für das öffentliche Baurecht, wobei der Bund für das bodenrechtlich relevante Bauplanungsrecht zuständig ist, nicht jedoch für das **Bauordnungsrecht** als Materie des **besonderen Gefahrenabwehrrechts**.¹³ Aus diesem Grunde existiert bis heute kein bundeseinheitliches, abschließendes Baugesetzbuch, sondern es ist ein weitgehender Teil des öffentlichen Baurechts in Landesgesetzen enthalten.

6 Das in die **Kompetenz der Länder** fallende sog. Bauordnungsrecht ist in Niedersachsen überwiegend in der Niedersächsischen Bauordnung (NBauO) kodifiziert.¹⁴ Sie enthält Ordnungsvorschriften und materielle Anforderungen im **Interesse der öffentlichen Sicherheit** und mit Blick auf den Verunstaltungsschutz und trifft Regelungen über das Baugenehmigungsverfahren. Weitere bauordnungsrechtliche Vorgaben sind den besonderen Landesgesetzen, die unter dem Begriff des „Baunebenrechts"¹⁵ zusammengefasst werden können, zu entnehmen. Zum Landesrecht zählen ferner einige Rechtsverordnungen, von denen die Durchführungsverordnung zur NBauO (DVO-NBauO)¹⁶ die Bedeutsamste ist,¹⁷ sowie schließlich die gemeindlichen Satzungen im Bereich des

---

10 BVerfGE 21, 73 (83).
11 *Degenhart*, in: Sachs, GG, Art. 74 Rn. 73.
12 BVerfGE 3, 407 (423) (Baurechtsgutachten); *Finkelnburg/Ortloff/Kment*, ÖffBauR (Band 1), § 3 Rn. 1.
13 Vgl. vertiefend *Just*, in: Hoppe u.a., § 2 Rn. 11; *Erbguth*, in: Tettinger/Erbguth/Mann, BesVerwR, Rn. 807 ff.
14 Die NBauO und die Bauordnungen der anderen Länder orientieren sich in ihrem Aufbau an einer von der Bauministerkonferenz der Länder (ARGEBAU) zum Zweck der Rechtsvereinheitlichung erarbeiteten Musterbauordnung (MBO), zuletzt in einer Fassung des Beschlusses vom 8.11.2002, abrufbar unter www.is-argeba u.de.
15 *Erbguth/Schubert*, ÖffBauR, § 1 Rn. 15.
16 DVO-NBauO vom 26.9.2012 (GVBl. S. 382).
17 Vgl. die Auflistung aller niedersächsischen Verordnungen des Baunebenrechts bei *Mann*, in: Große-Suchsdorf, NBauO, Vorbem. Rn. 19.

3. Bauplanungs-, Bauordnungs- und Baunebenrecht

Soweit das öffentliche Baurecht im Wesentlichen den Grundfunktionen der Planung und der Gefahrenabwehr dient, bilden sich diese Funktionen im Bauplanungsrecht einerseits und im Bauordnungsrecht andererseits ab. Diese Unterscheidung ist von grundlegender Bedeutung für das Verständnis des Baurechts. Während angesichts der zwischen Bund (Bauplanungsrecht) und Ländern (Bauordnungsrecht) aufgeteilten Gesetzgebungskompetenz der formale Grund dieser Zweiteilung ohne weitere Ausführungen einzuleuchten vermag, bedarf die Frage nach der inhaltlichen Unterscheidung jedoch einer weiteren Erörterung. 7

a) Bauplanungsrecht

Das Bauplanungsrecht (normiert insbesondere im BauGB und der BauNVO) hat die Aufgabe, die rechtliche Qualität des Bodens und seine Nutzbarkeit festzulegen.[18] Es sieht dazu die Möglichkeit vor, durch das Aufstellen von gemeindlichen Bauleitplänen (Flächennutzungsplan und Bebauungspläne) die bauliche Nutzung der Grundstücke vorzubereiten und damit die Raumnutzung und städtebauliche Entwicklung innerhalb eines Gemeindegebiets zu ordnen (vgl. § 1 Abs. 3 BauGB). Das Bauplanungsrecht verfolgt somit das Ziel, dass sich die Bebauung und die sonstigen Bodennutzungen im Gemeindegebiet optimal verteilen, um eine Kollision gegenläufiger Nutzungsinteressen zu vermeiden (vgl. § 1 Abs. 6 BauGB):[19] Eine Großraumdiskothek etwa soll nicht unmittelbar neben Wohnhäusern oder Kuranlagen errichtet werden. Insoweit spricht man von der Flächenbezogenheit des Bauplanungsrechts. 8

b) Bauordnungsrecht

Das Bauordnungsrecht hingegen legt fest, welche Anforderungen an ein konkretes Bauwerk zu stellen sind, um die von baulichen Anlagen ausgehenden Gefahren für die öffentliche Sicherheit abzuwehren. Es handelt sich insoweit also um eine besondere Materie des Gefahrenabwehrrechts und ist kompetenziell folgerichtig Landesrecht. In Niedersachsen ist das Bauordnungsrecht weitgehend in der Niedersächsischen Bauordnung (NBauO) normiert. Diese enthält in materieller Hinsicht Bestimmungen über die Zulässigkeit einzelner Bauvorhaben und über deren Genehmigung, Benutzung und Beseitigung. In formeller Hinsicht gestaltet die NBauO das bauordnungsrechtliche Verfahren aus. Zusammenfassend lässt sich festhalten, dass das Bauordnungsrecht die (präventive und repressive)[20] Gefahrenabwehr im Rahmen bauplanungsrechtlicher Zulässigkeit bezweckt.[21] Die oben erwähnte Großraumdiskothek soll nicht nur nicht in Wohngebieten errichtet werden (Bauplanungsrecht), sondern zugleich auch über ausreichenden Brandschutz sowie über Lüftungsanlagen, Fluchtwege, Parkplätze usw. verfügen. Man spricht insoweit von der Objektbezogenheit des Bauordnungsrechts. 9

---

18 BVerfGE 3, 407 (423 f.).
19 Vertiefend *Mann*, in: Große-Suchsdorf, NBauO, Vorbem. Rn. 21.
20 Vgl. dazu unten Kap. IV und V.
21 *Muckel/Ogorek*, ÖffBauR, § 1 Rn. 25.

c) Baunebenrecht

10 Da das öffentliche Baurecht für alle baulichen Anlagen, also für eine kleine Waldhütte im Harz[22] ebenso wie für bauliche Großprojekte, gleichermaßen gilt, ist das Bedürfnis nach fachgesetzlicher Konkretisierung spezieller Belange einzelner Bauvorhaben bereits in dieser Spreizung angelegt; die Kodifizierung des Bauplanungs- oder des Bauordnungsrechts in einem jeweils allumfassenden Regelwerk ist nahezu unrealisierbar. Daher existiert im öffentlichen Baurecht außerhalb der zentralen Regelwerke noch ein sehr umfangreiches sog. Baunebenrecht.[23] Dementsprechend können sich weitere Voraussetzungen für die Errichtung, das Betreiben oder die Beseitigung einer baulichen Anlage aus einzelnen Fachgesetzen ergeben,[24] die sich gem. der verfassungsrechtlichen Kompetenzverteilung sowohl im Bundes- als auch im Landesrecht finden lassen. Beispielhaft zu erwähnen sind insoweit die Vorschriften des Denkmalschutz-, des Umwelt-, des Gewerbe- oder auch des Straßenrechts.[25]

d) Das Verhältnis zwischen Bauordnungs- und Bauplanungsrecht

11 Bauplanungs- und Bauordnungsrecht stehen – trotz ihres unterschiedlichen Rangs in der Normhierarchie – wegen ihrer jeweils unterschiedlichen Regelungsabsichten weitgehend nebeneinander. Im Rahmen der bauordnungsrechtlichen Zulässigkeit wird das Bauordnungsrecht zudem eng mit dem Bauplanungsrecht verknüpft: Gem. § 70 Abs. 1 S. 1 NBauO hat die Behörde die Baugenehmigung zu erteilen, wenn die bauliche Anlage „dem öffentlichen Baurecht entspricht" (vgl. auch Rn. 79 ff.). Das öffentliche Baurecht ist nach der Legaldefinition des § 2 Abs. 16 NBauO auch das (städtebauliche) Bauplanungsrecht. Die Erteilung einer Baugenehmigung erfordert also sowohl eine bauordnungsrechtliche als auch eine bauplanungsrechtliche Zulässigkeit des Bauvorhabens.[26] An dieser Stelle werden das (landesrechtliche) Bauordnungsrecht und das (bundesrechtliche) Bauplanungsrecht folglich miteinander verklammert, ohne dass es zu einer Verdrängungswirkung kommt.[27] Ähnliches lässt sich für das Verhältnis zum Baunebenrecht feststellen, denn auch dieses ist gem. § 2 Abs. 16 NBauO öffentliches Baurecht im Sinne der NBauO. Hieran wird die eingangs erwähnte Verdichtung der einzelnen Vorschriften zu einem komplexen öffentlichen Baurecht besonders deutlich.

12 Obwohl sich Bauplanungs- und Bauordnungsrecht in der Regel ergänzen, sind deren Begrifflichkeiten nicht immer deckungsgleich. Namentlich ist dies bei dem Begriff der baulichen Anlage der Fall, den sowohl das BauGB als auch die NBauO verwenden.[28] Eine Legaldefinition der baulichen Anlage enthält indessen lediglich § 2 Abs. 1 S. 1 NBauO, doch ist diese Definition (dazu Rn. 82) nicht auf den gleichlautenden Begriff im BauGB übertragbar; dies gilt bereits aus formalen Gründen, denn anderenfalls

---

22 S. hierzu den Examensfall von *Schoberth*, JuS 2013, 239 ff. (Schwarzwaldhütte).
23 Allgemein zum sog. Baunebenrecht *Schmidt-Eichstedt/Löhr*, DÖV 2004, 282 ff.
24 Zu den schwierigen Fragen nach dem Verhältnis einzelner zu erteilender Genehmigungen vgl. etwa *Erbguth* in: Tettinger/Erbguth/Mann, BesVerwR, Rn. 871.
25 Vgl. die ausführliche Übersicht bei *Mann*, in: Große-Suchsdorf, NBauO, Vorbem. Rn. 26 ff.
26 Zu einem denkbaren Kollisionsfall vgl. *Mann*, in: Große/Suchsdorf, NBauO, Vorbem. Rn. 24.
27 *Brohm*, ÖffBauR, § 18 Rn. 1.
28 Vgl. z.B. § 29 BauGB einerseits und §§ 10, 60, 70 Abs. 2 NBauO anderseits.

würde es je nach landesrechtlicher Definition zu einer unterschiedlichen Anwendung des BauGB als Bundesgesetz kommen können (vgl. näher unten Rn. 41).[29]

4. Raumordnung und Bauleitplanung

Innerhalb des Bauplanungsrechts sind schließlich noch die Raumordnung und die Bauleitplanung voneinander zu unterscheiden.

Die **Raumordnung** ist im Raumordnungsgesetz des Bundes (ROG) sowie in den Landesraumordnungsgesetzen der Länder geregelt. Zweck des ROG ist die hoheitliche **überörtliche Planung und Ordnung des Raumes**, wobei in § 2 ROG die Grundsätze der Raumordnung vorgegeben sind. Gem. § 8 Abs. 1 S. 1 ROG sind die Länder zu einer überörtlichen Planung verpflichtet. Dementsprechend existiert in Niedersachsen ein Landesraumordnungsgesetz (NROG). Bei der **Bauleitplanung** hingegen handelt es sich um die örtliche Planung durch die Gemeinde mittels Flächennutzungsplan und Bebauungsplänen, die ihr im Rahmen ihres Selbstverwaltungsrechts aus Art. 28 Abs. 2 GG unter dem Gesichtspunkt der Planungshoheit zusteht. Aufgabe der Bauleitplanung ist es, die bauliche und sonstige Nutzung der Grundstücke vorzubereiten und zu leiten (§ 1 Abs. 1 BauGB). Gem. § 1 Abs. 4 BauGB ist die Bauleitplanung hierbei den Zielen der Raumordnung anzupassen.

5. Das öffentliche Baurecht als Gegenstand der juristischen Ausbildung

Das öffentliche Baurecht als Gegenstand des besonderen Verwaltungsrechts gehört in Niedersachsen zumindest in seinen Grundstrukturen zum obligatorischen Prüfungsgegenstand der Ersten Staatsprüfung. Der Prüfungsstoff der Pflichtfachprüfung umfasst im Pflichtfach Öffentliches Recht u.a. „ausgewählte Teile des Baurechts (städtebauliche Planung, städtebaurechtliche Zulässigkeit, bauliche Nutzung, Bauaufsicht)."[30] Aufgrund seiner Vielschichtigkeit bietet sich das öffentliche Baurecht zum Abprüfen des strukturellen Rechtsverständnisses der Kandidaten geradezu an, zumal es sich ohne Weiteres mit Rechtsthemen aus anderen Teilen des allgemeinen und besonderen Verwaltungsrechts verbinden lässt (z.b. mit Nebenbestimmungen, Gemeindebeschlüssen oder der ordnungsrechtlichen Verantwortlichkeit). Hinzu treten noch die Rechtsgebiete des sog. Baunebenrechts. Prozessuale Einkleidungen sind wegen des oftmals begehrten vorläufigen Rechtsschutzes gem. §§ 80 Abs. 5 bzw. 123 Abs. 1 VwGO sowie der Einbeziehung Dritter ein ebenso beliebter Gegenstand einer baurechtlichen Examensklausur.[31]

Den **Einstieg** in eine baurechtliche Klausur bildet regelmäßig das Bauordnungsrecht: Der Bauherr begehrt die Erteilung einer Baugenehmigung gem. § 70 Abs. 1 NBauO, die Behörde erlässt Baumaßnahmen gem. § 79 Abs. 1 NBauO oder ein Dritter ver-

---

29 Ausführlich dazu BVerwGE 44, 59 (61).
30 Vgl. § 16 Abs. 3 Nr. 3 NJAVO.
31 Vgl. umfassend zu den möglichen Klausurkonstellationen, unter besonderer Berücksichtigung der im Baurecht häufigen Dreiecksbeziehungen *Dürr*, Die Klausur im Baurecht, JuS 2007, 328 ff.; 431 ff.; 521 ff.

langt von der Behörde die Vornahme entsprechender Baumaßnahmen.[32] Stark vereinfacht könnte man sagen, dass Voraussetzung all dieser begehrten oder durchgeführten Handlungen die bauordnungsrechtliche Zulässigkeit bzw. bauordnungsrechtliche Rechtswidrigkeit ist, sodass sich bei der Klausurbearbeitung in der Regel die Frage stellt, ob die bauliche Anlage dem öffentlichen Baurecht entspricht, vgl. §§ 70 Abs. 1 S. 1, 79 Abs. 1 S. 1 NBauO.

16 Weil das öffentliche Baurecht gem. § 2 Abs. 16 NBauO das Bauordnungs-, Bauplanungs- sowie das Baunebenrecht umfasst, ist das materielle Prüfungsprogramm für eine Klausurbearbeitung damit festgelegt: Zunächst fragt sich, ob die bauliche Anlage nach dem Bauplanungsrecht zulässig ist; darf sie also an dem fraglichen Ort überhaupt errichtet oder betrieben werden? Hier liegt erfahrungsgemäß regelmäßig der Schwerpunkt einer Baurechtsklausur. Falls die Frage zu verneinen ist, liegt bereits ein Verstoß gegen das öffentliche Baurecht vor, womit die Baugenehmigung nicht zu erteilen ist bzw. eine bauordnungsrechtliche Maßnahme erlassen werden kann und ggf. muss. Wird die Frage hingegen bejaht, so ist weiter zu prüfen: Erfüllt die bauliche Anlage zudem alle erforderlichen bauordnungsrechtlichen Voraussetzungen? Wird diese Frage abermals bejaht, so ist letztlich noch ein möglicher Verstoß gegen das Baunebenrecht zu prüfen.

17 Wichtig ist in Baurechtsklausuren also vor allem Strukturverständnis. Ist der Ausgangspunkt einmal gefunden, müssen die im Sachverhalt aufgeworfenen Rechtsfragen den richtigen Prüfungsstationen (Bauplanungsrecht, Bauordnungsrecht, Baunebenrecht) zugeordnet werden. Dies erscheint für den Anfänger auf den ersten Blick zwar einigermaßen kompliziert, doch ist das Erarbeiten der Strukturen des öffentlichen Baurechts in besonderem Maße lohnenswert, da sich der Lösungsweg einer Klausur in der Regel bereits aus den Strukturen ableiten lässt. In das dadurch gefundene Prüfungsschema lassen sich die materiellen Einzelfragen, mit denen sich die folgenden Kapitel beschäftigen werden, ohne besondere Schwierigkeit integrieren.

II. Bauleitplanung

1. Grundbegriffe

18 Aufgabe der Bauleitplanung ist die bauliche und sonstige Nutzung der Grundstücke in der Gemeinde nach Maßgabe des BauGB vorzubereiten und zu leiten (§ 1 Abs. 1 BauGB). Das BauGB enthält eine Vielzahl von Planungsinstrumenten. § 1 Abs. 2 BauGB schreibt die Hauptinstrumente der Bauleitplanung fest: Es sind dies der Flächennutzungsplan (vorbereitender Bauleitplan) und der Bebauungsplan (verbindlicher Bauleitplan). Bebauungspläne sind in der Regel aus einem Flächennutzungsplan zu entwickeln (§ 8 Abs. 2 S. 1 BauGB). Daraus folgt das Grundmodell der Zweistufigkeit der Bauleitplanung.[33] Den Gemeinden obliegt gem. § 1 Abs. 3 BauGB eine Planungspflicht, sobald und soweit dies für die städtebauliche Entwicklung erforderlich ist.

---

[32] Bewusst ausgeklammert wird hier die durch § 47 Abs. 1 VwGO geschaffene Möglichkeit der gerichtlichen Überprüfung von Satzungen, die aufgrund des BauGB erlassen wurden (wie etwa der Bebauungsplan); vgl. ausführlich hierzu unten Rn. 35.
[33] Vgl. zu den Ausnahmen: § 8 Abs. 2 S. 2, Abs. 3, Abs. 4 S. 1 und § 13 a Abs. 2 Nr. 2 BauGB.

2. Flächennutzungsplan

Nach Maßgabe der § 1 Abs. 1, 6, 7 BauGB ist die Aufgabe eines Flächennutzungsplans, ein gesamträumliches Entwicklungskonzept für das Gemeindegebiet darzustellen, welches insbesondere für die verbindliche Bauleitplanung durch Bebauungspläne Bindungen erzeugen soll.[34] Hierzu muss die aus der beabsichtigten städtebaulichen Entwicklung ergebende Art der Bodennutzung in Grundzügen dargestellt werden (§ 5 Abs. 1 S. 1 BauGB). Der Flächennutzungsplan ist damit eine primär verwaltungsinterne Grundlage für die Entwicklung des Gemeindegebiets, indem er die überörtlichen Planungen, insbesondere die landesplanerischen Zielvorstellungen, auf die lokale Ebene transformiert und mit den Entwicklungsvorstellungen der Gemeinde koordiniert.[35] Neben der Gemeinde müssen auch diejenigen öffentlichen Planungsträger, die am Aufstellungsverfahren beteiligt wurden und dem Flächennutzungsplan insoweit nicht widersprochen haben, ihre künftigen Planungen dem Flächennutzungsplan anpassen (§ 7 S. 1 BauGB).

Der Flächennutzungsplan gilt für das gesamte Gemeindegebiet[36] und stellt für dieses ein grobmaschiges Raster auf. Er darf bei der Darstellung der Art der Bodennutzung nicht über Grundzüge hinausgehen, da er seiner Art nach auf eine Konkretisierung durch den nachfolgenden Bebauungsplan angelegt ist.[37] Der Inhalt eines Flächennutzungsplanes wird durch den nicht abschließenden („insbesondere") Katalog der Darstellungen des § 5 Abs. 2 BauGB vorgegeben. Neben Darstellungen soll ein Flächennutzungsplan auch Kennzeichnungen (§ 5 Abs. 3 BauGB), nachrichtliche Übernahmen (§ 5 Abs. 4 BauGB) und Vermerke (§ 5 Abs. 4 a BauGB) enthalten.

Der Flächennutzungsplan bedarf gem. § 6 Abs. 1 BauGB der Genehmigung der höheren Verwaltungsbehörde. In Niedersachsen wird diese Aufgabe durch das Fachministerium – aktuell ist dies das Niedersächsische Ministerium für Soziales, Gesundheit und Gleichstellung – als oberste Bauaufsichtsbehörde (§ 57 Abs. 1 S. 2 NBauO) wahrgenommen. Die Genehmigungspflicht ist als reine Rechtsaufsicht ausgestaltet, sodass die Genehmigungsbehörde den Flächennutzungsplan nur auf seine Rechtmäßigkeit hin untersuchen kann.[38] Die Genehmigung stellt einen Verwaltungsakt dar, so dass der betroffenen Gemeinde im Falle der Nichterteilung der Genehmigung die Verpflichtungsklage offen steht.

Schwierigkeiten bereitet die Einordnung der Rechtsnatur eines Flächennutzungsplans. Anders als ein Bebauungsplan wird er nicht als Satzung beschlossen. Er hat keine Rechtsnormqualität, kann aber durch seine Darstellungen gegenüber Privaten mittelbar Wirkungen erzeugen, sodass es sich bei einem Flächennutzungsplan andererseits auch nicht nur um ein reines Verwaltungsinternum handelt. Die überwiegende Auffas-

---

34 BVerwGE 77, 300 (304).
35 Stollmann, ÖffBauR, § 4 Rn. 10.
36 Teilflächennutzungspläne gibt es nur in den gesetzlich vorgegebenen Ausnahmefällen, vgl. dazu § 5 Abs. 1 S. 2, Abs. 2 b und § 6 Abs. 3 BauGB.
37 BVerwG, NVwZ 2006, 87.
38 BVerwGE 34, 301 (304); Reidt, in: Battis u.a., BauGB, § 6 Rn. 2.

sung in der Literatur ordnet den Flächennutzungsplan daher als Rechtsakt sui generis ein.[39]

3. Bebauungsplan

20 Der Bebauungsplan bildet die zweite Stufe der Bauleitplanung und konkretisiert die Darstellungen des Flächennutzungsplans in rechtlich verbindlicher Form.

a) Rechtsnatur und Inhalt

21 Nach Maßgabe des § 8 Abs. 1 S. 1 BauGB enthält ein Bebauungsplan rechtsverbindliche Festsetzungen für die städtebauliche Ordnung und verschafft den abstrakten Darstellungen des Flächennutzungsplans damit eine grundstücksbezogene materiell-rechtliche Bindungskraft. Ein Bebauungsplan ergeht gem. § 10 Abs. 1 BauGB als Satzung. Er ist somit für jedermann rechtlich verbindlich. Aufgrund seiner Rechtsnormqualität muss der Bebauungsplan jedoch eindeutige Angaben hinsichtlich seines Geltungsbereichs enthalten; er wirkt parzellenscharf, indem er die Grenzen seines räumlichen Geltungsbereichs selbst festsetzt (§ 9 Abs. 7 BauGB). Seine Funktion bedingt, dass die Gemeinde mit einem Bebauungsplan eine „positive" planerische Entscheidung trifft, d.h. eine Gemeinde darf nicht bloß einen Bebauungsplan aufstellen, um ein konkretes Vorhaben zu verhindern (sog. Verbot der Negativplanung).[40]

22 Der Inhalt eines Bebauungsplans wird durch den abschließenden Katalog möglicher Festsetzungen des § 9 Abs. 1 BauGB vorgegeben. Es besteht daneben kein „Festsetzungsfindungsrecht" der Gemeinden.[41] Für die Art und das Maß der baulichen Nutzung, die Bauweise und die überbaubaren und nicht überbaubaren Grundstücksflächen enthält die BauNVO ergänzende Regelungen, sodass die Gemeinde bezüglich dieser Festsetzungen nicht volle Planungshoheit genießt. Setzt sie im Bebauungsplan eines der in § 1 Abs. 2 BauNVO genannten Baugebiete fest, so werden die diesbezüglichen Vorschriften in den §§ 2 bis 14 BauNVO zum Bestandteil des Bebauungsplans (§ 1 Abs. 3 S. 2 BauNVO). Allein dadurch, dass ein Bebauungsplan beispielsweise ein WR-Gebiet festsetzt, wird damit die Aussage des § 3 Abs. 2 BauNVO, dass dort nur Wohngebäude und Anlagen zur Kinderbetreuung, die den Bedürfnissen der Bewohner des Gebiets dienen, zulässig sind, zum Bestandteil dieses Bebauungsplanes.

23 Eine Erweiterungsmöglichkeit über die Festsetzungen des § 9 Abs. 1 BauGB hinaus ergibt sich aus § 9 Abs. 4 BauGB, nach dessen Maßgabe die Länder durch Rechtsvorschrift bestimmen können, dass auf Landesrecht beruhende Regelungen in den Bebauungsplan als Festsetzungen aufgenommen werden und inwieweit auf diese Festsetzungen die Vorschriften des BauGB Anwendung finden. Die Regelung ermöglicht, dass alle Regelungen in einem Plan zusammengefasst werden, die für die bauplanungsrechtliche Zulässigkeit einer Nutzung zu beachten sind und fördert dadurch eine größere

---

[39] Vgl. nur *Mitschang*, in: Battis u.a., BauGB, § 5 Rn. 45; *Stollmann*, ÖffBauR, § 5 Rn. 33; *Bönker*, in: Hoppe u.a., ÖffBauR, § 5 Rn. 85; aus der Rspr. vgl. BVerwG, NVwZ 2004, 614 (617): Keine Normenkontrolle nach § 47 VwGO.
[40] Grundlegend BVerwGE 40, 258 ff.
[41] BVerwGE 92, 56.

Übersichtlichkeit der maßgeblichen Bauvorschriften.[42] Niedersachsen hat in § 84 Abs. 6 NBauO von dieser Möglichkeit Gebrauch gemacht und vorgesehen, dass in Bebauungspläne auch örtliche Bauvorschriften als Festsetzungen aufgenommen werden können.

b) Arten von Bebauungsplänen

Die bauplanungsrechtliche Regelung im BauGB unterscheidet zwischen verschiedenen Arten von Bebauungsplänen. In § 30 Abs. 1 BauGB wird der **qualifizierte Bebauungsplan** als ein solcher thematisiert, der mindestens Festsetzungen über Art und Maß der baulichen Nutzung, die überbaubaren Grundstücksflächen und die örtlichen Verkehrsflächen enthält. Demgegenüber fehlt es dem in § 30 Abs. 3 BauGB definierten **einfachen Bebauungsplan** an wenigstens einer der in § 30 Abs. 1 BauGB genannten Festsetzungen, was von Bedeutung für den bauplanungsrechtlichen Prüfungsmaßstab ist (s. unten Rn. 52). Nähere Anforderungen, die an den **vorhabenbezogenen Bebauungsplan** gestellt werden, finden sich neben § 30 Abs. 2 BauGB auch ergänzend in § 12 BauGB. Voraussetzungen für einen vorhabenbezogenen Bebauungsplan sind ein Vorhaben- und Entschließungsplan sowie ein Durchführungsvertrag zwischen Gemeinde und Vorhabenträger. Besonderheiten im Vergleich zu einem einfachen oder qualifizierten Bebauungsplan weist der vorhabenbezogene Bebauungsplan nicht nur durch seine Konzentration auf das von einem einzelnen Vorhabenträger initiierte Projekt auf, sondern vor allem dadurch, dass dieser Vorhabenträger verpflichtet ist, die im Bebauungsplan vorgesehenen Maßnahmen zeitnah zu verwirklichen, während die anderen Arten von Bebauungsplänen lediglich eine Angebotsplanung darstellen, die eine entsprechende Bebauung ermöglicht, aber nicht dazu verpflichtet.[43]

4. Aufstellung von Bauleitplänen

Das Verfahren zur Aufstellung von Bauleitplänen ist in den §§ 2 ff. und 10 BauGB näher umschrieben. Ergänzend sind die Vorschriften des NKomVG über den Beschluss von Satzungen, z.B. die Mitwirkungs- und Vertretungsverbote der § 54 Abs. 3 i.V.m §§ 41, 42 NKomVG, heranzuziehen.

a) Abriss des Aufstellungsverfahrens

Im Unterschied zum Flächennutzungsplan ist das Verfahren zum Erlass eines Bebauungsplan als formstrenger einzustufen, was sich bereits daraus erklärt, dass der Bebauungsplan verbindliche Festlegungen enthält und als Satzung erlassen wird. Die Grundzüge des Planaufstellungsverfahrens lassen sich wie folgt skizzieren: **Zuständig** für das Aufstellen von Bauleitplänen sind gem. § 2 Abs. 1 BauGB die Gemeinden, die Organkompetenz besitzt der **Rat der Gemeinde** (§ 58 Abs. 2 Nr. 2 NKomVG). Das Verfahren beginnt mit einem Planaufstellungsbeschluss und dessen ortsüblicher Bekanntgabe (§ 2 Abs. 1 BauGB). Ein nicht ordnungsgemäßer Aufstellungsbeschluss schlägt aber nicht auf die Wirksamkeit des Bauleitplans durch.[44] Im Anschluss wird

---

42 *Mitschang/Reidt*, in: Battis u.a., BauGB, § 9 Rn. 216.
43 Zu weiteren Besonderheiten des vorhabenbezogenen Bebauungsplans, vgl. *Erbguth*, in: Tettinger/Mann/Erbguth, BesVerwR, Rn. 1038 ff.
44 BVerwG, NVwZ-RR 2003, 172 f.

ein Planentwurf erarbeitet, indem abwägungserhebliche Belange ermittelt und bewertet werden (§ 2 Abs. 3 BauGB). Neben einer vorgezogenen frühzeitigen ==Öffentlichkeitsbeteiligung== über die allgemeinen Ziele und Zwecke der Planung und deren voraussichtliche Auswirkungen sowie zu Alternativen (§ 3 Abs. 1 BauGB) ist eine Öffentlichkeitsbeteiligung über die Entwürfe der Bauleitplanung mit öffentlicher Auslegung und Möglichkeit zur Erhebung von Einwendungen obligatorisch (§§ 3 Abs. 2, 4a BauGB). Zudem ist eine ==Behördenbeteiligung== (§§ 4, 4a BauGB) sowie die Abstimmung mit den benachbarten Gemeinden als angrenzende Planungsträger herbeizuführen (§ 2 Abs. 2 BauGB). Nach Abschluss des ==Beteiligungsverfahrens== wird der Bauleitplan von der Gemeinde als Satzung beschlossen (§ 10 Abs. 1 BauGB, § 10 Abs. 1 NKomVG), bestimmte Bebauungspläne bedürfen darüber hinaus noch der Genehmigung der höheren Verwaltungsbehörde (§ 10 Abs. 2 BauGB).[45] Dem Bebauungsplan ist eine zusammenfassende Erklärung über die Berücksichtigung von Umweltbelangen und die Ergebnisse der Öffentlichkeitsbeteiligung hinzuzufügen (§ 10 Abs. 4 BauGB) und der Beschluss der Gemeinde über die Aufstellung des Bebauungsplans ist ortsüblich bekannt zu machen; mit der Bekanntmachung tritt der Bebauungsplan in Kraft (§ 10 Abs. 3 BauGB). Gem. § 1 Abs. 8 BauGB gilt das vorstehend skizzierte Verfahren auch bei Änderung, Ergänzung und Aufhebung von Bauleitplänen.

b) Rechtmäßigkeitsvoraussetzungen

27 Die ==Planungshoheit der Gemeinde== findet ihre rechtlichen Grenzen in den ==inhaltlichen Anforderungen==, die ein Bauleitplan zu erfüllen hat. Gem. § 1 Abs. 3 BauGB besteht für die Gemeinde eine ==Rechtspflicht zur Planaufstellung==, sobald und soweit dies für die städtebauliche Entwicklung und Ordnung erforderlich ist (Prinzip der ==Erforderlichkeit==). Bauleitpläne sind gem. § 1 Abs. 4 BauGB an die Ziele der Raumordnung anzupassen (==Anpassungspflicht==). Für Bebauungspläne gilt darüber hinaus das in § 8 Abs. 2 S. 1 BauGB normierte Gebot ihrer grundsätzlichen ==Entwicklung aus dem Flächennutzungsplan==, welches sich aus dem ==Prinzip der Zweistufigkeit der Bauleitplanung== (o. Rn. 18) ableitet.[46] Überdies müssen Bebauungspläne dem rechtsstaatlichen ==Bestimmtheitsgebot== genügen und es müssen die relevanten ==öffentlichen== und ==privaten Belange==, von denen die wichtigsten in § 1 Abs. 6 BauGB exemplarisch aufgezählt sind „gegeneinander und ==untereinander gerecht==" abgewogen werden (§ 1 Abs. 7 BauGB), was den Gemeinden die Möglichkeit verschafft, flexibel und einzelfallgerecht einen ==Interessenausgleich== herzustellen. Die Prüfung einer möglichen Verletzung dieses Abwägungsgebots und dessen gerichtliche Kontrolle anhand der Fallgruppen des Abwägungsausfalls, Abwägungsdefizits und der Abwägungsdisproportionalität sind häufig Gegenstände baurechtlicher Klagen,[47] doch angesichts der Beschränkung im Prüfungsstoff für die erste juristische Pflichtfachprüfung (s.o. Rn. 14) in Niedersachsen eher ==seltener Gegenstand juristischer Klausuren.==

---

45 Demgegenüber bedürfen Flächennutzungspläne gem. § 6 Abs. 1 BauGB stets der Genehmigung der höheren Verwaltungsbehörde.
46 Zu Ausnahmen vgl. § 8 Abs. 2 S. 2, Abs. 3, Abs. 4 BauGB.
47 Vgl. dazu ausführlich *Stollmann*, ÖffBauR, § 7 Rn. 20 ff.

II. Bauleitplanung

c) Rechtsfolgen von Mängeln bei der Planaufstellung

Grundsätzlich führen Rechtsverstöße bei materiellen Gesetzen zu deren Nichtigkeit. Aufgrund der Komplexität und des Umfangs der Verfahrensvorschriften, die an die Aufstellung von Bauleitplänen gestellt werden, wird im BauGB zugunsten des Grundsatzes der Planerhaltung von dieser Regel abgewichen. Unter dem Abschnitt „Planerhaltung" finden sich in den §§ 214 ff. BauGB detaillierte Regelungen über die Beachtlichkeit der Verletzung von Vorschriften über die Aufstellung von Flächennutzungsplänen und Satzungen nach dem BauGB. Dabei differenziert das Gesetz zwischen grundsätzlich unbeachtlichen Verstößen (vgl. z.B. § 214 Abs. 2 BauGB), beachtlichen Verstößen, die aber nach Fristablauf unbeachtlich werden können (vgl. z.B. § 214 Abs. 1 Nr. 1–3 BauGB i.V.m. § 215 Abs. 1 Nr. 1 BauGB) und Fehlern, die stets zur Unwirksamkeit eines Bauleitplans führen (vgl. z.B. § 214 Abs. 1 Nr. 4 BauGB).

28

5. Instrumente zur Sicherung der Bauleitplanung

Zum Schutz der gemeindlichen Planungshoheit normiert der zweite Teil des BauGB Instrumente zur Sicherung der Bauleitplanung.[48] Sie sollen verhindern, dass die Bauleitplanung durch tatsächliche und rechtliche Veränderungen während der Aufstellung eines Bebauungsplans erschwert wird.[49]

29

a) Veränderungssperre

Wenn bereits ein Beschluss über die Aufstellung eines Bebauungsplans gefasst ist, kann die Gemeinde gemäß § 14 Abs. 1 BauGB zur Sicherung ihrer Planung für den künftigen Planbereich eine Veränderungssperre beschließen. Neben dem Planaufstellungsbeschluss (s.o. Rn. 26) ist dessen ordnungsgemäße ortsübliche Bekanntgabe (§ 2 Abs. 1 S. 2 BauGB)[50] Voraussetzung für eine Veränderungssperre. Zudem muss die Veränderungssperre zur Sicherung der Planung erforderlich sein. Der sachliche Regelungsinhalt einer Veränderungssperre wird durch die abschließenden Maßgaben in § 14 Abs. 1 BauGB vorgegeben. Die Veränderungssperre ist ebenfalls als Satzung, die ortsüblich bekannt zu machen ist, zu beschließen (§ 16 Abs. 1 BauGB), in ihrer Geltungsdauer aber regelmäßig auf zwei Jahre befristet (§ 17 Abs. 1 BauGB). Durch die Anordnung einer Veränderungssperre wird insbesondere die Durchführung von Vorhaben im Sinne des § 29 BauGB (s. unten Rn. 41) unzulässig (vgl. § 14 Abs. 1 Nr. 1 BauGB). Während der Geltungsdauer der Veränderungssperre dürfen sie von der Baugenehmigungsbehörde daher auch nicht mehr genehmigt werden; die Veränderungssperre wird somit zum materiellen Versagungsgrund für eine Baugenehmigung.[51]

30

b) Zurückstellung von Baugesuchen

Da die Veränderungssperre aufgrund ihrer Satzungsqualität erst mit der Rechtsverbindlichkeit der Satzung wirksam wird, kann für die Zwischenzeit auf die Zurückstel-

31

---

48 Die ursprünglich in den §§ 19 ff. BauGB normierte Teilungsgenehmigung ist seit ihrer Deregulierung im Jahr 2004 kein allgemeines Sicherungsinstrument des BauGB mehr, sondern nur noch auf wenige Anwendungsfälle beschränkt (vgl. §§ 22, 51, 109, 144 Abs. 2 Nr. 5 BauGB).
49 *Mitschang* in: Battis u.a., BauGB, § 14 Rn. 1.
50 Zur zeitlichen Abfolge von Planaufstellungsbeschluss und Veränderungssperre vgl. *Stüer*, Bau- und Fachplanungsrecht, Rn. 1653.
51 Zum Rechtsschutz gegen Veränderungssperren vgl. *Jäde*, ZfBR 2011, 115 ff.

lung von Baugesuchen als einem weiteren Instrument zur Sicherung der Bauleitplanung zurückgegriffen werden: Unter den Voraussetzungen, unter denen auch eine Veränderungssperre erlassen werden könnte, hat die Baugenehmigungsbehörde auf Antrag der Gemeinde **im Einzelfall** die Entscheidung über die Zulässigkeit von Bauvorhaben auszusetzen, wenn zu befürchten ist, dass durch eine Realisierung des Bauvorhabens eine spätere Durchführung der Planung unmöglich gemacht oder wesentlich erschwert werden würde (§ 15 Abs. 1 BauGB). Anders als die Veränderungssperre, die abstrakt-generell wirkt, ist die Zurückstellung eines Baugesuchs somit eine Einzelfallregelung und dogmatisch als Verwaltungsakt einzuordnen.[52]

c) Gemeindliche Vorkaufsrechte

32 Ebenso wie Veränderungssperre und das Zurückstellen von Baugesuchen dienen gemeindliche Vorkaufsrechte (§§ 24 ff. BauGB) der Sicherung der Bauleitplanung, aber darüber hinaus auch der Sicherung städtebaulicher Maßnahmen unbeschadet einer beabsichtigten Bauleitplanung.[53] Das allgemeine Vorkaufsrecht kann bei einem Kauf von Grundstücken in den in § 24 Abs. 1 S. 1 Nr. 1–7 BauGB vorgesehenen Konstellationen ausgeübt werden, also z.B. wenn für die betreffende Fläche im Bebauungsplan eine Nutzung für öffentliche Zwecke vorgesehen ist (Nr. 1) oder umgekehrt, soweit es sich um unbebaute Flächen im Außenbereich handelt, für die nach dem Flächennutzungsplan eine Nutzung als Wohnbaufläche oder Wohngebiet dargestellt ist (Nr. 5). Das in § 25 BauGB normierte besondere Vorkaufsrecht der Gemeinde betrifft Fälle, in denen die Gemeinde ihr Vorkaufsrecht für bestimmte Flächen ausdrücklich durch Satzung begründet hat. In beiden Fällen ist die Ausübung des Vorkaufsrechts nur bei Vorliegen von Allgemeinwohlgründen gerechtfertigt (vgl. §§ 24 Abs. 3 S. 1, 25 Abs. 2 S. 1 BauGB). Das Vorkaufsrecht ist binnen zwei Monaten nach Mitteilung des Kaufvertrags gegenüber dem Verkäufer als Verwaltungsakt auszuüben (§ 28 Abs. 2 S. 1 BauGB). Mit Ausübung des Vorkaufsrechts tritt die Gemeinde an Stelle des Käufers in den geschlossenen Vertrag ein, die Einzelheiten richten sich im Wesentlichen nach den in den §§ 463 ff. BGB getroffenen Regeln über Vorkaufsrechte (vgl. § 28 Abs. 2 S. 2, Abs. 3 BauGB).

6. Rechtsschutz gegen Bauleitpläne

33 Rechtsschutzkonstellationen im Kontext der Bauleitplanung können vor allem entstehen, wenn Bürger mit Darstellungen im Flächennutzungsplan oder den Festsetzungen in einem Bebauungsplan nicht einverstanden sind oder aber auch, wenn Nachbargemeinden sich durch die Bauleitplanung einer Gemeinde in ihrer eigenen Planungshoheit beeinträchtigt sehen.

a) Rechtsschutzmöglichkeiten der Bürger

34 Wollen sich Bürger gegen Darstellungen in einem Flächennutzungsplan wehren, wird die bereits erörterte Frage (s.o. 19) nach seiner Rechtsnatur auch für den Rechtsschutz relevant: Da der Flächennutzungsplan von der herrschenden Meinung und Rechtspre-

---

[52] VGH Mannheim, NVwZ-RR 2003, 333 ff.; vgl. zu den Rechtsschutzfragen gegen das Zurückstellen von Baugesuchen *Stollmann*, ÖffBauR, § 11 Rn. 15.
[53] *Mitschang*, in: Battis u.a., BauGB, Vorbem.zu den §§ 24–28, Rn. 1.

chung als Rechtsakt sui generis eingeordnet wird, scheiden ein Normenkontrollantrag nach § 47 Abs. 1 Nr. 1 VwGO und eine Anfechtungsklage gem. § 42 Abs. 1 Alt. 1 VwGO als Rechtsschutzmöglichkeiten bereits dem Ansatz nach aus. Aber auch eine Feststellungsklage gem. § 43 Abs. 1 VwGO steht wegen der fehlenden unmittelbaren Außenwirkung eines Flächennutzungsplans nicht zu Gebote. Er ist jedoch immer dann einer **inzidenten Kontrolle** zugänglich, wenn er sich zulasten des Bürgers auswirkt, was etwa zutreffen kann, wenn ein Bebauungsplan aus ihm entwickelt worden ist oder er als öffentlicher Belang i.S.d. § 35 Abs. 3 S. 3 BauGB berücksichtigt worden ist. Darüber hinaus hat das BVerwG als Rechtsschutzmöglichkeit gegen einen Flächennutzungsplan in neuerer Zeit für eng umgrenzte Ausnahmefälle die Möglichkeit einer **Normenkontrolle in analoger Anwendung** des § 47 Abs. 1 Nr. 1 VwGO anerkannt; einen solchen Ausnahmefall bejaht das BVerwG bei Darstellungen in einem Flächennutzungsplan, die Rechtswirkungen des § 35 Abs. 3 S. 3 BauGB eintreten lassen.[54]

Weniger kompliziert ist der Rechtsschutz des Bürgers gegen **Bebauungspläne**: Aufgrund der Satzungsqualität eines Bebauungsplans kann dieser unmittelbar im Wege der prinzipalen **Normenkontrolle nach § 47 Abs. 1 Nr. 1 VwGO** vor dem Oberverwaltungsgericht zur Überprüfung gestellt werden. Gegenstand einer Normenkontrolle kann nur ein bereits erlassener Bebauungsplan sein. Antragsbefugt ist jede natürliche oder juristische Person, die geltend macht, durch den Bebauungsplan in ihren Rechten verletzt zu sein, sowie jede Behörde, in deren Geschäftsbereich die Anwendung des Bebauungsplan fällt (vgl. § 47 Abs. 2 S. 1 VwGO). Grundsätzlich ist der Eigentümer antragsbefugt, dessen Grundstück sich im Plangebiet befindet und durch die bauplanerische Festsetzung unmittelbar betroffen wird.[55] Die Antragsfrist beträgt nach Bekanntgabe des Bebauungsplans ein Jahr (§ 47 Abs. 2 S. 1 VwGO). Zusätzlich ist die formelle Präklusionsnorm des § 47 Abs. 2a VwGO im Rahmen der Prüfung des Rechtsschutzbedürfnisses zu beachten.[56] Prüfungsmaßstab bei der Kontrolle eines Bebauungsplans ist das gesamte Bundes- und Landesrecht. Nach § 47 Abs. 6 BauGB ist eine Überprüfung eines Bebauungsplans auch im **einstweiligen Rechtsschutz** möglich. Die Erklärung der Unwirksamkeit eines Bebauungsplans durch das Oberverwaltungsgericht ist gem. § 47 Abs. 5 S. 2 VwGO allgemein verbindlich und wirkt folglich inter omnes. 35

Eine **Feststellungsklage** ist nur dann möglich, wenn die gerichtliche Feststellung von Rechten und Pflichten aus dem Bebauungsplan begehrt wird. Überdies ist eine **Inzidentkontrolle** eines Bebauungsplans im Rahmen aller Anfechtungs- oder Verpflichtungsklagen möglich, in denen es auf die Gültigkeit eines Bebauungsplans ankommt. 36

b) Rechtsschutz der Gemeinden

Durch einen **Flächennutzungsplan** wird gegenüber der angrenzenden Nachbargemeinde ein Rechtsverhältnis begründet (vgl. § 2 Abs. 2 BauGB). Diese **Nachbargemeinde** kann daher mit einer **Feststellungsklage gem. § 43 Abs. 1 VwGO** gegen den Flächen- 37

---

54 BVerwGE 128, 382 ff.; vertiefend *Schenke*, NVwZ 2007, 134 ff.
55 Vgl. BVerwG, NVwZ 2000, 1413 f.
56 *Giesberts*, in: Posser/Wolff, VwGO, § 47 Rn. 57 a.

nutzungsplan einer Gemeinde gerichtlich vorgehen, wenn der planaufstellenden Gemeinde eine Verletzung des § 2 Abs. 2 i.V.m. § 4 BauGB vorgeworfen werden kann. Zudem besteht für die angrenzende Nachbargemeinde die Möglichkeit, gegen die Erteilung der nach § 6 BauGB erforderlichen Genehmigung von Flächennutzungsplänen durch die obere Verwaltungsbehörde mit der Anfechtungsklage vorzugehen. Im umgekehrten Fall, also bei Nichterteilung der Genehmigung eines Flächennutzungsplans, kann sich die planaufstellende Gemeinde mittels einer Verpflichtungsklage (§ 42 Abs. 1 Alt. 2 VwGO) gerichtlich zur Wehr setzen.

38 Rechtsschutz gegen einen Bebauungsplan einer angrenzenden Gemeinde kann eine Nachbargemeinde ebenso wie die Bürger mittels einer Normenkontrolle gem. § 47 Abs. 1 Nr. 1 VwGO erlangen. Sogar eine vorbeugende Feststellungsklage der Nachbargemeinde kommt in Betracht, wenn für die Nachbargemeinde schon vor Einleitung eines eventuellen Normkontrollantrags vollendete Tatsachen drohen.[57]

III. Bauplanungsrechtliche Zulässigkeit von Bauvorhaben

39 Die Vorschriften der §§ 29 ff. BauGB über die bauplanungsrechtliche Zulässigkeit von Bauvorhaben sind für das Bauplanungsrecht von zentraler Bedeutung und weisen dementsprechend auch eine hohe Klausur- und Examensrelevanz auf. In der Klausur ist die bauplanungsrechtliche Zulässigkeit zum einen bei der Prüfung der Rechtmäßigkeit einer erteilten oder begehrten Baugenehmigung und zum anderen bei der Prüfung der Rechtmäßigkeit einer Bauordnungsverfügung relevant. Das bauordnungsrechtliche Einfallstor für eine Prüfung der §§ 29 ff. BauGB bilden die Wendungen „dem öffentlichen Baurecht entspricht" in § 70 Abs. 1 S. 1 NBauO und „Widersprechen bauliche Anlagen ... dem öffentlichen Baurecht" in § 79 Abs. 1 S. 1 NBauO, welche nicht nur die Prüfung der bauordnungsrechtlichen, sondern auch der bauplanungsrechtlichen Zulässigkeit eines konkreten Vorhabens bzw. einer bestehenden baulichen Anlage eröffnen.

1. Überblick über das System der §§ 29–35 BauGB

40 Nach der Systematik der §§ 29–35 BauGB wird zwischen vier Konstellationen differenziert, die sich hinsichtlich der Bebaubarkeit grundlegend unterscheiden:
- Im Geltungsbereich eines qualifizierten Bebauungsplans (zum Begriff o. Rn. 24) setzt die Zulässigkeit eines neuen Vorhabens voraus, dass dieses dem Bebauungsplan nicht widerspricht;
- im Bereich eines einfachen Bebauungsplanes (zum Begriff o. Rn. 24) gilt dies grundsätzlich auch, soweit der Bebauungsplan Festsetzungen enthält, im Übrigen gelten die §§ 34 oder 35 BauGB;
- im unbeplanten Innenbereich darf nur gebaut werden, sofern sich das Vorhaben einfügt;
- für den Außenbereich ist eine grundsätzliche Unbebaubarkeit vorgesehen.

---

[57] BVerwGE 40, 323 (326 f.); vertiefend zu den Rechtsschutzmöglichkeiten von Nachbargemeinden *Schenke*, VerwArch 2007, 448 ff.

III. Bauplanungsrechtliche Zulässigkeit von Bauvorhaben

Darüber hinaus kann ein Vorhaben unter den Voraussetzungen des § 33 BauGB zulässig sein, wenn sich ein einfacher oder qualifizierter Bebauungsplan in Aufstellung befindet.

Nach § 29 Abs. 1 BauGB greifen die §§ 30 ff. BauGB bei Vorhaben, die die Errichtung, Änderung oder Nutzungsänderung von baulichen Anlagen zum Inhalt haben. Zentraler Begriff dieses Abschnitts ist damit die „**bauliche Anlage**", der indes im BauGB nicht legaldefiniert ist. Nach der **Definition des § 2 Abs. 1 S. 1 NBauO** sind bauliche Anlagen mit dem Erdboden verbundene oder auf ihm ruhende, aus Bauprodukten hergestellte Anlagen (näher unten Rn. 82). Allerdings darf die Begriffsbestimmung des niedersächsischen Gesetzgebers nicht zur Konkretisierung des bundesrechtlichen Begriffs der baulichen Anlage herangezogen werden – dies ergibt sich nicht nur aus kompetenzrechtlichen Erwägungen, sondern entscheidend auch aus dem Umstand, dass sich die Zweck- und Zielrichtung des bundesrechtlichen Bauplanungsrechts und des landesrechtlichen Bauordnungsrechts in wesentlichen Punkten unterscheiden: Einerseits ist zu fragen, ob ein Vorhaben für die städtebauliche Entwicklung erheblich und daher nach den materiellen Vorschriften des Bodenrechts zu beurteilen ist; andererseits geht es darum, ob hinsichtlich eines konkreten Vorhabens die Einhaltung bestimmter ordnungsrechtlicher Regelungen beachtet werden muss. Dies schließt jedoch nicht aus, dass die Begriffe der baulichen Anlage im Bauplanungsrecht und im Bauordnungsrecht in der Praxis im Wesentlichen übereinstimmen, da das Bedürfnis nach präventiver Kontrolle und die städtebauliche Erheblichkeit regelmäßig zusammentreffen.[58] Allerdings gibt es neben der abweichenden Zielsetzung weiter Unterschiede: Das Bauordnungsrecht fingiert einerseits verschiedene Anlagen als bauliche Anlagen, unabhängig davon, ob sie die Merkmale einer baulichen Anlage auch tatsächlich erfüllen (z.B. Gerüste, Warenautomaten, Campingplätze, s. § 2 Abs. 1 S. 2 NBauO). Andererseits sind nach § 1 Abs. 2 NBauO verschiedene bauliche Anlagen von dem Geltungsbereich des Bauordnungsrechts ausgeschlossen. Es bedarf mithin angesichts der unterschiedlichen Zielsetzung und Ansätze der genannten Regelwerke einer näheren Bestimmung des bauplanungsrechtlichen Anlagenbegriffs unabhängig von der bauordnungsrechtlichen Einordnung.

Ausgehend von dieser Erkenntnis und unter Berücksichtigung des Wortlauts des § 29 Abs. 1 BauGB setzt sich der **bauplanungsrechtliche Begriff der baulichen Anlage** aus zwei Elementen zusammen, nämlich aus einem verhältnismäßig weiten Begriff des Bauens und einem einschränkenden Merkmal zumindest möglicher bodenrechtlicher Relevanz. Als Bauen in diesem weiten Sinne ist die Schaffung von Anlagen anzusehen, die in einer auf Dauer gedachten Weise künstlich mit dem Erdboden verbunden sind, wobei hinsichtlich des Kriteriums der Dauer eine entsprechende Absicht genügt.[59] Darüber hinaus hängt der bauplanungsrechtliche Anlagenbegriff entscheidend von der bodenrechtlichen bzw. planungsrechtlichen Relevanz des Vorhabens ab, was bedeutet, dass die Anlage die in § 1 Abs. 5 und 6 BauGB genannten Belange wie etwa die städtebauliche Entwicklung, die Gestaltung des Landschaftsbildes und den Naturschutz in

---

58 BVerwGE 39, 154 (157); 44, 59 (61).
59 BVerwGE 44, 59 (61 f.).

einer Weise berührt oder berühren kann, dass ein Bedürfnis nach einer ihre Zulässigkeit regelnden verbindlichen Bauleitplanung besteht.[60] So ist etwa die Frage, ob Werbeanlagen aufgrund ihrer Einwirkung auf das Ortsbild als bauliche Anlagen i.S.d. § 29 Abs. 1 BauGB zu charakterisieren sind und damit planungsrechtliche Relevanz aufweisen, unter dem Aspekt der Größe und Auffälligkeit des konkreten Vorhabens einzelfallabhängig zu beurteilen.[61] Auch wenn kleine Werbeschilder bauliche Anlagen i.S.d. Bauordnungsrechts (vgl. § 2 Abs. 1 S. 2 Nr. 2 NBauO i.V.m. Nr. 10 des Anhangs zu § 60 Abs. 1 NBauO) darstellen, ist bei diesen Vorhaben in der Regel eine bodenrechtliche Relevanz zu verneinen. Auch Beschriftungen und Bemalungen einer Hauswand sind mangels bodenrechtlicher Relevanz keine baulichen Anlagen i.s.d § 29 Abs. 1 BauGB.[62]

43 Soweit § 29 Abs. 1 BauGB die §§ 30 ff. BauGB bei Vorhaben für anwendbar erklärt, welche die Errichtung, Änderung oder Nutzungsänderung von baulichen Anlagen zum Inhalt haben, unterscheidet die Vorschrift drei unterschiedliche Phasen: Unter Errichtung versteht man den Neubau, die erstmalige Herstellung und die Aufstellung einer baulichen Anlage an einem bestimmten Standort, wobei auch die Wiederherstellung einer zerstörten Anlage eine Errichtung im Rechtssinne darstellt.[63] Eine Änderung setzt hingegen die Umgestaltung eines bereits vorhandenen Gebäudes in städtebaulich relevanter Weise voraus, wobei nicht erforderlich ist, dass das Erscheinungsbild angetastet oder das Bauvolumen erweitert wird; vielmehr genügt eine substanzielle Erhöhung des Nutzungsmaßes oder dass die bauliche Anlage nach Durchführung der baulichen Maßnahmen als eine andere erscheint als vorher, wenn also die Eingriffe in die bestehende Bausubstanz zu einem Identitätswechsel des Gebäudes geführt haben.[64] Eine Nutzungsänderung liegt konsequenterweise erst dann vor, wenn die in § 1 Abs. 5 und 6 BauGB genannten Belange berührt werden, wenn also bodenrechtliche Relevanz vorliegt, weil die vorgesehene Nutzungsänderung wegen der Möglichkeit der Berührung bodenrechtlicher Belange die Genehmigungsfrage erneut aufwirft.[65] Dies ist insbesondere bei Funktionsänderungen mit der Folge erheblich höherer Lärmemissionen anzunehmen, so etwa bei der Umwandlung eines Kinos in eine Spielhalle;[66] im Regelfall jedoch nicht, wenn sich nur konkrete Nutzungen ändern, die von bodenrechtlich identischer Relevanz sind, z.B. bei der Einrichtung eines Spielzeugladens in Räumlichkeiten, die bisher einem Modegeschäft dienten.

44 Nach ständiger Rechtsprechung ist bei einer Änderung einer baulichen Anlage oder ihrer Nutzung i.S.d. § 29 Abs. 1 BauGB das Gesamtvorhaben in seiner geänderten Gestalt Gegenstand der bauplanungsrechtlichen Prüfung.[67] Diese muss sich jedoch nur

---

60 BVerwGE 44, 59 (62); 114, 206 (209).
61 Vgl. BVerwGE 91, 234 (237).
62 BVerwGE 126, 349 (354).
63 *Reidt*, in: Battis u.a., BauGB, § 29 Rn. 17.
64 BVerwG, NVwZ 2000, 1048 (1049).
65 BVerwG, NJW 1977, 1932.
66 BVerwG, NVwZ 1989, 666; weitere Beispiele aus der Rspr. bei *Reidt*, in: Battis u.a., BauGB, § 29 Rn. 20.
67 BVerwG, NVwZ 2009, 779.

auf die Voraussetzungen der bebauungsrechtlichen Zulässigkeit der Anlage erstrecken, die durch die Änderung berührt werden.[68]

2. Vorhaben im Geltungsbereich eines qualifizierten Bebauungsplans

Nach § 30 Abs. 1 BauGB ist ein Vorhaben im Geltungsbereich eines Bebauungsplans, der mindestens Festsetzungen über die Art und das Maß der baulichen Nutzung, die überbaubaren Grundstücksflächen und die örtlichen Verkehrsflächen enthält (qualifizierter Bebauungsplan), dann zulässig, wenn es diesen Festsetzungen nicht widerspricht und die Erschließung gesichert ist. Im Rahmen einer Klausur, die einen qualifizierten Bebauungsplan zum Gegenstand hat, ist in den meisten Fällen schwerpunktmäßig zu prüfen, ob das Vorhaben den Festsetzungen des Bebauungsplans über die Art und das Maß der baulichen Nutzung nicht widerspricht. 45

a) Art der baulichen Nutzung

Von zentraler Bedeutung ist insoweit § 1 Abs. 3 S. 2 BauNVO, der bestimmt, dass durch die Festsetzung bestimmter Baugebiete zugleich die §§ 2 – 14 BauNVO Bestandteile des Bebauungsplans werden, soweit die Gemeinde nicht ausnahmsweise etwas anderes bestimmt. Es ist daher zunächst zu ermitteln, in welcher Art von Gebiet das Bauvorhaben liegt, also ob dieses Baugebiet als ein reines, allgemeines oder besonderes Wohngebiet (§§ 3–4a BauNVO), ein Dorfgebiet (§ 5 BauNVO), ein Mischgebiet (§ 6 BauNVO), ein Kerngebiet (§ 7 BauNVO), ein Gewerbegebiet (§ 8 BauNVO), ein Industriegebiet (§ 9 BauNVO) oder ein Sondergebiet (§§ 10, 11 BauNVO) festgesetzt ist. Für die weitere Prüfung, ob das konkrete Vorhaben in diesem Gebiet hinsichtlich der Art der baulichen Nutzungen den Festsetzungen des Bebauungsplans nicht widerspricht, ist die Systematik der §§ 2–9 BauNVO zu beachten: Der jeweilige Abs. 1 beinhaltet eine allgemeine Charakterisierung des jeweiligen Gebietes, in Abs. 2 sind Vorhaben der Regelbebauung aufgeführt, die exakt dem Gebietscharakter entsprechen und daher grundsätzlich zugelassen werden müssen und aus Abs. 3 ergeben sich jeweils Vorhaben der Ausnahmebebauung, die vom Gebietscharakter abweichen und daher im Zusammenspiel mit § 31 Abs. 1 BauGB lediglich zugelassen werden können. 46

Zusätzlich besteht nach der Rechtsprechung für sämtliche nach den §§ 2–9 BauNVO generell oder ausnahmsweise zulässigen Vorhaben das ungeschriebene **Erfordernis der Gebietsverträglichkeit**. Eine Verletzung dieses Gebots, welches sich aus dem typisierenden Ansatz der Baugebietsvorschriften in der BauNVO rechtfertigt, liegt vor, sofern das konkrete Vorhaben – gemessen an dem jeweils in Abs. 1 umschriebenen Gebietscharakter des jeweiligen Baugebietes – generell (typischerweise) geeignet ist, die vorherrschende Nutzungsart in dem jeweiligen Baugebiet zu stören. Bei dieser Betrachtung sind die Auswirkungen zu berücksichtigen, die typischerweise von einem Vorhaben der beabsichtigten Art ausgehen, insbesondere aufgrund seines räumlichen Umfangs und der Größe des betrieblichen Einzugsbereichs, der Art und Weise der Betriebsvorgänge, dem vorhabenbedingten An- und Abfahrtsverkehr sowie der zeitlichen Dauer dieser Auswirkungen und ihrer Verteilung auf die Tages- und Nachtzeiten.[69] 47

---

[68] BVerwG, NVwZ 2001, 1047 (1048).
[69] BVerwGE 116, 155 (157 ff.); BVerwG, NVwZ 2008, 786 (787).

48 Erst und auch nur wenn die Gebietsverträglichkeit des Vorhabens positiv festgestellt ist, ist die Einhaltung des Rücksichtnahmegebots aus § 15 Abs. 1 BauNVO zu prüfen. Gemeinsam ist beiden Erfordernissen, dass durch sie im Einzelfall die Zulässigkeit von Vorhaben eingeschränkt wird, die den Festsetzungen des Bebauungsplans nicht widersprechen bzw. im Wege einer Ausnahme zugelassen werden könnten. Während jedoch das Gebietsverträglichkeitsgebot in einem engen Zusammenhang mit der Systematik der §§ 2–9 BauNVO steht und typisierend[70] auf den Baugebietscharakter abhebt, bildet das Rücksichtnahmegebot demgegenüber ein singuläres Korrektiv und berücksichtigt die konkreten örtlichen Verhältnisse in der näheren Umgebung des beabsichtigten Vorhabens: § 15 Abs. 1 S. 1 u. 2 BauNVO ermöglichen es, die Genehmigung solcher Vorhaben zu versagen, die zwar nach Art, Größe und störenden Auswirkungen generell (typischerweise) den Gebietscharakter nicht gefährden (also nicht gebietsunverträglich sind), jedoch nach Anzahl, Lage, Umfang oder Zweckbestimmung angesichts der konkreten Verhältnisse an Ort und Stelle der Eigenart des Baugebiets widersprechen bzw. für die Nachbarschaft mit unzumutbaren Belästigungen oder Störungen verbunden sind; gleiches gilt, wenn die Vorhaben selbst solchen Belastungen oder Störungen ausgesetzt sind.[71] Für die Bestimmung der Anforderungen des Rücksichtnahmegebots ist maßgeblich, was den Betroffenen im konkreten Fall nach Lage der Dinge zumutbar ist, wobei die Erheblichkeitsgrenze hinsichtlich der Belästigungen und Störungen von der Schutzwürdigkeit und Schutzbedürftigkeit der Umgebung abhängt. Allgemeingültige Aussagen lassen sich diesbezüglich nicht treffen, vielmehr sind die Schutzwürdigkeit des Betroffenen, die Intensität der Beeinträchtigung, die Interessen des Bauherrn und das, was beiden Seiten billigerweise zumutbar oder unzumutbar ist, im konkreten Einzelfall im Rahmen einer Gesamtschau gegeneinander abzuwägen.[72]

49 Ein Widerspruch zu der Eigenart des Baugebiets i.S.d. § 15 Abs. 1 S. 1 BauNVO, also ein Verstoß gegen das Rücksichtnahmegebot, liegt z.B. vor, wenn in einem Mischgebiet, das durch ein gleichberechtigtes Nebeneinander von Wohnen und nicht störenden Gewerbegebieten geprägt ist, die Zulassung eines weiteren Gewerbebetriebs begehrt wird, sofern dadurch in Folge einer Störung des quantitativen Mischverhältnisses von Wohnen und Gewerbe das Wohnen als eine der beiden Hauptnutzungsarten im Gebiet völlig verdrängt wird und das Gebiet so in einen anderen Gebietstyp "umkippen" würde, so dass sich die Festsetzung als Mischgebiet dann letztlich als funktionslos darstellen würde.[73]

b) Maß der baulichen Nutzung; gesicherte Erschließung

50 Bei der Festsetzung des **Maßes** der baulichen Nutzung im Bebauungsplan ist nach § 16 Abs. 3 Nr. 1 BauNVO stets die Grundflächenzahl oder die Größe der Grundflächen der baulichen Anlagen festzusetzen; weitere Festsetzungen sind nur unter bestimmten Voraussetzungen obligatorisch (§ 16 Abs. 3 Nr. 2 BauNVO) oder lediglich fakultativ

---

70 Vgl. BVerwG, NVwZ 2008, 786 (787 f.): Maßgeblich ist nicht die konkrete Störung oder die konkret vorhandene Bebauung in der Nachbarschaft des Vorhabens, sondern der typische Gebietscharakter.
71 BVerwG, NVwZ 2008, 786 (788).
72 BVerwGE 128, 118 (124).
73 BVerwGE 79, 309 (311 f.).

(§ 16 Abs. 2 Nr. 2 BauNVO). Bei der Bestimmung des Maßes der baulichen Nutzung sind die baugebietsabhängigen Obergrenzen des § 17 Abs. 1 BauNVO zu beachten. Die überbaubaren Grundstücksflächen können nach § 23 Abs. 1 S. 1 BauNVO durch die Festsetzung von Baulinien, Baugrenzen oder Bebauungstiefen[74] bestimmt werden; es genügt also eine dieser Festsetzungen. Bezüglich der ebenfalls obligatorischen Festsetzungen über die örtlichen Verkehrsflächen ist § 9 Abs. 1 Nr. 11 BauGB zu beachten.

Unter **Erschließung** ist der ausreichende Anschluss an das öffentliche Straßennetz, die (nicht notwendigerweise externe) Versorgung mit Energie und Wasser sowie die Gewährleistung der Abwasserbeseitigung zu verstehen.[75] Die Erschließung gilt als **gesichert**, sofern nach objektiven Kriterien (Bereitstellung der erforderlichen Flächen, Ausweisung der finanziellen Mittel im Haushalt, Stand und Fortgang der Erschließungsarbeiten) davon auszugehen ist, dass die Erschließungsanlagen spätestens bis zur Fertigstellung der betreffenden baulichen Anlage benutzbar sind.[76] Es gilt dabei der **grundstücksbezogene** Erschließungsbegriff, d.h. die Erschließungsanlagen müssen zumindest bis an die Grundstücksgrenze heranreichen; ob das übrige Plangebiet bereits erschlossen ist, bleibt außer Betracht. 51

3. Vorhaben im Geltungsbereich eines einfachen Bebauungsplans

Sofern eine der in § 30 Abs. 1 BauGB genannten Festsetzungen fehlt, liegt lediglich ein einfacher Bebauungsplan vor. Auch im Geltungsbereich eines einfachen Bebauungsplans ist ein Vorhaben nur dann zulässig, sofern es den Festsetzungen des Bebauungsplans nicht widerspricht und die Erschließung gesichert ist. Soweit der einfache Bebauungsplan hingegen bestimmte Aspekte nicht regelt, richtet sich die Zulässigkeit des Vorhabens gemäß § 30 Abs. 3 BauGB im Übrigen nach § 34 oder § 35 BauGB, ist also abhängig von seiner Lage im Innenbereich oder im Außenbereich (s. unten Rn. 62, 71). Diese Regelungen greifen als Prüfungsmaßstab also nur, soweit der einfache Bebauungsplan keine Festsetzungen enthält (Vorrang der bauplanerischen Festsetzungen). Zum vorhabenbezogenen Bebauungsplan vgl. § 30 Abs. 3 u. § 12 BauGB. 52

4. Ausnahmen und Befreiungen

Sofern Vorhaben im Widerspruch zu den Festsetzungen eines einfachen oder qualifizierten Bebauungsplans stehen, ist deren Zulassung nur unter den Voraussetzungen des § 31 BauGB möglich. Diese Vorschrift ermöglicht in bestimmten Fallkonstellationen, in denen der Bebauungsplan den spezifischen Gegebenheiten des Grundstücks bzw. seiner baulichen Nutzbarkeit nicht gerecht wird, ein Abweichen von den mitunter standardisierten Festsetzungen. Zur Herstellung einer solchen Einzelfallgerechtigkeit sieht die Regelung Ausnahmen (Abs. 1) und Befreiungen (Abs. 2) vor. 53

a) Zulassung von Vorhaben als Ausnahmebebauung

Nach § 31 Abs. 1 BauGB können von den Festsetzungen des Bebauungsplans solche Ausnahmen zugelassen werden, die in dem Bebauungsplan nach Art und Umfang aus- 54

---
[74] Zu den Unterschieden vgl. § 23 Abs. 2–4 BauNVO.
[75] *Reidt*, in: Battis u.a., BauGB, § 29 Rn. 21.
[76] BVerwG, NVwZ 2010, 1561 Rn. 40; *Reidt*, in: Battis u.a., BauGB, § 29 Rn. 23.

drücklich vorgesehen sind. Weil die Baugebietsregelungen der BauNVO automatisch Bestandteil des Bebauungsplans werden (§ 1 Abs. 3 S. 2 BauNVO), fungieren auch die jeweils in Absatz 3 der §§ 2–9 BauNVO aufgelisteten Anlagen als Ausnahmen i.S.d. § 31 Abs. 1 BauGB. Dies gilt allerdings nur, soweit die Geltung solcher Ausnahmen nicht durch eine entsprechende Regelung im Bebauungsplan ausgeschlossen ist (§ 1 Abs. 6–9 BauNVO). Umgekehrt kann die Gemeinde aber auch im Bebauungsplan noch weitere Ausnahmen ausdrücklich zulassen. Der Ausnahmevorbehalt ist nur wirksam, wenn die Ausnahme sowohl nach Art als auch nach Umfang hinreichend bestimmt ist und vom planerischen Willen umfasst ist.[77] Die Erteilung einer Ausnahme steht grundsätzlich im behördlichen Ermessen, welches aber im Einzelfall, insbesondere dann, wenn keine städtebaulichen Aspekte gegen die Realisierung sprechen, auf Null reduziert sein kann.[78]

b) Zulassung von Vorhaben im Wege der Befreiung

55 Auch dann, wenn ein Vorhaben im Bebauungsplan weder als Regelbebauung noch als Ausnahme vorgesehen ist, kann es zugelassen werden, wenn dafür eine Befreiung (Dispens) nach § 31 Abs. 2 BauGB erteilt wird. Anders als die Ausnahme nach § 31 Abs. 1 BauGB, welche als planimmanentes Institut im Bebauungsplan selbst enthalten ist und demgemäß den planerischen Willen der Gemeinde zum Ausdruck bringt, handelt es sich bei der Befreiung um ein **planexternes Institut**, das einer vom Bebauungsplan nicht geregelten Sondersituation Rechnung tragen soll und daher in § 31 Abs. 2 BauGB engen Tatbestandsvoraussetzungen unterworfen ist. Selbst wenn diese Tatbestandsvoraussetzungen erfüllt sind, liegt die Entscheidung über die Erteilung der Befreiung zudem noch im **Ermessen der Baugenehmigungsbehörde**. Allerdings kann sich das behördliche Ermessen unter Umständen dahingehend verdichten, dass ein Anspruch auf Erteilung einer Befreiung besteht, sofern bei Erfüllung der Befreiungsvoraussetzungen für die Gemeinde keine Nachteile durch eine Zulassung des Vorhabens ersichtlich sind.

56 Hintergrund der Befreiungsregelung ist die Erkenntnis, dass ein zu starres Festhalten an planerischen Festsetzungen zur Verhinderung von solchen Vorhaben führen kann, die an sich als sinnvoll und bereichernd zu erachten sind und die jedenfalls die planerischen Vorstellungen nicht stören.[79] Die Vorschrift des § 30 Abs. 2 BauGB postuliert daher als allgemeine Eingangsvoraussetzung für eine Befreiung, dass die **Grundzüge der Planung nicht berührt** werden. Ob dies der Fall ist, hängt von der jeweiligen Planungssituation ab, wobei entscheidend ist, ob die Abweichung dem planerischen Grundkonzept zuwiderläuft: Je tiefer die Befreiung in das Interessengeflecht der Planung eingreift, desto eher liegt der Schluss auf eine Änderung der Planungskonzeption nahe, die nur im Wege der (Um-)Planung möglich ist.[80]

57 Darüber hinaus muss einer der in § 31 Abs. 2 BauGB genannten **Befreiungsgründe** erfüllt sein, die in einem Alternativitätsverhältnis zueinander stehen. Eine Befreiung ist

---

[77] BVerwGE 108, 190 (193 f.).
[78] *Reidt*, in: Battis u.a., BauGB, § 31 Rn. 19.
[79] BVerwG, NVwZ 1990, 556.
[80] BVerwG, NVwZ 1999, 1110.

demnach möglich, wenn **Gründe des Wohls der Allgemeinheit** sie erfordern (Nr. 1). Von dieser Variante ist alles erfasst, was gemeinhin unter öffentlichen Belangen oder öffentlichen Interessen zu verstehen ist.[81] In Betracht kommen somit z.b. Befreiungen für soziale Einrichtungen (Krankenversorgung, Kinderbetreuung, Altenpflege), kulturelle Einrichtungen (Schulen und sonstige Bildungsstätten, Museen, Theater), sportliche Einrichtungen (Sportplätze, Badeanstalten, Turnhallen), Einrichtungen der Freizeitgestaltung (Spielplätze, Grünanlagen) und für Einrichtungen, die der Sicherheit der Bevölkerung dienen (Brandwachen, Polizeiwachen), Umweltschutzeinrichtungen (Kläranlagen, Immissionsschutzanlagen), Verkehrs-, Versorgungs- oder Entsorgungsanlagen.[82] Auch die Erfüllung eines dringenden Wohnbedarfs kann zu den Gründen des Allgemeinwohls gehören.[83] Ein „**Erfordern**" der Befreiung setzt nicht voraus, dass den Belangen der Allgemeinheit auf eine andere Weise als durch eine Befreiung nicht entsprochen werden könnte; es genügt vielmehr, dass die Realisierung des Vorhabens zur Wahrnehmung des jeweiligen öffentlichen Interesses vernünftigerweise geboten ist.[84]

Als weiterer Befreiungsgrund fungiert die **städtebauliche Vertretbarkeit** der Abweichung (Nr. 2). Als städtebaulich vertretbar wird angesehen, was angesichts der Anforderungen des § 1 Abs. 5 u. 6 BauGB mit der städtebaulichen Entwicklung und Ordnung i.s.d. § 1 Abs. 3 BauGB vereinbar ist. Mit anderen Worten: die Abweichung muss einen nach § 1 Abs. 5–7, § 1 a BauGB zulässigen Inhalt eines Bebauungsplans darstellen; diese Erwägungen müssen zudem die Zurückstellung des Vertrauens anderen Grundstückseigentümer in den Bestand der planerischen Festsetzungen als vertretbar erscheinen lassen.[85] 58

Schließlich kommt eine Befreiung in Betracht, wenn die Durchführung des Bebauungsplans zu einer **offenbar nicht beabsichtigten Härte** führen würde (Nr. 3). Dies ist zu bejahen, wenn das Bauen in Übereinstimmung mit den Festsetzungen des Bebauungsplans zu einem Ergebnis führte, welches bei der Planaufstellung offenbar nicht intendiert war.[86] Als Befreiungstatbestand ist die Vorschrift eng auszulegen; es sind lediglich grundstücksbezogene Härten erfasst, die sich gerade aus den boden- und planungsrechtlichen Spezifika des betreffenden Grundstücks ergeben. Dabei muss ein echter Sonderfall vorliegen, es genügt mithin nicht, dass davon auszugehen ist, dass der Plangeber eine bestimmte Möglichkeit nicht bedacht hat oder dass der Grundstückseigentümer lediglich ein Interesse an einer besseren wirtschaftlichen Nutzung des Grundstücks vorträgt.[87] Eine Härte i.S.d. Vorschrift kann sich beispielsweise daraus ergeben, dass die Festsetzungen des Bebauungsplans hinsichtlich des Maßes der baulichen Nutzung, der überbaubaren Grundstücksflächen oder aufgrund besonderer Grundstückszuschnitte – etwa bei Eckgrundstücken oder besonders schmal geschnitte- 59

---

81 BVerwGE 138, 166 (174).
82 BVerwGE 56, 71 (76).
83 BVerwG, NVwZ-RR 1997, 82 (83).
84 BVerwGE 138, 166 (174).
85 BVerwG, NVwZ 1990, 556 (557).
86 BVerwGE 40, 268 (273).
87 BVerwG, NVwZ 1991, 264 (265).

nen Grundstücken – zu einer tatsächlich oder wirtschaftlich bedingten Unbebaubarkeit des Grundstücks führen und die Gemeinde diesen Umstand nicht in ihre Überlegungen mit aufgenommen hat, also nicht beabsichtigt hat.[88]

60 Zusätzlich zu dem Vorliegen eines der genannten Befreiungsgründe setzt § 30 Abs. 2 BauGB voraus, dass die Abweichung auch unter **Würdigung nachbarlicher Interessen** mit den öffentlichen Belangen[89] vereinbar ist. Bei der Prüfung kann § 34 Abs. 1 BauGB unterstützend herangezogen werden: Als Faustformel gilt, dass ein Vorhaben dann nicht durch Befreiung zugelassen werden kann, sofern es bei gedachter Anwendbarkeit des § 34 BauGB mangels „Einfügen" auch nach dieser Vorschrift nicht zugelassen werden dürfte.[90] Eine Befreiung ist daher nicht gerechtfertigt, wenn die Nachbarn von dem Vorhaben selbst oder von dessen zu erwartenden Folgewirkungen nennenswert beeinträchtigt werden.[91] Das Erfordernis der Würdigung nachbarlicher Interessen stellt dabei eine **Ausprägung des Rücksichtnahmegebots** (dazu o. Rn. 48) dar, dessen Reichweite von den konkreten Umständen des Einzelfalls abhängig ist: Je empfindlicher der Nachbar durch die nur aufgrund der Befreiung zulässigen Nutzung in seinen Interessen betroffen ist, desto mehr kann er auch an Rücksichtnahme verlangen; umgekehrt braucht derjenige, der die Befreiung in Anspruch nehmen will, umso weniger Rücksicht zu nehmen, je verständlicher und unabweisbarer die von ihm verfolgten Interessen sind. Sofern die Behörde die Stellung der betroffenen Nachbarn nicht ausreichend würdigt, ist die Befreiung rechtswidrig und verletzt den Nachbarn in seinen Rechten – die Vorschrift des § 31 Abs. 2 BauGB vermittelt insoweit Drittschutz.[92]

5. Vorhaben während der Planaufstellung

61 Da sich die bauplanungsrechtliche Zulässigkeit von Vorhaben grundsätzlich nach der jeweils aktuell geltenden Rechtslage richtet, statuiert § 33 BauGB eine Ausnahme im Interesse des Bauherrn, der während der Planaufstellung eine zeitnahe Realisierung seines Vorhabens begehrt und sich dazu auf die Zulässigkeit seines Vorhabens nach Maßgabe der zukünftigen Festsetzungen berufen kann. § 33 BauGB ist nicht nur für die erstmalige Aufstellung, sondern auch für die Änderung oder Ergänzung eines bereits bestehenden Bebauungsplans anwendbar und bewirkt bei Erfüllung der vier Tatbestandsvoraussetzungen des Abs. 1, dass das Vorhaben zwingend als zulässig zu behandeln ist; demgegenüber eröffnen die Sonderfälle der Absätze 2 u. 3 ein Ermessen der Behörde, ob sie das Vorhaben zulassen will oder nicht.

---

88 *Reidt*, in: Battis u.a., BauGB, § 31 Rn. 41.
89 Zu den öffentlichen Belangen zählen sämtliche in § 1 Abs. 5, 6 u. § 35 Abs. 3 BauGB aufgeführten Belange, wobei auch fiskalische Interessen der Gemeinde (z.B. zusätzliche Erschließungskosten) durchaus Berücksichtigung finden können, vgl. *Reidt*, in: Battis u.a., BauGB, § 31 Rn. 30.
90 BVerwGE 56, 71 (78 f.). Allerdings weist BVerwGE 117, 50 (54) darauf hin, dass die öffentlichen Belange über das Merkmal des Einfügens hinausgehen, da auch (hinreichend konkretisierte oder konkretisierbare) gemeindliche Planungen, städtebauliche Entwicklungsvorstellungen und informelle Planungen mit umfasst sind.
91 BVerwGE 56, 71 (79).
92 BVerwG, NVwZ 1987, 409 f.; zur weiteren Differenzierung einer Befreiung von nachbarschützenden oder nicht nachbarschützenden Vorschriften vgl. *Finkelnburg/Ortloff/Kment*, ÖffBauR (Band I), § 24 Rn. 24.

6. Vorhaben im unbeplanten Innenbereich

Die bauplanungsrechtliche Zulässigkeit von Vorhaben im unbeplanten Innenbereich richtet sich nach § 34 BauGB; diese Vorschrift fungiert sozusagen als Ersatzplan, soweit kein Bebauungsplan vorliegt.

a) Belegenheit innerhalb eines im Zusammenhang bebauten Ortsteils

§ 34 BauGB ist nur anwendbar, wenn das in Rede stehende Vorhaben innerhalb eines im Zusammenhang bebauten Ortsteils liegt. Unter einem **Ortsteil** i.S.d. § 34 BauGB ist jeder Bebauungskomplex im Gebiet einer Gemeinde zu verstehen, der nach der Zahl der vorhandenen Bauten ein gewisses Gewicht besitzt und Ausdruck einer organischen Siedlungsstruktur ist, wobei es sich nicht um eine nach Art und Zweckbestimmung einheitliche Bebauung handeln muss; auch ist die Entstehungsweise der vorhandenen Bebauung irrelevant.[93] Für die Frage, ob ein Bebauungskomplex nach seinem Gewicht als ein solcher Ortsteil oder nur als Splittersiedlung anzusehen ist, kommt es vielmehr entscheidend auf die Siedlungsstruktur der jeweiligen Gemeinde an.[94]

Für das Vorliegen eines **Bebauungszusammenhangs** ist entscheidend, dass die aufeinander folgende (tatsächlich vorhandene) Bebauung trotz bestehender Baulücken nach der Verkehrsauffassung im Einzelfall[95] den Eindruck der Geschlossenheit vermittelt. Eine solche Bebauung liegt erst dann vor, wenn sie „maßstabsbildend" ist, es sich also um bauliche Anlagen handelt, die optisch wahrnehmbar sind und ein gewisses Gewicht haben, so dass sie geeignet sind, ein Gebiet als einen Ortsteil mit einem bestimmten Charakter zu prägen; damit zählen nicht alle baulichen Anlagen i.S.d. § 29 Abs. 1 BauGB zur Bebauung i.S.d. § 34 Abs. 1 BauGB.[96] Ein städtebauliches Gepräge verleihen einem Gebiet grundsätzlich nur Gebäude, die dem Aufenthalt von Menschen dienen, wozu u.U. auch Betriebsgebäude gehören können, die landwirtschaftlichen oder erwerbsgärtnerischen Zwecken dienen.[97] Die Beseitigung eines Gebäudes auf dem letzten zum Bebauungszusammenhang gehörenden Grundstück beseitigt dessen Innenbereichsqualität nicht, sofern die alsbaldige Errichtung eines Ersatzbauwerks beabsichtigt ist, denn Grundstücke des Innenbereichs sind tendenziell einer Bebauung zugänglich, auch soweit sie am Ortsrand liegen und den Bebauungszusammenhang abschließen. An dieser Beurteilung ändert sich so lange nichts, wie nach der Verkehrsauffassung mit einer Wiederbebauung zu rechnen ist; so ist der Erhalt eines städtebaulichen Gepräges eines Grundstücks z.B. auch dann noch zu bejahen, wenn der Grundstückseigentümer jahrelang mit der Bauaufsichtsbehörde und Gemeinde erfolglos über die Art und Weise der Bebauung verhandelt.[98] Dagegen verliert eine tatsächlich beendete bauliche Nutzung ihre prägende Wirkung, sofern sie endgültig aufgegeben wurde und mit einer Wiederbebauung oder Wiederbenutzung nicht mehr zu rechnen ist.[99]

---

93 BVerwGE 31, 22 (27).
94 BVerwG, NVwZ 1999, 527 (528).
95 BVerwGE 31, 20 (21).
96 BVerwG, NVwZ 1993, 985 (986) (hier verneint bei einem mit Schotter befestigten Stellplatz).
97 BVerwG, BauR 2007, 1383.
98 BVerwGE 75, 34 (39 f.).
99 BVerwG, NVwZ 1982, 312.

Dieser Aspekt kann wiederum eine Rolle spielen, wenn es um die Frage geht, ob eine **Baulücke** den für § 34 BauGB maßgeblichen Bebauungszusammenhang unterbricht. Wie eng die Aufeinanderfolge von Gebäuden sein muss, um noch eine zusammenhängende Bebauung darzustellen, ist nicht nach geographisch-mathematischen Maßstäben, sondern aufgrund einer umfassenden Bewertung des Einzelfalls zu entscheiden.[100] So kann selbst eine ringsum von Bebauung umgebene Freifläche nicht innerhalb eines Bebauungszusammenhangs i.S.d. § 34 Abs. 1 BauGB liegen, sondern im Außenbereich, wenn sie so groß ist, dass sich ihre bauliche Nutzung nicht mehr als zwanglose Fortsetzung der vorhandenen Bebauung aufdrängt. Eine entsprechende Einzelbetrachtung ist auch bei anderen örtlichen Begebenheiten wie Geländehindernissen (Damm, Böschung, Fluss, Graben), Erhebungen oder auch Flächen, die aufgrund ihrer besonderen Funktion (Schwimmbäder, Sportplätze, der Erholung dienende Grünflächen) für eine den Zusammenhang prägende Bebauung nicht zur Verfügung stehen, angezeigt. Straßen und Wege, die ausschließlich oder überwiegend einseitig bebaut sind, weisen jedoch regelmäßig eine trennende Wirkung zwischen Innen- und Außenbereich auf.[101] § 34 Abs. 4 BauGB verleiht den Gemeinden eine Befugnis, um durch sog. **Innenbereichssatzungen** Zweifel hinsichtlich der Abgrenzung von Innen- und Außenbereich auszuräumen.

b) Entsprechung zu einem Baugebiet der BauNVO (§ 34 Abs. 2 BauGB)

65 Nach der Feststellung, dass ein Vorhaben den im Zusammenhang bebauten Ortsteilen zuzuordnen ist, richtet sich das Augenmerk auf die zwei Grundtatbestände des § 34 BauGB: Während der Rechtsanwender nach § 34 Abs. 1 BauGB zu beurteilen hat, ob sich ein Vorhaben in die Eigenart der näheren Umgebung einfügt, ermöglicht ihm § 34 Abs. 2 BauGB einen Abgleich des Vorhabens mit den Zulässigkeitskriterien für Baugebiete nach der BauNVO. Im Verhältnis der beiden Absätze zueinander bildet § 34 Abs. 2 BauGB hinsichtlich der Art der baulichen Nutzung die lex specialis zu § 34 Abs. 1 BauGB. Deshalb ist vorrangig zu untersuchen, ob die Eigenart der näheren Umgebung faktisch einem der in der BauNVO bezeichneten Baugebiete entspricht. Eine solche, für die Anwendung des § 34 Abs. 2 BauGB notwendige Entsprechung zu den Baugebieten der BauNVO ist allerdings zu verneinen, wenn die Bebauung diffus, unstrukturiert und von stark divergierender Nutzung geprägt ist – eine solche Gemengelage, die in keinem der Baugebiete der BauNVO geplant werden könnte, ist z.B. bei gleichzeitig massiver Wohnnutzung einerseits und gewerblicher Nutzung andererseits anzunehmen.[102] Entspricht die vorhandene Bebauung jedoch einem Baugebiet der BauNVO, ist für die Beurteilung des Vorhabens *nach seiner Art* ausschließlich maßgeblich, ob es nach der BauNVO allgemein zulässig wäre (dazu o. Rn. 46). Auf die nach BauNVO jeweils ausnahmsweise zulässigen Vorhaben ist § 31 Abs. 1 BauGB (Ausnahmeregelung, s.o. Rn. 54), im Übrigen ist § 31 Abs. 2 BauGB (Befreiungsregelung, s.o. Rn. 55) entsprechend anzuwenden.

---

100 BVerwG, BauR 2006, 348.
101 BVerwG, NVwZ-RR 1989, 6.
102 BVerwG, NVwZ 1991, 982 (983); BVerwG, NVwZ 1995, 698 (699).

c) Einfügung in die Eigenart der näheren Umgebung (§ 34 Abs. 1 BauGB)

66 Zu beachten ist, dass die vorrangige Anwendbarkeit des § 34 Abs. 2 BauGB nach der lex specialis-Regel nur hinsichtlich der *Art* der baulichen Nutzung besteht; soweit es um das *Maß der baulichen Nutzung*, die Bauweise und die überbaubare Grundstücksfläche geht, ist **§ 34 Abs. 1 BauGB** ebenso unmittelbar einschlägig, wie in den Fällen, in denen die Eigenart der näheren Umgebung keinem Baugebiet der BauNVO entspricht. Gem. § 34 Abs. 1 BauGB ist ein Vorhaben im unbeplanten Innenbereich zulässig, wenn es sich nach Art und Maß der baulichen Nutzung, der Bauweise und der Grundstücksfläche, die überbaut werden soll, in die Eigenart der näheren Umgebung einfügt und die Erschließung gesichert ist (S. 1). Zudem müssen die Anforderungen an gesunde Wohn- und Arbeitsverhältnisse gewahrt bleiben und das Ortsbild darf nicht verändert werden (S. 2).

67 Die **nähere Umgebung** bestimmt sich einerseits danach, wie weit die Umgebung den bodenrechtlichen Charakter des jeweiligen Grundstücks prägt und zum anderen danach, wie sich die Realisierung des Vorhabens auf die nähere Umgebung auswirken kann; bei der Ermittlung der Eigenart ist die Betrachtung auf das Wesentliche zurückzuführen, es muss also alles außer Acht gelassen werden, was die vorhandene Bebauung nicht prägt oder in ihr gar als Fremdkörper erscheint, wobei nicht nur die unmittelbare Nachbarschaft zu berücksichtigen ist, sondern auch die weitere Umgebung.[103] Auch hier ist wieder eine **einzelfallorientierte Analyse** vorzunehmen; bei einem stark emittierenden Gewerbebetrieb reicht die „nähere Umgebung" mithin weiter als bei einem reinen Wohngebäude. In seine Umgebung **fügt** sich ein Vorhaben regelmäßig **ein**, wenn es sich – in jeder Hinsicht – innerhalb des aus seiner Umgebung hervorgehenden Rahmens hält. So ist beispielsweise für das Einfügen in die Eigenart der näheren Umgebung nach dem Maß der baulichen Nutzung die von außen wahrnehmbare Erscheinung des Gebäudes im Verhältnis zu seiner Umgebungsbebauung entscheidend.[104] Darüber hinaus ist diese Voraussetzung aber selbst bei einer Überschreitung des bereits vorhandenen Rahmens erfüllt, sofern das Vorhaben keine bodenrechtlich beachtlichen Spannungen begründet oder erhöht; dies ist der Fall, wenn das Vorhaben die vorhandene Situation in bauplanungsrechtlich relevanter Weise verschlechtert, stört oder belastet oder wenn ihm eine negative Vorbildwirkung zugeschrieben werden muss.[105]

68 In dem Merkmal des „Einfügens" ist das **Gebot der Rücksichtnahme** (dazu bereits o. Rn. 47) enthalten, welches folglich auch bei denjenigen Vorhaben zu beachten ist, die den vorhandenen baulichen Rahmen einhalten. Das Rücksichtnahmegebot impliziert z.B. den Schutz vor unzumutbaren Immissionen (etwa durch Zu- und Abgangsverkehr[106]) oder vor einer erdrückenden Wirkung einer baulichen Anlage,[107] wobei die Anwendungsbereiche einzelfallbezogen vielfältig sind. In welchem Maße die Umgebung schutzwürdig ist, ist auch von etwaigen Vorbelastungen abhängig; ist der Stand-

---

103 BVerwGE 55, 369 (380).
104 BVerwG, BauR 2007, 514 (515).
105 BVerwGE 55, 369 (386 f.).
106 Dazu etwa BVerwG, NVwZ 1999, 523 (527).
107 BVerwGE 68, 58 (60).

ort durch Belästigungen in einer bestimmten Weise vorgeprägt, so vermindern sich auch die Anforderungen des Rücksichtnahmegebots.[108]

d) **Begrenzungen und Abweichungen (§ 34 Abs. 3, Abs. 3 a BauGB)**

69 Zu bedenken ist, dass § 34 Abs. 3 a S. 1 BauGB vom Erfordernis des Einfügens in die Eigenart der näheren Umgebung **Abweichungen** ermöglicht. Danach kann im Einzelfall eine Abweichung zulässig sein, wenn die Erweiterung, Änderung, Nutzungsänderung oder Erneuerung eines zulässigerweise errichteten Gewerbe- oder Handwerksbetriebs oder einer zulässigerweise errichteten baulichen Anlage zu Wohnzwecken dient (Nr. 1), die Abweichung städtebaulich vertretbar (Nr. 2) und auch unter Würdigung nachbarlicher Interessen mit den öffentlichen Belangen vereinbar ist (Nr. 3). Diese Abweichungsmöglichkeit findet nach § 34 Abs. 3 a S. 2 BauGB jedoch keine Anwendung auf Einzelhandelsbetriebe, die die verbrauchernahe Versorgung der Bevölkerung beeinträchtigen oder schädliche Auswirkungen auf zentrale Versorgungsbereiche in der Gemeinde oder in anderen Gemeinden haben können.

70 Mit dieser Gegenausnahme korrespondiert die Bestimmung in § 34 Abs. 3 BauGB, die ebenfalls versucht, die städtebaulich negativen Fernwirkungen großflächiger Einzelhandelsbetriebe auf gewachsene Innenstädte in Grenzen zu halten:[109] Auch wenn einem Vorhaben nach den § 34 Abs. 1 u. 2 BauGB keine rechtlichen Bedenken entgegenstehen, so ist es dennoch unzulässig, wenn von ihm schädliche Auswirkungen auf zentrale Versorgungsbereiche in der Gemeinde oder in anderen Gemeinden zu erwarten sind. Innenstädte, die typischerweise über ein vielfältiges Warenangebot verfügen, sind regelmäßig als Versorgungsbereiche zentral, weil sie nach Lage, Art und Zweckbestimmung nicht nur der Versorgung ihrer Bewohner dienen, sondern auf einen Kundenkreis aus einem größeren Einzugsbereich ausgerichtet sind. Schädliche Auswirkungen auf solche zentralen Versorgungsbereiche sind jedenfalls dann zu erwarten, wenn das Vorhaben dessen Funktionsfähigkeit nachhaltig stört und so einen Zustand der Unausgewogenheit herbeiführt mit der Folge, dass der Versorgungsbereich seinen Versorgungsauftrag generell oder hinsichtlich einzelner Branchen nicht mehr substanziell wahrnehmen kann.[110]

7. Vorhaben im Außenbereich

71 Vorhaben, die weder im Geltungsbereich eines Bebauungsplans noch in einem im Zusammenhang bebauten Ortsteil liegen, behandelt das BauGB als Vorhaben im Außenbereich, deren bauplanungsrechtliche Zulässigkeit sich nach § 35 BauGB richtet. Hervorzuheben ist, dass sich angesichts dieser negativen Abgrenzung verbietet, den Außenbereich mit bestimmten Vorstellungsbildern wie „freie Natur" oder „Stadtferne" zu verbinden; vielmehr umfasst der „Außenbereich" i.S.d. § 35 BauGB begrifflich schlicht die Gesamtheit der von den §§ 30 u. 34 BauGB nicht umfassten Flächen, es wird mit dem Begriff also keineswegs festgelegt, dass diese Flächen in einem naturalis-

---

108 BVerwG, NVwZ 1999, 523 (526).
109 Vgl. die Regierungsbegründung zum Europarechtsanpassungsgesetz, BT-Dr. 15/2250, S. 33, 54.
110 BVerwGE 129, 307 (311 f. bzw. Rn. 15 f.).

tisch-geographischen Sinne „außen" liegen.[111] Die Normstruktur des § 35 BauGB differenziert einerseits zwischen „privilegierten" Vorhaben (Abs. 1), welche nach den Vorstellungen des Gesetzgebers grundsätzlich dem Außenbereich zugewiesen sind und deren Zulässigkeit zu bejahen ist, sofern keine öffentlichen Belange entgegenstehen und andererseits zwischen sonstigen Vorhaben (Abs. 2), für die grundsätzlich ein Bauverbot gilt und die daher nur ausnahmsweise zulässig sind, wenn keine öffentlichen Belange beeinträchtigt werden. Eine beispielhafte Aufzählung solcher öffentlichen Belange findet sich in § 35 Abs. 3 BauGB.

a) Die privilegierten Vorhaben

§ 35 Abs. 1 BauGB enthält einen abschließenden Katalog von privilegierten Vorhaben, die bereits dann zulässig sind, sofern ihnen keine öffentlichen Belange entgegenstehen und die ausreichende Erschließung gesichert ist. Nach Nr. 1 u. Nr. 2 des § 35 Abs. 1 BauGB sind **Vorhaben privilegiert**, die einem **land- oder forstwirtschaftlichen Betrieb dienen**. Eine Legaldefinition des Begriffs „Landwirtschaft" findet sich in § 201 BauGB. Ein landwirtschaftlicher „Betrieb" i.S.d. § 35 Abs. 1 Nr. 1 BauGB liegt nur vor, wenn die Landwirtschaft nachhaltig, also auf eine dem Wesen der Landwirtschaft entsprechend lange Dauer betrieben werden soll; das Merkmal des „Dienens" ist erfüllt, wenn ein vernünftiger Landwirt – auch und gerade unter Berücksichtigung des Gebotes größtmöglicher Schonung des Außenbereichs – das Bauvorhaben mit etwa gleichem Verwendungszweck und mit etwa gleicher Gestaltung und Ausstattung für einen entsprechenden Betrieb errichten würde und das Vorhaben durch diese Zuordnung zu dem konkreten Betrieb auch nach außen erkennbar geprägt wird.[112] § 35 Abs. 1 Nr. 3 BauGB privilegiert **Versorgungsanlagen** und sonstige ortsgebundene gewerbliche Betriebe, wobei das Merkmal der **Ortsgebundenheit** für sämtliche aufgeführte Vorhaben erfüllt sein muss und nur dann gegeben ist, wenn das Gewerbe in dieser Form nur an der fraglichen Stelle betrieben werden kann.[113] Bedeutsam ist auch die Privilegierung der Nr. 4, wonach ein Vorhaben zulässig ist, das wegen seiner besonderen Anforderungen an die Umgebung, wegen seiner nachteiligen Wirkung auf die Umgebung oder wegen seiner besonderen Zweckbestimmung nur im Außenbereich durchgeführt werden soll. Bei dieser Regelung handelt es sich aufgrund ihrer inhaltlichen Weite um einen **Auffangtatbestand** für privilegierte Vorhaben, die von den Nr. 1–3 und 5–8 nicht erfasst sind. Er ist allerdings eng auszulegen, um nicht zum Einfallstor für eine Vielzahl von Vorhaben im Außenbereich zu werden.[114]

Auch privilegierte Vorhaben dürfen nur zugelassen werden, wenn ihnen **keine öffentlichen Belange entgegenstehen** (vgl. den nicht abschließenden Katalog des § 35 Abs. 3 BauGB). Für diese Beurteilung ist eine nachvollziehende, die allgemeine gesetzliche Wertung für den Einzelfall konkretisierende Abwägung zwischen dem jeweils berührten öffentlichen Belang und dem Interesse des Antragstellers an der Verwirklichung des privilegierten Vorhabens anzustellen; die öffentlichen Belange müssen aber im Wi-

---

111 BVerwGE 41, 227 (232 f.).
112 BVerwGE 41, 138 (141).
113 BVerwGE 96, 95 (98).
114 *Söfker*, in: Battis u.a., BauGB, § 35 Rn. 26.

derspruch zum Vorhaben stehen, deren bloßes Berührtsein reicht mit Blick auf die privilegierten Vorhaben noch nicht zur Versagung der Zulassung aus. Durch diese im Vergleich zu Abs. 2 unterschiedliche Wertung (unten Rn. 74) kommt zum Ausdruck, dass der Gesetzgeber die privilegierten Vorhaben generell dem Außenbereich zugewiesen wissen will.[115]

b) Sonstige Vorhaben

74 Anders verhält es sich bei den nicht privilegierten Vorhaben, also bei sonstigen Vorhaben, die nicht in § 35 Abs. 1 BauGB aufgelistet sind. Sie können gem. § 35 Abs. 2 BauGB nur „im Einzelfall" zugelassen werden – eine Wendung, die bereits den Ausnahmecharakter der Vorschrift dokumentiert. Voraussetzung ist allerdings, dass das Vorhaben „öffentliche Belange nicht **beeinträchtigt**", was ebenfalls im Wege einer die beiderseitigen Positionen gewichtenden Abwägung zu ermitteln ist. Diese Wortwahl führt dazu, dass bei sonstigen Vorhaben im Unterschied zu Abs. 1 (o. Rn. 73) bereits ein **negatives Berührtsein** öffentlicher Belange die Zulässigkeit des Vorhabens hindert. Auch insoweit manifestiert sich also der Ausnahmecharakter der Regelung, der eine Zulassung sonstiger Vorhaben im Außenbereich äußerst restriktiv gehandhabt wissen will. Hierzu trägt auch bei, dass die Voraussetzung einer Beeinträchtigung öffentlicher Belange weit verstanden wird, wie der (nicht abschließende) Katalog in § 35 Abs. 3 BauGB belegt. Sollte im Einzelfall jedoch tatsächlich eine Beeinträchtigung öffentlicher Belange auszuschließen sein, dann steht dem Vorhabenträger in Ansehung der Eigentumsgarantie aus Art. 14 GG entgegen dem Wortlaut („können") jedoch ein Anspruch auf Zulassung seines Vorhabens zu.[116]

c) Einzelne öffentliche Belange

75 Bei den beispielhaft in § 35 Abs. 3 BauGB aufgeführten öffentlichen Belangen handelt es sich um **bodenrechtlich erhebliche** öffentliche Belange, wobei die nicht aufgeführten Belange ein vergleichbares oder stärkeres Gewicht haben müssen wie die ausdrücklich genannten.[117] Eine Beeinträchtigung öffentlicher Belange liegt nach § 35 Abs. 3 S. 1 Nr. 1 BauGB dann vor, wenn das Vorhaben den **Darstellungen des Flächennutzungsplans widerspricht**, wobei nur konkrete, standortbezogene Planaussagen der Zulässigkeit entgegenstehen, da bei im Außenbereich privilegiert zulässigen Vorhaben die Frage des Standorts nicht entschieden wurde.[118] Für die Ermittlung von **schädlichen Umwelteinwirkungen** i.S.d. § 35 Abs. 3 S. 1 Nr. 3 BauGB wird man auf die in § 3 Abs. 1 BImSchG enthaltene Definition dieses Begriffs zurückgreifen können.[119] Weitere wichtige öffentliche Belange sind die in § 35 Abs. 3 S. 1 Nr. 5 BauGB genannten Belange des Naturschutzes und der Landschaftspflege sowie die Verunstaltung des Orts- und Landschaftsbildes. Von Relevanz ist auch das **Zersiedelungsverbot** nach § 35 Abs. 3 S. 1 Nr. 7 BauGB. Danach liegt eine Beeinträchtigung öffentlicher Belange vor, wenn zu befürchten ist, dass bei Realisierung des Bauvorhabens eine Splittersiedlung, d.h.

---

115 BVerwGE 77, 300 (301).
116 BVerwGE 18, 247 (250).
117 BVerwGE 25, 161 (163).
118 BVerwG, NVwZ 1991, 161.
119 BVerwGE 52, 122 (126 f.).

eine zusammenhanglose oder aus anderen Gründen unorganische Streubebauung, entsteht, sich verfestigt oder erweitert wird. Sofern ein Vorhaben raumbedeutsam ist, darf es den **Zielen der Raumordnung**, soweit diese sachlich und räumlich hinreichend konkret sind,[120] nicht widersprechen (§ 35 Abs. 3 S. 2 BauGB). Wegen der nur beispielhaften Auflistung des § 35 Abs. 3 S. 1 BauGB ist schließlich auch stets das **Gebot der Rücksichtnahme** bei der Prüfung der Zulässigkeit eines Vorhabens im Außenbereich zu berücksichtigen, was in jüngerer Zeit vor allem bei der Errichtung von Windkraftanlagen relevant geworden ist; ein entsprechender Verstoß kann nämlich vorliegen, sofern von den Drehbewegungen der Rotoren einer Windkraftanlage eine „optisch bedrängende" Wirkung ausgeht.[121]

d) Erschließung

Auch bei Vorhaben im Außenbereich bedarf es einer gesicherten Erschließung. Auch hier kommt im Wortlaut der Norm die gesetzgeberische Wertung gut zum Ausdruck: Nach § 35 Abs. 1 BauGB genügt bei privilegierten Vorhaben eine „ausreichende" Erschließung, während bei nichtprivilegierten Vorhaben diese Abschwächung nicht gilt, sondern schlicht die Erschließung gesichert sein muss. Das bedeutet, dass bei nichtprivilegierten Wohnbauvorhaben regelmäßig auch eine wegemäßige Erschließung zu verlangen ist, die in etwa der im Innenbereich erforderlichen und üblichen Erschließung entspricht.[122]

e) Teilprivilegierte Außenbereichsvorhaben

Eine Sondersituation ergibt sich für Vorhaben, die – verkürzt gesagt – Veränderungen an bereits bestehenden baulichen Anlagen beabsichtigen. Hier hat der Gesetzgeber bestimmte Vorhaben durch die Regelung in § 35 Abs. 4 BauGB, die dem Rechtsgedanken des **Bestandsschutzes** Rechnung trägt,[123] insofern teilprivilegiert, indem er dort im Wege einer Fiktion angeordnet hat, dass ihnen bestimmte öffentliche Belange nicht entgegenstehen. Gleichwohl ist § 35 Abs. 4 BauGB als Ausnahmevorschrift eng auszulegen, weshalb z.B. nicht nur unwesentliche Nutzungsänderungen oder bauliche Veränderungen in der Regel bereits zur Beendigung des Bestandsschutzes für die in einem Gebäude ausgeübte frühere Nutzung führen.

f) Außenbereichssatzungen

Ähnlich wie bei den Innenbereichssatzungen (o. Rn. 64) kann eine Gemeinde im Wege des Satzungserlasses auch im Außenbereich **gestaltenden Einfluss auf die Beurteilung der bauplanungsrechtlichen Zulässigkeit** nehmen; nach § 35 Abs. 6 S. 1 BauGB kann sie durch eine Außenbereichssatzung für bebaute Bereiche im Außenbereich, die nicht überwiegend landwirtschaftlich geprägt sind und in denen eine Wohnbebauung von einigem Gewicht vorhanden ist, bestimmen, dass Wohnzwecken dienende „sonstige" Vorhaben i.S.d. § 35 Abs. 2 BauGB bestimmte Belange, insbesondere das Entstehen

---

120 BVerwG, NJW 1984, 1367.
121 BVerwG, NVwZ 2007, 336.
122 BVerwGE 74, 19 (26).
123 *Mitschang/Reidt*, in: Battis u.a., BauGB, § 35 Rn. 126.

einer Splittersiedlung, nicht entgegengehalten werden können.[124] Mit § 35 Abs. 6 BauGB ist den Gemeinden somit ein weiteres Instrument zur partiellen Steuerung ihrer städtebaulichen Entwicklung in die Hand gegeben worden, dass in seiner Rechtsfolge dazu führt, eine ähnliche Teilprivilegierung wie bei Vorhaben nach § 35 Abs. 4 BauGB zu erreichen.

IV. Die Baugenehmigung

79　Dem äußeren Anschein nach stellt § 70 NBauO die Baugenehmigung nach wie vor in den Vordergrund des präventiven bauordnungsrechtlichen Kontrollsystems. Demzufolge ist die Baugenehmigung zu erteilen, „wenn die Baumaßnahme, soweit sie genehmigungsbedürftig ist und soweit eine Prüfung erforderlich ist, dem öffentlichen Baurecht entspricht." Allerdings hat die praktische Bedeutung des in dieser Wendung enthaltenen Relativsatzes – „soweit sie …" – in den letzten Jahren deutlich zugenommen. Die Konstellationen, in denen ein geplantes Vorhaben nach Maßgabe der §§ 60–63 NBauO nicht mehr oder nur noch eingeschränkt auf eine Vereinbarkeit mit den Anforderungen des öffentlichen Baurechts zu überprüfen ist (dazu unten Rn. 84 ff.), sind in Niedersachsen ebenso wie in anderen Ländern beständig ausgeweitet worden. Gleichwohl hat der Gesetzgeber die Grundstruktur, dass durch das bauordnungsrechtliche Genehmigungsverfahren präventiv festgestellt wird, ob ein Bauvorhaben mit den materiellrechtlichen Vorschriften des öffentlichen Baurechts übereinstimmt, noch nicht aufgegeben. In denjenigen Fällen allerdings, in denen eine solche behördliche Vorabprüfung nicht mehr erfolgt, steigt die Bedeutung der Bauüberwachung und damit der bauaufsichtsbehördlichen Eingriffsbefugnis nach § 79 NBauO (dazu unten Rn. 130 ff.).

1. Grundlegung

80　Liegen die Voraussetzungen des § 70 Abs. 1 NBauO vor, d.h. entspricht die bauliche Anlage dem öffentlichen Baurecht, so „ist" die Baugenehmigung von der Behörde zu erteilen, d.h. es handelt sich um eine gebundene Entscheidung der Behörde. Der Antragsteller hat daher einen Rechtsanspruch auf die Erteilung der Baugenehmigung, sofern seine Baumaßnahme dem öffentlichen Baurecht entspricht. Dies ist eine Folge der verfassungsrechtlichen Verankerung der Baufreiheit in Art. 14 GG (o. Rn. 4). In den Kategorien des Wirtschaftsverwaltungsrechts ausgedrückt, handelt es sich beim Erfordernis einer Baugenehmigung also um ein präventives Verbot mit Erlaubnisvorbehalt, weil die baurechtliche Tätigkeit als solche ein von der Rechtsordnung gebilligtes Verhalten ist. Durch diesen Vorbehalt soll lediglich sichergestellt werden, dass die Auswirkungen des Bauvorhabens auf andere Rechtspositionen, die das öffentliche Baurecht schützt, in einem präventiven Kontrollverfahren überprüft werden.[125] Die Baugenehmigung stellt mithin die Erklärung der Behörde dar, dass dem baulichen Vorhaben im Zeitpunkt der Genehmigungserteilung keine öffentlich-rechtlichen Vorschriften entgegenstehen, was Bedeutung für den Bestandsschutz baulicher Anlagen hat (dazu unten

---

124　Diese Satzung kann nach S. 2 auch auf Vorhaben erstreckt werden, die kleineren Handwerks- und Gewerbebetrieben dienen.
125　*Grotefels*, in: Hoppe/Bönker/Grotefels, ÖBauR, § 16 Rn. 12.

Rn. 105). Der Charakter der Baugenehmigung als begünstigender Verwaltungsakt i.S.d. § 35 S. 1 VwVfG hat wiederum Bedeutung für die eröffneten Rechtsschutzmöglichkeiten des Bauherrn im Ablehnungsfall und des Nachbarn im Falle der Drittanfechtung (dazu unten Rn. 112).

Angesichts der Durchbrechungen vom Grundsatz der Genehmigungsbedürftigkeit ist die Prüfung, ob ein Bauvorhaben genehmigungsfähig ist, in zwei Schritten vorzunehmen. Zunächst ist die Genehmigungsbedürftigkeit zu klären, bevor anschließend in einem weiteren Schritt die Genehmigungsfähigkeit der Anlage zu untersuchen ist. 81

2. Genehmigungsbedürftigkeit von Baumaßnahmen

Den baurechtlichen Grundsatz der Genehmigungsbedürftigkeit baulicher Anlagen beinhaltet § 59 Abs. 1 NBauO, demzufolge Baumaßnahmen einer Genehmigung durch die Bauaufsichtsbehörde bedürfen. Was unter einer Baumaßnahme zu verstehen ist, bestimmt die Legaldefinition des § 2 Abs. 13 NBauO: Demzufolge sind Baumaßnahmen die Errichtung, Änderung, Beseitigung, Nutzungsänderung, Instandhaltung oder der Abbruch einer baulichen Anlage oder eines Teils einer baulichen Anlage. Die Definition einer baulichen Anlage liefert sodann § 2 Abs. 1 S. 1 NBauO als „mit dem Erdboden verbundene oder auf ihm ruhende, aus Bauprodukten hergestellte Anlage". Anders als die bauplanungsrechtliche Definition der baulichen Anlage (o. Rn. 42), welche zusätzlich zur bodenrechtlichen Relevanz des Vorhabens erfordert, dass die bauliche Anlage in einer auf Dauer gedachten Weise künstlich mit dem Erdboden verbunden ist,[126] erfordert die bauordnungsrechtliche Definition das Merkmal der Dauer nicht, wie sich insbesondere an der bauordnungsrechtlichen Thematisierung sog. „fliegender Bauten" in § 75 NBauO (unten Rn. 92) zeigt.[127] 82

Die in der Definition der Baumaßnahme in § 2 Abs. 13 NBauO aufgelisteten Handlungen unterscheiden sich wie folgt:[128] Unter Errichtung einer baulichen Anlage ist der Neubau einer solchen Anlage zu verstehen, worunter auch der Wiederaufbau nach einer Zerstörung fällt. Eine Änderung beschreibt die Umgestaltung einer bereits bestehenden baulichen Anlage i.S. eines Umbauens, Vergrößerns oder Verkleinerns (z.B. ein Einbau von Trennwänden). Sowohl der Abbruch als auch die Beseitigung haben die gleiche Bedeutung und meinen eine physische Entfernung der Anlage. Die wohl praktisch bedeutsamste Fallgruppe stellt die Nutzungsänderung dar. Eine solche ist immer gegeben, wenn sich die neue Nutzung von der bisherigen (legalen) Nutzung dergestalt unterscheidet, dass sie anderen oder weitergehenden Anforderungen bauordnungs- oder bauplanerischer Art unterworfen ist;[129] kurz gesagt immer dann, wenn die bauliche Anlage fortan einen anderen Zweck erfüllen soll (z.B. Wohngebäude in einem allgemeinen Wohngebiet soll künftig als Schreinerei genutzt werden). 83

Wie bereits in Rn. 79 angedeutet, ist das klassische Verständnis, nach dem aus baupräventiven Zwecken nahezu alle baulichen Anlagen einer Baugenehmigung bedürfen, 84

---

126 Vgl. BVerwGE 44, 59 (62).
127 *Mann*, in: Große-Suchsdorf, NBauO, § 2 Rn. 4, 8 m.w.N.
128 Einzelheiten bei *Mann*, in: Große-Suchsdorf, NBauO, § 2 Rn. 146 ff.
129 *Stollmann*, Öffentliches BauR, § 18 Rn. 6.

mittlerweile überholt. Der Wortlaut des § 59 Abs. 1 NBauO trägt durch den Verweis auf die Ausnahmen nach den §§ 60–62, 74 u. 75 NBauO die Durchbrechung seines absoluten Geltungsanspruchs bereits in sich. Gerade durch die 2012 erfolgte Novellierung der NBauO wurde der **Verzicht auf eine präventive bauordnungsrechtliche Prüfung** nochmals ausgeweitet. Der Gesetzgeber verfolgte hiermit ein dreifaches Zielbündel: Es sollten materielle Anforderungen abgebaut, die Errichtung einer baulichen Anlage für den Bauherrn vereinfacht und die Bauaufsichtsbehörden entlastet werden. Allerdings wird innerhalb der Gesetzesbegründung auch der Wunsch ausgedrückt, dass eine Reduzierung staatlicher Prüftätigkeit nicht zu einem Verlust an Sicherheit und Bauqualität führen dürfe.[130] Aus diesem Grund bestimmt § 59 Abs. 3 NBauO, dass eine Baumaßnahme, sofern sie nach Maßgabe der §§ 60–62, 74 u. 75 NBauO nicht oder nicht in vollem Umfang genehmigungsbedürftig ist, dennoch den Vorschriften des öffentlichen Baurechts entsprechen muss.

Ausnahmen von der Genehmigungsbedürftigkeit
- Verfahrensfreie Baumaßnahmen, § 60 NBauO (s. Rn. 85)
- Genehmigungsfreie öffentliche Baumaßnahmen, § 61 NBauO (s. Rn. 86)
- Sonstige genehmigungsfreie Baumaßnahmen (Freistellungsverfahren), § 62 NBauO (s. Rn. 87)
- Bauaufsichtliche Zustimmung, § 74 NBauO (s. Rn. 91)
- Genehmigung fliegender Bauten, § 75 NBauO (s. Rn. 92)

a) Verfahrensfreie Baumaßnahmen, § 60 NBauO

85 Durch § 60 Abs. 1 NBauO werden eine Reihe von baulichen Anlagen, die im Anhang zur NBauO aufgelistet sind, vom Genehmigungserfordernis frei gestellt und deshalb vom Gesetz als „verfahrensfreie Baumaßnahmen" bezeichnet; § 60 Abs. 2 u. 3 NBauO erweitern die Verfahrensfreiheit für weitere Fallkonstellationen. Die Besonderheit dieser verfahrensfreien Vorhaben nach § 60 NBauO besteht im Unterschied zu den genehmigungsfreien Baumaßnahmen nach § 62 NBauO gerade darin, dass der Bauwillige sein Vorhaben weder anzeigen noch irgendwelche Unterlagen einreichen muss. Der Grund hierfür ist in der wenig bedeutenden städtebaulichen und bauordnungsrechtlichen Relevanz derjenigen Vorhaben zu sehen, die im Anhang zur NBauO aufgelistet sind. Hierunter fallen z.B. Werbeanlagen, Hinweisschilder, Warenautomaten, Gartenlauben in einer Kleingartenanlage, Gewächshäuser mit nicht mehr als 5 m Firsthöhe oder Fahnenmasten.

b) Genehmigungsfreie öffentliche Baumaßnahmen, § 61 NBauO

86 § 61 NBauO befasst sich mit der Genehmigungsfreiheit öffentlicher Baumaßnahmen. Dieser Regelung liegt der Gedanke zugrunde, dass sich neben der Bauleitung und Überwachung durch einen öffentlichen Bauherrn für gewisse Vorhaben ein bauaufsichtliches Genehmigungsverfahren erübrigt, insbesondere dann, wenn der öffentliche Bauherr besondere Erfahrungen mit dieser Art von Bauten hat.[131] Hierunter fallen in erster Linie Bauvorhaben, die stets von speziellen Bundes- oder Landesbehörden (z.B.

---

[130] Vgl. LT-Dr. 16/3195 S. 58 u. S. 60 unter III.
[131] *Burzynska*, in: Große-Suchsdorf, NBauO, § 61 Rn. 1.

Wasser-, Straßenbaubehörden) errichtet werden, wie z.b. Brücken, Tunnel, Betriebsanlagen von Straßenbahnen oder Anlagen für die öffentliche Versorgung mit Elektrizität, Gas, Wärme oder Wasser oder Abwasserbeseitigungsanlagen.

c) Sonstige genehmigungsfreie Baumaßnahmen, § 62 NBauO

Eine besonders praxisrelevante Ausnahme vom Grundsatz der Genehmigungsbedürftigkeit eines baulichen Vorhabens beinhaltet § 62 NBauO, das sog. Genehmigungsfreistellungsverfahren. Die hiervon erfassten Bauvorhaben sind zwar nicht genehmigungsbedürftig, aber nicht auch gleichzeitig verfahrensfrei wie diejenigen nach § 60 NBauO (vgl. o. Rn. 85). Vielmehr hat der Bauherr, bevor mit dem Bau begonnen wird, gem. § 62 Abs. 3 NBauO bei der Gemeinde eine von ihm unterschriebene schriftliche Mitteilung einzureichen, der die Bauvorlagen (mit Ausnahme der bautechnischen Nachweise) beizufügen sind. Die Bauvorlagen müssen von einem Entwurfsverfasser unterschrieben sein, der über eine ausreichende Haftpflichtversicherung verfügt (§ 62 Abs. 4 NBauO). Erst nachdem die Gemeinde den Eingang der Unterlagen bestätigt hat (vgl. näher § 62 Abs. 5 NBauO), wofür ihr ein Monat Zeit bleibt, darf mit der Baumaßnahme begonnen werden (§ 62 Abs. 8 NBauO). Die Bauaufsichtsbehörde erhält Kenntnis von der Baumaßnahme, weil die Gemeinde, sofern diese nicht selbst Bauaufsichtsbehörde ist (vgl. Rn. 95) zur Vorlage der Unterlagen verpflichtet ist (§ 62 Abs. 6 NBauO).

87

Der Zweck dieses Freistellungsverfahrens besteht darin, die Eigenverantwortung der am Bau Beteiligten zu stärken, die Bauaufsichtsbehörden zu entlasten und die Verwirklichung der geplanten Vorhaben zu beschleunigen; ob diese Ziele tatsächlich erreicht worden sind, erscheint zweifelhaft.[132] Ein entscheidender Nachteil liegt jedoch darin, dass die betroffenen Baumaßnahmen zwar nicht mehr durch die Bauaufsichtsbehörde präventiv auf ihre Vereinbarkeit mit dem öffentlichen Baurecht geprüft werden, mit diesem aber gleichwohl vereinbar sein müssen (§ 53 Abs. 3 S. 1 NBauO): Anders als eine Baugenehmigung, die dem Bauherrn durch ihre Feststellung, dass das Bauvorhaben dem öffentlichen Baurecht nicht widerspricht, auch Rechtssicherheit bietet, wird eine entsprechende Rechtssicherheit bei genehmigungsfreien Bauvorhaben nach § 62 NBauO niemals eintreten, so dass ein repressives Eingreifen der Bauaufsichtsbehörde jederzeit möglich ist, wenn sich im Nachhinein herausstellt, dass die Baumaßnahme doch irgendeine Vorschrift des öffentlichen Baurechts verletzt. Beim Bauen ohne Baugenehmigung kann die von der Genehmigung ausgehende Schutzwirkung nicht eintreten, der Bauherr baut mithin auf „eigenes Risiko". Der Wegfall des Genehmigungserfordernisses erhöht somit die Gefahr repressiver bauaufsichtlicher Eingriffe nach § 79 NBauO (s. unten Rn. 104, 119).

88

Die wichtigste Fallgruppe der Genehmigungsfreistellung ist die Errichtung von Wohngebäuden und kleineren sonstigen Gebäuden gem. § 62 Abs. 1 S. 1 Nr. 1 u. 2 NBauO in Kleinsiedlungsgebieten sowie in reinen, in allgemeinen und in besonderen Wohngebieten nach der BauNVO (vgl. o. Rn. 46). Es soll also vor allem der Bau solcher

89

---

132 Vgl. *Burzynska*, in: Große-Suchsdorf, NBauO, § 62 Rn. 1; *Mann*, in: FS Götz, 2005, 465 (471 ff.); kritisch auch *Beckmann*, KommJur 2013, 327 ff.

Wohngebäude erleichtert werden, welche im Geltungsbereich eines Bebauungsplans liegen und dessen Festsetzungen nicht widersprechen (vgl. § 62 Abs. 2 Nr. 1 NBauO). Hierhinter steckt die Vorstellung, dass gerade in diesen Regelfällen einer Wohnbebauung sich eine Zulässigkeit des Vorhabens auch für die Bauherrn und Entwurfsverfasser leicht durch einen Abgleich der Bauvorlagen mit den Festsetzungen des Bebauungsplans ermitteln lässt. Um dem Bauherrn mehr Rechtssicherheit zu gewähren, sieht § 62 Abs. 10 NBauO abweichend von der Musterbauordnung 2002[133] die Möglichkeit vor, für eine Baumaßnahme nach § 62 Abs. 1 NBauO die Durchführung des vereinfachten Baugenehmigungsverfahrens nach § 63 NBauO (s. unten Rn. 101) zu verlangen, das mit der Erteilung einer Baugenehmigung abschließt. Das hat u.a. auch mit Blick auf eventuelle Nachbarschaftsstreitigkeiten einen Vorteil für den Bauherrn, denn wenn der Nachbar die mit einer ordnungsgemäßen Rechtsbehelfsbelehrung versehene Baugenehmigung zugestellt bekommt, hat er nur innerhalb eines Monats das Recht, Widerspruch einzulegen, anderenfalls wird die Baugenehmigung unanfechtbar.

90 Fehlt eine Baugenehmigung als anfechtbarer Verwaltungsakt, sind **Nachbarklagen** ohne zeitliche Begrenzung möglich, wenn auch nur unter erschwerten prozessualen Umständen (unten Rn. 177), weil dann eine Verpflichtungskonstellation gegeben ist: Der Nachbar muss darauf klagen, dass die Bauaufsichtsbehörde gegen die Baumaßnahme nach § 79 NBauO einschreitet. Da diese Vorschrift jedoch eine Ermessensnorm ist, wird sie sich nur im Falle einer Ermessensreduktion auf Null zu einem Anspruch verdichten können, was wiederum eine gravierende Beeinträchtigung nachbarlicher Interessen erfordert.[134] Vgl. dazu noch näher unter Rn. 178 f.

d) Verfahrensrechtliche Sonderregelungen in §§ 74, 75 NBauO

91 Soweit neben den verfahrens- und genehmigungsfreien Bauvorhaben nach den §§ 60, 61 NBauO der Bund oder ein Land noch Bauherr für andere Baumaßnahmen ist, trifft § 74 NBauO einer Sonderregelung dahin gehend, dass an die Stelle der Baugenehmigung (nur) die **Zustimmung der obersten Bauaufsichtsbehörde** – also des Fachministeriums (vgl. § 57 Abs. 1 S. 2 NBauO) – einzuholen ist (Abs. 1) und sich deren Prüfung im Zustimmungsverfahren nur auf bestimmte Vorschriften, insbesondere das städtebauliche Planungsrecht, beschränkt.

92 Karussells, Zirkuszelte oder sonstige baulichen Anlagen, die geeignet und bestimmt sind, an verschiedenen Orten wiederholt und befristet aufgestellt und wieder abgebaut zu werden (sog. **fliegende Bauten**) bedürfen gem. § 75 Abs. 2 S. 1 NBauO ebenfalls keiner Baugenehmigung. Der Grund dafür liegt schlicht darin, dass wegen der oftmals nur kurzen Aufstellungszeit ein „klassisches" Baugenehmigungsverfahren jeweils zu lange dauern würde. An Stelle einer Baugenehmigung muss für diese fliegenden Bauten jedoch einmalig eine (maximal auf fünf Jahre befristete) Ausführungsgenehmigung eingeholt werden, es muss ihr Aufstellungsort angezeigt werden und vor ihrer Inbetriebnahme muss eine Gebrauchsabnahme erfolgen (vgl. § 75 Abs. 3–5 NBauO).

---

133 Vgl. o. Fn. 14.
134 OVG Lüneburg, NVwZ-RR 2008, 374 (376).

3. Genehmigungsfähigkeit von Baumaßnahmen

Nur soweit ein Vorhaben nach Maßgabe der vorangehend geschilderten Bestimmungen überhaupt genehmigungsbedürftig ist, stellt sich nachfolgend die Frage nach seiner Genehmigungsfähigkeit. Insoweit bestimmt § 70 Abs. 1 S. 1 NBauO, dass die Baugenehmigung zu erteilen ist, wenn die Baumaßnahme – soweit sie genehmigungsbedürftig ist und soweit eine Prüfung erforderlich ist – dem öffentlichen Baurecht entsprechen muss. Gem. der Legaldefinition des § 2 Abs. 16 NBauO umfasst das öffentliche Baurecht die Vorschriften der NBauO und die auf ihrer Grundlage erlassenen Vorschriften, das städtebauliche Planungsrecht (also in erster Linie die Bestimmungen von BauGB und BauNVO) sowie alle „sonstigen Vorschriften des öffentlichen Rechts, die Anforderungen an bauliche Anlagen, Bauprodukte oder Baumaßnahmen stellen oder die Bebaubarkeit von Grundstücken regeln". Zu der letztgenannten Variante, dem sog. Baunebenrecht, gehören z.b. einzelne Regelungen des Gewerbe- und Arbeitsschutzrechts oder Vorschriften über die notwendige Wärmeschutzdämmung, wie sie im EEWärmeG enthalten sind.[135] Liegt kein Widerspruch zu dem in diesem Sinne verstandenen öffentlichen Baurecht vor, so „ist" die Baugenehmigung zu erteilen, d.h. der Bauherr hat einen Anspruch auf Erteilung der Baugenehmigung.

93

4. Das Baugenehmigungsverfahren

Die Verfahrenserfordernisse zur Erteilung einer Baugenehmigung ergeben sich in erster Linie aus der NBauO, daneben aber auch teilweise aus dem BauGB.

94

a) Zuständigkeit

Zuständig für die Erteilung der Baugenehmigung ist, da insoweit nichts anderes bestimmt ist, die untere Bauaufsichtsbehörde (§ 58 Abs. 2 NBauO). Die Aufgaben der unteren Bauaufsichtsbehörde werden in Niedersachsen von den Landkreisen, den kreisfreien Städten[136] und den großen selbstständigen Städten[137] wahrgenommen (§ 57 Abs. 1 NBauO), die folglich für das Baugenehmigungsverfahren zuständig sind. Da die Aufgaben der unteren Bauaufsichtsbehörde zum übertragenen Wirkungskreis gehören (§ 57 Abs. 3 NBauO), könnten nach der Regelung in § 17 S. 1 NKomVG eigentlich auch die selbstständigen Gemeinden[138] diese Aufgabe wahrnehmen, doch wird diese Rechtsfolge durch § 57 Abs. 1 S. 1 NBauO ausdrücklich ausgeschlossen.[139]

95

b) Antragserfordernis

Die Erteilung der Baugenehmigung erfolgt auf einen Antrag des Bauherrn (Bauantrag), der gem. § 67 Abs. 1 NBauO schriftlich und unter Beifügung aller für die Beurteilung der Baumaßnahmen und die Bearbeitung erforderlichen Unterlagen (Bauvorla-

96

---

135 Gesetz zur Förderung Erneuerbarer Energien im Wärmebereich (Erneuerbare-Energien-Wärmegesetz) v. 7.8.2008 (BGBl. I S. 1658), zul. geänd. d. G. v. 21.7.2014 (BGBl. I S. 1066); umfassende Auflistung des Baunebenrechts bei *Mann*, in: Große-Suchsdorf, NBauO, Vorbeme Rn. 25.
136 Gem. § 14 Abs. 6 NKomVG sind dies die Städte Braunschweig, Delmenhorst, Emden, Oldenburg, Osnabrück, Salzgitter, Wilhelmshaven und Wolfsburg. Nach Maßgabe des § 16 Abs. 2 NKomVG nimmt zudem die Stadt Göttingen die Aufgaben der unteren Bauaufsichtsbehörde wahr.
137 Gem. § 14 Abs. 5 NKomVG sind dies die Städte Celle, Cuxhaven, Goslar, Hameln, Hildesheim, Lingen (Ems) und Lüneburg.
138 Das sind Gemeinden und Samtgemeinden mit mehr als 30.000 Einwohnern (§ 14 Abs. 3 NKomVG).
139 Zur Besitzstandsregelung für Altfälle vgl. § 57 Abs. 2 NBauO.

gen) bei der Gemeinde einzureichen ist. Wegen dieses Antragserfordernisses ist die Baugenehmigung dogmatisch als ein mitwirkungsbedürftiger Verwaltungsakt anzusehen; erst durch den Bauantrag bestimmt der Bauherr den Gegenstand der Baugenehmigung, mithin auch das „Vorhaben" i.S.d. § 29 BauGB.[140]

c) Einvernehmen der Gemeinde

97 Die Einreichung des Bauantrags bei der Gemeinde und nicht bei der Bauaufsichtsbehörde hat in den Fällen, in denen die Gemeinde nicht selbst die Aufgaben der Bauaufsichtsbehörde wahrnimmt, im Regelfall also insbesondere bei kreisangehörigen Gemeinden (vgl. o. Rn. 95), zwei verwaltungspraktische Vorteile: Zum einen ist es schlicht eine Frage der Bürgernähe, dass der Bauantrag nicht bei der in der Regel räumlich entfernten Kreisverwaltung eingereicht werden muss, zum anderen – und das ist entscheidend – verhindert diese Verfahrensweise unnötige Verwaltungsvorgänge, denn auch die Gemeinde ist mit Rücksicht auf ihre Planungshoheit am Genehmigungsverfahren zu beteiligen. So kann sie erst durch Kenntniserlangung vom Bauvorhaben entscheiden, ob sie von ihren Möglichkeiten zur Sicherung der Bauleitplanung (s.o. Rn. 29 ff.) Gebrauch machen will und dies dann gleichzeitig mit der **Weiterleitung des Bauantrags** (vgl. § 69 Abs. 1 NBauO) der Bauaufsichtsbehörde mitteilen. Darüber hinaus ist unter den Voraussetzungen des § 36 BauGB ein Einvernehmen der Gemeinde mit dem Bauvorhaben erforderlich, was sie ebenfalls bereits zugleich mit Übersendung des Bauantrags erklären oder verweigern kann.

98 Das Einvernehmenserfordernis nach § 36 BauGB ist also dem Umstand geschuldet, dass über den Bauantrag allein die Baugenehmigungsbehörde entscheidet. Weil nur ihr Bescheid unmittelbar nach außen wirkt und die Rechtsverhältnisse hinsichtlich des Baugesuchs verbindlich regeln kann, soll das Einvernehmen die gemeindliche Planungshoheit (o. Rn. 13) sichern und damit in denjenigen Fällen, in denen sich die gemeindliche Planung (noch) nicht in einem qualifizierten Bebauungsplan nach § 30 Abs. 1 BauGB manifestiert hat, eine **planungsrechtliche Schutzfunktion zugunsten der Gemeinde** erfüllen: Wird das Einvernehmen der Gemeinde von der Bauaufsichtsbehörde nicht eingeholt, führt dies bereits aus formellen Gründen zur Aufhebung der Baugenehmigung, ohne dass es noch auf eine materiell-rechtliche Überprüfung des Bauvorhabens auf seine Vereinbarkeit mit dem sonstigen öffentlichen Baurecht ankäme.[141] Wegen des Bezugs zur Planungshoheit darf die Gemeinde ihr Einvernehmen aber auch nur aus den sich aus den §§ 31 u. 33–35 BauGB ergebenden Gründen des städtebaulichen Planungsrechts versagen (§ 36 Abs. 2 S. 1 BauGB). Da das Einvernehmen lediglich ein interner Mitwirkungsakt ist, der selbst keine unmittelbare Außenwirkung entfaltet, kann der Bauherr gegen ein rechtswidrig versagtes Einvernehmen nicht im Wege der Verpflichtungsklage gegen die Gemeinde vorgehen, doch kann ein rechtswidrig versagtes Einvernehmen durch die Bauaufsichtsbehörde ersetzt werden

---

140 Zur Wirksamkeit einer ohne Bauantrag erteilten Baugenehmigung vgl. *Stiel*, in: Große-Suchsdorf, NBauO, § 67 Rn. 1.
141 BVerwG, NVwZ 2008, 1347 (1348); vgl. auch BVerwGE 121, 339 (343) zur Bedeutung des § 36 BauGB in dem Fall, dass eine Gemeinde zugleich auch die Aufgaben der unteren Bauaufsichtsbehörde wahrnimmt.

(§ 36 Abs. 2 S. 3 BauGB).[142] Sollte sich die Gemeinde innerhalb von zwei Monaten ab Einreichung des Bauantrags bei der Gemeinde nicht äußern, gilt ihr Einvernehmen als erteilt (§ 36 Abs. 2 S. 2 BauGB).[143]

d) Beteiligung der Nachbarn und anderer Behörden

In aller Regel werden durch eine Baumaßnahme auch die Interessen von Nachbarn nachteilig berührt. Die Baugenehmigung erweist sich für diese als **Verwaltungsakt mit (belastender) Drittwirkung.** Darum haben Nachbarn, deren Belange durch die Baugenehmigung berührt werden können, gem. § 68 Abs. 1 S. 1 NBauO bereits im Genehmigungsverfahren das Recht, bei der Bauaufsichtsbehörde oder der Gemeinde **Einsicht in die Bauvorlagen** zu nehmen. Wer „Nachbar" in diesem Sinne ist, bestimmt sich im jeweiligen Einzelfall grundstücksbezogen nach der räumlichen Nähe zum Baugrundstück und durch eine besondere rechtliche Beziehung hierzu, die in der Regel durch Eigentum oder eine schutzwürdige eigentumsähnliche Rechtsposition vermittelt wird (vgl. auch Rn. 156).[144] Ist davon auszugehen, dass in der Baugenehmigung eine Ausnahme/Abweichung von nachbarschützenden Normen erlaubt werden wird, so soll die Bauaufsichtsbehörde den betroffenen Nachbarn, sofern er dem Vorhaben nicht bereits schriftlich zugestimmt hat, sogar Gelegenheit zur **Stellungnahme** geben (§ 68 Abs. 2 S. 1, Abs. 4 NBauO). Erhebt ein Nachbar im Genehmigungsverfahren Einwendungen gegen die Baugenehmigung, ist sie auch ihm mit einer Rechtsbehelfsbelehrung zuzustellen (§ 70 Abs. 5 NBauO).

99

Im Zuge des Genehmigungsverfahrens sind auch andere Behörden anzuhören, sofern deren Beteiligung gesetzlich vorgeschrieben ist oder die Genehmigungsfähigkeit der Baumaßnahme ohne ihre Stellungnahme nicht beurteilt werden kann (vgl. näher § 69 Abs. 3 NBauO).

100

e) „Regelverfahren": Vereinfachtes Baugenehmigungsverfahren

Für alle baulichen Anlagen, die keine Sonderbauten (vgl. § 2 Abs. 5 NBauO) darstellen, ist gem. § 63 Abs. 1 S. 1 NBauO ein vereinfachtes Baugenehmigungsverfahren durchzuführen. Bereits der Wortlaut der Vorschrift lässt erkennen, dass es sich hierbei um das Regelgenehmigungsverfahren handeln muss, da es grundsätzlich bei jeder Errichtung, Änderung oder Nutzungsänderung baulicher Anlagen zur Anwendung kommt.[145] Außerdem kann ein vereinfachtes Baugenehmigungsverfahren nach Wahl des Bauherrn gem. § 62 Abs. 10 NBauO auch stattfinden, wenn ansonsten die Voraussetzungen für eine Genehmigungsfreistellung gem. § 62 NBauO erfüllt sind (o. Rn. 87 ff.). Die Vereinfachung des Genehmigungsverfahrens liegt gem. § 63 Abs. 1 S. 2 NBauO in einer **Reduzierung des Prüfungsrahmens** der Baugenehmigungsbehörde: Der Prüfungsmaßstab umfasst im vereinfachten Verfahren „nur" das städtebauliche Planungsrecht (insbesondere die §§ 29 ff. BauGB) sowie mit den §§ 5–7 (Abstandsre-

101

---

[142] Zu haftungsrechtlichen Konsequenzen (keine Amtshaftung der Gemeinde, aber evtl. der Bauaufsichtsbehörde) vgl. BGHZ 187, 51 ff. = NVwZ 2011, 249 (250).
[143] Allgemein zum Einvernehmen der Gemeinde insbesondere zum Problem der rechtswidrigen Versagung des Einvernehmens s. *Finkelnburg/Ortloff/Otto*, ÖffBauR (Band 2), S. 115 f.
[144] BVerwG, NVwZ 1998, 956: nicht ausreichend ist eine nur obligatorische Nutzungsberechtigung, z.B. Pacht. Ausführlich zu beiden Voraussetzungen *Burzynska*, in: Große-Suchsdorf, NBauO, § 68 Rn. 3 ff.
[145] Vgl. hierzu auch *Finkelnburg/Ortloff/Otto*, ÖffBauR(Band 2), S. 92.

gelungen), 33 Abs. 2 S. 3 (zweiter Rettungsweg) und 47–50 (Einstellplätze, Barrierefreiheit u.a.) NBauO nur einen eingeschränkten Teil der Normen des Bauordnungsrechts sowie das Baunebenrecht (o. Rn. 93). Die darüber hinaus gehende Pflicht zum Nachweis einer Einhaltung der Anforderungen an die Standsicherheit sowie an den Brand-, Schall-, Wärme- und Erschütterungsschutz durch bautechnische Nachweise bleibt vom vereinfachten Baugenehmigungsverfahren jedoch unberührt (§§ 63 Abs. 1 S. 2, 65 NBauO).

f) Nebenbestimmungen

102 Bevor die Bauaufsichtsbehörde von der Erteilung einer Baugenehmigung absieht, weil sich die bauliche Anlage in einem oder mehreren Punkten im Widerspruch zum öffentlichen Baurecht befindet, hat sie zu prüfen, ob sie die Einhaltung der relevanten Vorschriften nicht durch das Hinzufügen einer Nebenbestimmung zur Baugenehmigung sicherstellen kann. Weil der Bauherr einen Rechtsanspruch auf die Erteilung der Baugenehmigung besitzt (o. Rn. 80), kommt eine Beifügung von Nebenbestimmungen gem. § 36 Abs. 1 VwVfG nur in Betracht, „wenn sie durch Rechtsvorschrift zugelassen ist oder sicherstellen soll, dass die gesetzlichen Voraussetzungen des Verwaltungsaktes erfüllt werden". Zugelassen i.S.d. ersten Alternative sind in § 70 Abs. 2 S. 1 NBauO lediglich der Widerrufsvorbehalt und die Befristung, und zwar allein bei solchen baulichen Anlagen, die nur auf beschränkte Zeit errichtet werden dürfen oder sollen sowie bei Werbeanlagen und Warenautomaten. Im Umkehrschluss bedeutet dies, dass bei anderen baulichen Anlagen Nebenbestimmungen nur i.S.d. zweiten Alternative des § 36 Abs. 1 VwVfG, also nur zur Sicherung der gesetzlichen Voraussetzungen (Vereinbarkeit mit dem öffentlichen Baurecht) möglich sind. Das werden in der Praxis in erster Linie aufschiebende Bedingungen oder Auflagen sein, die nicht immer leicht voneinander abgrenzbar sind.[146]

g) Verfahrenskonzentration

103 Stellen auch andere Gesetze Anforderungen an die bauliche Anlage, so besteht die Möglichkeit, dass es keines gesonderten Baugenehmigungsverfahrens bedarf, wenn die Baumaßnahme bereits in einem anderen Verfahren auf ihre Vereinbarkeit mit dem öffentlichen Baurecht überprüft wurde und die nach dem anderen Gesetz zu erteilende Zulassung eine sog. Konzentrationswirkung besitzt (§ 59 Abs. 2 NBauO). So bestimmt etwa § 13 BImSchG, dass die Genehmigung nach § 4 BImSchG andere die Anlage betreffende behördliche Entscheidungen – und somit auch die Baugenehmigung – einschließt. Umgekehrt kann aber auch der Baugenehmigung eine beschränkte Konzentrationswirkung zukommen, allerdings auch nur, wenn dies ein Gesetz ausdrücklich bestimmt. In diesem Sinne umfasst etwa eine Baugenehmigung die ansonsten erforderliche Genehmigung der Denkmalschutzbehörde (vgl. § 10 Abs. 4 NDSchG). Liegt solch eine gesetzliche Anordnung nicht vor, so entfaltet keine der Zulassungen eine Konzentrationswirkung und die Verfahren sind parallel nebeneinander durchzu-

---

146 Vgl. dazu allgemein *Bull/Mehde*, Allg. VerwaltungsR, Rn. 723; vertiefend zum Baurecht *Burzynska*, in: Große-Suchsdorf, NBauO, § 70 Rn. 78 ff.; *Muckel/Ogorek*, Öffentliches Baurecht, § 9 Rn. 77 ff.

führen,[147] wobei jede Genehmigung ihre eigenen formellen und materiellen Anforderungen erfüllen muss.[148]

5. Wirkungen, Rechtsfolgen und Geltungsdauer der Baugenehmigung

Die Baugenehmigung entfaltet eine feststellende und eine verfügende Bedeutung:[149] Sie stellt fest, dass das bauliche Vorhaben – zumindest soweit es einer präventiven Kontrolle durch die Behörde unterzogen wurde (o. Rn. 101) – mit dem öffentlichen Baurecht vereinbar ist. Die besondere Bedeutung dieser **Feststellungswirkung** liegt darin, dass Änderungen der Sach- und Rechtslage, die nach der Erteilung der Genehmigung eintreten, im Rechtsstreitverfahren des Nachbarn keinerlei Beachtung mehr finden. Lediglich unter den Voraussetzungen der §§ 48, 49 VwVfG kann die Behörde die Genehmigung noch aufheben. Die **Verfügungswirkung** hebt das präventive Verbot mit Erlaubnisvorbehalt (o. Rn. 79) auf und gibt das Vorhaben zur Bauausführung frei. Aus der Verfügungswirkung der Baugenehmigung folgt jedoch keine Baupflicht; es steht im Belieben des Bauherrn, ob er davon Gebrauch machen will oder ob er etwa gar zu einem späteren Zeitpunkt einen alternativen Bauantrag für ein anderes Vorhaben auf demselben Grundstück stellt.[150]

104

Damit verbunden ist aus der Perspektive des Bauherrn auch eine **Sicherungswirkung**, indem ihm die Baugenehmigung das Baurecht im zeitlichen Rahmen des § 71 NBauO auch dann noch sichert, wenn sich die Rechtslage nach der Erteilung der Genehmigung ändern sollte. Macht der Bauherr von seinem Recht zu bauen Gebrauch, so erlischt zwar der verfügende Teil, jedoch entfaltet der feststellende Teil auch weiterhin eine **Schutzwirkung**. Dies hat zur Folge, dass die Bauaufsichtsbehörde bezogen auf das genehmigte Bauvorhaben keinerlei repressive Maßnahmen nach § 79 NBauO anordnen darf, solange die Baugenehmigung nicht aufgehoben wurde (**passiver Bestandsschutz**).[151] Hierin liegt aus der Sicht des Bauherrn ein entscheidender Vorteil gegenüber dem Bauen aufgrund einer Genehmigungsfreistellung nach § 62 NBauO, bei der behördlicherseits gerade keine verbindliche Feststellung einer Vereinbarkeit des Vorhabens mit dem öffentlichen Baurecht getroffen wird (o. Rn. 88). Dieser Bestandsschutz kann freilich nur so weit reichen, wie die Feststellungswirkung reicht; bezüglich der im Falle des vereinfachten Baugenehmigungsverfahrens (o. Rn. 101) ungeprüften Anforderungen des öffentlichen Baurechts kann ein Bestandsschutz mithin nicht eintreten.

105

Wird von der erteilten Baugenehmigung kein Gebrauch gemacht, so können sowohl die Feststellungs- als auch die Verfügungswirkung nicht zeitlich unbegrenzt andauern, da sowohl das Bauplanungsrecht als auch die bauordnungsrechtlichen Maßstäbe einem stetigen Wandel unterlegen sind. Darum bestimmt § 71 S. 1 NBauO, dass die **Baugenehmigung erlischt**, wenn nicht innerhalb von **drei Jahren** nach ihrer Erteilung

106

---

147 Zur Vorprüfungskompetenz der Bauaufsichtsbehörde i.S.d. sog. „Schlusspunkttheorie" vgl. OVG Lüneburg, NVwZ-RR 2005, 391 (392 f.).
148 Denkbare Verfahrenskollisionen behandelt *Burzynska*, in: Große-Suchsdorf, NBauO, § 59 Rn. 19 ff.
149 BVerfGE 48, 242 (245); 69, 1 (3).
150 OVG Münster, NVwZ 1988, 554 (555).
151 Vgl. *Stollmann*, ÖffBauR, § 18 Rn. 36; *Erbguth*, in: Tettinger/Erbguth/Mann, BesVerwR, Rn. 1279.

mit der Ausführung der Baumaßnahme begonnen wird. Allerdings kann gem. § 71 S. 3 NBauO die Geltungsdauer der Baugenehmigung auf Antrag um jeweils höchstens drei Jahre verlängert werden. Voraussetzung hierfür ist allerdings, dass das Vorhaben dem zur Zeit der Verlängerung geltenden öffentlichen Baurecht entspricht.[152]

107 Die Baugenehmigung gilt § 70 Abs. 6 NBauO zufolge auch für und gegen die **Rechtsnachfolger** des Bauherrn und des Nachbarn. Dadurch wird deutlich, dass die Baugenehmigung keine personenbezogene Konzession darstellt, sondern ein sachbezogener Verwaltungsakt ist, der insbesondere wegen des durch ihn vermittelten Bestandsschutzes die Zukunft der baulichen Anlage unabhängig von der Lebenszeit des ursprünglichen Bauherrn auf Dauer sichern soll.

108 **Rücknahme und Widerruf** der Baugenehmigung sind in der NBauO nicht explizit geregelt, weshalb insoweit über § 1 NVwVfG die allgemeinen Bestimmungen der §§ 48, 49 VwVfG gelten. Eine solche Aufhebung der Baugenehmigung kommt für die Bauaufsichtsbehörde vor allem dann in Betracht, wenn bereits die Erteilung der Baugenehmigung rechtswidrig gewesen ist (§ 48 VwVfG) und die Fehler, die die Rechtswidrigkeit der Baugenehmigung begründen, nach der gesetzlichen Regelung auch Gegenstand des Genehmigungsverfahrens waren.[153] Bezüglich weiterer Fragen kann auf die Literatur zum VwVfG verwiesen werden.[154]

6. Bauvorbescheid und Teilbaugenehmigung

109 Auf Antrag des Bauherrn kann auch nur über einzelne Fragen, über die ansonsten im Baugenehmigungsverfahren zu entscheiden wäre und die selbstständig beurteilt werden können, durch einen **Bauvorbescheid** entschieden werden (§ 73 Abs. 1 NBauO). Praxisrelevant ist insbesondere die Konstellation, bei dem das bauliche Vorhaben vorab im Hinblick auf relevante bauplanungsrechtliche Gesichtspunkte i.S.d. §§ 29 ff. BauGB geprüft wird und positiv beschieden wird (sog. Bebauungsgenehmigung). Es handelt sich bei dem Bauvorbescheid nach h.M. um eine **gebundene Entscheidung** der Baugenehmigungsbehörde und mithin um einen **feststellenden Verwaltungsakt**, der einen Ausschnitt aus der späteren Baugenehmigung darstellt.[155] Sinn und Zweck dieses Verfahrens ist es, dem Bauherrn die Möglichkeit einzuräumen, vor dem eigentlichen Genehmigungsverfahren in Erfahrung zu bringen, ob sein Vorhaben überhaupt realisierbar ist. Die Baugenehmigungsbehörde ist daher zwar in dem späteren Verfahren gebunden, allerdings berechtigt der Bauvorbescheid als solcher, der drei Jahre gilt (§ 73 Abs. 3 NBauO), noch nicht zum Bauen. Hierzu muss erst noch die eigentliche Baugenehmigungserteilung abgewartet werden (vgl. § 72 Abs. 1 S. 1 BauGB).[156]

110 Die Legaldefinition einer **Teilbaugenehmigung** findet sich in § 70 Abs. 3 NBauO, wonach die Baugenehmigungsbehörde auf Antrag des Bauherrn nach Stellung des Bauan-

---

152 OVG Lüneburg, NVwZ-RR 2010, 916 (917).
153 OVG Hamburg, ZfBR 2011, 494 betr. das vereinfachte Verfahren.
154 Vgl. nur *Bull/Mehde*, Allg. VerwaltungsR, Rn. 789 ff. sowie – speziell mit Bezug zum Baurecht – *Suerbaum*, in: Mann/Sennekamp/Uechtritz, VwVfG, § 48 Rn. 243 ff., § 49 Rn. 173 f.
155 BVerwGE 69, 1 ff.
156 Vertiefend zu dieser Thematik: *Burzynska*, in: Große-Suchsdorf, NBauO, § 73 Rn. 11 ff.; *Stollmann*, ÖffBauR, § 18 Rn. 42 ff.; *Erbguth*, in: Tettinger/Erbguth/Mann, BesVerwR, Rn. 1285 f.

trags, aber noch vor Erteilung der Baugenehmigung den Beginn der Bauarbeiten für die Baugrube und für einzelne Bauteile oder Bauabschnitte zulassen kann, wenn gegen diese Teilausführung keine Bedenken bestehen. Die Teilbaugenehmigung enthält im Gegensatz zum Bauvorbescheid somit zusätzlich zum feststellenden **auch einen gestattenden Teil**, der für einen Teil der Anlage das Bauen freigibt. Die **Abgrenzung** zwischen diesen beiden besonderen Verfahrensgestaltungen erfolgt dementsprechend dahin gehend, dass der Bauvorbescheid zwar noch nicht zum Beginn der Bauarbeiten berechtigt, jedoch einen Teil der späteren Baugenehmigung verbindlich feststellt, wohingegen die Teilbaugenehmigung den Bauherrn bereits abschließend berechtigt, für einen näher bezeichneten Teil der baulichen Anlage bereits vor Erteilung der baurechtlichen Genehmigung mit den Bauarbeiten zu beginnen.

7. Rechtsschutzmöglichkeiten des Bauherrn

Ein Bauherr wird von seinen Rechtsschutzmöglichkeiten i.d.R. dann Gebrauch machen, wenn er seine verfassungsrechtlich verankerte Baufreiheit ausüben möchte und ihm dieses verwehrt wird. Hierbei kommen je nach Ausgangslage mehrere Rechtsschutzmöglichkeiten in Betracht. 111

Begehrt der Bauherr die Erteilung einer **Baugenehmigung** und wird diese von der Bauaufsichtsbehörde **verweigert**, so kann er gem. § 68 Abs. 2 VwGO gegen den ablehnenden Bescheid **Widerspruch** einlegen. Zwar bestimmt § 80 Abs. 2 i.V.m. Abs. 1 NJG, dass ein Widerspruchsverfahren vor Erhebung einer Verpflichtungsklage in Niedersachen grundsätzlich nicht durchzuführen ist, doch gilt dies gem. § 80 Abs. 3 S. 1 Nr. 4 a) NJG nicht für solche Verwaltungsakte, die nach den Vorschriften des BauGB und der NBauO erlassen wurden. Nach erfolglosem Widerspruchsverfahren steht dem Bauherrn die Möglichkeit zu, innerhalb eines Monats nach Zustellung des Widerspruchsbescheides (§ 74 Abs. 2 i.V.m. Abs. 1 S. 1 VwGO) eine **Verpflichtungsklage** auf Erteilung der begehrten Baugenehmigung (sog. Vornahmeklage, § 42 Abs. 1, 2. Var. VwGO) zu erheben. Die erforderliche Klagebefugnis (§ 42 Abs. 2 VwGO) ergibt sich aus der Möglichkeit seines verfassungsrechtlich fundierten Anspruchs auf Erteilung einer Baugenehmigung bei Vorliegen aller Voraussetzungen des § 70 NBauO (o. Rn. 80).[157] Wird sein Bauantrag von der Bauaufsichtsbehörde gar nicht beschieden, kann der Bauherr nach drei Monaten direkt eine Verpflichtungsklage in Form der **Untätigkeitsklage** erheben, für welche die Durchführung eines Vorverfahrens entbehrlich ist (vgl. § 75 VwGO). 112

Erhält der Bauherr zwar die begehrte Baugenehmigung, doch wird diese aufgrund des Widerspruchs eines Nachbarn (zum Rechtsschutz des Nachbarn s. Rn. 150 ff.) oder gem. §§ 48, 49 VwVfG (s.o. Rn. 104) durch die Behörde **wieder aufgehoben**, so kann der Bauherr gegen den entsprechenden **Aufhebungsbescheid Widerspruch** einlegen, im Misserfolgsfall anschließend **Anfechtungsklage** gem. § 42 Abs. 1, 1. Var. VwGO erheben. Die erforderliche Klagebefugnis (§ 42 Abs. 2 VwGO) ergibt sich in diesen Konstellationen bereits aus dem Umstand, dass der Bauherr Adressat eines belastenden 113

---

157 *Erbguth*, in: Tettinger/Erbguth/Mann, BesVerwR, Rn. 1293.

Verwaltungsakts ist. Ebenfalls stehen dem Bauherrn Widerspruch und Anfechtungsklage zu Gebote, wenn er Adressat einer bauaufsichtlichen Maßnahme nach § 79 NBauO (dazu unten Rn. 146 ff.) wird.

114 Besteht Streit über die Zulässigkeit eines **genehmigungsfreien Bauvorhabens**, so ist die Feststellungsklage gem. § 43 Abs. 1 VwGO, gerichtet auf Feststellung der Genehmigungsfreiheit des Bauvorhabens, die richtige Klageart. Eine Verpflichtungs- oder eine Anfechtungsklage kommen in diesen Fällen nicht in Betracht, weil der Bauherr in diesem Fall gerade keinen Anspruch auf den Erlass einer Baugenehmigung hat und regelmäßig kein ablehnender Bescheid ergangen sein dürfte. Verwaltungsprozessual ist es allerdings notwendig, dass der Anspruchssteller ein berechtigtes Interesse an der Feststellung der Genehmigungsfreiheit des Bauvorhabens geltend machen kann (vgl. § 43 Abs. 1 VwGO), was ausnahmsweise etwa dann der Fall ist, wenn er sich ansonsten des Risikos einer bereits angekündigten, auf das Bauvorhaben bezogenen Beseitigungsanordnung der Bauaufsichtsbehörde ausgesetzt sieht.[158]

115 Im Rahmen von bauordnungsrechtlichen Streitigkeiten ist stets an eine mögliche Verletzung nachbarrechtlicher Positionen und mithin an eine eventuelle Beiladung zu denken. Kann eine gerichtliche Entscheidung auch dem Nachbarn gegenüber nur einheitlich ergehen, so ist dieser notwendig beizuladen, vgl. § 65 Abs. 2 VwGO. Besteht lediglich die Möglichkeit der Verletzung nachbarrechtlicher Rechte, so kann der Nachbar gem. § 65 Abs. 1 VwGO beigeladen werden. In den Fällen, in denen die Gemeinde ihr Einvernehmen gem. § 36 BauGB erteilen muss, ist diese ebenfalls beizuladen.[159]

8. Übersicht: Erteilung einer Baugenehmigung

116 I. Anspruchsgrundlage, § 70 Abs. 1 S. 1 NBauO
II. Genehmigungsbedürftigkeit, § 59 NBauO
 – Bauliche Anlage, § 2 Abs. 1 NBauO
 – Errichtung, Änderung, Beseitigung, Instandhaltung oder Nutzungsänderung
 – Keine Ausnahmen nach §§ 60 bis 62, 74 und 75 NBauO
III. Genehmigungsfähigkeit
 1. Formelle Anspruchsvoraussetzungen
  – Schriftlicher Bauantrag unter Beifügung der Bauvorlagen, einzureichen bei der Gemeinde (§ 67 NBauO)
  – Einvernehmen der Gemeinde (§ 36 BauGB)
 2. Materielle Anspruchsvoraussetzungen, §§ 70 Abs. 1 S. 1, 2 Abs. 16 NBauO
  Kein Entgegenstehen öffentlich-rechtlicher Vorschriften

---

158 Vgl. zu einer solchen Konstellation in einem Fall mit Drittbezug VG Saarlouis, LKRZ 2013, 26.
159 BVerfGE 42, 8 (11).

Prüfungsumfang:

Vereinfachtes Baugenehmigungsverfahren § 63 NBauO (Regelfall)	Baugenehmigungsverfahren § 64 NBauO
– Städtebauliches Planungsrecht (§§ 29 ff. BauGB, BauNVO)	– Städtebauliches Planungsrecht (§§ 29 ff. BauGB, BauNVO)
– Bauordnungsrecht: nur die in § 63 NBauO aufgezählten Vorschriften	– Bauordnungsrecht: alle bauordnungsrechtlichen Vorgaben der NBauO
– Baunebenrecht	– Baunebenrecht

IV. Rechtsfolge
 – gebundene Entscheidung gem. § 70 Abs. 1 S. 1 NBauO

V. Eingriffsbefugnisse der Bauaufsicht

Allein durch die Baugenehmigung, bei der die Behörde die Vereinbarkeit des Vorhabens mit dem öffentlichen Baurecht präventiv prüft, lässt sich die Einhaltung des materiellen Baurechts noch nicht sicherstellen. Denn erstens muss auch nach Erteilung der Baugenehmigung gewährleistet sein, dass sich der Bauherr bei der Bauausführung tatsächlich an die ihm erteilten Maßgaben hält. § 76 NBauO bestimmt daher, dass die Bauaufsichtsbehörde die Einhaltung der öffentlich-rechtlichen Vorschriften und Anforderungen überwachen darf. Darüber hinaus ist aber auch zweitens denkbar, dass einzelne bauliche Anlagen gänzlich ohne Einholung der erforderlichen Baugenehmigung und damit schlicht rechtswidrig errichtet werden. Auch in solchen Fällen muss die Behörde tätig werden können, um durch eine Anordnung der erforderlichen Maßnahmen wieder für rechtmäßige Zustände zu sorgen. Und schließlich ist es drittens noch denkbar, dass ein Bauvorhaben zwar zulässigerweise ohne formelle Baugenehmigung errichtet wurde (oben Rn. 85 ff.), in seiner konkreten Bauausführung jedoch die materiellen Anforderungen des öffentlichen Baurechts missachtet hat. Auch in diesem Fall muss die Behörde die Möglichkeit haben, durch Anordnungen im Einzelfall die Einhaltung des materiellen Baurechts sicherzustellen. 117

Tatsächlich hat die Bedeutung solcher repressiven Eingriffsbefugnisse der Bauaufsichtsbehörden gerade aufgrund der genannten dritten Konstellation immer mehr zugenommen: Durch die stetige Ausweitung des Freistellungsverfahrens nach § 62 NBauO findet eine vorherige Befassung der Bauaufsichtsbehörde mit den Details des konkreten Bauvorhabens immer seltener statt (oben Rn. 84). Unvereinbarkeiten mit dem materiellen Baurecht werden dadurch erst nach oder während der Errichtung des Bauvorhabens für die Bauaufsichtsbehörde sichtbar, die dann durch gezielte Eingriffe im Einzelfall Schlimmeres verhindern muss. Dadurch wird bereits deutlich, dass ein Eingreifen der Bauaufsichtsbehörde keineswegs die Bestrafung oder die Sanktion des jeweiligen Bauherrn bezweckt.[160] Sie wird vielmehr tätig, um mittels der Durchsetzung oder Wiederherstellung von Baurechtskonformität Gefahren abzuwehren, die 118

---

160 *Frank/Kluth*, in: Kluth (Hrsg.), Landesrecht Sachsen-Anhalt, § 5 Rn. 88.

von baulichen Anlagen ausgehen. Eine solche Gefahr ist nur zu besorgen, wenn der Eintritt der Störung im Einzelfall mit hinreichender Wahrscheinlichkeit zu erwarten ist (vgl. § 2 Nr. 1 a NSOG).[161] Unter diesen Voraussetzungen kann die Behörde vom Verantwortlichen die Herstellung rechtmäßiger Zustände für die Zukunft verlangen oder sie ggf. auf dessen Kosten sogar selbst durchsetzen. Hierdurch wird besonders deutlich, dass es sich beim Bauordnungsrecht um **besonderes Gefahrenabwehrrecht** handelt.[162]

1. Voraussetzungen für das Eingreifen der Bauaufsichtsbehörde

119 Welche konkrete Maßnahme die Bauaufsichtsbehörde tatsächlich ergreift, hängt wesentlich von dem begangenen Verstoß und den weiteren Umständen des Einzelfalls ab. Da aber die entsprechenden Maßnahmen mit zum Teil erheblichen Eingriffen in subjektive Rechte des Bauherrn oder der anderen am Bau Beteiligten einhergehen, bedürfen sie nach der Lehre vom Gesetzesvorbehalt der Legitimation durch eine spezielle **Ermächtigungsgrundlage**. Die allgemeinen generalklauselartigen Vorschriften über Anforderungen an bauliche Anlagen, wie sie insbesondere in § 3 NBauO zu finden sind, stellen als schlichte Aufgabennormen dabei ebenso wie die Aufgabenbeschreibung in § 58 Abs. 1 NBauO keine ausreichenden Rechtsgrundlagen für Eingriffe durch die Behörde dar.[163] Auch ein Rückgriff auf die allgemeine polizeirechtliche Generalklausel des § 11 NSOG ist ausgeschlossen, soweit konkrete, bereichsspezifische Ermächtigungsgrundlagen erforderlich sind, welche sich in Niedersachsen in § 79 NBauO und – deutlich weniger klausurrelevant – in § 85 NBauO finden.

a) Allgemeine Eingriffsvoraussetzungen

120 Wer als zuständige Behörde zum Erlass bauaufsichtlicher Maßnahmen befugt ist, regeln die §§ 57 Abs. 1, 58 Abs. 2 NBauO. Zuständig ist danach regelmäßig die untere Bauaufsichtsbehörde, dessen Aufgaben die Landkreise, die kreisfreien Städte und die großen selbstständigen Städte wahrnehmen (näher oben Rn. 95). Abgesehen von den besonderen bauordnungsrechtlichen Anforderungen, denen entsprechende Eingriffe genügen müssen (dazu unten Rn. 121 ff.), gelten für diese selbstverständlich zudem die allgemeinen Anforderungen an rechtmäßiges Verwaltungshandeln durch Verwaltungsakt. So muss eine bauaufsichtliche Verfügung etwa dem allgemeinen **Bestimmtheitsgrundsatz** des § 37 Abs. 1 VwVfG gerecht werden, d.h. sie muss für den Adressaten erkennbar machen, was die Behörde mit ihrer Maßnahme bezweckt und wie dieser Folge geleistet werden kann.[164] Mit Blick auf das **Verfahren** soll die Behörde ergänzend zu der bei der Eingriffsverwaltung ohnehin gem. § 28 VwVfG vorgesehenen einfachen Anhörung des Adressaten ihre repressiven bauordnungsrechtlichen Anordnungen – soweit die Umstände nicht ein sofortiges Einschreiten erfordern – mit dem Betroffenen sogar „erörtern", vgl. § 79 Abs. 4 NBauO. Diese intensivere Form der Anhörung trägt der Tatsache Rechnung, dass die Anordnung bzw. Durchsetzung der bauaufsichtlichen Eingriffsbefugnisse aufgrund ihres Eigentumsbezugs zumeist nach-

---

161 *Mann*, in: Große-Suchsdorf, NBauO, § 79 Rn. 4.
162 *Erbguth*, in: Tettinger/Erbguth/Mann, BesVerwR, Rn. 1229.
163 *Muckel/Ogorek*, ÖffBauR, § 9 Rn. 13.
164 Dazu statt vieler *Schönenbroicher*, in: Mann/Sennekamp/Uechtritz, VwVfG, § 37 Rn. 42 ff.

haltig spürbare Auswirkungen für den Bauherrn hat. Hinsichtlich der **Form** bestehen im Bauordnungsrecht hingegen keine Abweichungen von der allgemeinen Formfreiheit beim Erlass von Verwaltungsakten (§ 37 Abs. 2 VwVfG); regelmäßig werden entsprechende bauaufsichtliche Verfügungen allerdings in Schriftform ergehen.

b) Spezielle Eingriffsvoraussetzungen: formelle und materielle Illegalität

Das bauaufsichtliche Eingreifen der Behörde im Rahmen des § 79 NBauO setzt jeweils einen Verstoß gegen das öffentliche Baurecht voraus. In diesem Kontext müssen die formelle (aa) und die materielle Illegalität (bb) unterschieden werden, da die Zulässigkeit und Reichweite bauaufsichtlicher Maßnahmen gewissermaßen von der „Intensität" des Baurechtsverstoßes abhängen.[165]

121

aa) **Formelle Illegalität.** Die in diesem Sinne „schwächste" Form der Baurechtswidrigkeit einer baulichen Anlage stellt deren formelle Illegalität dar. Eine bauliche Anlage, Grundstücke, Bauprodukte oder Baumaßnahmen sind dann als formell illegal anzusehen, wenn verfahrensrechtliche Vorschriften durch den Bauherrn nicht eingehalten worden sind.[166] Dies ist insbesondere der Fall, wenn das Vorhaben ohne eine erforderliche Baugenehmigung realisiert worden ist. Aber auch wenn die zuvor erteilte Baugenehmigung nur bedingt oder befristet erteilt wurde und die Bedingung eingetreten bzw. die Frist abgelaufen ist, wird das Bauvorhaben formell illegal und somit zu einem „Schwarzbau". Gleiches gilt bei einem wirksamen Widerruf oder einer Rücknahme der Baugenehmigung oder wenn der Bauherr bei der Durchführung des Bauvorhabens erheblich von der erteilten Baugenehmigung abweicht, so dass das tatsächlich realisierte Bauvorhaben nicht mehr als genehmigt angesehen werden kann.[167] Weil auch die Funktion und Nutzung einer baulichen Anlage Gegenstand der Baugenehmigung ist, kann auch eine Nutzungsänderung, die nicht von der Genehmigung gedeckt ist, das Bauvorhaben formell illegal werden lassen.[168]

122

Sollte die Bebauung zulässigerweise im **Freistellungsverfahren gem. § 62 NBauO** errichtet worden sein oder eine gem. **§ 60 NBauO verfahrensfreie Baumaßnahme** sein, kann eine formelle Illegalität nicht eintreten, denn eine formelle Illegalität setzt denknotwendig eine Genehmigungsbedürftigkeit des Bauvorhabens voraus. Zu beachten ist jedoch, dass der Bauherr in diesen Fällen gleichsam auf eigenes Risiko baut, denn die materielle Vereinbarkeit des Bauvorhabens mit dem öffentlichen Baurecht ist zu keinem Zeitpunkt in verbindlicher Weise durch die Bauaufsichtsbehörde bestätigt worden. Es fehlt mithin die „Schutzwirkung" der Baugenehmigung[169] (o. Rn. 105), sodass eine Nichtvereinbarkeit mit materiellem Baurecht stets zu Lasten des Bauherrn geht.[170] Im Freistellungsverfahren kann der Bauherr also bauen, wie er will; er bleibt umfassend an das materielle Baurecht gebunden (§ 59 Abs. 3 NBauO). Der Unter-

123

---

165 Dazu umfassend *Jäde*, Bauaufsichtliche Maßnahmen, Rn. 2 ff.
166 BVerwG, BauR 1996, 829 f.
167 OVG Münster, BRS 47 Nr. 193; OVG Lüneburg, BRS 46 Nr. 151.
168 *Mann*, in: Große-Suchsdorf, NBauO, § 79 Rn. 17.
169 Vgl. *Burzynska*, in: Große-Suchsdorf, NBauO, § 70 Rn. 5 ff.
170 Insbesondere kann die Bauaufsichtsbehörde daher umgehend mit bauaufsichtlichen Maßnahmen gegen entsprechende Vorhaben vorgehen, während sie bei Vorliegen einer Baugenehmigung diese erst nach allgemeinen Grundsatzen zurucknehmen musste.

schied zum regulären Baugenehmigungsverfahren besteht lediglich darin, dass die Baurechtskonformität nicht vorab durch die Bauaufsichtsbehörde geprüft wird (vgl. o. Rn. 101).

124 Auch im Übrigen ist stets zu beachten, dass die Feststellung der formellen Illegalität allein noch nichts über die **Genehmigungsfähigkeit des Bauvorhabens** aussagt. Es ist also denkbar, dass die bestehende formelle Illegalität bereits durch die nachträgliche Erteilung einer Baugenehmigung beseitigt werden kann. Natürlich ist dies nur der Fall, soweit eine Baugenehmigung auch tatsächlich ergehen darf, wenn also das Vorhaben dem öffentlichen Baurecht entspricht, vgl. § 70 NBauO. Dieser Umstand verdeutlicht, dass die formelle Illegalität einer baulichen Anlage für sich genommen die Bauaufsichtsbehörde nur zu sehr begrenzten Eingriffen ermächtigt. Insbesondere ein Abriss des Bauvorhabens kann in einem solchen Fall nicht verlangt werden (s. Rn. 134).

125 **bb) Materielle Illegalität.** Demgegenüber begründet jeder Verstoß gegen eine im Bauordnungsverfahren zu prüfende materielle baurechtliche Regelung eine materielle Baurechtswidrigkeit des Bauvorhabens.[171] Für die Frage der materiellen Illegalität, die also besteht, wenn ein Vorhaben **nicht mit dem materiellen Baurecht im Einklang** steht, kommt es folglich anders als bei der formellen Illegalität nicht darauf an, ob es sich um ein genehmigungsbedürftiges Vorhaben handelt oder nicht; auch ein zulässigerweise im Freistellungsverfahren des § 62 NBauO errichtetes Bauvorhaben ist an die materiellen Vorgaben des Baurechts gebunden (§ 59 Abs. 3 NBauO).

126 Materielle Illegalität liegt in diesem Zusammenhang insbesondere bei einem Verstoß gegen Bauplanungs- oder Bauordnungsrecht vor. Im Rahmen der juristischen Ausbildung haben insoweit im Bereich des Bauplanungsrechts vor allem Verstöße gegen die §§ 29 ff. BauGB und im Bereich des Bauordnungsrechts insbesondere Verstöße gegen die Vorschriften, die Anforderungen an das Grundstück bzw. die bauliche Anlage stellen, besondere Relevanz. Einige Beispiele mögen diese Zusammenhänge verdeutlichen:

- Bauplanungsrechtlich liegt materielle Illegalität z.b. bei einem Verstoß gegen § 34 Abs. 1 BauGB vor, wenn sich das Bauvorhaben innerhalb der im Zusammenhang bebauten Ortsteile nicht in die Umgebung einfügt oder das Ortsbild beeinträchtigt (s.o. Rn. 66).
- Ein Widerspruch zu § 34 Abs. 2 BauGB liegt vor, wenn das Bauvorhaben nicht den Vorgaben der BauNVO für das jeweilige Baugebiet entspricht (s.o. Rn. 65). Unzulässig wäre danach beispielsweise die Errichtung eines Bauvorhabens, das weder grundsätzlich noch ausnahmsweise in einem bestimmten Gebiet errichtet werden darf, wie z.b. eine Tankstelle in einem reinen Wohngebiet gem. § 3 BauNVO.
- Wird eine bauliche Anlage im Außenbereich errichtet, obwohl ihr öffentliche Belange entgegenstehen, stellt dies einen Widerspruch zu § 35 Abs. 1 BauGB dar (s.o. Rn. 73). Eine Beeinträchtigung öffentlicher Belange liegt z.b. gem. § 35 Abs. 3 Nr. 3 BauGB vor, wenn das Vorhaben schädliche Umwelteinwirkungen hervorrufen kann.

---

171 *Mann*, in: Große-Suchsdorf, NBauO, § 79 Rn. 19.

V. Eingriffsbefugnisse der Bauaufsicht

- Hingegen stellt das Fehlen des gemeindlichen Einvernehmens nach § 36 BauGB keinen Verstoß gegen materielles Baurecht dar, da es sich hierbei um eine formelle Voraussetzung handelt (s.o. Rn. 98).
- Darüber hinaus liegt materielle Illegalität auch bei Verstößen gegen das allgemeine nachbarliche Gebot der Rücksichtnahme gem. § 15 BauNVO vor, wenn die betreffenden baulichen Anlagen zwar grundsätzlich im jeweiligen Gebiet zulässig sind, durch ihre individuelle Gestaltung der Eigenart des Baugebiets aber gleichwohl widersprechen. Dies gilt auch, wenn von dem Bauvorhaben unzumutbare Störungen oder Beeinträchtigungen ausgehen oder die Anlage durch ihre Errichtung selbst Belästigungen ausgesetzt ist (s.o. Rn. 48).
- Materielle Illegalität liegt auch bei Nichtbeachtung des Verunstaltungsverbotes vor, welches im Bauplanungsrecht beispielsweise in § 34 Abs. 2 BauGB („Einfügen in die Eigenart der näheren Umgebung") oder in § 35 Abs. 3 Nr. 5 BauGB angesprochen wird. Dieses Verbot findet sich auch im Bauordnungsrecht in § 10 NBauO, der das allgemeine Verunstaltungsverbot des § 3 Abs. 3 NBauO näher konkretisiert.[172] Danach müssen bauliche Anlagen in der Form, im Maßstab, im Verhältnis der Baumassen und Bauteile zueinander, im Werkstoff einschließlich der Art seiner Verarbeitung und in der Farbe so gestaltet sein, dass sie weder verunstaltet wirken noch das bestehende oder geplante Straßen-, Orts- oder Landschaftsbild verunstalten. Verunstaltend wirkt ein Zustand dann, wenn er das ästhetische Empfinden eines gebildeten Durchschnittsbetrachters nicht nur beeinträchtigt, sondern verletzt.[173]
- § 3 Abs. 1 NBauO stellt allgemeine Anforderungen an bauliche Anlagen, wonach diese so angeordnet und beschaffen sein müssen, dass die öffentliche Sicherheit, insbesondere Leben und Gesundheit, sowie die natürlichen Lebensgrundlagen und die Tiere nicht bedroht werden. Gehen also von einer baulichen Anlage solche Gefahren aus, widerspricht auch dies dem öffentlichen Baurecht, sodass materielle Illegalität vorliegt.
- Ein Verstoß gegen Bauordnungsrecht liegt beispielsweise auch vor, wenn von den notwendigen Abstandsflächen gem. §§ 5 und 7 NBauO abgewichen wird, deren Einhaltung unter anderem aus Gründen des Brandschutzes und somit ebenfalls zur Gefahrenabwehr erforderlich erscheint.[174]
- Gem. § 47 NBauO besteht bei bestimmten Vorhaben eine Verpflichtung, sog. „notwendige Einstellplätze" zur Verfügung zu stellen, die je nach Zweck und Ausgestaltung des Bauvorhabens erforderlich sind, um einen reibungslosen Zu- und Abgangsverkehr zu gewährleisten, der die öffentliche Sicherheit nicht gefährdet.[175]

---

172 Dabei sind stets die unterschiedlichen Schutzzwecke des Bauplanungs- und des Bauordnungsrechts zu berücksichtigen. Während es beim Bauplanungsrecht vornehmlich darum geht, ob das Bauvorhaben den „Gebietscharakter" verunstaltet, sich also aufgrund seiner Erscheinung in keiner Weise in die Umgebung einfügt, geht es beim Verunstaltungsverbot der NBauO darum, ob allein durch das ästhetische Erscheinungsbild ggf. in Rechte Dritter eingegriffen wird.
173 BVerwGE 2, 172 (177). Vgl. hierzu die Examensklausur von Mann/Wienands, NdsVBl. 2015, S. 211 ff.
174 BVerwGE 88, 191 (196).
175 Zur Stellplatzpflicht und zur Möglichkeit einer Ablösung siehe Peine, ÖffBauR, Rn. 1156 ff.

Hält der Bauherr sich nicht an diese Vorgaben, führt auch dies zur materiellen Illegalität seines Bauvorhabens.

127 Zu berücksichtigen ist allerdings, dass eine materielle Illegalität i.S.d. bauaufsichtlichen Eingriffsbefugnisse grundsätzlich dann nicht vorliegt, wenn das Bauvorhaben zwar aktuell nicht mehr dem geltenden Baurecht entspricht, aber zu irgendeinem früheren Zeitpunkt diesem entsprochen hat und daher genehmigt worden ist. Die Feststellungswirkung der Baugenehmigung vermittelt insoweit einen Bestandsschutz (s.o. Rn. 104 f.).

128 Früher hat insbesondere die Rechtsprechung darüber hinaus auch einen Bestandsschutz aktuell materiell illegaler baulicher Anlagen verfassungsunmittelbar aus Art. 14 Abs. 1 S. 1 GG abgeleitet angenommen, wenn die Bauvorhaben – ohne jemals genehmigt worden zu sein – zeitweilig irgendwann einmal dem materiellen Baurecht entsprochen hatten.[176] Demgemäß wäre nicht nur zu prüfen, ob eine bauliche Anlage gegenwärtig dem materiellen Baurecht entspricht, sondern auch, ob dies zumindest früher einmal der Fall war. Diese Rechtsprechung hat das Bundesverwaltungsgericht aber mittlerweile aufgegeben.[177] Dahinter steht die Überlegung, dass der Inhalt des Eigentums nach Art. 14 Abs. 1 S. 2 GG vom Gesetzgeber auszugestalten ist (o. Rn. 4) und ein Bestandsschutz daher auch nur durch eine Entscheidung des Gesetzgebers (vgl. z.B. § 35 Abs. 4 Nr. 2 a) BauGB), nicht aber unmittelbar aus Art. 14 GG hergeleitet werden kann.[178]

129 Eine abweichende Fallgruppe liegt vor, wenn das Vorhaben zwar dem öffentlichen Baurecht widerspricht, also eigentlich materiell illegal ist, aber von einer Baugenehmigung gedeckt wird, also formell legal ist. Insoweit besteht eine „Legalisierungswirkung" der Baugenehmigung, auch wenn diese rechtswidrig sein sollte, denn für die Legalisierungswirkung genügt allein die Wirksamkeit der Baugenehmigung.[179] Baurechtswidrig wird ein Bauvorhaben in einem solchen Fall also erst dann, wenn die rechtswidrig erteilte Baugenehmigung von der Bauaufsichtsbehörde nach allgemeinen Regeln zurückgenommen wird.

2. Eingriffsmöglichkeiten der Behörde

130 Die wesentlichen Eingriffsbefugnisse der Behörde finden sich in § 79 NBauO, dessen jeweilige Alternativen unterschiedliche Voraussetzungen haben (a – c). Es ist insofern streng darauf zu achten, ob für die jeweilige Maßnahme bereits die formelle Illegalität ausreicht oder ob auch eine materielle Illegalität vorliegen muss. Besondere Eingriffsbefugnisse bei rechtmäßig errichteten Bauvorhaben ergeben sich zudem aus § 85 NBauO (d). Die jeweilige Maßnahme muss außerdem gegenüber dem Verantwortlichen ergehen (e) und steht im Ermessen der Behörde, die dabei vor allem den Grundsatz der Verhältnismäßigkeit zu beachten hat (f).

---

[176] Vgl. nur BVerwGE 26, 111 (117); 46, 126 (128); 50, 49 (57); 55, 272 (274); 72, 362 (364).
[177] BVerwGE 84, 322 (334); 85, 289 (294); 106, 228 (234); 120, 130 (137). In der Literatur wird dies jedoch noch teilweise vertreten, vgl. etwa *Stollmann*, ÖffBauR, § 2 Rn. 5.
[178] Vgl. näher *Koch/Hendler*, BauR, RaumOR u. LandesplanungsR, § 25 Rn. 119 ff.; *Muckel/Ogorek*, ÖffBauR, § 9 Rn. 31 f.; *Stiel*, in: Große-Suchsdorf, NBauO, § 85 Rn. 22 f.
[179] Zur Legalisierungswirkung der Baugenehmigung ausführlich *Kment*, BauR 2000, 1675 (1676 ff.).

V. Eingriffsbefugnisse der Bauaufsicht

a) Baueinstellungsverfügung

Wurde die Errichtung einer baulichen Anlage bereits begonnen, jedoch noch nicht fertiggestellt, kann die Behörde die **weiteren Bauarbeiten untersagen**, wenn die Arbeiten rechtswidrig waren oder illegale Arbeiten unmittelbar bevorstehen (§ 79 Abs. 1 S. 2 Nr. 1 NBauO). Dies gilt auch für den Fall, dass unzulässige Bauprodukte verwendet werden. Hier kann die Behörde gem. § 79 Abs. 1 S. 2 Nr. 2 und Nr. 3 NBauO die **Einstellung des Baus anordnen** oder die Verwendung dieser Bauprodukte untersagen. Der Behörde wird damit die Möglichkeit eingeräumt, bei einem Verstoß gegen öffentlich-rechtliche Vorschriften möglichst frühzeitig gegen die Bauarbeiten vorzugehen, um zu verhindern, dass bereits vollendete illegale bauliche Anlagen mit einer Abrissverfügung beseitigt werden müssen.[180] Vor allem soll auf diese Weise durchgesetzt werden, dass – soweit erforderlich – zunächst die Baugenehmigung eingeholt wird, bevor der Bau fortgesetzt werden darf. Denn im Baugenehmigungsverfahren werden die baurechtlichen Anforderungen geprüft und ggf. Auflagen erteilt, die für ein rechtmäßiges Vorhaben notwendig erscheinen (o. Rn. 102). Für die Erteilung eines Baustopps gem. § 79 Abs. 1 S. 2 Nr. 1 Alt. 1 NBauO genügt es somit, dass das Bauvorhaben **nur formell oder nur materiell dem öffentlichen Baurecht widerspricht**, wobei ein Zusammentreffen von beidem freilich unschädlich ist. Hat der Bauherr also ohne die erforderliche Baugenehmigung gebaut, kann die Behörde ihm die weitere Arbeit verbieten bis diese erteilt wurde. Dieser Eingriff kann zwar für den Bauherrn durch die zeitliche Verzögerung durchaus kostenintensiv sein, durch die Baueinstellungsverfügung werden jedoch keine wirtschaftlichen Werte vernichtet, wie es beispielsweise bei einer Abrissverfügung der Fall wäre, was erklärt, warum hier bereits die formelle Illegalität des Vorhabens für einen Baustopp ausreicht.

131

Wird das **Bauvorhaben im Freistellungsverfahren** errichtet, bedarf es für die Einstellungsverfügung notwendigerweise der materiellen Illegalität. Eine formelle Illegalität ist in diesen Fällen, wie bereits dargelegt (Rn. 123), ausgeschlossen. Die Verhängung eines Baustopps liegt hier regelmäßig auch im Interesse des Bauherrn: Wenn er schon bei handfesten Anhaltspunkten daran gehindert wird sein rechtswidriges Vorhaben in die Tat umzusetzen, kann den ansonsten aus einer Abrissverfügung folgenden wirtschaftlichen und finanziellen Einbußen noch rechtzeitig vorgebeugt werden. Wird den Anweisungen der Behörde keine Folge geleistet, besteht gem. § 79 Abs. 2 NBauO die Möglichkeit, zur **Durchsetzung der Anordnung** die bauliche Anlage oder Teile davon zu versiegeln und Bauprodukte, Geräte oder Maschinen sicherzustellen.

132

b) Nutzungsuntersagung

Mit der Nutzungsuntersagung gem. § 79 Abs. 1 S. 2 Nr. 5 NBauO kann die Behörde die Benutzung von Anlagen untersagen und **insbesondere Wohnungen für unbewohnbar erklären**, wenn dies zur Herstellung rechtmäßiger Zustände erforderlich ist.[181] Dabei muss sich der **Widerspruch zum öffentlichen Baurecht gerade aufgrund der**

133

---

180 Finkelnburg/Ortloff/Otto, ÖffBauR (Band 2), S. 162.
181 Einen besonderen Fall bildet die Untersagungsverfügung gegenüber fliegenden Bauten (s.o. Rn. 92) gem. § 75 Abs. 6 NBauO.

Nutzung eines Bauwerkes oder eines nicht bebauten Grundstückes ergeben.[182] Dies kann insbesondere der Fall sein, wenn nur für eine bestimmte Nutzung eine Erlaubnis erteilt wurde oder wenn überhaupt keine Genehmigungspflicht bestand und die bauliche Anlage dann für eine genehmigungspflichtige Nutzung umgewandelt wird. Umstritten ist, ob für eine Nutzungsuntersagung allein die formelle Illegalität des Bauvorhabens genügt.[183] Dafür spricht, dass das **Nutzungsverbot regelmäßig nur vorläufigen Charakter** hat und die Nutzung der baulichen Anlage lediglich bis zur Entscheidung über ihre Genehmigungsfähigkeit untersagt. Anders als bei einer Abrissverfügung wird hier also kein endgültiger Zustand manifestiert und es erfolgt auch kein Eingriff in die Bausubstanz. Etwas anderes hat jedoch zu gelten, wenn die Genehmigungsfähigkeit offensichtlich ist, die Bauaufsichtsbehörde also ohne weitere Ermittlungen erkennen kann, dass die bauliche Anlage keinerlei Gefahren für die öffentliche Sicherheit birgt.[184] In Einzelfällen, bei denen die Nutzungsuntersagung einen endgültigen Charakter hat und ihrer Intensität hinsichtlich der Vermögensbeeinträchtigung einer Abrissverfügung gleichkommt, wie es beispielsweise bei der Untersagung einer gewerblichen Nutzung der Fall sein kann, sollte aus Verhältnismäßigkeitsgesichtspunkten erwogen werden, ob für diese dann deutlich einschneidendere Maßnahme nicht ausnahmsweise auch eine materielle Illegalität vorauszusetzen ist.

c) Beseitigungsanordnung

134 Eine Beseitigungsanordnung stellt sich für die Bauaufsichtsbehörde als ultima ratio dar, um die baurechtliche Legalität wiederherzustellen. Damit gestützt auf § 79 Abs. 1 S. 2 Nr. 4 NBauO eine Beseitigung von Anlagen oder Teilen baulicher Anlagen verlangt werden kann, müssen die Voraussetzungen **formeller und materieller Illegalität kumulativ vorliegen**. Würde bereits die formelle Baurechtswidrigkeit der baulichen Anlage zum Erlass einer Beseitigungsanordnung ausreichen, wäre der Bauherr zur Vernichtung wirtschaftlicher Werte gezwungen, obwohl sein Bauvorhaben möglicherweise genehmigungsfähig ist und eine nachträgliche Erteilung der Baugenehmigung deshalb möglich wäre. Aus dem Grundsatz der Verhältnismäßigkeit ergibt sich in einer solchen Konstellation, dass die Behörde nicht frei zwischen der Erteilung der Baugenehmigung und dem Erlass einer Abrissverfügung wählen kann. Als mildere, aber ebenso geeignete Maßnahme zur Erreichung des Zwecks einer Einhaltung des öffentlichen Baurechts ist sie vielmehr verpflichtet, die Baugenehmigung zu erteilen. Eine Beseitigungsanordnung ist der stärkste Eingriff, der einer Bauaufsichtsbehörde zu Gebote steht. Deshalb steht sie unter der Voraussetzung, dass die bauliche Anlage tatsächlich im Widerspruch zum öffentlichen Recht steht und jede andere mildere Maßnahme nicht ausreicht, um die materielle Baurechtswidrigkeit zu beseitigen. Bedarf das Bauvorhaben keiner Genehmigung (o. Rn. 86), erübrigt sich allerdings die Frage nach der formellen Illegalität, sodass es allein auf die materielle Illegalität ankommt.

---

182 *Stollmann*, ÖffBauR, § 19 Rn. 16.
183 So BVerwG, BRS 67 Nr. 70; OVG Lüneburg, NVwZ-RR 2005, 607; VG Lüneburg v. 21.4.2009 – 2 B 37/09 – juris; *Jäde*, Bauaufsichtliche Maßnahmen, S. 161; a.A.: VGH Mannheim, BRS 58 Nr. 201; *Ortloff*, NVwZ 2000, 750 (757) wonach auch die materielle Illegalität erforderlich sein soll.
184 Ausführlich zur Problematik und weiteren Ausnahmen, bei denen die formelle Illegalität nicht ausreicht, *Mann*, in: Große-Suchsdorf, NBauO, § 79 Rn. 28 f. m.w.N.

V. Eingriffsbefugnisse der Bauaufsicht

Sollte im Fall der oben (Rn. 129) bereits angesprochenen **Legalisierungswirkung** einer rechtswidrig erteilten Baugenehmigung eine zur Vorbereitung des repressiven Einschreitens der Bauaufsichtsbehörde erforderliche Aufhebung der Baugenehmigung nach §§ 48, 49 VwVfG nicht mehr möglich sein – etwa aufgrund schützenswerten Vertrauens auf Seiten des Bauherrn –, so muss die Verfügung unterbleiben. Der materiell baurechtswidrige Zustand bleibt insoweit bestehen. Auch im Übrigen muss die Bauaufsichtsbehörde von mehreren denkbaren Maßnahmen stets diejenige wählen, die sich für den Bauherrn als am mildesten erweist, sofern sich dadurch der baurechtswidrige Zustand ebenso effektiv beseitigen lässt: Kann die Baurechtskonformität etwa auch durch eine Teilabrissverfügung hergestellt werden, hat die Behörde von dieser Maßnahme als gleich geeignetes milderes Mittel gegenüber einer vollständigen Beseitigungsanordnung vorrangig Gebrauch zu machen.[185]

135

Im Rahmen der Verhältnismäßigkeitsbetrachtung sind die **finanziellen Schäden für den Bauherrn** grundsätzlich nicht mit einzubeziehen, da er den rechtswidrigen Zustand selbst verursacht hat.[186] Es liegt auf der Hand, dass anderenfalls der Bauherr geradezu dazu verleitet würde, einen Schwarzbau zu errichten, um sich später unter Hinweis auf den ihm drohenden finanziellen Schaden auf die Unverhältnismäßigkeit der Maßnahme zu berufen. Leistet der Adressat der Abrissverfügung keine Folge, so kann die Behörde diese nach allgemeinen Regeln selbst durchsetzen, wenn sie unanfechtbar geworden oder im Rechtsschutzverfahren endgültig bestätigt worden ist.[187]

136

d) Anpassungsverfügung

Erfüllt eine rechtmäßig errichtete bauliche Anlage – aus welchem Grund auch immer – gleichwohl nicht mehr die Anforderungen der baurechtlichen Generalklausel des § 3 Abs. 1 NBauO, ist sie also nicht so angeordnet, beschaffen und für ihre Benutzung geeignet, dass die öffentliche Sicherheit nicht gefährdet wird, so kann die Behörde gem. § 85 Abs. 2 NBauO eine Anpassung verlangen. Nach § 85 Abs. 3 NBauO kann eine solche Anpassung zudem aus Anlass der Änderung einer baulichen Anlage verlangt werden, sofern gewisse Zumutbarkeitsgrenzen (20 % Mehrkosten) eingehalten werden. Im Unterschied zu den soeben dargelegten Maßnahmen nach § 79 NBauO beziehen sich die **Maßnahmen nach § 85 NBauO** also auf **Anlagen**, die aufgrund einer Baugenehmigung rechtmäßig errichtet wurden und daher prinzipiell **Bestandsschutz** genießen, so dass gegen sie keine Anordnungen nach § 79 NBauO ergehen können (o. Rn. 127).

137

Mit § 85 NBauO versucht der niedersächsische Gesetzgeber einerseits diesem Bestandsschutz und andererseits dem in der Gefahrenabwehr liegenden Normzweck der NBauO Rechnung zu tragen. Die Bauaufsichtsbehörde soll Gefährdungen der öffentlichen Sicherheit, die von baulichen Anlagen ausgehen – auch wenn diese zuvor rechtmäßig errichtet wurden – nicht dauerhaft dulden müssen. Die Vorschrift will den unterschiedlichen Interessen dadurch gerecht werden, dass sie in diesen Fällen zwar ein

138

---

185 OVG Lüneburg, NVwZ-RR 2000, 142.
186 *Brohm*, ÖffBauR, § 29 Rn. 12.
187 Vertiefend dazu *Stollmann*, ÖffBauR, § 19 Rn. 56 ff.

Mann

Einschreiten ermöglicht, dazu aber nicht jede marginale Abweichung von der NBauO ausreichen lässt, sondern das **Vorliegen eines bestimmten Gefährdungspotentials** verlangt (§ 85 Abs. 2 NBauO) oder aber vorsieht, dass bestimmte **Zumutbarkeitsschwellen** nicht überschritten werden dürfen (§ 85 Abs. 3 NBauO). „Soweit" nach diesen Regeln eine Anpassung zulässig ist, kann nach § 85 Abs. 4 NBauO zugleich auch eine (auf den Anpassungsbereich bezogene) bereits erteilte Genehmigung ohne Entschädigung widerrufen werden. Zumeist wird man dabei bereits im Anpassungsverlangen selbst einen solchen **Widerruf** der früheren Baugenehmigung sehen können.[188]

139 Soweit § 85 Abs. 2 NBauO für eine Anpassungsverfügung eine durch die bauliche Anlage hervorgerufene **Gefährdung der öffentlichen Sicherheit** voraussetzt, ist allerdings nicht ganz klar, ob für das Einschreiten bereits eine abstrakte Gefahr genügt, oder ob eine konkrete Gefahr i.S.d. allgemeinen Polizeirechts zu verlangen ist. Während eine abstrakte Gefahr letztlich bereits bei jedem Abweichen von bestehenden Vorgaben der NBauO anzunehmen wäre, setzt eine konkrete Gefahr voraus, dass im einzelnen Fall die hinreichende Wahrscheinlichkeit besteht, dass in absehbarer Zeit ein Schaden für die öffentliche Sicherheit eintreten wird (vgl. § 2 Nr. 1 a) NSOG). Angesichts der Tatsache, dass das Bauvorhaben ursprünglich rechtmäßig und formell legal errichtet worden ist, wird man dabei das Vorliegen einer rein abstrakten Gefahr ohne jeden spezifischen Bezug zum konkreten Bauvorhaben wohl nicht ausreichen lassen können. Andererseits scheint es nicht angebracht, in jedem Einzelfall erst das Entstehen einer konkreten Gefahr abwarten zu müssen, bevor die Bauaufsicht tätig werden kann – immerhin geht es etwa bei Fragen des Brandschutzes um den Schutz des Lebens bzw. der körperlichen Gesundheit. Regelmäßig wird man ein Einschreiten daher bereits für zulässig ansehen können, wenn über das Vorliegen einer abstrakten Gefahr hinaus die fachkundige Feststellung vorliegt, dass nach den örtlichen Gegebenheiten der Eintritt eines erheblichen Schadens nicht ganz unwahrscheinlich ist.[189]

e) Verantwortlichkeit

140 Gem. § 79 Abs. 1 S. 3 NBauO hat die Bauaufsichtsbehörde die jeweilige Maßnahme an die Personen zu richten, die nach §§ 52–56 NBauO verantwortlich sind. Dies sind der **Bauherr**, der **Entwurfsverfasser**, der **Unternehmer**, der **Bauleiter** oder der **Eigentümer** der Anlage bzw. des Grundstücks. Prinzipiell kommt also sowohl eine Haftung des Handlungs- als auch des Zustandsstörers in Betracht.[190] Auch sog. „Nichtstörer" dürfen nach der Regelung des § 8 NSOG[191] in Anspruch genommen werden (§ 79 Abs. 1 S. 4 NBauO). Für den Fall der Rechtsnachfolge findet sich – anders als im allgemeinen Polizeirecht – in § 79 Abs. 1 S. 5 NBauO eine ausdrückliche Regelung, wonach die bauaufsichtlichen Anordnungen auch für die Rechtsnachfolger der Personen gelten, an die die Anordnungen gerichtet wurden.

141 Unter dem hier maßgeblichen **Gesichtspunkt der effektiven Gefahrenabwehr** wird die Behörde die Maßnahme gegen die Person richten, die eine möglichst wirksame und

---

188 *Stiel*, in: Große-Suchsdorf, NBauO, § 85 Rn. 55.
189 *Stiel*, in: Große-Suchsdorf, NBauO, § 85 Rn. 45.
190 *Erbguth*, in: Tettinger/Erbguth/Mann, BesVerwR, Rn. 1313.
191 Zu den Voraussetzungen einer Inanspruchnahme Dritter siehe *Mehde*, Abschnitt Polizeirecht Rn. 42 f.

V. Eingriffsbefugnisse der Bauaufsicht

schnelle Gefahrenbeseitigung verspricht. Zumeist wird dies der Bauherr oder der Grundstückseigentümer sein. Selbstverständlich darf die Behörde den Verantwortlichen in diesem Zusammenhang nur zu solchen Handlungen verpflichten, die ihm tatsächlich sowie rechtlich möglich sind: Ist etwa ein privatrechtlich berechtigter Dritter, z.b. ein Mieter, von der an den Eigentümer gerichteten bauaufsichtlichen Maßnahme betroffen, so hat diesem gegenüber daher zusätzlich ein zur Duldung verpflichtender Verwaltungsakt zu ergehen.[192]

f) Ermessen der Bauaufsichtsbehörde

142 Das Einschreiten der Bauaufsichtsbehörde untersteht in allen hier besprochenen Fällen ihrem Ermessen nach Maßgabe des § 40 VwVfG. Der Behörde kommt dabei sowohl ein **Entschließungsermessen** („ob") als auch ein **Auswahlermessen** („wie und gegen wen") zu. Im Rahmen ihrer Erwägungen muss die Behörde dabei die Interessen aller Beteiligten berücksichtigen und in einen angemessenen Ausgleich bringen. Im Rahmen der bauaufsichtlichen Maßnahmen nach § 79 NBauO spielt dabei vornehmlich das **Ausmaß des Baurechtsverstoßes** eine Rolle. Entsprechend kommt es bei einer Anpassungsverfügung nach § 85 Abs. 2 NBauO vor allem auf das **Ausmaß der bestehenden Gefahr** an; sofern Leben und Gesundheit auf dem Spiel stehen ist der Entscheidungsspielraum der Behörde also sehr viel geringer als im Falle schlichter (unzumutbarer) Belästigungen.[193]

143 Eine besondere Ermessensgrenze, die auch in Klausuren regelmäßig eine große Rolle spielt, bildet in diesem Zusammenhang der Verhältnismäßigkeitsgrundsatz. Ergreift die Behörde eine unverhältnismäßige Maßnahme, überschreitet sie das ihr zustehende Ermessen; die entsprechende Maßnahme ist mithin rechtswidrig. Will die Behörde beispielsweise einen Baustopp verhängen, weil der Bauherr bei seinem Vorhaben minimal von der Baugenehmigung abgewichen ist, muss sie Überlegungen dazu anstellen, ob dies in einem angemessenen Verhältnis zueinander steht.[194] Während die Baueinstellung i.d.R. ein angemessenes Mittel zur Verhinderung rechtswidriger Zustände darstellt, ist die Behörde im Falle einer Beseitigungsanordnung, die aus der Sicht des Betroffenen die einschneidendste Maßnahme bildet, in besonderem Maße zur eindringlichen Prüfung verpflichtet, ob ihr kein milderes Mittel zur Verfügung steht. Wirtschaftliche Interessen sollen im Rahmen der von der Bauaufsichtsbehörde vorzunehmenden Verhältnismäßigkeitsgewichtung allerdings grundsätzlich keine Berücksichtigung finden,[195] doch kann sich etwas anderes ergeben, soweit sich die behördliche Maßnahme als gleichsam existenzvernichtend erweisen würde.

144 Das Ermessen der Behörde wird zudem durch die Grundsätze der sog. **Selbstbindung der Verwaltung** eingeschränkt, die letztlich im Gleichbehandlungsgrundsatz des Art. 3 Abs. 1 GG wurzeln. Danach ist es der Behörde untersagt, gleichgelagerte Fälle ohne sachlichen Grund unterschiedlich zu behandeln. Bestehen also mehrere vergleichbare Fallkonstellationen, in denen die Behörde gegen baurechtswidrige Anlagen nicht ein-

---

192 Peine, ÖffBauR, Rn. 1036 f.
193 Stiel, in: Große-Suchsdorf, NBauO, § 85 Rn. 48.
194 Jäde, Bauaufsichtliche Maßnahmen, Rn. 290.
195 OVG Lüneburg, BRS 54 Nr. 46.

geschritten ist, so kann sie diese Praxis in erneuten vergleichbaren Einzelfällen nicht willkürlich ändern.[196] Der Betroffene kann sich in einer solchen Konstellation unter Berufung auf den Grundsatz der Selbstbindung der Verwaltung gegen die bauaufsichtliche Verfügung wehren, wobei nach einer Auffassung sogar der allgemeine Grundsatz „keine Gleichheit im Unrecht" keine Anwendung finden soll.[197] Um sich nicht dem Vorwurf der Willkür auszusetzen, muss die Bauaufsichtsbehörde in diesen Fällen daher grundsätzlich systematisch gegen alle im räumlichen und sachlichen Zusammenhang stehenden illegalen Anlagen vorgehen.[198] Eine gewisse zeitliche Verzögerung, die der praktischen Umsetzung geschuldet ist, begründet allerdings noch keine solche Ungleichbehandlung.

145 Duldet die Behörde zeitweilig eine bauliche Anlage in Kenntnis ihrer Rechtswidrigkeit, führt diese **Duldung baurechtswidriger Zustände** noch nicht automatisch zu einer Einschränkung ihres Ermessens[199] oder gar zu einer formellen Legalisierung der baulichen Anlage, sodass sich deren Eigentümer oder Bauherr insofern später nicht auf eine Verwirkung berufen kann. Die Herstellung rechtmäßiger baulicher Zustände ist der Bauaufsichtsbehörde also unter Wahrung der Verhältnismäßigkeit auch zu einem späteren Zeitpunkt weiterhin möglich.

3. Rechtsschutz des Bauherrn gegen Verfügungen der Bauaufsicht

146 Da es sich bei Verfügungen der Bauaufsicht um Verwaltungsakte i.S.d. § 35 VwVfG handelt und diese im Regelfall für ihre Adressaten belastend sind, ist es den Adressaten prinzipiell möglich, gem. § 68 Abs. 1 VwGO **Widerspruch** einzulegen[200] bzw. sich anschließend im Wege der Anfechtungsklage gem. § 42 Abs. 1 Alt. 1 VwGO oder im vorläufigen Rechtsschutz gegen diese Verfügung zu wehren. Im Rahmen des Klageverfahrens ergeben sich dabei auf der Ebene der Zulässigkeit regelmäßig keine größeren Schwierigkeiten. Als Adressat einer bauaufsichtlichen und damit belastenden Verfügung ist der Verantwortliche insbesondere stets klagebefugt i.S.d. § 42 Abs. 2 VwGO.

147 Begründet ist eine solche Klage, soweit die bauaufsichtliche Maßnahme rechtswidrig ist und der Bauherr dadurch in seinen Rechten verletzt ist, vgl. § 113 Abs. 1 VwGO. Für die Prüfung der Rechtswidrigkeit bzw. Rechtmäßigkeit der Maßnahme gelten ebenfalls keine Besonderheiten. Zu klären ist mithin zunächst die richtige Rechtsgrundlage der Maßnahme (§ 79 Abs. 1 NBauO bzw. § 85 Abs. 2 NBauO). Anschließend ist deren formelle Rechtmäßigkeit zu prüfen. Das betrifft neben der erforderlichen Anhörung und der darüber hinausgehenden Erörterung mit dem Bauherrn nach § 79 Abs. 4 NBauO insbesondere die Zuständigkeit der handelnden Behörde, die sich aus §§ 58 Abs. 2, 57 Abs. 1 NBauO ergibt. Um **materiell rechtmäßig** zu sein, muss die Maßnahme sodann den Anforderungen der jeweiligen Ermächtigungsgrundlage genügen. In diesem Zusammenhang ist vor allem darauf einzugehen, ob für die konkrete

---

[196] Möglich ist indes eine ausdrückliche und begründete Änderung der bestehenden Verwaltungspraxis für die Zukunft.
[197] Vgl. *Muckel/Ogorek*, ÖffBauR, § 9 Rn. 43.
[198] BVerwG, BRS 60 Nr. 163.
[199] *Jäde*, Bauaufsichtliche Maßnahmen, Rn. 119.
[200] Das Vorverfahren ist im Baurecht nicht entbehrlich, vgl. § 80 Abs. 3 S. 1 Nr. 4 a NJG (o. Rn. 112).

V. Eingriffsbefugnisse der Bauaufsicht

Maßnahme bereits die formelle Illegalität ausreicht oder ob das Vorhaben auch materiell mit dem Baurecht unvereinbar sein muss (o. Rn. 131 ff.). Mit Blick auf die Rechtsfolgenseite ist zuletzt regelmäßig auf die Möglichkeit behördlicher Ermessensfehler, insbesondere mit Blick auf die Beachtung des Verhältnismäßigkeitsgrundsatzes, einzugehen.

Für die Bestimmung des maßgeblichen **Zeitpunktes zur Beurteilung der Sach- und Rechtslage** ist in erster Linie auf das einschlägige materielle Recht abzustellen,[201] doch gilt im Zweifel die Regel, dass bei der Anfechtung von Verwaltungsakten ohne Dauerwirkung die Sach- und Rechtslage im Zeitpunkt der letzten Verwaltungsentscheidung maßgebend ist.[202] Bei Verwaltungsakten mit Dauerwirkung sind hingegen – je nach dem zeitlichen Umfang des Aufhebungsbegehrens – auch spätere Veränderungen der Sachlage zugunsten des Klägers bis zum Schluss der mündlichen Verhandlung des Tatsachengerichts zu berücksichtigen.[203] Bauaufsichtliche Untersagungsverfügungen können solche Verwaltungsakte mit Dauerwirkung sein, wenn sie dem Adressaten für die Zukunft untersagen, eine bauliche Anlage zu benutzen. Denn dann erschöpfen sie sich nicht in einem einmaligen Verbot, sondern zeitigen Wirkungen, die nach ihrem Sinn und Zweck und dem insoweit maßgeblichen materiellen Recht wesensgemäß auf Dauer angelegt sind.[204]

148

Im Rahmen des **vorläufigen Rechtsschutzes** ist zu beachten, dass die Erhebung des Widerspruchs bzw. der Klage gem. § 80 Abs. 1 VwGO für den Bauherrn bereits aufschiebende Wirkung entfaltet. Die Notwendigkeit des vorläufigen Rechtsschutzes ergibt sich für den Bauherrn deshalb nur dort, wo die Behörde ausnahmsweise die sofortige Vollziehung gem. § 80 Abs. 2 Nr. 4 VwGO angeordnet hat. Im Hinblick auf die Zulässigkeit eines entsprechenden Antrags nach § 80 Abs. 5 VwGO auf Wiederherstellung der aufschiebenden Wirkung bestehen regelmäßig keine größeren Probleme. Auch insoweit ist der Bauherr als Adressat der belastenden Maßnahme analog § 42 Abs. 2 VwGO stets antragsbefugt. Nach den allgemeinen verwaltungsprozessualen Regeln ist ein solcher Antrag begründet, soweit das Aussetzungsinteresse des Bauherrn das Vollzugsinteresse der Behörde überwiegt.[205] Dies richtet sich primär nach den Erfolgsaussichten der Hauptsache. Insoweit muss im Rahmen einer Klausur mithin die Rechtmäßigkeit der bauaufsichtlichen Maßnahme vollständig nach folgendem Schema geprüft werden.

149

---

201 BVerwGE 64, 218 (221 f.); 66, 178 (182).
202 BVerwGE 92, 32 (35); 97, 214 (220 f.); OVG Lüneburg, NdsVBl. 2004, 301.
203 BVerwGE 97, 214 (220 f.); OVG Lüneburg, UPR 2006, 37.
204 Vgl. OVG Lüneburg, NdsVBl. 2013, 218 (219) zu einer abfallrechtlichen Untersagungsverfügung.
205 Zwar ist stets eine Betrachtung des Einzelfalls erforderlich, doch wird man als gewisse „Faustregel" sagen können, dass bei der Erteilung eines Baustopps das öffentliche Interesse am sofortigen Vollzug zumeist gegeben sein wird, was sich aus dem Zweck der Maßnahme ergibt. Anders verhält es sich bei einer Abrissverfügung. Aufgrund der Endgültigkeit der Maßnahme überwiegt hier regelmäßig das Aussetzungsinteresse des Bauherrn, vgl. *Finkenburg/Ortloff/Otto*, S. 273.

Rechtmäßigkeit einer Bauordnungsverfügung

I. Ermächtigungsgrundlage: § 79 Abs. 1 NBauO oder § 85 Abs. 2 NBauO
II. Formelle Rechtmäßigkeit
  1. Zuständigkeit: Gem. §§ 58 Abs. 2, 57 Abs. 1 NBauO grundsätzlich die Landkreise, die kreisfreien und großen selbstständigen Städte[206]
  2. Verfahren: § 28 VwVfG und § 79 Abs. 4 NBauO: Erörterung mit dem Betroffenen (mehr als einfache Anhörung)
  3. Form: § 37 Abs. 2 VwVfG, keine besonderen Anforderungen
III. Materielle Rechtmäßigkeit
  1. Tatbestand der jeweiligen Alternative: Widerspruch zu öffentlich-rechtlichen Vorschriften
     a) § 79 Abs. 1 S. 2 Nr. 1–3: formelle oder materielle Illegalität (o. Rn. 131)
     b) § 79 Abs. 1 S. 2 Nr. 4: formelle und materielle Illegalität (o. Rn. 134)
     c) § 79 Abs. 1 S. 2 Nr. 5: nach überwiegender Ansicht formelle Illegalität ausreichend (o. Rn. 133)
     d) § 85 Abs. 2: Gefährdung für die öffentliche Sicherheit durch die bauliche Anlage (o. Rn. 139)
  2. Verantwortlichkeit: §§ 79 Abs. 1 S. 3, 52–56 NBauO (o. Rn. 140 f.)
  3. Rechtsfolge: Ermessen, ggf. Ermessensreduzierung auf Null, z.B. bei Anspruch des Nachbarn auf behördliches Einschreiten (u. Rn. 174)

VI. Nachbarschutz im öffentlichen Baurecht

150 Während der Rechtsschutz des Bauherrn regelmäßig[207] durch die Konstellationen gekennzeichnet ist, dass die Erteilung einer (versagten) Baugenehmigung begehrt (s.o. Rn. 111 ff.) oder sich gegen eine bauordnungsrechtliche Verfügung wendet (s.o. Rn. 146 ff.), weisen die Konstellationen, in denen sich ein Nachbar gegen die dem Bauherrn erteilte Baugenehmigung wendet (Anfechtungskonstellation) oder das Ziel verfolgt, eine Bauordnungsmaßnahme zu erwirken (Verpflichtungskonstellation) regelmäßig sowohl prozessual als auch materiell-rechtlich einen höheren Schwierigkeitsgrad auf. Neben dem Hauptverfahren kommt hierbei vor allem auch dem vorläufigen Rechtsschutz eine besondere Bedeutung zu. Die Probleme bei der Behandlung dieser nachbarrechtlichen Rechtsbehelfe resultieren insbesondere daraus, dass es sich beim Nachbarschutz um ein sog. dreipoliges Verwaltungsrechtsverhältnis (Baubehörde, Bauherr, Nachbar) handelt. Umso überraschender ist es – auch angesichts seiner hohen praktischen Bedeutung – dass das öffentlich-rechtliche Nachbarschutzrecht nicht umfassend und klar kodifiziert, sondern verstreut in zahlreichen Normbereichen geregelt ist. Nicht zuletzt dieser Umstand macht es in der Juristenausbildung zum beliebten Anwendungsfeld von Klausuren.

151 Neben dem nachfolgend dargestellten öffentlich-rechtlichen Nachbarschutz besteht für den Nachbarn natürlich auch die Möglichkeit, zivilrechtlich, insbesondere nach

---

[206] Vgl. § 14 Abs. 5 u. 6 NKomVG sowie o. Rn. 95.
[207] Speziell zum Rechtsschutz des Bauherrn bei fehlendem Einverständnis der Gemeinde nach § 36 BauGB s.o. Rn. 98, zum Rechtsschutz der Nachbargemeinde gegen Flächennutzungs- und Bebauungspläne s. o. Rn. 37.

Maßgabe der §§ 903 ff., 1004, 823 BGB, unmittelbar gegen den Bauherrn vorzugehen.[208] Im Gegensatz zum **privatrechtlichen Nachbarschutz**, dessen Geltendmachung das Rechtsschutzbedürfnis für den Verwaltungsrechtsweg grundsätzlich unberührt lässt, können Ansprüche wegen der Verletzung öffentlich-rechtlicher Vorschriften im dreipoligen Verwaltungsrechtsverhältnis (o. Rn. 150) hingegen nur gegenüber der Bauaufsichtsbehörde geltend gemacht werden.

1. Typische Probleme im Rahmen der Zulässigkeit

In baurechtlichen Nachbarklagen können sich bereits im Rahmen der Zulässigkeitsprüfung zahlreiche Rechtsfragen ergeben. 152

a) Vorverfahren und Widerspruchsfrist

Vor Erhebung von Anfechtungs- und Verpflichtungsklage ist im Baurecht, insoweit 153 unterscheidet sich die Klage des Nachbarn nicht von der des Bauherrn (o. Rn. 112), ein **Vorverfahren durchzuführen**, vgl. § 80 Abs. 3 S. 1 Nr. 4 a) NJG. Gem. § 70 Abs. 1 S. 1 VwGO beginnt die **Widerspruchsfrist** mit Bekanntgabe des VA. Anders als gegenüber dem Bauherrn erfolgt die Bekanntgabe einer Baugenehmigung gegenüber dem Nachbarn, sofern nicht § 70 Abs. 5 NBauO eingreift (o. Rn. 99), jedoch oftmals nicht. Nach der ständigen Rechtsprechung des BVerwG[209] beginnt die Rechtsbehelfsfrist für den Nachbarn in diesen Fällen daher erst, wenn der Nachbar tatsächlich von der erteilten Baugenehmigung Kenntnis erlangt hat oder hätte erlangen müssen (z.B. durch den Baubeginn). Dann muss er sich nämlich so behandeln lassen, als sei ihm die Baugenehmigung amtlich bekannt gemacht worden. Ab diesem Zeitpunkt läuft für den Nachbarn dann eine Jahresfrist zur Einlegung des Widerspruchs, vgl. § 70 Abs. 2 i.V.m. § 58 Abs. 2 VwGO.

Zu beachten ist, dass die Widerspruchsbehörde über den gegen eine Baugenehmigung 154 **nach Ablauf der Widerspruchsfrist** eingelegten Nachbarwiderspruch – selbst wenn er offensichtlich begründet ist – nicht mehr sachlich entscheiden darf. Abweichend von den eigentlichen Grundsätzen zum Widerspruchsverfahren, in dem die Widerspruchsbehörde als „Herrin des Verfahrens" die Verfristung durch eine sachliche Entscheidung „heilen" kann, vermittelt die bestandskräftige Genehmigung dem Bauherrn nämlich eine gesicherte Rechtsposition, die ihm nicht mehr durch einen Drittwiderspruch entzogen werden darf (VA mit Doppelwirkung).[210]

b) Klagebefugnis

Hauptproblem im Rahmen der Zulässigkeit nachbarlicher Rechtsbehelfe ist zumeist 155 die Klagebefugnis nach § 42 Abs. 2 VwGO. Der Nachbar ist nämlich typischerweise nicht unmittelbarer Adressat behördlicher Maßnahmen auf dem Gebiet des öffentlichen Baurechts. Gleichwohl muss es ihm möglich sein, behördlich oder gerichtlich gegen Vorhaben des Bauherrn vorzugehen, wenn diese ihn in seinen eigenen subjektiven Rechten verletzen. Um Popularklagen auszuschließen und den Bauherrn vor einer un-

---

208 Vgl. vertiefend zum Verhältnis und insb. auch zur gegenseitigen Wechselwirkung beider Rechtsgebiete: *Burzynska*, in: Große-Suchsdorf, NBauO, § 68 Rn. 139 ff.; *Seidel*, NVwZ 2004, 139 ff.
209 BVerwG, NJW 1974, 1260 ff.
210 BVerwG, NVwZ 1983, 285 ff.

übersehbaren Vielzahl von Abwehransprüchen zu schützen, soll dies einem Nachbarn aber nur dann möglich sein, wenn seine **Rechtsverletzung aufgrund** einer sog. **drittschützenden Norm** möglich erscheint. Die Schwierigkeit von Nachbarklagen im Baurecht liegt nun darin begründet, dass die gesetzlichen Regelungen in den seltensten Fällen eine eindeutige Antwort auf die Frage zulassen, ob dem Nachbarn ein subjektiv-öffentliches Recht auf Durchsetzung dieser Norm verliehen wird.

156 Grundvoraussetzung für die Geltendmachung von Nachbarrechten ist zunächst, dass es sich um einen **Nachbar i.S.d. öffentlichen Baurechts** handelt. Dazu zählen diejenigen, die **Eigentümer** oder an dem Grundstück dinglich Berechtigte (z.b. Nießbrauch, Grunddienstbarkeit) sind. Lediglich **obligatorisch Nutzungsberechtigten** (z.b. **Mieter, Pächter, Käufer**) gehören nach h.M.[211] hingegen nicht zum abwehrberechtigten Personenkreis, da dieser grundstücks- und nicht personenbezogen ermittelt wird (vgl. o. Rn. 99). In räumlicher Hinsicht ist im Einzelfall das Gebiet zu bestimmen, auf das sich das Vorhaben auswirkt. Aus dem Schutzzweck der Norm ist dann durch Auslegung zu ermitteln, ob diese nur ein unmittelbar angrenzendes Grundstück (etwa bei einzuhaltenden Abstandsflächen) oder auch weitere Grundstücke in der Umgebung schützt. Teilweise wird dabei noch zwischen generell und partiell nachbarschützenden Normen unterschieden.[212]

157 Klagebefugt ist dieser Nachbar aber nur dann, wenn die **Verletzung einer drittschützenden Norm** möglich erscheint. Ob eine Vorschrift des öffentlichen Baurechts solchen **Drittschutz** gewährt, ist für den jeweiligen Einzelfall anhand der nicht nur im Baurecht anwendbaren sog. **Schutznormtheorie** zu ermitteln: Danach ist eine Norm drittschützend, wenn sie neben der Allgemeinheit *zumindest auch* die Interessen konkreter Dritter, hier also des Nachbarn, schützt.[213] Es ist also anhand der juristischen Auslegungsmethoden zu ermitteln, ob eine Norm die Rücksichtnahme auf Interessen Dritter gebietet. Das kann sich unmittelbar aus ihrem Wortlaut ergeben, etwa dann, wenn sie Abwehrrechte Betroffener ausdrücklich begründet. Da derartige Abwehrrechte aber nur ausnahmsweise ausdrücklich statuiert sein werden, wird i.d.R. eine teleologische **Auslegung nach Sinn und Zweck der Norm** in Betracht kommen; gelegentlich mag sich auch aus der Entstehungsgeschichte der Wille des historischen Normgebers ermitteln lassen, die Interessen Dritter zu schützen. Oftmals handelt es sich dann um Normen, die das **baurechtliche Gebot der Rücksichtnahme** (o. Rn. 48) konkretisieren. Danach hat jeder Bauherr und sonstige Nutzer eines Grundstücks, verkürzt gesagt, bei seinen Maßnahmen die berechtigten Belange der Nachbarn zu berücksichtigen.

---

211 BVerwG, NVwZ 1998, 956; ausf. zur Problematik *Burzynska*, in: Große-Suchsdorf, NBauO, § 68 Rn. 3 ff.; für eine Einbeziehung auch der obligatorisch Nutzungsberechtigten: *Thews*, NVwZ 1995, 224 ff.
212 Generell nachbarschützende Vorschriften sind solche, die einen unbedingten Schutz des Nachbarn gewährleisten, ohne dass im Einzelfall eine konkrete Schutzwürdigkeit zu fordern ist (insb. Abstandsregelungen). Als partiell nachbarschützend werden demgegenüber Normen angesehen, die situationsbezogen dem Schutz nachbarlicher Interessen dienen (insb. einfachgesetzliche Konkretisierungen des Rücksichtnahmegebots), s. dazu *Finkelnburg/Ortloff/Otto*, ÖffBauR (Band 2), S. 224 ff.
213 Vgl. nur BVerwG, NVwZ 1987, 409.

VI. Nachbarschutz im öffentlichen Baurecht

Die Vorschriften des **Bauplanungsrechts** dienen in erster Linie dem Allgemeininteresse an geordneter städtebaulicher Entwicklung. Normen, die dennoch Drittschutz entfalten können, sind insbesondere:[214] 158

- Abwägungsgebot des § 1 Abs. 7 BauGB;
- § 30 Abs. 1 BauGB i.V.m. drittschützenden Festsetzungen des Bebauungsplans über die Art der baulichen Nutzung (sog. Gebietserhaltungsanspruch); bzgl. anderer Festsetzungen des Bebauungsplans ist der drittschützende Charakter umstritten und muss im Einzelfall durch Auslegung festgestellt werden;
- § 31 BauGB (Abweichungen von nachbarschützenden planerischen Festsetzungen, die im Wege der Ausnahme oder Befreiung zugelassen werden);
- § 34 Abs. 1 BauGB (über das Merkmal „einfügen" wirkt sich das Rücksichtnahmegebot aus);
- § 34 Abs. 2 BauGB i. V. m. BauNVO (sog. Gebietserhaltungsanspruch);
- § 35 Abs. 3 S. 1 Nr. 3 BauGB (Schutz vor schädlichen Umwelteinwirkungen).

Hauptaufgabe des **Bauordnungsrechts** ist primär die Gefahrenabwehr, also ein Schutz der Allgemeinheit, so dass nur wenigen Normen der NBauO drittschützender Charakter zukommt. Dies wird man allerdings dann bejahen müssen, wenn eine Vorschrift Baumaßnahmen verbietet, die den Rechtsbereich des Nachbarn typischerweise schädigen oder gefährden. Das Idealbeispiel hierfür sind die Abstandsvorschriften der §§ 5 ff. NBauO, deren Sinn und Zweck insbesondere darin besteht, eine ausreichende Beleuchtung und Besonnung des Nachbargrundstücks und eine angemessene Wohnruhe zu gewährleisten. Nachbarschützend sind daneben insbesondere folgende Bestimmungen des Bauordnungsrechts: [215] 159

- § 12 NBauO (Standsicherheit benachbarter baulicher Anlagen);
- § 13 NBauO (Schutz vor unzumutbaren Belästigungen, insb. durch Geruch oder Geräusche);
- §§ 14 und 32 Abs. 3 NBauO (Brandschutz, insb. Verhinderung der Ausbreitung von Feuer und Rauch über die Grundstücksgrenze hinaus);
- § 15 Abs. 2 (Belästigungen durch Geräusche, Erschütterungen oder Schwingungen);
- § 46 NBauO (Schutz vor unzumutbaren Belästigungen durch Garagen und Stellplätze);
- § 66 Abs. 1 NBauO (Möglichkeit der Abweichung von Anforderungen der NBauO unter Berücksichtigung nachbarlicher Belange).

Soweit eine Verletzung nicht nachbarschützender Normen der NBauO für den Nachbarn ausnahmsweise unzumutbare Belästigungen mit sich bringt, wird man auch aus der subsidiären Generalklausel des § 3 NBauO als gesetzlicher **Ausprägung des Rücksichtnahmegebotes** ein Abwehrrecht herleiten können,[216] selbst wenn die allgemeinen 160

---

214 Umfangreiche Kataloge von den Baunachbarn schützenden Normen finden sich etwa bei *Peine*, ÖffBauR, Rn. 856 ff.; *Hoppe/Bönker/Grotefels*, ÖffBauR, § 18 Rn. 41 ff.; *Finkelnburg/Ortloff/Otto*, ÖffBauR (Band 2), S. 231 ff.; *Dürr*, KommJur 2005, 204 ff.
215 Ein ausführlicher Katalog nachbarschützender Vorschriften der NBauO mit zahlreichen Beispielen aus der Rechtsprechung findet sich bei: *Burzynska*, in: Große-Suchsdorf, NBauO, § 68 Rn. 65 ff.
216 OVG Lüneburg, Beschl. v. 7.3.2000 – 1 M 416/00 – BeckRS 2013, 58255.

Anforderungen an bauliche Anlagen (Abs. 1–4) und Baumaßnahmen (Abs. 5) in § 3 NBauO in erster Linie dem Allgemeinwohl dienen. Regelmäßig keinen Drittschutz entfaltet entsprechend auch das **Verunstaltungsgebot des § 10 NBauO**, da dieses grundsätzlich dem öffentlichen Interesse an der bauästhetisch einwandfreien Einfügung eines Bauwerks in die Umgebung und nicht dem individuellen Schutz benachbarter Grundstückseigentümer vor Verunstaltungen dient. Wie § 3 NBauO kann aber auch § 10 NBauO in besonderen Einzelfällen (z.B. gestalterische Rücksichtslosigkeit, grobe Verunstaltung) ausnahmsweise ein Abwehrrecht des Nachbarn begründen.[217]

161 § 79 NBauO ist zwar selbst nicht nachbarschützend, doch kann sich i.V.m. den oben in Rn. 159 genannten nachbarschützenden Vorschriften aus **§ 79 NBauO** ein Anspruch des Nachbarn auf Einschreiten gegen baurechtswidrige Zustände und Baumaßnahmen ergeben, soweit diese gegen nachbarschützende Normen verstoßen. Der Verfahrensvorschrift des **§ 68 NBauO** (Beteiligung des Nachbarn im Genehmigungsverfahren) kommt zwar grundsätzlich drittschützender Charakter zu, doch gewährt die verfahrensrechtliche Rechtsposition dem Dritten nur Schutz im Hinblick auf eine bestmögliche Verwirklichung seiner materiell-rechtlichen Rechtsposition. Bei einer auf die Verletzung einer solchen Verfahrensvorschrift gestützten Klage muss sich für die Klagebefugnis aus dem Vorbringen des Klägers daher ergeben, dass sich der von ihm gerügte Verfahrensfehler auch auf seine materiell-rechtliche Position ausgewirkt haben könnte.[218]

162 Nach inzwischen gefestigter Rechtsprechung des BVerwG[219] kommt – selbst bei schwerer und unerträglicher Betroffenheit – ein Rückgriff auf **Art. 14 Abs. 1 GG** als drittschützende Norm nicht mehr in Betracht, da die Vorschriften des einfachen Baurechts als verfassungskonforme Inhalts- und Schrankenbestimmungen i.S.v. Art. 14 Abs. 1 S. 2 GG einen unmittelbaren Rückgriff auf Verfassungsrecht ausschließen (o. Rn. 128). Unabhängig von der Verletzung nachbarschützender Vorschriften hat das BVerwG[220] die Möglichkeit einer Nachbarklage zum Schutze der Gesundheit unmittelbar aus **Art. 2 Abs. 2 S. 1 GG** anerkannt; i.d.R. gewähren hier aber bereits einfachgesetzliche Normen, insbesondere des BImSchG, umfassenden Drittschutz. Daneben kann der Nachbar u.U. auch aus einer **behördlichen Zusicherung** i.S.d. § 38 VwVfG Abwehransprüche geltend machen.[221]

c) Rechtsschutzinteresse

163 Denkbar ist weiterhin, dass die Zulässigkeit einer Nachbarklage bereits am Nichtvorliegen eines allgemeinen Rechtsschutzinteresses scheitert. So entfällt das Rechtsschutzinteresse etwa bei einem wirksamen **Verzicht**. Eine solche Verzichtserklärung kann ausdrücklich oder konkludent das Einverständnis mit dem Bauvorhaben zum Ausdruck bringen. Rechtsbehelfe sind dem Nachbarn unter dem Gesichtspunkt des **Rechtsmissbrauchs** auch dann verwehrt, wenn die geltend gemachte Rechtsverletzung

---

217 OVG Lüneburg, NdsVBl. 2003, 272 f.
218 So zum Immissionsschutzrecht: BVerwGE 85, 368 ff.
219 BVerwGE 89, 69 (78); 101, 364 (373).
220 BVerwGE 54, 211 (223).
221 Dazu vertiefend *Hoppe/Bönker/Grotefels*, ÖffBauR, § 18 Rn. 73 m.w.N.

gerade auf der unzulässigen Nutzung seines Grundstücks beruht oder wenn der Nachbar vom Bauherrn die Einhaltung einer nachbarschützenden Norm verlangt, die er selbst auf seinem Grundstück verletzt. Relevant kann daneben u.u. auch die **Verwirkung** des materiellen nachbarlichen Abwehrrechts sein, weil beim Bauherrn ein schützenswertes Vertrauen hervorgerufen wurde. Eine Verwirkung ist i.d.S. etwa gegeben, wenn der Nachbar trotz sich über längere Zeit erstreckender Baumaßnahmen untätig geblieben ist (Zeitmoment) und dadurch für den Bauherrn den Eindruck erweckt hat, er werde sein Abwehrrecht nicht mehr geltend machen (Umstandsmoment).[222]

2. Notwendige Beiladung des Bauherrn

Im verwaltungsgerichtlichen Verfahren ist im Rahmen einer Nachbarklage der **Bauherr notwendig beizuladen,** § 65 Abs. 2 VwGO. Hat der Rechtsbehelf des Nachbarn Erfolg, wird, je nach Klageziel, die erteilte Baugenehmigung aufgehoben oder eine Bauordnungsverfügung erlassen. Der Bauherr ist daher an dem in einem solchen Verfahren streitigen Rechtsverhältnis derart beteiligt, dass die Entscheidung auch ihm gegenüber nur einheitlich ergehen kann.

3. Typische Konstellationen der Baunachbarklage

Die Frage des nachbarlichen Rechtsschutzes im öffentlichen Baurecht stellt sich insbesondere in zwei Grundkonstellationen:

- **Anfechtungskonstellation:** Der Bauherr erhält von der Bauaufsichtsbehörde eine Baugenehmigung. Der Nachbar erhebt gegen diese eine Anfechtungsklage.
- **Verpflichtungskonstellation:** Der Nachbar möchte eine bauaufsichtliche Verfügung gegen den Bauherrn erwirken. Relevant sind dabei insbesondere die Fälle, in denen der Bauherr ohne Baugenehmigung oder außerhalb einer erteilten Baugenehmigung („Schwarzbau") handelt. Der Nachbar erhebt dann Verpflichtungsklage gegen die Bauaufsichtsbehörde, gerichtet auf bauaufsichtliches Einschreiten gegen den Bauherrn.

Wie in kaum einem anderen Rechtsgebiet kommt bei der Baunachbarklage dem **vorläufigen Rechtsschutz** eine besondere Bedeutung neben dem Hauptverfahren zu. Er ist im Nachbarstreit in der Praxis nicht die Ausnahme, sondern der Regelfall.

In der Rechtspraxis seltener und daher auch weniger prüfungsrelevant sind die sonstigen Rechtsschutzbegehren des Nachbarn:

- Begehrt der Nachbar **Rechtsschutz gegen einen öffentlichen Bauherrn** (z.B. Einrichtung von Spiel- und Bolzplätzen), besteht mangels Kompetenz der Bauaufsichtsbehörde, gegen andere Hoheitsträger einzuschreiten, nur die Möglichkeit, im Wege der allgemeinen Leistungsklage (Unterlassungsklage gerichtet auf Unterlassung bestimmter Nutzungen bzw. Leistungsklage gerichtet auf Beseitigung baulicher Anlagen) direkt gegen den bauenden Hoheitsträger vorzugehen.
- Der Nachbar kann, wie jeder andere Bürger auch, im Wege des **Normenkontrollverfahrens nach § 47 VwGO gegen Bebauungspläne** vorgehen (s.o. Rn. 35).

---

222 BVerwGE 91, 92 (97); OVG Lüneburg, NdsVBl. 2011, 318 ff.

- Der Rechtsschutz des Nachbarn beim **Bauvorbescheid** (s. o. Rn. 109) richtet sich prinzipiell nach denselben Grundsätzen wie bei der Baugenehmigung. § 212 a BauGB gilt nach h.m. jedoch für den Bauvorbescheid nicht, da dieser noch nicht unmittelbar die Bauausführung gestattet.
- Dem Nachbarn können durch die Wertminderung seines Grundstücks durch eine rechtswidrige Baugenehmigung insb. **Schadensersatzansprüche aus Amtspflichtverletzung** gegen eine schuldhaft handelnde Bauaufsichtsbehörde zustehen.[223]

a) Die Anfechtungskonstellation

168 Das wohl wichtigste Rechtsschutzbegehren des Nachbarn sind Anfechtungswiderspruch (§ 68 Abs. 1 S. 1 VwGO) bzw. Anfechtungsklage (§ 42 Abs. 1, 1. Alt. VwGO) gegen die dem Bauherrn erteilte Baugenehmigung. Diese stellt unproblematisch einen VA i.S.v. § 35 S. 1 VwVfG i.V.m. § 1 Abs. 1 NdsVwVfG dar. Da die Baugenehmigung nur in seltenen Fällen teilbar ist, kann der Nachbar grundsätzlich nur gegen diese insgesamt vorgehen und nicht einzelne Teile isoliert anfechten.

169 Nach § 113 Abs. 1 S. 1 VwGO ist eine Anfechtungsklage **begründet**, soweit der VA rechtswidrig und der Kläger dadurch in seinen Rechten verletzt ist. Auch wenn danach grundsätzlich eine zweistufige Prüfung nach objektiver Rechtswidrigkeit und subjektiver Rechtsverletzung beim Kläger vorgegeben ist, sollte bei Baunachbarstreitigkeiten in der Begründetheit (zunächst) nur geprüft werden, ob die Baugenehmigung gegen nachbarschützende Vorschriften verstößt. Ist der VA zwar objektiv rechtswidrig, der Kläger als Dritter aber nicht in drittschützenden Normen verletzt, ist die Klage nämlich abzuweisen.[224] Der Nachbar hat insoweit keinen allgemeinen Gesetzesvollziehungsanspruch und muss sich mit einer objektiv rechtswidrigen Baugenehmigung abfinden. Er kann allenfalls bei der Baubehörde die Rücknahme der objektiv rechtswidrigen Baugenehmigung anregen.

Um in einer Klausur dem Prüfer von vornherein zu zeigen, dass die Systematik einer Drittanfechtungsklage verstanden wurde, könnte ein entsprechender Obersatz der Begründetheitsprüfung etwa lauten: „Die Baunachbaranfechtungsklage ist begründet, soweit die Baugenehmigung nachbarschützende Vorschriften verletzt." Eine vollständige Prüfung der Rechtmäßigkeit der Baugenehmigung im Übrigen sollte nur durchgeführt werden, wenn die Aufgabenstellung eine umfassende rechtliche Würdigung unter vollständiger Ausschöpfung des Sachverhalts verlangt. Andernfalls sollten weitere Ausführungen allenfalls in einem Hilfsgutachten vorgenommen werden.

b) Vorläufiger Rechtsschutz in der Anfechtungskonstellation[225]

170 Bei einer Baugenehmigung handelt es sich um den typischen Fall eines Verwaltungsaktes mit Doppelwirkung (§ 80 a VwGO), da dieser den Bauherrn rechtlich begünstigt und zugleich den Nachbarn unmittelbar belastet. Grundsätzlich haben auch Widerspruch und Anfechtungsklage eines Dritten gegen einen solchen Verwaltungsakt gem.

---

223 Dazu und zu weiteren Schadensersatz- und Entschädigungsansprüchen des Nachbarn: *Burzynska*, in: Große-Suchsdorf, NBauO, § 68 Rn. 265 ff.
224 BVerwG, NJW 1984, 2174 f.
225 Dazu ausführlich *Burzynska*, in: Große-Suchsdorf, NBauO, § 68 Rn. 230 ff.

§ 80 Abs. 1 S. 2 VwGO aufschiebende Wirkung. Nach § 80 **Abs. 2 S. 1 Nr. 3 VwGO i.V.m.** § 212 a **Abs.** 1 BauGB entfällt diese jedoch ausnahmsweise bei Rechtsbehelfen eines Nachbarn gegen die bauaufsichtliche Zulassung eines Vorhabens i.s.d. § 29 BauGB. Sinn dieser Regelung ist es, zu verhindern, dass Nachbarn wahllos Rechtsbehelfe einlegen, um den Bau zu verzögern; bezweckt ist also die Stärkung der Rechtsposition des Bauherrn gegenüber unberechtigten Einwenden. Damit wird aber auch gleichzeitig dem **Nachbarn die Angriffslast** auferlegt: Möchte er verhindern, dass er vor vollendete Tatsachen gestellt wird, weil der Bauherr aufgrund seiner Baugenehmigung mit dem Bauvorhaben beginnt, ist er gezwungen, im Wege vorläufigen Rechtsschutzes gegen die Baugenehmigung vorzugehen.

Somit eröffnen sich für den Nachbarn nach § 80 a **VwGO** folgende Angriffsmöglichkeiten: 171

- Über seinen Widerspruch gegen die Baugenehmigung hinaus kann er die Aussetzung der Vollziehung der Genehmigung nach § 80 a **Abs. 1 Nr. 2 VwGO** bei der **Bauaufsichtsbehörde** beantragen.
- Da die Wahrscheinlichkeit einer abweichenden Entscheidung der Ausgangsbehörde allerdings gering ist, ist es oftmals aussichtsreicher, sogleich gem. § 80 a **Abs. 3 S. 1 VwGO** beim **Verwaltungsgericht** einen Antrag auf Aussetzung der Vollziehung der Baugenehmigung zu stellen. Weitgehend umstritten ist dabei die Frage, ob es hierzu erforderlich ist, dass der Antragsteller zuvor bei der Bauaufsichtsbehörde einen Antrag auf Aussetzung der Vollziehung stellen muss, vgl. § 80 a Abs. 3 S. 2 i.V.m. § 80 Abs. 6 VwGO.[226]
- Drittens kann der Nachbar gemäß § 80 a **Abs. 3 S. 2 i.V.m.** § 80 Abs. 5 VwGO beim Verwaltungsgericht einen Antrag auf Anordnung der aufschiebenden Wirkung stellen.[227]

Der Antrag ist **begründet**, wenn das Aussetzungsinteresse des Nachbarn das Vollzugsinteresse des Bauherrn überwiegt. Dies ist der Fall, wenn sich die Baugenehmigung bei summarischer Prüfung im Hinblick auf nachbarschützende Vorschriften als rechtswidrig erweist. Zu beachten ist dabei, dass sich hier (anders als im Normalfall des § 80 Abs. 5 VwGO) konträre private Interessen gegenüberstehen. Nur wenn die Abwägung zwischen diesen zu keinem Überwiegen einer der beiden Seiten führt, sind öffentliche Belange einzubeziehen. Dabei spricht die Existenz des § 212 a BauGB für ein Interesse der Öffentlichkeit an der sofortigen Vollziehung der Baugenehmigung. 172

c) Verpflichtungskonstellation

Die Konstellation, in der ein Nachbar die Bauaufsichtsbehörde zum Erlass einer bauordnungsrechtlichen Verfügung i.S.d. § 79 Abs. 1 NBauO gegen den Bauherrn verpflichten lassen möchte, tritt z.B. ein, wenn der Bauherr mit seinem gegen nachbarschützende Normen verstoßenden Bauvorhaben begonnen hat. Damit ist das Begeh- 173

---

226 Nach der für Niedersachsen maßgeblichen Rechtsprechung des OVG Lüneburg ist jeder Nachbar im Grundsatz verpflichtet, vor Anrufung des VG einen Aussetzungsantrag bei der Behörde zu stellen und dessen Bescheidung abzuwarten: vgl. OVG Lüneburg, NVwZ-RR 2010, 552 ff.; NVwZ-RR 2011, 185; a.A. *Kopp/Schenke*, VwGO, § 80 a Rn. 21 m.w.N.
227 Vgl. VGH Kassel, NVwZ-RR 2005, 228; VG Gießen, NVwZ-RR 2005, 232.

ren des Nachbarn in der Dreieckskonstellation (o. Rn. 150) ersichtlich nicht etwa auf eine unmittelbare Beseitigung der Störung durch den Bauherrn, sondern auf den Erlass von behördlichen Ge- bzw. Verboten gegenüber dem Bauherrn gerichtet, die unproblematisch als Verwaltungsakte i.S.d. § 35 S. 1 VwVfG i. V. m. § 1 Abs. 1 NdsVwVfG zu qualifizieren sind. In diesen Fällen ist nach erfolglosem Widerspruchsverfahren (§ 68 Abs. 2 VwGO) eine Verpflichtungsklage (§ 42 Abs. 1, 2. Alt. VwGO) die statthafte Klageart.

174 Die Klage ist begründet, soweit die Ablehnung der begehrten Verfügung den Nachbarn in seinen drittschützenden Vorschriften verletzt (vgl. § 113 Abs. 5 S. 1 VwGO), was nur dann der Fall sein kann, wenn er einen Anspruch auf den begehrten Verwaltungsakt hat. Da das Einschreiten der Baubehörde nach § 79 oder § 85 Abs. 2–5 NBauO in deren Ermessen gestellt ist, ist der Anspruch des Nachbarn dabei auf eine fehlerfreie Ermessensausübung beschränkt. Im Grundsatz hat ein Nachbar hiernach also lediglich einen Anspruch darauf, dass die Behörde über das "Ob" und "Wie" des Einschreitens ermessensfehlerfrei entscheidet. Ein unmittelbarer Anspruch auf Einschreiten ist nur ausnahmsweise gegeben, wenn das Ermessen aufgrund der Umstände im Einzelfall auf Null reduziert ist, also nur eine einzige Entscheidung ermessensgerecht ist. Nach der Rechtsprechung des OVG Lüneburg[228] kommt dies in der Regel nur in Betracht, wenn das Ausmaß der Einwirkungen auf das Nachbargrundstück zu unzumutbaren und spürbaren Beeinträchtigungen des Nachbarn führt. Eine Ermessensreduktion wird daher vor allem bei erheblichen und schwerwiegenden Störungen oder Gefahren für Leib oder Leben gegeben sein. I.d.S. hat das OVG mehrfach klargestellt, dass hierfür etwa eine Unterschreitung des nötigen Grenzabstandes alleine nicht genügt, sondern dass diese Unterschreitung den Nachbarn in einem unzumutbaren Ausmaß beeinträchtigen muss; bejaht wurde dies z.B., sofern die Auswirkungen deutlich wahrnehmbar sind, zu einer zusätzlichen Verschattung des Wohngartens führen und den Eindruck eines „Eingemauertseins" vermitteln.[229]

175 Fraglich ist, ob ein Nachbar durch die erfolgreiche Drittanfechtung einer Baugenehmigung zwangsläufig einen Anspruch gegen die Bauaufsichtsbehörde auf Einschreiten gegen den Bauherrn erwirbt, sollte dieser sein Vorhaben im Vertrauen auf die Baugenehmigung bereits errichtet haben. Immerhin lässt sich unter Verweis auf den Grundsatz der Gesetzmäßigkeit der Verwaltung (Art. 20 Abs. 3 GG) argumentieren, dass das vorangegangene Verwaltungsunrecht, welches in einer die Nachbarrechte verletzende Baugenehmigung zu sehen sei, einen Folgenbeseitigungsanspruch auslöse, der das Ermessen in § 79 Abs. 1 NBauO überlagere und eine Pflicht zum Erlass der Ordnungsverfügung begründe.[230] Nach der moderateren Ansicht des OVG Lüneburg[231] entfällt zwar nicht das Ermessen der Behörde, doch ist die sog. Folgenbeseitigungslast innerhalb des Ermessensspielraums der Bauaufsichtsbehörde beim Einschreiten nach § 79 Abs. 1 NBauO als ein stark ins Gewicht fallender Faktor zu behandeln.

---

228 Siehe insbes. OVG Lüneburg, NVwZ-RR 2012, 427 ff.
229 OVG Lüneburg, BauR 1994, 86 ff.
230 *Di Fabio*, VerwArch 86 (1995), 214 (216 f., 233 f.); *Preschel*, DÖV 1998, 45 (52 f.).
231 OVG Lüneburg, BauR 1982, 147 f.

d) Vorläufiger Rechtsschutz in der Verpflichtungskonstellation

Besteht in den geschilderten Verpflichtungskonstellationen ein entsprechendes Eilbedürfnis, so ist eine **einstweilige Anordnung gem. § 123 VwGO** in Betracht zu ziehen. Der Erlass einer einstweiligen Anordnung setzt die Glaubhaftmachung eines Anordnungsgrundes und eines Anordnungsanspruchs voraus. Ersterer ist gegeben, wenn es dem Nachbarn nicht zumutbar ist, eine Entscheidung in der Hauptsache abzuwarten. Der Anordnungsanspruch erfordert – wegen des der Behörde eingeräumten Ermessens – die Glaubhaftmachung eines Verstoßes gegen nachbarschützende Vorschriften, der den Nachbarn unzumutbar beeinträchtigt.

176

e) Rechtsschutz bei verfahrens- und genehmigungsfreien Bauvorhaben

Eines der im Zuge des Abbaus von Genehmigungserfordernissen am häufigsten diskutierten Themen des öffentlichen Baurechts ist der Rechtsschutz des Nachbarn bei verfahrens- und genehmigungsfreien Bauvorhaben i.S.d. §§ 60, 62 NBauO (s.o. Rn. 85 ff.). Die Freistellung vom Genehmigungsvorbehalt führt nämlich dazu, dass keine Baugenehmigung erteilt wird. Damit fehlt es an einem behördlichen Verwaltungsakt, gegen den sich der Nachbar unmittelbar im Wege der Anfechtungsklage wenden könnte (dazu o. Rn. 168). Da die Genehmigungsfreistellung jedoch nicht bedeutet, dass das öffentliche Baurecht nicht zu beachten wäre (vgl. § 59 Abs. 3 NBauO), kann der Nachbar auch in diesen Konstellationen **Verpflichtungsklage auf Erlass einer bauordnungsrechtlichen Verfügung i.S.d. § 79 Abs. 1 NBauO** erheben.

177

Umstritten ist jedoch, ob es insoweit auch bei den oben genannten allgemeinen Grundsätzen bezüglich des Ermessensspielraums der Behörde über das „Ob" und „Wie" ihres Einschreitens verbleibt oder ob in den Fällen der §§ 60, 62 NBauO eine **Ermessensreduktion** zugunsten des Nachbarn vorzunehmen ist, sodass diesem bereits dann ein Anspruch auf Einschreiten der Behörde zusteht, wenn er durch das Bauvorhaben – gleichgültig in welcher Intensität – irgendwie in seinen nachbarschützenden Normen verletzt ist. Teilweise wird dies mit dem Argument bejaht, dass der Fortfall präventiver Tätigkeit durch eine verstärkte Pflicht zu repressivem Tun kompensiert werden müsse.[232] Das OVG Lüneburg[233] folgt dem nicht, da Sinn und Zweck der Einführung des genehmigungsfreien Bauens gewesen sei, die Bauaufsichtsbehörden zu entlasten und es diesem Effekt zuwiderliefe, wenn die Bauaufsichtsbehörde kompensatorisch im verstärkten Maße in der Pflicht sei, repressiv für baurechtmäßige Zustände zu sorgen. Nach Ansicht des OVG ist damit auch im Falle genehmigungs- oder verfahrensfreier Bauten das Entschließungsermessen der Bauaufsichtsbehörde nicht auf eine dem Nachbarn günstige Entscheidung reduziert. Es verbleibt vielmehr bei den oben genannten Grundsätzen, sodass ein Anspruch auf Einschreiten der Bauaufsichtsbehörde nur dann besteht, wenn nachbarschützende Vorschriften so gravierend verletzt sind, dass das Ermessen der Bauaufsichtsbehörde auf Null reduziert ist. Dies führt jedoch im Ergebnis dazu, dass Nachbarn bei genehmigungsfreien Vorhaben schlechter gestellt werden als im Baugenehmigungsverfahren: Während z.B. eine Bau-

178

---

[232] *Mehde/Hansen*, NVwZ 2010, 14 ff.
[233] OVG Lüneburg, DVBl. 2014, 655 ff.

genehmigung, welche die gesetzlichen Grenzabstände nur um wenige Zentimeter unterschreitet, auf eine Anfechtungsklage des Nachbarn hin aufgehoben werden muss, wird der gleiche Fehler im Falle eines genehmigungsfreien Vorhabens nach § 62 NBauO und einer entsprechenden Verpflichtungsklage nicht zum Erfolg des Nachbarn führen, da es an einer Ermessensreduzierung auf Null fehlen dürfte und die Klage damit keinen Erfolg hat – ein Ergebnis, das mit Blick auf Art. 19 Abs. 4 GG doch etwas verwundert.

179 Im Rahmen vorläufigen Rechtsschutzes gegen verfahrens- oder genehmigungsfreie Bauvorhaben kann der Nachbar wegen der fehlenden Baugenehmigung folgerichtig auch nicht nach § 80 a VwGO vorgehen, sondern **nur eine einstweilige Anordnung nach § 123 VwGO beantragen**. Dies hat zur Folge, dass der Nachbar auch hier höhere Hürden zur Erlangung vorläufigen Rechtsschutzes überwinden muss. Neben dem Verbot der Vorwegnahme der Hauptsache[234] sieht sich der Nachbar nämlich auch dem Problem ausgesetzt, dass er die für einen Anordnungsanspruch erforderlichen Tatsachen glaubhaft machen muss (§ 123 Abs. 3 VwGO i.V.m. §§ 920 Abs. 2, 294 ZPO). Er kann eine Entscheidung des Gerichts zu seinen Gunsten folglich nur erreichen, wenn er zur Überzeugung des Gerichts eine Sachlage glaubhaft macht, bei der das Entschließungs- und das Auswahlermessen der Bauaufsichtsbehörde soweit reduziert sind, dass ihr als einzige Möglichkeit zu rechtmäßigem Verhalten verbleibt, gegen die betreffende Baumaßnahme einzuschreiten.[235] Der Nachbar muss dem Gericht also vermitteln können, dass zusätzlich zu der Verletzung nachbarschützender Normen gerade in seinem Fall nicht die Regel eines eröffneten Ermessensspielraumes, sondern die Ausnahme einer Ermessensreduzierung auf Null eingreift.[236]

180 Einige **Oberverwaltungsgerichte** versuchen den Unterschied deshalb durch ein Absenken der Eingriffsschwelle zu kompensieren: Mit Rücksicht auf den allgemeinen Gleichheitssatz und das Gebot der Gewährung effektiven Rechtsschutzes (Art. 19 Abs. 4 GG) dürfe der **Nabar beim vorläufigen Rechtsschutz im Baufreistellungsverfahren nicht schlechter gestellt** werden, als im herkömmlichen Baugenehmigungsverfahren. Infolgedessen bestehe im Freistellungsverfahren ein Anspruch des Nachbarn auf Einschreiten i.d.R. bereits dann, wenn glaubhaft gemacht werde, dass ein Vorhaben gegen nachbarschützende Vorschriften verstoße und hierdurch geschützte Belange des Nachbarn „mehr als nur geringfügig" berührt werden.[237] Diese bewusste Parallelisierung des Nachbarschutzes in Fällen der Genehmigungsfreistellung und des üblichen Baugenehmigungsverfahrens hat aus der **Perspektive des Bauherrn** aber nun eine überraschende Konsequenz: Derjenige, der von den gesetzlichen Möglichkeiten des

---

[234] Hierzu OVG Lüneburg, NdsVBl. 2009, 44 ff.: Das Rechtsschutzbedürfnis des Nachbarn soll bereits mit Fertigstellung des Rohbaus entfallen, wenn er sich ausschließlich gegen die von der Substanz des Baus ausgehenden Beeinträchtigungen, nicht aber zumindest auch gegen dessen Nutzung zur Wehr setzen will.
[235] *Preschel*, DÖV 1998, 45 (52); *Ortloff*, NVwZ 1996, 647 (656); *Schmaltz*, NdsVBl. 1995, 241 (247); *Sarnighausen*, NJW 1993, 1623 (1624).
[236] *Mampel*, NVwZ 1996, 1160 (1165).
[237] VGH Mannheim, BauR 1995, 219 (220); VGH München, NVwZ 1997, 923; VG München, NVwZ 1997, 928 (929); OVG Bautzen, NVwZ 1997, 922; OVG Münster, NVwZ 1997, 923 (924); zustimmend *Blümel*, in: FS Boujong, 1996, 521 (529); *Uechtritz*, NVwZ 1996, 640 (645); *Kraft*, VerwArch 89 (1998), 264 (288 ff.); *Bamberger*, NVwZ 2000, 983 ff.; ausführlich dazu *Mehde/Hansen*, NVwZ 2010, 17 ff.

Freistellungsverfahrens Gebrauch macht und ein Bauvorhaben ohne Baugenehmigung errichtet, hat eine prozessual schlechtere Rechtsposition als derjenige, der einen Schwarzbau errichtet, also formell baurechtswidrig baut:[238] So muss ein Nachbar, der ein bauaufsichtliches Vorgehen gegen einen Schwarzbau erzwingen will, im Verfahren nach § 123 VwGO nach den in Rn. 179 dargestellten allgemeinen Regeln eine Ermessensreduzierung glaubhaft machen. Das wird aber nur ausnahmsweise gelingen, wenn neben der Verletzung nachbarschützender Normen auch eine spürbare und nachhaltige, unzumutbare Beeinträchtigung des Nachbarn bzw. erhebliche Verstöße glaubhaft gemacht werden.[239] Der Bauherr eines Schwarzbaus verfügt also über eine prozessual komfortablere Stellung als derjenige, der sein Vorhaben aufgrund einer Baufreistellung errichtet hat und bereits eine einstweilige Anordnung fürchten muss, wenn durch den Verstoß gegen nachbarschützende Vorschriften Belange des Nachbarn „mehr als nur geringfügig" berührt werden.

f) Maßgeblicher Entscheidungszeitpunkt

Zu beachten ist letztlich noch, dass im Rahmen baurechtlicher Nachbarklagen Besonderheiten hinsichtlich des maßgeblichen Entscheidungszeitpunktes gelten: Von der Zweifelsregel, dass bei **Anfechtungsklagen** grundsätzlich die Sach- und Rechtslage zum Zeitpunkt der letzten behördlichen Entscheidung, also der Erlass des Widerspruchsbescheides, zugrunde zu legen ist (o. Rn. 148), wird bei Nachbarklagen mit **Rücksicht auf Art. 14 GG** allerdings insoweit abgewichen, als spätere zugunsten des Bauherrn eintretende Veränderungen berücksichtigt werden müssen: Ändert sich also die Rechtslage während des Verfahrens zum Nachteil des Bauherrn, so dass die Baugenehmigung materiell rechtswidrig wäre, bleibt die alte Rechtslage entscheidend,[240] ändert sich die Rechtslage hingegen zugunsten des Bauherrn, ist auf die neue Rechtslage abzustellen.[241] Es wäre nämlich widersinnig, aufgrund der Nachbarklage eine Baugenehmigung aufzuheben, die wegen der geänderten Sach- oder Rechtslage auf einen neuen Bauantrag hin sofort neu erteilt werden müsste. Bei einer **Verpflichtungsklage** des Nachbarn verbleibt es hingegen bei dem Grundsatz, dass auf die Sach- und Rechtslage im Zeitpunkt der letzten mündlichen Verhandlung abzustellen ist.

---

238 *Uechtritz*, BauR 1988, 719 (725); *Mann*, in: FS Götz, 2005, 464 (478 f.). Aus diesem Grund will *Calliess*, Die Verwaltung 34 (2001), 169 (179 ff.) den Nachbarn auf die Möglichkeiten des privaten Nachbarrechts verweisen.
239 BVerwGE 11, 95 (97); VGH Mannheim, VBlBW 1992, 148; VGH München, BRS 48 Nr. 174, 175; OVG Berlin, BRS 50, 206; *Schmaltz*, Nds.VBl. 1995, 241 (247); *Di Fabio*, VerwArch 86 (1995), S. 215 (218 f.); *Uechtritz*, NVwZ 1996, 640 (642).
240 BVerwG, ZfBR 2011, 164 (165).
241 VGH München, BayVBl. 2008, 728 (729).

§ 6 Kommunalrecht*

von *Prof. Dr. Bernd J. Hartmann, LL.M. (Virginia)*

Literatur Kommunalrecht: *Brüning,* Kommunalverfassung, in: Ehlers/Fehling/Pünder, Besonderes Verwaltungsrecht, Band III, 3. Aufl. 2013, § 64 (S. 1–75); *Burgi,* Kommunalrecht, 4. Aufl. 2012; *Geis,* Kommunalrecht, 3. Aufl. 2014; *Lange,* Kommunalrecht, 2013; *Mann,* Kommunalrecht, in: Tettinger/Erbguth/Mann, Besonderes Verwaltungsrecht, 11. Aufl. 2012, S. 3–166; ders./ *Püttner* (Hrsg.), Handbuch der kommunalen Wissenschaft und Praxis, 3. Aufl. 2007 und 2011; *Röhl,* Kommunalrecht, in: Schoch, Besonderes Verwaltungsrecht, 15. Aufl. 2013, 1. Kap. (S. 9–124); *Schmidt,* Kommunalrecht, 2. Aufl. 2014.

Literatur Niedersächsisches Kommunalrecht: Blum/Häusler/Meyer (Hrsg.), Niedersächsisches Kommunalverfassungsgesetz, 3. Aufl. 2014; *Ihnen,* Kommunalrecht Niedersachsen, 6. Aufl. 2003; *Ipsen,* Niedersächsisches Kommunalrecht, 4. Aufl. 2011; ders. (Hrsg.), Niedersächsisches Kommunalverfassungsgesetz, 2011; *Pautsch,* Kommunalrecht Niedersachsen, 2014; *Sandfuchs,* Allgemeines Niedersächsisches Kommunalrecht, 19. Aufl. 2006; *Thiele,* Niedersächsisches Kommunalverfassungsgesetz, 2011.

I. Einführung

1 Das Kommunalrecht ist die Gesamtheit der Rechtssätze, die Rechtsstellung, Organisation, Aufgaben, Handlungsformen und Finanzen der Kommunen regeln.[1] Kommunen sind vor allem die Gemeinden und Landkreise. Hinzukommen weitere Gebietskörperschaften unterhalb der staatlichen Ebene, also unterhalb von Bund und Ländern.[2] In Niedersachsen sind das die Region Hannover und die sog. Samtgemeinden, also Zusammenschlüsse von Gemeinden desselben Landkreises. Das bestimmt das wichtigste Gesetz des niedersächsischen Kommunalrechts, das Niedersächsische Kommunalverfassungsgesetz (NKomVG), dessen § 1 Abs. 1 den Begriff der Kommunen legaldefiniert.

2 Als Gesamtheit der Rechtssätze, die Rechtsstellung, Organisation, Aufgaben, Handlungsformen und Finanzen der Kommunen regeln, ist das Kommunalrecht ein Teilgebiet des Besonderen Verwaltungsrechts. Das Verfassungs- und das Europarecht enthalten ebenfalls Normen, welche die Rechtsstellung usw der Kommunen regeln, und also auch Kommunalrecht.[3] Dementsprechend sind die verfassungsrechtlichen Grundlagen des Kommunalrechts gem. § 16 Abs. 3 Nr. 4 Buchst. d NJAVO Gegenstand im Pflichtfach der ersten Prüfung, neben dem Kommunalverfassungsrecht sowie den Aufgaben und Tätigkeitsbereichen der Kommunen.

3 Obwohl die Rechtssätze über die Aufgaben der Kommunen zum Prüfungsstoff zählen, kann nicht das gesamte materielle Recht, das die Kommunen bei ihrer Aufgabenwahr-

---

* Meinen wissenschaftlichen Mitarbeitern, Herrn Ass. iur. *Jan Peters,* der einen ersten Entwurf dieser Darstellung ausgearbeitet hat, und Herrn Dipl.-Jur. *Stefan Jansen,* danke ich auch an dieser Stelle herzlich für ihre Unterstützung.
1 *Burgi,* Kommunalrecht, 4. Aufl. 2012, § 1 Rn 10; *Röhl,* in: Schoch, Besonderes Verwaltungsrecht, 15. Aufl. 2013, 1. Kap. Rn 1; vgl auch *Brüning,* in: Ehlers/Fehling/Pünder, Besonderes Verwaltungsrecht, Band III, 3. Aufl. 2013, § 64 Rn 1; *Mann,* in: Tettinger/Erbguth/Mann, Besonderes Verwaltungsrecht, 11. Aufl. 2012, Rn 4, und *Scholler,* Grundzüge des Kommunalrechts, 4. Aufl. 1990, S. 17.
2 Vgl *Schmidt,* Kommunalrecht, 2. Aufl. 2014, Rn 2.
3 Vgl *Burgi,* Kommunalrecht, 4. Aufl. 2012, § 4 Rn 1 ff; s.u. unter II. 1. (bei Fn 13 ff).

I. Einführung

nehmung anwenden, Gegenstand dieser Darstellung sein. Das materielle Recht ist, soweit es überhaupt Gegenstand der ersten Prüfung ist (vgl § 16 Abs. 3 Nr. 3 NJAVO), eigenen Vorlesungen vorbehalten (öffentliches Baurecht, allgemeines Recht der Gefahrenabwehr[4]). Auch Rechtssätze über Handlungsformen können hier nur behandelt werden, soweit eine Handlungsform – wie die Satzung – für die Kommune als Selbstverwaltungskörperschaft von besonderer praktischer Bedeutung ist. Handlungsformen dagegen, die alle Behörden nutzen (insbesondere Verwaltungsakt, Realakt und öffentlich-rechtlicher Vertrag), werden als Gegenstand des Allgemeinen Verwaltungsrechts[5] hier als bekannt vorausgesetzt.

Im Besonderen Verwaltungsrecht ist das Kommunalrecht besonders bedeutend. Entgegen dem Eindruck, den Studierende bisweilen aus der Vorlesung zum Staatsorganisationsrecht mitnehmen, findet die öffentliche Verwaltung Deutschlands zu einem Großteil vor Ort, auf der Ebene der Kommunen statt[6]. Dafür gibt es einen guten Grund. Der Verwaltung fällt es leichter, die Verhältnisse in ihrem Zuständigkeitsbereich im Blick zu behalten, wenn das Gebiet – wie bei Kommunen typisch – kleiner ausfällt, und für den Einzelnen sind die Möglichkeiten, auf die Verwaltung Einfluss zu nehmen, größer, wenn er nur einer unter wenigen ist[7]. Die „Aktivierung der Beteiligten" für „ihre eigenen Angelegenheiten" und die „Gemeinschaft"[8] gelingt damit besser, wenn die Angelegenheiten im Alltag „greifbar" sind und die Gemeinschaft örtlich-übersichtlich dasteht.[9] Dementsprechend beschreibt § 2 Abs. 1 NKomVG die Gemeinden als „Grundlage des demokratischen Staates" und bezieht § 1 Abs. 1 NKomVG das demokratische Ziel allen staatlichen Handelns, das Gemeinwohl zu fördern[10], auf die Einwohnerinnen und Einwohner der Kommune. Tatsächlich ist der Wunsch der Menschen, selbst an wichtigen (Sach-)Entscheidungen teilzuhaben, auf kommunaler Ebene stärker[11] (und die Wahlbeteiligung zugleich doch schwächer[12]).

4

---

4 S. dazu die Beiträge von *Mann* und *Mehde* in diesem Buch.
5 S. nur *Bull/Mehde*, Allgemeines Verwaltungsrecht, 8. Aufl. 2009, Rn 679 ff, 730 ff, 840 ff; *Detterbeck*, Allgemeines Verwaltungsrecht, 12. Aufl. 2014, Rn 420 ff, 775 ff, 885 ff; *Ipsen*, Allgemeines Verwaltungsrecht, 8. Aufl. 2012, Rn 308 ff, 787 ff, 817 ff; *Peine*, Allgemeines Verwaltungsrecht, 11. Aufl. 2014, Rn 311 ff, 762 ff, 881 ff.
6 *Ipsen*, Nds. Kommunalrecht, 4. Aufl. 2011, Rn 173; *Schmidt*, Kommunalrecht, 2. Aufl. 2014, Rn 1.
7 *Behmenburg/Hartmann*, ThürVBl 2000, S. 156 (156); vgl *Schmidt-Jortzig*, Kommunalrecht, 1982, Rn 9.
8 BVerfGE 11, 266 (275 f); BVerfG, Beschl. v. 19.11.2014 – 2 BvL 2/13, Rn 52; vgl *Mehde*, in: Maunz/Dürig, GG, 71. EL, Stand: März 2014, Art. 28 Abs. 2 Rn 12 (67. EL, Stand: November 2012).
9 Vgl *Burgi*, Kommunalrecht, 4. Aufl. 2012, § 1 Rn 4; *Schliesky*, JA 1999, S. 515 (515).
10 Vgl *Hartmann*, AöR 134 (2009), S. 1 (2 ff, 16 ff).
11 *Roth*, in: Fs. f. v. Arnim, 2004, S. 761 (775), misst für die Bereitschaft, sich zu beteiligen, auf der Bundesebene 60%, auf der Landesebene 66% und auf der kommunalen Ebene 80%.
12 In Niedersachsen beteiligten sich an der letzten Wahl kommunaler Vertretungen 2011 in den Gemeinden 53% der Wahlberechtigten (Landkreise 52,5%). Bei der Landtagswahl 2013 lag die Wahlbeteiligung mit 59,4% etwas, bei der Bundestagswahl 2013 mit landesweit 73,4% (bundesweit 71,5%) deutlich höher. Dagegen haben sich an der Europawahl 2014 nur 49,1% der Niedersachsen beteiligt (bundesweit 48,1%, unionsweit 42,5%).

II. Grundlagen

1. Rechtsquellen

a) Unionsrecht

5 Die „immer engere" Europäische Union (Art. 1 Abs. 2 EUV) und die damit verbundene stetig wachsende Integration steigert die Bedeutung des Unionsrechts auch im Kommunalrecht. So bewirkt Art. 22 Abs. 1 S. 1 AEUV, dass an einer Kommunalwahl nicht nur Deutsche teilnehmen dürfen, sondern auch Unionsbürger anderer Staatsangehörigkeit, die in dieser Kommune ihren Wohnsitz haben. Art. 28 Abs. 1 S. 3 GG, der diese Vorgabe umsetzt,[13] bestätigt zugleich im Umkehrschluss die Rechtsprechung des Bundesverfassungsgerichts, nach der die Einführung eines Kommunalwahlrechts für Nicht-EU-Ausländer verfassungswidrig wäre: Das „Volk" im Sinn des Art. 28 Abs. 1 S. 2 GG bilden danach ausschließlich Deutsche im Sinn des Art. 116 Abs. 1 GG.[14]

b) Verfassungsrecht: Grundgesetz und Landesverfassung

6 Einen Gesetzgebungstitel für das Kommunalrecht nennt das Grundgesetz nicht ausdrücklich. Die Zuständigkeit für die Gesetzgebung auf diesem Rechtsgebiet liegt daher gem. Art. 70 Abs. 1 GG bei den Ländern.[15] Die Länder sind es auch, die das Kommunalrecht gem. Art. 30 GG als Landesrecht vollziehen; staatsorganisationsrechtlich rechnen die Kommunen zur Landesverwaltung.[16] Im Vergleich mit (anderen, herkömmlichen, unmittelbaren) Landesbehörden genießen kommunale Behörden eine Sonderstellung, wie sich aus der kommunalrechtlichen Zentralnorm des Grundgesetzes, Art. 28, ergibt. Absatz 2 S. 1 dieser Norm gewährt den Gemeinden das Recht, alle Angelegenheiten der örtlichen Gemeinschaft im Rahmen der Gesetze in eigener Verantwortung zu regeln, und S. 2 dieses Absatzes 2 erstreckt das Recht der Selbstverwaltung auf die Gemeindeverbände, also die Landkreise, im Rahmen ihres gesetzlichen Aufgabenbereichs und nach Maßgabe der Gesetze.[17]

7 Der so vorgegebene Unterschied zwischen Verwaltung und Selbstverwaltung ist zentral: Verwaltung verlangt Aufgaben und Befugnisse, es geht um öffentlich-rechtliche Kompetenzen. Selbstverwaltung dagegen gewährt der Kommune, obwohl sie doch Staatsgewalt ausübt, ein subjektives öffentliches Recht[18], wie es sonst regelmäßig nur

---

13 S. dazu die „Freigabeerklärung" des BVerfG in BVerfGE 83, 37 (59).
14 BVerfGE 83, 37 (50 ff); 83, 60 (70 ff); *Mann*, in: Tettinger/Erbguth/Mann, Besonderes Verwaltungsrecht, 11. Aufl. 2012, Rn 101; *Nierhaus*, in: Sachs, GG, 7. Aufl. 2014, Art. 28 Rn 26; vgl auch *Pieroth*, in: Jarass/Pieroth, GG, 13. Aufl. 2014, Art. 28 Rn 8; aA *Groß*, in: Hermes/Groß, Landesrecht Hessen, 7. Aufl. 2011, § 4 Rn 101 Fn 113.
15 BVerfGE 1, 167 (176); 58, 177 (191 f); 77, 288 (299); LVerfG MV, LVerfGE 10, 317 (325) (Zweckverbandsrecht); SächsVerfGH, NVwZ 2005, S. 1057 (1058 f) (Gemeindewirtschaftsrecht); *Neumann*, NdsVerf., 3. Aufl. 2000, Art. 57 Rn 2; *Mann/Elvers*, in: Mann/Püttner, Handbuch der kommunalen Wissenschaft und Praxis, Band 1, 3. Aufl. 2007, § 10 Rn 4 f; *Pieroth*, in: Jarass/Pieroth, GG, 13. Aufl. 2014, Art. 70 Rn 19.
16 BVerfGE 39, 96 (109); 86, 148 (215); 119, 331 (364); *Hartmann*, SR 2014, S. 164 (167); *Lange*, Kommunalrecht, 2013, Kap. 2 Rn 85; *Mehde*, in: Maunz/Dürig, GG, 71. EL, Stand: März 2014, Art. 28 Abs. 2 Rn 11 (67. EL, Stand: November 2012); *Pieroth*, in: Jarass/Pieroth, GG, 13. Aufl. 2014, Art. 30 Rn 6; *Röhl*, in: Schoch, Besonderes Verwaltungsrecht, 15. Aufl. 2013, 1. Kap. Rn 16.
17 Zum Recht auf Selbstverwaltung s.u. unter III. (nach Fn 54).
18 *Ehlers*, DVBl 2000, S. 1301 (1305); *Hartmann*, Volksgesetzgebung und Grundrechte, 2005, S. 188; *Maurer*, DVBl 1995, S. 1037 (1041); *Mehde*, in: Maunz/Dürig, GG, 71. EL, Stand: März 2014, Art. 28 Abs. 2 Rn 46 (67. EL, Stand: November 2012); *Röhl*, in: Schoch, Besonderes Verwaltungsrecht, 15. Aufl. 2013, 1. Kap. Rn 21; *Vogelgesang*, in: Friauf/Höfling, GG, 44. EL 2014, Art. 28 Rn 126.

II. Grundlagen

Bürgern zusteht.[19] Die Kommunen haben daher eine „Doppelrolle"[20]: Ihnen ist zwar das Recht der Selbstverwaltung gewährleistet, sie sind jedoch als Träger öffentlicher Gewalt selbst ein Stück „Staat"[21]. Im Verhältnis zum Bürger handelt die Kommune grundrechtsgebunden, im Verhältnis zum Staat, also zu Land und Bund, schützt sie Art. 28 Abs. 2 GG.[22]

Die Niedersächsische Landesverfassung garantiert das Recht der Selbstverwaltung ebenfalls. Der in der amtlichen Überschrift des zentralen Art. 57 NdsVerf. gewählte Begriff der „Selbstverwaltung" steht systematisch im Gegensatz zur „Landesverwaltung" aus der Nachbarnorm des Art. 56 NdsVerf.[23] Das Recht der Selbstverwaltung gewährt Art. 57 Abs. 1 NdsVerf. namentlich den Gemeinden und Landkreisen, in denen es gem. Art. 57 Abs. 2 NdsVerf., Art. 28 Abs. 1 S. 2 GG eine nach demokratischen Grundsätzen gewählte Volksvertretung geben muss.[24]

8

c) Einfaches Recht: Gesetze und Verordnungen

Das wichtigste Gesetz im formellen Sinn, das das niedersächsische Kommunalrecht kennt, ist das Niedersächsische Kommunalverfassungsgesetz (NKomVG). Es ist am 1. November 2011 in Kraft getreten, also zu Beginn der derzeit laufenden Kommunalwahlperiode. Der Tag des Inkrafttretens markiert einen Einschnitt in der Entwicklung des niedersächsischen Kommunalrechts,[25] weil das NKomVG die Rechtsstellung, Organisation, Aufgaben, Handlungsformen und Finanzen für alle Kommunen regelt, dh in ein und demselben Gesetz für Gemeinden, Samtgemeinden, Landkreise, die Stadt Göttingen und die Region Hannover. Zuvor waren jeweils eigene Gesetze einschlägig gewesen, namentlich die Niedersächsische Gemeindeordnung (NGO), die Niedersächsische Landkreisordnung (NLO), das sog. Göttingen-Gesetz[26] und das Gesetz über die Region Hannover. Die Kommunalgesetze auf diese Weise[27] in ein und demselben Gesetz zusammenzufassen, steigert nicht nur formal die Übersichtlichkeit des Rechtsge-

9

---

19 Zu den Gründen und den Folgen der Unterscheidung von subjektiven öffentlichen Rechten und Kompetenzen vgl nur *Hartmann*, Volksgesetzgebung und Grundrechte, 2005, S. 58 ff.
20 *Dreier*, in: ders., GG, Band I, 3. Aufl. 2013, Art. 28 Rn 86; *Röhl*, in: Schoch, Besonderes Verwaltungsrecht, 15. Aufl. 2013, 1. Kap. Rn 16.
21 So für Gemeinden BVerfGE 73, 118 (191).
22 Vgl *Mehde*, in: Maunz/Dürig, GG, 71. EL, Stand: März 2014, Art. 28 Abs. 2 Rn 16 ff, 47 f (67. EL, Stand: November 2012) mwN; *Röhl*, in: Schoch, Besonderes Verwaltungsrecht, 15. Aufl. 2013, 1. Kap. Rn 47, 55 ff.
23 *Hagebölling*, NdsVerf., 2. Aufl. 2011, Art. 57 Anm. 1.
24 *Ipsen*, Nds. Kommunalrecht, 4. Aufl. 2011, Rn 30; vgl *Stern*, in: Kahl/Waldhoff/Walter, Bonner Kommentar zum GG, 170. Akt., Dezember 2014, Art. 28 Rn 46, 53 ff (Stand: Dezember 1964).
25 *Mehde*, NordÖR 2011, S. 49 (49); vgl *Ipsen*, NdsVBl 2010, S. 57 (57 ff).
26 Gesetz über die Neugliederung des Landkreises und der Stadt Göttingen; das NKomVG hat die für Hannover und Göttingen bestehenden Sonderregeln übernommen, vgl §§ 15 f, 159 ff, 168 f NKomVG und u. unter V. 3. (nach Fn 139).
27 Das Kommunalverfassungsgesetz des Landes Sachsen-Anhalt vom 17. Juni 2014 (GVBl. S. 288) folgt dem niedersächsischen Vorbild. Brandenburg, Mecklenburg-Vorpommern, das Saarland und Thüringen regeln die Rechtsstellung der Kommunen zwar in demselben Gesetz (vgl *Schmidt*, Kommunalrecht, 2. Aufl. 2014, Rn 176), behandeln die Kommunen dabei aber separat und lassen es so an einem verallgemeinernden Regelwerk für alle Kommunen fehlen.

biets[28], sondern arbeitet den allgemeinen Teil des (niedersächsischen) Kommunalrechts heraus. In diesem Sinn[29] prägt § 7 NKomVG Oberbegriffe, etwa

- den Oberbegriff des Hauptverwaltungsbeamten (für den Bürgermeister/Oberbürgermeister einer Gemeinde, den Landrat eines Landkreises und den Regionspräsidenten der Region Hannover) und
- den Oberbegriff der Vertretung (für den Rat einer Gemeinde, den Kreistag und die Regionsversammlung).

10 In der Sache hat das NKomVG gegenüber den Vorläufergesetzen nur an wenigen Punkten Änderungen vorgenommen.[30] Zu nennen ist insbesondere die Stärkung des Ehrenamts.[31] Deshalb spielen die Vorläufergesetze des NKomVG und deren Entstehungsgeschichte bis heute eine wichtige Rolle für die historische Auslegung des geltenden Rechts.

11 Das NKomVG enthält den allgemeinen Teil des niedersächsischen Kommunalrechts nicht ganz vollständig. Daneben gibt es weitere Gesetze über die Rechtsstellung, Organisation, Aufgaben, Handlungsformen und Finanzen der Kommunen. Die Eigenständigkeit des Niedersächsischen Kommunalabgabengesetzes (NKAG) ist dabei allenfalls formal gerechtfertigt, weil das Gesetz gem. § 1 Abs. 1 NKAG nur die Gemeinden[32] und Landkreise[33] erfasst. Dagegen gilt sowohl das Niedersächsische Kommunalwahlgesetz (NKWG) als auch das Niedersächsische Gesetz über die kommunale Zusammenarbeit (NKomZG) für alle Kommunen. Auch im Kommunalrecht lassen Parlamentsgesetze Rechtsverordnungen zu. Zu den wichtigsten dieser Gesetze im materiellen Sinn[34] zählen die Niedersächsische Kommunalwahlordnung (NKWO) und die Allgemeine Zuständigkeitsverordnung für die Gemeinden und Landkreise zur Ausführung von Bundesrecht (AllgZustVO-Kom).

d) Ortsrecht: Satzungen

12 Neben Rechtsverordnungen sind Satzungen das andere, aus den vergangenen Semestern bekannte Musterbeispiel für Gesetze im nur-materiellen Sinn.[35] Dabei gilt: Rechtsverordnungen sind die Gesetze der Verwaltung, und Satzungen sind die Gesetze

---

28 Zu Einheitlichkeit und Übersichtlichkeit als Kriterien guter Gesetzgebung vgl nur *Hartmann*, Öffentliches Haftungsrecht, 2013, S. 324 ff.
29 Vgl *Pautsch*, Kommunalrecht Nds., 2014, S. 16; *Schmidt*, Kommunalrecht, 2. Aufl. 2014, Rn 367 ff, 374.
30 Vgl *Franke/Fischer*, NdsVBl 2010, S. 257 (257 ff); *Ipsen*; in: ders., NKomVG, 2011, Einleitung Rn 27.
31 Vgl LT-Drucks. 16/2510, S. 90, und schon die Koalitionsvereinbarung zwischen CDU und FDP für die 16. Wahlperiode des Niedersächsischen Landtages, S. 26; vgl außerdem *Blum/Häusler/Meyer*, NKomVG, 3. Aufl. 2014, Einführung, S. 28; zum Ehrenamt s.u. unter VI. 5. (bei Fn 255).
32 Die Samtgemeinden erheben gem. § 111 Abs. 3 S. 1 Hs 1 NKomVG Gebühren und Beiträge, nicht aber Steuern nach den für Gemeinden geltenden Vorschriften.
33 Nach § 111 Abs. 4 NKomVG, der den allgemeinen § 3 Abs. 3 NKomVG insoweit verdrängt, erhebt auch die Region Hannover „Abgaben".
34 Vgl *Hartmann/Kamm*, Jura 2014, S. 283 (283 f) mwN
35 Für die Vorlesung Staatsorganisationsrecht vgl *Degenhart*, Staatsrecht I, 30. Aufl. 2014, Rn 146, 317, 360 ff; *Ipsen*, Staatsrecht I, 26. Aufl. 2014, Rn 756, 810 ff; *Morlok/Michael*, Staatsorganisationsrecht, 2. Aufl. 2015, § 8 Rn 21, § 15 Rn 4, 36 ff; für die Vorlesung Grundrechte *Manssen*, Staatsrecht II, 11. Aufl. 2014, Rn 176; *Pieroth/Schlink/Kingreen/Poscher*, Grundrechte, 30. Aufl. 2014, Rn 273; für die Vorlesung Allgemeines Verwaltungsrecht vgl *Bull/Mehde*, Allgemeines Verwaltungsrecht, 8. Aufl. 2009, Rn 174, 220; *Detterbeck*, Allgemeines Verwaltungsrecht, 12. Aufl. 2014, Rn 94 ff; *Ipsen*, Allgemeines Verwaltungsrecht, 8. Aufl. 2012, Rn 108, 301 ff.

der Selbst-Verwaltung.[36] Dass Kommunen als Körperschaften der Selbstverwaltung ihre eigenen Angelegenheiten durch Satzung regeln können, bestimmt § 10 Abs. 1 NKomVG ausdrücklich. Bundesverfassungsrechtlich gewährt Art. 28 Abs. 2 GG diese Befugnis: den Gemeinden gem. S. 1 („zu regeln") und den Gemeindeverbänden gem. S. 2 („Recht der Selbstverwaltung"). Das kommunale Satzungsrecht heißt auch kommunale Satzungshoheit oder -gewalt. Die wichtigste kommunale Satzung, die Hauptsatzung, ist jede Kommune gem. § 12 Abs. 1 S. 1 NKomVG zu erlassen verpflichtet[37] und gem. Art. 28 Abs. 2 S. 1, 2 GG zu erlassen berechtigt[38].

2. Grundlagen des Kommunalrechts
a) Begriff und Rechtsstellung der Gemeinde

Gemeinden sind in ihrem Gebiet gem. Art. 57 Abs. 3 NdsVerf. „die ausschließlichen Träger der gesamten öffentlichen Aufgaben, soweit die Gesetze nicht ausdrücklich etwas anderes bestimmen". Ihre Rechtsstellung ist danach dreifach gekennzeichnet. Zum Ersten sind Gemeinden „Gebietskörperschaften" (§ 2 Abs. 2 NKomVG), dh sie verfügen über ein eigenes Hoheitsgebiet.[39] Das Hoheitsgebiet der Gemeinde besteht gem. § 23 Abs. 1 S. 1 NKomVG aus den Grundstücken, die zu ihr gehören. Dass die Gemeinde über ein eigenes Hoheitsgebiet verfügt, hat sie mit den anderen Gebietskörperschaften (Bund, Land, Landkreis) gemeinsam, und unterscheidet sie von den anderen, den sog. funktionalen Selbstverwaltungskörperschaften des öffentlichen Rechts (Universität, Industrie- und Handelskammer, Rechtsanwaltskammer). Zum Zweiten sind nur die Gemeinden, nicht aber die anderen (Gebiets-)Körperschaften der „ausschließliche Träger der gesamten öffentlichen Aufgaben", die auf ihrem Gemeindegebiet anfallen. Art. 57 Abs. 3 NdsVerf. geht damit über die „Angelegenheiten der örtlichen Gemeinschaft" gem. Art. 28 Abs. 2 S. 1 GG hinaus.[40] Die kleinste und damit häufigste Verwaltungseinheit im Staatsaufbau – in Niedersachsen gibt es 971 Gemeinden[41] – ist damit zugleich die grundsätzlich allein und damit umfassend zuständige.[42] Zum Dritten steht der deshalb sog. Grundsatz der Allzuständigkeit (Universalität) der

13

---

36 Vgl BVerfGE 10, 20 (49 f); 33, 125 (156 f); *Brüning*, in: Ehlers/Fehling/Pünder, Besonderes Verwaltungsrecht, Band III, 3. Aufl. 2013, § 64 Rn 168 f, 190; *Lange*, Kommunalrecht, 2013, Kap. 12 Rn 3; *Meyer*, in: Blum/Häusler/Meyer, NKomVG, 3. Aufl. 2014, § 10 Rn 2.
37 Zum Satzungsrecht s.u. unter VIII. (bei Fn 349 ff).
38 BVerfGE 91, 228 (239); 107, 1 (13); *Mehde*, in: Maunz/Dürig, GG, 71. EL, Stand: März 2014, Art. 28 Abs. 2 Rn 66 (67. EL, Stand: November 2012).
39 *Bull/Mehde*, Allgemeines Verwaltungsrecht, 8. Aufl. 2009, Rn 100; *Ipsen*, Allgemeines Verwaltungsrecht, 8. Aufl. 2012, Rn 264.
40 S. dazu NdsStGH, LVerfGE 18, 425 (437 ff); *Ipsen*, Nds. Kommunalrecht, 4. Aufl. 2011, Rn 24 ff; *Mehde*, in: Maunz/Dürig, GG, 71. EL, Stand: März 2014, Art. 28 Abs. 2 Rn 21 (67. EL, Stand: November 2012); *Waechter*, in: Epping et al., Hannoverscher Kommentar, 2012, Art. 57 Rn 57 f.
41 Stand: 1.1.2015. Das Niedersächsische Ministerium für Inneres zählt zum Stichtag 1.1.2014 991 Gemeinden unter http://www.mi.niedersachsen.de/portal/live.php?navigation_id=14805&article_id=63108 &_psmand=33 (Abfrage: 6.1.2015). Zum 1.1.2015 wurden neu oder umgebildet die Berg- und Universitätsstadt Clausthal-Zellerfeld (aus vier Gemeinden, GVBl. 2014, S. 299), die Stadt Geestland (aus neun Gemeinden, GVBl. 2012, S. 430), die Gemeinde Ilsede (aus sieben Gemeinden, GVBl. 2014, S. 434), die Gemeinde Südheide (aus zwei Gemeinden, GVBl. 2014, S. 142) und die Gemeinde Wurster Nordseeküste (aus acht Gemeinden, GVBl. 2012, S. 428).
42 Die Einzelheiten sind str., vgl *Ipsen*, Nds. Kommunalrecht, 4. Aufl. 2011, Rn 24 ff; krit. *Lange*, Kommunalrecht, 2013, Kap. 1 Rn 158 Fn 323, 325, Kap. 11 Rn 13.

Gemeinden⁴³ unter dem Gesetzesvorbehalt der § 1 Abs. 2, § 2 Abs. 2 NKomVG, Art. 57 Abs. 1, 3 NdsVerf., Art. 28 Abs. 2 S. 1 GG. Der Landesgesetzgeber⁴⁴ kann den Gemeinden letztlich also doch liebgewonnene Aufgaben entziehen und unbeliebte Aufgaben zuweisen (solange er dabei die verfassungsrechtlichen Vorgaben einhält). Diesen Befund zusammenfassend ist eine Gemeinde eine allzuständige Gebietskörperschaft mit dem Recht auf Selbstverwaltung im Rahmen der Gesetze. Eine Gemeinde ist als Träger von Rechten und Pflichten rechtsfähig – sie handelt im eigenen Namen und in eigener Verantwortung⁴⁵ –, aber als juristische Person nicht selbst handlungsfähig. Hierzu bedarf sie ihrer Organe⁴⁶, die in § 7 Abs. 1, 2 Nr. 1, 2 NKomVG vorgesehen sind.

b) Begriff und Rechtsstellung der Gemeindeverbände

14 Wie die Gemeinde ist auch der Landkreis eine Gebietskörperschaft, dh mit eigenem Hoheitsgebiet ausgestattet. Anders als die Gemeinde ist der Landkreis außerdem ein Gemeindeverband, § 3 Abs. 1 NKomVG, also ein Zusammenschluss von Gemeinden. Für die Region Hannover, ein besonderer Landkreis gem. § 3 Abs. 3 NKomVG, gilt dasselbe. Das Gebiet des Landkreises besteht damit gem. § 23 Abs. 1 S. 2 NKomVG wesentlich aus dem Gebiet der kreisangehörigen Gemeinden. In Niedersachsen gibt es derzeit 37 Landkreise.⁴⁷

15 Ein Grundstück in einer kreisangehörigen Gemeinde fällt damit zugleich in die Hoheitsgebiete der Gemeinde und des Landkreises (von Land, Bund und Union ganz zu schweigen). Die Abgrenzung der Zuständigkeiten von Gemeinde und Landkreis ist deshalb, obwohl beide Gebietskörperschaften sind, gerade nicht (formal) über das Gebiet der Körperschaft möglich, sondern erfolgt (materiell) nach dem Kriterium der Überörtlichkeit. Während die Allzuständigkeit der Gemeinden deren örtliche Angelegenheiten erfasst⁴⁸, ist der Landkreis gem. § 3 Abs. 2 S. 1 NKomVG für die überörtlichen Angelegenheiten zuständig. Er ist danach in seinem Gebiet Träger jener öffentlichen Aufgaben, die schon als solche von überörtlicher Bedeutung sind oder deren Überörtlichkeit aus dem Umstand folgt, dass ihre zweckmäßige Erfüllung die Verwaltungs- oder Finanzkraft der kreisangehörigen Gemeinden und Samtgemeinden übersteigt. Wie bei der Gemeinde steht auch die Zuständigkeit der Landkreise unter Gesetzesvorbehalt gem. § 1 Abs. 2, § 3 Abs. 2 S. 1 NKomVG. Anders als bei Gemeinden enthalten sich die Verfassungen jedoch einer Aufgabenbeschreibung à la „Angelegen-

---

43 Vgl BVerfGE 83, 37 (54); *Brüning*, in: Ehlers/Fehling/Pünder, Besonderes Verwaltungsrecht, Band III, 3. Aufl. 2013, § 64 Rn 20; *Mann*, in: Tettinger/Erbguth/Mann, Besonderes Verwaltungsrecht, 11. Aufl. 2012, Rn 14, 52; *Mehde*, in: Maunz/Dürig, GG, 71. EL, Stand: März 2014, Art. 28 Abs. 2 Rn 50 (67. EL, Stand: November 2012); *Meyer*, in: Blum/Häusler/Meyer, NKomVG, 3. Aufl. 2014, § 2 Rn 4 ff; *Neumann*, NdsVerf., 3. Aufl. 2000, Art. 57 Rn 7, 13; *Waechter*, in: Epping et al., Hannoverscher Kommentar, 2012, Art. 57 Rn 1.
44 Zum Aufgabenübertragungsverbot, dem Bund trifft, s. u. unter IV. 3. (bei Fn 128 ff).
45 Vgl *Meyer*, in: Blum/Häusler/Meyer, NKomVG, 3. Aufl. 2014, § 2 Rn 2 f.
46 Vgl *Detterbeck*, Allgemeines Verwaltungsrecht, 12. Aufl. 2014, Rn 208; *Maurer*, Allgemeines Verwaltungsrecht, 18. Aufl. 2011, § 21 Rn 19.
47 Eine Liste der Landkreise hält das Niedersächsische Ministerium für Inneres und Sport bereit, s. www.mi.niedersachsen.de/download/60053/Liste_der_Landkreise_mit_Links.pdf (Abfrage: 6.1.2015).
48 S. soeben unter a) sowie *Mehde*, in: Maunz/Dürig, GG, 71. EL, Stand: März 2014, Art. 28 Abs. 2 Rn 38, 43 f (67. EL, Stand: November 2012), und *Ipsen*, Nds. Kommunalrecht, 4. Aufl. 2011, Rn 24 ff, 953 ff (mit Präzisierungen).

heiten der örtlichen Gemeinschaft" oder „gesamt[e] öffentlich[e] Aufgaben", vgl Art. 57 Abs. 1 mit Abs. 3 NdsVerf., Art. 28 Abs. 2 S. 1 mit S. 2 GG. Über den Aufgabenbestand der Landkreise entscheidet der einfache Gesetzgeber also originär.[49] Als Zusammenschluss von Gemeinden steht der Landkreis außerdem in der Pflicht des § 3 Abs. 2 S. 2 NKomVG, die kreisangehörigen Gemeinden und Samtgemeinden bei der Erfüllung ihrer Aufgaben zu unterstützen und für einen angemessen Ausgleich der Gemeindelasten zu sorgen.

Neben den Landkreis als dem einen Typus des Gemeindeverbands tritt gem. § 2 Abs. 3 NKomVG die Samtgemeinde als der andere. Die Samtgemeinde ist eine niedersächsische Besonderheit. Sie ist, wie der Landkreis, ein Zusammenschluss von Gemeinden, wobei der Zusammenschluss, anders als beim Landkreis, nicht gesetzlich vorgeschrieben ist, sondern freiwillig erfolgt: Gem. § 97 S. 1 NKomVG „können" Gemeinden eines Landkreises, die mindestens 400 Einwohnerinnen und Einwohner haben, „zur Stärkung der Verwaltungskraft" Samtgemeinden bilden. Ist das geschehen – in Niedersachsen haben sich 703 Gemeinden zu 126 Samtgemeinden zusammengeschlossen[50] –, verwaltet auch die Samtgemeinde „ihre Angelegenheiten im Rahmen der Gesetze" gem. § 1 Abs. 1 NKomVG „in eigener Verantwortung". Dieses Recht der Selbstverwaltung garantiert Art. 57 Abs. 1 NdsVerf. der Samtgemeinde als „sonstig[e] öffentlich-rechtlich[e] Körperschaf[t]" verfassungskräftig. Bundesverfassungsrechtlich kann sich die Samtgemeinde, weil sie – entgegen ihrem Namen – keine Gemeinde, sondern als Zusammenschluss von Gemeinden ein Gemeindeverband ist[51], nicht auf S. 1, aber auf S. 2[52] des Art. 28 Abs. 2 GG berufen. Samtgemeinden sind jedoch, anders als Gemeinden und Landkreise[53], nicht als Institution geschützt, sodass der Gesetzgeber die Samtgemeinden insgesamt abschaffen könnte. **16**

Diesen Befund zusammenfassend ist ein Gemeindeverband eine aus Gemeinden gebildete, überörtlich zuständige Gebietskörperschaft mit dem Recht auf Selbstverwaltung im Rahmen der Gesetze.[54] Die Begriffe der Gemeinde und des Gemeindeverbands erfassen alle Kommunen des niedersächsischen Kommunalrechts, wie § 1 Abs. 1 NKomVG sie aufzählt. Der Oberbegriff des Gemeindeverbands zerfällt dabei in zwei Unterfälle: den Landkreis und die Samtgemeinde. Die Region Hannover ist ihrerseits ein – in § 1 Abs. 1 NKomVG eigens benannter – Unterfall des Landkreises. **17**

---

49 Vgl *Mehde*, in: Maunz/Dürig, GG, 71. EL, Stand: März 2014, Art. 28 Abs. 2 Rn 129, 135 (67. EL, Stand: November 2012).
50 So das Niedersächsische Ministerium für Inneres und Sport zum Stichtag 1.1.2014 (s. aber o. Fn 41) unter http://www.mi.niedersachsen.de/portal/live.php?navigation_id=14805&article_id=63108&_psmand=33 (Abfrage: 6.1.2015).
51 NdsStGH, LVerfGE 18, 425 (436); *Mehde*, in: Maunz/Dürig, GG, 71. EL, Stand: März 2014, Art. 28 Abs. 2 Rn 130 (67. EL, Stand: November 2012); *Pautsch*, Kommunalrecht Nds., 2014, S. 16 f; vgl aber auch *Waechter*, in: Epping et al., Hannoverscher Kommentar, 2012, Art. 57 Rn 18.
52 *Pieroth*, in: Jarass/Pieroth, GG, 13. Aufl. 2014, Art. 28 Rn 29; aA *Meyer*, in: Blum/Häusler/Meyer, NKomVG, 3. Aufl. 2014, § 2 Rn 11, der die Samtgemeinden nicht bundesverfassungsrechtlich geschützt sieht.
53 S. u. unter III. 2. a) (bei Fn 57 f).
54 Vgl aber auch BVerfGE 52, 95 (112); BVerwGE 140, 245 (Rn 13); *Mehde*, in: Maunz/Dürig, GG, 71. EL, Stand: März 2014, Art. 28 Abs. 2 Rn 130 (67. EL, Stand: November 2012).

III. Recht auf Selbstverwaltung

1. Begriff

18 Der Unterschied zwischen Verwaltung und Selbstverwaltung liegt in der Eigenverantwortlichkeit der Aufgabenwahrnehmung. Eine herkömmliche Verwaltungsbehörde nimmt nur die Aufgaben wahr, die ihr das Gesetz zuteilt, und ist bei der Wahrnehmung dieser Aufgaben nicht nur an die Rechtmäßigkeits-, sondern auch an die Zweckmäßigkeitsvorgaben der übergeordneten Behörde gebunden. Eine Selbstverwaltungsbehörde dagegen nimmt auch Aufgaben wahr, die sie sich selbst gestellt hat, und ist bei der Wahrnehmung dieser und aller anderen Aufgaben nur an die Rechtmäßigkeits-, nicht aber an die Zweckmäßigkeitsvorgaben der Aufsichtsbehörde gebunden. Zugespitzt formuliert: Die Aufgabenwahrnehmung einer herkömmlichen Verwaltungsbehörde erfolgt in fremder, die Aufgabenwahrnehmung einer Selbstverwaltungsbehörde erfolgt gem. § 1 Abs. 1 NKomVG „in eigener Verantwortung". So gesehen ist das Recht der Selbstverwaltung das Recht der eigenverantwortlichen Aufgabenwahrnehmung.

2. Umfang
a) Institutionelle Garantie

19 Das Grundgesetz formuliert die kommunale Selbstverwaltungsgarantie, als gewährte Art. 28 Abs. 2 GG den Kommunen nicht selbst ein Recht, sondern verlangte nur von den Ländern, die kommunale Selbstverwaltungsgarantie landesrechtlich zu erschaffen („[…] muß das Recht gewährleistet sein […]"). Gleichwohl garantiert Art. 28 Abs. 2 GG den Kommunen (als bundesverfassungsrechtliche Durchgriffsnorm[55]) unmittelbar[56] ein gegen Bund, Land und andere Kommunen gerichtetes subjektives öffentliches Recht. Das „Recht der Selbstverwaltung" findet seinen Ort danach vor allem in Art. 28 Abs. 2 GG. Dessen Sätze 1 und 2 stellen sicher, dass es Gemeinden bzw. Gemeindeverbände als Elemente des Verwaltungsaufbaus überhaupt gibt.[57] Das ist die sog. institutionelle (Rechtssubjekts-)Garantie.[58] Weil nur garantiert ist, dass es überhaupt (die Institution der) Gemeinden und Gemeindeverbände geben muss, ist keine Gemeinde und kein Gemeindeverband individuell geschützt. Eine einzelne Gemeinde aufzulösen (vgl Art. 59 Abs. 1 NdsVerf.), steht also im Einklang mit der institutionellen (Rechtssubjekts-)Garantie.[59] Nach Art. 59 Abs. 1, Abs. 2 S. 1 NdsVerf. bedarf es

---

55 *Dreier*, in: ders., GG, Band I, 3. Aufl. 2013, Art. 28 Rn 92; *Tettinger/Schwarz*, in: v. Mangoldt/Klein/Starck, GG, Band 2, 6. Aufl. 2010, Art. 28 Rn 143 f.
56 *Ehlers*, DVBl 2000, S. 1301 (1301); *Engels*, Verfassungsgarantie kommunaler Selbstverwaltung, 2014, S. 88, 563 (mit einer „dogmatischen Rekonstruktion" auf „prinzipientheoretischer Grundlage"); *Ipsen*, Nds. Kommunalrecht, 4. Aufl. 2011, Rn 3 („Doppelfunktion"); *Maurer*, DVBl 1995, S. 1037 (1040 f); *Mehde*, in: Maunz/Dürig, GG, 71. EL, Stand: März 2014, Art. 28 Abs. 2 Rn 1, 11 (67. EL, Stand: November 2012); *Waechter*, in: Epping et al., Hannoverscher Kommentar, 2012, Art. 57 Rn 12.
57 *Hagebölling*, NdsVerf., 2. Aufl. 2011, Art. 57 Anm. 2.1; *Nierhaus*, in: Sachs, GG, 7. Aufl. 2014, Art. 28 Rn 41.
58 Begriffsprägend *Stern*, s. ders., in: Kahl/Waldhoff/Walter, Bonner Kommentar zum GG, 170. Akt., Stand: Dezember 2014, Art. 28 Rn 51 (Stand: Dezember 1964); *ders.*, Staatsrecht, Band I, 2. Aufl. 1984, S. 409; krit. *Mehde*, in: Maunz/Dürig, GG, 71. EL, Stand: März 2014, Art. 28 Abs. 2 Rn 40 f (67. EL, Stand: November 2012).
59 Vgl BVerfGE 50, 50 (50 f); 86, 90 (107); *Hagebölling*, NdsVerf., 2. Aufl. 2011, Art. 57 Anm. 2.1, Art. 59 Anm. 1; *Lange*, Kommunalrecht, 2013, Kap. 1 Rn 11.

eines Gesetzes und der „Gründ[e] des Gemeinwohls". Art. 59 Abs. 2 S. 1 NdsVerf. liefert so ein Beispiel für den sog. institutionellen oder organisatorischen Gesetzesvorbehalt.[60]

b) Selbstverwaltungsgarantie

Die institutionelle Garantie, dass es Gemeinden und Gemeindeverbände überhaupt geben muss, ist wenig wert, solange nicht feststeht, welche Aufgaben Gemeinden und Gemeindeverbände erfüllen dürfen. Diese Frage regeln Art. 28 Abs. 2 S. 1 und 2 GG (vgl auch Art. 57 Abs. 1, 3 NdsVerf.). Danach haben Gemeinden das Recht, alle Angelegenheiten der örtlichen Gemeinschaft in eigener Verantwortung im Rahmen der Gesetze zu regeln, und steht auch Gemeindeverbänden dieses „Recht der Selbstverwaltung" zu, allerdings nur „im Rahmen ihres gesetzlichen Aufgabenbereichs". 20

aa) Allzuständigkeit für Angelegenheiten der örtlichen Gemeinschaft. Weil der Grundsatz der Allzuständigkeit der Gemeinden gem. Art. 28 Abs. 2 S. 1 GG gegenständlich „alle Angelegenheiten der örtlichen Gemeinschaft" erfasst, ist von besonderer Bedeutung, welches die Angelegenheiten der örtlichen Gemeinschaft sind. Die Rechtsprechung verwendet in diesem Zusammenhang die Formulierung derjenigen „Bedürfnisse und Interessen, die in der örtlichen Gemeinschaft wurzeln oder auf sie einen spezifischen Bezug haben".[61] In der Vorlesung ist in diesem Zusammenhang bisweilen von der „biologischen Formel" die Rede. Dass die Angelegenheit eine örtliche sein muss, verlangt als räumlichen Zusammenhang einen Bezug zum Gemeindegebiet.[62] Weil die Örtlichkeit aber vor allem diejenige einer „Gemeinschaft" ist – genauer: jener Gruppe von Menschen, die am Ort wohnen –, kommt es für die „örtliche Gemeinschaft" hauptsächlich auf das Hauptwort („Gemeinschaft") an. Der soziale tritt also noch vor den (nur adjektivisch – „örtliche" – als Eigenschaft dieser Gemeinschaft beschriebenen) räumlichen Zusammenhang.[63] Nur der soziale Zusammenhang kann erklären, warum eine Gemeinde G, am Meer gelegen, ihren malerischen Ort bei auswärtigen Touristen bewerben[64] oder am anderen Ende der Republik ein Schullandheim in den Bergen betreiben[65] darf: Touristen in den Ort zu holen und den eigenen Kindern die Schönheit der Berge zu zeigen, sind Anliegen der Menschen gerade in G und damit Angelegenheit dieser örtlichen Gemeinschaft. 21

bb) Eigenverantwortlichkeit der Aufgabenwahrnehmung. Art. 28 Abs. 2 S. 1 GG garantiert den Gemeinden das Recht, die genannten Angelegenheiten „in eigener Verantwortung" zu regeln. Eigenverantwortlichkeit meint in diesem Zusammenhang in erster Linie, dass die Gemeinde im Rahmen der Rechtsordnung weisungsfrei gegenüber staatlichen Institutionen handeln darf, zugespitzt formuliert also die Aufgabenerfül- 22

---

60 Vgl hierzu *Jarass*, in: Jarass/Pieroth, GG, 13. Aufl. 2014, Art. 20 Rn 52.
61 BVerfGE 79, 127 (151); ohne die Metapher zuletzt BVerfG, Beschl. v. 19.11.2014 – 2 BvL 2/13, Rn 45 mwN
62 *Tettinger/Schwarz*, in: v. Mangoldt/Klein/Starck, GG, Band 2, 6. Aufl. 2010, Art. 28 Rn 168.
63 Zu dieser personenbezogenen Interpretation der Angelegenheiten örtlicher Gemeinschaft s. *Hartmann*, Volksgesetzgebung und Grundrechte, 2005, S. 189; *Pieroth/Hartmann*, NWVBl 2003, S. 322 (326 f); auf dieser Linie handelte BVerfG, Beschl. v. 19.11.2014 – 2 BvL 2/13, Rn 45 vom „Zusammenleben und -wohnen der Menschen vor Ort".
64 *Grawert*, in: Fs. f. Blümel, 1999, S. 119 (127) mit weiteren Beispielen.
65 *Ehlers*, NWVBl 2000, S. 1 (6).

lung „ohne Weisung und Vormundschaft des Staates"[66]. Verwaltungsorganisationsrechtlich stellt eine solche Eigenverantwortlichkeit der Aufgabenwahrnehmung die Ausnahme dar. Schon aus demokratischen Gründen gilt regelmäßig, dass nachgeordnete Behörden nicht nur der Rechts- (das sind die Gemeinden ebenfalls), sondern auch der Fachaufsicht unterworfen sind (das sind die Gemeinden regelmäßig nicht[67]).[68] Dass diese demokratischen Gründe für Kommunen weniger als für andere Behörden gelten, folgt aus dem Umstand, dass Kommunen durch die Kommunalwahl eine eigenständige demokratische Legitimation erfahren[69].

23 cc) Gemeindehoheiten als Ausprägungen von Allzuständigkeit und Eigenverantwortlichkeit. Dass die Gemeinden die eigenen Angelegenheiten eigenverantwortlich wahrnehmen dürfen, findet Ausdruck in den sog. Gemeindehoheiten.[70] Zu nennen sind die kommunale Rechtsetzungs-, Gebiets-, Organisations-, Kooperations-, Personal-, Planungs- und Finanzhoheit:

- Weil Art. 28 Abs. 2 S. 1 GG den Gemeinden das Recht gewährleistet, die eigenen Angelegenheiten eigenverantwortlich „zu regeln", steht den Gemeinden vor allem die *Rechtsetzungshoheit* (auch Autonomie, von auto-nomos, dh Selbst-Gesetzgebung) zu, also die Befugnis, Ortsrecht zu erlassen,[71] von der sie vor allem durch Satzungen Gebrauch machen[72].
- Aus dem räumlichen Zusammenhang der örtlichen Gemeinschaft folgt die *Gebietshoheit* der Gemeinde, also das Recht der Gemeinde, gegenüber jedermann auf dem Gemeindegebiet Herrschaftsgewalt auszuüben und rechtserhebliche Handlungen vorzunehmen.[73] Aus der Gebietshoheit folgt auch das Recht der Gemeinde, Namen und Hoheitszeichen zu führen, vgl §§ 19 ff NKomVG.
- *Organisationshoheit* ist die Befugnis zur Ausgestaltung der internen Organisation, also zur Festlegung der für die Aufgabenwahrnehmung der Gemeinde erforderlichen Abläufe und Entscheidungszuständigkeiten.[74]

---

66 *Dreier*, in: ders., GG, Band I, 3. Aufl. 2013, Art. 28 Rn 114; *Hagebölling*, NdsVerf., 2. Aufl. 2011, Art. 57 Anm. 2.1; *Stern*, in: Kahl/Waldhoff/Walter, Bonner Kommentar zum GG, 170. Akt., Stand: Dezember 2014, Art. 28 Rn 94 (Stand: Dezember 1964).
67 Anders bei der Wahrnehmung von Aufgaben im übertragenen Wirkungskreis, s.u. unter IV. 1. (bei Fn 120 f) und unter XI. 3. (bei Fn 406 ff).
68 Vgl *Kahl*, Staatsaufsicht, 2000, S. 395 f; *Maurer*, Allgemeines Verwaltungsrecht, 18. Aufl. 2011, § 22 Rn 31 f; *Oebbecke*, Weisungs- und unterrichtungsfreie Räume, 1986, S. 124 ff
69 Nach *Kahl*, Staatsaufsicht, 2000, S. 499 f, kann nicht das Demokratieprinzip, sondern können nur das Selbstverwaltungs- und das Rechtsstaatsprinzip eine Rechtsaufsicht über Kommunen begründen; zur Kommunalwahl s.o. unter II. 1. a) (bei Fn 13) und u. unter VI. 4. a) (bei Fn 199 f).
70 Vgl nur *Brüning*, in: Ehlers/Fehling/Pünder, Besonderes Verwaltungsrecht, Band III, 3. Aufl. 2013, § 64 Rn 29 ff; *Mann*, in: Tettinger/Erbguth/Mann, Besonderes Verwaltungsrecht, 11. Aufl. 2012, Rn 54 ff; *Mehde*, in: Maunz/Dürig, GG, 71. EL, Stand: März 2014, Art. 28 Abs. 2 Rn 57 ff (67. EL, Stand: November 2012); *Röhl*, in: Schoch, Besonderes Verwaltungsrecht, 15. Aufl. 2013, 1. Kap. Rn 36 ff; *Waechter*, in: Epping et al., Hannoverscher Kommentar, 2012, Art. 57 Rn 64 ff.
71 BVerfGE 32, 346 (361); 52, 95 (117); *Hartmann*, Volksgesetzgebung und Grundrechte, 2005, S. 84; *Löwer*, in: v. Münch/Kunig, GG, 6. Aufl. 2012, Art. 28 Rn 87; *Stober*, Kommunalrecht, 3. Aufl. 1996, § 18 I 1 (S. 258); *Tettinger/Schwarz*, in: Mangoldt/Klein/Starck, GG, Band 2, 6. Aufl. 2010, Art. 28 Rn 382.
72 S. dazu o. unter II. 1. d) (bei Fn 35 f) und u. unter VIII. (bei Fn 349 ff).
73 *Löwer*, in: v. Münch/Kunig, GG, 6. Aufl. 2012, Art. 28 Rn 75; *Mehde*, in: Maunz/Dürig, GG, 71. EL, Stand: März 2014, Art. 28 Abs. 2 Rn 58 (67. EL, Stand: November 2012); *Pieroth*, in: Jarass/Pieroth, GG, 13. Aufl. 2014, Art. 28 Rn 13; s.a. BVerfGE 52, 95 (118).
74 BVerfGE 91, 228 (236 ff); BVerwG, NVwZ 2006, S. 1404 (1405); *Tettinger/Schwarz*, in: Mangoldt/Klein/Starck, GG, Band 2, 6. Aufl. 2010, Art. 28 Rn 179.

- **Kooperationshoheit** meint die Befugnis, Aufgaben gemeinsam mit anderen Verwaltungsträgern wahrzunehmen.[75]
- **Personalhoheit** heißt das Recht der Gemeinde, Gemeindebeamte und -angestellte auszuwählen, anzustellen, zu befördern, herabzustufen und zu entlassen.[76]
- **Planungshoheit** bezeichnet die Befugnis der Gemeinde, bei der Erledigung ihrer Angelegenheiten aufgrund von Analyse und Prognose erkennbarer Entwicklungen ein Konzept zu erarbeiten, das den einzelnen Verwaltungsvorgängen Ziel und Zukunft weist.[77] Wichtigster Fall ist die Raumplanung (Bauleitplanung).[78]
- Die *Haushalts-* oder *Finanzhoheit* ist das Recht der Gemeinde auf eigenverantwortliche Einnahmen- und Ausgabenwirtschaft.[79] Sie wird im Recht der Kommunalwirtschaft näher ausgestaltet, vgl. §§ 110 ff NKomVG, und umfasst auch den konnexitätsrechtlichen Anspruch auf finanziellen Ausgleich gem. Art. 57 Abs. 4 NdsVerf.[80]

dd) Gesetzesvorbehalt als Schranke der Allzuständigkeit und Eigenverantwortlichkeit. Art. 28 Abs. 2 S. 1 GG gewährleistet das Recht der Selbstverwaltung „im Rahmen der Gesetze". Das Grundgesetz stellt das Recht, die eigenen Angelegenheiten eigenverantwortlich wahrzunehmen, also unter einen (geschriebenen) Gesetzesvorbehalt.[81] Ein Gesetzesvorbehalt, wie er aus der Grundrechtsdogmatik bekannt ist[82], ermöglicht Eingriffe in das Recht der Selbstverwaltung, dh sowohl in die Allzuständigkeit als auch in die Eigenverantwortlichkeit.[83] Das begriffliche Gerüst der Grundrechtsprüfung findet auch in diesem Zusammenhang Verwendung:[84] Die Selbstverwaltungsgarantie ist zwar weder Grundrecht noch grundrechtsgleiches Recht (vgl. Art. 93 Abs. 1 Nr. 4a GG), aber doch ein subjektives öffentliches Recht von Verfassungsrang.[85]

24

Gesetze, die das Recht auf Selbstverwaltung gem. Art. 28 Abs. 2 S. 1 GG beschränken können, sind nicht nur formelle Gesetze des Bundes oder eines Landes, sondern nach

25

---

75 BVerfG, Beschl. v. 19.11.2014 – 2 BvL 2/13, Rn 49; zur kommunalen Zusammenarbeit s.u. unter IX. 2. (nach Fn 363).
76 Vgl BVerfGE 17, 172 (182); 91, 228 (245); *Nierhaus*, in: Sachs, GG, 7. Aufl. 2014, Art. 28 Rn 53.
77 Vgl BVerfGE 56, 298 (310, 317 f); BVerwGE 81, 95 (106 ff); 84, 209 (214 ff); *Dreier*, in: ders., GG, Band I, 3. Aufl. 2013, Art. 28 Rn 140.
78 Vgl dazu nur den Beitrag zum Öffentlichen Baurecht in diesem Buch und außerdem *Brenner*, Öffentliches Baurecht, 4. Aufl. 2014, Rn 139 ff; *Mann*, in: Tettinger/Erbguth/Mann, Besonderes Verwaltungsrecht, 11. Aufl. 2012, Rn 56; *Mehde*, in: Maunz/Dürig, GG, 71. EL, Stand: März 2014, Art. 28 Rn 59 ff (67. EL, Stand: November 2012); *Röhl*, in: Schoch, Besonderes Verwaltungsrecht, 15. Aufl. 2013, 1. Kap. Rn 31.
79 *Tettinger/Schwarz*, in: v. Mangoldt/Klein/Starck, GG, Band 2, 6. Aufl. 2010, Art. 28 Rn 180.
80 Vgl VerfGH NRW, NVwZ-RR 2010, S. 705 (706); zum niedersächsischen Konnexitätsgebot s.u. unter IV. 3. (bei Fn 131).
81 BVerfGE 56, 298 (309 f).
82 S. zum Begriff des Gesetzesvorbehalts *Michael/Morlok*, Grundrechte, 4. Aufl. 2014, Rn 554 (mit einer Unterscheidung vom Vorbehalt des Gesetzes) und zur Typologie *Pieroth/Schlink/Kingreen/Poscher*, Grundrechte, 30. Aufl. 2014, Rn 263 ff.
83 Vgl *Mehde*, in: Maunz/Dürig, GG, 71. EL, Stand: März 2014, Art. 28 Abs. 2 Rn 103 (67. EL, Stand: November 2012); *Pieroth*, in: Jarass/Pieroth, GG, 13. Aufl. 2014, Art. 28 Rn 20; vgl auch BVerfGE 52, 95 (118); 56, 298 (312); 107, 1 (12).
84 Vgl *Mehde*, in: Maunz/Dürig, GG, 71. EL, Stand: März 2014, Art. 28 Abs. 2 Rn 49, 97, 103, 112 (67. EL, Stand: November 2012); *Pieroth*, in: Jarass/Pieroth, GG, 13. Aufl. 2014, Art. 28 Rn 10, 12 ff; sowie die Falllösung *Hartmann/Meßmann*, JuS 2006, S. 246 ff, krit. dagegen *Löwer*, in: v. Münch/Kunig, GG, 6. Aufl. 2012, Art. 28 Rn 43.
85 Nachw. o. in Fn 18.

der Rechtsprechung auch materielle Gesetze, dh Rechtsverordnungen[86] und Satzungen[87]. Dass das Recht auf Selbstverwaltung unter Gesetzesvorbehalt steht, bedeutet nicht, dass der Gesetzgeber in dieses Recht schrankenlos eingreifen kann.[88] Im Gegenteil: Der Gesetzgeber muss bei der Beschränkung seinerseits die sog. „Schranken-Schranken" wahren, dh insbesondere dem Grundsatz der Verhältnismäßigkeit genügen und den sog. „Kernbereich" der Selbstverwaltungsgarantie unangetastet lassen.[89]

26 Die Schranken-Schranke der Verhältnismäßigkeit, die sich nicht nur auf die Grundrechte, sondern auch auf das Rechtsstaatsprinzip gründen lässt, besteht auch hier aus den bekannten Elementen der Geeignetheit, Erforderlichkeit und Angemessenheit.[90] Die Schranken-Schranke des Kernbereichs der Selbstverwaltungsgarantie ist nach der Rechtsprechung betroffen und der Eingriff in das Recht auf Selbstverwaltung also nicht mehr zu rechtfertigen, wenn eine gesetzliche Einschränkung die Selbstverwaltung derart „erstickt" oder „aushöhlt", dass eine Gemeinde „die Gelegenheit zu kraftvoller Betätigung verlöre und nur noch ein Scheindasein führen könnte".[91] Kraftvoll ist diese Rechtsprechung vor allem in ihrer Metaphorik; die Subsumtion vermag sie dagegen kaum vorherzubestimmen. Immerhin lässt sich festhalten, dass der Kernbereich mit Blick auf die historische Entwicklung und die verschiedenen Erscheinungsformen der Selbstverwaltung zu bestimmen ist.[92] Das Bundesverfassungsgericht zählt zu dem Kernbereich neben dem Zugriffsrecht auf gesetzlich nicht anderweitig zugewiesene Aufgaben den Grundsatz, das Bestands- und Gebietsänderungen von Gemeinden nur aus Gründen des öffentlichen Wohls und nach Anhörung der betroffenen Gebietskörperschaften zulässig sind.[93] Darüber hinaus dürfen zum einen keine Regelungen getroffen werden, welche die „eigenständige organisatorische Gestaltungsfähigkeit der Kommunen im Ergebnis ersticken würden"[94], zum anderen muss der Gemeinde eine finanzielle Mindestausstattung gewährleistet werden.[95]

---

86 BVerfGE 26, 288 (237); 56, 298 (309); 71, 25 (34).
87 Vgl BVerwGE 101, 99 ff.
88 Zur Parallele in der Grundrechtsdogmatik vgl nur *Epping*, Grundrechte, 6. Aufl. 2015, Rn 48, 404; *Ipsen*, Staatsrecht II, 17. Aufl. 2014, Rn 171 ff; *Pieroth/Schlink/Kingreen/Poscher*, Grundrechte, 30. Aufl. 2014, Rn 285 ff.
89 BVerfGE 79, 127 (146 ff); 91, 228 (238 ff); BVerfG, Beschl. v. 19.10.2014 – 2 BvL 2/13, Rn 54 f; *Mann*, in: Tettinger/Erbguth/Mann, Besonderes Verwaltungsrecht, 11. Aufl. 2012, Rn 68; *Mehde*, in: Maunz/Dürig, GG, 71. EL, Stand: März 2014, Art. 28 Abs. 2 Rn 43, 113 ff, 118 ff, 162 ff (67. EL, Stand: November 2012); *Tettinger/Schwarz*, v. Mangoldt/Klein/Starck, GG, Band 2, 6. Aufl. 2010, Art. 28 Rn 191 ff; diff. *Ipsen*, Nds. Kommunalrecht, 4. Aufl. 2011, Rn 14 f.
90 BVerfGE 56, 298 (313 ff); BVerfG, Beschl. v. 19.10.2014 – 2 BvL 2/13, Rn 55; NdsStGH, StGHE 2, 1 (157); 3, 84 (93); 3, 199 (213 f); LVerfGE 18, 425 (441 ff); *Hagebölling*, NdsVerf., 2. Aufl. 2011, Art. 57 Anm. 2.1; *Ipsen*, Nds. Kommunalrecht, 4. Aufl. 2011, Rn 11 f, 14 f, 19; *Mann*, in: Tettinger/Erbguth/Mann, Besonderes Verwaltungsrecht, 11. Aufl. 2012, Rn 66; *Tettinger/Schwarz*, in: v. Mangoldt/Klein/Starck, GG, Band 2, 6. Aufl. 2010, Art. 28 Rn 194. Die Ableitung (nicht nur aus den Grundrechten, sondern außerdem) aus dem Rechtsstaatsprinzip ist str.; dafür NdsStGH, LVerfGE 18, 425 (441); *Epping*, Grundrechte, 6. Aufl. 2015, Rn 48; *Michael/Morlok*, Grundrechte, 4. Aufl. 2014, Rn 559; unabhängig davon krit. gegenüber der Angemessenheitsprüfung *Schlink*, in: Fs. 50 Jahre BVerfG, Band II, 2001, S. 445 (458 ff).
91 BVerfGE 79, 127 (155); vgl zuletzt BVerfG, Beschl. v. 19.10.2014 – 2 BvL 2/13, Rn 59.
92 BVerfGE 59, 216 (226); 76, 107 (118); 79, 127 (146); 91, 228 (238 ff).
93 BVerfGE 86, 90 (107).
94 BVerfGE 91, 228 (239).
95 Vgl hierzu *Dreier*, in: ders., GG, Band I, 3. Aufl. 2013, Art. 28 Rn 126; *Hartmann/Meßmann*, JuS 2006, S. 246 (249).

III. Recht auf Selbstverwaltung

c) Rechtsschutz: Kommunalverfassungsbeschwerde (subjektive Rechtsstellungsgarantie)

Während einer herkömmlichen Verwaltungsbehörde gegen den Entzug liebgewonnener oder die Zuweisung missliebiger Aufgaben genauso wenig Rechtsschutzmöglichkeiten eröffnet sind wie gegen die eigene ersatzlose Auflösung überhaupt[96], können Kommunen ihr Recht auf Selbstverwaltung vor Gericht sehr wohl verteidigen. Zu diesem Ende sehen sowohl das Bundes- als auch das Landesverfassungsrecht einen eigenen Rechtsbehelf vor, die Kommunalverfassungsbeschwerde: Behauptet die Gemeinde oder ein Gemeindeverband die Verletzung des Rechts auf Selbstverwaltung durch ein Landesgesetz, entscheidet der Staatsgerichtshof gem. § 8 Nr. 10, § 36 NdsStGHG, Art. 54 Nr. 5 NdsVerf. In allen anderen Fällen, namentlich bei der behaupteten Verletzung des Art. 28 GG durch ein Bundesgesetz, entscheidet das Bundesverfassungsgericht gem. § 13 Nr. 8 a, § 91 S. 1 BVerfGG, Art. 93 Abs. 1 Nr. 4 b GG.[97] Obwohl der Prüfungsmaßstab, an dem die Gerichte das angegriffene Gesetz messen, auf das Recht der Selbstverwaltung beschränkt ist, beziehen die Gerichte andere Verfassungsnormen ein, sofern sie ihrem Inhalt nach „das verfassungsrechtliche Bild der kommunalen Selbstverwaltung ausformen".[98] Bildformend in diesem Sinn sollen nicht nur die Vorgaben gemeindlicher Finanzausstattung gem. Art. 106 Abs. 5 GG[99] sein, sondern etwa auch die Vorschriften über die bundesstaatlichen Gesetzgebungs-[100] und Verwaltungskompetenzen[101], das Demokratieprinzip[102] oder das Willkürverbot[103].[104] Diese Rechtsauffassung liegt für den NdsStGH näher, hat dieser die Verletzung des Rechts auf kommunale Selbstverwaltung doch gem. § 36 S. 1 NdsStGHG zu prüfen, ohne dass das Recht dabei auf eine bestimmte Verfassungsnorm bezogen wäre. Die Prüfung des Bundesverfassungsgerichts ist dagegen gem. § 91 Abs. 1 S. 1 BVerfGG, Art. 93 Abs. 1 Nr. 4 b GG ausdrücklich auf die „Verletzung des Rechts auf Selbstverwaltung nach Artikel 28" des Grundgesetzes beschränkt.[105]

---

96 Weil nicht die Behörde, sondern nur ihr Rechtsträger rechtsfähig ist (vgl. *Maurer*, Allgemeines Verwaltungsrecht, 18. Aufl. 2011, § 21 Rn 2 f), kann der Behörde kein Recht auf eigene Existenz zustehen. Zur Schaffung (und Erhaltung) einer Behörde ist der Rechtsträger nur ausnahmsweise verpflichtet, so Niedersachsen gem. Art. 62 NdsVerf. mit Blick auf die Behörde der/des Landesbeauftragten für den Datenschutz (vgl. §§ 21 ff NDSG).
97 Zur Vorrangigkeit der Kommunalverfassungsbeschwerde zum Landesverfassungsgericht und zur Auffangfunktion der nachrangigen Kommunalverfassungsbeschwerde zum Bundesverfassungsgericht in allen anderen Fällen, dh auch soweit das Landesverfassungsgericht seine Prüfung auf formelle Landesgesetze beschränkt, s. BVerfGE 107, 1 (8 ff); *Ipsen*, Nds. Kommunalrecht, 4. Aufl. 2011, Rn 39; *Pieroth*, in: Jarass/Pieroth, GG, 13. Aufl. 2014, Art. 93 Rn 76.
98 NdsStGH, LVerfGE 18, 425 (441); in der Sache ebenso BVerfGE 1, 167 (181); 56, 298 (310); 71, 25 (37); 91, 228 (242); 119, 331 (357).
99 BVerfGE 71, 25 (37 f).
100 BVerfGE 56, 298 (310 f); hierzu auch NdsStGH, DVBl 2005, S. 1515 (1516) (im Verfahren abstrakter Normenkontrolle).
101 BVerfGE 119, 331 (363 f).
102 BVerfGE 91, 228 (244).
103 BVerfGE 56, 298 (313 f).
104 *Anger*, in: Pieroth/Silberkuhl, Die Verfassungsbeschwerde, 2008, § 91 Rn 32; *Gern*, Deutsches Kommunalrecht, 3. Aufl. 2003, Rn 859; *Mehde*, in: Maunz/Dürig, GG, 71. EL, Stand: März 2014, Art. 28 Abs. 2 Rn 179 (67. EL, Stand: November 2012); s. auch Lechner/Zuck, BVerfGG, 6. Aufl. 2011, § 91 Rn 28 ff.
105 *Mann*, in: Tettinger/Erbguth/Mann, Besonderes Verwaltungsrecht, 11. Aufl. 2012, Rn 89.

d) Prüfungsaufbau Kommunalverfassungsbeschwerden[106]

28

Kommunalverfassungsbeschwerde zum BVerfG	Kommunalverfassungsbeschwerde zum NdsStGH
I. Zulässigkeit 1. Zuständigkeit BVerfG gem. § 13 Nr. 8 a, § 91 S. 1 BVerfGG, Art. 93 Abs. 1 Nr. 4 b GG	I. Zulässigkeit 1. Zuständigkeit NdsStGH gem. § 8 Nr. 10, § 36 Abs. 1 S. 1 NdsStGHG, Art. 54 Nr. 5 NdsVerf.
2. Beschwerdefähigkeit gem. § 91 S. 1 BVerfGG, Art. 93 Abs. 1 Nr. 4 b GG: Gemeinde oder Gemeindeverband (also nicht der Bürger selbst)	2. Beschwerdefähigkeit gem. § 36 Abs. 1 S. 1 NdsStGHG: Gemeinde oder Gemeindeverband (also nicht der Bürger selbst)
3. Prozessfähigkeit In gerichtlichen Verfahren vertritt gem. § 86 Abs. 1 S. 2 NKomVG der Hauptverwaltungsbeamte die Kommune.	3. Prozessfähigkeit In gerichtlichen Verfahren vertritt gem. § 86 Abs. 1 S. 2 NKomVG der Hauptverwaltungsbeamte die Kommune.[107]
4. Beschwerdegegenstand gem. § 91 S. 1 BVerfGG, Art. 93 Abs. 1 Nr. 4 b GG: formelles oder materielles Gesetz des Bundes oder eines Landes[108]	4. Beschwerdegegenstand gem. § 8 Nr. 10, § 36 Abs. 1 S. 1 NdsStGHG, Art. 54 Nr. 5 NdsVerf.: Landesgesetz ▪ der systematische Vergleich des Art. 54 Nr. 4, 5 NdsVerf. (jeweils „Landesgesetz") mit Art. 54 Nr. 3 NdsVerf. („Landesrecht") zeigt, dass die Kommunalverfassungsbeschwerde ein Gesetz im formellen Sinn verlangt, dh ein Parlamentsgesetz; Gesetze nur im materiellen Sinn, dh Rechtsverordnungen und Satzungen, genügen nicht[109] ▪ ein Unterlassen des Gesetzgebers kann Beschwerdegegenstand sein[110] (die Landesverfassung verpflichtet zur Gesetzgebung, also zu einem Tun, zB in Art. 57 Abs. 4 S. 2, 3 NdsVerf.)

---

106 Vgl *Hillgruber/Goos*, Verfassungsprozessrecht, 3. Aufl. 2011, Rn 272 ff; *Lange*, Kommunalrecht, 2013, Kap. 1 Rn 137 ff; *Mückl*, in: Ehlers/Schoch, Rechtsschutz im Öffentlichen Recht, 2009, § 14 Rn 61; *Pieroth*, in: Jarass/Pieroth, GG, 13. Aufl. 2014, Art. 93 Rn 74 ff.
107 Der Hauptverwaltungsbeamte kann sich seinerseits gem. § 36 Abs. 1 S. 2 NdsStGHG nur durch solche eigenen Bediensteten vertreten lassen, die die Befähigung zum Richteramt besitzen.
108 BVerfGE 76, 107 (114); 107, 1 (8); 110, 370 (383); *Pieroth*, in: Jarass/Pieroth, GG, 13. Aufl. 2014, Art. 93 Rn 74.
109 *Ipsen*, Nds. Kommunalrecht, 4. Aufl. 2011, Rn 40; *Wendeling-Schröder*, in: Epping et al., Hannoverscher Kommentar, 2012, Art. 54 Rn 46; aA *Hüpper*, Staatsgerichtshof des Landes Niedersachsen, 2000, S. 251, der allerdings die Gesetzessystematik ausspart.
110 Vgl VerfGH NRW, Urt. v. 9.12.2014 – VerfGH 11/13, Ls. 1 und Rn 57 ff; vgl *Hartmann*, in: Pieroth/Silberkuhl, Die Verfassungsbeschwerde, 2008, § 90 Rn 50, 140.

III. Recht auf Selbstverwaltung

Kommunalverfassungsbeschwerde zum BVerfG	Kommunalverfassungsbeschwerde zum NdsStGH
5. Beschwerdebefugnis gem. § 91 S. 1 BVerfGG: a) Behauptung einer Verletzung des Rechts auf Selbstverwaltung nach Art. 28 GG b) selbst, unmittelbar, gegenwärtig betroffen[111]	**5. Beschwerdebefugnis** gem. § 36 Abs. 1 S. 1 NdsStGHG: a) Behauptung einer Verletzung des Rechts auf kommunale Selbstverwaltung (Art. 57 NdsVerf.) b) selbst, gegenwärtig, unmittelbar betroffen („ihr" Recht auf kommunale Selbstverwaltung, § 36 Abs. 1 S. 1 NdsStGHG)
6. Subsidiarität gem. § 91 S. 2 BVerfGG, Art. 93 Abs. 1 Nr. 4 b GG Beschwerde zum Landesverfassungsgericht vorrangig, soweit statthaft	
7. Rechtswegerschöpfung laut Rechtsprechung gem. § 90 Abs. 2 BVerfGG[112]	
8. Form gem. § 23 Abs. 1, § 92 BVerfGG: schriftlich[113] mit Begründung	**6. Form** gem. § 12 Abs. 1 NdsStGHG iVm § 23 Abs. 1 BVerfGG: schriftlich[113] mit Begründung
9. Frist gem. § 93 Abs. 3 BVerfGG: ein Jahr ab Inkrafttreten des Gesetzes	**7. Frist** gem. § 36 Abs. 2 NdsStGHG: zwei Jahre ab Inkrafttreten des Gesetzes
II. Begründetheit Die Kommunalverfassungsbeschwerde ist gem. § 91 S. 1 BVerfGG, Art. 93 Abs. 1 Nr. 4 b GG begründet, soweit das angegriffene Gesetz des Bundes oder des Landes die beschwerdeführende Kommune in ihrem Recht der Selbstverwaltung aus Art. 28 GG verletzt.	**II. Begründetheit** Die Kommunalverfassungsbeschwerde ist gem. § 36 Abs. 1 S. 1 NdsStGHG, Art. 54 Nr. 5 NdsVerf. begründet, soweit das angegriffene Landesgesetz die beschwerdeführende Kommune in ihrem Recht auf kommunale Selbstverwaltung (Art. 57 NdsVerf.) verletzt.

---

[111] BVerfGE 25, 124 (128); 59, 216 (225); 107, 1 (8); *Mückl,* in: Ehlers/Schoch, Rechtsschutz im öffentlichen Recht, 2009, § 14 Rn 35; *Pieroth,* in: Jarass/Pieroth, GG, 13. Aufl. 2014, Art. 93 Rn 75; differenzierend *Hartmann,* JuS 2003, S. 897 (901).

[112] BVerfGE 76, 107 (114 f); vgl *Mückl,* in: Ehlers/Schoch, Rechtsschutz im öffentlichen Recht, 2009, § 14 Rn 51 („nicht völlig zweifelsfrei").

[113] Nach der Mindermeinung, die auch ich vertrete, wahrt die E-Mail die Schriftform des § 23 Abs. 1 S. 1 BVerfGG, s. *Hartmann,* NJW 2006, S. 1390 (1390 ff); *ders.,* in: Pieroth/Silberkuhl, Die Verfassungsbeschwerde, 2008, § 92 BVerfGG Rn 8 ff; *Pieroth,* in: Jarass/Pieroth, GG, 13. Aufl. 2014, Art. 93 Rn 67; *Pieroth/Schlink/Kingreen/Poscher,* Grundrechte, 30. Aufl. 2014, Rn 1268. Die hM ist aA, s. nur BVerfG, Beschl. v. 19.5.2010 – 1 BvR 1070/10, BeckRS 2010, 51299, sub 2.; *C. v. Coelln,* in: Maunz/Schmidt Bleibtreu/Klein/Bethge, BVerfGG, 44. EL, Stand: Juli 2014, § 23 Rn 49 (30. EL, Stand: Mai 2009); *Epping,* Grundrechte, 6. Aufl. 2015, Rn 197; *Hillgruber/Goos,* Verfassungsprozessrecht, Rn 88 a; *Hömig,* in: Maunz/Schmidt-Bleibtreu/Klein/Bethge, BVerfGG, 44. EL, Stand: Juli 2014, § 92 Rn 3 (35. EL, Stand: Mai 2011); *Scherzberg,* in: Ehlers/Schoch, Rechtsschutz im Öffentlichen Recht, 2009, § 13 Rn 8.

IV. Aufgaben der Kommunen
1. Eigener und übertragener Wirkungskreis

29 Die Aufgaben, die eine niedersächsische Kommune erfüllt,[114] zerfallen gem. § 4 S. 1 NKomVG in zwei Gruppen: solche im eigenen und solche im übertragenen Wirkungskreis der Kommune. Diese Unterscheidung heißt Aufgabendualismus[115]. Kriterium der Unterscheidung ist der Entscheidungsspielraum der Kommune: Aufgaben im eigenen Wirkungskreis übernimmt die Kommune gem. § 5 Abs. 2 NKomVG, Art. 57 Abs. 3, 4 S. 1 Alt. 1 NdsVerf. in eigener Verantwortung, Aufgaben im übertragenen Wirkungskreis erfüllt die Kommune dagegen gem. § 6 Abs. 1 S. 1, Abs. 2 S. 1 NKomVG, Art. 57 Abs. 3, 4 S. 1 Alt. 2 NdsVerf. weisungsgebunden.[116]

30 Die Aufgaben im übertragenen Wirkungskreis werden den Kommunen gem. Art. 57 Abs. 4 S. 1 NdsVerf. notwendig „durch Gesetz oder aufgrund eines Gesetzes durch Verordnung", dh gem. § 6 Abs. 1 S. 1 NKomVG „durch Rechtsvorschrift" zugewiesen. Die Aufgaben im eigenen Wirkungskreis sind vor allem die Angelegenheiten der örtlichen Gemeinschaft. Für sie sind die Gemeinden in Niedersachsen gem. § 5 Abs. 1 Nr. 1 NKomVG, Art. 57 Abs. 3 NdsVerf., Art. 28 Abs. 2 S. 1 GG zuständig. Die anderen Kommunen haben keinen von der Bundes- oder der Landesverfassung inhaltlich vorgezeichneten eigenen Wirkungskreis. Ihnen hat der einfache Gesetzgeber durch § 5 Abs. 1 Nr. 2, 3 NKomVG Aufgaben zugeordnet. Allen Kommunen können außerdem gem. Art. 57 Abs. 4 S. 1 Alt. 1 NdsVerf., ebenfalls „durch Rechtsvorschrift" (§ 5 Abs. 1 Nr. 4 NKomVG), Pflichtaufgaben zur Erfüllung in eigener Verantwortung zugewiesen werden (also zur Wahrnehmung im eigenen Wirkungskreis und gerade nicht zur Erfüllung nach Weisung wie in Alt. 2 des Art. 57 Abs. 4 S. 1 NdsVerf.).

31 Der Dualismus der Aufgaben im eigenen und im übertragenen Wirkungskreis ist Ausdruck der Unterscheidung von Verwaltung und Selbstverwaltung überhaupt: Während die herkömmliche Verwaltungsbehörde eine Aufgabe sozusagen stets im übertragenen Wirkungskreis wahrnimmt, kann eine Selbstverwaltungskörperschaft eine Aufgabe auch zur Wahrnehmung im eigenen Wirkungskreis zugewiesen bekommen. Hierdurch wird die Aufgabe in die Weisungsfreiheit entlassen. Die damit verbundene Minderung des staatlichen Einflusses ist wegen der eigenständigen demokratischen Legitimation der Kommune hinnehmbar, zumal die Möglichkeiten der Bürgerschaft, selbst unmittelbar Einfluss zu nehmen, durch die Zuweisung wachsen: Einwohneranträge, Bürgerbegehren und Bürgerentscheide sind nur zulässig, soweit Aufgaben des eigenen Wirkungskreises betroffen sind.

32 Das Gegenstück zum Aufgabendualismus, der sog. Aufgabenmonismus, fasst die Aufgaben beider Wirkungskreise, des eigenen und des übertragenen, zu einem einheitlichen (monistischen) Wirkungskreis zusammen.[117] In Ländern mit monistischem System gibt es also – wie der Name erahnen lässt und anders als im Aufgabendualismus –

---

114 Zur Definition des Kommunalrechts, die auch diese Rechtssätze erfasst, s.o. unter I. (bei Fn 1).
115 *Burgi*, Kommunalrecht, 4. Aufl. 2012, § 8 Rn 12; *Ipsen*, in: ders., NKomVG, 2011, § 4 Rn 1; *Röhl*, in: Schoch, Besonderes Verwaltungsrecht, 15. Aufl. 2013, 1. Kap. Rn 61; vgl aber auch *Burgi*, a.a.O., § 7 Rn 7 f
116 *Sandfuchs*, Allg. Nds. Kommunalrecht, 19. Aufl. 2006, S. 42.
117 Vgl *Ipsen*, Nds. Kommunalrecht, 4. Aufl. 2011, Rn 24.

IV. Aufgaben der Kommunen

nur einen Aufgabentyp: Alle Aufgaben sind Selbstverwaltungsangelegenheiten und fallen so gewissermaßen notwendig in den eigenen Wirkungskreis.[118]

Die Einordnung einer Aufgabe in den eigenen oder den übertragenen Wirkungskreis ist für den Entscheidungsspielraum der Kommune folgenreich: Im eigenen Wirkungskreis sind die Kommunen gem. § 5 Abs. 2 NKomVG „nur an die Rechtsvorschriften" gebunden; sie stehen daher gem. § 170 Abs. 1 S. 2 Alt. 1 NKomVG, Art. 57 Abs. 5 Alt. 1 NdsVerf. auch nur unter der Rechtsaufsicht (Kommunalaufsicht) des Landes.[119] Die Entscheidung, welche von mehreren rechtmäßigen Möglichkeiten der Aufgabenerfüllung die Kommune zweckmäßigerweise wählt, darf das Land nicht vorgeben, sondern trifft die Kommune. Die Rechtsaufsicht des Landes über die Kommunen gem. § 170 Abs. 1 S. 2 Alt. 1 NKomVG entspricht insofern der aus dem Staatsorganisationsrecht bekannten Rechtsaufsicht des Bundes über die Länder gem. Art. 84 Abs. 3 S. 1 GG. 33

Im übertragenen Wirkungskreis steht die Kommune unter der Fachaufsicht des Landes,[120] dh die Kommune muss sich nicht nur Vorgaben zur Rechtmäßigkeit, sondern gem. § 6 Abs. 2 S. 1, § 170 Abs. 1 S. 2 Alt. 2 NKomVG, Art. 57 Abs. 5 Alt. 2 NdsVerf. auch Weisungen zur Zweckmäßigkeit der Aufgabenwahrnehmung gefallen lassen.[121] Die Entscheidung, welche von mehreren rechtmäßigen Möglichkeiten der Aufgabenerfüllung die Kommune zweckmäßigerweise wählt, darf damit das Land treffen. Die Fachaufsicht des Landes über die Kommunen gem. § 170 Abs. 1 S. 2 Alt. 2 NKomVG entspricht insofern der aus dem Staatsorganisationsrecht bekannten Fachaufsicht des Bundes über die Länder gem. Art. 85 Abs. 4 S. 1 GG. 34

Bleibt die Frage, woran der Rechtsanwender erkennen kann, ob einer Kommune eine Aufgabe zur Wahrnehmung im eigenen oder im übertragenen Wirkungskreis zugewiesen ist. Die meisten, insbesondere neueren, Gesetze nehmen die Zuweisung ausdrücklich vor: So bestimmen etwa § 96 Abs. 1 S. 2 NWG und § 1 Abs. 2 NBrandSchG, dass die in dem jeweiligen Gesetz geregelten Aufgaben im eigenen Wirkungskreis wahrgenommen werden. Dagegen ordnen § 42 Abs. 2 S. 1 NAbfG, § 57 Abs. 3 NBauO und § 97 Abs. 6 Nds. SOG die Aufgaben dem übertragenen Wirkungskreis zu. Fehlt eine ausdrückliche Regelung, ist der Wirkungskreis durch Auslegung zu ermitteln. Dabei kommt dem Gesamtzusammenhang des Gesetzes, insbesondere den eingeräumten Weisungsbefugnissen, regelmäßig besondere Bedeutung zu. 35

2. Freiwillige Selbstverwaltungs- und Pflichtaufgaben

Im eigenen Wirkungskreis zerfallen die Aufgaben der Kommunen in freiwillige Selbstverwaltungsaufgaben und in Pflichtaufgaben. Freiwillige Selbstverwaltungsaufgaben 36

---

118 Auch im monistischen System besteht, um einen hinreichenden staatlichen Einfluss zu sichern, die Notwendigkeit, dass für bestimmte Aufgaben ein speziell ausgestaltetes Weisungsrecht staatlicher Stellen besteht (sog. Pflichtaufgaben zur Erfüllung nach Weisung).
119 BVerfGE 8, 122 (137) („keine Bundeskommunalaufsicht"); *Häusler*, in: Blum/Häusler/Meyer, NKomVG, 3. Aufl. 2014, § 170 Rn 5; *Lange*, Kommunalrecht, 2013, Kap. 17 Rn 20; *Schmidt*, Kommunalrecht, 2. Aufl. 2014, Rn 680, 687; s.u. unter X. 2. (bei Fn 401 ff).
120 S. u. unter X. 3. (bei Fn 406 ff).
121 *Hageböling*, NdsVerf., 2. Aufl. 2011, Art. 57 Anm. 7; vgl *Schmidt*, Kommunalrecht, 2. Aufl. 2014, Rn 680, 743.

und Pflichtaufgaben haben als Aufgaben im eigenen Wirkungskreis gemeinsam, dass die Kommune sie in eigener Verantwortung erfüllt, nur an Rechtsvorschriften gebunden. Bei Pflichtaufgaben geben die Rechtsvorschriften der Kommune das Ob der Aufgabenwahrnehmung vor, dh sie muss in dieser Angelegenheit tätig werden und hat Eigenverantwortlichkeit und Ermessen nur mit Blick auf das Wie der Aufgabenwahrnehmung. So „haben" die Gemeinden beispielsweise gem. § 1 Abs. 3 S. 1 BauGB Bauleitpläne aufzustellen und gem. § 96 Abs. 1 S. 1 NWG Abwasser zu beseitigen. Die Zuweisung einer Pflichtaufgabe zur Erfüllung in eigener Verantwortung ist gem. Art. 57 Abs. 4 S. 1 NdsVerf. nur durch Gesetz oder aufgrund eines Gesetzes durch Verordnung möglich.[122]

37 Bei freiwilligen Selbstverwaltungsaufgaben ist der Kommune nicht einmal das Ob der Aufgabenwahrnehmung vorgegeben, dh sie muss in dieser Angelegenheit nicht tätig werden, sondern kann die Aufgabe auch aufgeben. So bestimmt die Kommune etwa, ob und in welchem Ausmaß sie Städtepartnerschaften pflegt[123] oder öffentliche Einrichtungen nach § 30 NKomVG bereitstellt[124] (ob einer Gemeinde die materielle Privatisierung eines „kulturell, sozial und traditionsmäßig bedeutsamen Weihnachtsmarktes" verwehrt ist, wie das Bundesverwaltungsgericht meint[125], darf daher bezweifelt werden[126]). Weil die Kommune stets an Recht und Gesetz gebunden bleibt, sind auch für das Wie der Aufgabenwahrnehmung gesetzliche Vorgaben möglich, zum Beispiel bei der Erhebung von Abgaben (vgl zB §§ 4 f NKAG) oder der Umlegung von Bauland (§ 46 BauGB).[127]

3. Aufgabenübertragungsverbot und Konnexitätsgebot

38 Für die Kommune, die freiwillige Selbstverwaltungsaufgaben auch unterlassen kann, ist wichtig, welche kostenträchtigen Aufgaben sie auch gegen ihren Willen ausführen muss, sei es als Pflichtaufgabe zur Erfüllung in eigener Verantwortung (eigener Wirkungskreis), sei es als staatliche Aufgabe zur Erfüllung nach Weisung (übertragener Wirkungskreis). Beide dieser Aufgaben, sowohl die Pflicht- als auch die staatliche Aufgabe, bedürfen als Eingriff in das kommunale Selbstverwaltungsrecht gem. Art. 57 Abs. 1, 3, Abs. 4 S. 1 NdsVerf., Art. 28 Abs. 2 S. 1, 2 GG einer gesetzlichen Grundlage. Weil ein „Gesetz" genügt, kommen sowohl Bundes- als auch Landesgesetze in Frage. Bundesgesetze dürfen den Gemeinden und Gemeindeverbänden allerdings seit der Föderalismusreform aus dem Jahr 2006 keine (neuen) Aufgaben (mehr) übertragen.[128] Das folgt aus Art. 84 Abs. 1 S. 7, Art. 85 Abs. 1 S. 2 GG. Bundesgesetzlich zugewiese-

---

122 Vgl *Ipsen*, in: ders., NKomVG, 2011, § 6 Rn 2.
123 *Lange*, Kommunalrecht, 2013, Kap. 11 Rn 15.
124 S. dazu u. unter VI. 2. a) (bei Fn 147 ff).
125 So BVerwG, NVwZ 2009, S. 1305 (1306 f) – Offenbacher Weihnachtsmarkt.
126 Krit. *Mehde*, in: Maunz/Dürig, GG, 71. EL, Stand: März 2014, Art. 28 Abs. 2 Rn 56 (67. EL, Stand: November 2012); *Pieroth*, in: Jarass/Pieroth, GG, 13. Aufl. 2014, Art. 28 Rn 10 jeweils mwN
127 Vgl *Dreier*, in: ders., GG, Band I, 3. Aufl. 2013, Art. 28 Rn 114; *Sandfuchs*, Allg. Nds. Kommunalrecht, 19. Aufl. 2006, S. 68.
128 *Germann*, in: Kluth, Föderalismusreformgesetz, 2007, Art. 84, 85 Rn 7; *Kluth*, in: Kahl/Waldhoff/Walter, Bonner Kommentar zum GG, 170. Akt., Dezember 2014, Art. 85 Rn 12 (Stand: Dezember 2011); *Pieroth*, in: Jarass/Pieroth, GG, 13. Aufl. 2014, Art. 84 Rn 7.

ne Pflicht- und staatliche Aufgaben der Gemeinde gibt es also nur noch aufgrund fortgeltenden Bundesrechts gem. Art. 125 a Abs. 1 S. 1 GG.[129]

Das sog. Aufgabenübertragungsverbot hat zur Folge, dass der Bund Aufgaben, die er nicht selbst wahrnehmen darf oder möchte, nur noch den Ländern als solchen, nicht aber unmittelbar den Kommunen als Teil der Länder zuweisen darf. Erfolgt eine solche Bundeszuweisung, müssen die Länder entscheiden, ob sie die bundesgesetzlich vorgegebene Aufgabe mit eigenen Landesbehörden ausführen oder an die Kommunen weitergeben. Das Aufgabenübertragungsverbot verfolgt das Ziel, die Kommunen vor den finanziellen Lasten zu schützen, die mit der Übertragung neuer Aufgaben einhergehen.[130] 39

Dass das Land Niedersachsen den Kommunen Aufgaben zur Erfüllung (weiterhin) zuweisen darf – sei es im Anschluss an eine bundesrechtliche Aufgabenzuweisung, sei es unabhängig davon auf niedersächsische Eigeninitiative –, bestimmt Art. 57 Abs. 4 S. 1 NdsVerf. ausdrücklich. Entscheidet sich das Land Niedersachsen dafür, eine Aufgabe nicht mit eigenen Landesbehörden wahrzunehmen, sondern an die Kommunen weiterzugeben, muss das Land außerdem eine gesetzliche Regelung treffen, wie die durch die Aufgabenzuweisung verursachten erheblichen und notwendigen Kosten auszugleichen sind. Das ist das zum 1. Januar 2006 verschärfte sog. strikte Konnexitätsgebot des Art. 57 Abs. 4 S. 2 NdsVerf.[131] 40

4. Tabellarische Zusammenfassung

Aufgabe	im eigenen Wirkungskreis	im übertragenen Wirkungskreis	41
Erfüllung	in eigener Verantwortung	zur Erfüllung nach Weisung durch übergeordnete staatliche Behörden	
Umfang	▪ Angelegenheiten der örtlichen Gemeinschaft und ▪ Pflichtaufgaben, durch Rechtsvorschrift übertragen	staatliche Aufgaben, durch Rechtsvorschrift übertragen	
Rechtsgrundlage	▪ § 5 Abs. 1 Nr. 1–3 NKomVG, Art. 28 Abs. 2 S. 1, 2 GG ▪ § 5 Abs. 1 Nr. 4 NKomVG, Art. 57 Abs. 3, 4 S. 1 Alt. 1 NdsVerf.	§ 6 Abs. 1 S. 1, Abs. 2 NKomVG, Art. 57 Abs. 3, 4 S. 1 Alt. 2 NdsVerf.	

---

129 Vgl *Hartmann*, SR 2014, S. 164 (169).
130 LSG Berlin-Brandenburg, 25.4.2013 – L 36 AS 2095/12 NK – juris, Rn 41; Bericht des Rechtsausschusses, BT-Drucks. 16/2069, S. 4; Antwort der Bundesregierung, BT-16/8688, S. 18; *Hartmann*, SR 2014, S. 164 (169) mwN in Fn 66.
131 Gesetz zur Änderung der Niedersächsischen Verfassung und des Gesetzes über den Staatsgerichtshof v. 27.1.2006, GVBl. S. 58; vgl *Brüning*, in: Ehlers/Fehling/Pünder, Besonderes Verwaltungsrecht, Band III, 3. Aufl. 2013, § 64 Rn 57; *Hagebölling*, NdsVerf., 2. Aufl. 2011, Art. 57 Anm. 6; *Ipsen*, in: ders., NKomVG, 2011, § 6 Rn 5.

Aufgabe	im eigenen Wirkungskreis	im übertragenen Wirkungskreis
Bindung	nur an Rechtsvorschriften, nicht an Zweckmäßigkeitsvorgaben, § 5 Abs. 2 NKomVG Gemeinde entscheidet stets über das Wie und regelmäßig auch über das Ob (Ausnahme: Pflichtaufgabe zur Erfüllung nach eigener Verantwortung) der Aufgabenwahrnehmung	an Rechtsvorschriften und an Zweckmäßigkeitsvorgaben der übergeordneten staatlichen Behörde, § 6 Abs. 2 S. 1 NKomVG
Aufsicht durch das Land	nur Rechtsaufsicht, dh nur Rechtmäßigkeitskontrolle, § 170 Abs. 1 S. 2 Alt. 1 NKomVG	Fachaufsicht, dh Rechtmäßigkeits- und Zweckmäßigkeitskontrolle, § 170 Abs. 1 S. 2 Alt. 2, Abs. 2 NKomVG

V. Gemeindearten

42 Betrachtet man die verschiedenen Arten der Kommunen, gibt es notwendig mehr Gemeinden als Gemeindeverbände, sind Gemeindeverbände doch Zusammenschlüsse von Gemeinden[132]. Die große Zahl von Gemeinden und das bunte Bild, das diese abgeben, verlangen weitere Unterteilungen. § 14 Abs. 1 S. 1 NKomVG unterscheidet zwischen Gemeinden, die einem, und Gemeinden, die keinem Landkreis angehören. Keinem Landkreis gehören die deshalb so genannten kreisfreien Städte an; die übrigen Gemeinden heißen nach der Legaldefinition des § 14 Abs. 1 S. 1 NKomVG kreisangehörige Gemeinden.

43 Das System aus Gemeinden, Kreisen und kreisfreien Städten ist eine deutsche Besonderheit, die sich im frühen 19. Jahrhundert herausgebildet hat und ihren Ausdruck als Teil der Stein-/Hardenberg'schen Reformen[133] bereits im Preußischen Gendarmerieedikt vom 30. Juli 1812 fand. Dessen „neue Kommunalordnung" bestimmte, die Abgrenzung nach örtlichen und überörtlichen Aufgaben vorwegnehmend:

„Die aus diesen Städten und den ländlichen Gemeinden zusammengesetzten Kreise werden, als selbstständige für sich bestehende Gemeindeverbände das, was in den Städten erster Klasse geleistet wird, durch ihre Zusammensetzung wirken. Jene Städte 2ter Klasse und die ländlichen Gemeinden werden die ersten Bedürfnisse der öffentlichen Sozietät befriedigen; die Kreise aber überall eintreten, wo diese Befriedigung über die Kräfte der Gemeinden hinausgeht, oder ein höheres, mehr in das Staatsverhältnis eingreifendes Interesse zu gewähren ist."[134]

---

[132] S. o. unter II. 2. b) (bei Fn 54).
[133] Vgl *Frotscher/Pieroth*, Verfassungsgeschichte, 13. Aufl. 2014, Rn 203 ff, 234 ff.
[134] Nr. IV. des Edikts wegen Errichtung der Gensdarmerie [sic!] v. 30.7.1812, in: Gesetz-Sammlung für die Königlich-Preußischen Staaten v. 17.8.1812, S. 141 (142); vgl *Wormit*, in: Deutsche Hochschule für Verwaltungswissenschaften, Gemeinschaftsaufgaben zwischen Bund, Ländern und Gemeinden, 1961, S. 95 (96).

V. Gemeindearten

1. Kreisfreie Städte

Kreisfreie Städte erfüllen gem. § 18 NKomVG neben ihren Aufgaben als Gemeinden in ihrem Gebiet auch alle Aufgaben der Landkreise. Es handelt sich also regelmäßig um besonders große Gemeinden.[135] Hinzu kommen Aufgaben, die das Fachrecht den kreisfreien Städten zuweist, vgl § 97 Abs. 3 S. 1 Nr. 1 bis 3 Var. 2 Nds. SOG iVm §§ 2 bis 4 ZustVO-SOG[136], § 57 Abs. 1 S. 1 Hs 1 Var. 2 NBauO[137]. Von den acht kreisfreien Städten, die es im Flächenland Niedersachsen gem. § 14 Abs. 6 NKomVG gibt, zählen vier über 100.000 Einwohner: Braunschweig (247.000), Oldenburg (160.000), Osnabrück (156.000) und Wolfsburg (122.000).[138]

44

2. Kreisangehörige Gemeinden

Die große Vielfalt kreisangehöriger Gemeinden macht eine weitere Unterteilung nach der Größe, gemessen an der Einwohnerzahl, erforderlich. Das Gesetz hebt in diesem Zusammenhang die großen selbständigen Städte und die selbständigen Gemeinden heraus. Große selbständige Städte erfüllen in ihrem Gebiet neben ihren Aufgaben als Gemeinden gem. § 17 S. 1 NKomVG auch einen Teil der Aufgaben jenes Landkreises, dem sie angehören, nämlich die Aufgaben des übertragenen Wirkungskreises dieses Landkreises[139]. Hinzu kommen Aufgaben, die das Fachrecht den großen selbständigen Städten zuweist, vgl § 97 Abs. 3 S. 1 Nr. 1 und 2 Var. 3 Nds. SOG iVm §§ 3 und 4 ZustVO-SOG[140], § 57 Abs. 1 S. 1 Hs 1 Var. 3 NBauO[141]. Von den sieben großen selbständigen Städten, die es in Niedersachsen gem. § 14 Abs. 5 NKomVG gibt, haben Hildesheim (99.000), die Hansestadt Lüneburg (72.000) und Celle (69.000) die meisten Einwohner.

45

Selbständige Gemeinden erfüllen neben ihren Aufgaben als kreisangehörige Gemeinde – insofern den großen selbständigen Städten gleich[142] – gem. § 17 S. 1 NKomVG ebenfalls die Aufgaben des übertragenen Wirkungskreises der Landkreise. Hinzu kommen Aufgaben, die das Fachrecht den selbständigen Gemeinden zuweist, vgl § 97 Abs. 3 S. 1 Nr. 1 Var. 4 Nds. SOG iVm § 4 ZustVO-SOG[143], vgl aber auch § 57 Abs. 1 S. 1 Hs 2 NBauO[144]. Die Rechtsstellung einer selbständigen Gemeinde[145] setzt regelmäßig eine Einwohnerzahl von mehr als 30.000 Einwohnern voraus (vgl § 14 Abs. 3,

46

---

135 Vgl bereits Nr. II des Edikts wegen Errichtung der Gensdarmerie [sic!] v. 30.7.1812, in: Gesetz-Sammlung für die Königlich-Preußischen Staaten v. 17.8.1812, S. 141 (141) („Neben diesen Kreisen werden diejenigen Städte, deren *Umfang oder Verhältniß* eine abgesonderte Konstitution erfordert, als besondere, jenen in allen Beziehungen gleich gestellte Korporationen bestehen"; dort ohne Hervorhebung).
136 Siehe dazu den Beitrag von *Mehde* zum Polizei- und Ordnungsrecht in diesem Buch.
137 Siehe dazu den Beitrag von *Mann* zum Öffentlichen Baurecht in diesem Buch.
138 Quelle: Landesamt für Statistik Niedersachsen, Statistische Erhebung 102: Bevölkerung – Basis Zensus 2011, Tabelle K1020014, www1.nls.niedersachsen.de/statistik (Stichtag: 31.12.2013, auf Tausender gerundet); Großstädte sind auch die kreisfreien Städte mit Sonderstatus, Hannover (518.000) und Göttingen (117.000).
139 Ausnahmen ermöglicht § 17 S. 1, 2 NKomVG.
140 Siehe dazu den Beitrag zum Polizei- und Ordnungsrecht in diesem Buch.
141 Siehe dazu den Beitrag zum Öffentlichen Baurecht in diesem Buch.
142 Aber nur in den großen selbständigen (und in kreisfreien) Städten heißt der Hauptverwaltungsbeamte *Ober*bürgermeister, vgl § 7 Abs. 2 Nr. 2 NKomVG.
143 Siehe dazu den Beitrag zum Polizei und Ordnungsrecht in diesem Buch.
144 Siehe dazu den Beitrag zum Öffentlichen Baurecht in diesem Buch.
145 Eine Übersicht der selbständigen Gemeinden bietet das Ministerium für Inneres und Sport unter http://www.mi.niedersachsen.de/portal/live.php?navigation_id=14858&article_id=62512&_psmand=33 (Stand:

Hartmann

4 NKomVG). Gemeinden, die weder die Rechtsstellung einer großen selbständigen Stadt noch die einer selbständigen Gemeinde haben, heißen Gemeinden im engeren Sinn oder sonstige kreisangehörige Gemeinden. Sie erfüllen ihre Aufgaben als Gemeinden, ohne Aufgaben der Landkreise zu übernehmen.

3. Besonderheiten: Göttingen und Hannover

47 Göttingen und Hannover werden als kreisfreie Städte behandelt, obwohl sie Mitglied eines Gemeindeverbands sind. Die Stadt Göttingen gehört gem. § 16 Abs. 1 NKomVG dem Landkreis Göttingen an, wird aber gem. § 16 Abs. 2 NKomVG doch als kreisfreie Stadt, und die Landeshauptstadt Hannover gehört gem. § 15 Abs. 1 NKomVG der Region Hannover, einem besonderen Landkreis, an, wird aber – im Gegensatz zu den übrigen regionsangehörigen Gemeinden – nicht gem. § 14 Abs. 2 S. 2 NKomVG als kreisangehörige Gemeinde, sondern gem. § 15 Abs. 2 NKomVG als kreisfreie Stadt behandelt.

VI. Angehörige der Kommune

1. Begriff des Einwohners und des Bürgers

48 Das Kommunalrecht unterscheidet zwei Gruppen von Mitgliedern einer Kommune: Einwohner und Bürger. Einwohner einer Kommune ist gem. § 28 Abs. 1 S. 1 NKomVG, wer in der Kommune Wohnsitz oder ständigen Aufenthalt hat. Der Wohnsitz ist gem. § 28 Abs. 1 S. 2 NKomVG der Ort der Wohnung im Sinn des Melderechts, also regelmäßig „jeder umschlossene Raum, der zum Wohnen oder Schlafen benutzt wird" (§ 7 S. 1 NMG)[146]. Ein Teil der Einwohner einer Kommune ist zugleich Bürger dieser Kommune. Das bestimmt § 28 Abs. 2 NKomVG. Bürger einer Kommune ist danach jeder Einwohner mit Wahlrecht.

49 Einwohner und Bürger haben unterschiedliche Rechte und Pflichten. Einwohner haben insbesondere das Recht, öffentliche Einrichtungen zu benutzen und sog. Einwohneranträge zu stellen oder zu unterstützen. Bürgern steht neben dem sie definierenden Recht, sich aktiv an Wahlen zu beteiligen, auch das Recht zu, im Wege von Bürgerbegehren und Bürgerentscheid anstelle der Vertretung Beschlüsse für die Kommune zu fassen. Dafür müssen Einwohner die (im Wesentlichen finanziellen) Gemeindelasten tragen. Nur für Bürger kommt die Pflicht hinzu, kommunale Ehrenämter zu übernehmen.

2. Rechte der Einwohner

a) Benutzung der öffentlichen Einrichtungen

50 § 30 Abs. 1 NKomVG gewährt den Einwohnern ein subjektives öffentliches Recht[147], die öffentlichen Einrichtungen der Kommune im Rahmen der bestehenden Vorschriften zu benutzen. Eine Einrichtung ist nach der Rechtsprechung jede „sächliche, personelle oder organisatorische Einheit". Sie ist eine *Einrichtung der* Kommune, wenn die-

---

1.10.2012, Abfrage: 6.1.2015); zu den 63 dort genannten kommt die zum 1.1.2015 neu gebildete Stadt Geestland (o. Fn 41) hinzu.
146 Ebenso § 20 S. 1 BMG (ab 1.11.2015, BGBl. I 2013, S. 1084; 2014, S. 1738).
147 Zur Parallelvorschrift des Art. 21 Abs. 1 S. 1 BayGO vgl VGH München, NVwZ-RR 2000, S. 815 (815).

se damit „eine in ihren Wirkungskreis fallende Aufgabe gegenüber ihren Einwohnern […] erfüllt".[148] Auf die Rechtsform der Aufgabenerfüllung kommt es also nicht an: Auch Einrichtungen, die eine Kommune privatrechtlich betreibt, sind erfasst, solange es sich nur um eine Einrichtung *der Kommune* handelt.[149] Bei einer privatrechtlich betriebenen Einrichtung[150] sind dafür die gesellschaftsrechtlich zu beurteilenden Mehrheitsverhältnisse in der jeweiligen Gesellschaft entscheidend.

51 Eine Einrichtung der Kommune ist öffentlich, wenn die Kommune sie „zur allgemeinen Benutzung zur Verfügung stellt".[151] Die Bestimmung einer Einrichtung zur allgemeinen Benutzung erfolgt durch Widmung.[152] Die Widmung kann durch Satzung, durch Verwaltungsakt in Form der Allgemeinverfügung (vgl § 35 S. 2 VwVfG iVm § 1 Abs. 1 NVwVfG) oder durch schlüssiges (konkludentes) Handeln bei der Indienststellung der Sache geschehen.[153] Der Gemeinwohlbindung der Kommunen gem. § 1 Abs. 1 NKomVG entsprechend besteht im Zweifel eine Vermutung für die Annahme einer öffentlichen Einrichtung.[154]

52 Öffentliche Sachen im Verwaltungsgebrauch[155] widmet die Kommune nicht zur allgemeinen Benutzung, sondern stellt sie nur den eigenen Bediensteten zur Verfügung.[156] So ist etwa das Rathaus einer Gemeinde seiner Zweckbestimmung nach darauf beschränkt, der Verwaltung ihre Arbeit zu ermöglichen. Es wird von den Einwohnern also nicht „benutzt", sondern „besucht",[157] so dass ein Benutzungsrecht gem. § 30 Abs. 1 NKomVG entfällt. Anders verhält es sich dementsprechend, falls etwa das Foyer des Rathauses für eine der Öffentlichkeit zugängliche Veranstaltung (wie eine Ausstellung zur Stadtgeschichte oder eine Informationsbörse für Ausbildungsberufe) genutzt wird.[158]

53 Öffentliche Sachen im Gemeingebrauch erfüllen die Begriffsmerkmale dagegen. Öffentliche Straßen, Wege und Plätze sind also öffentliche Einrichtungen. Sie unterfallen aber den als Spezialgesetz vorrangigen Regelungen des Niedersächsischen Straßenrechts (vgl § 1 S. 1, § 2 Abs. 1 S. 2, §§ 14, 18 NStrG),[159] so dass ein Benutzungsrecht gem. § 30 Abs. 1 NKomVG entfällt.

---

148 OVG Lüneburg, Beschl. v. 18.10.1988 – 2 OVG B 60/88, und v. 11.12.2012 – 10 ME 130/13.
149 OVG Lüneburg, NVwZ-RR 2004, S. 777 (778); *Wefelmeier*, in: Blum/Häusler/Meyer, NKomVG, 3. Aufl. 2014, § 30 Rn 3.
150 Hierzu ausführlich *Lange*, Kommunalrecht, 2013, Kap. 13 Rn 25 ff.
151 OVG Lüneburg, Beschl. v. 18.10.1988 – 2 OVG B 60/88, und v. 11.12.2012 – 10 ME 130/13; vgl *Wefelmeier*, in: Blum/Häusler/Meyer, NKomVG, 3. Aufl. 2014, § 30 Rn 2.
152 *Wefelmeier*, in: Blum/Häusler/Meyer, NKomVG, 3. Aufl. 2014, § 30 Rn 3.
153 *Sandfuchs*, Allg. Nds. Kommunalrecht, 19. Aufl. 2006, S. 94; vgl *Ossenbühl*, DVBl 1973, S. 289 (290) (Erhebung von Gebühren), OVG Münster, DVBl 1971, S. 218 (218) (erhebliche Subventionierung der Einrichtung durch die Gemeinde).
154 OVG Münster, DVBl 1976, S. 398 (399).
155 Zu den verschiedenen Typen öffentlicher Sachen s. *Detterbeck*, Allgemeines Verwaltungsrecht, 12. Aufl. 2014, Rn 973 ff; *Erbguth*, Allgemeines Verwaltungsrecht, 7. Aufl. 2014, § 30 Rn 16; *Papier*, in: Erichsen/Ehlers, Allgemeines Verwaltungsrecht, 14. Aufl. 2010, § 39 Rn 1 ff.
156 *Wefelmeier*, in: Blum/Häusler/Meyer, NKomVG, 3. Aufl. 2014, § 30 Rn 2.
157 *Ipsen*, Nds. Kommunalrecht, 4. Aufl. 2011, Rn 581.
158 Diese Überlegung verdanke ich *Stefan Jansen*.
159 *Koch*, in: Ipsen, NKomVG, 2011, § 30 Rn 6.

54 Das Recht, die öffentlichen Einrichtungen der Kommune zu benutzen, genießen nicht nur die Einwohner gem. § 30 Abs. 1 NKomVG, sondern gem. § 30 Abs. 2 S. 1 NKomVG außerdem Grundbesitzende und Gewerbetreibende, deren Grundbesitz bzw Gewerbebetrieb in der Kommune liegt, die aber ihren Wohnsitz außerhalb haben[160], sowie gem. § 30 Abs. 3 NKomVG juristische Personen und Personenvereinigungen. Mit anderen Worten: Nur Gebietsfremde, die in der Kommune weder Grundbesitz haben noch ein Gewerbe betreiben, können sich persönlich regelmäßig nicht auf das Benutzungsrecht des § 30 NKomVG berufen.[161]

55 Sachlich wird das Benutzungsrecht auf doppelte Weise begrenzt: zum einen durch die Widmung, zum anderen durch die Kapazität der Einrichtung. Der Akt der Widmung, der eine Sache zu einer öffentlichen macht, bestimmt typischerweise zugleich deren Benutzungsart und deren Benutzungsumfang.[162] Die Widmung steuert so nicht nur das Ob eines Benutzungsrechts, sondern auch dessen Reichweite,[163] zumal das Benutzungsrecht gem. § 30 Abs. 1 NKomVG nur „im Rahmen der bestehenden Vorschriften" besteht. Änderungen und Einschränkungen der Widmung sowie eine Entwidmung verändern also zugleich und unmittelbar die Reichweite des Benutzungsrechts.[164] Änderungen der Widmung sind im Rahmen des geltenden Rechts zulässig: § 30 NKomVG gewährt kein Recht, dass eine öffentliche Einrichtung eine öffentliche Einrichtung bleibt.[165]

56 Mehr Einwohner, als eine öffentliche Einrichtung (rechtlich oder tatsächlich) fasst, können diese unmöglich zugleich benutzen. Weil § 30 Abs. 1 NKomVG von vornherein nur im Rahmen der Widmung und damit im Rahmen der Kapazität zur Nutzung berechtigt, löst die Übernachfrage keinen Anspruch auf Kapazitätserweiterung aus[166], sondern die Kommune muss aus der Überzahl der Bewerber auswählen. Der Anspruch des Einwohners gem. § 30 Abs. 1 NKomVG, die öffentliche Einrichtung zu benutzen, reduziert sich dann auf den Anspruch des Einwohners gem. § 30 Abs. 1 NKomVG iVm § 40 VwVfG, § 1 Abs. 1 NKomVG, dass die Kommune über die Benutzung ermessensfehlerfrei entscheide. Das setzt voraus, dass die Kommune die Benutzer ermessensfehlerfrei auswählt.[167] Die gesetzliche Grenze des Auswahlermessens, die der Allgemeine Gleichheitssatz gem. Art. 3 Abs. 1 GG (auch iVm Art. 3 Abs. 2 S. 1 NdsVerf.) zieht, verpflichtet die Kommune dabei keineswegs, die gerechteste, beste oder sozialste Auswahlentscheidung zu treffen, sondern lässt jeden sachlichen Grund

---

160 Vgl *Mann*, in: Tettinger/Erbguth/Mann, Besonderes Verwaltungsrecht, 11. Aufl. 2012, Rn 260.
161 Vgl BVerwG, NJW 1988, S. 469 (471); VGH München, NVwZ-RR 2000, S. 815 (816); zur Ausnahme einer Widmung zur Benutzung gerade (auch) durch Ortsfremde vgl *Schmidt*, DÖV 2002, S. 696 (699); *Wefelmeier*, in: Blum/Häusler/Meyer, NKomVG, 3. Aufl. 2014, § 30 Rn 6.
162 *Ossenbühl*, DVBl 1973, S. 289 (290).
163 Vgl *Koch*, in: Ipsen, NKomVG, 2011, § 30 Rn 28.
164 Vgl *Wefelmeier*, in: Blum/Häusler/Meyer, NKomVG, 3. Aufl. 2014, § 30 Rn 11.
165 VGH Mannheim, NVwZ 1999, S. 565 (566); VG Lüneburg, NdsVBl 1999, S. 269 (270).
166 VGH München, NVwZ-RR 1998, S. 193 (194); VGH Mannheim, NVwZ 1999, S. 565 (566); VG Lüneburg, NdsVBl 1999, S. 269 (269); s. zum Benutzungsrecht als Zulassungsanspruch auch *Wefelmeier*, in: Blum/Häusler/Meyer, NKomVG, 3. Aufl. 2014, § 30 Rn 4 und 5.
167 OVG Münster, NWVBl 1993, S. 216 (217); VGH München, NVwZ 1999, S. 1122 (1123); VGH München, DÖV 2003, S. 819 (820); *Becker/Sichert*, JuS 2000, S. 348 (350).

von hinreichendem Gewicht genügen[168]. Als solchen anerkennt die Rechtsprechung etwa das Ziel, die Ausgewogenheit des Angebots sicherzustellen[169], das Prioritätsprinzip[170] („Wer zuerst kommt, mahlt zuerst") und, sofern neue Bewerber nicht sämtlich ausgeschlossen werden, auch eine strukturkonservative Auswahl nach dem Prinzip „bekannt und bewährt".[171]

§ 30 Abs. 1 NKomVG verpflichtet, obwohl dort nicht ausdrücklich genannt, nach hM die Kommune[172], dem Einwohner die Benutzung der öffentlichen Einrichtung zu ermöglichen. Die Entscheidung, ob ein Einwohner die öffentliche Einrichtung benutzen darf, fällt die Kommune als Verwaltungsakt[173] stets nach öffentlichem Recht. Das gilt nach der sog. Zwei-Stufen-Lehre[174] als Entscheidung über das „Ob" der Benutzung auch dann, wenn die Kommune die Einrichtung privatrechtlich betreibt, dh zum Beispiel gem. § 535 BGB vermietet.[175] Betreibt (nicht die Kommune, sondern) eine juristische Person des Privatrechts die öffentliche Einrichtung und handelt es sich gleichwohl um eine öffentliche Einrichtung „der Kommune" (weil die Kommune die juristische Person des Privatrechts gesellschaftsrechtlich beherrscht),[176] scheint § 30 Abs. 1 NKomVG ins Leere zu laufen: Die Kommune, die § 30 Abs. 1 NKomVG verpflichtet, kann den Anspruch auf Benutzung nicht erfüllen, weil sie nicht die Betreiberin ist; die Betreiberin, die juristische Person des Privatrechts, könnte den Anspruch erfüllen, wird aber durch § 30 Abs. 1 NKomVG, einer Norm des öffentlichen Rechts, nicht verpflichtet. Vor diesem Hintergrund, so die Rechtsprechung, wandelt sich der Anspruchsinhalt, zu deren Erfüllung § 30 Abs. 1 NKomVG die Kommune verpflichtet: Um eine „Flucht ins Privatrecht" zu verhindern, ist der Anspruch nicht mehr auf die Zulassung zur Benutzung gerichtet, sondern auf Verschaffung bzw Einwirkung: § 30 Abs. 1 NKomVG verpflichtet die Kommune, ihre gesellschaftsrechtlichen Einflussmöglichkeiten auf die juristische Person des Privatrechts zu nutzen, um dem Einwohner auf diesem Weg Zugang zu der Einrichtung zu verschaffen und so deren Benutzung privatrechtlich zu ermöglichen.[177]

---

168 Vgl VGH München, NVwZ-RR 1998, S. 193 (194); *Gassner*, VerwArch 85 (1994), S. 533 (542); *Wefelmeier*, in: Blum/Häusler/Meyer, NKomVG, 3. Aufl. 2014, § 30 Rn 12, und zur immer noch so genannten Neuen Formel nur *Epping*, Grundrechte, 6. Aufl. 2015, Rn 796 f; *Manssen*, Staatsrecht II, 11. Aufl. 2014, Rn 846; *Michael/Morlok*, Grundrechte, 4. Aufl. 2014, Rn 751, 784 ff.
169 OVG Lüneburg, NVwZ 1983, S. 49 (50); s.a. *Koch*, in: Ipsen, NKomVG, 2011, § 30 Rn 30.
170 VGH Mannheim, NVwZ-RR 1994, S. 111 (112).
171 Vgl BVerwG, NVwZ 1984, S. 585 (586).
172 *Burgi*, Kommunalrecht, 4. Aufl. 2012, § 16 Rn 38; vgl aber auch *Ehlers*, Jura 2012, S. 849 (853), und *Röhl*, in: Schoch, Besonderes Verwaltungsrecht, 15. Aufl. 2013, 1. Kap. Rn 165 Fn 510.
173 *Wefelmeier*, in: Blum/Häusler/Meyer, NKomVG, 3. Aufl. 2014, § 30 Rn 4; s.a. *Ossenbühl*, DVBl 1973, S. 289 (291).
174 Seit BVerwGE 1, 308 (310) in der Rspr präsent; s. auch BVerwG, NVwZ 1991, S. 59 (59), DVBl 2006, S. 118 (118 ff); *Detterbeck*, Allgemeines Verwaltungsrecht, 12. Aufl. 2014, Rn 909 ff; *Ehlers*, in: Erichsen/Ehlers, Allgemeines Verwaltungsrecht, 14. Aufl. 2010, § 3 Rn 38 f; *Maurer*, Allgemeines Verwaltungsrecht, 18. Aufl. 2011, § 3 Rn 36 ff, § 17 Rn 11 ff.
175 BVerwG, DVBl 1990, S. 154 (154); *Mann*, in: Tettinger/Erbguth/Mann, Besonderes Verwaltungsrecht, 11. Aufl. 2012, Rn 256; *Pautsch*, Kommunalrecht Nds., 2014, S. 92; *Röhl*, in: Schoch, Besonderes Verwaltungsrecht, 15. Aufl. 2013, 1. Kap. Rn 162, 164.
176 S. oben bei Fn 149 f; vgl außerdem BVerwG, NVwZ 1991, S. 59 (59); OVG Lüneburg, NordÖR 2007, S. 515 (516).
177 Vgl BVerwG, NVwZ 1991, S. 59 (59); VG Stuttgart, VBlBW 2009, S. 233 (233); *Ipsen*, Nds. Kommunalrecht, 4. Aufl. 2011, Rn 673; *Mann*, in: ders./Püttner, Handbuch der kommunalen Wissenschaft und Praxis, Band 1, 3. Aufl. 2007, § 17 Rn 30; *Röhl*, in: Schoch, Besonderes Verwaltungsrecht, 15. Aufl. 2013, 1. Kap.

58 Eine politische Partei hat das Benutzungsrecht als Personenvereinigung gem. § 30 Abs. 3, 1 NKomVG,[178] sofern das Bundesverfassungsgericht sie nicht gem. § 13 Nr. 2, §§ 43 ff BVerfGG, Art. 21 Abs. 2 GG für verfassungswidrig erklärt hat.[179] Wenn eine Kommune ihre Einrichtungen überhaupt Parteien zur Verfügung stellt, dann soll sie alle Parteien dabei auch gleich behandeln gem. § 5 Abs. 1 bis 3 PartG, Art. 21 Abs. 1 S. 1 GG.[180]

b) Einwohnerantrag

59 Das Recht aus § 31 Abs. 1 S. 1 NKomVG, dass auf Antrag der Einwohnerinnen und Einwohner die Vertretung (vgl § 7 NKomVG) über eine bestimmte Angelegenheit berate, ist das schwächere der beiden wichtigsten direktdemokratischen Instrumente des niedersächsischen Kommunalrechts, weil die Vertretung über die Angelegenheit nur beraten, nicht aber beschließen muss. Das andere wichtige direktdemokratische Instrument, der Bürgerentscheid, erlaubt es den Bürgerinnen und Bürgern dagegen, einen Beschluss gem. § 33 Abs. 4 S. 1 NKomVG anstelle der Vertretung zu fassen.[181]

60 Berechtigt, einen Einwohnerantrag zu stellen, sind gem. § 31 Abs. 1 S. 1 NKomVG alle Einwohnerinnen und Einwohner, die mindestens 14 Jahre alt sind und seit mindestens drei Monaten ihren Wohnsitz in der Kommune haben.[182] Auf die Staatsangehörigkeit der Antragsteller kommt es nicht an. Darin liegt im Vergleich zum Wahlrecht, das lediglich Unionsbürger berechtigt[183], eine Ausweitung. Begründet wird diese Ausweitung mit der Überlegung, dass auch Ausländer (und Jugendliche) von Ratsentscheidungen betroffen sein können, die Parteien auf diesen Personenkreis bei den Wahlen aber keine Rücksicht nehmen müssen.[184] Diese Begründung reicht weit: Nimmt man sie ernst, streitet sie für ein Wahlrecht unabhängig von der Staatsangehörigkeit.[185]

61 Einen Einwohnerantrag kann kein Einwohner allein stellen, sondern es bedarf einer Mehrzahl von „Einwohnerinnen und Einwohnern" gem. § 31 Abs. 1 S. 1 NKomVG. Wie viele Einwohner das sein müssen, bestimmt § 31 Abs. 2 S. 5 NKomVG abgestuft in Abhängigkeit von der Einwohnerzahl der Kommune. Der Anteil reicht von 2,5 Prozent (bei großen) bis zu 5 Prozent (bei kleinen Kommunen), wobei höchstens 400 Unterschriften (bei kleinen) und 8.000 Unterschriften (bei großen Kommunen) erforderlich sind.

62 Nur Angelegenheiten des eigenen Wirkungskreises der Kommune können gem. § 31 Abs. 1 S. 2 NKomVG Gegenstand eines Einwohnerantrages sein. Die Angelegenheit muss also entweder eine der örtlichen Gemeinschaft oder eine staatliche Aufgabe, die

---

Rn 165; *Schmidt*, Kommunalrecht, 2. Aufl. 2014, Rn 644 f; *Wefelmeier*, in: Blum/Häusler/Meyer, NKomVG, 3. Aufl. 2014, § 30 Rn 5.
178 *Ihnen*, Kommunalrecht Nds., 6. Aufl. 2003, S. 94.
179 VGH Kassel, NJW 1979, S. 997 (997).
180 Zum Grundsatz der abgestuften Chancengleichheit vgl OVG Lüneburg, NordÖR 2007, S. 164 (164); *Ihnen*, Kommunalrecht Nds., 6. Aufl. 2003, S. 94.
181 Zu Bürgerbegehren und Bürgerentscheid s.u. unter VI. 4. b) (nach Fn 200).
182 Der Begriff des Wohnsitzes entspricht § 28 Abs. 1 NKomVG; s. hierzu o. unter VI. 1. (bei Fn 146).
183 S. zum Wahlrecht o. unter II. 1. a) (bei Fn 13 f) und u. unter VI. 4. a) (bei Fn 199 f).
184 LT-Drucks. 12/6260, S. 51.
185 Vgl *Frotscher/Pieroth*, Verfassungsgeschichte, (nur bis zur) 9. Aufl. 2010, Rn 21.

der Kommune gem. § 5 Abs. 1 Nr. 4 NKomVG zur Wahrnehmung im eigenen Wirkungskreis übertragen wurde, sein. Angelegenheiten des übertragenen Wirkungskreises sind dagegen ausgeschlossen: Sie werden der Kommune gerade nicht zur eigenverantwortlichen Aufgabenwahrnehmung übertragen, sondern verbleiben im staatlichen Bereich.[186]

63 Nur bestimmte Angelegenheiten des eigenen Wirkungskreises der Kommune können gem. § 31 Abs. 1 S. 2 NKomVG Gegenstand eines Einwohnerantrages sein, nämlich nur jene, für welche innerhalb der Kommune die Vertretung zuständig ist oder sein kann (vgl § 58 Abs. 1, 2, Abs. 3 S. 1 und 2 NKomVG). Hat das Kommunalrecht dagegen eine Angelegenheit beispielsweise dem Bürgermeister vorbehalten, können auch die Einwohner keine Zuständigkeit der Vertretung begründen. Ansonsten ist der Anwendungsbereich des Einwohnerantrags sachlich nicht weiter beschränkt. Insbesondere gibt es ganz bewusst keinen Katalog von Ausschlusstatbeständen, wie ihn das Bürgerbegehren kennt,[187] sondern nur eine zeitliche Grenze: Haben die Einwohner in dieser Sache erst gerade einen Einwohnerantrag gestellt, ist der nächste Einwohnerantrag in dieser Angelegenheit gem. § 31 Abs. 1 S. 3 NKomVG erst nach Ablauf von zwölf Monaten zulässig. Hinzu kommen die formellen Zulässigkeitsvoraussetzungen gem. § 31 Abs. 2 NKomVG. Danach muss der Einwohnerantrag in schriftlicher Form eingereicht werden (S. 1), ein bestimmtes Begehren mit Begründung enthalten (S. 2), drei zur Vertretung der Antragsteller berechtigte Personen benennen (S. 3) und einen Vorschlag zur Deckung der Kosten oder Einnahmeausfälle aufweisen (S. 4). Die Listen, auf denen die Einwohnerinnen und Einwohner den Antrag mittels Unterschrift unterstützen können, müssen gem. § 31 Abs. 3 NKomVG den vollen Wortlaut des Einwohnerantrags enthalten. Ungültig ist eine Eintragung, wenn sie die Person nicht nach Name, Anschrift und Geburtsdatum zweifelsfrei erkennen lässt oder von einer Person stammt, die gem. § 31 Abs. 1 S. 1 NKomVG nicht antragsberechtigt oder gem. § 48 Abs. 2 NKomVG vom Wahlrecht ausgeschlossen ist.

64 Ob der Einwohnerantrag den beschriebenen Zulässigkeitsvoraussetzungen genügt, entscheidet gem. § 31 Abs. 5 S. 1 NKomVG der Hauptausschuss.[188] Ist der Antrag zulässig, hat die Vertretung die beantragte Angelegenheit gem. § 31 Abs. 5 S. 2 NKomVG innerhalb von sechs Monaten zu beraten. Eine Pflicht, in der beratenen Angelegenheit auch einen Beschluss zu fassen, sei er zustimmend oder ablehnend, besteht in Niedersachsen anders als in anderen Ländern[189] nicht.[190]

---

186 Zur Unterscheidung der Angelegenheiten des eigenen und des übertragenen Wirkungskreises s.o. unter IV. 1. (bei Fn 114).
187 Vgl LT-Drucks. 13/2400, S. 4; *Wefelmeier*, in: Blum/Häusler/Meyer, NKomVG, 3. Aufl. 2014, § 31 Rn 3.
188 Zum Hauptausschuss s. u. unter VII. 3. (ab Fn 297).
189 Eine Entscheidung muss der Rat in Brandenburg (§ 14 Abs. 1 BbgKVerf), Nordrhein-Westfalen (§ 25 Abs. 1 GO), Rheinland-Pfalz (§ 17 Abs. 1 S. 1 GO), Schleswig-Holstein (§ 16 f Abs. 1 GO), Thüringen (§ 16 Abs. 1 ThürKO) sowie im Saarland (§ 21 Abs. 1 KSVG) treffen. Dagegen genügt die bloße Behandlung des Antrags in Baden-Württemberg (§ 20 b Abs. 1 S. 1 GO), Bayern (Art. 18 b Abs. 1 S. 1 GO), Mecklenburg-Vorpommern (§ 18 Abs. 1 KVerf) und Sachsen (§ 23 S. 1 GO).
190 Vgl LT-Drucks. 12/6260, S. 51; *Wefelmeier*, in: Blum/Häusler/Meyer, NKomVG, 3. Aufl. 2014, § 31 Rn 5.

c) Sonstige Rechte der Einwohner: Einwohnerfrage und Verwaltungshilfe

65 Während der Einwohnerantrag das Zusammenwirken mehrerer voraussetzt, ist die Einwohnerfrage auch dem einzelnen Einwohner möglich. Soll die Frage in öffentlicher Sitzung gestellt werden, bedarf dies der Zulassung durch die Vertretung gem. § 62 Abs. 1 NKomVG. Der einzelne Einwohner hat danach also kein Recht darauf, in öffentlicher Sitzung seine Frage zu stellen, sondern nur, dass die Vertretung über die Ermöglichung ermessensfehlerfrei entscheidet.[191] Nicht verwehren kann die Vertretung dem Einwohner dagegen, dass er ihr seine Frage schriftlich stellt oder sich sonst mit Anregungen oder Beschwerden in dieser Form an die Vertretung wendet. Das aus dem Staatsorganisationsrecht bekannte Petitionsrecht gem. Art. 17 GG (auch iVm Art. 3 Abs. 2 S. 1 NdsVerf.) garantiert § 34 S. 1 NKomVG kommunalrechtlich. Berechtigt ist danach „[j]ede Person", also auch die Einwohner anderer Kommunen, anderer Länder und anderer Staaten, nur um „Angelegenheiten der Kommune" muss es gehen.[192]

66 Gem. § 37 Abs. 1 NKomVG sind die Gemeinden auch bei Verwaltungsangelegenheiten, deren Durchführung nicht in ihre Zuständigkeit fällt, nach Kräften behilflich. Trotz der objektiv-rechtlichen Formulierung „Die Gemeinden sind [...]" handelt es sich um ein subjektives öffentliches Recht der Einwohner.[193] Denn die Indienstnahme der Gemeinden als einer nah gelegenen „Anlaufstelle" (über die Beratung und die Auskunft, zu der jede Behörde gem. § 25 VwVfG iVm § 1 Abs. 1 NVwVfG verpflichtet ist, hinaus) geschah ausdrücklich im Interesse einer bürgernahen und bürgerfreundlichen Verwaltung.[194] § 37 Abs. 1 NKomVG ist damit zumindest auch dazu bestimmt, den Interessen des Einzelnen zu dienen.[195]

3. Pflichten der Einwohner

67 § 30 Abs. 1 NKomVG verpflichtet die Einwohner, die Gemeindelasten zu tragen. Das tun sie im Wesentlichen durch Abgaben, also – nach der Legaldefinition des § 1 Abs. 1 NKAG – durch Gebühren, Beiträge und Steuern. Nach der Lehre vom Vorbehalt des Gesetzes, nach der das Parlament namentlich Eingriffe in Freiheit und Eigentum im Wesentlichen selbst regeln muss,[196] darf die Verwaltung nicht allein aufgrund von § 30 Abs. 1 NKomVG Abgaben erheben. Eine kommunale Satzung genügte also – isoliert betrachtet – als Rechtsgrundlage der Abgabenpflicht nicht. Erst das NKAG ent-

---

191 Zum Recht auf ermessensfehlerfreie Entscheidung vgl nur *Detterbeck*, Allgemeines Verwaltungsrecht, 12. Aufl. 2014, Rn 390 ff; *Jestaedt*, in: Erichsen/Ehlers, Allgemeines Verwaltungsrecht, 14. Aufl. 2010, § 11 Rn 66 f; *Maurer*, Allgemeines Verwaltungsrecht, 18. Aufl. 2011, § 8 Rn 15.
192 Vgl BVerwG, NJW 1981, S. 700 (700); *Koch*, in: Ipsen, NKomVG, 2013, § 34 Rn 2.
193 Zur Unterscheidung von subjektivem und objektivem Recht s. *Masing*, in: Hoffmann-Riem/Schmidt-Aßmann/Voßkuhle, Grundlagen des Verwaltungsrechts, Band I, 2. Aufl. 2012, § 7 Rn 101; *Röhl/Röhl*, Allgemeine Rechtslehre, 3. Aufl. 2008, § 46 I; *Scherzberg*, in: Erichsen/Ehlers, Allgemeines Verwaltungsrecht, 14. Aufl. 2010, § 12 Rn 1.
194 LT-Drucks. 9/1219, S. 1.
195 Zu den Begriffsmerkmalen eines subjektiven öffentlichen Rechts s. *Maurer*, Allgemeines Verwaltungsrecht, 18. Aufl. 2011, § 8 Rn 1 f; zur Schutznormlehre *Hartmann*, Öffentliches Haftungsrecht, 2013, S. 281 ff; *Röhl/Röhl*, Allgemeine Rechtslehre, 3. Aufl. 2008, § 45 III; *Scherzberg*, in: Erichsen/Ehlers, Allgemeines Verwaltungsrecht, 14. Aufl. 2010, § 12 Rn 9 ff.
196 Vgl dazu *Lange*, Kommunalrecht, 2013, Kap. 12 Rn 15 ff; *Michael/Morlok*, Grundrechte, 4. Aufl. 2014, Rn 554; *Morlok/Michael*, Staatsorganisationsrecht, 2. Aufl. 2015, § 7 Rn 22 ff; *Pieroth/Schlink/Kingreen/Poscher*, Grundrechte, 30. Aufl. 2014, Rn 271 ff, aber auch *Röhl*, in: Schoch, Besonderes Verwaltungsrecht, 15. Aufl. 2013, 1. Kap. Rn 134.

hält die notwendige parlamentarische Grundlage für die Erhebung kommunaler Abgaben aufgrund einer Satzung (vgl § 2 NKAG). Gem. § 3 NKAG können die Gemeinden und Landkreise auch die nach Art. 105 Abs. 2 a S. 1 GG in die Landes(steuer)gesetzgebungskompetenz fallenden Steuern erheben[197]. Die Verpflichtung, Abgaben zu entrichten, verlangt und folgt daher jeweils aus einer kommunalen Satzung iVm der jeweiligen Norm des NKAG[198].

4. Rechte der Bürger

a) Wahlrecht

Das Wahlrecht macht den Einwohner zum Bürger.[199] Voraussetzung für das Recht, die Abgeordneten oder den Hauptverwaltungsbeamten der Kommune zu wählen, ist es gem. § 48 Abs. 1 S. 1 NKomVG, Staatsangehöriger eines Mitgliedstaats der EU zu sein. Anders als bei den Wahlen zum Bundes- oder zum Landtag verlangt die Wahlberechtigung keine Vollendung des 18. Lebensjahrs (vgl Art. 38 Abs. 2 Hs 1 GG, Art. 8 Abs. 2 NdsVerf.), sondern lässt es gem. § 48 Abs. 1 S. 1 Nr. 1 NKomVG genügen, mindestens 16 Jahre alt zu sein. Wie bei Wahlen zum Bundes- oder zum Landtag muss der Wähler auch bei Kommunalwahlen seinen Wohnsitz seit mindestens drei Monaten im Wahlgebiet haben (§ 48 Abs. 1 S. 1 Nr. 2 NKomVG, § 2 S. 1 Nr. 2 NLWG; vgl auch § 12 Abs. 1 Nr. 2 BWG). Bei der Kommunalwahl der Vertretung gelten außerdem die aus dem Staatsorganisationsrecht bekannten Grundsätze der Allgemeinheit, der Unmittelbarkeit, der Freiheit, der Gleichheit und der Geheimheit[200] gem. Art. 28 Abs. 1 S. 2 GG, Art. 57 Abs. 2 S. 1 NdsVerf., § 47 Abs. 1 S. 1 NKomVG, § 4 Abs. 1 NKWG. § 1 Abs. 1, § 2 Abs. 6 S. 1, § 45 a, § 4 Abs. 1 NKWG erstreckt die Grundsätze auf die Direktwahl des Hauptverwaltungsbeamten.

68

b) Bürgerbegehren und Bürgerentscheid

aa) Begriff. Die Bürger einer Kommune entscheiden nicht nur mittelbar, durch ihre Vertretung, in einer Angelegenheit ihrer Kommune, sondern können diese Entscheidung auch unmittelbar selbst treffen. Das Verfahren direkter Demokratie ist zweistufig ausgestaltet: Zunächst beantragen die Bürgerinnen und Bürger gem. § 32 Abs. 1 NKomVG, dass sie über eine Angelegenheit ihrer Kommune entscheiden. Das ist das sog. Bürgerbegehren. Im Anschluss entscheiden die Bürgerinnen und Bürger gem. § 33 Abs. 4 S. 1 NKomVG in der Sache selbst. Das ist der sog. Bürgerentscheid, er steht einem Beschluss der Vertretung gleich. Der Bürgerentscheid ergänzt auf verfassungsrechtlich zulässige Weise den auch für Kommunen geltenden Grundsatz der repräsentativen Demokratie aus Art. 28 Abs. 1 S. 2 GG (vgl auch Art. 28 Abs. 1 S. 4 GG).[201]

69

---

[197] S. BVerfGE 65, 325 (343 ff); 98, 106 (123); *Birk/Desens/Tappe,* Steuerrecht, 17. Aufl. 2014, Rn 144.
[198] *Lange,* Kommunalrecht, 2013, Kap. 15 Rn 41, 77; vgl OVG Lüneburg, NVwZ-RR 2004, S. 891 ff. (Abfallgebührensatzung); OVG Lüneburg, NdsVBl 2012, S. 68 ff (Hundesteuer).
[199] Zu § 28 Abs. 2 NKomVG s.o. unter VI. 1. (bei Fn 146).
[200] Vgl dazu *Degenhart,* Staatsrecht I, 30. Aufl. 2014, Rn 77 ff; *Ipsen,* Staatsrecht I, 26. Aufl. 2014, Rn 73 ff; *Morlok/Michael,* Staatsorganisationsrecht, 2. Aufl. 2015, § 5 Rn 92 ff.
[201] Vgl BayVerfGH, BayVBl 1997, S. 622 f; *Hartmann,* Volksgesetzgebung und Grundrechte, 2005, S. 188; *Wefelmeier,* in: Blum/Häusler/Meyer, NKomVG, 3. Aufl. 2014, § 32 Rn 2. Auf Bundesebene ist für formelle Volksgesetzgebung umstritten, ob sie nur durch Verfassungsänderung (hM) oder auch durch einfaches Bundesgesetz eingeführt werden kann (Nachw. bei *Hartmann,* Volksgesetzgebung und Grundrechte, 2005, S. 134 Fn 9).

70 **bb) Antragsberechtigung.** Wer den Antrag, dass Bürgerinnen und Bürger über eine Angelegenheit ihrer Kommune entscheiden, stellen darf, bestimmt § 32 Abs. 1 NKomVG nicht ausdrücklich. Die Möglichkeit, dass Einwohner beantragen, dass Bürger entscheiden, liegt trotzdem fern, wie der Umkehrschluss aus § 31 Abs. 1 S. 1 NKomVG und der Blick auf § 32 Abs. 4 S. 1 NKomVG zeigt. Antragsberechtigt sind also nur Bürger im Sinn des § 28 Abs. 2 NKomVG.[202]

71 **cc) Antragsgegenstand.** Gegenstand eines Bürgerbegehrens können gem. § 32 Abs. 2 S. 1 NKomVG nur bestimmte Angelegenheiten des eigenen Wirkungskreises der Kommune (§ 5 NKomVG) sein. In Übereinstimmung mit dem Einwohnerantrag sind das jene Angelegenheiten, für welche die Vertretung zuständig ist oder sein kann (vgl § 58 Abs. 1, 2, Abs. 3 S. 1 und 2 NKomVG). Im Gegensatz zum Einwohnerantrag nimmt das Bürgerbegehren davon bestimmte Angelegenheiten aus. Der Negativkatalog des § 32 Abs. 2 S. 2 NKomVG schließt insbesondere die innere Organisation der Kommunalverwaltung (Nr. 1), bestimmte (Arbeits-)Rechtsverhältnisse (Nr. 2), finanzielle Angelegenheiten (Haushaltssatzung, Abgaben, Entgelte und Jahresabschlüsse, Nr. 3 f), komplexe Planungs- und Zulassungsverfahren (Nr. 5 f), Entscheidungen über Rechtsbehelfe und Rechtsstreitigkeiten (Nr. 7) und „Angelegenheiten, die ein gesetzwidriges Ziel verfolgen oder sittenwidrig sind" (Nr. 8) vom Bürgerbegehren aus. Die abschließende Aufzählung ist als Ausnahmeregelung eng auszulegen.[203] Wie beim Einwohnerantrag existiert eine zeitliche Grenze: Wegen der höheren Verbindlichkeit des Bürgerentscheids gilt sie gem. § 32 Abs. 2 S. 1 NKomVG für den regelmäßig doppelt so langen Zeitraum von zwei Jahren.

72 **dd) Zulässigkeitsvoraussetzungen.** Das Bürgerbegehren muss die Sachentscheidung, auf die es gerichtet ist, gem. § 32 Abs. 3 S. 1 NKomVG genau bezeichnen und so formuliert sein, dass für das Begehren mit Ja und gegen das Begehren mit Nein abgestimmt werden kann. Die Formulierung des Begehrens genügt dieser Vorgabe nur, wenn sie widerspruchsfrei und nachvollziehbar ausfällt.[204] Die Begründung, welche die begehrte Sachentscheidung gem. § 32 Abs. 3 S. 2 NKomVG begleitet, soll über den Sachverhalt und die Argumente aufklären, auf dass die Bürgerinnen und Bürger zu einer informierten Entscheidung in der Lage sind und die Kommunalorgane das Anliegen der Antragsteller nachvollziehen können.[205]

73 Das Bürgerbegehren verlangt gem. § 32 Abs. 3 S. 2 NKomVG einen Vorschlag, wie jene Kosten oder Einnahmeausfälle der Kommune zu decken sind, die aus der Sachentscheidung erwachsen. Abgesehen davon, dass diese Anforderung an das Bürgerbegehren oberhalb jener Anforderung liegt, die § 56 S. 1 NKomVG an den Antrag eines Abgeordneten stellt, bekommt damit auch die von der Rechtsprechung vorgenommene Zweckbestimmung des Kostendeckungsvorschlags einen zynischen Zungenschlag: Wenn die Bürger die Kosten, die auf die Kommune zukommen, kennen müssen, weil

---

202 Zu den Begriffen des Bürgers und des Einwohners s.o. unter VI. 1. (bei Fn 146).
203 Vgl VGH Kassel, NVwZ-RR 2004, S. 281 (283); VG Münster, KommJur 2009, S. 187 (189); *Wefelmeier*, in: Blum/Häusler/Meyer, NKomVG, 3. Aufl. 2014, § 32 Rn 9.
204 Vgl OVG Lüneburg, NVwZ-RR 2009, S. 735 (736); *Koch*, in: Ipsen, NKomVG, 2011, § 32 Rn 26.
205 Vgl OVG Schleswig, NVwZ-RR 2007, S. 478 (479); *Wefelmeier*, in: Blum/Häusler/Meyer, NKomVG, 3. Aufl. 2014, § 32 Rn 24.

sie diese selbst über Steuern und Abgaben zu tragen haben[206], dann sollten die Abgeordneten diese Kosten ebenfalls kennen, auch wenn sie diese nicht selbst, sondern gerade weil die Bürger auch diese Kosten treffen.

Weil weder das Bürgerbegehren als solches noch die Unterzeichner des Bürgerbegehrens in ihrer Gesamtheit handlungsfähig sind[207], muss das Bürgerbegehren gem. § 32 Abs. 3 S. 3 NKomVG bis zu drei Personen benennen, die berechtigt sind, die Antragsteller zu vertreten. Die Vertreter müssen weder Bürger noch Einwohner sein,[208] wie der Wortlaut des § 32 Abs. 3 S. 3 NKomVG („bis zu drei Personen") zeigt und im Umkehrschluss der Rechtsvergleich[209] mit den Parallelvorschriften Nordrhein-Westfalens („bis zu drei Bürger", § 26 Abs. 2 S. 2 GO NRW, § 23 Abs. 2 S. 2 KrO NRW)[210] bestätigt.

74

Weil der Bürgerentscheid als kommunenweite Abstimmung Aufwand verursacht – Aufwand sowohl für die stimmberechtigten Bürger als auch für die Kommune –, gibt es ein Antragsquorum. Dass gem. § 32 Abs. 4 S. 1 NKomVG mindestens 10 Prozent der Bürger das Begehren durch ihre Unterschrift unterstützen müssen, soll bewirken, dass Bürgerentscheide nur über diskussionswürdige, potenziell mehrheitsfähige Anliegen stattfinden.[211] Für die Form der Unterschriftenliste und der Unterschriften selbst gelten die beschriebenen Vorgaben für den Einwohnerantrag gem. § 32 Abs. 4 S. 2, § 31 Abs. 3 NKomVG entsprechend.[212] Außerdem ist das Bürgerbegehren der Kommune gem. § 32 Abs. 3 S. 4 NKomVG schriftlich anzuzeigen. Die Anzeige muss durch die Vertreter erfolgen,[213] wie sich aus der systematischen Stellung der Anzeigenvorgabe in S. 4 des § 32 Abs. 3 NKomVG unmittelbar im Anschluss an die Vertretervorgabe aus S. 3 der Vorschrift ergibt.

75

ee) Einreichungsform und -fristen. Die Sammlung der erforderlichen Zahl von Unterstützerunterschriften muss gem. § 32 Abs. 5 S. 1, 2 NKomVG binnen einer Frist von sechs Monaten gelingen, gerechnet ab Eingang der Anzeige bei der Kommune. Richtet sich das Bürgerbegehren gegen einen Beschluss der Vertretung, halbiert § 32 Abs. 5 S. 5 NKomVG diese Frist auf drei Monate ab dem Tag nach der Bekanntmachung des Beschlusses. Die Dauer der Frist, die dem Bürgerbegehren für die Sammlung der Unterstützerunterschriften zur Verfügung steht, hängt also davon ab, ob sich das Begehren gegen einen Beschluss der Vertretung richtet (sog. kassatorisches Begehren) oder nicht (sog. initiierendes Begehren). Dass initiierende Begehren einer Frist unterliegen, soll sicherstellen, dass das Bürgerbegehren noch im Zeitpunkt seiner Einreichung bei

76

---

206 Vgl OVG Lüneburg, NVwZ-RR 2004, S. 62 (63); *Wefelmeier*, in: Blum/Häusler/Meyer, NKomVG, 3. Aufl. 2014, § 32 Rn 25.
207 Vgl in anderem Zusammenhang in diesem Sinn *Hartmann*, Volksgesetzgebung und Grundrechte, 2005, S. 181 f, gegen BVerfGE 96, 231 (238, 239, 240).
208 *Koch*, in: Ipsen, NKomVG, 2011, § 32 Rn 36.
209 Zur Relevanz des Rechtsvergleichs unter der Homogenitätsvorgabe des Art. 28 Abs. 1 S. 1 GG vgl *Hartmann*, NWVBl 2014, S. 211 (215).
210 Vgl OVG Münster, NVwZ-RR 2004, S. 519 (519).
211 *Wefelmeier*, in: Blum/Häusler/Meyer, NKomVG, 3. Aufl. 2014, § 32 Rn 34.
212 S. zum Einwohnerantrag o. unter VI. 2. b) (bei Fn 181).
213 *Koch*, in: Ipsen, NKomVG, 2011, § 32 Rn 37; *Wefelmeier*, in: Blum/Häusler/Meyer, NKomVG, 3. Aufl. 2014, § 32 Rn 32.

der Kommune dem Willen der Bürger entspricht.[214] Dass diese Frist für kassatorische Begehren verkürzt wird, soll die Stabilität und Verlässlichkeit kommunaler Willensbildung befördern.[215] Mit Ablauf der Fristen muss das Bürgerbegehren einschließlich der Unterstützerunterschriften eingereicht sein. Die Einreichung bei der Kommune unterliegt der Schriftform des § 32 Abs. 5 S. 1, 3 NKomVG; die elektronische Form ist ausdrücklich ausgenommen.[216]

77 **ff) Entscheidung über die Zulässigkeit des Bürgerbegehrens.** Ist das Bürgerbegehren eingereicht, muss die Kommune über die Zulässigkeit des Bürgerbegehrens entscheiden und, falls das Begehren zulässig ist, anschließend den Bürgerentscheid durchführen. Die Entscheidung über die Zulässigkeit fällt der Hauptausschuss gem. § 32 Abs. 7 S. 1 NKomVG.[217] Dass der Hauptausschuss entscheidet und nicht, wie in den meisten anderen Ländern, die Vertretung, soll das Problem mildern, dass die Abgeordneten in „eigener Sache" entscheiden.[218] Um eine Entscheidung in eigener Sache handelt es sich, weil das Bürgerbegehren den Vorwurf enthält, dass die Vertretung den bürgergehrten Beschluss nicht (initiierendes Begehren) oder nicht richtig (kassierendes Begehren) getroffen habe.[219] Weil der Hauptausschuss gem. § 74 Abs. 1 S. 1 NKomVG ausschließlich aus Mitgliedern der Vertretung (vgl § 45 Abs. 1 S. 2 NKomVG) besteht, verfehlt die Regelung dieses Ziel jedoch.

78 Der Hauptausschuss entscheidet gem. § 32 Abs. 7 S. 1 NKomVG unverzüglich, dh ohne schuldhaftes Zögern (vgl § 121 Abs. 1 S. 1 BGB)[220]. Gegenstand seiner Prüfung ist die (formelle und materielle, vgl § 32 Abs. 3 S. 2 Nr. 8 NKomVG) Rechtmäßigkeit des Bürgerbegehrens.[221] Führt diese Prüfung zu dem Ergebnis, dass das Bürgerbegehren unzulässig ist, unterbleibt der Bürgerentscheid. Für die vielen Bürger, die das Bürgerbegehren unterstützt haben, liegt darin insbesondere dann eine demokratische Enttäuschung, wenn die Zahl an Unterstützerunterschriften ausreicht. Um die Anzahl dieser Enttäuschungen zu verringern, können die Vertreter bereits mit der Anzeige eine Vorabendscheidung gem. § 32 Abs. 3 S. 5 NKomVG beantragen, ob das Bürgerbegehren die Voraussetzungen des § 32 Abs. 2, Abs. 3 S. 1 bis 3 NKomVG erfüllt. Hat der Hauptausschuss insoweit die Rechtmäßigkeit des Bürgerbegehrens festgestellt, ist er an diese Entscheidung gebunden und bleibt nur noch zu prüfen, ob das Bürgerbegehren genügend gültige Unterstützerunterschriften mitbringt.

79 **gg) Durchführung des Bürgerentscheids.** Ist das Bürgerbegehren zulässig, so ist der Bürgerentscheid gem. § 32 Abs. 7 S. 3 NKomVG innerhalb von drei Monaten durchzuführen. Die Einzelheiten zum Ablauf eines Bürgerentscheids regelt § 33

---

214 Vgl LT-Drucks. 13/2400, S. 8; VG Lüneburg, Urt. v. 11.11.2009 – 5 A 120/09, juris Rn 39; *Wefelmeier*, in: Blum/Häusler/Meyer, NKomVG, 3. Aufl. 2014, § 32 Rn 38.
215 Vgl OVG Münster, NWVBl 2003, S. 312 (313); VGH Kassel, DÖV 2004, S. 965 f; VG Braunschweig, Nds-VBl 2005, S. 78 (78); *Wefelmeier*, in: Blum/Häusler/Meyer, NKomVG, 3. Aufl. 2014, § 32 Rn 39.
216 Die Vorschrift macht damit deutlich, dass ohne diese Anordnung die elektronische Form dem Schriftlichkeitsgebot genügte, s. zu dieser Frage o. Fn 113.
217 Zum Hauptausschuss s.u. unter VII. 3. (ab Fn 297).
218 LT-Drucks. 13/2400, S. 5; *Wefelmeier*, in: Blum/Häusler/Meyer, NKomVG, 3. Aufl. 2014, § 32 Rn 45.
219 Dazu *Groß*, in: Hermes/Groß, Landesrecht Hessen, 7. Aufl. 2011, § 4 Rn 104; *Hartmann*, Volksgesetzgebung und Grundrechte, 2005, S. 195 f.
220 VG Hannover, NVwZ-RR 1998, S. 260 (261).
221 *Thiele*, NKomVG, 2011, § 32 Anm. 10 (S. 78).

NKomVG.²²² In der Zeit bis zur Abstimmung hat die Vertretung die Möglichkeit, auf das zulässige Bürgerbegehren zu reagieren. Zum einen vermag sie den begehrten Beschluss selbst zu fassen. In diesem Fall unterbleibt der Bürgerentscheid gem. § 32 Abs. 7 S. 4 NKomVG. Der Sachgrund, dass die Bürger ihren Willen doch bekommen hätten, greift freilich nur, wenn die Vertretung vollständig im Sinn des Bürgerbegehrens entscheidet. Dagegen lässt § 32 Abs. 7 S. 4 NKomVG den Bürgerentscheid auch dann entfallen, wenn die Vertretung dem Begehren nur „im Wesentlichen" Rechnung getragen hat. Zum anderen vermag die Vertretung nicht nur (vollständig oder im Wesentlichen) für, sondern auch gegen das Bürgerbegehren entscheiden (gem. § 32 Abs. 6 S. 1 NKomVG im Fall des initiierenden Begehrens) und die getroffene Entscheidung trotz des anstehenden Bürgerentscheids weiterhin vollziehen (gem. § 32 Abs. 6 S. 2 NKomVG im Fall des kassatorischen Begehrens).

hh) Rechtsschutz. Lehnt der Hauptausschuss das Bürgerbegehren als unzulässig ab, 80 ist gegen diese Entscheidung der Verwaltungsrechtsweg eröffnet. Mit der Klage wird begehrt (§ 88 VwGO), dass das Bürgerbegehren zugelassen werde. Ist diese Zulassung ein Verwaltungsakt, geht es um die Verurteilung zum Erlass eines abgelehnten Verwaltungsakts und ist die Verpflichtungsklage gem. § 42 Abs. 1 Alt. 2 VwGO statthaft.²²³ Die Zulassung ist ein Verwaltungsakt, wenn die Entscheidung des Hauptausschusses gem. § 35 S. 1 VwVfG²²⁴ „auf unmittelbare Rechtswirkung nach außen gerichtet ist". An dieser Voraussetzung fehlt es nach Ansicht des Niedersächsischen Oberverwaltungsgerichts: Die Unterzeichner eines Bürgerbegehrens begegneten der Kommune nicht wie ein Bürger, sondern sind wie ein Organ der Kommune tätig.²²⁵ Nach dieser Ansicht handelt es sich um den aus der Vorlesung zum Verwaltungsprozessrecht altbekannten Organ- bzw. Innenrechtsstreit²²⁶ und ist das sog. Kommunalverfassungsstreitverfahren²²⁷ und damit die Feststellungs- oder die allgemeine Leistungsklage statthaft.²²⁸ Nach aA entscheidet der Hauptausschuss sehr wohl mit Außenwirkung gegenüber dem Bürger.²²⁹ Die Unterzeichner eines Bürgerbegehrens bzw dessen Vertreter nähmen weder Aufgaben der Kommune wahr noch träten sie im Rechtskreis der

---

222 S. u. unter VI. 4. b) ii) (nach Fn 250).
223 S. dazu *Burgi*, Kommunalrecht, 4. Aufl. 2012, § 11 Rn 46; *Koch*, in: Ipsen, NKomVG, 2011, § 32 Rn 53 ff; *Thiele*, NKomVG, 2011, § 32 Anm. 10 (S. 78); *Waechter*, Kommunalrecht, 3. Aufl. 1997, Rn 278 c; *Wefelmeier*, in: Blum/Häusler/Meyer, NKomVG, 3. Aufl. 2014, § 32 Rn 49.
224 Zur Relevanz der Norm zur Interpretation der VwGO vgl *Hartmann*, Volksgesetzgebung und Grundrechte, 2005, S. 191, 192.
225 Vgl OVG Lüneburg, NdsVBl 1998, S. 240 (240); ebenso VG Hannover, NdsVBl 2001, S. 101 (101); aA *Röhl*, in: Schoch, Besonderes Verwaltungsrecht, 15. Aufl. 2013, 1. Kap. Rn 121.
226 *Detterbeck*, Allgemeines Verwaltungsrecht, 12. Aufl. 2014, Rn 1453 ff; *Hufen*, Verwaltungsprozessrecht, 9. Aufl. 2013, § 21; *Mann*, in: Tettinger/Erbguth/Mann, Besonderes Verwaltungsrecht, 11. Aufl. 2012, Rn 181.
227 Zum Kommunalverfassungsstreit s.u. unter VII. 7. (ab Fn 326).
228 Vgl ebenso OVG Bremen NVwZ-RR 2005, S. 54 (54 f); OVG Koblenz, NVwZ-RR 1997, S. 241 (241 f); *Waechter*, Kommunalrecht, 3. Aufl. 1997, Rn 278 c, 411.
229 *Koch*, in: Ipsen, NKomVG, 2011, § 32 Rn 55; in der Sache ebenso OVG Greifswald, NVwZ 1997, S. 306 (307); VGH Kassel, NVwZ-RR 2009, S. 440 (441); OVG Münster, NVwZ-RR 2008, S. 636 (637); VGH München, BayVBl 1998, S. 402 (403); *Burgi*, Kommunalrecht, 4. Aufl. 2012, § 11 Rn 46; *Schliesky*, DVBl 1998, S. 169 (170); *Hager*, VerwArch 84 (1993), S. 97 (115); *v. Danwitz*, DVBl 1996, S. 134 (141).

Kommune auf, sondern sie handelten als Bürger, indem sie eines ihrer Rechte im *status activus*[230] ausübten, so dass die Verpflichtungsklage statthaft sei.[231]

81 Die Frage, ob die Kommune mit Außenwirkung handelt, lässt sich sinnvoll nur im Zusammenhang mit der größeren Frage beantworten, inwieweit die Bürgerinnen und Bürger bei der Volksgesetzgebung allgemein Staatsgewalt ausüben oder Freiheit ausleben.[232] Ich habe vorgeschlagen, diese Abgrenzung nach den grundgesetzlichen Vorgaben zum Gesetzgebungsverfahren vorzunehmen und überall dort, wo das Grundgesetz einen Verfahrensschritt für sachnotwendig erklärt, die Ausübung von Staatsgewalt anzunehmen.[233] Ist das richtig, ist das Kommunalverfassungsstreitverfahren statthaft.[234] Solange der Beschluss des Hauptausschusses noch aussteht, ist die allgemeine Leistungsklage auf Feststellung der Zulässigkeit die richtige Klageart, anschließend ist die Feststellungsklage die Klage der Wahl.[235]

82 Sowohl die Leistungs- als auch die Feststellungsklage verlangen als Zulässigkeitsvoraussetzung eine Klagebefugnis analog § 42 Abs. 2 VwGO;[236] im Kommunalverfassungsstreit, in dem es nicht um subjektive Rechte geht, bedarf das „Kontrastorgan" einer „wehrfähigen" Position des Innenrechts.[237] Wer die Verpflichtungsklage für statthaft hält, hat die Klagebefugnis gem. § 42 Abs. 2 VwGO direkt zu prüfen. Jeweils stellt sich die Frage, wer der Berechtigte ist (sei es innenrechtlich aus der wehrfähigen Position, sei es außenrechtlich aus dem subjektiven Recht), genauer: wem das Recht auf Durchführung des Bürgerentscheids zusteht:[238] jedem Unterzeichner des Bürgerbegehrens, den Vertretern des Bürgerbegehrens als solche oder der Gesamtheit der Unterzeichner, wobei im letzteren Fall die Frage folgt, ob die Vertreter die Gesamtheit auch insoweit vertreten.

83 Wer Träger des Rechts auf Durchführung des Bürgerentscheids ist, hängt davon ab, wem das Kommunalverfassungsrecht dieses Recht zuweist. §§ 32 f NKomVG ent-

---

230 Vgl *Jellinek,* System der subjektiven öffentlichen Rechte, 2. Aufl. 1919, S. 87, 94 ff, sowie *Epping,* Grundrechte, 6. Aufl. 2015, Rn 21; *Hufen,* Staatsrecht II, 4. Aufl. 2014, § 5 Rn 1; *Pieroth/Schlink/Kingreen/Poscher,* Grundrechte, 30. Aufl. 2014, Rn 76, 83 ff.
231 *Koch,* in: Ipsen, NKomVG, 2011, § 32 Rn 55; *Schliesky,* DVBl 1998, S. 169 (170); im Ergebnis ebenso für das dortige Kommunalrecht VGH München, BayVBl 1998, S. 402 (403); OVG Greifswald, NVwZ 1997, S. 306 (307); OVG Münster, NVwZ-RR 2003, S. 448 (449).
232 *Hartmann,* DVBl 2006, S. 1269 (1272); *Martini,* Wenn das Volk (mit)entscheidet ..., 2011, S. 86.
233 *Hartmann,* Volksgesetzgebung und Grundrechte, 2005, S. 112; s. außerdem, ebenfalls auf dieser Linie, ThürVerfGH, LKV 2002, S. 83 (89) sowie, im Ergebnis (allgemein und auch nur weitgehend) zustimmend, *Dietlein,* AöR 132 (2007), S. 309 (310), *Sachs,* NJW 2006, S. 1043 (1043); *Sendler,* NJW 2006, S. 119 (119 f); die hM ist aA, s. BVerfGE 96, 231 (239 ff); *Degenhart,* JR 2007, S. 85 (86); *Martini,* Wenn das Volk (mit)entscheidet ..., 2011, S. 87 Fn 250; *Wegener,* VR 2006, S. 395 (395 f); *Wittreck,* DVBl 2007, S. 171 (172); zweifelnd *Jung,* ZParl 39 (2008), S. 185 (186), *Pestalozza,* ZG 2007, S. 300 (301 f).
234 *Hartmann,* Volksgesetzgebung und Grundrechte, 2005, S. 193.
235 *Hartmann,* Volksgesetzgebung und Grundrechte, 2005, S. 194; *Wefelmeier,* NdsVBl 1997, S. 31 (34).
236 *Detterbeck,* Allgemeines Verwaltungsrecht, 12. Aufl. 2014, Rn 1392, 1403; *Ehlers,* NVwZ 1990, S. 105 (111); *Hufen,* Verwaltungsprozessrecht, 9. Aufl. 2013, § 16 Rn 12, § 18 Rn 17; *Kintz,* Verwaltungsprozessrecht, 5. Aufl. 2011, S. 91; *Schenke,* Verwaltungsprozessrecht, 14. Aufl. 2014, Rn 491 f.
237 Vgl OVG Münster, NVwZ-RR 2003, S. 225 (225); NVwZ-RR 2003, S. 376 (376 f); *Brüning,* in: Ehlers/Fehling/Pünder, Besonderes Verwaltungsrecht, Band III, 3. Aufl. 2013, § 64 Rn 148; *Ehlers,* NVwZ 1990, S. 105 (105, 110); *Hufen,* Verwaltungsprozessrecht, 9. Aufl. 2013, § 21 Rn 15 ff; *Mann,* in: Tettinger/Erbguth/Mann, Besonderes Verwaltungsrecht, 11. Aufl. 2012, Rn 183 f; *Martini,* Verwaltungsprozessrecht, 5. Aufl. 2011, S. 91; *Röhl,* in: Schoch, Besonderes Verwaltungsrecht, 15. Aufl. 2013, 1. Kap. Rn 114, 116.
238 S. zu dieser Streitfrage *Koch,* in: Ipsen, NKomVG, 2011, § 32 Rn 56; *Thiele,* NKomVG, 2011, § 32 Anm. 10 (S. 78); *Wefelmeier,* in: Blum/Häusler/Meyer, NKomVG, 3. Aufl. 2014, § 32 Rn 49.

scheiden die Frage nicht ausdrücklich. Der Regelung liegt jedoch – wie jeder Regelung von Bürgerbegehren und Bürgerentscheid – die Konstellation zu Grunde, dass sich die Bürgerinnen und Bürger gegen ihre Vertretung stellen, die eine Angelegenheit nicht (initiierendes Begehren) oder nicht richtig (kassatorisches Begehren) entschieden habe. Volk und Vertretung befinden sich so in einem strukturellen Interessengegensatz[239], und die Innenrechtsposition ist wehrfähig.

Ob die wehrfähige Innenrechtsposition jeder einzelnen Person, die das Bürgerbegehren unterzeichnet hat[240], den Vertretern des Bürgerbegehrens oder der Gesamtheit der Unterzeichner[241] zusteht, richtet sich ebenfalls nach Landesrecht. In Niedersachsen trifft das NKomVG keine ausdrückliche Regelung.[242] In Fällen wie diesem liegt es nahe, die Gesamtheit der Unterzeichner als berechtigt zu begreifen: Weil kein Bürger allein, sondern die Unterzeichner nur in ihrer Gesamtheit ein Bürgerbegehren tragen und einen Bürgerentscheid herbeiführen können, sollen die Unterzeichner auch nur in ihrer Gesamtheit das Bürgerbegehren vor Gericht durchsetzen können.[243] 84

Die Gesamtheit der Unterzeichner wird auch im gerichtlichen Verfahren von ihren Vertretern vertreten. Die Auffassung, dass § 32 Abs. 3 S. 3 NKomVG keine rechtsgeschäftliche, sondern nur eine politische Vertretungsmacht einräume,[244] findet im Wortlaut der Norm keine Stütze. Der inhaltliche Zusammenhang mit § 86 Abs. 1 S. 1, 2 NKomVG legt nahe, dass der Begriff der Vertretung, solange keine Differenzierungen normiert werden, sowohl die repräsentative (S. 1), namentlich die politische, als auch die rechtliche, namentlich die gerichtliche (S. 2), Vertretung umfasst. 85

Richtiger Beklagter ist nicht die Gemeinde, wie es dem Rechtsträgerprinzip gem. § 78 Abs. 1 Nr. 1 VwGO entspräche[245], sondern jene Stelle, die Anlass zur Klage gegeben hat. Das ist das „Gegenorgan", dessen Handeln den Streitgegenstand bildet,[246] hier also der Hauptausschuss, der das Bürgerbegehren nicht als zulässig anerkannt hat[247]. 86

Vor dem Hintergrund, dass gem. § 32 Abs. 6 S. 1 NKomVG die Kommune nicht daran gehindert ist, über die im Bürgerbegehren bezeichnete Angelegenheit selbst zu entscheiden und das Bürgerbegehren insoweit keine Sperrwirkung entfaltet, kommt der Möglichkeit des einstweiligen Rechtsschutzes besondere Bedeutung zu. Statthaft ist der Antrag auf Erlass einer einstweiligen Anordnung gem. § 123 VwGO, da in der Hauptsache nicht die Aufhebung eines Verwaltungsakts begehrt würde und daher 87

---

239 *Hartmann*, Volksgesetzgebung und Grundrechte, 2005, S. 195 f; in der Sache ebenso *v. Arnim*, DÖV 1990, S. 85 (85 f); *Wefelmeier*, NdsVBl 1997, S. 31 (34).
240 *Thiele*, NKomVG, 2011, § 32 Anm. 10 (S. 78).
241 OVG Lüneburg, NVwZ-RR 2011, S. 451 (452); VG Oldenburg, Beschl. v. 19.4.2005 – 2 B 901/05, juris Rn 12.
242 Vgl *Hartmann*, Volksgesetzgebung und Grundrechte, 2005, S. 196.
243 Vgl VGH München, BayVBl 1996, S. 597 (597); *Hartmann*, Volksgesetzgebung und Grundrechte, 2005, S. 197; *Ipsen*, Nds. Kommunalrecht, 4. Aufl. 2011, Rn 476; *Wefelmeier*, NdsVBl 1997, S. 31 (37); *ders.*, in: Blum/Häusler/Meyer, NKomVG, 3. Aufl. 2014, § 32 Rn 49.
244 *Koch*, in: Ipsen, NKomVG, 2011, § 32 Rn 56; vgl auch *Schliesky*, DVBl 1998, S. 169 (172).
245 Das Behördenprinzip des § 78 Abs. 1 Nr. 2 VwGO gilt in Niedersachsen gem. § 79 Abs. 2 NJG (ehemals § 8 Abs. 2 Nds. NWGO) ohnehin nur für „Landesbehörden", zu denen die kommunalen Behörden in diesem Zusammenhang nicht zählen; s. dazu oben den Beitrag von *Jochum*, § 3 Rn 7.
246 OVG Münster, NVwZ-RR 2003, S. 376 (377); OVG Koblenz, NVwZ-RR 1995, S. 411 (412); *Ehlers*, NVwZ 1990, S. 105 (112); *Wefelmeier*, NdsVBl 1997, S. 31 (35).
247 VG Oldenburg, Urt. v. 7.12.2010 – 1 A 2477/09, juris Rn 36.

auch keine Anfechtungsklage zu erheben wäre[248], sondern der Anspruch auf Zulassung des Bürgerbegehrens durchgesetzt würde.[249] Das Verbot, im einstweiligen Rechtsschutz nicht die Hauptsache vorwegzunehmen, hindert das Gericht nicht daran, eine einstweilige Anordnung zu treffen, wenn – wie regelmäßig der Fall – das Hauptsacheverfahren aufgrund der Erledigung des Rechtsstreits wegen Ablaufs der Dreimonatsfrist gem. § 32 Abs. 7 S. 3 NKomVG ins Leere liefe.[250]

ii) Prüfungsaufbau Bürgerbegehren und Bürgerentscheid

88   I. Bürgerbegehren
1. Formelle Voraussetzungen
   a) Anzeigepflicht in schriftlicher Form, § 32 Abs. 3 S. 4 NKomVG
   b) Einhaltung der Frist von sechs bzw drei Monaten, § 32 Abs. 5 NKomVG
   c) Bezeichnung der genauen Sachentscheidung, welche Abstimmung mit Ja oder Nein ermöglicht, § 32 Abs. 3 S. 1 NKomVG
   d) Begründung und Vorschlag zur Kostendeckung, § 32 Abs. 3 S. 2 NKomVG
   e) Benennung der Vertretungsberechtigten, § 32 Abs. 3 S. 3 NKomVG
   f) Erforderliche Zahl der Unterschriften, § 32 Abs. 4 NKomVG
   g) Einhaltung der Form bzgl. der Unterschriftenliste, § 31 Abs. 3 NKomVG
   h) Ausschlussfrist von 2 Jahren, § 32 Abs. 2 S. 1 NKomVG
2. Materielle Voraussetzungen
   a) Angelegenheit des eigenen Wirkungskreises nach § 5 NKomVG, für welche die Vertretung die Zuständigkeit hat oder sich die Beschlussfassung vorbehalten kann, § 32 Abs. 2 S. 1 NKomVG
   b) Keine Unzulässigkeit nach § 32 Abs. 2 S. 2 Nr. 1–8 NKomVG, dh insb. Vereinbarkeit mit höherrangigem Recht (Nr. 8)
   c) Durchführbarer Kostenvorschlag, § 32 Abs. 3 S. 2 NKomVG

II. Bürgerentscheid, § 33 NKomVG
1. **Zulässiges Bürgerbegehren:** Ist das Bürgerbegehren zulässig, so ist innerhalb von drei Monaten ein Bürgerentscheid herbeizuführen, § 32 Abs. 7 S. 3 NKomVG.
2. **Keine Entscheidung der Vertretung** vollständig oder im Wesentlichen im Sinn des Bürgerbegehrens gem. § 32 Abs. 7 S. 4 NKomVG
3. **Richtiger Zeitpunkt gem. § 33 Abs. 1 NKomVG:** Der Bürgerentscheid muss an einem Sonntag, an dem nicht der Hauptverwaltungsbeamte gewählt wird, von 8.00 bis 18.00 Uhr stattfinden.
4. **Schriftliche Benachrichtigung gem. § 33 Abs. 2 S. 1 NKomVG:** Die Abstimmungsberechtigten sind rechtzeitig schriftlich zu benachrichtigen. Ferner ist

---

248 Zur allgemeinen Abgrenzung der beiden Verfahrensarten im einstweiligen Rechtsschutz, einerseits gem. § 80 Abs. 5 VwGO, andererseits gem. § 123 VwGO, s. nur *Kopp/Schenke*, VwGO, 20. Aufl. 2014, § 123 Rn 4; *Puttler*, in: Sodan/Ziekow, VwGO, 4. Aufl. 2014, § 123 Rn 8.
249 S. *Koch*, in: Ipsen, NKomVG, 2011, § 32 Rn 59.
250 OVG Lüneburg, NdsVBl 2000, S. 195 (195).

gem. § 33 Abs. 2 S. 2 NKomVG eine Abstimmung in Briefform zu ermöglichen.
5. Abstimmung mit „Ja" oder „Nein" gem. § 33 Abs. 3 S. 1 NKomVG: Es darf *nur* mit „Ja" oder „Nein" abgestimmt werden.
6. **Rechtsfolge:** Der Bürgerentscheid ist verbindlich, wenn die Mehrheit der gültigen Stimmen auf „Ja" lautet und diese Mehrheit mindestens 25 % der nach § 48 NKomVG Wahlberechtigten beträgt, § 33 Abs. 3 S. 3 NKomVG. Ein verbindlicher Bürgerentscheid steht einem Beschluss der Vertretung gleich, § 33 Abs. 4 S. 1 NKomVG.

c) Bürgerbefragung

Es können nicht nur die Bürger ihre Vertretung mit einer Angelegenheit befassen (über ein Bürgerbegehren gem. § 32 Abs. 1 NKomVG), sondern es kann auch umkehrt die Vertretung die Bürger befragen. Gem. § 35 S. 1 NKomVG muss Gegenstand der Befragung eine „Angelegenheit der Kommune" sein. Die weitgefasste Formulierung macht deutlich, dass die Bürgerbefragung – im Gegensatz zu Einwohnerantrag[251] und Bürgerbegehren[252] – grundsätzlich in allen Angelegenheiten der Kommune zulässig ist, also nicht nur im eigenen, sondern auch im übertragenen Wirkungskreis.[253] Der Erweiterung des Anwendungsbereichs entspricht eine Begrenzung der Rechtsfolge: Die Antwort, die die Bürger geben, steht „einem Beschluss der Vertretung" gerade nicht gleich, wie sich im Umkehrschluss aus § 33 Abs. 4 S. 1 NKomVG ergibt. Eine Bürgerbefragung schafft also keine rechtliche, sondern bestenfalls eine politische Verbindlichkeit für die Organe der Kommune. Sie erlaubt so nicht mehr und nicht weniger als die Herstellung eines Meinungsbilds.[254]

89

5. Pflichten der Bürger, insb. im Ehrenamt

Zu den Pflichten eines Einwohners, die den Bürger allesamt treffen, weil dieser gem. § 28 Abs. 2 NKomVG notwendig zugleich Einwohner ist,[255] tritt die Bürgerpflicht des § 38 Abs. 2 S. 1 NKomVG, für die Kommune Ehrenämter und sonstige ehrenamtliche Tätigkeiten zu übernehmen und auszuüben. Ein Ehrenamt ist ein bestimmtes, zu einem abgegrenzten Kreis zusammengefasstes Bündel ehrenamtlicher Tätigkeiten, die auf längere Zeit zu erledigen sind (zB die Ehrenämter des Ortsbürgermeisters, Ortsvorstehers und Ortsbrandmeisters).[256] Eine sonstige ehrenamtliche Tätigkeit betrifft dementsprechend einzelne Angelegenheiten der Kommune (zB die Tätigkeit als Wahl- oder Abstimmungshelfer).[257] Ausnahmen von der Pflicht, ehrenamtliche Tätigkeiten zu übernehmen, normiert § 38 Abs. 2 S. 2 NKomVG. Danach setzen nur die Ehrenämter des Ortsvorstehers und der Gleichstellungsbeauftragten das Einverständnis des

90

---

251 S. o. unter VI. 2. b) (bei Fn 181).
252 S. o. unter VI. 4. b) (nach Fn 200).
253 *Wefelmeier,* in: Blum/Häusler/Meyer, NKomVG, 3. Aufl. 2014, § 35 Rn 3.
254 *Koch,* in: Ipsen, NKomVG, 2011, § 35 Rn 1.
255 S. o. unter VI. 1. (bei Fn 146).
256 S. *Ipsen,* Nds. Kommunalrecht, 4. Aufl. 2011, Rn 470 mit weiteren Beispielen; die hier aufgeführten Ehrenbeamtenverhältnisse regeln § 95 Abs. 2 S. 1 Hs 2 (auch iVm § 96 Abs. 1 S. 3) NKomVG und § 20 Abs. 4 S. 1 NBrandSchG.
257 *Sandfuchs,* Allg. Nds. Kommunalrecht, 19. Aufl. 2006, S. 111.

Bürgers voraus. Die Berufung in ein Ehrenamt erfolgt durch Verwaltungsakt; sofern das Einverständnis der Person erforderlich ist, handelt es sich also um einen sog. mitwirkungsbedürftigen Verwaltungsakt.[258] Ist das Einverständnis des Bürgers keine Voraussetzung für die Übertragung einer ehrenamtlichen Tätigkeit, stellt sich die Frage, ob der Bürger die Übernahme der Tätigkeit gleichwohl ablehnen kann. Gem. § 39 Abs. 1 NKomVG setzt die Ablehnung die Unzumutbarkeit der Übernahme der ehrenamtlichen Tätigkeit voraus. Die Unzumutbarkeit muss dabei aus persönlichen Umständen folgen, namentlich aus dem Alter, dem Gesundheitszustand oder den Berufs- oder Familienverhältnissen. Die hohe Wertschätzung, die das Niedersächsische Kommunalverfassungsgesetz der ehrenamtlichen Tätigkeit als „eine[r] wesentliche[n] Grundlage der kommunalen Selbstverwaltung" (§ 38 Abs. 1 NKomVG) entgegenbringt, kommt auch darin zum Ausdruck, dass gem. § 39 Abs. 2 S. 1 NKomVG ordnungswidrig handelt, wer die Übernahme oder die Ausübung einer zumutbaren ehrenamtlichen Tätigkeit ablehnt.

91 Den ehrenamtlich tätigen Bürger trifft das Mitwirkungsverbot gem. § 41 NKomVG, das Vertretungsverbot gem. § 42 NKomVG und, auch nach Beendigung ihrer Tätigkeit, die Pflicht zur Amtsverschwiegenheit gem. § 40 NKomVG.[259] Diesen Pflichten steht das Recht auf eine Entschädigung der Tätigkeit gem. § 44 NKomVG gegenüber. Die Ausübungspflicht, die mit der ehrenamtlichen Tätigkeit verbunden ist, endet durch Zeitablauf (nur bei befristeter Übertragung) oder durch Aufhebung der Übertragung durch die Kommune gem. § 38 Abs. 3, § 39 Abs. 1 NKomVG. Eine solche Aufhebung ist danach bei unbefristeter Übertragung jederzeit möglich; bei befristeter Übertragung ist gem. § 38 Abs. 3 Hs 2 NKomVG entweder die Zustimmung des ehrenamtlich Tätigen oder das Bestehen eines wichtigen Grunds Voraussetzung.

6. Kinder und Jugendliche

92 Eine Besonderheit des Niedersächsischen Kommunalverfassungsrechts liegt darin, dass es Kinder und Jugendliche als solche berechtigt. Diese sollen bei Planungen und Vorhaben, die ihre Interessen berühren, in den Gemeinden und Samtgemeinden gem. § 36 S. 1 NKomVG beteiligt werden.[260] Wer Kind und wer Jugendlicher ist, bestimmt sich nach § 7 Abs. 1 Nr. 1, 2 SGB VIII. Danach ist Kind, wer noch nicht 14 Jahre (Nr. 1), und Jugendlicher, wer 14, aber noch nicht 18 Jahre alt ist (Nr. 2).

VII. Organe der Gemeinde
1. Allgemeines

93 Ein Verband wie die Bundesrepublik Deutschland, das Land Niedersachsen oder die Stadt Osnabrück handelt durch seine Organe. Weil es in einem Verband typischerweise nicht nur ein Organ gibt, sind die Verbandskompetenzen von den Organkompetenzen zu unterscheiden. Die Frage, welchem Verband die Kompetenz zusteht, grenzt die Aufgaben und Befugnisse der Kommune gegen die Aufgaben und Befugnisse des Bun-

---

258 *Koch*, in: Ipsen, NKomVG, 2011, § 38 Rn 6; zum mitwirkungsbedürftigen Verwaltungsakt vgl nur *Detterbeck*, Allgemeines Verwaltungsrecht, 12. Aufl. 2014, Rn 506.
259 S. ausführlich zum Mitwirkungsverbot u. unter VII. 2. b) (bei Fn 286 ff).
260 Vgl LT-Drucks. 14/2090, S. 20.

des, der Länder und anderer Verbände ab. Steht fest, dass eine Aufgabe oder eine Befugnis in die Verbandskompetenz der Kommune fällt, ist innerhalb dieses Verbandes zu entscheiden, welches der mehreren Organe zuständig ist. Genauso, wie das Staatsorganisationsrecht die Aufgaben und Befugnisse beispielsweise des Bundestags von denen der Bundesregierung abgrenzen muss, steht das Kommunalverfassungsrecht vor der Frage, wie es die Kompetenzen der Kommune auf die Organe verteilt. Das Kommunalrecht muss in diesem Zusammenhang beispielsweise entscheiden, welche Befugnisse der Kommune die Vertretung und welche der Hauptverwaltungsbeamte wahrnimmt. Neben diese beiden Organe stellt § 7 Abs. 1 NKomVG noch ein drittes, den Hauptausschuss. Die drei Organe der Kommune tragen gem. § 7 Abs. 2 NKomVG verschiedene Bezeichnungen, je nach dem, in welcher Art Gemeinde oder Gemeindeverband sie vorkommen. So heißen die Organe in den Gemeinden Rat, Verwaltungsausschuss und Bürgermeisterin/Bürgermeister (Nr. 1). Dasselbe gilt für die großen selbständigen und kreisfreien Städten, nur dass der Bürgermeister dort zum Oberbürgermeister aufsteigt (Nr. 2), und in Samtgemeinden, nur dass dort jeweils die Vorsilbe „Samt-" hinzutritt und von einem Samtgemeindeausschuss die Rede ist (Nr. 3). In den Kreisen heißen die Organe Kreistag, Kreisausschuss und Landrätin/Landrat (Nr. 4), in der Region Hannover Regionsversammlung, Regionsausschuss und Regionspräsidentin/Regionspräsident (Nr. 5). Die Oberbegriffe der Vertretung, des Hauptausschusses und des Hauptverwaltungsbeamten, aus Gründen der Einfachheit eingeführt,[261] bringen zugleich den Anspruch des NKomVG zum Ausdruck, einen Allgemeinen Teil des gesamten niedersächsischen Kommunalrechts zu formulieren[262].

2. Vertretung

a) Begriff und Rechtsstellung

Die Vorgabe, dass das Volk in den (Land-)Kreisen und Gemeinden eine Vertretung haben muss, die aus Wahlen hervorgegangen ist (Art. 28 Abs. 1 S. 2 GG, Art. 57 Abs. 2 S. 1 NdsVerf.), setzt das NKomVG in §§ 45 bis 70 um. Der demokratische Befund, dass Bundes- wie Landesverfassungen die Volksvertretung nennt und die Hauptverwaltungsbeamten verschweigt, lässt die Volksvertretung gem. § 45 Abs. 1 S. 1 NKomVG das „Hauptorgan" der Kommune sein.[263] Weil die Kommunen als Verbände[264] im Dreiklang der Gewaltengliederung[265] zur Verwaltung zählen, gehört auch die Vertretung, die nur ein Organ der Kommune ist, zur vollziehenden Gewalt gem. Art. 20 Abs. 2 S. 2 GG, Art. 2 Abs. 1 S. 2 NdsVerf. Die Volksvertretung in der Kommune unterscheidet sich insoweit von der Volksvertretung in Bund (Art. 38 Abs. 1 S. 2 GG) und Land (Art. 7 S. 1, Art. 12 S. 1 NdsVerf.), die zur Gesetzgebung zählen,[266]

94

---

261 *Mehde*, NordÖR 2011, S. 49 (50).
262 Zu diesem Anspruch o. unter II. 1. c) (bei Fn 27 ff).
263 Vgl *Blum*, in: ders./Häusler/Meyer, NKomVG, 3. Aufl. 2014, § 45 Rn 1; *Stern*, in: Kahl/Waldhoff/Walter, Bonner Kommentar zum GG, 170. Akt., Dezember 2014, Art. 28 Rn 50 (Stand: Dezember 1964).
264 S. o. unter II. 2. b) (bei Fn 47 ff).
265 Zu Gewaltenteilung und Gewaltengliederung vgl *Badura*, Staatsrecht, 5. Aufl. 2012, Abschn. D Rn 47 ff; *Detterbeck*, Öffentliches Recht, 9. Aufl. 2013, Rn 28 ff; *Möllers*, Gewaltengliederung, 2005.
266 Vgl *Degenhart*, Staatsrecht I, 30. Aufl. 2014, Rn 296; *Morlok/Michael*, Staatsorganisationsrecht, 2. Aufl. 2015, § 8 Rn 21; zum Befund, dass „alle Gewalten verwalten", s. nur *Detterbeck*, Öffentliches Recht, 9. Aufl. 2013, Rn 28 f; *Kloepfer*, Staatsrecht I, 2012, Rn 207 f.

und ist deshalb – anders als Bundes- und Landtag – auch kein Parlament[267]. Die folgende Darstellung rückt die Vertretung in den Gemeinden einschließlich der großen selbständigen und kreisfreien Städte in den Mittelpunkt, dh den Rat gem. § 7 Abs. 2 Nr. 1 und 2 NKomVG. Das Gesagte gilt aber ebenso für die Vertretungen in den Gemeindeverbänden, dh für den Samtgemeinderat, den Kreistag und die Regionsversammlung gem. § 7 Abs. 2 Nr. 3 bis 5 NKomVG.

b) Zusammensetzung der Vertretung und Rechtsstellung der Abgeordneten

95 Die Vertretung besteht gem. § 45 Abs. 1 S. 2 NKomVG aus den Abgeordneten, die durch die Wahl Mitglied werden, und dem Hauptverwaltungsbeamten, der kraft Amtes Mitglied ist. In Gemeinde und Samtgemeinde heißen die Abgeordneten gem. § 45 Abs. 1 S. 3 NKomVG Ratsfrauen und Ratsherren (im Folgenden kurz: Ratsmitglieder), im Kreistag Kreistagsabgeordnete und in der Region Hannover Regionsabgeordnete.

96 Wie viele Mitglieder der Rat einer Gemeinde hat, bestimmt § 46 Abs. 1 NKomVG in Abhängigkeit von der Größe der Gemeinde, gemessen an der Zahl ihrer Einwohner. Die gesetzlich ausgemessene Spannweite reicht von Vertretungen aus 6 Ratsmitgliedern (in Kleinstgemeinden mit 500 Einwohnern oder weniger) bis hin zu Räten mit 66 Abgeordneten (in Großstädten mit mehr als 600 000 Einwohnern).[268] Die Wahl durch die Bürgerinnen und Bürger, die Voraussetzung für die Mitgliedschaft als Abgeordneter ist, erfolgt als demokratische,[269] personalisierte Verhältniswahl (gem. § 47 Abs. 1 S. 2 NKomVG iVm § 4 Abs. 2 S. 1 NKWG). Die nächste Wahl findet zum 1. November 2016 statt, vgl § 47 Abs. 2 S. 2 NKomVG. Gewählt werden (sog. passives Wahlrecht[270]) kann dabei gem. § 49 Abs. 1 NKomVG jede Person, die am Wahltag mindestens 18 Jahre alt ist, seit sechs Monaten oder länger im Gebiet der Kommune ihren Wohnsitz hat und Unionsbürger ist. Angehörige der EU-Mitgliedstaaten genießen damit das volle (aktive und passive) Kommunalwahlrecht.[271] Umgekehrt kann nicht gewählt werden, wer als Beamter, Angestellter oder Beschäftigter gem. § 50 Abs. 1 S. 1 NKomVG tätig ist. Die sog. Inkompatibilität des Amts (im öffentlichen Dienst) und des Mandats (in der Vertretung) gründet auf Art. 61 NdsVerf., Art. 137 Abs. 1 GG[272]

---

267 BVerfGE 65, 283 (289); 78, 344 (348); BVerwGE 97, 223 (225); *Brüning*, in: Ehlers/Fehling/Pünder, Besonderes Verwaltungsrecht, Band III, 3. Aufl. 2013, § 64 Rn 12, 109; *Mann*, in: Tettinger/Erbguth/Mann, Besonderes Verwaltungsrecht, 11. Aufl. 2012, Rn 80, 129; *Röhl*, in: Schoch, Besonderes Verwaltungsrecht, 15. Aufl. 2013, 1. Kap. Rn 90, 134; *Schäfer/Glufke-Redeker*, Nds. Kommunalrecht, 2003, S. 50; vgl aber auch *Mehde*, in: Maunz/Dürig, GG, 71. EL, Stand: März 2014, Art. 28 Abs. 2 Rn 12 (67. EL, Stand: November 2012) („Kommunalparlamente'"); *Schmidt*, Kommunalrecht, 2. Aufl. 2014, Rn 382.
268 Die Bestimmung wird derzeit nicht praktisch: Die größte Stadt Niedersachsens, Hannover, hat derzeit rund 518.000 Einwohner, gefolgt von Braunschweig (247.000), Oldenburg (160.000) und Osnabrück (156.000). Göttingen (117.000) belegt derzeit nach Wolfsburg (122.000) den 6. Rang in der Liste der einwohnerstärksten Städte Niedersachsens (s. § 177 NKomVG und den Nachw. o. in Fn 138).
269 S. dazu o. unter VI. 4. a) (bei Fn).
270 Zur Unterscheidung zwischen aktivem Wahlrecht als dem Recht zu wählen und passivem Wahlrecht als dem Recht, gewählt zu werden, s. *Gröpl*, Staatsrecht I, 6. Aufl. 2014, Rn 361 f; *Kloepfer*, Staatsrecht I, 2012, Rn 123; *Morlok/Michael*, Staatsorganisationsrecht, 2. Aufl. 2015, § 5 Rn 94; *Seybold/Neumann/Weidner*, Nds. Kommunalrecht, 3. Aufl. 2013, S. 92 f.
271 Zum Wahlrecht für Ausländer s.o. unter II. 1. a) (bei Fn 14).
272 Vgl BVerfGE 58, 177 (191); BVerwGE, DÖV 2003, S. 815 (816); *Blum*, in: ders./Häusler/Meyer, NKomVG, 3. Aufl. 2014, § 50 Rn 2, 5.

und soll Interessenkonflikte, die aus der Doppelfunktion als Amts- und Mandatsträger folgen können, vermeiden.[273]

Obwohl die Volksvertretungen in den Kommunen keine Parlamente sind,[274] üben auch die kommunalen Abgeordneten ihre Tätigkeit nach ihrer freien, im Rahmen der Gesetze nur durch Rücksicht auf das öffentliche Wohl geleiteten Überzeugung aus (§ 54 Abs. 1 S. 1 NKomVG), ohne an Verpflichtungen gebunden zu sein, welche die „Freiheit ihrer Entschließung als Mitglieder der Vertretung" beschränken (§ 54 Abs. 1 S. 2 NKomVG). Wegen der Parallele zur Rechtsstellung der Parlamentsabgeordneten in Land- und Bundestag gem. Art. 12 NdsVerf. bzw Art. 38 Abs. 1 S. 2 GG ist ebenfalls von einem „freien Mandat" die Rede.[275] Dementsprechend führt weder für Kommunal- noch für Parlamentsabgeordnete der Austritt aus der Fraktion oder Partei bzw der Eintritt in eine andere Fraktion oder Partei zum Verlust des Mandats.[276] Dementsprechend gibt es für beide keinen Fraktionszwang, sondern nur Fraktionsdisziplin[277], dh Abgeordnete werden durch Fraktionsbeschlüsse nicht gebunden[278]. Dementsprechend können sowohl Parlaments- als auch Kommunalabgeordnete ihre Wahl ablehnen;[279] die Mitgliedschaft in der Vertretung ist also, wie der Verweis in § 54 Abs. 3 NKomVG zeigt, gerade kein Ehrenamt im Sinn der §§ 38 ff NKomVG.[280] Dagegen genießen nur Parlaments-, nicht aber Kommunalabgeordnete Indemnität (Art. 46 Abs. 1 GG, Art. 14 NdsVerf.) und Immunität (Art. 46 Abs. 2 GG, Art. 15 NdsVerf.).[281]

97

Das NKomVG regelt die Befugnisse, die der Abgeordnete bei der Ausübung seines Amts hat, großenteils ausdrücklich und setzt nur gelegentlich eine Befugnis als selbstverständlich voraus. Zu nennen sind:

98

---

273 S. BVerfGE 12, 73 (77); 38, 326 (338 f); 48, 64 (88), 58, 177 (192); 98, 154 (160); BVerwG, DÖV 2003, S. 815 (816 f), OVG Lüneburg, DVBl 1975, S. 51 (52).
274 S. o. unter VII. 2. a) (bei Fn 267).
275 Zum freien Mandat s. kommunalrechtlich *Ipsen*, Nds. Kommunalrecht, 4. Aufl. 2011, Rn 234 ff; *Mann*, in: Tettinger/Erbguth/Mann, Besonderes Verwaltungsrecht, 11. Aufl. 2012, Rn 139, *Pautsch*, Kommunalrecht Nds., 2014, § 58; *Seybold/Neumann/Weidner*, Nds. Kommunalrecht, 3. Aufl. 2013, S. 106 f; landesverfassungsrechtlich *Hageböllling*, NdsVerf., 2. Aufl. 2011, Art. 12 Anm. 2; und bundesverfassungsrechtlich *Morlok*, in: Dreier, GG, Band II, 2. Aufl. 2006, Art. 38 Rn 142; *Magiera*, in: Sachs, GG, 7. Aufl. 2014, Art. 38 Rn 46 ff.
276 S. für den Kommunalabgeordneten VGH München, NVwZ-RR 2000, S. 810 (810 f); *Blum*, in: ders./Häusler/Meyer, NKomVG, 3. Aufl. 2014, § 54 Rn 2, für den Landtagsabgeordneten *Hagebölling*, NdsVerf., 2. Aufl. 2011, Art. 12 Anm. 2, und für den Bundestagsabgeordneten *Sodan/Ziekow*, Grundkurs Öffentliches Recht, 6. Aufl. 2014, § 12 Rn 21.
277 *Suerbaum*, in: Mann/Püttner, Handbuch der kommunalen Wissenschaft und Praxis, Band I, 3. Aufl. 2007, § 22 Rn 17 mwN; zu den aus dem Staatsorganisationsrecht bekannten Begriffen des Fraktionszwangs bzw der Fraktionsdisziplin s. nur *Degenhart*, Staatsrecht I, 30. Aufl. 2014, Rn 654 f; *Korioth*, Staatsrecht I, 2. Aufl. 2014, Rn 411 f; *Zippelius/Würtenberger*, Deutsches Staatsrecht, 32. Aufl. 2008, § 11 Rn 20, § 38 Rn 79.
278 OVG Lüneburg, Beschl. v. 24.3.1993 – 10 M 338/93, KommunalPraxis (KommP) N 1995, S. 124 (124).
279 Bundestagsabgeordnete gem. § 45 Abs. 1 S. 2 BWG, Landtagsabgeordnete gem. § 35 S. 1 NLWG, Kommunalabgeordnete gem. § 47 Abs. 1 S. 2 NKomVG iVm § 40 Abs. 1 S. 1 NKWG.
280 Vgl *Sandfuchs*, Allg. Nds. Kommunalrecht, 19. Aufl. 2006, S. 144; aA *Ipsen*, Nds. Kommunalrecht, 4. Aufl. 2011, Rn 270; zum Ehrenamt s. o. unter VI. 5. (bei Fn 256).
281 Zu den Kommunalabgeordneten vgl *Sandfuchs*, Allg. Nds. Kommunalrecht, 19. Aufl. 2006, S. 143, zu den Parlamentsabgeordneten im Landtag *Hagebölling*, NdsVerf., 2. Aufl. 2011, Art. 14 Anm. 2 f bzw Art. 15 Anm. 1 ff; *Ipsen*, NdsVerf., 2011, Art. 14 Rn 5 ff bzw Art. 15 Rn 5 ff; und im Bundestag *Pieroth*, in: Jarass/Pieroth, GG, 13. Aufl. 2014, Art. 46 Rn 1 ff bzw Rn 5 ff; *Magiera*, in: Sachs, GG, 7. Aufl. 2014, Art. 46 Rn 1 ff bzw Rn 11 ff

§ 6 Kommunalrecht

- das Antragsrecht und das Auskunftsrecht gem. § 56 NKomVG, vgl auch § 58 Abs. 4 S. 3 NKomVG
- das Rederecht als dem Recht, an den Beschlüsse der Vertretung beratend mitzuwirken,[282] vgl § 54 Abs. 3 iVm § 41 Abs. 1 S. 1 NKomVG im Umkehrschluss
- das Stimmrecht als dem Recht, an den Beschlüssen der Vertretung entscheidend mitzuwirken,[283] vgl § 54 Abs. 3 iVm § 41 Abs. 1 S. 1 NKomVG im Umkehrschluss
- das Recht auf Gleichbehandlung gegenüber den anderen Mitgliedern der Vertretung[284]
- das Recht, gemeinsam mit einem oder mehreren anderen Abgeordneten eine Fraktion oder Gruppe zu gründen[285], vgl § 57 Abs. 1 NKomVG
- das Recht auf Entschädigung für die Tätigkeit gem. § 55 iVm § 44 NKomVG.

99 Außerdem stärkt § 54 Abs. 2 NKomVG die Stellung der Abgeordneten. Danach gilt: Niemand darf gehindert werden, das Amt eines Mitglieds der Vertretung zu übernehmen und auszuüben (S. 1). Es ist unzulässig, Abgeordnete wegen ihrer Mitgliedschaft aus einem Dienst- oder Arbeitsverhältnis zu entlassen oder ihnen zu kündigen (S. 2). Arbeitgeber müssen den Abgeordneten die „für ihre Tätigkeit notwendige freie Zeit" gewähren (S. 3).

100 Den Rechten der Abgeordneten stehen Pflichten gegenüber, über welche die Abgeordneten gem. § 54 Abs. 3 iVm § 43 NKomVG vor Aufnahme ihrer Tätigkeit zu belehren sind. Als da wären:

- die Pflicht zur Amtsverschwiegenheit gem. § 54 Abs. 3 iVm § 40 NKomVG
- das Mitwirkungsverbot gem. § 54 Abs. 3 iVm § 41 NKomVG
- das Vertretungsverbot gem. § 54 Abs. 3 iVm § 42 Abs. 1 S. 2 NKomVG.

101 Das Mitwirkungsverbot ist Ausdruck der Bindung des Abgeordneten an das öffentliche Wohl (vgl § 54 Abs. 1 S. 1 NKomVG).[286] Die Anwendung dieses Maßstabs fällt einem Abgeordneten schwerer, wenn er in eigener Sache tätig wird.[287] Gem. § 54 Abs. 3 iVm § 41 Abs. 1 S. 1 NKomVG darf ein Abgeordneter in Angelegenheiten der Kommune daher weder beratend noch entscheidend mitwirken, wenn die Entscheidung für ihn, bestimmte Angehörige (vgl § 41 Abs. 1 S. 1 Nr. 2, 3 NKomVG) und von ihm vertretene Personen einen unmittelbaren Vor- oder Nachteil bringen kann.[288] Dass der Vor- oder Nachteil nicht entstehen muss, sondern es genügt, dass er nur entstehen „kann", sucht bereits „den bösen Schein" von Interessenkollisionen zu vermeiden,[289] auch wenn als unmittelbar gem. § 41 Abs. 1 S. 1 NKomVG nur derjenige Vor- oder Nachteil „gilt", der sich aus der Entscheidung selbst ergibt. Einer der größten

---

282 Vgl OVG Lüneburg, DVBl 1990, S. 159 (159).
283 Vgl *Blum*, NdsVBl 1996, S. 232 (233).
284 BVerfGE 80, 188 (217 f); BVerwG, NWVBl 2004, S. 184 (185).
285 S. *Blum*, in: ders./Häusler/Meyer, NKomVG, 3. Aufl. 2014, § 54 Rn 6.
286 Vgl *Hartmann*, AöR 134 (2009), S. 1 (9); *Mann*, in: Tettinger/Erbguth/Mann, Besonderes Verwaltungsrecht, 11. Aufl. 2012, Rn 137; *Röhl*, Jura 2006, S. 725 (725 f).
287 Vgl *Bull/Mehde*, Allgemeines Verwaltungsrecht, 8. Aufl. 2009, Rn 625; *Hartmann*, Inklusive Verwaltung, 2014, S. 19; *Ipsen*, Nds. Kommunalrecht, 4. Aufl. 2011, Rn 254.
288 Vgl OVG Lüneburg, NST-N 1981, S. 27 (27); OVG Münster, NVwZ 1981, S. 667 (668); *Meyer*, in: Blum/Häusler/Meyer, NKomVG, 3. Aufl. 2014, § 41 Rn 6.
289 *Meyer*, in: Blum/Häusler/Meyer, NKomVG, 3. Aufl. 2014, § 41 Rn 1.

ökonomischen Vorteile, die eine Ratsentscheidung einem Ratsmitglied bringen kann, ist die Ausweisung eines bislang nicht bebaubaren Grundstücks als Bauland. Sie steigert den Wert des Grundstücks beträchtlich.[290] Der Niedersächsische Gesetzgeber erlaubt Ratsmitgliedern, deren Grundstücke im Plangebiet liegen, gleichwohl, eine solche Wertsteigerung herbeizuführen.[291] Denn das Mitwirkungsverbot gilt gem. § 41 Abs. 3 Nr. 1 NKomVG ausdrücklich nicht, wenn über Rechtsnormen zu beraten und zu entscheiden ist. Unter diese Ausnahme fällt auch der Bebauungsplan, den der Gemeinderat gem. § 10 BauGB, § 58 Abs. 1 Nr. 5 NKomVG als Satzung beschließt.

Zwischen den öffentlichen Interessen, an die der Abgeordnete gebunden ist, und seinen persönlichen, privaten Interessen, die ihn von der Beratung und Entscheidung ausschließen, liegen seine Gruppeninteressen. An Entscheidungen, die einen Abgeordneten „lediglich als Angehörigen einer Berufs- oder Bevölkerungsgruppe" betrifft, darf er gem. § 54 Abs. 3 iVm § 41 Abs. 1 S. 3 NKomVG sehr wohl mitwirken. Ein Ratsherr, der Familie hat, darf also sehr wohl über kommunale Familienförderung beraten, und eine Ratsfrau, die im Ort als Unternehmerin tätig ist, sehr wohl über kommunale Wirtschaftsförderung entscheiden.

102

Wirkt ein Abgeordneter an der Beratung oder Entscheidung einer Angelegenheit mit, obwohl er weder beratend noch entscheidend hätte mitwirken dürfen, ist der getroffene Beschluss nicht allein deshalb unwirksam. Die Rechtsfolge der Unwirksamkeit setzt gem. § 41 Abs. 6 S. 1 NKomVG außerdem voraus, dass die Mitwirkung „für das Abstimmungsergebnis" ausschlaggebend war. Nun vermag in einer offenen Beratung ein einziger Redebeitrag die „Stimmung" unter den Abgeordneten zu drehen und so die Entscheidung auch im Ergebnis zu bestimmen.[292] Das ist der Grund, warum das Mitwirkungsverbot nicht nur die Entscheidung, sondern bereits die Beratung erfasst.[293] Gleichwohl soll die Mitwirkung eines Ausgeschlossenen erst dann für das Abstimmungsergebnis entscheidend gewesen sein, wenn die Stimmabgabe des Ausgeschlossenen eine Stimme das Abstimmungsergebnis nicht nur mit Blick auf die Zahl der Ja- und Neinstimmen verändert hätte, sondern rechnerisch den Ausschlag für das Gesamtergebnis (Annahme oder Ablehnung des Antrags) gab.[294] Nimmt die Vertretung einen Antrag an, ist Voraussetzung für die Ergebnisrelevanz danach, dass der Unterschied zwischen gültigen Ja- und Neinstimmen kleiner oder gleich der Zahl der befangenen Mitstimmenden ist. Der Verstoß gegen das Mitwirkungsverbot ist gem. § 41 Abs. 6 S. 2 iVm § 10 Abs. 2 S. 1 NKomVG innerhalb eines Jahres ab Bekanntmachung bzw Beschlussfassung gegenüber der Kommune schriftlich geltend zu machen.

103

---

290 Vgl BFH, NVwZ 2005, S. 1343 (1343 f); *Dieterich*, in: Ernst/Zinkahn/Bielenberger/Krautzberger, BauGB, 114. EL 2014, § 194 Rn 66 ff.
291 *Röhl*, in: Schoch, Besonderes Verwaltungsrecht, 15. Aufl. 2013, 1. Kap. Rn 93.
292 Vgl *Ipsen*, Nds. Kommunalrecht, 4. Aufl. 2011, Rn 261.
293 Vgl OVG Lüneburg, NST-N 1981, S. 27 (27); OVG Münster, NVwZ 1981, S. 667 (668); *Meyer*, in: Blum/Häusler/Meyer, NKomVG, 3. Aufl. 2014, § 41 Rn 6.
294 *Ipsen*, Nds. Kommunalrecht, 4. Aufl. 2011, Rn 262; *Koch*, in: Ipsen, NKomVG, 2011, § 41 Rn 30; *Meyer*, in: Blum/Häusler/Meyer, NKomVG, 3. Aufl. 2014, § 41 Rn 25.

§ 6 Kommunalrecht

c) Aufgaben

104 **aa) Ausschließliche Entscheidungszuständigkeit.** Innerhalb der Kommune ordnet das NKomVG das Verhältnis der Organe zueinander, indem es ausschließliche und fakultative Zuständigkeiten bestimmt. Die wichtigsten ausschließlichen Zuständigkeiten der Vertretung enthalten die Kataloge des § 58 Abs. 1 (für alle Vertretungen) und Abs. 2 (nur für Räte). Dass diese Zuständigkeiten ausschließlich sind, bedeutet, dass sie nicht auf andere Organe, auch nicht auf den Hauptausschuss (vgl § 58 Abs. 5, § 89 S. 1 NKomVG im Umkehrschluss), übertragen werden können.[295] Unbenannte, dh in den Katalogen nicht aufgeführte Aufgaben, fallen gem. § 76 Abs. 2 S. 1 NKomVG in die Zuständigkeit des Hauptausschusses. Anders als in anderen Ländern liegt die allgemeine Auffangzuständigkeit in Niedersachsen also nicht bei der Vertretung.[296]

105 **bb) Fakultative Entscheidungszuständigkeit.** Die Vertretung kann sich aber für bestimmte Angelegenheiten die Beschlussfassung gem. § 58 Abs. 3 NKomVG vorbehalten. Erfasst sind namentlich Angelegenheiten, für die sonst der Hauptausschuss zuständig ist (§ 58 Abs. 3 S. 1 NKomVG), Geschäfte der laufenden Verwaltung (§ 58 Abs. 3 S. 1 iVm § 85 Abs. 1 Nr. 7 NKomVG) und bestimmte Gruppen von Angelegenheiten, welche die Hauptsatzung der Vertretung vorbehält (§ 58 Abs. 3 S. 2, Abs. 1 Nr. 5, § 12 Abs. 1 S. 1, Abs. 2 NKomVG). Außerdem beschließt die Vertretung in Angelegenheiten, die ihr näher bezeichnete Ausschüsse gem. § 58 Abs. 3 S. 3 NKomVG vorlegen.

106 **cc) Überwachungsbefugnisse.** Die Vertretung überwacht nicht nur die Durchführung ihrer Beschlüsse, sondern auch den sonstigen „Ablauf der Verwaltungsangelegenheiten" gem. § 58 Abs. 4 S. 1 NKomVG. Sie kann zu diesem Zwecke von Hauptausschuss und Hauptverwaltungsbeamten gem. § 58 Abs. 4 S. 2, 3 NKomVG Auskünfte verlangen und Einsicht in Akten nehmen.

d) Ablauf einer Ratssitzung

107 Im Anschluss an seine konstituierende Sitzung im ersten Monat der Wahlperiode tagt der Rat gem. § 59 Abs. 2 S. 3 NKomVG, so oft es die Geschäftslage erfordert. Die Einberufung fällt in die Zuständigkeit des Hauptverwaltungsbeamten gem. § 59 Abs. 1 NKomVG. Der Vorsitzende der Vertretung, den die Abgeordneten gem. § 61 Abs. 1 S. 1 NKomVG aus ihrer Mitte gewählt haben, ist gem. § 59 Abs. 3 NKomVG an der Aufstellung der Tagesordnung beteiligt. Die Vertretung tagt öffentlich; der Ausschluss der Öffentlichkeit ist nur ausnahmsweise möglich und setzt gem. § 64 S. 1 NKomVG Gründe des öffentlichen Wohls oder berechtigte Interesse Einzelner voraus. Zu Beginn der Sitzung stellt der Vorsitzende gem. § 65 Abs. 1 S. 1 NKomVG die Beschlussfähigkeit fest. Ist die Sitzung ordnungsgemäß einberufen worden, ist die Vertretung beschlussfähig, wenn die Mehrheit der Mitglieder anwesend ist (1. Alt.); andernfalls genügt die rügelose Einlassung bei vollständiger Anwesenheit aller Mitglieder (2. Alt., vgl auch § 65 Abs. 1 S. 3 NKomVG).

---

295 *Hartmann/Welzel*, NdsVBl 2015, S. 103 (106).
296 OVG Lüneburg, NST-N 1987, S. 59 (60); *Blum*, in: ders./Häusler/Meyer, NKomVG, 3. Aufl. 2014, § 58 Rn 2; *Koch*, in: Ipsen, NKomVG, 2011, § 58 Rn 2.

Der Vorsitzende leitet die Sitzungen gem. § 63 Abs. 1 NKomVG. Zur Leitung der Sitzung gehört die Aufrechterhaltung der Ordnung, also insbesondere die Abwehr allfälliger Störungen von innen (dh durch Abgeordnete), und die Ausübung des Hausrechts, also insbesondere die Abwehr allfälliger Störungen von außen, namentlich durch Zuhörer.[297] Beide, sowohl störende Zuhörer (gem. § 63 Abs. 1 NKomVG) als auch störende Abgeordnete (gem. § 63 Abs. 2 f NKomVG), kann der Vorsitzende von der Sitzung ausschließen. 108

e) Auflösung

Die Auflösung einer Vertretung ist unter den Voraussetzungen des § 70 NKomVG möglich, also insbesondere, wenn die ordnungsgemäße Erledigung der Aufgaben nicht mehr gewährleistet ist. Im Gegensatz zum Bundestag, der kein Selbstauflösungsrecht kennt (vgl Art. 68 Abs. 1 S. 1 GG), und in Übereinstimmung mit dem Landtag (vgl Art. 10 Abs. 1 S. 1 NdsVerf.) kann sich auch die Kommunalvertretung selbst auflösen. Im Gegensatz zum Landtag ist die Selbstauflösung der Kommunalvertretung aber nicht voraussetzungslos möglich. Im Gegenteil: § 70 Abs. 3 NKomVG verlangt, dass die Bürgerinnen und Bürger bei einem von der Vertretung betriebenen Abwahlverfahren gem. § 82 NKomVG für den Hauptverwaltungsbeamten und damit gegen die Vertretung entschieden haben. 109

3. Hauptausschuss

a) Begriff und Rechtsstellung

Der wichtigste Ausschuss ist der deshalb so genannte Hauptausschuss, eine viel gelobte niedersächsische Errungenschaft.[298] Dieses Organ der Kommune gem. § 7 Abs. 1 NKomVG entscheidet, obwohl doch Ausschuss genannt, in Teilen seines Zuständigkeitsbereichs abschließend.[299] Die gem. § 71 Abs. 1 NKomVG aufgrund der kommunalen Organisationshoheit[300] möglichen (Fach-)Ausschüsse haben dagegen nur beratende Funktion.[301] Ob und in welchem Umfang die Vertretung diese Ausschüsse einrichtet, steht in ihrem Ermessen.[302] 110

b) Zusammensetzung

Gem. § 74 Abs. 1 S. 1 NKomVG besteht der Hauptausschuss aus dem Hauptverwaltungsbeamten als sog. „gesetztes"[303] oder „geborenes"[304] Mitglied (nüchterner: als Mitglied „kraft Amtes", vgl § 45 Abs. 1 S. 2 NKomVG), aus Abgeordneten mit Stimmrecht (sog. Beigeordnete) und aus Abgeordneten mit nur beratender Stimme. Anders als in der Vertretung, die den Vorsitzenden aus ihrer Mitte wählen darf, ist Vorsitzender des Hauptausschusses kraft Vorgabe des Gesetzes der Hauptverwaltungsbeamte, vgl § 74 Abs. 1 S. 3 mit § 61 Abs. 1 S. 1 NKomVG. Während eine Ver- 111

---

297 *Koch*, in: Ipsen, NKomVG, 2011, § 63 Rn 6.
298 Vgl *Ipsen*, Nds. Kommunalrecht, 4. Aufl. 2011, Rn 410, 412, 433.
299 *Ihnen*, Kommunalrecht Nds., 6. Aufl. 2003, S. 281.
300 *Schwind*, in: Blum/Hausler/Meyer, NKomVG, 3. Aufl. 2014, § 71 Rn 1.
301 Vgl *Ihnen*, Kommunalrecht Nds., 6. Aufl. 2003, S. 281.
302 OVG Lüneburg, OVGE 22, 508 (511).
303 *Wilkens*, in: Ipsen, NKomVG, 2011, § 74 Rn 4.
304 *Ipsen*, Nds. Kommunalrecht, 4. Aufl. 2011, Rn 416.

tretung 66, 70 oder sogar 84 Mitglieder haben kann, besteht der Hauptausschuss aus höchstens zehn Beigeordneten, vgl § 74 Abs. 2 mit § 46 Abs. 1 bis 3 NKomVG. Welche Abgeordneten im Hauptausschuss mitwirken, bestimmt die Vertretung gem. § 75 Abs. 1 NKomVG. Der Hauptausschuss bildet dabei gem. § 71 Abs. 2 S. 2 bis 7, Abs. 3 NKomVG das Kräfteverhältnis der Fraktionen und Gruppen in der Vertretung ab; dementsprechend müssen Vertreter der gleichen Fraktion oder Gruppe angehören wie der Vertretene, vgl § 75 Abs. 1 S. 4 NKomVG.[305]

c) Aufgaben

112 Von den Aufgaben, die § 76 NKomVG zu Zuständigkeiten des Hauptausschusses bestimmt, ist die wichtigste die Vorbereitung der Beschlüsse der Vertretung (Abs. 1 S. 1). Diese Vorbereitung mündet in eine Beschlussempfehlung[306], welcher der Rat regelmäßig weitgehend folgt.[307] Die starke Stellung des Hauptausschusses kommt zweitens in dessen Auffangzuständigkeit zum Ausdruck.[308] Gem. § 76 Abs. 2 S. 1 NKomVG beschließt der Hauptausschuss über diejenigen Angelegenheiten, für die – vereinfacht gesprochen – sonst niemand zuständig wäre. Dabei sind namentlich die Zuständigkeiten von Hauptausschuss und Hauptverwaltungsbeamten derart verschränkt, dass einerseits der Hauptausschuss sich Geschäfte der laufenden Verwaltung vorbehalten und andererseits der Bürgermeister den Hauptausschuss mit derartigen Angelegenheiten befassen kann, vgl § 76 Abs. 2 S. 2, 3 NKomVG.[309] Diese Möglichkeit des „Zuständigkeitsaustausches" zwischen Hauptausschuss und Hauptverwaltungsbeamten will es ermöglichen, politisch heikle oder rechtlich schwierige Entscheidungen wechselseitig abzusichern.[310] Drittens erlaubt es das Einspruchsrecht dem Hauptausschuss, gem. § 79 NKomVG Beschlüsse auch der Vertretung „anzuhalten", wenn der Hauptausschuss das „Wohl der Kommune" durch den Beschluss als „gefährdet" ansieht. In diesem Fall muss die Vertretung in einer Sitzung, die frühestens drei Tage nach der ersten stattfinden darf, gem. § 79 S. 3 NKomVG erneut entscheiden. Das Einspruchsrecht des Hauptausschusses reicht insofern weiter als das Einspruchsrecht des Hauptverwaltungsbeamten gem. § 88 Abs. 1 S. 2 NKomVG, als dass der Hauptausschuss den Einspruch nicht nur bei rechtswidrigen Beschlüssen erheben darf: Auch rechtmäßige, aber politisch fatale Beschlüsse können das Wohl der Kommune gefährden und einen Einspruch gem. § 79 NKomVG rechtfertigen.[311]

d) Verfahren

113 Der Hauptausschuss tagt gem. § 78 Abs. 1 NKomVG, wenn der Hauptverwaltungsbeamte ihn einberuft (S. 1) oder ein Drittel der Beigeordneten das verlangen (S. 2). Seine Sitzungen sind gem. § 78 Abs. 2 NKomVG nicht öffentlich; Abgeordnete, die kein

---

305 *Schwind*, in: Blum/Häusler/Meyer, NKomVG, 3. Aufl. 2014, § 75 Rn 10 f.
306 *Ipsen*, Nds. Kommunalrecht, 4. Aufl. 2011, Rn 420.
307 *Wilkens*, in: Ipsen, NKomVG, 2011, § 76 Rn 5.
308 Vgl *Pautsch*, Kommunalrecht Nds., 2014, S. 67; *Seybold/Neumann/Weidner*, Nds. Kommunalrecht, 3. Aufl. 2013, S. 129.
309 *Ipsen*, Nds. Kommunalrecht, 4. Aufl. 2011, Rn 428.
310 *Wilkens*, in: Ipsen, NKomVG, 2011, § 76 Rn 51; *ders.*, Verwaltungsausschuß und Kreisausschuß, 1992, S. 249 f.
311 *Schwind*, in: Blum/Häusler/Meyer, NKomVG, 3. Aufl. 2014, § 79 Rn 6; s. bereits *Albers/Günter*, Der Kreistagsabgeordnete in Niedersachsen, 2. Aufl. 1990, S. 51.

Mitglied sind, können als Zuhörer teilnehmen. Der Hauptausschuss kann gem. § 78 Abs. 3 NKomVG der Einfachheit halber auch im Umlaufverfahren beschließen, also schriftlich über eine Vorlage, die den Mitgliedern nacheinander oder gleichzeitig zugeht.[312]

4. Hauptverwaltungsbeamter

a) Begriff, Wahl und Rechtsstellung

Bis zum Jahr 1996 verteilte Niedersachsen die Hauptaufgaben an der Spitze der Kommune auf zwei Ämter: Die politische, repräsentative Vertretung der Kommune war Aufgabe des (Ober-)Bürgermeisters bzw Landrats, während die Leitung der Kommune als Verwaltungsbehörde in die Zuständigkeit des (Ober-)Stadt- bzw (Ober-)Kreisdirektors fiel. An die Stelle dieses zweigleisigen ist ein eingleisiges Modell getreten, das beiden Aufgaben im Amt eines direkt gewählten, hauptamtlich tätigen Hauptverwaltungsbeamten vereint.[313] Der Hauptverwaltungsbeamte heißt gem. § 7 Abs. 2 NKomVG (Ober-)Bürgermeister, Landrat, Samtgemeindebürgermeister oder Regionspräsident. Die Ämter des (Ober-)Stadt- oder (Ober-)Kreisdirektors gibt es nicht mehr.[314]

114

Den Hauptverwaltungsbeamten bestimmen die Bürgerinnen und Bürger in einer demokratischen Direktwahl gem. § 80 Abs. 1 S. 1 NKomVG iVm § 4 Abs. 2 S. 2 NKWG.[315] Im Vergleich mit den Wahlen der Vertretung steht das passive Wahlrecht unter strengeren Voraussetzungen: Zum Hauptverwaltungsbeamten kann gem. § 80 Abs. 5 NKomVG gewählt werden, wer am Wahltag mindestens 23 Jahre, aber noch nicht 67 Jahre alt ist, nach § 49 Abs. 1 S. 1 Nr. 3 NKomVG wählbar und nicht nach § 49 Abs. 2 NKomVG von der Wählbarkeit ausgeschlossen ist und die Gewähr dafür bietet, jederzeit für die freiheitlich demokratische Grundordnung im Sinn des Grundgesetzes einzutreten. Anders als bei der Wahl der Vertretung als (personalisierter) Verhältniswahl findet für den Hauptverwaltungsbeamten eine Mehrheitswahl statt.[316] Die Amtsperiode des Hauptverwaltungsbeamten entspricht, von Übergangs- und Sonderfällen abgesehen, gem. § 80 Abs. 3 S. 1 NKomVG der Wahlperiode der Vertretung, so dass die Wahl des Hauptverwaltungsbeamten und der Abgeordneten gem. § 80 Abs. 1 S. 2 NKomVG am selben Tag, dem allgemeinen Kommunalwahltag, stattfinden kann. Der Hauptverwaltungsbeamte ist hauptamtlich als Beamter auf Zeit tätig gem. § 80 Abs. 6 S. 1 f NKomVG.[317]

115

---

312 *Ihnen*, Kommunalrecht Nds., 6. Aufl. 2003, S. 293.
313 S. nur *Mehde*, in: Maunz/Dürig, GG, 71. EL, Stand: März 2014, Art. 28 Abs. 2 Rn 31 (67. EL, Stand: November 2012); *Wilkens*, in: Ipsen, NKomVG, 2011, Vorb. § 80 Rn 3 f.
314 Mit der Einführung der „Eingleisigkeit" entfielen diese Ämter, vgl Gesetz zur Reform des Niedersächsischen Verfassungsrechts vom 1.4.1996, GVBl. S. 82 (91 ff).
315 S. dazu o. unter IV. 4. a) (bei Fn).
316 Zur umstrittenen Abschaffung der Stichwahl bei der Bürgermeisterwahl s. *Mehde*, NordÖR 2011, S. 49 (51); mittlerweile wurde die Stichwahl für Direktwahlen wieder eingeführt (Gesetz v. 19.6.2013, GVBl. S. 160).
317 *Ipsen*, Nds. Kommunalrecht, 4. Aufl. 2011, Rn 355.

b) Aufgaben

116 Die eine Hauptaufgabe des Hauptverwaltungsbeamten liegt nach wie vor in der repräsentativen Vertretung der Kommune gem. § 86 Abs. 1 S. 1 NKomVG. Sie umfasst Grußworte genauso wie Grundsteinlegungen, Festreden und Eröffnungsansprachen.[318] Hinzu kommt die rechtliche Vertretung der Kommune gem. § 86 Abs. 1 S. 2 NKomVG. Sie umfasst alle Rechts- und Verwaltungsgeschäfte sowie die gerichtlichen Verfahren. Schließt der Hauptverwaltungsbeamte als Vertreter der Kommune ein Rechtsgeschäft, zB einen Vertrag, ohne dass dafür der innenrechtlich erforderliche Beschluss, zB des Rats, vorliegt (vgl § 58 Abs. 1 Nr. 14, 16 NKomVG), ist die Willenserklärung des Hauptverwaltungsbeamten im Außenverhältnis, dh gegenüber dem Vertragspartner der Kommune, nicht deshalb unwirksam.[319] Dass der Hauptverwaltungsbeamte innenrechtswidrig handelte, kann jedoch gem. § 47 Abs. 1 S. 1 BeamtStG, § 1 Abs. 1 S. 1, § 2 Abs. 1 S. 1, §§ 6 ff NDiszG disziplinarrechtliche und gem. § 48 Abs. 1 S. 1 BeamtStG, § 51 NBG schadensersatzrechtliche Folgen zeitigen.[320] Erklärungen des Hauptverwaltungsbeamten, durch die die Kommune verpflichtet werden soll, unterliegen der Formvorgabe des § 86 Abs. 3 NKomVG. Danach ist regelmäßig eine handschriftliche Unterzeichnung oder eine näher bestimmte elektronische Signatur erforderlich.

117 Die andere, vom (Ober-)Stadt- bzw Kreisdirektor übernommene Hauptaufgabe des Hauptverwaltungsbeamten, die Kommunalverwaltung zu leiten und zu beaufsichtigen, trifft ihn gem. § 85 Abs. 3 S. 1 Hs 1 NKomVG. Der Hauptverwaltungsbeamte muss die innere Ordnung der Verwaltung einschließlich der Aufteilung der Verwaltung in Ämter festlegen, die Zuständigkeitsbereiche aufteilen, die Aufgaben zuweisen und die persönliche und sachliche Ausstattung der Amtsträger, deren weisungsbefugter Dienstvorgesetzter er gem. § 107 Abs. 5 S. 3 NKomVG ist, sicherstellen.[321] Die Organisationsgewalt des Hauptverwaltungsbeamten findet ihre Grenze in den Richtlinien, welche die Vertretung gem. § 85 Abs. 3 S. 1 Hs 2, § 58 Abs. 1 Nr. 2 NKomVG vorgibt.

118 Dass der Hauptverwaltungsbeamte die Kommunalverwaltung zu leiten hat, findet seinen Ausdruck in den Katalogzuständigkeiten, auch wenn § 85 Abs. 1 S. 1 NKomVG diese – im Gegensatz zu § 58 Abs. 1 vor Nr. 1 NKomVG – nicht als „ausschließliche" kennzeichnet. Der Hauptverwaltungsbeamte führt nämlich insbesondere die Geschäfte der laufenden Verwaltung gem. § 85 Abs. 1 Nr. 7 NKomVG. Ein Geschäft der laufenden Verwaltung liegt vor, „wenn die Sache nach Regelmäßigkeit und Häufigkeit zu den üblichen Geschäften gehört, ohne dass bejahendenfalls noch auf Umfang und Schwierigkeit in rechtlicher und tatsächlicher Hinsicht und auf die finanziellen Aus-

---

318 S. *Mielke*, in: Blum/Häusler/Meyer, NKomVG, 3. Aufl. 2014, § 86 Rn 3 f mit weiteren Beispielen [so auch Fn. 64 u. 256].
319 Vgl BGH, DVBl 1979, S. 514 (514 f); MDR 1966, S. 669 (669 f); *Hartmann/Welzel*, NdsVBl 2015, S. 103 (107 f) m.w.N.
320 S. *Hartmann/Welzel*, NdsVBl 2015, S. 103 (108) m.w.N.
321 Vgl *Ipsen*, Nds. Kommunalrecht, 4. Aufl. 2011, Rn 361, 370.

wirkungen abzustellen wäre; wesentliches Merkmal ist die Erledigung nach feststehenden Grundsätzen auf eingefahrenen Gleisen"[322], zB der Einkauf von Büromaterial[323].

Seine beiden Hauptaufgaben, die repräsentative und rechtliche Vertretung der Kommune nach außen und die Leitung der Kommunalverwaltung nach innen, machen den Hauptverwaltungsbeamten zu dem „Gesicht" der Kommune. In dieser Funktion ist es seine Aufgabe, die Einwohner und die Abgeordneten über wichtige Angelegenheiten zu informieren. Die Vertretung unterrichtet der Hauptverwaltungsbeamte gem. § 85 Abs. 4 Hs 2 NKomVG insbesondere „zeitnah" über die wichtigen Beschlüsse des Hauptausschusses. Die Einwohnerinnen und Einwohner der Kommunen informiert der Hauptverwaltungsbeamte gem. § 85 Abs. 5 und 6 NKomVG dagegen nicht notwendig „zeitnah" und auch nur „über wichtige Angelegenheiten", etwa auf Einwohnerversammlungen. Berichtspflichten treffen den Hauptverwaltungsbeamten außerdem gegenüber der Kommunalaufsichtsbehörde gem. § 88 Abs. 1 S. 1 NKomVG, falls er einen Beschluss der Vertretung oder einen Bürgerentscheid für rechtswidrig hält. 119

5. Sonstige Beschäftigte innerhalb der Gemeinde

In einer Kommunalverwaltung sind zahlreiche Beamte und noch mehr Angestellte, die § 107 Abs. 1 S. 1 NKomVG Arbeitnehmer nennt, tätig. Die leitenden Beamten, in ein Beamtenverhältnis auf Zeit berufen, heißen gem. § 108 Abs. 1 NKomVG Gemeinderätin, Stadtrat, Kreisrätin oder Regionsrat. Der allgemeine Stellvertreter des Hauptverwaltungsbeamten führt dabei den Zusatz „Erster", zB Erster Gemeinderat; fachbezogene Ergänzungen wie Stadtbaurat oder Stadtkämmerer sind zulässig. Die Amtsperiode der sog. Wahlbeamten hängt – anders als im Fall des Hauptverwaltungsbeamten – nicht von der Amtsperiode der Vertretung ab, sondern beträgt gem. § 109 Abs. 1 S. 1 NKomVG stets acht Jahre. Auf der Ebene unterhalb des Hauptverwaltungsbeamten hat der Gedanke des politischen Gleichklangs zwischen Volksvertretung und Verwaltungsspitze also nur noch nachrangige Bedeutung. Neben die Aufgaben, welche die Räte fachbezogen wahrnehmen, treten Querschnittsaufgaben, die in die Zuständigkeit der Beauftragten fallen. So sind Kommunen gesetzlich verpflichtet, eine (ggf hauptamtlich tätige) Gleichstellungsbeauftragte gem. § 8 Abs. 1 NKomVG, einen Beauftragten für den Datenschutz gem. § 8 a Abs. 1 NDSG und einen Schwerbehindertenbeauftragten gem. § 98 SGB IX zu bestellen. 120

6. Ortschaften und Stadtbezirke

Getreu der Erkenntnis, dass der Einfluss des Einzelnen steigt, wenn er einer von nur wenigen ist,[324] können Gemeinden in Ortschaften und große Städte in Stadtbezirke unterteilt werden. Die Unterteilung übernimmt die Vertretung in der Hauptsatzung. Dabei sind Ortschaften gem. § 90 Abs. 1 S. 1 NKomVG Gebietsteile einer Gemeinde, deren Einwohner eine engere Gemeinschaft bilden. Stadtbezirke dagegen setzen keinen Zusammenhalt ihrer Einwohner voraus, vgl § 90 Abs. 2 NKomVG. Ortschaften und Stadtbezirke sind nicht rechtlich verselbstständigt, sondern bloß nichtrechtsfähige 121

---

322 OVG Münster, OVGE 25, 186 (193).
323 BGH, DVBl 1979, S. 514 (515).
324 S. o. unter I. (bei Fn 7).

Körperschaftsteile der jeweiligen Gemeinde.[325] In den Ortschaften können gem. § 90 Abs. 1 S. 2, §§ 91, 96 NKomVG Ortsräte oder Ortsvorsteher gewählt werden; in Stadtbezirken ist der Stadtbezirksrat gem. § 90 Abs. 2 S. 3, § 91 NKomVG obligatorisch. Der Ortsrat oder der Stadtbezirksrat vertritt die Interessen der Ortschaft bzw des Stadtteils gem. § 93 Abs. 1 S. 1 NKomVG. Seine Zuständigkeiten und Mitwirkungsrechte regeln §§ 93 f NKomVG.

7. Rechtsschutz: Kommunalverfassungsstreit
a) Allgemeines

122 Wie das NKomVG bestimmt, gibt es in der Kommune eine Reihe von Akteuren, die mit eigenen Zuständigkeiten, Aufgaben und Mitwirkungsrechten ausgestattet sind. Die Verteilung der Zuständigkeiten, Aufgaben und Mitwirkungsrechte auf verschiedene Akteure eröffnet notwendig die Möglichkeit, dass die verschiedenen Akteure unterschiedlicher Auffassung über die Wahrnehmung der Zuständigkeiten, Aufgaben und Mitwirkungsrechte sein können. Im Fall eines Bürgerentscheids besteht der Interessengegensatz zwischen (Teilen der) Bürgerschaft und ihrer Vertretung sogar strukturell, aber auch der Hauptverwaltungsbeamte und die (Mehrheit der) Vertretung können, da (zwar am selben Tag, aber) in getrennten Wahlen jeweils unmittelbar gewählt, verschiedenen politischen Lagern angehören. In der Kommunalvertretung selbst sind, wie im Bundes- und im Landtag auch, politische Konflikte zwischen der Mehrheit und der Minderheit an der Tagesordnung. Die Beispiele ließen sich mehren.

123 Namentlich auf kommunaler Ebene, wo die wenigen Engagierten regelmäßig besonders engagiert sind und wo – im Vergleich zu den politischen Auseinandersetzungen auf Landes- und Bundesebene – die Nebenamtlichkeit der handelnden Personen[326] die Fehleranfälligkeit erhöht, werden Auseinandersetzungen aus der Kommune nicht selten vor die Gerichte getragen. Diese rechtlichen Streitigkeiten bergen rechtsdogmatische Schwierigkeiten. Die Verwaltungsgerichtsordnung normiert, anders als das Verfassungsprozessrecht, kein – aus dem Staatsorganisationsrecht bekanntes[327] – Organstreitverfahren à la § 13 Nr. 5, §§ 63 ff BVerfGG, Art. 93 Abs. 1 Nr. 1 GG; § 8 Nr. 6 f, §§ 30, 31 f NdsStGHG, Art. 54 Nr. 1 f NdsVerf. Der Verwaltungsrechtsweg ist gleichwohl eröffnet, denn die Streitigkeit um kommunalrechtliche Zuständigkeiten, Aufgaben und Mitwirkungsrechte ist eine öffentlich-rechtliche Streitigkeit nichtverfassungsrechtlicher Art im Sinn des § 40 Abs. 1 S. 1 VwGO. Die Rechtswegeröffnung führt zu den rechtsdogmatischen Schwierigkeiten, weil die Verwaltungsgerichtsordnung auf Außenrechtsstreitigkeiten zugeschnitten ist, wie ihre wichtigste Klageart, die Anfechtungsklage, zeigt: Dort geht es um einen Verwaltungsakt, dh gem. § 35 S. 1 VwVfG um eine „auf unmittelbare Rechtswirkung nach außen" gerichtete Maßnahme der Verwaltung. Die Verhältnisse zwischen Vertretung und Hauptverwaltungsbeamten, zwischen Ratsmehrheit und Ratsminderheit, zwischen Ratsfraktion und Abgeordne-

---

325 *Koch*, in: Ipsen, NKomVG, 2011, Vorb. § 90 Rn 3.
326 Zu haftungsrechtlichen Fragen, die im Zusammenhang mit der Nebenamtlichkeit des „Feierabendgesetzgebers" gestellt werden, s. *Hartmann*, VerwArch 98 (2007), S. 500 (519 f.).
327 S. dazu nur *Degenhart*, Staatsrecht I, 30. Aufl. 2014, Rn 818 ff; *Ipsen*, Staatsrecht I, 26. Aufl. 2014, Rn 880 ff; *Schlaich/Korioth*, Das Bundesverfassungsgericht, 9. Aufl. 2012, Rn 79 ff.

ten sind aber keine des Außen-, sondern solche des Innenrechts. Dass es nicht um Außen-, sondern um Innenrecht geht, ist derart besonders, dass Streitigkeiten um kommunales Innenrecht unter einem eigenen Begriff zusammengefasst werden: Das Kommunalverfassungsstreitverfahren[328] ist die gerichtliche Auseinandersetzung zwischen den Organen einer kommunalen Gebietskörperschaft oder innerhalb dieser Organe über die Rechtmäßigkeit des organschaftlichen Funktionsablaufs.[329]

Dass es Kommunalverfassungsstreitverfahren geben *kann*, obwohl es sich um Innenrechtsstreitigkeiten handelt, ist heutzutage selbstverständlich. Die Auffassung, dass Streitigkeiten zwischen staatlichen Organen und innerhalb staatlicher Organe keine rechtlichen, sondern bloß politische Streitigkeiten seien und deshalb auch nicht vor Gericht ausgetragen werden könnten, ist spätestens überholt, seit die Verfassungen die Organstreitverfahren als gerichtliche Verfahren eingeführt haben.

124

Dass es Kommunalverfassungsstreitverfahren geben *muss*, ist dagegen weniger selbstverständlich. Entgegen einer gelegentlich geäußerten Rechtsauffassung[330] ergibt sich diese Notwendigkeit nicht aus der Rechtsweggarantie des Art. 19 Abs. 4 GG. Denn als Grundrecht berechtigt Art. 19 Abs. 4 GG nur Grundrechtsträger, also grundsätzlich nicht den Staat,[331] und in seiner Formulierung „in seinen Rechten" stellt Art. 19 Abs. 4 GG ausdrücklich auf ein subjektives öffentliches (Außen-)Recht ab[332]. Aus beiden Gründen können Träger von Staatsgewalt ihre Kompetenzen nicht unter dem Schutz des Art. 19 Abs. 4 GG verteidigen. Im Gegenteil: Wenn es Kommunalverfassungsstreitverfahren geben *soll*, muss bei jeder Voraussetzung, welche die Verwaltungsgerichtsordnung an die Zulässigkeit einer Klage stellt, geprüft werden, ob sie vorliegt.

125

b) Prüfungsaufbau Kommunalverfassungsstreit[333]

Es werden nur die Prüfungspunkte aufgeführt, bei denen der Kommunalverfassungsstreit zu Besonderheiten führt.

126

A. Zulässigkeit

I. Verwaltungsrechtsweg
Der Verwaltungsrechtsweg ist gem. § 40 Abs. 1 S. 1 VwGO eröffnet, wenn eine öffentlich-rechtliche Streitigkeit nichtverfassungsrechtlicher Art vorliegt.

---

328 S. die Darstellungen bei *Brüning*, in: Ehlers/Fehling/Pünder, Besonderes Verwaltungsrecht, Band III, 3. Aufl. 2013, § 64 Rn 144 ff; *Burgi*, Kommunalrecht, 4. Aufl. 2012, § 14 Rn 1 ff; *Geis*, Kommunalrecht, 3. Aufl. 2014, § 25 Rn 1 ff; *Lange*, Kommunalrecht, 2013, Kap. 10 Rn 1 ff; *Schmidt*, Kommunalrecht, 2. Aufl. 2014, Rn 519 ff.
329 *Sandfuchs*, Allg. Nds. Kommunalrecht, 19. Aufl. 2006, S. 261; vgl auch *Schoch*, JuS 1987, S. 783 (784); *Bauer/Krause*, JuS 1996, S. 411 (411); *Erichsen/Biermann*, Jura 1997, S. 157 (158).
330 ZB *Sandfuchs*, Allg. Nds. Kommunalrecht, 19. Aufl. 2006, S. 261.
331 Vgl BVerfGE 45, 63 (79); BVerfG, NJW 2006, S. 2907 (2908); *Schulze-Fielitz*, in: Dreier, GG, Band I, 3. Aufl. 2013, Art. 19 Rn 60 ff, 82 f.
332 Vgl BVerfGE 45, 63 (79); *Jarass*, in: ders./Pieroth, GG, 13. Aufl. 2014, Art. 19 Rn 36 ff.
333 Formulierungsbeispiele bei *Hartmann/Barczak*, VR 2012, S. 274 (274 ff); *Hartmann/Engel*, NWVBl 2014, S. 505 (505 f); diesen Fallbearbeitungen folgt der folgende Prüfungsaufbau.

1. Rechtsstreitigkeit

Eine Streitigkeit ist eine rechtliche, wenn sie nach Maßgabe von Normen staatlichen Rechts zu entscheiden ist. Die Normen des NKomVG, ein Landesgesetz, sind solche des staatlichen Rechts.

Hinweis: Die sog. Impermeabilitätstheorie, nach der die Staatsorganisation ein monolithischer Block sei, innerhalb dessen es kein Recht und auch keine Rechtsstreitigkeiten geben könne,[334] braucht nicht angesprochen zu werden. Die Sichtweise ist spätestens seit Inkrafttreten des Grundgesetzes überholt und wird heute nicht mehr vertreten.[335]

2. Öffentlich-rechtliche Streitigkeit

Eine Streitigkeit ist öffentlich-rechtlich, wenn sie nach Maßgabe von Normen öffentlichen Rechts zu entscheiden ist. Als streitentscheidende Norm kommen Vorschriften des NKomVG in Betracht. Diese Vorschriften sind nach sämtlichen Auffassungen darüber, wie öffentliches und privates Recht zu scheiden sind, solche des öffentlichen Rechts.

3. Nichtverfassungsrechtliche Streitigkeit

Eine Streitigkeit ist verfassungsrechtlich, wenn unmittelbar am Verfassungsleben Beteiligte über die Auslegung oder Anwendung von Verfassungsrecht streiten (sog. doppelte Verfassungsunmittelbarkeit). Die Beteiligten streiten als (Ratsmitglied, Bürgermeister, usw) und damit als Kommunalorgan bzw als Teil davon. Sie handeln nicht als Verfassungs-, sondern als Verwaltungsorgan (oder als Teil davon). Außerdem ist das NKomVG trotz seiner Bezeichnung als „-verfassungsgesetz" kein Verfassungsgesetz im Sinn der doppelten Verfassungsunmittelbarkeit.[336] Das Merkmal grenzt die Verwaltungs- und die Verfassungsgerichtsbarkeiten (BVerfG, LVerfGe) ab, und die Verfassungsgerichte sind nur für das Verfassungsrecht im staatsrechtlichen Sinn zuständig.

II. Statthafte Klageart

Welche Klageart statthaft ist, hängt vom Begehren des Klägers ab, § 88 VwGO. Unter dem Oberbegriff des Kommunalverfassungsstreitverfahrens kommen unterschiedliche Ziele in Betracht. Regelmäßig dürfte die Klage auf Feststellung (zB der Rechtswidrigkeit eines Ratsbeschlusses) oder auf Leistung (in Form der Vornahme oder des Unterlassens einer Handlung, zB auf Aufhebung eines Ratsbeschlusses) gerichtet sein. In Frage kommen dann entweder die Feststellungs- oder die Allgemeine Leistungsklage.
Eine Feststellungsklage setzt gem. § 43 Abs. 1 Alt. 1 VwGO voraus, dass die Beteiligten um die Feststellung des Bestehens oder Nichtbestehens eines Rechtsverhältnisses streiten. Ein Rechtsverhältnis in diesem Sinn sind rechtli-

---

334 *Laband*, Staatsrecht des Deutschen Reiches, Band II, 5. Aufl. 1911, S. 181 f.
335 *Ehlers*, in: Schoch/Schneider/Bier, VwGO, 26. EL, Stand: März 2014, § 40 Rn 104, 131.
336 Vgl *Brüning*, in: Ehlers/Fehling/Pünder, Besonderes Verwaltungsrecht, Band III, 3. Aufl. 2013, § 64 Rn 3; *Mehde*, in: Maunz/Dürig, GG, 71. EL, Stand: März 2014, Art. 28 Abs. 2 Rn 29 (67. EL, Stand: November 2012); *Pautsch*, Kommunalrecht Nds., 2014, S. 16.

che Beziehungen, die sich aus einem konkreten Sachverhalt aufgrund einer Norm des öffentlichen Rechts zwischen Personen untereinander oder in Bezug auf eine Sache ergeben.[337] Eine rechtliche Beziehung besteht aber nach dem Gesagten (soeben zu Prüfungspunkt A.I.1.) auch innerhalb einer Kommune zwischen den Beteiligten.

Anfechtungs- und Verpflichtungsklage scheiden dagegen schon deshalb aus, weil es an der Außenwirkung fehlt, wenn sich die Maßnahme eines Organs oder Organteils gegen ein (anderes) Organ oder (anderes) Organteil richtet.[338] Somit kommt ein Verwaltungsakt im Sinn des § 35 S. 1 VwVfG bei Maßnahmen im Innenbereich nicht in Betracht.

Hinweis: Nach der älteren Rechtsprechung[339] sollte es sich bei der einschlägigen Klageart um eine Klageart „sui generis", also eigener Art handeln.[340] Diese Einordnung ist überholt.[341] Sie ist in der Fallbearbeitung schon deshalb nicht anzusprechen, weil die normierten Klagearten vorrangig zu prüfen sind und sich dabei als einschlägig erweisen.

III. Klagebefugnis

Für die allgemeine Leistungsklage verlangt die hM eine Klagebefugnis analog § 42 Abs. 2 VwGO.[342] Für die Feststellungsklage ist allgemein und daher auch im Kommunalverfassungsstreitverfahren umstritten, ob der Kläger – über das berechtigte Feststellungsinteresse gem. § 43 Abs. 1 VwGO hinaus – analog § 42 Abs. 2 VwGO klagebefugt sein muss.[343] Die Streitfrage braucht nur entschieden zu werden, wenn es an der Klagebefugnis fehlt. Die Klagebefugnis setzt gem. § 42 Abs. 2 VwGO voraus, dass der Kläger geltend machen kann, „in seinen Rechten" verletzt zu sein. Streiten Staat und Bürger, sind damit subjektive öffentliche Rechte des Bürgers gemeint. Streiten dagegen Innenrechtssubjekte um organschaftliche Kompetenzen, geht es nicht um subjektive öffentliche Rechte, sondern um Wahrnehmungszuständigkeiten. Die Voraussetzung, möglicherweise in eigenen Rechten verletzt zu sein, verlangt dann, dass das Innenrecht dem Organ oder Organteil zur eigenverantwortlichen und

---

337 *Hartmann/Engel*, NWVBl 2013, S. 505 (506); vgl BVerwGE 89, 327 (329).
338 *Hartmann/Engel*, NWVBl 2013, S. 505 (506); *Schoch*, JuS 1987, S. 783 (787).
339 Vgl zB OVG Lüneburg, OVGE 2, 225 (228 f); 22, 508 (509); OVG Münster, OVGE 27, 258 (260).
340 *Ipsen*, Nds. Kommunalrecht, 4. Aufl. 2011, Rn 491.
341 Vgl BVerfGE 20, 238 (249); *Brüning*, in: Ehlers/Fehling/Pünder, Besonderes Verwaltungsrecht, Band III, 3. Aufl. 2013, § 64 Rn 147; *Kopp/Schenke*, VwGO, 20. Aufl. 2014, Vorb. § 40 Rn 6 mit Fn 3; *Röhl*, in: Schoch, Besonderes Verwaltungsrecht, 15. Aufl. 2013, 1. Kap. Rn 115; *Schoch*, JuS 1987, S. 783 (787 f).
342 BVerwGE 36, 192 (199 f); 60, 144 (150); *Hufen*, Verwaltungsprozessrecht, 9. Aufl. 2013, § 17 Rn 8; *Martini*, Verwaltungsprozessrecht, 5. Aufl. 2011, S. 65; *Schenke*, Verwaltungsprozessrecht, 14. Aufl. 2014, Rn 492.
343 Die Voraussetzung der Klagebefugnis verlangen auch für Feststellungsklagen etwa BVerwG, NVwZ 1991, S. 470 (471); NJW 1996, S. 2046 (2048); *Ehlers*, NVwZ 1990, S. 105 (110 f); aA *Hufen*, Verwaltungsprozessrecht, 9. Aufl. 2013, § 18 Rn 17; *Ipsen*, Nds. Kommunalrecht, 4. Aufl. 2011, Rn 502; *Kopp/Schenke*, VwGO, 20. Aufl. 2014, § 43 Rn 63; *Martini*, Verwaltungsprozessrecht, 5. Aufl. 2011, S. 75; *Schmidt*, Kommunalrecht, 2. Aufl. 2014, Rn 535.

weisungsfreien Wahrnehmung zugewiesen ist (sog. „wehrfähige Innenrechtsposition").[344]

> Hinweis: Anschließend ist zu begründen, warum oder warum nicht die streitgegenständliche Rechtsnorm über Zuständigkeit, Aufgabe oder Mitwirkungsbefugnis als wehrfähige Innenrechtsposition zu verstehen ist.[345]

IV. Richtiger Klagegegner

Im Kommunalverfassungsstreit ist die Klage gegen den Funktionsträger zu richten, dh gegen das Organ oder den Organteil, demgegenüber die Innenrechtsposition bestehen soll.[346]

V. Beteiligten- und Prozessfähigkeit

Beteiligt sind Kläger (§ 63 Nr. 1 VwGO) und Beklagte(r) (§ 63 Nr. 2 VwGO). Für Organe der Kommune folgen die Beteiligten- und Prozessfähigkeit im Innenrechtsstreit aus § 61 Nr. 2, § 62 Abs. 3 VwGO analog; direkt ist die Norm nur auf Außenrechtsstreitigkeiten anwendbar[347]. Für Organteile ist die Analogie sogar eine doppelte, weil keine Vereinigung, sondern ein Teil derselben handelt.

B. Begründetheit

Die positive Feststellungsklage ist gem. § 43 Abs. 1 Var. 1 VwGO begründet, soweit das streitige Rechtsverhältnis zwischen Kläger und Beklagtem besteht.
Die negative Feststellungsklage ist gem. § 43 Abs. 1 Var. 2 VwGO begründet, soweit das streitige Rechtsverhältnis zwischen Kläger und Beklagtem nicht besteht.
Die allgemeine Leistungsklage ist begründet, soweit dem Kläger ein Anspruch auf die begehrte Leistung bzw Unterlassung zusteht, und die Sache spruchreif ist.[348]

VIII. Satzungsrecht

1. Allgemeines

127 Satzungen sind abstrakt-generelle Regelungen, die nicht im durch die Verfassung geregelten Gesetzgebungsverfahren erlassen worden sind, also insbesondere nicht vom Parlament. Sie sind Gesetze nur im materiellen Sinn.[349] Während Rechtsverordnungen als dem anderen Musterbeispiel für Gesetze im nur materiellen Sinn von Behörden der Landes- oder Bundesverwaltung (vgl Art. 43 Abs. 1 S. 1 NdsVerf.; Art. 80 Abs. 1 S. 1 GG) und damit von allgemeinen Verwaltungsbehörden erlassen werden, sind Satzungen gewissermaßen die Gesetze der (besonderen) Verwaltungsbehörden mit Selbstverwaltungsgarantie: § 10 Abs. 1 NKomVG, Art. 57 Abs. 1 NdsVerf., Art. 28 Abs. 2 S. 1,

---

344 *Erichsen*, Kommunalrecht Nordrhein-Westfalen, 1997, S. 153 f; *Hartmann/Engel*, NWVBl 2013, S. 505 (506).
345 Beispiele bei *Hartmann/Barczak*, VR 2012, S. 274 (277) (für das Recht eines Ratsmitglieds, an Ratssitzungen teilzunehmen); *Hartmann/Engel*, NWVBl 2013, S. 505 (506) (für Rechte aus und auf Mitgliedschaft in einer Fraktion gem. § 56 Abs. 1 S. 1 GO NRW).
346 *Mann*, in: Tettinger/Erbguth/Mann, Besonderes Verwaltungsrecht, 11. Aufl. 2012, Rn 188; *Schoch*, in: Ehlers/Schoch, Rechtsschutz im Öffentlichen Recht, 2009, § 28 Rn 117 f.
347 *Gern*, Deutsches Kommunalrecht, 3. Aufl. 2003, Rn 795; *Franz*, Jura 2005, S. 156 (160).
348 *Detterbeck*, Allgemeines Verwaltungsrecht, 12. Aufl. 2014, Rn 1394; *Erbguth*, Allgemeines Verwaltungsrecht, 7. Aufl. 2014, § 23 Rn 16; *Martini*, Verwaltungsprozessrecht, 5. Aufl. 2011, S. 143.
349 *Hartmann/Kamm*, Jura 2014, S. 283 (283 f).

VIII. Satzungsrecht

2 GG garantieren den Gemeinden und Gemeindeverbänden die Satzungshoheit (auch: Satzungsgewalt, Satzungsautonomie) für eigene Angelegenheiten als Teil der kommunalen Selbstverwaltungsgarantie („regeln").[350] Dem Vorrang des Gesetzes gem. Art. 2 Abs. 2 NdsVerf., Art. 20 Abs. 3 GG genügen Satzungen nur, wenn sie mit Gesetz und Recht im Einklang stehen. Der Vorbehalt des Gesetzes gilt für Satzungen nicht gem. Art. 80 Abs. 1 S. 2 GG und Art. 43 NdsVerf., weil Satzungen keine (Rechts-)Verordnungen im Sinn des Verfassungsrechts sind,[351] sondern als Gehalt des Rechtsstaatsprinzips gem. Art. 1 Abs. 2 NdsVerf., Art. 20 Abs. 1, Art. 28 Abs. 1 S. 1 GG. Danach sind auch Satzungen nur zulässig, wenn es ein Gesetz im formellen Sinn, dh ein Gesetz des parlamentarischen oder Volksgesetzgebers, gibt,[352] das Inhalt, Zweck und Ausmaß der Satzungsbefugnis bestimmt. Aufgrund seiner allgemeinen Fassung vermag § 10 Abs. 1 NKomVG also keine Eingriffe in Grundrechte oder grundrechtsgleiche Rechte zu rechtfertigen; vielmehr bedürfen Satzungen mit Eingriffscharakter eigener Befugnisnormen, wie sie das Niedersächsische Kommunalrecht beispielsweise für den Anschluss- und Benutzungszwang in § 13 S. 1 NKomVG und für kommunale Abgaben in § 2 Abs. 1 S. 1 NKAG vorhält.[353]

Inhaltlich lassen sich die Satzungen nach den Angelegenheiten des eigenen Wirkungskreises, die sie regeln, systematisieren.[354] Organisationsrechtliche Satzungen betreffen den äußeren Aufbau und inneren Ablauf der Kommunalverwaltung.[355] Die obligatorische Hauptsatzung betrifft dabei die wesentlichen Fragen der Kommune; sie wird daher mit der Mehrheit der Mitglieder (und nicht der abgegebenen Stimmen) beschlossen, vgl § 12 Abs. 1 S. 3, Abs. 2 NKomVG. Die ebenfalls obligatorische Haushaltssatzung enthält alle im Haushaltsjahr voraussichtlich anfallenden Ein- und Auszahlungen, vgl § 112 Abs. 1, Abs. 2 S. 1 Nr. 1, § 113 Abs. 1 S. 1 NKomVG. 128

2. Verfahren

Nur die Vertretung darf Satzungen erlassen. Sie ist ausschließlich zuständig gem. § 58 Abs. 1 Nr. 5, Abs. 2 Nr. 2 NKomVG. Das Fachrecht bestimmt bisweilen, dass außerdem die Mitwirkung Dritter geboten ist. So setzt der Erlass eines Bebauungsplans die Beteiligung der Öffentlichkeit gem. § 3 BauGB voraus. Entsprechend der Vorgaben für formelle Gesetze (vgl Art. 82 Abs. 1 GG, Art. 45 Abs. 1 S. 1 NdsVerf.) sind auch Satzungen auszufertigen, dh zu unterzeichnen[356], und zu verkünden (zuständig ist der Hauptverwaltungsbeamte gem. § 11 Abs. 1 NKomVG). Die Parallele ist kein Zufall: Das Rechtsstaatsprinzip verlangt für abstrakt-generelle Regelungen deren Veröffentlichung als Geltungsvoraussetzung.[357] Weil die Satzungshoheit Teil der kommunalen Selbstverwaltungsgarantie ist,[358] darf die Kommune ihre Satzungen erlassen, ohne 129

---

350 S. o. unter II. 1. d) (bei Fn 35).
351 BVerfGE 33, 125 (157 f).
352 Vgl *Hartmann/Kamm*, Jura 2014, S. 283 (293).
353 Vgl BVerwGE 90, 359 (362); BVerwG, NJW 1993, S. 411 (411); *Meyer*, in: Blum/Häusler/Meyer, NKomVG, 3. Aufl. 2014, § 10 Rn 8.
354 Vgl *Lange*, Kommunalrecht, 2013, Kap. 12 Rn 20 ff.
355 *Ihnen*, Kommunalrecht Nds., 6. Aufl. 2003, S. 148.
356 Vgl *Hartmann/Kamm*, Jura 2014, S. 283 (290 f).
357 Vgl BVerfGE 7, 330 (337 f); *Ipsen*, in: ders., NKomVG, 2011, § 11 Rn 3.
358 S. o. unter II. 1. d) (bei Fn 35).

dass die Satzung einer Genehmigung bedarf (vgl § 176 Abs. 1 S. 1 NKomVG). Auf gesetzlicher Grundlage ist davon eine Ausnahme möglich (vgl § 10 Abs. 2 BauGB).[359] Satzungen treten, wenn kein anderer Zeitpunkt bestimmt ist, gem. § 10 Abs. 3 NKomVG am 14. Tag nach dem Ablauf des Tages in Kraft, an dem sie verkündet werden.

3. Rechtsschutz

130 Die materiell-rechtliche Vorgabe des Vorrangs des Gesetzes, dass Satzungen mit höherrangigem Recht vereinbar sein müssen,[360] wird prozessrechtlich teils geschwächt, teils gestärkt. Eine Schwächung liegt in der Präklusionsvorschrift des § 10 Abs. 2 S. 1 NKomVG. Danach sind die dort bezeichneten Verfahrens- und Formfehler nur beachtlich, wenn sie innerhalb eines Jahres ab Verkündung gerügt worden sind.[361] Eine Stärkung liegt in einer vielschichtigen Rechtskontrolle: zum Ersten innerhalb der Kommune durch den Hauptverwaltungsbeamten gem. § 88 Abs. 1 S. 1, 2, 4 NKomVG, zum Zweiten außerhalb der Kommune, aber innerhalb der Verwaltung durch die Kommunalaufsichtsbehörde gem. § 170 Abs. 1 S. 2, § 173 NKomVG und zum Dritten außerhalb der Verwaltung durch die Verwaltungsgerichtsgerichtsbarkeit im Verfahren der abstrakten Normenkontrolle gem. § 47 Abs. 1 Nr. 1, 2 VwGO iVm § 75 NJG (ehemals § 7 Nds. AG VwGO). Im letztgenannten Verfahren ist jede natürliche und juristische Person antragsberechtigt, die gem. § 47 Abs. 2 S. 1 VwGO geltend macht, durch die Satzung oder deren Anwendung in ihren Rechten verletzt zu sein oder in absehbarer Zeit verletzt zu werden. Über den Antrag entscheidet das Oberverwaltungsgericht gem. § 47 Abs. 5 S. 1 VwGO. Kommt das Gericht zu der Überzeugung, dass die Satzung ungültig ist, erklärt es sie gem. § 47 Abs. 5 S. 2 VwGO für unwirksam.

IX. Gemeindeverbände und kommunale Zusammenarbeit

1. Gemeindeverbände

a) Landkreise und die Region Hannover

131 Landkreise und die Region Hannover sind gem. § 3 Abs. 1 NKomVG sowohl Gemeindeverbände als auch Gebietskörperschaften. Landkreise bestehen aus den kreisangehörigen Gemeinden, die Region Hannover aus den regionsangehörigen Gemeinden, zu denen auch die Landeshauptstadt Hannover gehört. Sowohl die Landkreise als auch die Region Hannover sind in ihrem jeweiligen Gebiet gem. § 3 Abs. 2 S. 1 NKomVG Träger jener öffentlichen Aufgaben, die von überörtlicher Bedeutung sind oder deren zweckmäßige Erfüllung die Verwaltungs- oder Finanzkraft der ihnen angehörenden Gemeinden und Samtgemeinden übersteigt.

---

359 *Ihnen*, Kommunalrecht Nds., 6. Aufl. 2003, S. 135.
360 S. o. unter VIII. 1. (bei Fn 351 f).
361 Vgl *Meyer*, in: Blum/Häusler/Meyer, NKomVG, 3. Aufl. 2014, § 10 Rn 12; *Ossenbühl*, NJW 1986, S. 2805 (2810).

b) Samtgemeinden

Gem. § 97 S. 1 NKomVG können Gemeinden eines Landkreises, die mindestens 400 Einwohner haben, zur Stärkung der Verwaltungskraft Samtgemeinden bilden. Eine Samtgemeinde soll gem. § 97 S. 2 NKomVG mindestens 7.000 Einwohner haben. Die Samtgemeinde ist als Zusammenschluss von Gemeinden – entgegen ihrem Namen – keine Gemeinde, sondern ein Gemeindeverband gem. § 2 Abs. 3 NKomVG.[362] Samtgemeinden genießen das Recht auf Selbstverwaltung daher auch als Gemeindeverband gem. § 1 Abs. 1 NKomVG, Art. 28 Abs. 2 GG. Sie sind sonstige öffentlich-rechtliche Körperschaft im Sinn des Art. 57 Abs. 1 NdsVerf. und sonstige kommunale Körperschaft im Sinn des Art. 57 Abs. 4 S. 1 NdsVerf.[363] Wie jede andere Kommune erfüllen auch Samtgemeinden Aufgaben im eigenen und im übertragenen Wirkungskreis. Weil die Samtgemeinde ein Zusammenschluss von Gemeinden darstellt, handelt es sich dabei um Aufgaben aus dem eigenen oder übertragenen Wirkungskreis der Mitgliedsgemeinden, wie sie § 98 Abs. 1 bzw Abs. 2 NKomVG aufzählt. 132

2. Kommunale Zusammenarbeit

Die Möglichkeit, sich zu einer Samtgemeinde zusammenzuschließen, ist gem. § 97 S. 1 NKomVG nur Gemeinden und diesen auch nur innerhalb eines Landkreises eröffnet. Andere Kommunen und Gemeinden verschiedener Landkreise stehen weniger stark institutionalisierte Formen der Zusammenarbeit zur Verfügung. Das Niedersächsische Gesetz über die kommunale Zusammenarbeit (NKomZG) eröffnet allen Kommunen die Möglichkeit, zur gemeinsamen Erfüllung ihrer öffentlichen Aufgaben zusammenzuarbeiten, und betrifft daher der Sache nach ebenfalls das allgemeine Kommunalverfassungsrecht. Die verschiedenen Formen freiwilliger öffentlich-rechtlicher Zusammenarbeit regelt § 1 Abs. 1 S. 1 NKomZG. Danach können Kommunen zur gemeinsamen Erfüllung ihrer öffentlichen Aufgaben insbesondere ein gemeinsames Unternehmen in der Rechtsform einer rechtsfähigen Anstalt des öffentlichen Rechts (gemeinsame kommunale Anstalt) (Nr. 1) oder einen Zweckverband errichten (Nr. 4); sie können sich aber auch mit einer Zweckvereinbarung begnügen (Nr. 3). Beispiele liefern das unabhängige Rechnungsprüfungsamt, das die Kommunen gem. § 153 Abs. 1, § 154 Abs. 1 S. 1 NKomVG einrichten und das gem. § 153 Abs. 2 S. 1 NKomVG in den Formen kommunaler Zusammenarbeit gem. NKomZG betrieben werden darf, und die interkommunal betriebene[364] Abfallbeseitigungsanlage (vgl § 20 Abs. 1 S. 1, § 17 Abs. 1 S. 1 KrWG, § 6 Abs. 1 S. 2 NAbfG). 133

X. Wirtschaftliche Betätigung

1. Allgemeines

Kommunale Unternehmen und Einrichtungen, die wirtschaftlich tätig werden, regelt das NKomVG vergleichsweise ausführlich in §§ 136 bis 152. Der Begriff der wirt- 134

---

362 Ipsen, in: ders., NKomVG, 2011, § 2 Rn 8.
363 Vgl Ipsen, NdsVerf., 2011, Art. 57 Rn 16; Meyer, in: Blum/Häusler/Meyer, NKomVG, 3. Aufl. 2014, § 2 Rn 10 f.
364 Vgl. Mehde, in: Maunz/Dürig, GG, 71. EL, Stand: März 2014, Art. 28 Abs. 2 Rn 51 (67. EL, Stand: November 2012); Schmidt, in: Ehlers/Fehling/Punder, Besonderes Verwaltungsrecht, Band III, 3. Aufl. 2013, § 65 Rn 2.

schaftlichen Betätigung der Kommune, wie ihn § 136 Abs. 1 S. 1 NKomVG verwendet, ist nicht legaldefiniert. Die Bestimmung seines Inhalts geschieht vor dem Hintergrund, dass die öffentliche Hand nur ausnahmsweise, der Private aber regelmäßig wirtschaftlich tätig wird. Wirtschaftliche Betätigung der Kommune meint insofern in Anlehnung an die wirtschaftliche Betätigung des Privaten am Markt orientierte, auf Dauer angelegte, mit der Absicht der Gewinnerzielung vorgenommene, erlaubte Tätigkeiten, also etwa Versorgungs-, Verkehrs-, Industrie- und Handwerksbetriebe.[365]

135 Die wirtschaftliche Betätigung der öffentlichen Hand ist ordnungspolitisch heikel: Eine Kommune, die als Konkurrent auftritt, steht gegenüber privaten Anbietern in einem Wettbewerbsvorteil: Die Kommune kann sich, weil ihre Insolvenzfähigkeit gem. § 12 Abs. 1 Nr. 2 InsO iVm § 1 Abs. 1 Nds. InsoUnfkG ausgeschlossen ist, Darlehen zu besseren Konditionen sichern, und das kommunale Unternehmen genießt noch immer gewisse steuerrechtliche Privilegien[366]. Diesem Umstand trägt das Niedersächsische Kommunalverfassungsrecht insofern Rechnung[367], als dass es die wirtschaftliche Betätigung kommunaler Unternehmen beschränkt. Kommunen dürfen Unternehmen gem. § 136 Abs. 1 S. 1, 2 NKomVG nur errichten, übernehmen oder wesentlich erweitern, wenn und soweit

- der öffentliche Zweck das Unternehmen rechtfertigt (Nr. 1),
- die Unternehmen nach Art und Umfang in einem angemessenen Verhältnis zu der Leistungsfähigkeit der Kommunen und zum voraussichtlichen Bedarf stehen (Nr. 2) und
- der öffentliche Zweck nicht ebenso gut und wirtschaftlich durch einen privaten Dritten erfüllt wird oder erfüllt werden kann (Nr. 3).

136 Die zuletzt genannte Voraussetzung des Marktversagens gilt allerdings nicht für die in § 136 Abs. 1 S. 2 Nr. 3 NKomVG aufgeführten, privilegierten Branchen der Energieversorgung, der Wasserversorgung, des öffentlichen Personennahverkehrs und der Telekommunikation. Die Kommunen dürfen in diesen Geschäftsfeldern also selbst dann tätig werden, wenn das Angebot Privater qualitativ besser und ökonomisch wirtschaftlicher ist.

137 Gleichwohl unterfällt nicht jedes kommunale Unternehmen, das wirtschaftlich tätig ist, den Beschränkungen dieser Tätigkeit, wie sie § 136 Abs. 1 S. 2 NKomVG errichtet. Abs. 3 des § 136 NKomVG nimmt ausdrücklich eine ganze Reihe von Unternehmen aus dem Anwendungsbereich der §§ 136 ff NKomVG heraus: Das Privileg, losgelöst von den Beschränkungen des § 136 Abs. 1 S. 2 NKomVG wirtschaften zu können, genießen insbesondere Einrichtungen, zu deren Betrieb die Kommunen gesetzlich verpflichtet sind, Hilfsbetriebe, die ausschließlich der Deckung des Eigenbedarfs der Kommune dienen, Einrichtungen des Bildungswesens usw. Diese privilegierten Ein-

---

365 Vgl BVerwGE 39, 329 (333); *Erdmann*, in: Ipsen, NKomVG, 2011, § 136 Rn 5; *Ipsen*, Nds. Kommunalrecht, 4. Aufl. 2011, Rn 593 f; *Pautsch*, Kommunalrecht Nds., 2014, S. 96; *Seybold/Neumann/Weidner*, Nds. Kommunalrecht, 3. Aufl. 2013, S. 74; *Suerbaum*, in: Ehlers/Fehling/Pünder, Besonderes Verwaltungsrecht, Band I, 3. Aufl. 2012, § 13 Rn 8; krit. *Oebbecke*, in: Mann/Püttner, Handbuch der kommunalen Wissenschaft und Praxis, Band 2, 3. Aufl. 2011, § 41 Rn 9.
366 Vgl *Suerbaum*, in: Ehlers/Fehling/Pünder, Besonderes Verwaltungsrecht, Band I, 3. Aufl. 2012, § 13 Rn 121.
367 S. LT-Drucks. 15/1680, S. 38 („Beschränkungen"); *Ipsen*, Nds. Kommunalrecht, 4. Aufl. 2011, Rn 647.

richtungen müssen nur dem Prinzip der Kostendeckung gem. § 5 Abs. 1 S. 2 NKAG genügen.[368]

Ansonsten gilt als zentrale Legitimationsgrundlage für die wirtschaftliche Betätigung der Kommunen der Umstand, dass es einen öffentlichen Zweck geben muss, der die wirtschaftliche Betätigung des kommunalen Unternehmens gem. § 136 Abs. 1 S. 2 Nr. 1 NKomVG zu rechtfertigen vermag.[369] Zugespitzt geschieht also auch die wirtschaftliche Betätigung kommunaler Unternehmen „mit dem Ziel, das Wohl [der] Einwohnerinnen und Einwohner zu fördern" (§ 1 Abs. 1 NKomVG).[370] Dem Wohl der Einwohner dienen nicht nur die klassischen Aufgaben der sog. Daseinsvorsorge[371] durch kommunale Unternehmen,[372] sondern auch alle anderen Bedürfnisse der Einwohner[373]. Kommunale Unternehmen dürfen deshalb auch die städtische Kunsthalle oder den städtischen Zoo betreiben. Dass ein kommunales Unternehmen Gewinne erzielt, die den Einwohnern zugutekommen, ist dagegen kein öffentlicher Zweck in diesem Sinn. Die sog. rein erwerbswirtschaftlich-fiskalische Betätigung des kommunalen Unternehmens verstößt daher gegen § 136 Abs. 1 S. 2 Nr. 1 NKomVG.[374]

138

Die zweite Voraussetzung, aufgrund der kommunale Unternehmen gem. § 136 Abs. 1 S. 2 Nr. 2 NKomVG nach Art und Umfang in einem angemessenen Verhältnis zu der Leistungsfähigkeit der Kommunen und zum voraussichtlichen Bedarf stehen müssen, soll Betätigungen unterbinden, deren wirtschaftliche Risiken die Kommune überfordern.[375]

139

Dass der öffentliche Zweck gem. § 136 Abs. 1 S. 2 Nr. 3 NKomVG nicht ebenso gut und wirtschaftlich durch einen privaten Dritten erfüllt wird oder nur werden kann, ist zum einen Ausdruck des Grundsatzes der Subsidiarität, dh des Vorrangs privatwirtschaftlicher Betätigung, und zum andern Ausdruck der Verpflichtung der Kommune zu sparsamer und wirtschaftlicher Haushaltswirtschaft gem. § 110 Abs. 2 NKomVG.[376] Mit dieser Vorgabe verfolgt der Gesetzgeber das Ziel, die Position der mittelständischen Wirtschaft gegenüber kommunaler Konkurrenz zu verbessern.[377] Diesem genetischen Befund entsprechend hält § 136 Abs. 1 S. 3 NKomVG ausdrücklich fest, dass die Vorgabe des § 136 Abs. 1 S. 2 Nr. 3 NKomVG „auch dem Schutz privater Dritter, die sich entsprechend wirtschaftlich betätigen oder betätigen wollen",

140

---

368 *Freese*, in: Blum/Häusler/Meyer, NKomVG, 3. Aufl. 2014, § 136 Rn 31.
369 *Ehlers*, DVBl 1998, S. 497 (498); *Erdmann*, in: Ipsen, NKomVG, 2011, § 136 Rn 7.
370 Vgl *Freese*, in: Blum/Hausler/Meyer, NKomVG, 3. Aufl. 2014, § 136 Rn 15; *Henneke*, NdsVBl 1999, S. 1 (15).
371 Den Begriff der Daseinsvorsorge hat *Forsthoff*, Die Verwaltung als Leistungsträger, 1938, S. 1 ff, geprägt; krit. *Mann*, in: Tettinger/Erbguth/Mann, Besonderes Verwaltungsrecht, 11. Aufl. 2012, Rn 58; vgl auch *Rüfner*, in: Isensee/Kirchhof, Handbuch des Staatsrechts, Band IV, 3. Aufl. 2006, § 96 Rn 3 ff.
372 BVerwGE 39, 329 (330); *Mehde*, in: Maunz/Dürig, GG, 71. EL, Stand: März 2014, Art. 28 Abs. 2 Rn 33, 92 (67. EL, Stand: November 2012).
373 *Freese*, in: Blum/Häusler/Meyer, NKomVG, 3. Aufl. 2014, § 136 Rn 15; *Röhl*, in: Schoch, Besonderes Verwaltungsrecht, 15. Aufl. 2013, 1. Kap. Rn 150 ff, 171.
374 BVerfGE 61, 82 (107); *Ehlers*, Verwaltung in Privatrechtform, 1984, S. 92 ff; *ders.*, DVBl 1998, S. 497 (499); *Ipsen*, NdsVBl. 2015, S. 121 (122); *Pieroth/Hartmann*, DVBl 2002, S. 421 (427 f).
375 *Freese*, in: Blum/Häusler/Meyer, NKomVG, 3. Aufl. 2014, § 136 Rn 18; vgl auch *Winkel*, NWVBl 2008, S. 285 (287).
376 *Thiele*, NKomVG, 2011, § 136 Anm. 1 (S. 424).
377 LT-Drucks. 15/4401, S. 7; *Freese*, in: Blum/Häusler/Meyer, NKomVG, 3. Aufl. 2014, § 136 Rn 19.

zu dienen bestimmt ist. Der Gesetzgeber hat auf diese Weise vorgegeben, dass die Subsidiaritätsklausel drittschützend wirkt und so den aktuellen und potenziellen Konkurrenten ein subjektives öffentliches Recht auf Beachtung dieser Vorgabe gewährt.[378] Prozessrechtlich zeitigt das die Folge, dass der private Konkurrent im Sinn des § 42 Abs. 2 VwGO klagebefugt ist und so die Einhaltung des § 136 Abs. 1 S. 2 Nr. 3 (nicht aber der Nr. 1 und 2) NKomVG verwaltungsgerichtlich überprüfen lassen kann.[379] Zugleich erfährt der Schutz der privaten Konkurrenten insofern eine Abschwächung, als dass der Kommune nach Ansicht des Gesetzgebers mit Blick auf das Subsidiaritätserfordernis ein Beurteilungsspielraum zusteht[380], wie er im öffentlichen Wirtschaftsrecht bisweilen wegen der Ungewissheit und der Unwägbarkeiten, die Entscheidungen in diesem Bereich nach sich ziehen, angenommen wird[381]. Ist das richtig, kontrollieren die Gerichte nur, ob die Grenzen dieses Beurteilungsspielraums eingehalten wurden.[382]

2. Organisationsformen

141 Kommunen sind für ihre Unternehmen gem. § 136 Abs. 2 NKomVG auf drei Organisationsformen beschränkt: Eigenbetrieb, Eigengesellschaft und Anstalt des öffentlichen Rechts. Anstalten des öffentlichen Rechts sind eine aus dem Allgemeinen Verwaltungsrecht bekannte Organisationsform.[383] Eigenbetriebe sind Unternehmen ohne eigene, Eigengesellschaften sind Unternehmen mit eigener Rechtspersönlichkeit (§ 136 Abs. 2 Nr. 1 und 2 NKomVG). Die Auswahl zwischen den drei Organisationsformen trifft die Kommune nach eigenem Ermessen.[384]

142 Die kommunale Anstalt des öffentlichen Rechts gem. § 136 Abs. 2 Nr. 3 NKomVG ist als rechtsfähige Anstalt ausgestaltet und erlangt als juristische Person den Charakter eines selbstständigen Verwaltungsträgers.[385] Das Handeln der kommunalen Anstalt des öffentlichen Rechts wird nicht der Kommune zugerechnet, sondern bleibt Handeln der Anstalt. Nur die Anstalt, nicht die Kommune, wird berechtigt und verpflichtet.

143 Das Handeln eines Eigenbetriebs dagegen, ein Unternehmen ohne eigene Rechtspersönlichkeit, trifft die ihn tragende Kommune. Nur diese, nicht der Eigenbetrieb, wird

---

378 *Ipsen*, Nds. Kommunalrecht, 4. Aufl. 2011, Rn 661; das OVG Lüneburg hatte den drittschützenden Charakter der Vorgängervorschrift, § 108 Abs. 1 Nr. 3 NGO, verneint, das war in der Literatur umstritten gewesen. Sowohl die Rechtsprechung als auch der Streit sind in der Sache jedoch durch die neue, unzweideutige Regelung erledigt, vgl nur *Erdmann*, in: Ipsen, NKomVG, 2011, § 136 Rn 21 f.
379 *Freese*, in: Blum/Häusler/Meyer, NKomVG, 3. Aufl. 2014, § 136 Rn 22 f.
380 LT-Drucks. 15/1680, S. 51; ebenso BVerwGE 39, 329 (334); *Erdmann*, in: Ipsen, NKomVG, 2011, § 136 Rn 17 f; *Freese*, in: Blum/Häusler/Meyer, NKomVG, 3. Aufl. 2014, § 136 Rn 19; *Oebbecke*, in: Mann/Püttner, Handbuch der kommunalen Wissenschaft und Praxis, Band 2, 3. Aufl. 2011, § 41 Rn 30, 33, 37; *Thiele*, NKomVG, 2011, § 136 Anm. 1 (S. 423).
381 Vgl BVerfGE 61, 82 (114 f); BVerwGE 72, 300 (317); 80, 270 (275 f); *Detterbeck*, Allgemeines Verwaltungsrecht, 12. Aufl. 2014, Rn 376; *Erbguth*, Allgemeines Verwaltungsrecht, 7. Aufl. 2014, § 14 Rn 34 f.
382 Zu den Einzelheiten vgl *Kopp/Ramsauer*, VwVfG, 15. Aufl. 2014, § 40 Rn 116 ff; *Bull/Mehde*, Allgemeines Verwaltungsrecht, 8. Aufl. 2009, Rn 583; *Erbguth*, Allgemeines Verwaltungsrecht, 7. Aufl. 2014, § 14 Rn 35.
383 *Ehlers*, in: Erichsen/Ehlers, Allgemeines Verwaltungsrecht, 14. Aufl. 2010, § 1 Rn 15; *Maurer*, Allgemeines Verwaltungsrecht, 18. Aufl. 2011, § 23 Rn 46 ff; *Peine*, Allgemeines Verwaltungsrecht, 11. Aufl. 2014, Rn 94.
384 *Erdmann*, in: Ipsen, NKomVG, 2011, § 136 Rn 25.
385 *Freese*, in: Blum/Häusler/Meyer, NKomVG, 3. Aufl. 2014, § 141 Rn 1.

berechtigt und verpflichtet.[386] Das hat der Eigenbetrieb mit dem Regiebetrieb als wirtschaftlich tätiger Untereinheit der Kommunalverwaltung gemein. Im Unterschied zum Regiebetrieb verfügt der Eigenbetrieb als kommunales Unternehmen über eigene Organe, nämlich über die Betriebsleitung gem. § 140 Abs. 4 NKomVG und den Betriebsausschuss gem. § 140 Abs. 2 NKomVG,[387] und im Unterschied zum Regiebetrieb stellt der Eigenbetrieb ein Sondervermögen dar, das außerhalb des Haushaltsplans der Kommune verwaltet wird, nach kaufmännischen Grundsätzen gem. § 140 Abs. 5 NKomVG. Die klassischen Tätigkeitsfelder eines Eigenbetriebs umfassen den Versorgungs- und Verkehrsbetrieb genauso wie die Unterhaltung von Messe- und Stadthallen.[388]

Die Eigengesellschaft gem. § 136 Abs. 2 Nr. 2 NKomVG kann die Kommune auch in einer Rechtsform privaten Rechts führen. Die Voraussetzungen dafür bestimmt § 137 Abs. 1 NKomVG.[389] Für eine Eigengesellschaft in Privatrechtsform gelten die Vorgaben des Besoldungs- und des öffentlichen Haushaltsrechts nicht.[390] Dafür gehen mit der Selbstständigkeit und der Rechtsform einer Eigengesellschaft nach privatem Recht Steuerungsverluste der Kommune einher.[391]

3. Rechtsschutz

Inwieweit können Dritte Rechtsschutz gegen die wirtschaftliche Betätigung einer Kommune erlangen? Hier ist getreu der Zwei-Stufen-Lehre[392] zwischen dem „Ob" als der öffentlich-rechtlichen und dem „Wie" als der zivilrechtlichen Komponente wirtschaftlicher Betätigung der Kommune zu unterscheiden.[393] Die Frage, ob sich eine Kommune überhaupt wirtschaftlich betätigen darf, lässt sich mittels einer öffentlich-rechtlichen Unterlassungsklage vor das Verwaltungsgericht bringen. Die auch bei dieser Klage analog § 42 Abs. 2 VwGO vorauszusetzende Klagebefugnis[394] verlangt, dass ein (aktueller oder potenzieller) privater Konkurrent geltend machen kann, dass er den öffentlichen Zweck des kommunalen Unternehmens ebenso gut und wirtschaftlich erfüllt oder erfüllen kann, vgl § 136 Abs. 1 S. 3, S. 2 Nr. 3 NKomVG.[395] Die Behauptungen dagegen, dass es entgegen § 136 Abs. 1 S. 2 Nr. 1 NKomVG an einem öffentlichen Zweck des kommunalen Unternehmens überhaupt fehle oder dass entgegen § 136 Abs. 1 S. 2 Nr. 2 NKomVG die kommunalen Unternehmen nach Art und Um-

---

386 *Erdmann*, in: Ipsen, NKomVG, 2011, § 140 Rn 4; vgl auch *Lange*, Kommunalrecht, 2013, Kap. 14 Rn 168.
387 Vgl *Ipsen*, Nds. Kommunalrecht, 4. Aufl. 2011, Rn 617; *Sandfuchs*, Allg. Nds. Kommunalrecht, 19. Aufl. 2006, S. 297.
388 *Erdmann*, in: Ipsen, NKomVG, 2011, § 140 Rn 5.
389 *Ipsen*, Nds. Kommunalrecht, 4. Aufl. 2011, Rn 618.
390 *Erdmann*, in: Ipsen, NKomVG, 2011, § 137 Rn 3.
391 *Freese*, in: Blum/Häusler/Meyer, NKomVG, 3. Aufl. 2014, § 141 Rn 1; *Hartmann*, Öffentliches Haftungsrecht, 2013, S. 126 f.
392 *Erbguth*, Allgemeines Verwaltungsrecht, 7. Aufl. 2014, § 29 Rn 4 ff; *Peine*, Allgemeines Verwaltungsrecht, 11. Aufl. 2014, Rn 895 ff; *Unruh*, in: Fehling/Kastner/Störmer, Verwaltungsrecht, 3. Aufl. 2013, § 40 VwGO Rn 117 ff.
393 *Detterbeck*, Allgemeines Verwaltungsrecht, 12. Aufl. 2014, Rn 920 ff; *Erbguth*, Allgemeines Verwaltungsrecht, 7. Aufl. 2014, § 29 Rn 8; *Rennert*, in: Eyermann, VwGO, 14. Aufl. 2014, § 40 Rn 47 ff.
394 BVerwG, NJW 1996, S. 139 (139); *Hufen*, Verwaltungsprozessrecht, 9. Aufl. 2013, § 16 Rn 12; *Martini*, Verwaltungsprozessrecht, 5. Aufl. 2011, S. 67; *Würtenberger*, Verwaltungsprozessrecht, 3. Aufl. 2014, Rn 488.
395 *Ipsen*, Nds. Kommunalrecht, 4. Aufl. 2011, Rn 667.

fang in keinem angemessenen Verhältnis zu der Leistungsfähigkeit der Kommune oder dem voraussichtlichen Bedarf stünden, begründen keine Klagebefugnis des Klägers. Das folgt im Umkehrschluss aus § 136 Abs. 1 S. 3 NKomVG. Klagen gegen das „Wie" als der Art und Weise der wirtschaftlichen Betätigung einer Kommune werden ohnehin auf dem Zivilrechtsweg verhandelt.[396] Einschlägig ist das private Wettbewerbsrecht.[397]

XI. Aufsicht über die Kommunen

1. Überblick

146 Dass Art. 28 Abs. 2 S. 1, 2 GG und Art. 57 Abs. 1 NdsVerf. das Recht auf kommunale Selbstverwaltung nur „im Rahmen" bzw „nach Maßgabe" der Gesetze garantieren, ermöglicht es, die Rechtmäßigkeit kommunalen Handelns nicht nur, Art. 19 Abs. 4 GG folgend, durch die Gerichte, sondern auch durch Aufsichtsbehörden zu kontrollieren.[398] Verbandskompetent ist das Land Niedersachsen gem. Art. 57 Abs. 5 NdsVerf.[399] Dessen Einwirkungsmöglichkeiten hängen gem. § 170 Abs. 1 S. 2 NKomVG davon ab, in welcher Angelegenheit das Land auf die Kommune einwirken will. Wie dargelegt unterfallen Aufgaben im eigenen Wirkungskreis nur der Kommunal-=Rechtsaufsicht, während Aufgaben im übertragenen Wirkungskreis auch der Fachaufsicht unterliegen.[400] In beiden Fällen „soll" die Aufsicht gem. § 170 Abs. 1 S. 3 NKomVG so gehandhabt werden, dass „Entschlusskraft" und „Verantwortungsfreude" nicht beeinträchtigt werden.

2. Kommunal-=Rechtsaufsicht

a) Begriff und Zuständigkeiten

147 Entgegen dem verbreiteten und in der Sache naheliegenden Verständnis ist „Kommunalaufsicht" keineswegs der Oberbegriff für Rechts- und Fachaufsicht über Kommunen. § 170 Abs. 1 S. 2 NKomVG verwendet den Begriff der Kommunalaufsicht vielmehr als Synonym für Rechtsaufsicht.[401] Kommunalaufsicht über Kommunen ist danach kein Pleonasmus.

148 Die Kommunal-=Rechtsaufsicht wird gem. § 171 Abs. 1 bis 3 NKomVG typischerweise zweistufig ausgeübt. Die Kommunalaufsicht über kreisangehörige Gemeinden führt regelmäßig der Landkreis, dem die Gemeinde angehört, gem. § 171 Abs. 2 NKomVG. Dieser Landkreis wird seinerseits gem. § 171 Abs. 1 NKomVG von der obersten Kommunalaufsichtsbehörde beaufsichtigt, dem „für Inneres zuständigen Ministerium", dh dem Niedersächsischen Ministerium für Inneres und Sport. Die Landkreise selbst unterliegen also (genau wie die kreisfreien Städte und die großen selbständigen Städte) nur einer Aufsichtsinstanz, dem Ministerium.

---

396 S. ausführlich *Ipsen*, Nds. Kommunalrecht, 4. Aufl. 2011, Rn 668.
397 Vgl BGH, NJW 1987, S. 60 (60 ff); NJW 1998, S. 3778 (3778 ff); NJW 2003, S. 586 (586 ff).
398 Vgl BVerfGE 78, 331 (334); *Ihnen*, Kommunalrecht Nds., 6. Aufl. 2003, S. 403.
399 Vgl *Häusler*, in: Blum/Häusler/Meyer, NKomVG, 3. Aufl. 2014, § 170 Rn 1.
400 S. o. unter IV. 1. (bei Fn 119 ff).
401 Vgl *Lange*, Kommunalrecht, 2013, Kap. 17 Rn 3.

b) Kommunalaufsichtsmittel

§§ 172 ff NKomVG halten verschiedene Aufsichtsmittel bereit. Gem. § 172 Abs. 1 NKomVG kann sich die Kommunalaufsichtsbehörde jederzeit über die Angelegenheiten der Kommunen unterrichten, Prüfer entsenden und Unterlagen anfordern (Unterrichtung). Gem. § 173 Abs. 1 NKomVG kann sie Maßnahmen der Kommune einschließlich der Bürgerentscheide beanstanden mit der Folge, dass die Maßnahme nicht vollzogen werden darf oder sogar rückgängig gemacht werden muss (Beanstandung). Gem. § 174 Abs. 1 und 2 NKomVG kann die Kommunalaufsichtsbehörde anordnen, dass die Kommune das Erforderliche veranlasse, und notfalls das Erforderliche anstelle der Kommune selbst durchführen oder durchführen lassen (Anordnung und Ersatzvornahme). Während die Beanstandung mit der Maßnahme ein positives Tun der Kommune voraussetzt, ist eine Anordnung auch gegen pflichtwidriges Unterlassen möglich.[402] Gem. § 175 S. 1 NKomVG kann die Aufsichtsbehörde schließlich, wenn die bislang geschilderten Befugnisse nicht ausreichen, einen Beauftragten bestellen, der „alle oder einzelne Aufgaben der Kommune" auf deren Kosten wahrnimmt (Bestellung von Beauftragten).

149

c) Rechtsschutz

Erteilt eine übergeordnete Behörde, etwa ein Landesministerium, einer ihr nachgeordneten Behörde, etwa einem Landesamt, eine Weisung,[403] handelt es sich um eine Maßnahme im staatlichen Innenverhältnis. Handelt die übergeordnete Behörde dagegen als kommunale Aufsichtsbehörde gegenüber einer Kommune, kann sich die Kommune – anders als Behörden das sonst können – im eigenen Wirkungskreis auf ein subjektives öffentliches Recht berufen, auf die Garantie der kommunalen Selbstverwaltung.[404] Die Maßnahme der Kommunalaufsichtsbehörde ergeht dann gerade nicht im staatlichen Innenverhältnis, sondern ist im Sinn des § 35 S. 1 VwVfG „auf unmittelbare Rechtswirkung nach außen gerichtet". Die Aufsichtsmaßnahme ist ein Verwaltungsakt; die Kommune kann dagegen gem. § 42 Abs. 1 Alt. 1 VwGO mit der Anfechtungsklage vorgehen.[405]

150

3. Fachaufsicht

a) Begriff und Zuständigkeiten

Erteilt eine übergeordnete Behörde einer ihr nachgeordneten Behörde eine Weisung, kann sich diese Weisung sowohl auf die Rechtmäßigkeit als auch auf die Zweckmäßigkeit des Handelns der nachgeordneten Behörde beziehen, vgl Art. 85 Abs. 4 S. 1 GG. Handelt die übergeordnete Behörde als kommunale Aufsichtsbehörde gegenüber einer Kommune, kann sich die Kommune im übertragenen Wirkungskreis – genau wie alle anderen Behörden sonst auch – nicht auf eigene Rechte berufen. Das bedeutet: Im

151

---

402 *Ipsen*, in: ders., NKomVG, 2011, § 174 Rn 3; *Thiele*, NKomVG, 2011, § 174 Anm. 1 (S. 500).
403 Zum Begriff der Weisung s. *Detterbeck*, Öffentliches Recht, 9. Aufl. 2013, Rn 729 ff; *Erbguth*, Allgemeines Verwaltungsrecht, 7. Aufl. 2014, § 12 Rn 25 ff; *Sodan/Ziekow*, Grundkurs Öffentliches Recht, 6. Aufl. 2014, § 74 Rn 16.
404 S. o. unter II. 1. b) (bei Fn 17 ff).
405 Vgl *Freese*, in: Blum/Häusler/Meyer, NKomVG, 3. Aufl. 2014, § 172 Rn 5, § 175 Rn 4; *Häusler*, in: Blum/Häusler/Meyer, NKomVG, 3. Aufl. 2014, § 170 Rn 16; *Ipsen*, in: ders., NKomVG, 2011, § 175 Rn 7; *Thiele*, NKomVG, 2011, § 170 Anm. 6 (S. 493).

übertragenen Wirkungskreis adressiert die Aufsichtsbehörde die Kommune wie eine nachgeordnete Behörde. Die Aufsichtsbehörde darf nicht nur die Rechtmäßigkeit, sondern auch die Zweckmäßigkeit der Ausführung sicherstellen. Die Aufsichtsbehörde kann so kommunale Zweckmäßigkeitserwägungen durch eigene, landesbehördliche Zweckmäßigkeitserwägungen ersetzen.[406] Weil es bei der Fachaufsicht also (auch) um Zweckmäßigkeitserwägungen geht, ist es – anders als bei der Rechtsaufsicht – nicht zwingend das Innenministerium, sondern stets das „jeweils fachlich zuständige" Ministerium, das für die Fachaufsicht gem. § 171 Abs. 5 NKomVG zuständig ist.

b) Fachaufsichtsmittel

152 Weil die Fachaufsichtsbehörde der Kommune im übertragenen Wirkungskreis wie jeder anderen Behörde begegnet, stehen ihr nur ausgesuchte Fachaufsichtsmittel zur Verfügung, nämlich das klassische Mittel der Weisung entsprechend den dafür geltenden Gesetzen gem. § 170 Abs. 2 NKomVG und das Mittel der Unterrichtung gem. § 172 Abs. 2 NKomVG.[407] Die übrigen Aufsichtsmittel dagegen sind ausdrücklich der Kommunal-=Rechtsaufsicht vorbehalten.[408] Insbesondere steht der übergeordneten gegenüber der nachgeordneten Behörde – wie auch sonst – ohne gesonderte Befugnisnorm kein Selbsteintrittsrecht zu.[409]

c) Rechtsschutz

153 Nachgeordnete Behörden können Weisungen der übergeordneten Behörden gerichtlich im Allgemeinen weder auf Rechtmäßigkeit noch – schon gar nicht – auf Zweckmäßigkeit überprüfen lassen. Der Kommune, der die Fachaufsichtsbehörde im übertragenen Wirkungskreis wie jeder anderen Behörde begegnet, ist Rechtsschutz gegen fachaufsichtsbehördliche Weisungen regelmäßig ebenfalls verwehrt.[410] Die Anfechtungsklage gem. § 42 Abs. 2 VwGO scheidet aus, weil die Weisung mangels Außenwirkung kein Verwaltungsakt im Sinn des § 35 S. 1 VwVfG darstellt.[411] Für eine allgemeine Leistungsklage gegen eine Maßnahme der Fachaufsicht fehlt es der Kommune regelmäßig an der analog § 42 Abs. 2 Var. 1 VwGO erforderlichen[412] Klagebefugnis.[413]

---

406 *Häusler*, in: Blum/Häusler/Meyer, NKomVG, 3. Aufl. 2014, § 170 Rn 9 f; vgl auch *Lange*, Kommunalrecht, 2013, Kap. 17 Rn 187.
407 *Thiele*, NKomVG, 2011, § 170 Anm. 7 (S. 493).
408 *Häusler*, in: Blum/Häusler/Meyer, NKomVG, 3. Aufl. 2014, § 170 Rn 11.
409 *Peine*, Allgemeines Verwaltungsrecht, 11. Aufl. 2014, Rn 570; vgl auch *Ipsen*, Allgemeines Verwaltungsrecht, 8. Aufl. 2012, Rn 233, 633.
410 Vgl BVerwG, DVBl 1995, S. 744 (745); *Häusler*, in: Blum/Häusler/Meyer, NKomVG, 3. Aufl. 2014, § 170 Rn 17.
411 OVG Lüneburg, NdsVBl 1997, S. 155 (156); *Ipsen*, Nds. Kommunalrecht, 4. Aufl. 2011, Rn 905.
412 Nachw. o. in Fn 342.
413 Dazu und zur Ausnahme wegen einer (möglichen) Verletzung des Selbstverwaltungsrechts s. BVerwG, DVBl 1970, S. 580 (581 f); *Gern*, Deutsches Kommunalrecht, 3. Aufl. 2003, Rn 838; *Häusler*, in: Blum/Häusler/Meyer, NKomVG, 3. Aufl. 2014, § 170 Rn 17; *Ipsen*, Nds. Kommunalrecht, 4. Aufl. 2011, Rn 907 mwN

Stichwortverzeichnis

Die Angaben verweisen auf die Paragrafen des Buches (**fette Zahlen**) sowie die Randnummern innerhalb der einzelnen Paragrafen (magere Zahlen).
Beispiel: § 6 Rn. 10 = **6** 10

Abfallbeseitigung **6** 133
Abgaben **6** 37
Abgeordneter (Kommune) **6** 93 ff, 108
- Amtsverschwiegenheit **6** 100
- Antragsrecht **6** 98
- Auskunftsrecht **6** 98
- Entschädigung **6** 98
- Immunität **6** 97
- Indemnität **6** 97
- Mitwirkungsverbot **6** 100 ff
- Nebenamtlichkeit **6** 123
- Rederecht **6** 98
- Stimmrecht **6** 98
- Vertretungsverbot **6** 100
Abstrakte Normenkontrolle **5** 35, 38 f
Abwägungsgebot **5** 27 f
Allzuständigkeit **6** 13, 21, 23
- Gesetzesvorbehalt **6** 24 ff
Ämter für regionale Landesentwicklung **2** 28
Angelegenheit der örtlichen Gemeinschaft
- biologische **6** 21
Anpassungsverfügung **5** 137
Anspruch auf Einschreiten **4** 63 ff
Anstalt
- Unternehmen (kommunales) **6** 142
Anstalt (kommunale) **6** 133
Arbeitnehmer (Kommune) **6** 120
Art der baulichen Nutzung **5** 46 ff
Aufbau der Landesverfassung **1** 15 f
Aufgabendualismus **6** 29 ff
Aufgabenmonismus **6** 32
Aufgabenübertragungsverbot **6** 38 ff
Ausfertigung
- Begriff **6** 129
Ausnahmen **5** 53 f
Außenbereich
- Begriff **5** 71

- öffentliche Belange **5** 73, 75
- Privilegierte Vorhaben **5** 72 f
- sonstige Vorhaben **5** 74
- teilprivilegierte Vorhaben **5** 77
Außenbereichssatzung **5** 78

Baubauungsplan **5** 20
Baueinstellungsverfügung **5** 131 f
Baugenehmigung **5** 79 ff
- Allgemeines **5** 79 f
- Anspruch auf Erteilung **5** 80
- Aufhebung **5** 108
- Ausnahmen von der Genehmigungsbedürftigkeit **5** 84 ff
- Deregulierung **5** 79
- Erteilung **5** 116
- Genehmigungsbedürftigkeit **5** 82 ff
- Genehmigungsfähigkeit **5** 93
- genehmigungsfreie öffentliche Baumaßnahmen **5** 86
- Genehmigungsfreistellungsverfahren **5** 87 ff
- Genehmigungsverfahren **5** 94 ff
- Nebenbestimmungen **5** 102
- Rechtswirkung **5** 104 ff
- Vereinfachtes Genehmigungsverfahren **5** 101
- verfahrensfreie Baumaßnahmen **5** 85
- Verhältnis zu anderen Vorschriften **5** 103
- Zuständigkeit **5** 95
Bauherr
- Rechtsschutz **5** 111 ff
Bauland **6** 37, 101
Bauleitplanung **5** 13 f, 18 f, **6** 23
Bauliche Anlage
- Abbruch (Beseitigung) **5** 83
- Änderung **5** 83
- Errichtung **5** 83
- Nutzungsänderung **5** 83

Baumaßnahmen
- Begriff 5 82
Baunebenrecht 5 10 f
Baunutzungsverordnung 5 46 ff
Bauordnungsrecht 5 9 f, 11 f
Bauplanungsrecht 5 8 f, 11 f
- Bauliche Anlage 5 41 f, 42 f
- Zulässigkeit von Vorhaben 5 39 ff
Baurecht
- Europarecht 5 3 f
- Gegenstand der juristischen Ausbildung 5 14 ff
- Gesetzgebungskompetenz 5 5 f, 6 f
- Verfassungsrechtliche Verankerung 5 4 f
Bauvorbescheid 5 109
Beamte 6 23
Beamtenrecht
- Hergebrachte Grundsätze des Berufsbeamtentums 2 32
- Laufbahnrecht 2 32
Beanstandung 6 112, 119
Bebauungsplan 6 101, 129
- Aufstellungsverfahren 5 25 ff
- Einfacher 5 24 f, 52
- Erweiterung 5 23 f
- Fehler 5 28 f
- Feststellungsklage 5 36 f
- Inhaltliche Anforderungen 5 22 f
- Materielle Anforderungen 5 27 f
- Öffentlichkeitsbeteiligung 5 26 f
- qualifizierter 5 24 f, 45 ff
- Rechtsschutz 5 33 ff, 35 f
- Rechtsschutz der Gemeinde 5 38 f
- Satzung 5 21 f
- Sicherung 5 29 ff
- vorhabenbezogener 5 24 f, 52
Befreiung 5 55 Ff
- Befreiungsgründe 5 57
- offenbar nicht beabsichtigte Härte 5 59
- städtebauliche Vertretbarkeit 5 58
- Würdigung nachbarlicher Interessen 5 60
Befreiungen 5 53 f
Behördenprinzip 3 4 ff, 10 ff

Beiladung
- notwendige 5 164
- Rechtsschutz 5 115
Benutzungsrecht 6 52 ff, 57
Beseitigungsanordnung 5 134 f
Bestandsschutz 5 127 f
Bestimmtheitsgrundsatz 4 55 f
Beteiligungsfähigkeit 3 3 ff
Bezirksregierungen 2 26
Braunschweig 6 44
Bundesverfassungsgericht 6 27
Bürger
- Begriff 6 48
- Pflichten 6 90
- Rechte 6 49, 68 ff
Bürgerbefragung 6 89
Bürgerbegehren 6 31, 49, 69 f
- Antragsberechtigung 6 70
- Antragsgegenstand 6 71
- Antragsquorum 6 75 f
- Anzeigepflicht 6 88
- Begriff 6 69 ff
- Begründung 6 72, 88
- einstweilige Anordnung 6 87
- Form 6 76, 88
- Formulierung 6 72, 88
- Frist 6 76, 88
- Gegenstand 6 89
- initiierendes 6 76 f, 79, 83
- kassatorisches 6 76 f, 79, 83
- Kostendeckungsvorschlag 6 73, 88
- Prüfungsaufbau 6 88
- Rechtsfolge 6 78 f
- Rechtsschutz 6 80 ff, 85 ff
- Sperrfrist 6 71, 88
- Sperrwirkung 6 87
- Unterschriftenliste 6 75 f, 88
- Vertreter 6 74 f, 84 f, 88
- Verwaltungsakt 6 80 ff
- Vorabentscheidung 6 78
- Zulässigkeitsprüfung 6 77 f
- Zulässigkeitsvoraussetzungen 6 72 ff
Bürgerentscheid 6 31, 49, 59, 69 ff, 78, 122, 149
- Begriff 6 69
- Prüfungsaufbau 6 88
- Rechtsfolge 6 69, 88

Stichwortverzeichnis

- Zulässigkeitsvoraussetzungen 6 88
Bürgermeister 6 93
Daseinsvorsorge 6 138
Datenschutzbeauftragter 6 120
Demokratie
- Gesetzgebungskompetenz 6 27
- kommunale 6 4, 8, 22, 31, 49, 59, 60, 69, 78, 80 ff, 94, 96, 115
- Partizipation 6 4
Demokratische Legitimation 2 11
Drittschützende Normen
- Bauordnungsrecht 5 159
- Bauplanungsrecht 5 158
Duldung baurechtswidriger Zustände 5 145
Durchgriffsnorm 6 19
Durchsuchung 4 108 ff
- von Personen 4 114 f
- von Sachen 4 109 f
- von Wohnungen 4 110 ff
Ehrenamt 6 10, 49, 97
- Ausübungspflicht 6 90
- Begriff 6 90
- Entschädigung 6 91
- Mitwirkungsverbot 6 91
Eigenbetrieb
- Begriff 6 143
Eigenverantwortlichkeit 6 18, 22 ff
- Gesetzesvorbehalt 6 24 ff
Eingriffsbefugnisse
- Bauaufsicht 5 117 ff
Eingriffsmöglichkeiten 5 130 ff
Eingriffsvoraussetzungen
- Form 5 120
- Verfahren 5 120
- Zuständigkeit 5 120
Einrichtung
- öffentliche 6 37, 50 ff
- privatrechtliche 6 50, 57
Einspruchsrecht 6 112
Einstweilige Anordnung 5 179 f
Einwirkungsanspruch 6 57
Einwohner
- Begriff 6 48

- Pflichten 6 67
- Rechte 6 49 ff, 54, 57, 60, 65 f
Einwohnerantrag 6 31, 49, 59 ff, 75
- Antragsberechtigung 6 60 f
- Antragsgegenstand 6 62 f
- Begriff 6 59
- Form 6 63
- Gegenstand 6 89
- Rechtsfolge 6 64
- Sperrfrist 6 63, 71
- Vertreter 6 63
Einwohnerfrage 6 65
E-Mail 6 28
Energieversorgung 6 136
Entschädigung 4 126 ff
Entscheidungszuständigkeit
- ausschließliche 6 104
- fakultative 6 105
- Übertragbarkeit 6 104
Entstehung des Landes Niedersachen 1 1 ff
- Vorläufige Ordnung 1 2
- Vorläufige Verfassung 1 3 ff
Ermessen 4 46 ff
- Auswahl- 6 56
- Auswahlermessen 5 142
- Entschließungsermessen 5 142 ff
- Ermessensfehler 4 48 f
- Ermessensreduktion auf Null 4 57 ff
- Verhältnismäßigkeit 4 49 ff
Ersatzvornahme 4 171 f
Erschließung 5 51
- im Außenbereich 5 76
Fachaufsicht 6 18, 22, 34, 41, 151 ff
- Begriff 6 151
- Inhalt 6 151
- Mittel 6 152
- Rechtsschutz 6 153
- Unterrichtung 6 152
- Weisung 6 152 f
- Zuständigkeit 6 151
Feierabendgesetzgeber 6 123
Feststellungsklage
- Rechtsschutz 5 114
Finanzausgleich 6 23
Finanzhoheit 6 23

293

Stichwortverzeichnis

Finanztabu 1 60
Finanzverfassung 1 78
Flächennutzungsplan
– Rechtsnatur 5 19 f
– Rechtsschutz 5 33 ff, 34 f
– Rechtsschutz der Gemeinde 5 37 f
Föderalismusreform 6 38
Formel 6 21
Formelle Illegalität 5 122
Fraktionsdisziplin 6 97
Fraktionszwang 6 97
Freiheitsbeschränkungen 4 117 ff
Gebietshoheit 6 23
Gebietskörperschaft 6 14 ff
– Begriff 6 13
Gebietsverträglichkeit 5 47
Gefahrbegriffe 4 29 ff
– Abstrakte Gefahr 4 31 f
– Anscheinsgefahr 4 29 f
– Gefahrenverdacht 4 33 f
– Konkrete Gefahr 4 30 f
Gefahrenabwehrbehörden 4 12 ff
– Andere Hoheitsträger 4 18
Gefahrenabwehrverordnung 4 121 ff
Gemeinde 6 23, 94
– Begriff 6 13
– kreisangehörige 6 42 ff, 45 f
– Organe 6 13
– Rechtsfähigkeit 6 13
– selbständige 6 45 f
Gemeindeart 6 42
Gemeindegebiet 6 26
Gemeindehoheiten 6 23
Gemeindelast 6 49
Gemeinderat 6 120
Gemeindeverband 6 16 f, 42 f, 94, 131 ff, 132
– Begriff 6 14, 17
Gemeindliches Einvernehmen 5 97 f
Gemeingebrauch 6 53
Gemeinwohl 6 4, 19, 51, 101 f, 138
Gendarmerieedikt 6 43
Genehmigungsbedürftigkeit 5 123

Genehmigungsfähigkeit 5 124
Geschäft laufender Verwaltung
– Begriff 6 118
Gesetz
– im formellen Sinn 6 127
– im materiellen Sinn 6 12, 127
Gesetzesvorbehalt 2 8
– institutioneller 6 19
– organisatorischer 6 19
Gesetzgebung
– Anforderungen an Gesetzesinitiative 1 56
– Prüfungskompetenzen 1 58
– Verfahren 1 57 ff
Gewaltengliederung 6 94
Gewerbetreibender 6 54
Gleichheitssatz 6 56, 58, 68
Gleichstellungsbeauftragte 6 90, 120
Göttingen 6 9, 47
Grundbesitzer 6 54
Grundlagen des Staates 1 17 f
Grundrechte 1 25 f
– Verhältnis von GG und NV 1 25 f
Grundrechtskonformität 4 56 f
Hannover 6 1, 9, 14, 17, 47, 93, 95
Hardenberg, Karl August von 6 43
Hauptausschuss 6 64, 77 f, 86, 93, 110
– Auffangzuständigkeit 6 104, 112
– Aufgaben 6 112
– Begriff 6 110 ff
– Beigeordneter 6 111
– Einspruchsrecht 6 112
– Hauptverwaltungsbeamter 6 111
– Öffentlichkeit 6 113
– Rechtsstellung 6 110
– Umlaufverfahren 6 113
– Verfahren 6 113
– Zusammensetzung 6 111
– Zuständigkeit 6 104 f, 112
Hauptsatzung 6 12, 105, 128
Hauptverwaltungsbeamter 6 93 ff, 107, 114 ff
– Aufgaben 6 116
– Begriff 6 9, 114
– Dienstvorgesetzter 6 117

294

Stichwortverzeichnis

- Direktwahl 6 68, 114 f
- Einspruchsrecht 6 112
- Geschäft laufender Verwaltung 6 118
- Hauptaufgaben 6 119
- Hauptausschuss 6 111
- Informationspflicht 6 119
- Mehrheitswahl 6 115
- Organisationsgewalt 6 117
- passives Wahlrecht 6 115
- Rechtsgeschäfte 6 116
- Rechtsstellung 6 114
- Stellvertreter 6 120
- Vertretung der Kommune 6 116
- Zuständigkeit 6 112, 118, 129

Haushaltshoheit 6 23

Haushaltssatzung 6 128

Haushaltsverfassung 1 78

Hausrecht 6 108

Hoheitsgebiet 6 14 f

Hoheitszeichen 6 23

Illegalität
- Formelle und Materielle 5 121 ff

Ingewahrsamnahme 4 117 ff

Innenbereichssatzungen 5 64

Innenrechtsposition
- Wehrfähige 6 126

Innenrechtsstreit 6 80 ff

Jugendlicher 6 92

Juristische Personen des öffentlichen Rechts 2 18
- Anstalten 2 22
- Körperschaften 2 19
- Landesbetriebe 2 25
- Stiftungen 2 24

Kapazität 6 55 f

Kernbereich 6 25 f

Kind 6 92

Kommunalabgaben 6 67
- Finanzausstattung 6 73

Kommunalaufsicht 6 18, 33, 41, 119, 146 ff, 150
- Anordnung 6 149
- Beanstandung 6 149
- Beauftragter 6 149
- Begriff 6 147 f
- Ersatzvornahme 6 149
- Mittel 6 149
- Rechtsschutz 6 150
- Zuständigkeit 6 148

Kommunalrecht
- Bedeutung 6 4
- Begriff 6 1 f
- Begründetheit 6 27
- Gesetzgebungskompetenz 6 6 ff
- Prüfungsgegenstand 6 2 f
- Rechtsquellen 6 1 f, 5 ff
- Verwaltungskompetenz 6 6 ff, 27

Kommunalverfassungsbeschwerde
- Beschwerdebefugnis 6 28
- Beschwerdefähigkeit 6 28
- Beschwerdegegenstand 6 28
- Finanzausstattung 6 27 f
- Form 6 28
- Frist 6 28
- Garantie 6 27 ff
- Prozessfähigkeit 6 28
- Rechtswegerschöpfung 6 28
- Subsidiarität 6 28
- Zuständigkeit 6 28

Kommunalverfassungsrecht 6 6

Kommunalverfassungsstreitverfahren 6 80, 122 ff
- Außenwirkung 6 123, 126
- Begriff 6 123
- Begründetheit 6 126
- Beteiligtenfähigkeit 6 126
- Impermeabilität 6 124, 126
- Innenrecht 6 125
- Klageart 6 81, 126
- Klagebefugnis 6 82 f, 126
- Klagegegner 6 86, 126
- Kontrastorgan 6 82 f
- nichtverfassungsrechtliche Streitigkeit 6 126
- öffentlich-rechtliche Streitigkeit 6 126
- Prozessfähigkeit 6 126
- Rechtsstreitigkeit 6 124, 126
- Verwaltungsakt 6 126
- Verwaltungsrechtsweg 6 123, 126

295

Stichwortverzeichnis

- wehrfähige Innenrechtsposition 6 82 ff
- Zulässigkeit 6 126

Kommunalwahl 6 5, 8, 11, 22, 49, 94
- Inkompatibilität 6 96

Kommunalwahlrecht
- Voraussetzung 6 68

Kommunalwirtschaft 6 23

Kommune 6 27
- als Behörde 6 6
- Begriff 6 1
- Doppelrolle 6 7 f
- Finanzausstattung 6 1, 11, 15, 23 ff, 26 f, 39 f, 67, 73
- Handlungsformen 6 3
- Hoheitsgebiet 6 13
- Unternehmen 6 134 ff
- wirtschaftliche Betätigung 6 134 ff

Konnexitätsgebot 6 23, 38
- striktes 6 40

Kooperationshoheit 6 23

Kosten 4 60 ff

Kreisdirektor 6 114, 117

Kreisrat 6 120

Kreistag 6 93 ff

Kunsthalle 6 138

Landesbehörden 2 16

Landesregierung
- Amtszeit 1 46
- Konstituierung 1 45
- Ministerpräsident 1 48 f
- Mitglieder 1 47

Landesunmittelbare Behörden 3 7 f

Landesverfassung 1 6 ff
- Änderungen 1 6 ff
- Homogenitätsgebot 1 11
- Kollisionregel 1 12
- Staatsqualität 1 9
- Verfassungsautonomie 1 11 f
- Verhältnis zum Bund 1 10 ff
- Verhältnis zur Europäischen Union 1 13 f

Landesverwaltung 1 72

Landkreis 6 14 ff, 42, 44, 45, 131, 148
- Begriff 6 15

Landtag
- Abgeordnete 1 37
- Allgemeine Verfahrensweise 1 42
- Ältestenrat 1 39
- Ausschüsse 1 41
- Binnenorganisation 1 38 ff
- Fraktionen 1 40
- Funktion 1 29 ff
- Landtagspräsident 1 38
- Ministeranklage 1 32
- Misstrauensvotum 1 32
- Selbstauflösung 1 43
- Untersuchungsausschuss 1 32
- Wahlberechtigte 1 34
- Wahlrechtsgrundsätze 1 33
- Wahlverfahren 1 35 f

Legalisierungswirkung
- Baugenehmigung 5 129

Mandat
- freies 6 97

Marktversagen 6 136

Maß der baulichen Nutzung 5 50

Materielle Illegalität 5 125 ff

Ministerpräsident
- Außenvertretung 1 49
- Begnadigung 1 49
- Gesetzesausfertigung und -verkündung 1 49
- Prüfungskompetenz 1 49
- Richtlinienkompetenz 1 48

Mitwirkungsverbot 6 91
- Abgeordneter (Kommune) 6 100 ff
- Rechtsfolge 6 103

Nachbar im Baurecht
- Nachbarbeteiligung 5 99

Nachbarklage
- Anfechtungsklage 5 168 f
- Konstellationen 5 165 ff
- Verpflichtungsklage 5 173 ff
- Zulässigkeit 5 152 ff

Nachbarschutz 5 150 ff

Name (der Gemeinde) 6 23

NdsVersG 4 140 ff

Niedersächsische Verfassung 2 5

Normenkontrolle
- abstrakte 6 130

Stichwortverzeichnis

Nutzungsuntersagung 5 133
Oberbürgermeister 6 93
Oberkreisdirektor 6 114, 117
Oberstadtdirektor 6 114, 117
Oberste Landesbehörden 2 12
Öffentliche Ordnung 4 27 ff
Öffentliches Baurecht 5 2 f
Öffentliche Sicherheit 4 21 ff
– Privatrechtsordnung 4 23 f
– Rechtsordnung 4 22 ff
– Schutzpflichten 4 25 f
– Staat und seine Einrichtungen 4 26 f
– Subjektive Rechte 4 24 ff
Öffentlichkeitsbeteiligung 5 26 f
Oldenburg 6 44
ÖPNV 6 136, 143
Organisationshoheit 6 23
Organisationsrecht 6 128
Organkompetenz 6 93
Organstreit 6 80
Ortsbrandmeister 6 90
Ortsbürgermeister 6 90
Ortschaft 6 121
Ortsrat 6 121
Ortsrecht 6 23
Ortsvorsteher 6 90, 121
Osnabrück 6 44, 93

Partei
– politische 6 58
Parteienprivileg 6 58
Passivlegitimation 3 8 f
Person
– juristische 6 54, 57, 130
– natürliche 6 130
Personalhoheit 6 23
Petition 6 65
Pflichtaufgaben 6 36, 38, 41
Planungshoheit 6 23
Platz
– öffentlicher 6 53
Politik und Verwaltung 2 30
Polizeifestigkeit 4 149 f

Polizeiliche Generalklausel 4 65 ff
Polizei- und Ordnungsrecht
– Abgrenzung von Strafverfolgung 4 4 ff
– Anwendungsbereiche 4 6 f
– Aufgabennorm 4 8 ff
– Befugnisnorm 4 8 ff
– Begriff 4 3 f
– Grundbegriffe 4 20 ff
Präklusion
– Satzung 6 130
Prinzip der Zweistufigkeit 5 27 f
Prioritätsprinzip 6 56
Privates Baurecht 5 1 f
Privatisierung
– materielle 6 37
Prozessführungsbefugnis 3 9 ff
Prozessstandschaft 3 6 f, 11 f

Rat (Gemeinde) 6 93 ff
Rathaus 6 52
Ratssitzung 6 65
– Ablauf 6 107
– Einberufung 6 107
– Leitung 6 107 f
– Öffentlichkeit 6 107
Raumordnung 5 13 f
Realakt 6 3
Rechnungsprüfungsamt 6 133
Rechtsaufsicht 6 18, 22, 33, 41, 119, 146 ff
– Anordnung 6 149
– Beanstandung 6 149
– Beauftragter 6 149
– Begriff 6 147 f
– Ersatzvornahme 6 149
– Mittel 6 149
– Rechtsschutz 6 150
– Zuständigkeit 6 148
Rechtsetzungsautonomie 6 23
Rechtsetzungshoheit 6 23
Rechtsprechung 1 68
– Unabhängigkeit 1 69
Rechtsschutz
– Bauherr 5 146 ff
– Satzung 6 130

297

Stichwortverzeichnis

Rechtsstaatsprinzip 6 127, 129
Rechtsstreitigkeit
- Begriff 6 126
Rechtssubjektsgarantie 6 19
Rechtsträgerprinzip 3 3 f
Rechtsverordnung 6 12, 127
Rechtsverordnungen 1 73
Regiebetrieb
- Begriff 6 143
Region 6 131
Regionsausschuss 6 93
Regionspräsident 6 93
Regionsrat 6 120
Regionsversammlung 6 93 ff
Richteranklage 1 70
Rücksichtnahmegebot 5 48 f

Sache
- öffentliche 6 52 ff
Samtgemeinde 6 16, 93 ff, 131 f
- Aufgabe 6 132
- Begriff 6 1
Satzung 6 3, 12, 23, 51, 127
- Ausfertigung 6 129
- Begriff 6 127 ff
- Genehmigung 6 129
- Inkrafttreten 6 129
- Präklusion 6 130
- Rechtsschutz 6 130
- Verfahren 6 129
- Verkündung 6 129
Satzungsautonomie 6 127
Satzungsbefugnis 6 127
Satzungsgewalt 6 12, 127
Satzungshoheit 6 12, 127
Schutznormtheorie 5 157
Schwerbehindertenbeauftragter 6 120
Selbstbindung der Verwaltung
- Ermessen 5 144
Selbsteintrittsrecht 6 152
Selbstverwaltung 6 31
- Aufgaben 6 36 f, 38 ff
- freiberufliche 1 77
- funktionale 6 13

- Garantie 6 13, 16 f, 18 ff, 19 ff, 127, 129, 132
- institutionelle Garantie 6 19 f
- kommunale 1 75, 6 7 f, 12, 27
- Konnexitätsprinzip 1 76
- wirtschaftliche 1 77
Selbstverwaltungskörperschaften 1 74
Sofortvollzug 4 183 ff
- Fehlen eines Grund-VA 4 185 ff
- Hypothetischer Grund-VA 4 189 ff
Staatsfunktionen 1 54 ff
- Gesetzgebung 1 55 ff
Staatsgerichtshof 6 27
- Verfassungsrechtliche Verfahren 1 51 ff
- Zusammensetzung 1 50
Staatsstrukturprinzipien 1 19 ff
Staatszielbestimmungen 1 22 ff
Stadt 6 42
- kreisfreie 6 42 ff, 94, 148
- selbständige 6 45 f, 94, 148
Stadtbezirk 6 121
Stadtbezirksrat 6 121
Stadtdirektor 6 114, 117
Städtepartnerschaft 6 37
Stadthalle 6 143
Stadtrat 6 120
Standardmaßnahmen 4 68
- Befragung 4 71 ff
- Einsatz technischer Mittel 4 98
- Erkennungsdienstliche Maßnahmen 4 79
- „Fangschaltungen" 4 92 f
- Gefährderansprache 4 89 F
- Gesprächsüberwachung 4 93 ff
- Identitätsfeststellung 4 75
- IMSI-Catcher 4 97 f
- Informationssammlung und -verarbeitung 4 69 ff
- Kontrollstellen 4 75
- Meldeauflage 4 88 f
- Observation 4 98
- Platzverweis 4 102 ff
- Präventive Gewinnabschöpfung 4 106 f
- Sicherstellung 4 105 ff

- Telekommunikationsüberwachung 4 91 ff
- Verwertung sichergestellter Sachen 4 107 f
- Vorladung 4 85
status activus 6 80
Stein, Karl Reichsfreiherr von und zum 6 43
Stein-/Hardenberg'sche Reformen 6 43
Straße
- öffentliche 6 53
Straßenrecht 6 53
Streitigkeit (nichtverfassungsrechtliche)
- Begriff 6 126
Streitigkeit (öffentlich-rechtliche)
- Begriff 6 126
Subsidiarität 6 4
- Unternehmen (kommunales) 6 135, 140

Teilbaugenehmigung 5 110
Telekommunikation 6 136

Überörtlichkeit 6 15
Umlaufverfahren
- Begriff 6 113
Unbeplanter Innenbereich 5 62 ff
- Bebauungszusammenhang 5 64
- Einfügen 5 66 ff
- nähere Umgebung 5 67
- Ortsteil 5 63
Universalität 6 13, 21, 23
Universität 6 13
Unmittelbarer Zwang 4 173 ff
Unternehmen (kommunales) 6 134 ff
- Anstalt 6 142
- Eigenbetrieb 6 143
- Eigengesellschaft 6 144
- Gewinn 6 138
- Kostendeckung 6 137
- Organisationsform 6 141 ff
- Privatrechtsform 6 144
- Rechtsschutz 6 145
- Regiebetrieb 6 143
- Subsidiarität 6 135, 140
- Wettbewerb 6 135, 140, 145
- wirtschaftliches Risiko 6 139

Untersuchung 4 115 ff
Veränderungssperre 5 30 f
Verantwortlichkeit 4 34
- Bauherr 5 140 ff
- Bauleiter 5 140
- Eigentümer 5 140
- Entwurfsverfasser 5 140
- Notstandspflicht 4 42 ff
- Störerauswahl 4 44 ff
- Unternehmer 5 140
- Verhaltensverantwortlichkeit 4 35 ff
- Zustandsverantwortlichkeit 4 38 ff
- Zweckveranlasser 4 36 ff
Verbandskompetenz 6 93
Verfassung Niedersachsens
- Verfassungsänderungen 1 65 ff
Verfassungsorgane 1 27 ff
- Landesregierung 1 44 ff
- Landtag 1 28 ff
- Staatsgerichtshof 1 50 ff
Verfassungsunmittelbarkeit
- doppelte 6 126
Verhältnismäßigkeit 6 25 f
Verhältnismäßigkeitsgrundsatz 5 143
Versammlung
- Ablauf 4 142 ff
- Anzeige 4 150 f
- Auflösung 4 151 ff
- Befriedeter Bezirk 4 163 f
- Beschränkung 4 151 ff
- Bestimmtheitsgebot 4 161 f
- Ermessensausübung 4 160 ff
- Kostenfreiheit 4 162 f
- Leiter 4 142 ff
- Organisation 4 142 ff
- Verbot 4 151 ff
Versammlungsrecht 4 131 ff
- Versammlungsbegriff 4 133 ff
Verschaffungsanspruch 6 57
Vertrag
- öffentlich-rechtlicher 6 3
Vertretung
- Begriff 6 9
Vertretung (Kommune) 6 93 ff
- Akteneinsichtsrecht 6 106
- Auflösung 6 109

Stichwortverzeichnis

- Auskunftsrecht 6 106
- Beschlussfähigkeit 6 107
- Hauptorgan 6 94
- Innenrecht 6 123 f
- Organisationsgewalt 6 117
- Parlament? 6 94, 97
- passives Wahlrecht 6 115
- Satzung 6 129
- Überwachungsbefugnis 6 106
- Zuständigkeit 6 104 f

Verwaltung 1 71 ff
Verwaltungsakt 6 3, 51, 57 f, 123, 153
- Außenwirkung 6 126, 150
- Kommunalverfassungsstreitverfahren 6 126
- mitwirkungsbedürftiger 6 90 f

Verwaltungsausschuss 6 93
Verwaltungsgebrauch 6 52
Verwaltungshilfe 6 66
Verwaltungsorganisation
- Exekutivföderalismus 2 2
- Grundlegende Vorgaben 2 1

Verwaltungsprivatrecht 6 50
Verwaltungsverfahren
- nichtförmlich 3 2 f
Verwaltungsvollstreckungsrecht 4 164 ff
- Anwendbarkeit 4 166 ff
- Kosten 4 200 ff
- Verfahren 4 191 ff

Volksgesetzgebung 1 60
- Finanztabu 1 60
- Quoren 1 61
- Verfahren 1 61 ff
- Verfassungsvorbehalt 6 72

Vollstreckungsmaßnahmen 4 170 ff
Vollstreckungstitel 4 177 ff
- Bestandskraft 4 180 f
- Rechtmäßigkeit 4 181 ff
- Vollziehbarkeit 4 180 f
- Wirksamkeit 4 179 f

Vorhaben im Außenbereich 5 71 ff
Vorhaben während der Planaufstellung 5 61
Vorkaufsrechte
- gemeindliche 5 32 f

Vorläufiger Rechtsschutz
- Bauherr 5 149
- Nachbar 5 170 ff, 176

Vorverfahren
- Bedeutung 3 23 f
- Entbehrlichkeit 3 16 ff
- Funktionen 3 15 f
- Regelungstechnik 3 19 ff
- Verschlankung 3 21 f

Wahlbeamter (Kommune) 6 120
Wahlhelfer 6 90
Wahlrecht
- aktives 6 96
- Ausländer 6 5
- passives 6 96, 115

Wahlrechtsgrundsätze 6 68
Wasserversorgung 6 136
Weg
- öffentlicher 6 53

Weihnachtsmarkt 6 37
Weisungsfreiheit 6 22, 30 f, 41
Wesentlichkeitslehre 2 8
Widmung 6 51, 55 f
Willenserklärung
- Form 6 116

Willkürverbot 6 27
Wirkungskreis
- eigener 1 75, 6 29 ff, 36, 41, 50, 62, 71, 88, 132, 150
- einheitlicher 6 32
- übertragener 1 75, 6 29 ff, 41, 45 f, 62, 132, 151 f, 153

Wohnsitz 6 48, 54
Wolfsburg 6 44
Zoo 6 138
Zurückstellung
- Baugesuch 5 31 f

Zusammenarbeit(kommunale) 6 133
Zwangsgeld 4 172 f
Zweck
- öffentlicher 6 135, 138

Zweckverband 6 133
Zweckvereinbarung 6 133
Zwei-Stufen-Lehre 6 57